LA GUERRA NAVAL EN EL MEDITERRÁNEO
(1940-1943)

LUIS DE LA SIERRA
Capitán de Fragata

LA GUERRA NAVAL EN EL MEDITERRÁNEO

(1940-1943)

EDITORIAL JUVENTUD, S. A.
PROVENZA, 101 - BARCELONA

Provença, 101 - 08029 Barcelona
info@editorialjuventud.es
www.editorialjuventud.es
Cuarta edición, 2008
ISBN 978-84-261-0264-5
Depósito legal: B. 15.000-2008
Núm. de edición de E. J.: 11.098
Impreso en España - Printed in Spain
Ediprint, c/. Llobregat, 36
Ripollet (Barcelona)

«Sostuvieron la guerra con sus cuerpos, y en un brevísimo instante del destino, aureolados del hálito supremo de la gloria y no del miedo, se fueron.»

(De la «Oración» de Pericles por los caídos)

PREFACIO

Hace algunos años, el autor de este libro se encontraba en el puente descubierto de un buque de guerra, a unos diez metros de altura sobre el nivel del mar, una noche de finales de invierno, próximo a la montañosa costa de Marruecos que se extiende, deshabitada y abrupta, entre el estrecho de Gibraltar y el cabo Tres Forcas, en el Mediterráneo Occidental.

Hacía ya varios lustros que había dejado de oírse el ronco bramido de los cañones que dialogaron en la segunda guerra mundial. Pero el escenario era el mismo: idéntica configuración, iguales profundidades, corrientes, islas, acantilados, luces y sombras...

El buque se hallaba parado y totalmente oscurecido, pues, inesperadamente, todas las calderas de a bordo se habían apagado y, al hacerlo, las turbinas de propulsión y las que mueven a las dinamos dejaron de girar. La fragata, al garete, había buscado su posición de equilibrio natural entre las olas y se balanceaba suave y rítmicamente al compás que le marcaban las ondas, presentando su aleta de babor a la mar. Era una noche oscura en que ni una sola luz rompía las tinieblas sobre las aguas o en la cercana costa. Sólo las estrellas chispeaban fuertemente sobre aquel fantástico baldaquino de cobalto que se alzaba sobre mí a una altura verdaderamente aniquiladora.

La situación no era inquietante. El viento del Oeste, moderado, hacía derivar al buque sobre el cabo Tres Forcas, pero la previsión meteorológica era aceptable y, antes de alcanzar las piedras donde ya se perdiera hace algunos años uno de nuestros mejores acorazados, nos quedaban muchas millas, es decir, horas por delante. El personal de máquinas era competente, y yo tenía la seguridad de que, antes de llegar a una situación comprometida, las calderas volverían a latir y harían cantar alegremente a las turbinas.

Cuando todo se detuvo a bordo y el jefe de máquinas subió al puente, apesadumbrado, para decirme que las bombas de petróleo se habían descebado, no me pareció momento oportuno para tratar de esclarecer si el accidente se debía a algún fallo humano: si el mecánico más antiguo, por ejemplo, había descuidado hacer sondar regularmente los tanques de combustible, o si el sargento de fogoneros no cambió a tiempo las aspiraciones de las bombas. Probablemente había otras causas. Con el frío del invierno, el petróleo se vuelve más denso, se hace perezoso, y el barco era viejo. Su sistema arterial, lo mismo que el de los seres vivos, se va cegando paulatinamente con detritos e incrustaciones, la luz de las tuberías se angosta y el paso del líquido vital se hace precario. También las bombas de combustible, igual que los humanos corazones, como todo lo que existe y ha existido siempre, van perdiendo fuerzas. Lanzar un radio de emergencia al éter para que enviasen algún buque a darnos remolque me pareció tan prematuro y alarmante como innecesario.

El oficial de guardia y el timonel permanecían en el puente bajo. El alto estaba, pues, casi vacío. Sólo dos serviolas, bien abrigados, escudriñaban la noche desde los pequeños alerones donde iban los mandos a distancia de los proyectores de arco situados junto a la chimenea, y un ordenanza, acurrucado tras los metálicos paneles de la dirección de tiro, dormía beatíficamente. Por lo demás, todo permanecía oscuro, tranquilo, vacío y silencioso. No se veían barcos, y sólo se escuchaba el suave farfullar de las olas que pasaban y se iban y cuyas crestas claramente iluminaban las noctilucas, como pequeños fantasmas que se persiguieran sobre el piélago oscuro.

Sumergido en la «noche inmensa», dejé volar a la mente y se me ocurrió que, hacía algo más de dos mil millones de años, las olas de este Mediterráneo no brillarían suavemente en la oscuridad. No brillarían en absoluto. Porque en sus aguas no existían noctilucas unicelulares, ni algas, peces, animales o plantas de ninguna clase; para no hablar de la humana presencia. Las montañas del Atlas, próximas a nosotros ahora, tampoco estaban ahí. Este mar era enorme. Abrazaba todo el globo terráqueo cual gigantesco cinturón acuático, y bajo sus aguas yacían las rocas que más tarde constituirían las tres grandes penínsulas mediterráneas y casi todo el continente europeo.

En la sierra del Guadarrama, en los Apeninos, sobre los picos de los Alpes o las cumbres de la cadena del Pindo, en Grecia, podéis hallar fósiles marinos de los animales que más tarde, en el carbonífero superior, poblarían este mar. Al sur de aquel océano inmenso, del Tetis, yacía un gran continente no menos formidable, luego denominado Gondwana, que abarcaba África, la India, Australia, el Atlántico Meridional, todo el océano Índico y parte de Sudamérica. Pero aquel gran Mediterráneo cubría ya la parte septentrional del continente negro, y a él se deben precisamente los actuales yacimientos petrolíferos y de gas natural libio-argelinos. Los esqueletos de una verdadera infinitud de animales marinos, que pulularon por este mar ya desde el devónico, formaron después las montañas de rocas sedimentarias que, durante la IV Dinastía del Imperio Antiguo egipcio, sirvieron de material de construcción para las pirámides de Giza, una de las siete maravillas del mundo de los griegos, y esa inescrutable y desconcertante Esfinge. En su interior se excavaron luego las tumbas faraónicas del Valle de los Reyes, y con ellas se aparejaron casi todos los grandiosos monumentos que todavía hoy nos maravillan en las riberas del Nilo.

Sí, éste debió de ser un gran mar, barrido por tempestades de inusitada violencia, fieros aguaceros y olas poderosas. Después, con el sucederse de los cataclismos y las convulsiones geológicas, con el eterno y colosal juego de la trasgresión de los mares y océanos, este Mediterráneo iría perfilándose, definiéndose, adoptando su configuración y profundidad actuales, para convertirse, sólo en los últimos segundos del gran día geológico de nuestro planeta, en ese verdadero portador de cultura que, desde Egipto y el Fértil Creciente primero, y Grecia y Roma después, irradiaría la luz de la civilización, precisamente a través de sus azules ondas, hasta los más tenebrosos rincones del planeta señoreados por la barbarie.

Alguien trepa ágilmente por la metálica escala que conduce al elevado y estupendo observatorio donde me hallo. Es el jefe de máquinas, que, más optimista ya, me informa que los fuegos de las calderas vuelven a arder en las entrañas del buque, que dentro de algunos minutos se arrancarán las veloces turbodinamos y que luego las máquinas quedarán listas para dar avante. Le animo otra vez y vuelvo a quedar a solas con la noche. Pienso reanudar inmediatamente los ejercicios de adiestramiento. Precisamente para poder efectuarlos antes de las próximas maniobras solicité esta salida a la mar, no programada, después de haber permanecido casi un mes en el arsenal de La Carraca para efectuar un ciclo de reparaciones normales, luchando por imprimir velocidad a los trabajos y no perderme aquéllas y para que todo se realizara cumplidamente.

Por la mañana repasaré el Estrecho; ese estrecho que ya he cruzado más de un centenar de veces, pero que me fascina siempre. Volveré a contemplar, precisamente porque nos aproximaremos a él desde Levante, allende Ceuta, sobre la costa africana, la petrificada estatua natural del Atlas, yacente, ciclópea, inconfundible e inquietante, «con su frente en el cielo, los robustos brazos sobre el pecho, los pies hundidos en el mar...».

Y es que, cuando el navegante se aproxima al Estrecho procedente del Mediterráneo, esta montaña no deja de llamarle con fuerza la atención. Porque se trata de una formación rocosa que, inconfundiblemente, recuerda al observador la silueta de una gigantesca estatua antropomorfa y yacente. Los griegos ya se llenaron de asombro a su vista y supusieron que se trataba del mismo Atlas petrificado. Pero al contemplarlo desde cualquier otro punto la semejanza no existe, desaparece la ilusión.

Ese estrecho es la única salida natural del mar Mediterráneo, la encrucijada de los dos mares probablemente más importantes de la Tierra en todos los tiempos y, por tanto, un paso de enorme importancia estratégica. Es el foso que separa a dos viejos continentes; un foso de tan sólo trece kilómetros de anchura en su parte más angosta, pero de una profundidad que llega a los mil doscientos metros. Fenicios, egipcios, cartagineses, griegos y romanos lo cruzaron con sus naves hace ya milenios. Todas las invasiones árabes y mogrebíes llegaron a España a través de él.

Hace ya más de tres mil años que los fenicios desembarcaron en el Peñón de Gibraltar. Cruzaron luego el Estrecho, bien pegados a la costa para evitar las corrientes contrarias; doblaron después, hacia el Norte, el sobresaliente, bajo, arenoso y sucio cabo de Trafalgar, y pronto descubrieron una extraordinaria península que daba resguardo a una gran bahía. Allí desembarcaron y fundaron un centro comercial que se llamó Gades. A través de él pronto pasaría al Oriente la plata de Tartesos. Esta ciudad, Cádiz, trimilenaria, la más antigua de Occidente, la «tacita de plata», se sumerge lentamente y, a la vuelta de algunos milenios más, habrá desaparecido.

Los fenicios cruzaron también el Estrecho para barajar luego la costa de África hacia el Sur y llegar a las cercanías del actual

Larache, donde fundaron otro establecimiento comercial que se llamó Lixos, hoy Lix. Fueron naves fenicias las que, durante siglos y en exclusiva, cruzaron el estrecho de Gibraltar en uno y otro sentido. Pero luego, inesperadamente, increíblemente, procedentes del Atlántico, son un pequeño grupo de destrozadas galeras egipcias tripuladas por fenicios, que a fuerza de remos, impulsadas por la corriente, al viento todo el trapo disponible, cruzan las Columnas de Hércules y penetran triunfalmente en el Mediterráneo. ¿De dónde vienen? Pues nada menos que de Ezion-geber, el moderno Elath de la península del Sinaí, pero habiendo doblado antes el cabo de Buena Esperanza.

Aquellas galeras debieron de ser pocas, pues, de las diez que aparejaron del golfo de Aqaba, los restos de dos han sido modernamente hallados en las costas de Sudáfrica, una tercera fue desviada hasta el Brasil y algunas debieron de bajar al abismo. Pero las que quedaron habían dado la primera vuelta al continente negro que registra la Historia: una asombrosa vuelta realizada a principios del siglo VI antes de Jesucristo y en la que emplearon casi tres años.

¿Es verosímil este relato de que nos habla Herodoto, el llamado «padre de la Historia»? ¿No decía Camoens, por boca del cabo Tormentoso y refiriéndose a Vasco de Gama, en el siglo XV: «... te atreves a surcar mis vastos mares, cuyo dominio ha tanto tiempo que poseo y guardo sin que jamás fueran cruzados por extraño o propio leño...»?

¡«Jamás»! Hay una frase en el relato de Herodoto que resultó incomprensible y sólo fue origen de mofa hasta bien entrada la Edad Media, pero que constituye la mejor prueba de la certeza de aquel extraordinario periplo ordenado por el faraón Neco, de la XXVI Dinastía: «... y referían lo que a mí no se me hará creíble, aunque acaso lo sea para algún otro, a saber, que navegando alrededor de Libia venían a tener el sol a mano derecha.»

Sólo bastantes años después de la muerte de Copérnico, canónigo católico que no se atrevió a publicar sus descubrimientos hasta después de muerto, por temor a los fanáticos de siempre (al monje Giordano Bruno se le quemó vivo en Roma, en febrero de 1600, por propalar los descubrimientos de Copérnico), se supo que el sol se apartaba del ecuador celeste veintitrés grados y veintisiete minutos arriba y abajo de aquel círculo máximo paralelo al ecuador terrestre. Pero durante milenios, en el mundo civilizado, pretender que en alguna parte podía verse caminar al sol de levante a poniente ¡por el Norte! era algo tan increíble que causaba risa, suponiendo que no diera lugar a otras consecuencias más desagradables.

Aquella fabulosa vuelta al continente negro, escuchando el inquietante tam-tam de la selva, tratando de obtener ayuda de los huidizos o belicosos indígenas, surcando parajes misteriosos y absolutamente inéditos, estableciendo campamentos efímeros que les permitieran proveerse de agua y víveres, en lucha constante con los elementos y con los hombres, es algo que todavía causa verdadera admiración. Pero Egipto acababa de recobrar su independencia y los nuevos faraones trataban de hallar la perdida grandeza del país por los caminos de la mar.

Luego, hacia el año quinientos antes del comienzo de nuestra era, las Columnas de Ceuta y Gibraltar, acostumbradas a ver cruzar tan parvas naves, quedarían sorprendidas a la vista de la escuadra que surcaba el Estrecho contra la corriente. Eran sesenta grandes barcos de vela y de cincuenta remos cada uno, que llevaban a su bordo nada menos que a ocho mil cartagineses, que, al mando de Hannon, general del ejército y uno de los jefes de estado de Cartago, iban a fundar establecimientos comerciales a longo de la costa de África y llegarían hasta más allá de la montaña volcánica del Camerún, como dice el mismo Hannon: «con su gran hoguera en el centro que parecía llegar hasta las estrellas».

El oficial de guardia interrumpe mi meditación. A través del tubo acústico, quiere saber si debe encender las luces de navegación o las de sin gobierno. Pero estamos fuera de cualquier derrota marítima, no se divisa barco alguno y es una pena romper esta oscuridad que me permite gozar de tan magnífica visión de los astros y de las olas; así que le respondo que por el momento no encienda luz alguna.

Hace aproximadamente una hora que marchamos a la deriva, y realmente no sé si sobre nosotros actúa la poderosa corriente que atraviesa el Estrecho de Poniente a Levante — verdadero río, procedente del Atlántico, que llega a alcanzar hasta cinco nudos de velocidad —, o las contracorrientes que superficialmente lamen las orillas española y norteafricana en dirección contraria y que los marinos invariablemente aprovechan para salir más fácilmente del Mediterráneo a través del cuello de esta gran botella azul. Porque la corriente atlántica es poderosa. El sol y el cálido viento procedente del Sahara producen tal evaporación en el «Mare Nostrum», que la lluvia y los ríos que vierten en él sólo son capaces de proporcionar el 36 por ciento del agua que anualmente escapa a la atmósfera. Y si no fuera por el gran caudal procedente del océano Atlántico, este mar donde me hallo quedaría totalmente seco en unos 450 años y dejaría sobre el fondo una capa de sal de cincuenta y dos metros de espesor. A través del estrecho de Gibraltar, que según la mitología griega abrió el poderoso Hércules de un terrible mazazo, se precipitan en el Mediterráneo 1.750.000 metros cúbicos de agua salada por segundo...

El repiquetear de los telégrafos de máquinas, señalando que están listas para mover las hélices, interrumpe el divagar de mi mente. Aquella pequeña aventura, lector, terminó felizmente, igual que los avatares y riesgos de navegar durante más de cuatro años al mando de otros tantos buques de guerra, surcando y haciendo maniobras y ejercicios por el océano Pacífico, el Caribe, el Atlántico, el Cantábrico y el Mediterráneo. Mi sencilla receta, para el que le interese: no perder la calma y permanecer siempre alerta.

Pero volvamos al Mediterráneo, ese mar arado por las naves de los faraones, desde Sahouré hasta los Tolomeos; el de los marineros y emprendedores fenicios, birremes y trirremes griegos, Victoria de Samotracia, y buques romanos forrados de plomo y hallados en el lago Nemi; el de las «cóncavas naves» de Agamenón al rescate de una Elena naufragada en las costas de Egipto; las de Jasón y sus argonautas tras el dorado vellocino; el mar del intrépido Ulises y la apasionada Nausica, el inquieto Eneas y la olvidada Dido; mar de las esponjas y los corales, ánforas y pecios milenarios, esta gran caracola azul que es la auténtica cuna de la democracia. El de la *Atlántida* de Platón, que probablemente oyó hablar de la terrorífica explosión de la isla griega de Thera, o Santorín; mar surcado y singlado desde la alborada de los tiempos históricos por personajes fantásticos y mitológicos, o tan reales y extraordinarios como lo fueron Plinio y Estrabón, Julio César y Cleopatra, Aníbal y Escipión el Africano, el pescador San Pedro y ese torturado ser que fue el pobre y grande San Agustín; los soberbios Juan de Austria o Barbarroja, Napoleón o Nelson, el infatigable Ibn Batuta o nuestro genial Cervantes, y tantos y tantos otros: reyes, exploradores, guerreros, comerciantes, piratas, aventureros y poetas de todos los tiempos, que en carrusel interminable navegaron por este mar de los mares; mar de la galera, la carraca y la vela latina; mar por antonomasia que, sin embargo, con sus 3.860 kilómetros de longitud máxima y una anchura media de seiscientos, resulta cuarenta veces menor que el Atlántico y cabría setenta y dos veces dentro de la superficie que abarca el océano Pacífico.

Este mar, maravilloso y cargado de historia, verdadera sístole y diástole del mundo antiguo, que el somero canal de Sicilia divide en dos grandes cuencas, habría de ser testigo y escenario de una moderna guerra naval tan despiadada y cruel como casi todas las guerras, pero que además resultaría, por las causas y razones que pronto descubriremos, tremendamente amarga para una Marina joven, pero ya de brillante historial; valerosa, pero tarada de nacimiento por conceptos erróneos (secuelas de la mala política) y cuyo nivel tecnológico había sido, además, netamente superado por sus adversarios: la Marina de Guerra italiana.

Antes de pasar a estudiar su tragedia, echémosle, pues, un breve vistazo.

Capítulo Primero

LAS MARINAS ITALIANA Y BRITÁNICA ENTRE LAS DOS GUERRAS MUNDIALES

El funesto Tratado de Versalles, firmado en 1919 como consecuencia de la derrota de los imperios centrales en la Gran Guerra, concedió al Reino Unido y a Francia la parte del león con respecto a las colonias alemanas y turcas, pero produjo en Italia un fuerte resentimiento contra sus aliados. La frontera italiana había sido llevada hasta el Brenero; las ciudades de Trento, Trieste y Zara, la península de Istria y algunas islas dálmatas fueron entregadas a Italia, y el enemigo histórico, el Imperio austro-húngaro, había dejado de existir. Pero en 1915, a cambio de su entrada en la guerra, Francia y la Gran Bretaña habían prometido cederle también Dalmacia y parte del Asia Menor y de las colonias alemanas y turcas.

Italia había sufrido 650.000 muertos y casi un millón de heridos y mutilados y quedaba empobrecida por el esfuerzo de guerra. Sus pretensiones para que se celebrara un plebiscito en Fiume y Dalmacia y se le concediesen parte de las colonias alemanas, invocando la necesidad de tierras para su exceso de población, cayeron en el vacío. Sólo Francia accedió a ciertas rectificaciones de menor cuantía en la frontera libio-tunecina. Aquel trato injusto no lo olvidaría después Benito Mussolini.

Respecto a la Flota italiana de la posguerra, su espina dorsal la componían los cinco acorazados de la serie «Dante Alighieri»: buques de 22.000 toneladas y muy bella estampa, del tipo *dreadnought,* armados con trece cañones de 305 mm. en torres dobles y triples y con coraza vertical de 250 mm., cuya construcción se había iniciado en 1911 con la vista puesta en los acorazados austríacos y franceses. El sexto buque de esta serie, el *Leonardo da Vinci,* se había hundido en plena guerra en el mar Piccolo de la base naval de Taranto, a consecuencia de la voladura del pañol de municiones de popa. Dos vías de agua, de diez por cinco metros cada una, y un terrorífico incendio que produjo cuantiosas víctimas, echaron a pique al magnífico acorazado en diez minutos. Tras intensos trabajos de salvamento, en septiembre de 1919 fue puesto a flote y llevado a dique, pero ya no se consideró procedente su reparación y fue dado de baja.

Sin embargo, en 1913, puesto que los austríacos habían iniciado el proyecto de cuatro acorazados del tipo «Viribus Unitis», mejorado, armados con doce piezas de 356 mm., Italia decidió construir otros tantos de la serie «Caracciolo». La primera quilla se había puesto en grada en 1914, y las otras tres en 1915. Pero por razones financieras e industriales se abandonó después la construcción de estos potentes buques, de los que sólo llegó a botarse, en mayo de 1920, el *Francesco Caracciolo*, que entonces se pensó en transformar en portaaviones y que por fin se terminaría vendiéndiéndolo a una compañía italiana de navegación.

Fue una desdichada decisión para la Marina italiana, pues tales unidades habrían podido batirse, en la segunda guerra mundial, con los acorazados británicos, cosa que nunca pudieron hacer, con posibilidades de éxito, los después modernizados pero muy inferiores «Cavour» (1).

En febrero de 1922 se firmó el Tratado Naval de Washington, que fijaba el tonelaje máximo global de las Marinas de las grandes potencias, así como el de los acorazados y el calibre de la artillería principal de estos buques, que no podría rebasar los 406 mm. A Italia se le reconocía la paridad naval con Francia.

En octubre del mismo año, después de la famosa marcha fascista sobre Roma, Víctor Manuel III encargó a Mussolini que formara gobierno, y en éste fue ministro de Marina el almirante Paolo Thaon di Revel. El partido fascista decidió reorganizar las Fuerzas Armadas del país, pero en lo que se refería a la Marina prevaleció el criterio de que la era de los grandes buques de

---

(1) Efectivamente, los «Caracciolo» habrían sido buques de 31.000 toneladas y 212 metros de eslora, armados con ocho piezas de 381 mm. en torres dobles, superpuestas a proa y a popa, y doce cañones de 152 mm., 28 nudos de andar y protección vertical máxima de hasta 300 mm., cubierta corrida y proa lanzada. Como vemos, los cinco «Cavour», únicos acorazados de algún valor con que contaba Italia en 1920, no podrían haberse comparado, técnicamente, con los «Caracciolo».

guerra había caducado y que el porvenir estaba en la aviación, los submarinos y las fuerzas sutiles. Era un concepto débilmente fundamentado, como veremos, y por tanto peligroso, pero que parecía responder a las enseñanzas deducidas de la última guerra mundial, donde los buques de línea italianos no habían tenido que combatir, pero en la que dos de los mejores acorazados de la Flota austro-húngara, el *San Esteban* y el *Viribus Unitis*, de 21.000 toneladas cada uno, y el de tercera clase *Wien*, habían sido echados a pique por los italianos valiéndose de pequeñas lanchas torpederas y de torpedos tripulados (1).

Por otra parte, la lista de los grandes buques de guerra hundidos por los submarinos era impresionante: dos cruceros-acorazados italianos, el *Amalfi* y el *Garibaldi*, habían sucumbido víctimas de los escualos de acero; el mismo destino habían sufrido los acorazados franceses *Suffren*, *Gaulois* y *Danton*, y dos cruceros-acorazados galos (*Gambetta* y *Charner*), cinco acorazados ingleses (*Britania*, *Formidable*, *Majestic*, *Triumph* y *Cornwallis*), cuatro cruceros-acorazados de la *Royal Navy* (*Hogue*, *Cressy*, *Aboukir* y *Drake*), uno alemán (*Prince Adalbert*), otro ruso (*Pallada*) y dos viejos acorazados turcos (*Messudieh* y *Barbarroja*). Ello para no hablar de otros catorce acorazados y cruceros-acorazados más, de diversas Marinas, que habían bajado al abismo víctimas de las arteras minas.

Sí, era una lista para impresionar a cualquiera, y, por si fuera poco, muchos acorazados habían volado por sí solos, en sus mismas bases, a causa de la explosión de sus pañoles de municiones: entre ellos, el ya citado *Da Vinci* y el también italiano *Benedetto Brim* (Brindisi, 24 de septiembre de 1915), tres ingleses, dos japoneses y uno ruso. Pero en aquella conclusión no se quiso tener en cuenta que las pólvoras y municiones sólo dan disgustos cuando se descuida su vigilancia y conservación, y que el sumergible había sido un arma nueva, que inicialmente gozó de todas las ventajas inherentes a la sorpresa y a la falta de experiencia y de medios para combatirla, pues la contraarma tarda, naturalmente, cierto tiempo en desarrollarse, y hasta que, siempre de forma inexorable, termina por aparecer, el arma novel se ceba impunemente en el desprevenido. Es ley de guerra. Por otra parte, tampoco se quiso ver que en el avión estaría muy probablemente el mejor antídoto contra el submarino.

---

(1) Acerca de estos hundimientos, véase *Buques suicidas*, del mismo autor. Editorial Juventud, Barcelona.

Aquel brillante historial de éxitos, o de desastres, según desde donde se mire, era propio para que un lego en las cosas de la mar y con conocimientos muy superficiales sobre la materia, como Benito Mussolini, a quien pronto veremos hacerse cargo del Ministerio de Marina durante casi dieciocho ininterrumpidos años, quedara altamente impresionado y extrajese conclusiones tan precipitadas como funestas para su país. Además, las teorías del general italiano Giulio Douhet sobre la guerra del aire y la supremacía aérea, capaz de «poner rápidamente término a los conflictos al llevar la destrucción y el terror a los frente internos, haciendo así inútiles a los ejércitos de tierra y a las fuerzas navales» — teoría irreprochable en sí misma... suponiendo que el adversario no disponga también de aviación y que, de disponer de ella, no se le ocurra hacer lo mismo con la retaguardia de su enemigo, lo que era mucho suponer —, decidieron al Duce a unificar todas las fuerzas aéreas bajo una sola organización y crear el «Commissariato dell'Aeronautica», que absorbería totalmente a las aviaciones de cooperación del Ejército de Tierra y de la Marina. Pero ésta, que ya había desarrollado sus escuadrones de reconocimiento aéreo y efectuado valiosas experiencias con aviones torpederos, se opuso enérgicamente, por boca de su ministro, a la que consideraba improcedente y peligrosa medida, y tal oposición costaría el cargo, en 1925, al pundonoroso Thaon di Revel.

Para evitarse ulteriores dificultades, Mussolini recurrió al fácil expediente de nombrarse a sí mismo ministro de Marina, al propio tiempo que creaba el Ministerio del Aire, con lo que la Fuerza Aérea se convertía en un ejército totalmente independiente, en organización y personal.

No cabe duda de que en tal decisión influyó preponderantemente uno de los más firmes colaboradores y, al mismo tiempo, peligroso rival, en el Partido, de Mussolini: el joven general Italo Balbo, que, ya de entrada, propuso al Duce dejar la Armada exclusivamente reducida a un puñado de flotillas de submarinos.

No queremos pensar que al resolutivo y poderoso Italo Balbo, el Goering italiano, le movían entonces otras razones que las de tratar de evitar gastos superfluos al país, pues parecía evidente que la concentración de la totalidad de los elementos de vuelo en un solo ejército se traduciría en una gran economía de medios en todos los órdenes. Pero Balbo demostró más impetuosidad y buenas intenciones que previsión y agudeza mental, pues pareció olvidar que la guerra del mar exige una especialización distinta de la de tierra, unas técnicas y tácticas diferentes, así como la disponibilidad inmediata, en el momento preciso, de los aviones propios. Porque la Marina necesita aviones tripulados por personal naval, o con mentalidad naval, situados a pie de obra, es decir, embarcados, y puestos a las órdenes directas del jefe de la fuerza naval operativa. Pues así como, al enfrentarse con la escuadra enemiga, un almirante no puede solicitar del arsenal de la base naval más próxima el envío de los cañones o misiles necesarios para empezar a disparar, ya que el adversario apretará inmediatamente el gatillo de los suyos sin aguardar a que aquéllos lleguen, exactamente lo mismo sucede con los aviones, si una de las escuadras adversarias dispone de ellos a bordo y los lanza inmediatamente al ataque, mientras que la otra ha de pedirlos, a través de una complicada y nada flexible cadena de mando, para que se los envíen desde unas bases situadas quién sabe a cuántos centenares de millas de distancia. Pues ello supone, sencillamente y en el mejor de los casos, un retardo de horas. Y cuando los aviones propios lleguen, si es que lo hacen, y actúen eficazmente, suponiendo que sepan hacerlo, los buques de guerra del mismo bando ya estarán bajo las olas o habrán tenido que retirarse a toda máquina... si los impactos aéreos logrados por el enemigo se lo permiten. Y es que, en la guerra naval, los aviones que verdaderamente cuentan son los que están en el aire, junto a los buques propios, en el momento del contacto con el enemigo, no en ruta o sobre las pistas de cualquier aeródromo.

Como iremos viendo a lo largo y ancho de las páginas de este libro, el expuesto sería casi invariablemente el infortunado caso de la Marina italiana en la segunda guerra mundial, respecto a la Flota británica, que, por el contrario, contó con aviación naval y con portaaviones. Y sus efectos, como era de prever, resultarían verdaderamente funestos para aquélla. Pero todavía estamos en los «felices veinte», cuando todo parece sonreír por fin a Italia, con Benito Mussolini en posesión de la cartera de Marina y el almirante Di Revel relegado a un triste pero digno ostracismo.

En 1922, la Gran Bretaña puso en grada dos acorazados de 34.500 toneladas de desplazamiento, el *Nelson* y el *Rodney*, armados con nueve piezas de 406 mm. y provistos de una coraza máxima, aunque muy corta, también de 406 mm., capaces de dar tan sólo 23,5 nudos. Pero Francia no hizo nada parecido y, por tanto, Italia no quiso abordar aún el problema de sus ya superados buques de línea.

A principios de ese mismo año, la Escuela de Guerra Naval italiana efectuó un estudio sobre doctrina naval, en el que participaron oficiales del Ejército y de la Aeronáutica, y llegó a la conclusión de que los portaaviones eran necesarios a su Marina. En vista de lo cual se efectuaron los oportunos trabajos, y en 1925 quedó listo un proyecto de crucero-portaaviones de 12.500 toneladas, ya que, según el Tratado de Washington, Italia podía construir hasta sesenta mil toneladas de buques de esta clase.

Pero en diciembre de 1925, cuando Mussolini presidió una conferencia con los almirantes más antiguos de la Armada — para tratar del problema de las construcciones navales — y preguntó sobre la conveniencia de poner en grada portaaviones, se le respondió negativamente. El caso es que a los marinos no se les había permitido tocar el tema de la aviación naval, pero después de aquello el dictador quedó definitivamente convencido de que tal tipo de buque era innecesario para operar en un mar de tan reducidas dimensiones como el Mediterráneo. Así que el portaaviones fue por el momento relegado al olvido, si bien es cierto que muchos almirantes italianos no creían entonces en un buque semejante y que tal vez otros se acordaban de la triste suerte corrida recientemente por el duque Thaon di Revel.

En 1925 quedaron aprobados los proyectos de cuatro cruceros ligeros de la serie «Condottieri» *(Giussano, Barbiano, Colleoni* y *Bande Nere)*, que serían botados en 1930, y se inició la construcción de dos cruceros pesados del tipo «Washington», de 10.500 toneladas de peso y artillería de 203 mm.: los «Trento»; seis destructores de la serie «Turbine», y ocho submarinos oceánicos.

Volviendo a los portaaviones — y tenemos que insistir, pues aquí precisamente radica uno de los fallos capitales de la Escuadra italiana —, el Estado Mayor de la Armada presentó en 1928 otro proyecto para un buque de 15.000 toneladas y 30 nudos de andar, con capacidad para treinta aviones. Pero a la tesis de la Marina: «Necesidad de intervención aérea tempestiva y uniformidad de adiestramiento», la *Regia Aeronautica* oponía tercamente la suya: «Buque demasiado vulnerable en un mar demasiado pequeño», lo que no dejaba de ser una suposición absolutamente gratuita.

En 1932 volvió a presentar la Armada un nuevo proyecto de portaaviones de unas 15.000 a 16.000 toneladas, con capacidad para unos 40 ó 50 aviones. Y todavía otro, mejorado, en 1936, que, de haberse llevado a la práctica en una serie de varias unidades, seguramente habría resultado decisivo cuatro años después. Pero nada se hizo. Mussolini, mal aconsejado y aduciendo que «toda Italia era un gigantesco portaaviones inhundible», se había pronunciado contra tal tipo de buque.

Aquella frase, que algunos consideraron entonces en Italia ingeniosa y feliz, en realidad era sólo una metáfora política vacía de contenido y de substancia, pues, suponiendo que Italia fuese un portaaviones — que no lo era, ya que la característica fundamental de todo buque de guerra es por definición su movilidad —, ¿dónde estaba siquiera el personal de la aviación naval que debería marinar un barco semejante? No existía. ¿Dónde sus escuadrones de aviones torpederos, bombarderos en picado, aparatos de caza y de reconocimiento, adiestrados, adoctrinados y equipados para su empleo sobre la mar contra las móviles escuadras enemigas? En ninguna parte. Era sólo una frase rimbombante y hueca, un sofisma político de consecuencias trágicas para Italia, pues dejaría a su Marina, sencillamente, tarada, desprovista de la herramienta de combate que muy pronto se revelaría como más importante en una guerra naval moderna.

Después, ante la contundencia de los hechos y cuando ya de nada servían las palabras ni la demagogia, Mussolini quiso rectificar y ordenó la construcción inmediata de dos portaaviones. Pero ya sería demasiado tarde. Porque un buque de guerra semejante no se improvisa (1).

Ahora bien, ¿debemos culpar exclusivamente a Benito Mussolini y a la *Regia Aeronautica* de que la Armada italiana entrase en la segunda guerra mundial sin portaaviones? ¿Luchó por ellos la Marina italiana con igual tenacidad con que lo hicieron, por la misma causa, las Armadas de los Estados Unidos de América y de la Gran Bretaña? Probablemente no.

El subsecretario de Estado por la Marina y jefe del Estado Mayor de la Armada italiana entre los años 1925 y 1940 fue el

---

(1) Independientemente del tiempo que se necesita para construir un buque de guerra de la complejidad y tamaño de un portaaviones, los ingenieros navales italianos, por lo demás siempre en vanguardia, carecían de experiencia alguna respecto a tal tipo de buques y, pese a la ayuda de los técnicos alemanes que habían intervenido en la construcción del nonato *Graf Zeppelin,* hubo problemas, como el del equipo de frenado de la cubierta de vuelo, que no habían logrado resolver satisfactoriamente cuando ya el primero de dichos buques, el *Aquila,* estaba terminado en su ochenta por ciento al sobrevenir el armisticio. Se había pensado que, después de operar, los aparatos despegados del portaaviones se dirigirían a algún aeródromo próximo. Lo que no era una solución nada satisfactoria que digamos.

almirante Domenico Cavagnari. Este individuo, sin duda ambicioso (lo que no es ningún defecto, siempre que la meta de un hombre tal no sea sólo triunfar por cualquier medio y a cualquier costa), pero por lo demás acomodaticio, tuvo la desfachatez — y decimos desfachatez porque aquí no se trata ya de un político sin base firme sobre los problemas navales, como Mussolini, sino de un profesional de gran experiencia — de proclamar ante la Cámara italiana, en marzo de 1938, que Italia renunciaba a la construcción de buques portaaviones puesto que, consideradas las aguas de interés para el país, toda la península italiana constituía un gigantesco portaaviones imposible de hundir y del que podrían despegar inmediatamente tantos aviones como se precisara hacer intervenir en cualquier batalla naval.

Como ya señalamos en alguna obra nuestra refiriéndonos a las palabras de este almirante, lo mismo podía haber dicho que Italia renunciaba a su Marina de Guerra, pues con las baterías de costa tenía suficiente. Mas no queremos insistir sobre el tema. El lector que tenga la paciencia de seguir leyendo podrá darse muy bien cuenta de que todo sucedería después exactamente al revés de como el almirante Cavagnari quiso suponer que tendría lugar.

Pero tampoco debemos perder de vista que, por otra parte, la Marina italiana fue cuidadosamente proyectada y realizada con el único y premeditado objetivo de medirla con la Flota francesa. Es decir, no se construyó una Marina equilibrada. La Flota italiana fue el duplicado ligeramente mejorado, el cuidadoso trasunto de su contraparte francesa, pues Mussolini consideraba que la expansión italiana sólo era ya posible a costa del imperio colonial francés en África del Norte. Le parecía tan injusto como inaceptable el que un país pobre y superpoblado como Italia tuviese unas colonias que no eran más que arenales baldíos (entonces no se sospechaban los ricos yacimientos petrolíferos libios), mientras que la fértil Francia, aparte de la Guayana, Madagascar, Indochina y otras magníficas colonias, era también dueña de Túnez, Argelia, Marruecos e inmensos territorios africanos que, de forma ininterrumpida, se extendían hasta el Atlántico y el golfo de Guinea. Ello para no hablar de Córcega y de Niza, que muchos italianos consideraban trozos irredentos del patrimonio nacional. De modo que, fiel a la política que se había trazado, el dictador romañés preparó a las Fuerzas Armadas, y sobre todo a su Marina, para la guerra contra Francia. Pero después no supo rectificar a tiempo, cuando todos los síntomas eran de que debería haberlo hecho.

En el momento en que la tirantez internacional provocada por Alemania le permitió avizorar una oportunidad insospechada, Mussolini decidió ajustar cuentas con Abisinia, aun arriesgando la guerra con la Gran Bretaña, cuya *Home Fleet* se apresuró a embotellar el Mediterráneo en 1935. Y hay historiadores que aseguran que si Inglaterra no intervino entonces con las armas fue debido a la escasez de municiones por que atravesaba su Flota. Tampoco debemos olvidar que, ya anteriormente, la Gran Bretaña había obligado a los italianos a abandonar la isla de Corfú. A pesar de todo, una vez terminada felizmente la campaña de Abisinia, Mussolini continuó preparando a la Armada para combatir precisamente contra Francia, con lo que, a aquellas alturas, cometía un error que resultaría luego irreparable.

El 18 de julio de 1935, en un discurso pronunciado a bordo del crucero pesado *Zara*, el Duce había declarado que «un pueblo no era verdaderamente libre si no poseía libre acceso a los océanos». Estas palabras han sido interpretadas por algunos historiadores, incluso italianos, como un indicio seguro de que el dictador tenía codiciosamente la mirada puesta en el Imperio británico. Pero las construcciones navales militares revelan, con claridad meridiana, que no fue así. Deslumbrado por Túnez, que parecía la prolongación natural de Sicilia, y por una salida al Atlántico a través de Marruecos o del África Occidental Francesa, Mussolini no quiso ver otro enemigo que Francia (1).

Ya vimos cómo, a raíz de la puesta en grada de los cruceros pesados franceses *Tourbille* y *Duquesne*, en Italia se construyeron los dos «Trento». Entre 1926 y 1928, cuando se colocaron en Brest las quillas de otros cuatro cruceros pesados *(Sufren, Colbert, Foch* y *Dupleix)*, los italianos incluyeron en el programa naval de 1928 a otros tantos del tipo «Zara», aunque estos buques serían algo superiores a sus contrapartes galos.

Efectivamente, el Estado Mayor de la Armada, afectado por ciertas críticas sobre «su Marina de papel», decidió construir unos cruceros mucho más resistentes que los «Trento». Así, los *Zara*, *Fiume*, *Gorizia* y *Pola* llevaron un blindaje que pasaba de las

---

(1) No deja de ser significativo que, bajo el régimen fascista, ningún buque de guerra italiano llevara, hasta el año 1942, el nombre de Francesco Caracciolo, el almirante siciliano a quien Horacio Nelson había hecho ahorcar a bordo de la fragata napolitana *Minerva*, con el que ya se había querido bautizar al primero de la serie de acorazados puestos en grada en 1914.

2.700 toneladas en total, con 152 mm. de acero en el costado, torres de artillería, barbetas y tronco de la dirección de tiro, y de 70 mm. en la cubierta horizontal. A pesar de tener catorce metros de eslora menos que los «Trento» y de que se sustituyó el casco de cubierta corrida por otro más bajo, con castillo, lo que ahorró bastante peso, el desplazamiento estándar de estos buques rebasó las 12.000 toneladas, mientras que su velocidad fue sólo de 32 nudos. Lo mismo que los «Trento», también disponían de un hangar situado bajo el castillo, a proa de la primera torre, que alojaba tres hidroaviones de reconocimiento desmontados, con ascensor y una catapulta. En resumen, los «Zara» fueron unos buques magníficos entre los de su clase y su blindaje resultó superior al de todos los cruceros del tipo «Washington», incluidos los alemanes de la serie «Hipper», que sólo llevaron dos costados, inclinados, con 110 mm. de espesor en total.

En 1930, al saber que los franceses habían aprobado la construcción de un séptimo crucero pesado, el *Algerie*, los italianos pusieron la quilla del *Bolzano*, de 11.000 toneladas estándar, con cubierta de castillo e igual armamento que sus predecesores, pero tan poco protegido como los «Trento», pues la Armada había considerado excesivo el sacrificio de velocidad efectuado en los «Zara». En vista de lo cual se le alargó también la eslora y este buque dio en pruebas la asombrosa velocidad de 39 nudos.

Como en Francia no se proyectaron más cruceros pesados, los italianos abandonaron también la construcción de tales buques. En realidad, así como los latinos observaban con toda atención las construcciones de sus vecinos mediterráneos y obraban en consecuencia, lo propio se hacía en Francia, respecto a la *Kriegsmarine*, tan pronto dio comienzo el rearme alemán. Pero después de tantos desvelos y sacrificios, y por una cruel ironía del destino, ninguna de las dos naciones meridionales tendría ocasión de enfrentar sus buques de guerra con los de la potencia naval con vistas exclusivas a la cual habían sido construidos. De donde se desprende una importante moraleja: la de que las Marinas deben ser conjuntos bien equilibrados, pues en política exterior nada es seguro; países hoy amigos pueden ser mañana enemigos, y viceversa, y, por otra parte, el más insospechado puede convertirse en mortal adversario.

Respecto a los cruceros ligeros italianos, sucedió algo parecido. A los trece cruceros ligeros franceses (sin contar al escuela *Jeanne d'Arc*) puestos en grada entre 1922 y 1939 y cuyo tonelaje osciló entre las 6.000 y las 8.000 toneladas, los italianos respondieron construyendo doce (sin tener en cuenta la modernización del *Bari*, lo que elevaba el número a trece), desde los de 5.200 toneladas de la serie «Giussano» hasta los magníficos «Garibaldi» (de 9.500 toneladas estándar, con blindaje de hasta 135 mm. y diez cañones de 152 mm. en torres triples y dobles). Incluso después de comenzada la segunda guerra mundial, considerando que los doce superdestructores franceses de las series «L'Audacieux» y «Mogador», de 2.570 y 2.885 toneladas, fuertemente artillados con piezas de 138 mm., y una velocidad de 39 nudos, eran superiores a todos los destructores italianos, en Italia se pusieron en grada los doce superdestructores, o pequeños cruceros, de la serie «Regolo», de 3.745 toneladas, 41 nudos y nueve piezas de 135,8 mm., de los que sólo llegaron a terminarse tres antes de que acabara la guerra.

Naturalmente, todas aquellas construcciones, para no hablar de los 57 destructores (que con los «Regolo» harían 69), 116 submarinos, 45 torpederos, etc., construidos en Italia después de la Gran Guerra, afectarían considerablemente a la economía del país y le supondrían un gran sacrificio, y, prácticamente, equivaldrían, casi con toda exactitud, a los 72 destructores, 103 submarinos y 26 torpederos construidos en Francia entre las dos guerras mundiales. En cambio, no se tuvo en cuenta al portaaviones francés *Béarn*, por las razones ya apuntadas y también porque era un buque muy lento (21 nudos), que no podría operar con las unidades modernas.

Respecto a los acorazados, al terminar la Guerra Europea, Francia había conservado en servicio cinco buques de 22.000 toneladas: dos «Coubert» y tres «Bretagne»; los primeros armados con ocho piezas de 305 mm., y con otras tantas de 340 mm. los últimos, pero todos con un andar de sólo 21 nudos.

Ya sabemos que el papel de los acorazados estaba en baja en Italia después de la primera guerra mundial, por lo que de momento aquellos buques franceses no serían tenidos demasiado en cuenta, y, al mismo tiempo que se emprendía el programa naval del año 1928, se daba de baja el *Dante Alighieri*, se desarmaba el *Cavour* y se destinaba a buque escuela el *Cesare*.

La Conferencia Naval de Londres comenzó en enero de 1930, y la Gran Bretaña, consciente de que la mayor parte de sus viejos acorazados tendrían que sustituirse en breve o ser sometidos a costosas obras de modernización, propuso conservar el tonelaje global del Tratado de Washington, pero reduciendo el desplazamiento máximo de cada buque a 25.000 toneladas y el calibre de su artillería a los 305 mm. Al mismo tiempo, poniendo en duda la utilidad de los buques de línea en una guerra moderna, debido al desarrollo de la aviación y del arma submarina (aún no habían conseguido su *asdic*), con lo cual hay que reconocer que se adelantaban en tres lustros a las deducciones de la segunda guerra mundial, los ingleses propusieron también la abolición de dichos buques. Italia estuvo dispuesta a ello, pero puso como condición limitar los armamentos navales y abolir igualmente a los submarinos.

El Japón, por su parte, admitió la reducción del tonelaje de los acorazados y cruceros de batalla, pero conservando los ya en servicio. Mientras que los Estados Unidos y Francia, por diversas razones, entre ellas las de prestigio internacional, no se mostraron conformes. Así que la conferencia no produjo otros frutos que un acuerdo entre los Estados Unidos, la Gran Bretaña y el Japón acerca del tonelaje máximo global de sus cruceros pesados y ligeros.

En 1929, los alemanes, acogiéndose a las cláusulas del Tratado de Versalles, habían empezado a construir los famosos cruceros-acorazados de la serie «Deutschland», de 12.300 toneladas de desplazamiento estándar (10.000 oficiales) y 27,5 nudos de andar, que montaban catorce piezas de 280 y de 150 mm. de calibre. Ello significaba, sencillamente, que los acorazados franceses no podrían cazar a estos buques, que por otra parte eran muy capaces de batir a cualquier crucero pesado francés. En vista de lo cual, Francia decidió, en 1932, construir dos cruceros de batalla de 26.500 toneladas y 29,5 nudos, artillados con ocho piezas de 330 mm. y con blindaje de 280 mm. en el costado y de 356 mm. en torres, barbetas y puestos de mando: el *Dunkerque* y el *Strasbourg*.

Entonces Italia no tuvo más remedio que afrontar el problema de los acorazados, y a fin de ahorrarse tiempo y dinero decidió modernizar a los viejos *Cavour* y *Cesare*, que sufrieron una transformación radical y únicamente conservaron el 40 por ciento de su estructura original. Se les cambió el aparato motor y toda la artillería y se les alargó el casco diez metros, con lo que su velocidad, con un desplazamiento de unas 23.600 toneladas, alcanzó (¡en pruebas!) los 28 nudos. También se les instalaron dos catapultas y se les aumentó la protección horizontal, que llegó a los 135 mm., añadiéndose a las basadas de las torres una coraza externa de 50 mm. La protección vertical, de 250 mm., no se alteró, y el blindaje de estos buques fue de 6.000 toneladas, lo que suponía bastante menos del 40 por ciento del desplazamiento total que aproximadamente llevaban los acorazados modernos. Los trece cañones de 305 mm. se sustituyeron por diez de 320 mm., con proyectil de 525 kilos y 28.600 metros de alcance.

Estos buques, aunque ligeramente más lentos que los nuevos cruceros de batalla galos (un nudo y medio menos), podían haberse medido perfectamente con ellos por su artillería (5.250 kilos de andanada, contra los 4.320 de los buques franceses) y su blindaje, este último también superior al de los francos, pero no tenían nada que hacer frente a los acorazados ingleses, más lentos pero mucho mejor blindados y artillados, ni ante los cruceros de batalla de Albión, peor blindados (exceptuando al *Hood*) pero más veloces y con una artillería muy superior. Pero en Italia nadie, al parecer, pensaba en la posibilidad de semejante enfrentamiento, y si lo hizo se cuidó muy mucho de contradecir al enérgico ministro de Marina. Por otra parte, los modernizados «Cavour» podrían dar buena y rápida cuenta de los acorazados «Courbet» e incluso de los «Bretagne».

Si hasta la guerra con Abisinia la política naval de Mussolini fue hasta cierto punto lógica, aunque con los reparos que ya hemos señalado, a partir de entonces adoleció de una ceguera inexplicable, pues ya se perfilaba claramente a la Gran Bretaña como el enemigo número uno en la mar. A pesar de lo cual, en 1937 se inició la modernización de otros dos viejos acorazados: el *Caio Duilio* y el *Andrea Doria.* El excelente trabajo fue el mismo, aunque se mejoró la artillería antitorpedera y antiaérea, pero estos buques tampoco podrían medirse con sus contrapartes británicos.

Mientras tanto, la carrera de armamentos navales entre Francia y Alemania se había disparado. Ante los «Dunkerque» franceses, en 1934 los germanos cambiaron subrepticiamente las quillas del cuarto y quinto acorazados de *poche*, que ya estaban en grada, y las sustituyeron por las de dos cruceros de batalla de 31.800 toneladas, los *Scharnhorst* y *Gneisenau*, de 32 nudos de andar y un blindaje muy superior al de sus contrapartes franceses, pero que, debido a la indisponibilidad entonces de artillería de mayor calibre, sólo montarían nueve cañones de 280 mm. Ese mismo año, tras el fracaso de un intento de acuerdo italo-francés sobre construcciones navales, y en vista de que para neutralizar a los nuevos cruceros de batalla alemanes los galos proyectaban dos acorazados rápidos de 35.000 toneladas *(Richelieu* y *Jean Bart)*, en Italia se decidió construir otros tantos buques similares, pero de

41.300 toneladas de desplazamiento estándar (35.000 oficiales), el *Vittorio Veneto* y el *Littorio,* cuyas quillas se pusieron en Génova en octubre (1).

A los «Richelieu» franceses respondieron los alemanes con los dos poderosos «Bismarck», de 42.000 toneladas, cuyas quillas se colocaron en 1936 y que provocarían, ya en 1939, la puesta en grada de otros dos acorazados galos: el *Clemenceau* y el *Gascogne,* que no llegarían siquiera a ser botados.

Italia, que a raíz de la guerra con Abisinia había desafiado a la Sociedad de Naciones y que en aquellos cruciales meses sólo había recibido ayuda de Alemania, decidió, siempre buscando su expansión colonial, apoyarse para sus fines en el Tercer Reich. El 1.º de noviembre de 1937 firmaba el Pacto Antikomitern con Alemania y el Japón, y, días después, en vista de que la Sociedad de Naciones no quiso reconocer la ocupación de Etiopía, se retiraba de dicha Sociedad, al mismo tiempo que en Génova y Trieste se ponían las quillas de otros dos acorazados del tipo «Veneto»: el *Roma* y el *Impero.*

Los italianos desembarcaron en Albania en abril de 1939, anexionándose este país balcánico, lo que provocó un convenio defensivo entre la Gran Bretaña y Grecia y Rumania, por una parte, y Albión y Turquía por la otra. Como consecuencia de lo cual, en mayo del mismo año se firmaba el «Pacto de Acero» entre Alemania e Italia, en una de cuyas cláusulas se establecía que ambos países se comprometían a no plantear problemas que pudieran amenazar seriamente la paz europea y a consultarse mutuamente antes de tomar decisiones internacionales. Y hay motivos para sospechar que los dictadores de las potencias del Eje no fueron muy sinceros, porque lo cierto es que ambos se traicionaron inmediatamente: Hitler, al decidir atacar a Polonia sin consultar para nada a Mussolini, y éste, considerándose, no sin razón, engañado,

---

(1) Fueron unos buques muy poderosos, de 238 metros de eslora y un andar de 30 nudos, con protección vertical máxima de 350 mm., especialmente concebida contra proyectiles perforantes de grueso calibre, y una horizontal de 207 mm. Las tres torres triples de artillería de 381 mm. tenían también un blindaje de 350 mm., y el proyectil, de 882 kilos de peso, podía alcanzar los 42.800 metros de distancia, con un ritmo de fuego de 45 segundos. El peso total de la coraza de estos buques fue de 13.600 toneladas. Además de la artillería principal, montaba doce cañones de 152 mm., doce de 90, cuatro de 120 para lanzar proyectiles iluminantes, cuarenta ametralladoras antiaéreas y dos catapultas para sus tres aviones.

y no estando todavía Italia preparada para la guerra, al permitir que su ministro de Asuntos Exteriores, el conde Ciano, hiciera saber al embajador británico, veinticuatro horas antes de la declaración oficial italiana, que Italia no entraría en la contienda. Por lo que cabe preguntarse si, de no haber tenido tal garantía, la Gran Bretaña y Francia no lo habrían pensado dos veces antes de decidirse a declarar la guerra a Alemania.

* * *

Haciendo un breve resumen de lo expuesto vemos que la política naval italiana entre las dos guerras mundiales fue exclusivamente dirigida contra Francia. Para un país como Italia, que para subsistir dependía primordialmente de las vías de comunicación, pues el 80 por ciento de sus vitales importaciones se efectuaban por mar, y que entre otras cosas carecía absolutamente de hierro, carbón y petróleo, es decir, de los ingredientes básicos de la industria pesada, construir una Marina de Guerra que no estuviese bien equilibrada era siempre peligroso. Pero seguir pensando únicamente en la Flota francesa como rival, después de que la *Home Fleet* embotellara amenazadoramente el Mare Nostrum en 1935 para tratar de amedrentar a los italianos, fue sin duda un error mucho más grave. Vistas las circunstancias, Italia no debió iniciar en 1937 la modernización de los dos viejos «Duilio», sino lanzarse inmediatamente a construir portaaviones. Lo mismo respecto a la puesta en grada de veinticinco submarinos oceánicos más, pues también podía preverse que, en caso de guerra con la Gran Bretaña y Francia, estos dos países suprimirían todo tráfico marítimo por el Mediterráneo y lo trasladarían al Atlántico, mucho más seguro para ellos, y que no contando Italia con base alguna en este océano, y con el grave inconveniente de tener que cruzar el estrecho de Gibraltar en ambas direcciones cada vez que alguno de sus sumergibles tratase de operar fuera de dicho mar, la flota submarina italiana iba a tener muy poca o ninguna utilidad, como así sería. ¿Supuso quizá Mussolini que después de la guerra civil española podría conseguir bases navales en España? Nuestra guerra no estaba entonces decidida, pero en cualquier caso ya se preveía larga y agotadora en todos los aspectos, lo que, cualquiera que fuese el resultado final, debería haberle hecho suponer que España haría lo imposible para mantenerse neutral durante, por lo menos, los diez años próximos.

De modo que en la modernización de aquellos dos acorazados,

que de ninguna forma podrían medirse con sus oponentes ingleses; en la construcción de otros veinticinco submarinos (entre 1937 y 1940) y en las obras de los doce cruceros de la serie «Regolo» se malgastaron un tiempo, unos recursos y unas energías que, sin la menor duda, habrían sido infinitamente mejor empleadas para Italia en la construcción de media docena de portaaviones de tonelaje medio. Sabemos perfectamente que esto es muy fácil de señalar *a posteriori*, pero también hay que reconocer que, en 1937, en Italia era relativamente sencillo, para quien no adoleciera de una lamentable miopía política, prever ya la guerra con la Gran Bretaña.

Y así se produciría el sorprendente caso de que a la Marina italiana, concebida y preparada para medirse con la francesa, se le daría en el último instante un inesperado e inconcebible cambiazo y tendría que batirse con la enormemente superior *Royal Navy*, que disponía de dos armas decisivas con las que no contó aquélla, prácticamente, en toda la guerra: los portaaviones y el radar, aparte de su muy superior adiestramiento para el combate nocturno.

Así que creemos llegado el momento de echar también un breve vistazo a la poderosa *Royal Navy*.

* * *

El 31 de mayo del año 1916 señaló un hito en la historia de la guerra naval, ya que en dicha fecha tuvo lugar una de las batallas navales modernas más sangrientas que se conocen: la de Jutlandia: ¡8.648 muertos!

Al terrible choque diurno entre las 845.000 toneladas de acorazados y cruceros de batalla británicos y las 563.000 toneladas de buques similares alemanes siguieron una serie de violentos combates nocturnos, pero las grandes escuadras no volvieron a enfrentarse en esta fase de la batalla. El comandante en jefe de la *Grand Fleet*, almirante sir John R. Jellicoe, decidió renunciar a la persecución del enemigo y se retiró en las primeras horas de la madrugada del 1.° de junio, y la escuadra alemana, inferior a la inglesa, pudo escabullirse a favor de las sombras.

Pero los destructores y torpederos se lanzaron a través de la noche en busca de los buques enemigos que habían quedado averiados o inmovilizados tras los choques del día, o que, sencillamente, habían perdido el contacto con sus propias fuerzas y se hallaban en buena posición para ser torpedeados y enviados al abismo.

«No podíamos saber lo que pasaba — escribe un oficial inglés perteneciente a una flotilla de destructores —. De cuando en cuando rompía el silencio un violento tronar de cañones que se prolongaba durante diez minutos seguidos. El resplandor de las salvas iluminaba el cielo en varias millas a la redonda, y el ruido era mucho más fuerte que durante el día. De pronto, mientras los reflectores se encendían y apagaban intermitentemente, surgía una llamarada en algún buque que se hundía. En seguida volvía a reinar el más absoluto silencio» (1).

Fue una noche terrible, en la que los destructores ingleses hundieron al acorazado alemán *Pommern,* de 13.200 toneladas, que se llevó consigo a 884 hombres de su dotación, y el crucero británico *Southampton* torpedeó y echó a pique al de igual clase, pero germano, *Frauenlob,* de 2.670 toneladas, que arrastró consigo a 320 hombres, entre ellos a su comandante, el capitán de fragata Hoffman, que no quiso abandonar el puente de mando para ponerse a salvo. También resultó hundido el torpedero alemán *V-4,* pero, por lo demás, los buques ingleses sufrieron graves pérdidas y el Mando británico extrajo la conclusión de que su Flota no estaba preparada para el combate nocturno.

Efectivamente, los cruceros ligeros *Southampton* y *Dublin* habían sufrido bastantes bajas en los quince minutos que duró el combate con sus contrapartes germanos. El conductor de flotilla *Tipperary* fue acribillado por los proyectiles de los cruceros alemanes y se llevó consigo a 185 de sus hombres. Los acorazados de la *Hochsee Flotte* destrozaron y hundieron a los destructores *Fortune* y *Ardent,* que tuvieron un total de 145 muertos. Por buques de igual clase resultaron pasados por ojo y echados a pique el *Spitfire* y el *Sparrowhawk,* mientras que la artillería del acorazado *Westfalen* hacía bajar al frío bentos al *Petard* y al *Turbulent.* Otros destructores ingleses de las flotillas 4.ª y 12.ª, lanzados al ataque de las grandes unidades enemigas, resultaron averiados en aquella trágica noche — entre ellos el *Onslaugth,* donde el único oficial superviviente fue el alférez de navío Kemmis —, y, por si fuera poco, el crucero acorazado *Black Prince,* de 13.600 toneladas, que en solitario y gravemente averiado trataba de incorporarse a su división, se topó accidental-

(1) *La batalla de Jutlandia,* John Buchan («Nelson & Sons», Londres).

mente con los acorazados alemanes y quedó inmediatamente destrozado por un huracán de fuego que le dejó envuelto en llamas y lo envió al fondo del mar del Norte con 857 hombres de su dotación.

En el informe oficial que sobre esta memorable batalla rindió el almirante Jellicoe se decía lo siguiente: «Rechacé inmediatamente la idea de un combate nocturno entre los grandes buques, por considerarla conducente a un posible desastre: en primer lugar, debido a la presencia de gran número de torpederos, y, en segundo, a la imposibilidad de distinguir entre nuestros propios buques y los enemigos. Además, los resultados de un combate nocturno, en las condiciones modernas, serán siempre, o muy principalmente, una cuestión de suerte.»

Nadie tuvo entonces nada que objetar, pero el caso es que la llegada de la noche había impedido a Jellicoe aniquilar a la flota alemana del vicealmirante Reinhard Scheer. Y que así como en los combates diurnos los ingleses llevaron la peor parte, pero obligaron a su enemigo a retirarse y buscar el amparo de los campos de minas, también las pérdidas inglesas fueron mayores que las alemanas durante la noche, mas la *Hochsee Flotte* no se vio en peligro.

Pasaron los años. En 1930, un marino con verdadero amor a la profesión, sir Ernle Chatfield, que había sido comandante del *Lion*, buque insignia de Beatty, fue nombrado comandante en jefe de la Flota británica del Mediterráneo. Este inteligente almirante no era ningún rutinario; no sólo tenía buena memoria, era también emprendedor, y decidió sacar partido de los avances técnicos logrados por la Flota.

La puntería local en torres y montajes de artillería había sido sustituida por otra automática que se efectuaba desde las alzas directoras encaramadas en las superestructuras, donde los apuntadores no quedaban cegados, ya desde la primera salva y por largos períodos de tiempo, por las llamaradas de los cañonazos. Los proyectores luminosos de arco voltaico también se controlaban a distancia desde las alturas, con lo que su efectividad había mejorado notablemente. Los telémetros, alzas y periscopios de observación eran muy luminosos, y los proyectiles estrella de gran alcance habían sido perfeccionados y provistos de mayores paracaídas. Y Chatfield pensó que, con aquellos medios, ninguna escuadra enemiga podría volver a escapárseles al amparo de las sombras de la noche. Era cuestión de romper con la rutina, adiestrar al personal e inculcar en sus hombres una nueva mentalidad para el combate nocturno. Pues, dada la debilidad a que había llegado la antaño omnipotente Flota británica, debido a las limitaciones impuestas por una serie de tratados internacionales, la acción nocturna ofrecía insospechadas posibilidades para poder romper cualquier situación incómoda o desventajosa.

Y tres años después, cuando entregó el mando a su relevo, el vicealmirante Fisher, la Escuadra británica del Mediterráneo había hecho ya tales progresos en aquel campo de la lucha naval, que Chatfield pudo asegurar a su sucesor que ninguna fuerza enemiga podría volver a escabullirse en la oscuridad. Efectivamente, la introducción de las pólvoras sin llama, y después del radar, unido al elevado grado de adiestramiento conseguido y a la nueva doctrina, harían que sus palabras resultaran casi proféticas.

Lo sorprendente es que aquellas maniobras y ejercicios nocturnos de la Escuadra inglesa, que dieron bastante que hablar en España, al parecer no trascendieron a la Flota italiana. El autor de estas líneas recuerda los comentarios escuchados a raíz de unas maniobras nocturnas británicas en las que un nutrido grupo de destructores, repartidos sobre determinado sector del horizonte, habían encendido bruscamente todos sus proyectores con la finalidad de hacer visible la silueta del «enemigo» para las fuerzas «propias» de acorazados situadas al otro lado.

Esta versión, que escuchamos durante nuestra guerra civil, sin duda llegaba deformada y es muy posible que se refiriese a la fase final de unas maniobras atlánticas inglesas celebradas en 1934 y de las que nos habla el almirante Cunningham en su interesante autobiografía: *La odisea de un marino.* Se trataba de un supuesto táctico para «destruir» a una flota de invasión cuyo objetivo habría sido un desembarco anfibio en la ría de Arosa. Cunningham era entonces contralmirante y mandaba tres flotillas de destructores (veinticuatro buques de esta clase y tres cruceros ligeros), pertenecientes a la Escuadra del Mediterráneo, y termina su relato con el siguiente y revelador comentario:

«Estas atrevidas y bien ejecutadas tácticas no sólo pusieron punto final al ejercicio, sino que decidieron, de una vez por todas, la muy debatida cuestión de si las grandes unidades británicas podían y debían ser empeñadas durante la noche en combate contra los correspondientes buques enemigos. Se recordará que en Jutlandia se evitó deliberadamente el encuentro nocturno. De ahora en adelante, se convirtió en principio aceptado el que una escuadra altamente adiestrada y bien manejada no tenía nada que perder y sí mucho que ganar combatiendo de noche.»

De modo que la Flota británica se especializó en el combate nocturno con el empleo de grandes unidades, y llegó a alcanzar allí una maestría que sólo puede parangonarse a la obtenida por los japoneses en el mismo campo de la táctica naval. Los marinos de Albión se habían aprendido la lección de Jutlandia y sacaron las oportunas consecuencias, mientras que la Marina italiana, que en cambio había logrado un nivel insuperable en el empleo de unidades sutiles y medios insidiosos y que no cosechó desagradables experiencias en la primera guerra mundial en cuanto al empleo de las grandes unidades se refiere, ya que la Escuadra austríaca rehuyó sistemáticamente el combate abierto, se hallaba anclada en el falso tenedero de los viejos conceptos relativos al empleo nocturno de los buques pesados. Había aceptado, igual que un axioma, como dogma, el que las grandes unidades no podrían combatir entre sí durante la noche. Sólo tendrían que defenderse de los ataques torpederos de las unidades ligeras enemigas, y para ello bastaban los destructores propios y, en última instancia, la artillería antitorpedera y la maniobra evasiva. Tales eran las consecuencias deducidas de Jutlandia, para no remontarse más atrás en la historia naval.

Así que, en los ejercicios y maniobras de la Flota italiana, las torres de artillería de los cruceros y acorazados permanecían trincadas a crujía durante la noche, y los grandes cañones ni siquiera se hallaban provistos de pólvoras antillama, pues la doctrina era que no tendrían necesidad de disparar. Por tal razón, los proyectores de arco, proyectiles iluminantes y sistemas ópticos nocturnos no habían merecido la misma atención que otros aparatos y medios correspondientes a las direcciones de tiro, como, por ejemplo, el «gímetro» (1). Pero lo más grave, lo que conduciría al desastre de Matapán, era la suposición de que durante la noche el enemigo tampoco trataría de hacer entrar en combate a sus cruceros y acorazados.

Aquella superioridad de concepto a que había llegado la Flota británica, unido a la introducción en sus buques, ya desde el comienzo de la guerra con Italia, del radar, convertiría la noche en una trágica pesadilla para la Marina italiana, siempre temerosa de unos ataques ante los que se hallaba prácticamente inerme, pues ninguno de sus buques montaría radar ni radiotelémetro de ninguna clase hasta muy pocos meses antes de que se firmara el Armis-

---

(1) Aparato para calcular la «ley de variación en demora» del enemigo.

ticio, cuando ya todo estaba perdido y ni siquiera se disponía del petróleo suficiente para poder mover a los acorazados.

La importancia del radar, aparato que culminaba el elevado adiestramiento que habían adquirido los marinos ingleses para el combate nocturno, se pone por sí solo de relieve ante el hecho incontrovertible de que, en toda la guerra y con la única excepción del combate del cabo Spada, donde resultó hundido un crucero ligero italiano en las condiciones que describiremos más adelante, la totalidad de los combates y acciones de alguna importancia ganadas por la Flota británica en el Mediterráneo tuvieron lugar siempre de noche, cuando toda la ventaja estaba de su parte, porque con la llegada de las sombras el enemigo quedaba prácticamente ciego.

De haberse tratado únicamente de doctrina y de táctica, los italianos, escarmentados tras los primeros reveses, indudablemente habrían corregido y superado sus deficiencias y lagunas en aquella importantísima modalidad de la lucha naval. Pero se toparon con un obstáculo absolutamente infranqueable: el radar. La versión alemana de este aparato electrónico, el inferior radiotelémetro («Dete»), había sido desarrollado ya antes de 1939, y cuando Italia entró en la guerra a mediados de 1940, todos los buques de la *Kriegsmarine* montaban semejante detector. Pero este decisivo secreto técnico no les sería revelado ni entregado a los italianos hasta después de Matapán, y sólo pudo ser duplicado e instalado en sus buques de guerra cuando, como ya hemos señalado, fue demasiado tarde.

* * *

Otra grave desventaja que padeció la Flota italiana con respecto a la británica fue la escasez de combustible. Durante toda la contienda, los ingleses mantuvieron dos importantes fuerzas navales en ambos extremos del Mediterráneo: Gibraltar y Alejandría. Dueños de los océanos, el aprovisionamiento de aquellas dos grandes bases navales no revistió la menor dificultad para ellos a través del Atlántico y vía el mar Rojo y canal de Suez. Sólo en Malta, donde ocasionalmente basaron buques de superficie y submarinos, tuvieron serias dificultades.

Pero Italia no producía entonces petróleo de ninguna clase, y el que había conseguido ahorrar la Marina antes de la declaración de guerra, 1.880.000 toneladas, sólo sería suficiente para poco más de un año, transcurrido el cual todo el combustible líquido tendría que ser suministrado por Alemania. Pero como a este país tampoco le sobraba, sobre todo después de la entrada de Rusia en el conflicto, el cupo destinado a Italia fue siempre insuficiente y numerosas operaciones de la Flota italiana tuvieron que ser canceladas debido precisamente a la falta de petróleo, cosa que jamás le sucedió a la Escuadra británica.

* * *

Al firmarse el «Pacto de Acero», los jefes de los gobiernos de Alemania e Italia habían llegado a un acuerdo de principio para no provocar guerra alguna antes de 1942, ya que hasta entonces Italia no estaría ni medianamente preparada para la lucha. De modo que al precipitarse los acontecimientos a raíz de la invasión de Polonia y la declaración de guerra de la Gran Bretaña y Francia, Mussolini pudo alegar el estado de impreparación del país y quedar al margen, declarando la «no beligerancia». Sin embargo, rechazó el proyecto germano de destacar submarinos al Mediterráneo para que operasen desde bases italianas.

El 18 de marzo de 1940, Hitler y Mussolini se entrevistan en el Brennero. Todo está allí frío y nevado. El Führer informa al Duce de la próxima ofensiva que lanzará el Ejército alemán en el Oeste, y el italiano le promete entrar pronto en la guerra, pero se reserva el momento de hacerlo. Y es que el dictador latino sentía todavía graves dudas y temores. No le faltaban buenas razones para ello. A diferencia de lo que había sucedido en el año 1915, en Italia no había ahora partido alguno que abogara por la guerra, ni siquiera el fascista. El estado de las finanzas del país era catastrófico, y la impreparación de sus Fuerzas Armadas, especialmente del Ejército de Tierra, casi absoluta (1). Estaba tan claro como el agua limpia que Italia no se hallaba en condiciones de afrontar una guerra larga y que sólo podría desempeñar un digno papel en una de muy pocos meses de duración, mejor de

(1) En junio de 1940, el Ejército italiano no disponía de carros pesados ni de vehículos blindados. Únicamente de carros ligeros armados con ametralladoras y de 70 carros medios artillados con una pieza de 37 mm.; lo que, en otras palabras, equivalía a nada. Se calculaba que el reemplazo de la anticuada artillería del Ejército y el abastecimiento de municiones exigiría un período de unos diez años. La artillería antiaérea prácticamente no existía. La guerra con Abisinia y la civil española habían supuesto una merma y un desgaste muy considerables en el material, tanto aéreo como de tierra.

semanas. Por otra parte, la ansiada guerra relámpago podía ser sólo un engañoso espejismo, una *fatta morgana,* un señuelo traidor. Pero la tentación era grande. Después de la firma del pacto soviético-alemán en agosto de 1939, tras la fulminante derrota de Polonia, la invasión de Noruega y de Dinamarca y la absoluta pasividad e impotencia mostradas por los ejércitos anglofranceses, la victoria de Alemania parecía inevitable, algo casi seguro. ¡Casi!

En abril de 1940, Mussolini impartió una directiva, titulada *Piano de guerra,* en que ordenaba a las Fuerzas Armadas aprontarse para entrar en liza al lado de Alemania en el momento que él lo considerase oportuno, a fin de que la intervención italiana resultara decisiva para poner punto final a la lucha. El Duce preconizaba adoptar una estrategia defensiva en todos los frentes, excepto en la mar, donde debería ser «ofensiva en toda la línea», dentro y fuera del Mediterráneo.

Pero Mussolini desvariaba. Convencidos de la inminencia de entrada en guerra de Italia, cosa que el Duce nunca trató de disimular y que muy bien pudo haber hecho — por lo que los aliados han sido injustos al acusar a Italia de haberse lanzado traidoramente contra Francia —, este país y la Gran Bretaña habían ido incrementando sus fuerzas navales basadas en el Mediterráneo, y para mediados de junio tenían allí diez acorazados (los ingleses *Warspite, Malaya, Royal Sovereign, Ramillies* y *Resolution* y los franceses *Lorraine, Provence, Bretagne, Dunkerque* y *Strasbourg*), dos portaaviones, veintidós cruceros pesados y ligeros, noventa y dos destructores y cincuenta y cuatro submarinos. Fuerzas que, poco después de la declaración de guerra italiana, todavía serían incrementadas por la Gran Bretaña. Ya sabemos que Italia carecía de portaaviones, y, como los «Littorio» no estaban aún listos, su Flota sólo disponía de dos acorazados modernizados en servicio.

Las fuerzas aéreas estaban equilibradas. En el ámbito del Mediterráneo, los italianos disponían de 2.492 aviones de caza y de bombardeo, y los anglo-franceses, de 2.367 aparatos de los mismos tipos. De ellos se hallaban respectivamente listos para su empleo inmediato 1.377 y 1.308 aviones.

Nada tiene, pues, de extraño que, ante dicha directiva del primer mariscal del Imperio (el Rey también lo era), el jefe del Estado Mayor General, mariscal Badoglio, manifestase que, con respecto a la acción a fondo de la Marina, él creía que tal directiva no debería ser interpretada «en el sentido de lanzarse con la cabeza baja contra las flotas británica y francesa», sino más bien en adoptar un despliegue estratégico, principalmente con los submarinos, dirigido a entorpecer el tráfico del adversario.

Y el almirante Cavagnari, en un informe presentado al Duce el día 11 de abril, exponía, entre otros, los siguientes puntos de vista: «Si los aliados sitúan sus fuerzas navales principales en ambos lados del Mediterráneo, en espera de nuestro agotamiento, será difícil llevar a cabo una guerra decididamente ofensiva con nuestra Escuadra de superficie. Por otra parte, la guerra submarina puede dar escasos resultados en el Mediterráneo, tanto más puesto que el tráfico mercante será totalmente inexistente. Si en vez de ello, los aliados adoptan una guerra decididamente ofensiva contra Italia, para neutralizarla rápidamente, los encuentros entre las principales fuerzas navales adversarias pueden producirse pronto y con ingentes pérdidas por ambas partes. Pero nuestros enemigos dispondrán de un margen muy amplio para afrontar los daños y suplir la escasez de medios. Por tanto, nuestra guerra ofensiva en la mar podría, si no inmediatamente, muy pronto, convertirse en guerra defensiva. Cualquiera que sea el carácter que pueda asumir el conflicto en el Mediterráneo, grande será, al final, el balance de nuestras pérdidas navales, e Italia puede llegar al tratado de paz no sólo sin ganancias territoriales, sino también sin Escuadra, Ejército y Aeronáutica.»

Pero todos estos sensatos y previsibles razonamientos no impresionaron a Benito Mussolini, que sólo pensaba lanzarse a la guerra cuando ésta se hallase prácticamente decidida a favor de Alemania, únicamente si se llegaba a semejante situación y con la exclusiva finalidad de que Italia pudiese participar, tras una muy breve intervención, en el botín de guerra. Era el gran político dispuesto a moverse con habilidad suma, que confía en su poderosa inteligencia y su buena estrella y a quien la mejor o peor preparación de las Fuerzas Armadas parece de interés secundario, dada la brevedad y sólo relativa trascendencia que ha de tener su actuación. Por eso, cuando el 10 de mayo de 1940 las tropas alemanas rompen el frente del Oeste y en diez días llegan al canal de la Mancha; cuando el 15 y el 27 del mismo mes capitulan los ejércitos de Holanda y de Bélgica; el 25 comienza el reembarque del ejército expedicionario británico en Dunkerque; cuando los franceses retroceden desordenadamente en todos los frentes y el gobierno de Paul Reynaud se dispone a abandonar París, a punto de caer en poder de los alemanes, lo único que teme Benito Mussolini es no llegar a tiempo para poder sentarse a la mesa de la conferencia de la paz con suficientes méritos, o triunfos, en sus ávidas manos.

El 10 de junio, Italia declaraba la guerra a Francia y a la Gran Bretaña; una guerra que absolutamente nadie, aunque por diferentes razones, quería en el país, exceptuando a Benito Mussolini; una guerra innecesaria y para la que Italia no se hallaba en absoluto preparada. Pero el dictador creyó, firme, rotundamente, que la contienda estaba resuelta y que duraría ya muy pocas semanas. Y, efectivamente, no habían transcurrido quince días cuando sucumbía también Francia.

Entonces el Duce creyó que su magnífica estrella, tan brillante como lo había sido el cometa Halley, la que le había acompañado durante los terribles años de frío, barro y guerra de trincheras en el frente austríaco; que allí le librara de la muerte tras sufrir una herida que pudo haber sido mortal; que presidiera la fundación de su propio partido político y la extraordinaria «marcha sobre Roma»; que ya en el poder le salvase la vida en numerosos atentados, algunos llevados a cabo a tiros de pistola disparados a bocajarro; la de la arriesgada y gloriosa campaña de Etiopía; la que seguiría brillando para él durante la guerra civil española y la anexión de Albania; aquella estrella en que tan firme e ilusionadamente había creído durante toda su intensa vida de acción y lucha a brazo partido con el destino; que tantas veces le ofreciera generosamente la embriagadora copa del éxito y le proyectase a la cúspide de la más fabulosa carrera con que político alguno pudo jamás soñar en lo que iba de siglo; aquel astro, su espléndida estrella, seguía refulgiendo como siempre en el cenit, rendida a su poderosa voluntad, fiel y prometedora como mujer enamorada. El dictador italiano no podía imaginar, cuando desde el balcón del Palazzo Venezia arengaba a la multitud romana con su bien timbrada y electrizante voz, para terminar con aquel «*Vincere!*» salido del alma y que era una orden irrevocable; no podía imaginar, decíamos, que, por el contrario, su astro ya había desaparecido bajo el oscuro y tormentoso horizonte, dejándole solo, a oscuras, abandonado y sumido en la desgracia.

Capítulo II

PRIMERAS OPERACIONES. — HUNDIMIENTO DEL CRUCERO BRITÁNICO «CALYPSO». — BOMBARDEO DE GÉNOVA.—CONSECUENCIAS DE LA RENDICIÓN FRANCESA. — MERS-EL-KEBIR

La precipitada e intempestiva declaración de guerra proclamada por Benito Mussolini contra viento y marea, costó a la Marina Mercante italiana la pérdida inmediata de más de 1.200.000 toneladas de barcos, sorprendidos en la mar y por todos los puertos del mundo, equivalente al 35 por ciento del tonelaje global de aquélla, lo que, teniendo en cuenta el carácter absolutamente ultramarino de la contienda en que Italia acababa de embarcarse y la decisiva importancia que para ella iban a tener las comunicaciones marítimas en los siguientes tres años, supondría una pérdida irreparable y que muy pronto dejaría sentir sus desfavorables efectos. Por otra parte, varios cargueros que transportaban valioso material de guerra de todas clases al África Oriental Italiana fueron apresados por los ingleses cuando atravesaban el canal de Suez o ya surcaban el mar Rojo. Cierta previsión o el retardo de unas cuantas semanas en declarar la guerra habrían podido evitar aquel verdadero desastre. Pero para el Duce, la prematura desaparición de la tercera parte de su Flota Mercante tampoco pareció tener la menor importancia.

En lo único en que actuaron a tiempo los italianos fue en el fondeo de sus campos defensivos de minas, operación iniciada el 6 de junio, es decir, cuatro días antes de la declaración de guerra, y que se hizo pública por medio de los avisos internacionales a los navegantes. Pero aun en esta importante guerra silenciosa de las minas submarinas, la Armada italiana, desprovista de aviación naval, tendría que renunciar también a otra herramienta de la mayor importancia: la mina de fondo, capaz de ser arrojada desde el aire en el interior de los puertos, radas, fondeaderos y canales del enemigo o en sus inmediatos accesos.

De modo que, en junio de 1940, la Armada italiana se lanzaba a la lucha contra la Marina más potente y mejor preparada del mundo sin aviación naval, portaaviones, aviones torpederos, radar, *asdic*, suficientes reservas de combustible ni minas submarinas de fondo. De todo lo cual, por el contrario, se hallaba muy bien equipada a aquellas alturas la *Royal Navy*. Para no mencionar el hecho importantísimo de que los británicos lograrían, en el otoño de 1941, romper las claves secretas de la Armada italiana. Convendría que el lector lo tuviese bien presente a lo largo de los capítulos de esta historia.

* * *

Era una magnífica noche, oscura y estrellada, en que el viento del Norte agitaba suavemente la mar. El submarino italiano *Bagnolini* acechaba sobre las olas, tan inmóvil y silencioso como una sombra. Ningún aparato o motor funcionaba a bordo y el buque se mecía levemente, igual que una gran boya negra fondeada en el océano.

En la parte popel de su gran torreta, detrás de los cuatro serviolas encaramados sobre el tambucho que la cubría parcialmente a proa de los dos robustos mástiles que alojaban los periscopios, el capitán de corbeta Franco Tosoni se apoyaba en la borda, pensativo y expectante. Era la noche del 11 al 12 de junio de 1940, es decir, hacía menos de dos días que Italia había declarado la guerra a Francia y a la Gran Bretaña.

¡La guerra! ¿Qué les depararía a su patria y a él mismo aquella contienda? Tosoni recordó que, unos días atrás, ocho submarinos del grupo de Mesina, al que pertenecía el *Bagnolini*, habían sido trasladados a la pequeña base naval avanzada de la isla de Leros, en el Dodecaneso, archipiélago griego — paradójicamente de trece islas — que pertenecía a Italia desde la guerra de 1911 con Turquía. En Sicilia habían quedado las familias de los marinos, a solas con sus temores y sus esperanzas.

Algunas horas antes de la declaración de guerra, el jefe de la base había reunido a los comandantes de las ocho unidades para hacerles entrega de las órdenes de operaciones, y les había manifestado que cerca de sesenta submarinos italianos tomarían simultáneamente posiciones por todo el ámbito del Mediterráneo, a fin de hacer sentir su peso desde el primer día de la lucha.

Pero en la navegación desde Leros hasta su punto de acecho, a unas cincuenta millas al sudeste de la isla de Gaudo, próxima a la costa meridional de Creta, no se había avistado barco alguno, mercante ni de guerra. La mar se presentaba desierta, lo que, por otra parte, era de esperar, pues se sabía que los ingleses habían desviado todo su intenso tráfico marítimo mediterráneo ya desde finales de abril, a raíz de un amenazador discurso de Mussolini, y que los franceses habían hecho lo propio unos días antes de que Italia entrase en la guerra, aunque el 12 de junio establecerían, sólo en el Mediterráneo occidental, el sistema de convoyes.

Por otra parte, los anglo-franceses contaban con la experiencia de más de nueve meses de lucha contra los submarinos alemanes, y también con un detector acústico especial, denominado *asdic*, mientras que los italianos no poseían otras enseñanzas que las deducidas de la escasa actividad submarina habida en el mar Adriático durante la primera guerra mundial y algunas acciones llevadas a cabo en un breve período de la guerra civil española.

Las directivas en vigor señalaban que los submarinos italianos deberían permanecer sumergidos durante las horas de luz a unos cuarenta metros de profundidad, para escuchar con los hidrófonos, y de vez en cuando subir a cota periscópica a fin de echar un vistazo sobre las olas. Los diez primeros minutos de cada hora también tendrían que hacerlo, para pasar a escucha radiotelegráfica con el Alto Mando. De noche permanecerían al acecho en superficie, a fin de utilizar el submarino como torpedero nocturno si las condiciones eran favorables. En otro caso, también en inmersión. En resumen, se consideraba al sumergible como una unidad estática más que móvil. Y el capitán de corbeta pensaba, con escepticismo, si aquellas viejas tácticas de la Gran Guerra serían ahora las más convenientes y de mayor rendimiento cuando el tráfico había desaparecido y las fuerzas navales del enemigo se moverían con cautela, bien equipadas con aviones y medios antisubmarinos modernos y altamente eficientes.

Cierto que los *unterseeboote* alemanes se habían apuntado algunos tantos verdaderamente espectaculares, pero, aparte del forzamiento de la base naval de Scapa Flow por el *U-47* del teniente de navío Gunther Prien, en un audaz golpe de fortuna, no era lo mismo moverse por el inmenso océano Atlántico, en zonas a donde no llegaban los aviones enemigos por falta de autonomía, pero que necesariamente tenían que ser surcadas por unos convoyes de los que dependía la vida del Reino Unido, que hacerlo por un mar tan estrecho y confinado como el Mediterráneo, donde no había tráfico y, por otra parte, apenas quedaba rincón que no pudiera ser bien escudriñado por los aviones del adversario. Franco Tosoni ignoraba entonces que sus dudas y temores se verían pronto trágicamente confirmados por los hechos, pero tampoco sabía que precisamente aquélla iba a ser su noche de gloria...

Interrumpió sus pensamientos el cuchicheo de un serviola que señalaba algo al oficial de guardia. Pero tras unos instantes de injustificada alarma, en la oscura torreta del submarino, empapada por el relente, volvió a imperar un silencio apenas turbado por el leve chapoteo que producían las olas al chocar contra el casco de acero.

Ahora el comandante del buque de guerra echó una ojeada a las estrellas que centelleaban inquietas sobre su cabeza. La constelación del Pegaso quedaba muy alta aquel mes, casi de verano. Era un gran cuadrilátero formado por estrellas de primera magnitud que ya habían sido bautizadas por los astrónomos árabes del siglo VII con los nombres de «Markab», «Algenib», «Scheat» y «Alferatz», aparentemente vacío, pero donde los simples prismáticos permitían descubrir multitud de chispeantes mundos. Tosoni siempre se había sentido embriagado ante aquella lejana inmensidad, aquella infinitud formada por miles de millones de estrellas que, sin embargo, sólo constituían una galaxia, la Vía Láctea, de tamaño colosal para nuestros cánones de medidas, pero en realidad apenas un insignificante punto de luz perdido en el cosmos. Después, el marino dirigió la mirada hacia «Mirach», y muy cerca de esta estrella, en dirección hacia esa gran «uve doble» que dibuja en el oscuro firmamento la constelación de Casiopea, columbró un tenue resplandor que no procedía de ninguna estrella. Contemplaba, no sin emoción, la única galaxia visible a simple vista desde nuestro planeta: la nebulosa de Andrómeda, un misterioso mundo fuera de nuestro propio mundo, lejos de este gran torbellino de estrellas, de esa formidable rueda de fuego nuclear que forma nuestra propia galaxia y a la que pertenecen absolutamente todas las estrellas y cometas que pueblan el firmamento nocturno.

Aquel tenue resplandor, que para Tosoni se definió mucho mejor a través de sus prismáticos de siete aumentos, era otro sistema en espiral constituido también por miles de millones de estrellas y un número indudablemente mucho mayor de oscuros e invisibles planetas, en algunos de los cuales, muy probablemente, existirían seres vivos, tal vez parecidos a nosotros mismos, quizá también con sus risas y lágrimas, pero lo suficientemente inteligentes y cuerdos para no tener necesidad de matarse los unos a los otros a fin de resolver sus diferencias. Mas los mundos de aquella galaxia estaban a tal distancia de la Tierra, que la luz de sus soles, recorriendo en línea recta trescientos mil kilómetros por cada segundo de nuestro reloj, había tardado ¡dos millones de años! en llegar hasta las pupilas del marino italiano.

Muchas veces, en las navegaciones efectuadas durante los meses de verano, el joven oficial había dirigido con curiosidad sus prismáticos hacia esa faja luminosa que cruza el firmamento y algunos llaman «el Camino de Santiago» — el borde del disco formado por nuestra galaxia —, y se había quedado anonadado ante aquel verdadero cúmulo de estrellas que parecían polvo de diamante y resultaban tan incontables como las arenas del mar. Y aquí la Humanidad, a bordo de un insignificante pedrusco que rueda en precario por el infinito, ligado de forma invisible a una estrella amarilla y que a su vez vuela veloz, todavía empeñada en una guerra a muerte con sus compañeros de viaje...

Le sobresaltó la voz del oficial de guardia, al comunicarle que se veían buques de guerra por la amura de babor. Tosoni miró un instante la mancha oscura que formaba la cara del hombre bajo su gorra, recortándose sobre la claridad sideral, y le ordenó enviar la gente a los puestos en zafarrancho de combate y prepararse para hacer inmersión. Después se puso en pie y dirigió los prismáticos hacia donde le indicaron los serviolas. Efectivamente, se divisaban unas sombras vagas, imprecisas, pero que presentaban una gran orla blanquecina en su parte inferior. Le parecieron destructores enemigos aproximándose rápidamente.

El capitán de corbeta siguió observando con toda atención, al mismo tiempo que trataba de serenar los alterados latidos de su víscera pectoral. Cuatro buques se movían haciendo zigzag. Formaban sin duda la cortina antisubmarina que debía preceder a unidades mayores, pues en otro caso navegarían en formación lineal. ¿Qué hacer? ¿Sumergirse? Si lo hacía en aquella noche tan oscura, luego no podría distinguir a través del periscopio los buques que vinieran detrás. Así que el italiano decidió que había llegado el momento de arriesgarse y aguantar.

El segundo de a bordo subió a la torreta para decirle que el personal ya estaba en sus puestos y que los torpedos y motores eléctricos se hallaban listos. Y antes de descender al puesto de mando para manejar los ábacos y gráficos que habrían de resolver el problema cinemático del lanzamiento, quiso saber las intenciones del comandante del *Bagnolini*.

— Vamos a dejarlos pasar — murmuró el capitán de corbeta

sin quitarse los prismáticos de los ojos. Sin duda otros buques mayores vienen detrás.

El teniente de navío descendió rápidamente por la escala de hierro sin querer pensar en lo que sucedería si el submarino era descubierto desde corta distancia, parado y en superficie.

Para Tosoni, los acontecimientos se precipitaban. Parecía que tres de los destructores enemigos pasarían por estribor, algo alejados, y el cuarto por la otra banda, muy próximo. Si éste los avistaba, podría fácilmente pasarlos por ojo y echarlos a pique, pues los quinientos u ochocientos metros a que cruzaría serían salvados por aquel buque en cuestión de segundos, mientras que su submarino tardaba un minuto en hacer inmersión. Ya se escuchaba un fuerte rumor, aquella especie de continuo chasquido que producía el veloz destructor enemigo al rasgar las aguas con su tajamar, y que a los hombres encaramados en la torreta del submarino italiano se les antojaba maléfico. La blanquecina palmera de espuma que levantaba el buque de superficie era considerable, y Tosoni supuso que debería de marchar a más de veinte nudos.

Luego, tan bruscamente como habían surgido, los sabuesos enemigos desaparecieron en la noche, la mar volvió a quedar vacía y silenciosa y el capitán de corbeta pensó si no se habría equivocado en sus suposiciones.

Sin embargo, tras algunos minutos de expectación y silencio, se hicieron visibles las oscuras siluetas de dos cruceros que navegaban en línea de fila, es decir, uno tras otro. Iban arrumbados al Noroeste, y a través de los prismáticos se distinguían bien las características de sus obras muertas, por lo que pudieron ser identificados como cruceros ligeros británicos tipo «Caledon». Tosoni ordenó ahora arrancar y embragar los motores eléctricos y hacer rumbo de ataque. El espinoso problema era apreciar lo más exactamente posible el rumbo y la velocidad del enemigo. La distancia no importaba mucho. Cualquiera que fuese, dentro de ciertos límites, todos los triángulos de puntería que se formasen — cuyos lados estarían constituidos por la visual al blanco en el momento del disparo y las derrotas que seguirían el buque enemigo y el torpedo hasta el instante del impacto — serían semejantes. De modo que la esperada colisión se produciría lo mismo.

La unidad en cabeza ya estaba en buena posición para el lanzamiento, muy próxima, pero, a fin de no tener que variar el rumbo propio para apuntar, Tosoni decidió lanzar con ángulo de giróscopo, y a las 0058 de la madrugada salió un torpedo.

Todo el submarino se estremeció con cierta brusquedad, y, con un fuerte resoplido, el pez metálico abandonó su tubo, hizo luego un dócil viraje y comenzó a surcar velozmente las aguas al impulso de sus dos hélices (1), dejando apenas una tenue estela de burbujas de aire. Afortunadamente para los italianos, aquella noche no había fosforescencia en las negras aguas.

Por si el artefacto fallaba, Tosoni decidió aproximarse para tratar de repetir el ataque. Pero apenas el submarino había cambiado de rumbo, cuando entre el puente y la chimenea de proa del crucero británico surgió bruscamente una roja llamarada, inmediatamente seguida por una alta y blancuzca columna de agua. Segundos después llegó el bramido de una fuerte detonación, que para los italianos resonó en la noche cual alarido de muerte. Pero ahora se sabían descubiertos y era de prever que los destructores regresarían a toda velocidad. El segundo crucero había caído inmediatamente hacia fuera y desaparecido en la noche, y el alcanzado parecía estar sentenciado. Perder un segundo más en superficie sería tentar inútilmente a la suerte. Había llegado el momento de buscar el amparo de las profundidades. Así que el *Bagnolini* desapareció, burbujeante, bajo las oscuras aguas.

Mientras tanto, el crucero británico *Calypso*, de 4.200 toneladas, construido en el año 1917, después modernizado y todavía en servicio, había sufrido 39 muertos y numerosos heridos y sus daños en las cámaras de calderas eran tales, que tras una penosa agonía de una hora y media zozobraría y se iría a pique, con ruidos que semejaron los estertores de un gran cetáceo moribundo. Balsas, algunos restos flotantes y grandes remolinos de agua y petróleo señalaban el lugar donde acababa de flotar un buque que desaparecería para siempre en 2.500 metros de sonda. ¡Era el primero de los diecinueve cruceros que perdería la *Royal Navy* en el Mediterráneo! (2).

Pero estamos seguros de que el lector ya se pregunta por qué Tosoni había disparado un solitario torpedo en vez de lanzar una salva completa con todos los tubos de proa para tratar de alcanzar también al otro crucero, como probablemente habría hecho en su lugar cualquier submarinista alemán o británico. Veamos.

---

(1) De pasos encontrados, para que sus perjudiciales efectos sobre la trayectoria rectilínea del torpedo mutuamente se destruyan.

(2) Tres de ellos — *Carlisle, Spartan* y *Penelope* — después del Armisticio con Italia.

Los sumergibles italianos estaban sólidamente construidos y eran muy resistentes, reunían buenas condiciones de estabilidad y navegación, resultaban todo lo cómodos que un submarino convencional puede ser y montaban excelentes motores, térmicos y eléctricos. Pero por lo demás se trataba de buques casi tan elementales como los que actuaron en la primera guerra mundial. No contaban con central de lanzamiento de torpedos de ninguna clase, lo que, en los momentos de nerviosismo y peligro que preceden al ataque, pues el instante oportuno es breve y se esfuma con rapidez, resultaba un grave inconveniente para poder resolver con exactitud el problema del tiro. ¡No hablemos del disparo casi simultáneo contra varios blancos!

Los mismos torpedos, todos los cuales dejaban una delatora estela de burbujas de aire en la superficie de la mar, eran poco seguros y se desviaban frecuentemente de su trayectoria. Por otra parte, se trataba de mecanismos complejos y caros, que la industria italiana, excelente pero de capacidad muy limitada si se la comparaba con la alemana o la británica, no podría reponer fácilmente si las reservas volaban pronto. Debido a ello, el Alto Mando de los submarinos los escatimó con avaricia y no estableció el sistema de lanzamiento por salvas hasta que la experiencia de varios meses de dura lucha demostró que era absolutamente necesario.

El aire comprimido utilizado para la expulsión del artefacto fuera de su tubo salía íntegramente a la mar — en vez de ser capturado antes, como en todos los submarinos modernos — y formaba una gran burbuja, muy visible al romper en la superficie y que fácilmente traicionaba la posición del submarino atacante, tanto de día como de noche. Todo ello, y otros graves inconvenientes y deficiencias de que trataremos después (para no cansar más al lector), convirtieron a los submarinos italianos, prácticamente durante toda la contienda y pese al gran valor desplegado por sus dotaciones en innumerables ataques efectuados contra buques de guerra enemigos de todas clases, en un arma de rendimiento decididamente bajo en el Mediterráneo y que, por otra parte, experimentaría gravísimas pérdidas. Ataques audaces, llevados a cabo con tanta sangre fría como el del capitán de corbeta Tosoni contra el *Calypso*, se repetirían a lo largo de toda la guerra, pero generalmente sin resultado alguno o, lo que era peor, con desastrosas consecuencias para quienes se lo jugaban todo con tan arcaicos y poco eficientes medios, sin más consideración que el sagrado cumplimiento del deber.

* * *

El primer submarino italiano que resultó hundido en la guerra fue el *Provana* (capitán de corbeta Botti). Poco antes de la rotura de las hostilidades, 55 submarinos italianos habían tomado posiciones en el Mediterráneo y el mar Rojo y dos más intentaron pasar al océano Atlántico, de los que sólo uno lo lograría.

Los franceses, que inicialmente suprimieron todo su tráfico mercante por el Mare Nostrum, lo reanudaron después, como ya sabemos, pero sólo en la parte occidental de dicho mar. En la tarde del 17 de junio, el *Provana*, que acechaba en inmersión a unas 80 millas al norte de Orán, atacó a un convoy galo, contra el que lanzó dos torpedos. Uno de los artefactos se hundió a mitad de su trayectoria y el otro erró el blanco. Pero sus estelas y la gran burbuja de aire del lanzamiento fueron avistadas por los franceses, y dos unidades de la escolta contraatacaron al submarino, arrojándole numerosas cargas de profundidad. El *Provana* debió de sufrir graves averías y tuvo que emerger, pero apenas había asomado su proa sobre las olas cuando el cañonero *La Curieuse* se lanzó contra él a toda velocidad.

El impacto fue certero. Con un crujido escalofriante para los que iban dentro, el casco del submarino italiano saltó destrozado y se partió en dos. Una tromba de agua asesina entró inmediatamente a bordo, ahogó algunos gritos desesperados y hundió ambas partes del infortunado *Provana*, que arrastró consigo a toda su dotación. El buque francés quedó bruscamente frenado, con la proa deshecha, estremecido por la violencia de la colisión. Por las dos bandas de su castillo de proa surgieron remolinos, grandes burbujas de aire y diversos restos de todas clases. Tras el estrépito producido por el chocar y destrozarse de los acerados cascos se hizo un silencio de muerte. Porque la guerra acababa de despojarse de su máscara, dejando un momento al descubierto su repulsivo e impresionante rostro de horrible crueldad.

El cañonero francés pudo renquear hasta Orán, mientras una gran mancha de petróleo sobre las olas señalaba el lugar de la tumba de más de sesenta marinos italianos que habían sucumbido, fulminantemente, haciendo frente al enemigo.

Pero el hundimiento del *Provana* no constituyó ningún hecho aislado. Porque aquellas primeras semanas de guerra en el Mediterráneo resultaron verdaderamente sangrientas para las flotas submarinas de los dos bandos contendientes.

El 20 de junio, el *Diamante,* que se dirigía a Tobruk navegando en superficie, fue avistado por el submarino británico *Parthian,* al acecho en inmersión a unas 30 millas al norte de dicho puerto africano. De los varios torpedos lanzados por los ingleses, dos hicieron blanco en el desprevenido *Diamante,* que se hundió inmediatamente con toda su gente.

El *Uebi Scebeli,* que el 29 de junio se dirigía a su punto de acecho, a 35 millas al nordeste de Derna, descubrió unidades de guerra enemigas y se sumergió para atacarlas. Pero detectado por los destructores ingleses *Dainty, Ilex* y *Defender,* fue a su vez atacado con cargas de profundidad. Gravemente averiado, tuvo que salir a superficie, pero pudo ser abandonado por sus hombres antes de hundirse.

El *Rubino,* apostado a unas 20 millas a poniente de Alejandría, fue descubierto y atacado por unidades de superficie enemigas, y recibió tales daños que tuvo que renunciar a sus operaciones y dirigirse a Taranto. Sorprendido por un avión británico el 29 de junio, cuando navegaba en superficie, resultó directamente alcanzado por dos bombas que cayeron a proa de la torreta y lo hundieron con la mayor parte de su dotación.

El *Liuzzi,* que había acechado inútilmente en las proximidades del puerto chipriota de Famagusta, pues por allí no se avistó barco alguno, fue atacado por destructores ingleses el 27 de junio, cuando regresaba a su base. Obligado a emerger debido a las graves averías sufridas, al salir a superficie fue también blanco de la artillería enemiga y, como el hundimiento era ya inevitable, su comandante, el capitán de corbeta Lorenzo Bezzi, ordenó el abandono del buque. Pero él mismo prefirió hundirse con su submarino. Momentos antes de que el *Liuzzi* desapareciese para siempre bajo las olas, se vio a su comandante saludar, descender por la escala de la torreta y cerrar tras él la escotilla.

Parecida suerte corrió el *Argonauta,* hundido con toda su dotación el 29 de junio, cuando se dirigía a Tobruk. Sin embargo, no todo fueron desastres para los italianos. Además de hundir al crucero *Calypso* y algunos solitarios mercantes aliados, el *Marconi* (capitán de corbeta Chialamberto), que vigilaba en el mar de Alborán, se lanzó al ataque de dos destructores ingleses que regresaban a Gibraltar y logró hundir al *Escort,* de 1.350 toneladas.

En aquellas primeras semanas de guerra, los submarinistas británicos no tendrían mejor suerte que los italianos. Hasta el mes de agosto sólo habían conseguido echar a pique a tres barcos mercantes enemigos, pero el sumergible *Odin* fue hundido por el destructor italiano *Strale* el 13 de junio, en el golfo de Taranto. El 16 del mismo mes bajaba al abismo el *Grampus* en los accesos de Siracusa, víctima de los torpederos *Circe* y *Clio*. Tres días después, el destructor *Turbine* hundía al *Orpheus* cerca de Tobruk, y el torpedero *Albatros* hacía lo propio con el *Phoenix*, el 16 de julio, cerca de Augusta. Finalmente, el *Oswald* desaparecía, el 1.° de agosto, en las cercanías de la costa oriental siciliana, víctima del destructor *Vivaldi*.

Los franceses habían perdido al submarino *Morse* el 16 de junio, pero se ignora si este buque chocó con una mina o fue torpedeado por el italiano *Durbo*. Lo que indudablemente se puso de manifiesto para todos fue la terrible dureza que iba a alcanzar la lucha submarina en el mar Mediterráneo, donde habrían de sucumbir, a lo largo de la guerra, más de un centenar y medio de sumergibles de diversas banderas.

* * *

Sabemos que la escuadra británica basada en Alejandría se había hecho a la mar en la madrugada del 11 de junio, con la finalidad de efectuar una exploración de tanteo por el Mediterráneo oriental. Después de perder al *Calypso*, otros dos cruceros ingleses, el *Liverpool* y el *Gloucester* (11.550 toneladas, con doce cañones de 152 mm.), escoltados por cuatro destructores, se presentaron delante de Tobruk en la amanecida del día 12, cuando la plaza estaba siendo bombardeada por el Grupo 202° de la RAF, basado en Egipto.

Los cruceros abrieron el fuego sobre una flotilla de patrulleros italianos (*Palmaiola*, *Lante* y *Berta*) que vigilaba a algunas millas de distancia del puerto, y lograron echar a pique al *Berta*, que hasta el mismo momento de desaparecer bajo las olas se defendió valerosamente con su único cañón de 76 mm. Contrabatidos a su vez por las baterías de costa y por el viejo crucero-acorazado *San Giorgio* (1), fondeado en el puerto como batería flotante, los buques ingleses, tras un breve intercambio de disparos, decidieron retirarse, y la escuadra de Cunningham entró en Alejandría el día 14. Lo único que en resumidas cuentas había logrado fue perder uno de sus cruceros ligeros, pero, con gran sorpresa por su parte, esta escuadra no había sufrido ataques aéreos de ninguna clase, pese a haber cruzado durante tres días

(1) Botado en 1910, de 9.200 toneladas, con cuatro cañones de 254 mm. y ocho de 190 mm.

a escasamente cien millas de la costa líbica. En realidad, los buques británicos no habían avistado un solo avión enemigo de reconocimiento, lo que para el audaz y dinámico almirante británico resultó tan significativo como prometedor.

El 14 de junio, al anochecer, zarparon de Tobruk los destructores italianos *Turbine, Nembo* y *Aquilone,* que en la madrugada siguiente bombardearon Sollum con 220 proyectiles de 120 mm. Repitieron la operación el 26 de junio, esta vez a pleno día y por espacio de casi una hora, sin que tampoco los ingleses reaccionaran con eficacia.

Más importante, si no en los resultados, por la categoría de los buques que intervinieron, fue el bombardeo efectuado con las primeras luces del día 21 sobre Bardia por el acorazado francés *Lorraine* y los cruceros ligeros británicos *Orion, Neptune* y *Sidney,* escoltados por cuatro destructores. Estos buques procedían de Alejandría y actuaban a las órdenes del vicealmirante John Tovey, que después mandaría la *Home Fleet* y lograría hundir al acorazado alemán *Bismarck* (1). Apoyaban a la agrupación de bombardeo los cruceros franceses *Sufren* y *Dugay Trouin* (10.000 y 7.250 toneladas, respectivamente) y tres destructores ingleses, mientras otros cinco destructores británicos exploraban hasta Tobruk. El bombardeo duró cincuenta minutos, y tampoco hubo reacción apreciable por parte del adversario.

Mayor resonancia que estos bombardeos navales contra pequeñas plazas fronterizas en pleno desierto norteafricano fue el llevado a cabo por buques de guerra franceses contra Génova y Vado el 14 de junio.

Como represalia por los ataques aéreos italianos contra la base naval de Tolón en la noche del 12 al 13 de junio, el almirante Darlan decidió bombardear aquellos puertos del mar de Liguria. Las razones que presidieron tal selección resultan obvias: proximidad a la base de partida, conocimiento de que toda la Flota italiana estaba concentrada en sus bases meridionales, inexistencia de baterías pesadas de costa y grandes sondas que parecían hacer impracticable el fondeo de campos defensivos de minas (2).

---

(1) Acerca de esta dramática operación véase *La guerra naval en el Atlántico,* del mismo autor. Editorial Juventud, Barcelona.

(2) Erraban los franceses, como errarían después los ingleses, que también bombardearían Génova desde la mar, pues la Marina italiana era la única que disponía de minas capaces de ser fondeadas en profundidades de hasta 800 metros.

En la tarde del 13 de junio aparejaron de Tolón cuatro cruceros pesados, once destructores y cuatro submarinos. Estos últimos tomarían posiciones en las proximidades de la base naval de La Spezia.

En la amanecida del día 14, con mar llana y visibilidad mediocre debido a la niebla y algunos chubascos de poca intensidad, los cruceros *Algerie* y *Foch* y seis destructores cañoneaban las fábricas y acererías de Vado y Savona, mientras el *Dupleix,* el *Colbert* y dos destructores hacían lo propio sobre el puerto de Génova y los tres destructores restantes quedaban a la expectativa.

Los buques franceses dispararon desfilando frente a la costa, de Levante a Poniente, y los italianos se defendieron enérgicamente con todo lo que disponían: baterías de costa, un tren armado con piezas de 120 mm., cuatro lanchas rápidas y un torpedero. Éste, el *Calatafimi,* se aproximó a los cruceros pesados franceses hasta llegar a tres mil metros de distancia y les lanzó cuatro torpedos, que fueron esquivados, logrando él mismo librarse de la lluvia de proyectiles que caían alrededor de él y regresar indemne a Génova.

Cuatro lanchas «MAS» de la 13.ª Escuadrilla, basada en Savona, se lanzaron también al ataque de las unidades enemigas, a pleno día, navegando a 44 nudos, divididas en dos secciones. Los buques franceses interrumpieron el tiro sobre la costa para dirigirlo contra las minúsculas pero raudas y peligrosas torpederas, que, entre un verdadero alud de proyectiles de cañón y de ametralladora, se aproximaron audazmente hasta los 1.800 metros y, antes de virar y retirarse como alma que lleva el diablo, pudieron lanzar seis torpedos. La lancha 535, que seguía a la del teniente de navío Parodi, recibió un latigazo de metralla, que hirió a tres hombres, en el momento del lanzamiento, perdiendo su oportunidad. Pero las cuatro embarcaciones pudieron entrar en Savona tras otra veloz galopada, perseguidas por los proyectiles de los franceses, que para esquivar los torpedos tuvieron que arrumbar momentáneamente hacia el Sur. Si se tiene en cuenta que las lanchas torpederas son prácticamente de papel y están concebidas para lanzar al amparo de las sombras de la noche, sobre todo tratándose de buques de guerra enemigos, un ataque como el que acabamos de mencionar supone un riesgo tan elevado como el valor que hay que desplegar para llevarlo a la práctica.

La agrupación que mientras tanto bombardeaba Génova no fue tan afortunada, pues el destructor *Albatros* (2.441 toneladas, cinco cañones de 138 mm., 40 nudos) fue centrado por las baterías de costa y recibió un proyectil de 152 mm. en su cámara de calderas popel. El vapor abrasó allí a catorce fogoneros, doce de los cuales fallecieron antes de que el buque entrara en Tolón.

Incluyendo la reacción antitorpedera, los buques franceses dispararon un total de casi 1.500 proyectiles de 203, 138 y 90 mm., que produjeron daños de diversa importancia. Treinta y dos granadas de 203 mm. alcanzaron las fábricas de Vado, produciendo nueve muertos y treinta y seis heridos. El tiro galo fue en general bueno, pero, debido a la deficiente visibilidad y sin duda al temor de alcanzar el casco urbano de las poblaciones, las dos terceras partes de los proyectiles cayeron cortos, en el límite de la costa. Los bombarderos italianos enviados al ataque de la escuadra francesa, ya en retirada, no lograrían hallarla debido a la mala visibilidad.

Por su parte, «Supermarina» (Alto Mando Operativo de la Marina, con sede en Roma) preparó un ataque contra los convoyes franceses de Argelia, pues el reconocimiento aéreo y la interceptación radiotelegráfica habían señalado el movimiento de barcos mercantes y de guerra franceses, los días 19, 20 y 21 de junio, a levante de la isla de Menorca.

Como en las bases navales de Argelia y Túnez se habían detectado desde el aire cruceros pesados y ligeros galos, los italianos montaron la operación con una potente fuerza naval en la que intervinieron seis cruceros pesados, otros tantos ligeros y dieciséis destructores. Estos buques zarparon de Taranto y Nápoles en la noche del 21 al 22. La 7.ª División de cruceros ligeros y la 13.ª Flotilla de destructores navegaron durante la noche hacia Menorca, y para el alba del 23 estaban a 30 millas al este de Mahón, mientras que las otras tres divisiones de cruceros les apoyaban a 40 millas al oeste de la isla de San Pietro, al sudoeste de Cerdeña.

Los cruceros de la 7.ª División nada avistaron, y los dos hidroaviones que sucesivamente catapultaron estos buques tampoco descubrieron rastro alguno de fuerzas o barcos enemigos. Las condiciones de visibilidad fueron malas durante todo el día 23, con niebla y algunos chubascos de agua y techo bajo de nubes, por lo que los aviones de reconocimiento dispuestos al efecto por «Superaéreo» (Alto Mando de la Fuerza Aérea) a requerimiento de la Armada, no pudieron actuar. En vista de lo cual, los buques italianos se dirigieron a sus bases en la tarde de dicho día.

En esta primera operación ofensiva de la Escuadra italiana, demasiado breve y hecha un tanto a ciegas, pues estaba basada en avistamientos e indicios de dos días atrás, se aprecia ya claramente lo que constituiría una deficiencia crónica durante toda la guerra: la falta de exploración aérea. Falta que padecería la Marina italiana desde el primero hasta el último día de la lucha. Porque la *Regia Aeronautica* se mostraría siempre, sobre tierra, todo lo activa y eficaz que sus efectivos le permitieron; actuó valerosamente y en aquella primera fase de la guerra atacó repetidas veces las bases navales y aéreas y los objetivos militares franco-británicos del Norte de África y Egipto, Córcega, Malta, Chipre, Siria, Palestina y Francia. Hasta tomó parte en los bombardeos sobre Londres (1). Pero había dejado a la Armada sin aviación de ninguna clase y ni siquiera trató de llenar tan peligroso vacío. Tampoco supo valorar la verdadera importancia de las operaciones navales y del dominio del mar. Su estrategia consistió en llevar a cabo una guerra paralela e independiente, desinteresándose de cualquier tipo de colaboración eficaz con la Marina de Guerra. Y esta actitud, autosuficiente y arrogante, del Alto Mando de la Fuerza Aérea italiana, sería una de las causas principales de los reveses que iba a sufrir Italia en toda la contienda, así como de la ineficacia general de su flota submarina y escuadra de superficie, a las que privó de ojos para ver y de dientes para morder. Veamos un ejemplo.

En diciembre de 1927, durante una conferencia interministerial presidida por el general Italo Balbo, éste impuso el principio de que los aviones torpederos deberían formar parte integrante del Arma Aérea. Consecuencia práctica: al llegar el 10 de junio de 1940, la *Regia Aeronautica* no disponía de aviones torpederos de ninguna clase, ni de torpedos aéreos, instalaciones, pilotos adiestrados y tácticas correspondientes. La Marina había seguido estudiando el problema y logrado un tipo de torpedo que podía ser indistintamente utilizado por las lanchas rápidas y los aviones. Pero hasta mediados de agosto de 1940 no se lograron adaptar, a petición de la Armada, cinco trimotores *S-79* para el lanzamiento de tales torpedos y, como veremos y era de prever, su utilización contra los buques de guerra británicos surtos en Alejandría falló, pese al valor derrochado por los aviadores. Con su ligereza habitual en cuestiones navales, el Alto Mando de la Aviación italiana se apresuró a deducir que los ataques aéreos torpederos contra buques fondeados eran impracticables y... renunció a ellos.

(1) Ciento setenta aviones italianos fueron basados en Bélgica: setenta y cinco bombarderos y noventa y cinco cazas.

En Taranto, tres meses después, la *Fleet Air Arm* de la Marina británica demostraría contundentemente y a costa de la Escuadra italiana precisamente todo lo contrario. Pero ya antes, el 6 de julio, aviones torpederos británicos habían hundido al crucero de batalla francés *Dunkerque* en el interior del puerto de Mers-el-Kebir...

* * *

El 22 de junio se firmaba en Compiègne el armisticio franco-germano, y en Roma, dos días después, el mariscal italiano Badoglio y el general del Ejército francés Hutzinger estampaban sus firmas al pie de las cláusulas del armisticio franco-italiano.

Si, entre otras cosas, Alemania ocupaba todo el litoral atlántico francés hasta el Bidasoa, incluyendo las correspondientes bases navales y aéreas, nada positivo obtenía Italia. Sólo la población de Menton, en la Riviera francesa, que había sido ocupada por el Ejército italiano poco antes del armisticio y a costa de muy duros combates, y la utilización del puerto de Jibuti, en la Somalia francesa, así como de la parte correspondiente del ferrocarril que desde dicho puerto, próximo a la entrada del mar Rojo (estrecho de Bab-el-Mandeb), llega hasta Addis Abeba, capital de Etiopía.

Pero ambas concesiones equivalían prácticamente a nada. Menton era una ciudad fronteriza sin importancia estratégica o económica alguna, y, respecto a las colonias, Italia sabía perfectamente que, en una guerra larga, todo el África oriental italiana, desligada de la metrópoli y sin medios propios para poder alimentar cualquier tipo de lucha, caería inexorablemente en cuanto se terminaran las escasas reservas de gasolina y municiones. Por otra parte, las contiendas modernas europeas no se han decidido nunca en las colonias. Éstas, simple e inevitablemente, corren la suerte de la metrópoli.

Las bases navales de Bizerta y Mers-el-Kebir, sobre todo la primera, que hubieran resultado decisivas en la guerra del Mediterráneo, ya que entre otras cosas habrían permitido hacer infranqueable el canal de Sicilia para los barcos ingleses, liberado a la Flota italiana de la agotadora y catastrófica servidumbre que para ella supondría la ininterrumpida alimentación del frente terrestre libio-egipcio durante cerca de tres años (nada menos que 1.275 convoyes marítimos hasta el abandono de Túnez) y, muy importante, provocado la caída de Malta, aquellas bases navales, decíamos, le fueron negadas a Italia.

El armisticio únicamente preveía su desmilitarización, igual que las de Tolón y Ajaccio. Pero Adolfo Hitler fue quien dictó sus condiciones y, pese a los consejos y advertencias del jefe de la Marina alemana, gran almirante Raeder, no quiso conceder la menor importancia al Mediterráneo. Gravísimo error, por el que las potencias del Eje pagarían después un elevado precio.

Por otra parte, Hitler y Mussolini temieron que si exigían a los franceses la entrega de su Flota de Guerra, ésta se refugiaría inmediatamente en Inglaterra, con el consentimiento del Gobierno francés o sin él, por lo que decidieron renunciar a ella, aceptando como bueno incluso su hundimiento.

Ahora bien, si el armisticio fue sumamente desfavorable para Italia respecto a la obtención de posiciones estratégicas fundamentales para proseguir ventajosamente la lucha con la Gran Bretaña, tuvo también otras consecuencias muy positivas para ella. La Escuadra francesa, por sí sola tan importante como la italiana, prácticamente dejaba de existir. Las amenazantes bases navales y aéreas situadas en la Francia meridional, Córcega, Argelia, Túnez y Siria desaparecían también. Cesaba la dura lucha en los frentes alpino y de la costa ligur. Los ingleses ya no podrían enviar sus aviones militares directamente a Egipto, aprovisionándolos en territorio francés, mientras que los submarinos italianos pasarían a operar al anchuroso Atlántico, teniendo como base a Burdeos. Además, dos días después de la firma del armisticio, Rumania renunciaba a la garantía que con respecto a su integridad territorial le habían dado Inglaterra y Francia y concedía toda clase de facilidades a Alemania, en cuya órbita política plenamente caía. Lo que, como país productor de petróleo y verdadero trampolín hacia los Balcanes y Turquía, resultaba un cambio de gran trascendencia. España, por su parte, sustituía su neutralidad por la «no beligerancia» y ocupaba el puerto de Tánger.

Por otro lado, la *Mediterranean Fleet* perdía el apoyo directo de tres acorazados, dos cruceros de batalla, catorce cruceros pesados y ligeros, un enjambre de destructores y submarinos y dos mil aviones franceses. Bruscamente, a Albión no le quedaban otras bases disponibles que las de Gibraltar, Alejandría y La Valetta, en Malta, isla situada a tan sólo cincuenta y cinco millas marinas de las costas sicilianas. El ejército francés estacionado en Siria y dispuesto para ocupar la isla de Creta e intervenir en Turquía o en Egipto si fuera necesario, tampoco contaba ya. Y la situación naval se presentaba tan sombría, que el Almirantazgo británico, considerando que al desaparecer la escuadra francesa del Atlántico peligraba gravemente el vital tráfico marítimo desde medio mundo hasta la Gran Bretaña, pensó trasladar la *Mediterranean Fleet* a Gibraltar.

Estos planes le fueron inmediatamente comunicados al almirante Cunningham, a fin de que fuera preparando dicho traslado, pero este inteligente marino no sólo pensaba muy bien a escala estratégica, sino que era poco impresionable y conocía, o sospechaba, las taras de la Flota y la Aviación italianas. Por lo que advirtió que, por supuesto, su escuadra podía retirarse a Gibraltar, pero que ello no sólo supondría una irreparable pérdida de prestigio en los países balcánicos y del Oriente Medio, sino también e indefectiblemente la caída de Egipto, Chipre, Malta y Palestina y la imposibilidad de ayudar a Grecia y a Turquía. Añadía que estaba dispuesto a dejar que uno de sus acorazados se uniera a la fuerza naval basada en Gibraltar, lo que permitiría defender el tráfico marítimo por el Atlántico e impedir la salida a este océano de los buques de guerra italianos de superficie, sobre todo si las operaciones de dicha fuerza se coordinaban con las de su propia escuadra.

Tales consideraciones se las hacía el almirante Cunningham, el 18 de julio, al primer lord del Mar (almirante sir Dudley Pound), y el flamante jefe del Gobierno británico, Winston Churchill, que ahora veía reforzado su propio criterio por el de un profesional clave y sobre el mismo teatro de guerra, decidió, sin más vacilaciones, que, por razones políticas, económicas y militares, la escuadra británica de Alejandría no se retiraría de ninguna manera, ni siquiera en el caso de que España entrase en la contienda al lado de Alemania e Italia.

Esta decisión sería una de las más trascendentales de la segunda guerra mundial, pues haber retirado la escuadra inglesa del Mediterráneo oriental hubiera tenido consecuencias inmediatas y catastróficas para la Gran Bretaña, ya que no sólo habría muy posiblemente decidido a la vacilante Turquía a entrar en la lucha junto a Alemania — en vista de que la Unión Soviética acababa de despojar a Rumania de la Besarabia y la Bukovina, con lo que se aproximaba peligrosamente a los codiciados estrechos del Bósforo y los Dardanelos —, sino que, al permitir luego a las fuerzas del Eje cortar la carretera y el ferrocarril estratégicos que atravesaban todo el Irán y por donde llegarían después los principales y decisivos suministros aliados de material de guerra a Rusia, ésta se habría visto probablemente obligada a firmar la paz por separado con Alemania, igual que en 1918, lo que hubiera dado un giro absolutamente imprevisible a la segunda guerra mundial. Todo ello para no hablar de la casi segura caída de Siria y el Irak en la órbita del Eje y la consiguiente pérdida del petróleo británico. Es decir, habría sucedido, en el Oriente Medio y respecto a las tropas italo-alemanas, lo que tendría lugar en 1942 en el Extremo Oriente, donde los japoneses, victoriosos en la mar, rápidamente se adueñarían de las Filipinas, Indochina, Malasia, Birmania, Indonesia, etc., etc., y de sus importantísimos recursos.

* * *

El 23 de junio llegaron a Gibraltar el crucero de batalla *Hood*, de 42.000 toneladas, entonces el mayor buque de guerra del mundo, y el portaaviones *Ark Royal* (con 24 cazas y 30 aviones torpederos a bordo), que constituirían el núcleo de la después denominada «Fuerza H», mandada por el almirante Somerville, que quedaría a las órdenes directas del Almirantazgo, y a los que cinco días después se unirían los acorazados *Valiant* y *Resolution*, los cruceros *Arethusa* e *Intrepid* y cuatro destructores. Como en aquella colonia inglesa ya había otros nueve destructores, el conjunto constituía una potente fuerza naval, muy capaz de actuar eficazmente como tapón de aquella verdadera y reducida botella mediterránea en que quedaban encerradas Italia y sus flotas militar y mercante.

Para los británicos, el tiempo haría lo demás, pues era evidente que sin materias primas de ninguna clase ni petróleo, imposibilitada para reponer sus pérdidas navales importantes y estrechamente bloqueada a distancia por la mar, Italia no podría resistir una guerra larga y sucumbiría por asfixia.

* * *

Tras el armisticio italo-franco-alemán, el Gobierno británico, temeroso de que los franceses entregaran su Flota a cambio de ciertas concesiones o de que no pudieran impedir que las potencias del Eje se adueñaran de algunas de sus unidades más importantes, decidió, mediante un acto de fuerza, obligar a la escuadra del Atlántico de sus ex aliados, surta en Mers-el-Kebir, a que aceptase una de estas tres opciones: unirse de buen grado a la Flota británica para proseguir la guerra; dirigirse, con dotaciones reducidas, a un puerto del Reino Unido, o dejarse desmilitarizar en alguna isla francesa del Caribe.

El comandante en jefe de la escuadra francesa del Atlántico, almirante Gensoul, sin pensarlo dos veces, rechazó inmediatamente el ultimátum como inaceptable, y entonces la «Fuerza H», que se había presentado delante de Mers-el-Kebir en la mañana del 3 de julio, tras varias horas de inútiles discusiones rompió el fuego sobre los buques galos que se hallaban amarrados en el interior de la base norteafricana, echando a pique al acorazado *Bretagne* y averiando gravemente al de su misma serie *Provence*, al crucero de batalla *Dunkerque* y al superdestructor *Mogador*.

Los franceses, sorprendidos con las calderas de sus buques apagadas, las baterías de costa sin municiones, los torpedos de los submarinos desprovistos de cabezas de combate y aire comprimido, y con los aviones de la base aérea de Arzeu sin gasolina, etcétera, consecuencia todo ello de las cláusulas del reciente armisticio, únicamente pudieron presentar una resistencia tan desesperada como ineficaz, y entre las unidades mayores sólo logró escapar indemne el crucero de batalla *Strasbourg*, que se refugió en Tolón.

La «Fuerza H» volvió a atacar Mers-el-Kebir tres días después y, utilizando los aviones torpederos del *Ark Royal*, remató y logró echar también a pique al crucero de batalla *Dunkerque*.

En total, la expeditiva acción de la Flota británica para librar a su gobierno de preocupaciones costó a los franceses 1.297 muertos y 351 heridos.

Capítulo III

HUNDIMIENTO DEL DESTRUCTOR ITALIANO «ESPERO». — LA «REGIA AERONAUTICA» COMIENZA A FALLAR

En la sala de máquinas del destructor italiano *Espero,* de 1.092 toneladas de desplazamiento, las dos turbinas *Pearson* de 40.000 caballos giraban furiosamente y las cajas reductoras de engranajes producían un chirrido tal que parecía como si estuvieran a punto de desintegrarse. Porque el destructor daba de sí todo lo que tenía. Sus tres calderas latían convulsas, como un viejo corazón al que se pide demasiado esfuerzo, y los turboventiladores volaban. Los ruidos eran tan intensos en el interior de las cámaras de calderas y de máquinas, que fogoneros y mecánicos, atentos a sus múltiples aparatos y a las órdenes que les llegaban del puente, no podían oír el escalofriante y siniestro silbido de los proyectiles enemigos que desde hacía diez minutos buscaban insistentemente al destructor, el cual zigzagueaba para tratar de descentrarse y escapar a la lluvia implacable y mortífera, al mismo tiempo que tendía hábilmente cortinas de humo para ocultarse.

En el puente de mando, el capitán de navío Enrico Baroni, ensordecido por los cañonazos de su buque y el incesante aullar de las granadas enemigas, echó un ansioso vistazo por la proa y comprobó con alivio que los otros dos destructores de su escuadrilla, el *Ostro* y el *Zeffiro,* aumentaban distancias perceptiblemente, al mismo tiempo que dejaban una gran estela blanca, sin que en sus alrededores surgieran obeliscos de agua señalando la caída y el estallar de los proyectiles ingleses.

Por la popa, todo era humo y confusión, pero durante un instante en que el *Espero* cesó de producir cortinas de niebla artificial, Baroni pudo ver el rojizo relampagueo de los disparos del enemigo incendiando el horizonte. Eran nada menos que cinco los cruceros ingleses que le perseguían con saña, y la situación era desesperada, pues sus tres destructores iban sobrecargados con 120 toneladas de municiones y diez cañones anticarro para el ejército de Cirenaica, aparte de 162 soldados, de modo que aquella velocidad máxima de 36 nudos obtenida en pruebas doce años atrás y en condiciones de mar y relleno de combustible ideales, apenas si superaba ahora las casi 33 millas por hora que desarrollaban los cruceros británicos. Por otra parte, los continuos cambios de proa a que se veía obligado el *Espero* hacían disminuir su velocidad efectiva sobre el rumbo base, y la noche quedaba todavía lejos. No había, pues, esperanza.

Para los directores de tiro de los buques ingleses, las hábiles maniobras y cortinas de humo del *Espero* hacían difícil la observación de la caída de las salvas. Pero el derroche de proyectiles de que hacían gala los cruceros de Albión, ansiosos de obtener una victoria rápida y sin riesgos, era impresionante. Las balas llegaban por docenas, a centenares, y ocurrió lo inevitable. La salva inglesa que hacía el número quince se aproximó rugiendo, envolvió al *Espero* entre altos surtidores de agua y espuma y le alcanzó con un proyectil de 152 mm. El estremecimiento sufrido por el buque italiano señalaba el principio del fin.

¿Cómo habían llegado aquellos destructores, en plena tarde, a semejante situación? En el Norte de África, mientras el mariscal Italo Balbo disponía, con la parsimonia a que le obligaba el tener que trasladar desde Italia todo el material necesario, su ofensiva contra Egipto, las tropas inglesas se mostraban bastante activas y, con la división blindada del general Wavell, habían capturado Fuerte Capuzzo.

El gobernador militar de Libia requería urgentemente armas y municiones, pero no en Trípoli, a más de 1.300 kilómetros de distancia del frente por la carretera de la costa, sino en Tobruk, casi a pie de obra. Mas esta plaza quedaba mucho más cerca de Alejandría que de las bases navales italianas, el convoy que allí se enviase debería ir por tanto bien escoltado y todo ello requería su tiempo. Pero como el *rass* urgía, se decidió enviar un pequeño anticipo a bordo de los buques de guerra. Y así dio comienzo una servidumbre que llegaría a hacerse insoportable para la Marina italiana.

Los tres destructores del capitán de navío Baroni embarcaron el material y soldados en los muelles del Mar Piccolo de la base naval de Taranto. Seguidamente cruzaron el estrecho y corto canal que le comunica con el Mar Grande, sobre cuyas aguas arroja su sombra la pétrea mole de un castillo construido otrora por los españoles, y arrumbaron por los canales libres de minas hasta la mar abierta. Era el 27 de junio.

Por un capricho de la suerte, un convoy británico navegaba al mismo tiempo hacia Alejandría procedente de los Dardanelos y El Pireo, y otros dos se aprestaban para trasladar a dicho puerto egipcio el material y personal pertenecientes a la base naval de La Valetta. Escoltaban al primero los cruceros *Capetown* y *Caledon*, con cuatro destructores, y habría de proteger a los últimos la 7.ª División de cruceros, a las órdenes del vicealmirante Tovey (1.ª Sección, compuesta por el *Orion*, el *Neptune* y el *Sidney*, de 7.100 toneladas, y 2.ª Sección, por el *Liverpool* y el *Gloucester*, de 11.550 toneladas), a la que apoyarían los acorazados *Ramillies* y *Royal Sovereign*, el portaaviones *Eagle* y ocho contratorpederos. ¡Mal momento para que tres solitarios destructores italianos marchasen a Tobruk!

Pero así como la Aviación italiana se desinteresaba por lo que sucedía en la mar, los hidroaviones de reconocimiento de la RAF basados en Alejandría y puestos a las órdenes directas del almirante Cunningham escudriñaban cuidadosamente las olas desde gran altura, y poco después del mediodía del 28 de julio descubrieron los tres buques de Baroni a unas 50 millas al oeste de la isla de Zakintos (Zante). Inicialmente, los ingleses creyeron que aquellos barcos se dirigían al Egeo, pero después el informe dado por otro avión aclaró que habían rebasado el estrecho de Kithera y seguían navegando hacia el Sur. Consecuentemente, el vicealmirante Tovey cambió de rumbo para interceptarlos, forzó máquinas y, a las 0630 de la tarde, logró avistar al enemigo cuando éste se hallaba a 75 millas al oesudoeste del cabo Matapán. Pero los latinos no parecieron darse por enterados de su presencia.

Efectivamente, los cruceros ingleses, que se habían aproximado a los destructores italianos desde la parte más tomada y oscura del horizonte, no fueron descubiertos hasta que, a 16.500 metros de distancia, rompieron el fuego con todas sus piezas. Para los hombres de Baroni, la sorpresa fue absoluta. A toda máquina, las dos secciones inglesas, cada una con veinticuatro cañones de 152 mm. a bordo, se situaron por ambas aletas de la formación italiana, que arrumbó al Sudoeste y que, por las razones que ya conocemos, apenas conseguía despegarse de sus enemigos.

Cuando el capitán de navío italiano se dio cuenta de que era perseguido nada menos que por cinco cruceros, ya situados a poco más de 16.000 metros, renunció a dispersar su escuadrilla, pues supuso que cada uno de sus buques habría sido inmediatamente perseguido por uno o dos cruceros enemigos y que, dada la pequeña diferencia de velocidades, todos serían hundidos antes de lograr salir del alcance artillero de los británicos. Decidió aceptar el mal menor, que consistía en sacrificar uno de sus destructores para tratar de que, mientras tanto, los otros dos pudieran aumentar distancias y escapar. Por ello ordenó al *Ostro* y al *Zeffiro* que se alejasen a todo andar, arrumbados al Sudoeste, y él llevó su buque a la cola de la formación, dispuesto a vender cara la piel.

Así dio comienzo un combate tan largo y desigual como pocas veces se ha conocido en la guerra del mar. Porque un pequeño destructor italiano de poco más de mil toneladas, armado con cuatro piezas de 120 mm. y algunos torpedos, desafiaría durante dos horas y diez minutos, hasta sucumbir, a cinco modernos cruceros británicos con un total de 45.000 toneladas de desplazamiento y cuarenta y ocho cañones de 152 mm. y les obligaría a gastar más de un millar y medio de preciosos proyectiles de dicho calibre — y decimos preciosos porque todos los que quedaban entonces en la base naval de Alejandría no pasaban de ochocientos —, impidiéndoles, al mismo tiempo, poder aniquilar al resto de la escuadrilla.

A bordo del *Espero,* los proyectiles enemigos empezaron a caer con mortífera precisión, y pese a las constantes maniobras evasivas y a que el buque sólo se descubría intermitentemente para disparar y en seguida envolverse en su propia cortina de humo, que el viento iba extendiendo sobre la mar como una fúnebre bandera negra, los impactos se sucedían. Se arrojaron por la borda todas las cajas de municiones y los cañones anticarro que iban trincados en cubierta, pero el humo de los incendios y las explosiones ya se mezclaba con el de los disparos, el que vomitaban las chimeneas y el producido por los fumígenos de la toldilla.

De vez en cuando, las granadas enemigas aullaban con mayor intensidad, luego se producía un trueno y todo el barco se estremecía. Entonces los hombres morían, las averías se multiplicaban, el agua del mar entraba a bordo como un torrente y el buque perdía velocidad y cada vez se hacía más difícil de gobernar. Pero seguía disparando, disparando siempre, y el temor a sus torpedos hacía que los cruceros enemigos se mantuvieran a respetuosa distancia.

Largo fue el calvario del *Espero*. Por fin, tras sufrir nuevos impactos y destrozos, el destructor quedó al garete. Sus máquinas estaban inutilizadas y el ardiente vapor escapaba por las acribilladas tuberías. Pero se hacía lo imposible por seguir a flote y continuar el tiro, siempre pensando en que el *Ostro* y el *Zeffiro* pudiesen llegar a Tobruk con su cargamento. En los medio inundados pañoles de municiones, a la vacilante luz de linternas y lámparas de emergencia, pues las dinamos ya no eran más que un montón de escombros, se continuaba enviando proyectiles, a brazo, hasta los dos montajes dobles de 120 mm. de que disponía el buque. Una pronunciada escora, que era ya presagio de muerte; el bosque fantasmal que formaban las columnas de agua que levantaban por doquier los proyectiles enemigos, y el humo de los incendios, hacían cada vez más difícil la puntería. Pero Baroni animaba incesantemente a sus hombres, y éstos, contagiados por el valor y la sangre fría de aquel capitán de navío que parecía reírse de la muerte, siguieron luchando denodadamente y, cuando alguno se desplomaba, mortalmente herido, en el puesto del honor, otro inmediatamente le sustituía.

Poco después de las ocho de la tarde, el vicealmirante Tovey, chasqueado, renunció a la persecución de los otros dos destructores italianos. Aquellos buques se hallaban ya demasiado lejos, caía la noche y el gasto de municiones había sido tremendo. A las 2040, el crucero *Sydney* logró hundir por fin al destrozado *Espero*, que, según la versión oficial británica, continuó disparando hasta que la mar se cerró literalmente sobre sus recalentados cañones, siempre con la bandera arriba. Más de la mitad de su dotación había muerto. Los ingleses recogieron a 47 supervivientes, y como quedasen algunos más, muy desperdigados, antes de alejarse les dejaron un bote de remos con agua y víveres. Gracias a él se salvaron otros seis marinos italianos, que sobrevivieron a dieciséis días de peripecias en la mar, hasta que el 14 de julio fueron recogidos por un sumergible de su nacionalidad. Entre ellos tampoco estaba el capitán de navío Baroni. Cuando el roto *Espero* picó hacia el abismo en su postrer singladura, el jefe de la escuadrilla italiana no quiso saltar por la borda. Sus restos mortales yacen dentro del buque, con su bandera por mortaja, a más de mil metros de profundidad. A título póstumo se le concedería la Medalla de Oro al Valor.

El *Ostro* y el *Zeffiro* lograron alcanzar su punto de destino. Pero el mariscal del aire Italo Balbo no tendría ocasión de celebrar su llegada. El día anterior, el mismo en que se hundía el *Espero*, su avión era abatido por la artillería antiaérea de Tobruk. Acababa de producirse un ataque de la RAF y su aparato fue tomado por enemigo. Balbo había sido el creador de la aviación militar italiana, que tuvo bajo su mando desde 1928 hasta 1936. En aquellos momentos, su muerte constituyó sin duda una grave pérdida para Italia, pero es probable que la Historia le juzgue con severidad, pues, debido a su obstinada oposición a la aviación naval y a los portaaviones, fue también uno de los responsables directos del estado de ineficacia en que se hallaba la Marina, así como del desdén general de la aeronáutica italiana por los problemas de la mar.

Volviendo al valeroso y desigual combate sostenido por el *Espero,* es evidente que si los aviones italianos de reconocimiento hubieran descubierto a la 7.ª División británica de cruceros, que no era precisamente ninguna fisalia, el capitán de navío Baroni habría forzado máquinas a tiempo y nunca hubiera sido alcanzado por aquéllos. Pero, infortunadamente para la Marina de Guerra italiana, este caso lamentable, consecuencia directa de tener que navegar a ciegas por una mar llena de asechanzas y muy bien vigilada desde el aire por el enemigo, habría de repetirse a lo largo y ancho de toda la contienda. En el capítulo V examinaremos otro caso parecido, que tendría lugar algunas semanas después a pocas millas de donde se había hundido el sacrificado *Espero.*

Antes, y para tratar de seguir un orden hasta cierto punto cronológico, nos ocuparemos del primer encuentro habido en el Mediterráneo entre las Escuadras italiana y británica: la llamada batalla aeronaval de Punta Stilo.

Capítulo IV

LA BATALLA AERONAVAL DE PUNTA STILO. DOS ADVERSARIOS CHASQUEADOS

Si tomáis el funicular del Monte Santo, que arranca junto a la Vía Tarsia, de Nápoles, y en unos minutos os lleva hasta las alturas que dominan la ciudad, y una vez arriba todavía trepáis a la cima de alguna de las torres que coronan el castillo de San Elmo, ante vuestra sorprendida vista surgirá una de las panorámicas más hermosas del mundo. Salvando los tejados próximos, vías y plazas de la populosa urbe que se tiende a vuestros pies y que tantos recuerdos conserva de España, allende el Castel dell'Ovo, del puertecito de Santa Lucía, más allá del Molo San Vicenzo y el dique seco de Vittorio Emmanuele III, se despliega, omnipresente y maravillosamente azul, el gran golfo de Nápoles.

A vuestra izquierda, el Vesubio bosteza de aburrimiento desde que terminó la segunda guerra mundial, para desesperación de los guías turísticos, y ni el más leve penacho de humo empaña la limpidez de este cielo de cristal, asombrosamente transparente. Es como si, tras la última erupción del año 1944, el volcán también hubiera querido dibujar sobre el cielo, con tinta de cenizas y vapores, su rúbrica para el tratado de paz. Por el Sur, en la distancia, las islas de Capri e Ischia parecen flotar sobre las aguas y ponen su verde pincelada, esmaltada de blanco, en el extraordinario paisaje. Entonces la Historia se os hunde en el subconsciente, la memoria deja de funcionar, el tiempo parece detenerse. Sólo los sentidos se alertan plenamente para tratar de abarcarlo todo. Y mientras los ojos se deleitan en una orgía de luz, perspectiva, profundidad y color, la brisa que asciende desde el mar y os acaricia el rostro deja en vuestros labios un suave sabor de sal.

En la tarde del 6 de julio del año 1940, y desde aquel magnífico otero, los soldados de una batería antiaérea observaban con curiosidad el desusado movimiento que reinaba allá abajo, en el muelle Angiodino, donde se ultimaba el embarco de material de guerra y personal a bordo de cuatro motonaves *(Esperia, Calitea, Pisani* y *Foscarini)*, que, finalmente, hacia las 1800 horas, largarían amarras y se harían a la mar. Más lejos, cerca de la entrada del golfo y esa preciosa isla de Tiberio (y casi podríamos decir que también de Axel Munthe), se veían evolucionar las grisáceas y alargadas siluetas de dos cruceros, cuatro destructores y varios torpederos italianos.

Aquellos buques constituían la escolta directa de un convoy rápido (14 nudos), despachado de Nápoles para Bengasi, al que, una vez rebasado el estrecho de Mesina, se incorporaría, en la mañana del día 7, la motonave *Barbaro,* procedente de Catania. Este convoy transportaba a África un total de 2.190 soldados, 232 carros de combate y transportes, 10.445 toneladas de material de guerra y 5.720 toneladas de gasolina y lubricantes. Era el envío más importante que se despachaba para Cirenaica desde el comienzo de la guerra y, para protegerle, la Marina italiana movilizó prácticamente a toda su Flota.

Efectivamente, aparte de su escolta directa, el convoy contaría con la protección indirecta, pero próxima, de la 2.ª Escuadra, al mando del almirante Riccardo Paladini, compuesta por diez cruceros pesados y ligeros y dieciséis destructores, a la que apoyaría la 1.ª Escuadra, con los acorazados *Cesare* y *Cavour*, seis cruceros y trece destructores, a las órdenes del almirante Inigo Campioni. Dichas fuerzas aparejaron de Augusta, Mesina, Palermo y Taranto durante el día 7. En esta última base naval quedaban listos para dar avante tres destructores, e, independientemente de los once submarinos italianos que operaban entonces en el Mediterráneo, se hicieron a la mar otros tantos, que irían tomando posiciones entre Creta y Derna y en las proximidades de Alejandría y de Malta.

Por su parte, la *Regia Aeronautica* se comprometió a bombardear esta isla los días 7, 8 y 9; reconocer diariamente Alejandría desde el 6 al 9, así como el Mediterráneo oriental, central y occidental; aprontar a sus bombarderos para que pudieran intervenir sobre la mar los días 7 y 8, y repartir sus cazas en forma que fueran capaces de dar protección a la escuadra cuando navegase por el golfo de Taranto y a longo de la costa calabresa, del 7 al 9.

Como vemos, el envío de tan sólo cinco barcos mercantes a la otra orilla del Mare Nostrum, en su dimensión más exigua, requería la movilización de algunos centenares de aviones y de nada menos que ochenta y dos buques de guerra. Pero aquello no era ninguna exageración, pues mientras tanto, y por otra rara coincidencia del azar, los ingleses preparaban el envío de los aplazados convoyes, con un total de siete barcos, de La Valetta a Alejandría. Eran los que no habían podido salir antes debido a la exorbitante cantidad de municiones gastadas por los cruceros del almirante Tovey para hundir al *Espero*. Para protegerlos, el 7 de julio zarpaba de Alejandría la escuadra del almirante Cunningham, con los acorazados *Warspite, Malaya* y *Royal Sovereign,* el portaaviones *Eagle,* cinco cruceros y diecisiete destructores, y al día siguiente aparejaría de Gibraltar la «Fuerza H» del almirante Somerville, con el *Hood,* los acorazados *Valiant* y *Resolution,* el portaaviones *Ark Royal,* tres cruceros y diez destructores. El objetivo de esta última escuadra era aproximarse a la costa occidental de Italia y atacar desde el aire la base naval de Cagliari, en Cerdeña. Es decir, efectuar una operación de diversión para tratar de dividir a la Flota italiana. Otros tres destructores quedaban listos en Malta, y media docena de submarinos tomaron las posiciones convenientes. Así, pues, los ingleses habían movilizado un total de seis acorazados y cruceros de batalla, dos portaaviones, ocho cruceros, treinta destructores y varios submarinos. Es decir, el día 8 de julio se movían por el Mediterráneo central y occidental nada menos que ciento veinticuatro buques de guerra de todas clases, italianos y británicos.

Los almirantes Campioni (comandante supremo a flote) y Cunningham no conocieron la presencia en la mar de las respectivas escuadras adversarias hasta el día 8. En las primeras horas de la madrugada de esa fecha, «Supermarina» señaló a Campioni que la escucha radiogonométrica había detectado la tarde anterior la presencia de una fuerza naval enemiga a 60 millas al norte del cabo Ras el Tin (1), y de otra situada a unas 45 millas a levante de la anterior, ambas moviéndose hacia Malta. A la hora de la meridiana, otro mensaje confirmaba que, efectivamente, el puerto de Alejandría se hallaba vacío de buques de guerra ingleses.

A las ocho de la mañana del mismo día, Cunningham recibía un mensaje del submarino *Phoenix* (hundido días después, como

(1) Conviene no confundir este cabo norteafricano, aproximadamente sobre el meridiano de los 23° de longitud oriental, con la farola del mismo nombre en el puerto de Alejandría.

ya sabemos), señalando que aquella madrugada había atacado, con torpedos y sin éxito, a dos acorazados italianos del tipo «Cavour», escoltados por cuatro destructores, que navegaban hacia el Sur, a unas 200 millas a levante de Malta.

Las reacciones de ambos almirantes al conocer la presencia en la mar del enemigo fueron las siguientes: Campioni ordenó al convoy que arrumbara hacia el Sur en vez de proseguir directamente hacia Bengasi, como lo venía haciendo; a la 2.ª Escuadra, que se aproximase a la 1.ª, y que con la amanecida se catapultasen dos hidroaviones para explorar unas cien millas hacia Levante. Las razones son obvias y no necesitan explicación. Por su parte, Cunningham solicitó que los aviones de reconocimiento basados en Malta tratasen de localizar y seguir a los buques de guerra italianos.

Poco después de las siete de la mañana del día 8, y en vista de que los dos hidroaviones catapultados por los cruceros nada habían descubierto, el almirante Campioni ordenó al convoy arrumbar nuevamente hacia Bengasi con su escolta directa y la 7.ª División de cruceros. Allí entraría sin novedad en las últimas horas de aquella misma tarde, iniciándose inmediatamente su descarga.

Mientras tanto, la *Mediterranean Fleet* había sido descubierta por los aviones italianos de reconocimiento y era atacada por los bombarderos basados en la isla de Rodas. Estos ataques, llevados a cabo desde gran altura y en vuelo horizontal, pero de forma imperturbable pese al intenso fuego antiaéreo de los buques, no se vieron entorpecidos por los aparatos del *Eagle*, pues este portaaviones de 22.600 toneladas (1) sólo llevaba a bordo diecisiete aviones torpederos y tres de caza, pero ningún piloto capaz de manejar a los últimos. Una bomba cayó sobre el puente de mando del crucero *Gloucester*, de 11.550 toneladas, y produjo la muerte de dieciocho hombres, entre ellos el comandante del buque y seis oficiales, hirió gravemente a nueve más y dejó destrozados los servicios del puente de navegación y de la dirección de tiro principal.

A las 1410 de aquella misma tarde, un avión basado en Malta señaló a Cunningham la presencia de dos acorazados italianos del tipo «Cavour», seis cruceros y siete destructores a unas cien millas

---

(1) Ex crucero de batalla *Cockrene*, comenzado a construir para la Armada chilena en 1913, incautado después por la *Royal Navy* durante la Gran Guerra y luego transformado.

al noroeste de Bengasi, arrumbados al Sur. Para entonces, las noticias sobre el enemigo también habían llegado al puente del *Cesare,* buque insignia de Campioni, y este almirante, que ignoraba las razones de la presencia en la mar de la escuadra inglesa, supuso que los buques británicos tratarían de bombardear Bengasi al amanecer del día 9, antes de que hubiera terminado la descarga del convoy, por lo que a las 1520 arrumbó hacia los acorazados ingleses avistados por los aviones italianos al sur de Creta, calculando que podría entrar en contacto con ellos una hora antes de la anochecida y suponiendo que, al conocer la presencia de la escuadra italiana entre sus propios buques y Bengasi, el almirante enemigo no intentaría aproximarse a dicho puerto durante la noche.

El razonamiento era correcto, pero el encuentro previsto por Campioni no tendría lugar. Porque las intenciones de Cunningham, y también las del Almirantazgo italiano, eran bien diferentes. Cuando el primero conoció el cambio de rumbo, hacia el Norte, de los acorazados italianos (conocimiento instantáneo, pues todos los aviones de reconocimiento de la Marina o de la RAF estaban directamente enlazados con su buque insignia y no a través de «Supermarina» o de «Superaéreo», como en el caso de Campioni), consciente de su superioridad y también de la poca eficacia mostrada hasta el momento por la Aviación italiana, decidió suspender la salida del convoy e interponerse entre los buques de guerra italianos y sus bases, a fin de cortarles la retirada y tratar de aniquilarlos.

Por su parte, «Supermarina» quiso tenderle una trampa. Utilizando a los acorazados de Campioni como señuelo, pensó atraer a Cunningham hasta las proximidades de la costa calabresa o sícula, para, una vez allí, hacer intervenir a los submarinos italianos previamente apostados en aquellas aguas, y a los bombarderos de la *Regia Aeronautica,* alertados al efecto. Con un poco de suerte, los buques ingleses podrían sufrir un grave descalabro y ser después rematados por las unidades de la Flota. Así que el Almirantazgo italiano hizo abandonar a Campioni sus planes de presentar batalla lejos de las bases y aeródromos propios, y le fijó un punto de reunión con la 2.ª Escuadra, para las 1400 horas del día 9, a 65 millas al sudeste de Punta Stilo, que por tal razón pasaría de los dominios de la Geografía a los de la Historia.

El plan italiano estaba bien concebido, ya que los buques propios permanecerían constantemente protegidos de los aviones torpederos enemigos por los cazas italianos; las bases navales quedaban a la mano en caso de mal dadas; los buques de línea británicos quizá pasaran al alcance de los torpedos del barraje formado por los sumergibles, y tanto sobre los acorazados como el portaaviones y los cruceros ingleses se desataría toda la furia de los bombarderos de la *Regia Aeronautica,* lanzados desde los aeródromos vecinos. Claro está que, aparte de presuponer la «colaboración» del enemigo, todo el complejo plan se basaba en una coordinación perfecta entre las fuerzas navales y aéreas italianas...

Igualmente bien concebido era el de Cunningham, que pensaba interponerse entre la escuadra italiana y su base principal, para lisiar a los buques mayores del enemigo mediante los torpedos lanzados por sus aviones embarcados en el *Eagle,* y, una vez mermado su andar, rematarlos con la potente artillería de sus tres acorazados. Pero si el plan era atrevido, también se basaba en dos premisas inciertas: poder adelantarse a los buques italianos, que eran más rápidos que los suyos y deberían de conocer su presencia y tal vez sospechar sus intenciones, y que los marinos de la *Fleet Air Arm* lograsen hacer blanco.

* * *

Hacia las cuatro de la madrugada del día 9 de julio, tras la calurosa jornada, en el puente alto del destructor italiano *Pigafetta* se respiraba muy bien y la temperatura era agradable. El fresco viento que producía el propio deslizarse del buque sobre una mar casi llana y apenas agitada por las ventolinas, era recibido con agrado por los serviolas repartidos hacia todos los sectores del invisible horizonte.

Después de que la luna se zambullera, la noche se había hecho muy oscura, y el reino de las tinieblas pareció querer espesarse a aquella hora, como si, al presentir la llegada de la aurora, cerrara filas y se resistiese a perder su cetro. Por la aleta de babor del *Pigafetta* se divisaban, a pesar de todo, las macizas y negras siluetas de los acorazados *Cesare* y *Cavour* y, como pequeños fantasmas desparramados por sus proas y amuras, las más chicas que formaban el cortejo de los destructores. Todos los cruceros de la 1.ª Escuadra y también los buques de la 2.ª navegaban por la banda de babor de los acorazados, que se movían arrumbados al 330° verdadero, así que, cuando, a las 0430 y desde aquel buque que llevaba el nombre de quien acompañó a nuestro Juan Sebastián Elcano en la primera vuelta al mundo y nos dejó relación de ella, se descubrieron unas grandes sombras por Levante, se supuso que pertenecían a buques de guerra ingleses.

Se avisó a Campioni, y el almirante, después de examinar sobre un gráfico las posiciones relativas de todas las formaciones propias, que debían navegar hacia la extremidad sudoccidental de la península italiana, también creyó que se trataba de buques enemigos y ordenó atacarlos con torpedos.

La 15.ª y la 8.ª Escuadrillas de destructores gobernaron hacia los desconocidos, buscando su posición de ataque sin forzar mucho las máquinas para no levantar mayores estelas y ondas de cabeza que pudieran delatarlos, y la primera, tal vez desconfiando, sólo lanzó dos torpedos, que, afortunadamente para los italianos, no hicieron blanco. Porque las sospechosas sombras eran cruceros pesados del tipo «Zara», y sus oscuras pero características siluetas, con las dos chimeneas bien separadas como consecuencia de llevar intercaladas las cámaras de calderas y de máquinas, fueron momentos después identificadas por la 8.ª Escuadrilla, que se retiró sin ultimar su ataque.

¿Qué había sucedido? Que para evitar aproximarse a la zona donde «Supermarina» había señalado la presencia de dos submarinos enemigos, el almirante Paladini, con el *Pola* y la 1.ª División de cruceros, había arrumbado hacia el Norte poco después de la medianoche, sin advertir de ello a Campioni, por suponer que su orden, dada por radio, habría sido recibida también en el buque insignia de la 1.ª Escuadra. Suposición que, como hemos visto, pudo haber tenido trágicas consecuencias.

La escuadra inglesa no sufrió sobresaltos aquella noche, pese a que marchaba bastante desperdigada. La componían tres agrupaciones, escalonadas en latitud y que hasta entonces habían navegado hacia Poniente y a rumbos paralelos, integradas por los cinco cruceros del vicealmirante Tovey y un superdestructor; el acorazado *Warspite,* buque insignia de Cunningham, y cinco destructores, y el portaaviones *Eagle,* con los dos acorazados y once destructores restantes, a las órdenes del contralmirante Pridham-Wippell. El comandante en jefe, una vez decidido a cortar la retirada a la escuadra italiana, señaló a sus tres agrupaciones un punto de reunión, para las 0600 del día 9, a unas 50 millas al SSE. de la isla de Zante. En su camarote de mar, en el formidable puente de mando del acorazado *Warspite,* buque de 30.600 toneladas, que había sido modernizado y reconstruido entre los años 1934 y 1937, el almirante de la *Mediterranean Fleet* descansaba intranquilo aquella noche, porque algo le rondaba por la cabeza como un duendecillo travieso y molesto. No era la presencia en la mar de los dos acorazados italianos, que, incluso juntos, él consideraba inferiores a su buque insignia. Era la aviación enemiga la que le desvelaba. Cierto que los latinos no contaban con aquellos aparatos que las acciones aeronavales de casi un año de guerra sancionaban ya como los únicos realmente eficaces contra buques en movimiento: los bombarderos en picado y aviones torpederos, pero el recuerdo del silbido de sus bombas al caer en cascada, el de las potentes explosiones y formidables géiseres de agua que habían levantado alrededor de los navíos ingleses, que tuvieron que serpentear desesperadamente para poder evitarlas, resultaba sumamente desagradable. Por otra parte, los aviadores italianos atacaban con la mayor decisión (1), y el artefacto que había destrozado el puente del *Gloucester*, de haber caído sobre el *Eagle*, cuya cubierta de vuelo carecía de blindaje alguno, probablemente habría impedido todas las operaciones aéreas. Y aquello podía suceder al día siguiente...

Después, en el frío y bien organizado cerebro de Cunningham la lógica se impuso a las subjetivas impresiones de un mal día. Lo del *Gloucester* había sido, muy probablemente, pura y simple mala suerte, ya que después de toda una jornada de incesantes ataques aéreos, aquél fue realmente el único impacto logrado por los aviadores italianos. El suyo era, pues, un riesgo calculado, perfectamente aceptable, pues si lograban echar a pique a los dos acorazados italianos, el efecto moral que tal hundimiento produciría en el enemigo podría resultar tan importante como sus consecuencias materiales y prácticas, ya que, según el Servicio

(1) Con respecto a esta debatida cuestión, el almirante Cunningham, en su citada obra *A Sailor's Odyssey*, escribe lo siguiente: «Permítaseme aclarar, de una vez por todas, la cuestión de la eficacia del bombardeo italiano y, en general, de su actividad aérea sobre la mar en 1940 y 1941. Nos pareció entonces que disponían de varios escuadrones especialmente adiestrados para los ataques antibuque. Efectuaban sus bombardeos a gran altura, desde unos 4.000 metros, y se aproximaban en formación cerrada, pese al intenso fuego antiaéreo de la Flota. En este tipo de ataque, su precisión era muy buena, y tuvimos la suerte de escapar sin ser alcanzados... No resulta excesivo decir que, en aquellos primeros meses, el bombardeo italiano desde gran altura fue el mejor que yo había visto, mucho mejor que el alemán. Después, cuando nuestro fuego antiaéreo mejoró y los adiestrados escuadrones de la *Regia Aeronautica* fueron abatidos por los cazas de la Flota, sus ataques perdieron eficacia. Pero siempre los recordaré con respeto.»

Británico de Inteligencia, la entrada en servicio de los dos nuevos buques de línea italianos de 35.000 toneladas era inminente, y entonces su propia superioridad en acorazados desaparecería. De modo que, a menos que el Almirantazgo pudiese enviarle más unidades de batalla y portaaviones, él se vería obligado a pasar a la defensiva, lo que significaría un grave contratiempo. Así que, decididamente, merecía la pena correr ahora el riesgo; después sería demasiado tarde. Y habiendo tranquilizado debidamente su conciencia, el almirante se quedó dormido.

* * *

Buena amanecida la del 9 de julio, con horizontes claros y cielo parcialmente despejado, viento bonancible (unos 12 nudos) del Norte cuarta al Noroeste, que rizaba las azules y profundas aguas del mar Jónico, por donde los acorazados y buques de la 1.ª Escuadra italiana se movían arrumbados al NNO. a 18 nudos. Lo mismo hacían los cruceros de la 2.ª Escuadra, que navegaban a unas 25 millas de distancia por la aleta de estribor de los anteriores, es decir, más hacia Levante.

Por debajo del horizonte de la flota de Campioni, en un punto situado a más de 150 millas hacia el Este, a las 0600 de la mañana se reunían las tres agrupaciones del almirante Cunningham, que seguidamente aproaron al Oeste a 15 nudos de andar. En vanguardia marchaban los cinco cruceros del vicealmirante Tovey, en línea de frente, bien separados, y a unas ocho millas por la popa de los anteriores hendía las aguas la acerada mole del acorazado *Warspite,* rodeado por los destructores que formaban su cortina antisubmarina. Mientras que a otras ocho millas a retaguardia del buque insignia se movía el *Eagle,* con los acorazados y destructores restantes. Al despuntar la amanecida se habían izado tres aviones a la cubierta de vuelo del *Eagle:* tres polifacéticos *Swordfishes* que prácticamente servían para todo, excepto como cazas, y poco después, una vez que el buque hubo forzado máquinas y aproado al viento, despegaron y arrumbaron hacia Poniente, para efectuar una «exploración de sector desde base móvil», cuya finalidad era tratar de descubrir a la escuadra italiana. Pero nada vieron, pues ésta se hallaba todavía fuera de su radio de acción.

En cambio, un cuatrimotor *Sunderland* de reconocimiento, basado en Malta, descubrió y comenzó a seguir a la 1.ª y 2.ª Escuadras italianas a partir de las 0703 de la mañana, señalando su composición, rumbo y velocidad, con gran exactitud, al almirante de la *Mediterranean Fleet.* El aparato se mantenía fuera del alcance de la artillería antiaérea de los buques, y lo único que pudo hacer Campioni fue solicitar el prometido envío de los aparatos de caza nacionales. Pero la suya iba a ser, realmente, voz que clama en el desierto.

Mientras tanto, en los aeródromos de Cerdeña, Sicilia oriental, Calabria, Apulia y Albania se rellenaban con gasolina y bombas de 100, 250 y hasta 500 kilos varios centenares de bombarderos *Sparviero* (trimotores S-79), que luego iban siendo trasladados a las cabezas de pista, mientras sus pilotos y tripulantes quedaban en espera de recibir instrucciones.

Volviendo a la mar, la escuadra británica arrumbó al 305° verdadero y aumentó a 18 nudos a las 0810, con la finalidad de cortar la derrota de la italiana, que, según todas las apariencias, se dirigía a su base de Taranto. Poco antes de las nueve, otros tres aviones despegaron de la cubierta del *Eagle* y arrumbaron hacia los buques de Campioni, a los que esta vez sí avistarían. A esa misma hora, el almirante italiano hacía saber sus intenciones tácticas a los mandos subordinados. Las dos escuadras formarían en cuatro columnas, con un «intervalo» de cinco millas, llevando las flotillas de destructores por la proa, y a partir de las dos de la tarde se mantendrían entre el barraje de sumergibles dispuesto por «Supermarina» a levante de Malta y de Sicilia y la costa calabresa, en crucero pendular, alternativamente arrumbadas al 120° y al 300°. Los acorazados y los seis cruceros pesados constituirían las columnas centrales, y cada una de las alas estaría formada por cuatro cruceros ligeros (1). De tal forma, al efectuar el despliegue, es decir, pasar del dispositivo de marcha, en columnas, al de combate, en línea de fila, una vez que el enemigo estuviese a distancia conveniente para tirar sobre él con toda la artillería principal de los buques mayores, y sin que éstos mutuamente se estorbaran el tiro, una división de cruceros ligeros quedaría siempre en cabeza y otra en cola, respecto al grueso, y dichas unidades, muy rápidas, podrían interponerse entre dicho grueso y los aviones torpederos británicos, que por fuerza habrían de tratar de lanzar desde el «sector peligroso», correspondiente a las amuras de los buques pesados. Era un dispositivo de marcha

(1) El *Diaz* y el *Cadorna* habían tenido que dirigirse a puerto por avería en las máquinas, y trece destructores hicieron lo propio para rellenar de combustible.

cómodo y seguro que permitiría arrumbar con facilidad hacia el enemigo cuando conviniese y... ¡se conociera su presencia!

Pero ésta se ignoraba por completo, y a medida que transcurrían las horas sin que la aviación italiana diera la menor señal de vida, la intranquilidad e incertidumbre de Campioni iban en aumento. Porque sus buques estaban constantemente sometidos a la imperturbada observación de los aviones ingleses, lo que nada bueno presagiaba, pero él lo ignoraba todo respecto a la invisible fuerza naval adversaria.

A las 1125, la 1.ª Escuadra, que era la más lenta, llegó a la altura de Punta Stilo, a poco más de 30 millas de la costa calabresa, y seguidamente invirtió el rumbo para dirigirse al punto de *rendez vous* con la 2.ª Escuadra, situado aproximadamente a 50 millas al Sur. En aquel momento, los buques de Cunningham se hallaban a unas 80 millas marinas por el SE. de los de Campioni, es decir, si el almirante italiano hubiera querido dirigirse entonces hacia Taranto, eludiendo el combate, no habría tenido necesidad de aumentar ni siquiera en un nudo su velocidad. E igualmente expedita tenía la derrota hacia Nápoles, a través del estrecho de Mesina. Pero ya sabemos que los italianos buscaban el combate; no fue Cunningham quien les obligó a aceptarlo.

A este almirante, que gracias a la continua observación de sus aviones conocía con toda exactitud la posición y los menores movimientos de los buques italianos y que ya desesperaba de poder interceptarlos, aquel cambio de rumbo hacia el Sur debió de causarle la mayor sorpresa, aunque no lo mencione en sus *Memorias*, y una profunda desconfianza, pese a que también lo silencie. Porque, ¿cómo podían buscar el combate los italianos contando sólo con dos acorazados cuyo blindaje podía ser perforado en cualquier punto, incluso el menos vulnerable, por los veinticuatro tremendos cañones de 381 mm. que montaban sus buques de línea, en cuya propia coraza, por el contrario, se estrellarían, sin efecto, los mayores proyectiles italianos de 320 mm.? Si la escuadra italiana no llevaba sombrilla aérea de ninguna clase, ¿cómo pensaba poder librarse del ataque de los aviones torpederos ingleses? ¿Qué clase de combate buscaba el enemigo? Allí había algo oscuro, difícil de explicar, pero probablemente peligroso y que obligaba a moverse con la mayor cautela. Sí, ante aquel inesperado cambio de rumbo de la escuadra italiana, el almirante británico debió de sentirse más receloso que eufórico.

Ahora, las dos escuadras adversarias se aproximaban rápidamente, navegando a rumbos convergentes, y como Cunningham sabía muy bien que el enemigo, aun después de llegar al contacto visual, podría esfumársele debido a su superior velocidad, decidió lanzar sus aviones al ataque, con la finalidad de mermar aquélla rompiendo con torpedos la obra viva de los acorazados italianos.

Hacia las 1300, la 4.ª y la 8.ª Divisiones ya habían formado la columna de estribor respecto al *Cesare* y al *Cavour*, y los cruceros pesados de la 1.ª y la 3.ª se aproximaban por la popa de la 1.ª Escuadra, arrumbados al 183°, mientras que la 7.ª División se hallaba todavía lejos. Pero media hora antes el *Eagle* había puesto en el aire a nueve aviones *Swordfish* armados con torpedos. Poco después, los marinos de la *Fleet Air Arm* avistaron a los cruceros pesados italianos y, creyendo que entre ellos se encontraban los acorazados, se lanzaron al ataque de los buques que navegaban en cabeza. Para eludir el fuego antiaéreo de los destructores que navegaban por la proa de la formación italiana efectuaron su aproximación por la popa de los cruceros, volando a unos 20 ó 30 metros sobre el agua, y a unos mil metros de distancia y entre un enjambre de explosiones y proyectiles en vuelo dejaron caer sus pesados artefactos. ¡Así supo Campioni que la escuadra enemiga se hallaba próxima!

Los pilotos ingleses no tuvieron mucha suerte. Con violentas metidas de timón y forzando al máximo las máquinas, el *Pola* y el *Zara* lograron sortear los peligrosos ingenios, aunque no sin que uno de ellos literalmente «afeitara» al primero de estos grandes cruceros. Dejemos que sea un testigo presencial y de excepción, el almirante Riccardo Paladini, quien nos lo describa: «El *Pola* cayó a babor con toda la caña y puso sus máquinas a la máxima fuerza. Durante algunos minutos se produjo una carrera de velocidad entre el buque y el torpedo, que por fin le pasó a poquísimos metros de la popa, sin lograr alcanzarle. Y no es improbable que el artefacto hubiera sido desviado por la estela de las hélices.»

Acababan de alejarse los aviones ingleses, perseguidos por una lluvia de proyectiles de cañón y ametralladora, pero indemnes, cuando desde el *Cesare* se avistaron tres unidades pesadas en demora 210°, que, difíciles de distinguir bien por aproximarse de amura y en el vertical del sol (1), fueron tomadas por británicas. Como Campioni ignoraba absolutamente, desde el día anterior,

---

(1) En el sistema astronómico de Coordenadas Azimutales se denomina «vertical» a todo círculo máximo que pasa por el cenit y el nadir del observador.

por dónde se movía el enemigo, y todavía no se le había incorporado la 2.ª Escuadra, arrumbó al 270° para cortarle la «T», al mismo tiempo que ordenaba a los destructores tender una cortina de humo que le permitiera efectuar el despliegue sin ser molestado por el tiro del adversario. Pero poco más tarde se aclaró que se trataba de la 7.ª División de cruceros.

Casi inmediatamente después de aquella falsa alarma, a las 1330, un avión del reconocimiento marítimo italiano comunicó haber avistado dos acorazados y ocho destructores británicos a unas 80 millas al norte de la 1.ª Escuadra, arrumbados al 330° y moviéndose a 22 nudos. Entonces Campioni, que hasta ese momento había supuesto que el enemigo le quedaba por el Sudeste, decidió arrumbar inmediatamente hacia él. Y mientras las dos escuadras adversarias baten las aguas del mar Jónico con sus poderosas hélices de bronce y acortan distancias con rapidez debido a la convergencia de sus rumbos, examinemos brevemente las posibles razones que llevaron al almirante italiano a tomar aquella peligrosa y creemos que un tanto precipitada decisión.

Según él mismo ha manifestado, lo que le indujo a dirigirse contra el adversario fue el temor de que éste le cortara la retirada hacia Taranto y que después pudiera atacar dicha base naval, ya que un ataque tal hubiera tenido un gran efecto psicológico. Éstas son sus razones «oficiales», realmente poco convincentes. Porque si el enemigo lograba efectivamente cortarle la retirada hacia Taranto, retirada prevista por «Supermarina», es cierto, él podía haber alcanzado perfectamente la seguridad del mar Tirreno a través del estrecho de Mesina, libre y a menos de la mitad de distancia que aquella ciudad de la Apulia. Por otra parte, esta base naval estaba bien protegida por campos de minas y baterías de costa, para no mencionar los submarinos, lanchas torpederas y aviones disponibles en ella o sus proximidades. De hecho, los ingleses no intentarían bombardear Taranto, con sus buques, en toda la guerra. Además, la escuadra italiana podía lograr o no vía libre hacia este puerto, pero, en caso negativo, suponer que los ingleses se expondrían para cañonear, o atacar con torpedos o pequeñas bombas, una base naval vacía era absurdo, y, de otra forma, meterse en ella presuponiendo que la escuadra enemiga podría después atacarla, lo era todavía más.

Por tanto, prescindamos de las razones «oficiales» de Campioni y tratemos de examinar objetivamente la situación. Por una parte, el almirante italiano había estado todo el día sin la prometida escolta de cazas, persistentemente sometido al escrutinio aéreo del enemigo. Hasta que surgieron los aviones torpederos ingleses, después de la una de la tarde, tal vigilancia había resultado sólo molesta. Pero cuando la proximidad de la escuadra de Cunningham permitió a éste lanzar al ataque a sus aviones armados con torpedos, la ausencia de cazas propios hizo que la situación se volviera extremadamente peligrosa, ya que los acorazados y cruceros italianos quedaban poco menos que inermes ante un arma letal que Campioni valoraba con toda exactitud. Porque ahora eran sus propios buques los que podrían quedar lisiados por los aviones del enemigo y ser después rematados a cañonazos, y no al revés, como tan cuidadosamente se había planeado. Es decir, se habían vuelto las tornas.

Por otra parte, si los bombarderos italianos, preparados al efecto, no habían actuado todavía, ello era debido a que el reconocimiento aéreo no pudo localizar antes a los buques ingleses. Pero ahora, una vez avistados y señalada su posición, los aviones italianos despegarían inmediatamente de los aeródromos cercanos y, en la hora y media que Campioni calculaba le llevaría tomar contacto con el adversario, tendrían tiempo suficiente para dejarle malparado. A mayor abundamiento, la escuadra inglesa parecía estar dividida en dos agrupaciones bastante separadas, ya que, buques menores aparte, el almirante italiano sabía, por los repetidos informes del día anterior, que la componían tres acorazados y un portaaviones. Lanzándose inmediatamente al combate existían posibilidades de que el enemigo no tuviera tiempo de concentrar sus tres buques de línea, y entonces la escuadra italiana sólo tendría que enfrentarse con dos acorazados, más lentos que el *Cesare* y el *Cavour* y con su capacidad combativa probablemente muy mermada por los bombarderos. Por lo demás, cuanto antes llegara Campioni al contacto, menos tiempo quedaría expuesto a los peligrosos ataques de los aviones torpederos ingleses.

Tales razones pudieron muy bien pesar en el ánimo de Campioni cuando decidió lanzarse contra el enemigo sin perder momento, ya que las directivas recientemente llegadas de «Supermarina» preveían la «posibilidad» de que la escuadra italiana se enfrentase con los acorazados enemigos «cuando éstos se hallaran separados y hubiesen sido atacados por la aviación».

* * *

La *Mediterranean Fleet* cayó a babor a las 1400 y arrumbó al Oeste. A esa hora, los buques italianos se movían al 10° verdadero, y quince minutos después se catapultaron tres hidroaviones de reconocimiento pertenecientes a los cruceros *Barbiano*, *Giussano* y *Abruzzi*. A la media hora de vuelo, uno de los observadores informó a su almirante que el enemigo se dirigía hacia él desde unas 30 millas de distancia. Campioni debió de comprender entonces que el contacto balístico se produciría antes del tiempo calculado, mas, por las razones apuntadas y confiando todavía en la oportuna intervención de los bombarderos italianos, no quiso eludirlo.

Ambos adversarios buscaban el combate, pero no nos engañemos: a pesar de que Campioni contaba con nueve cruceros más que Cunningham, tal diferencia quedaba bastante más que compensada por la presencia en la *Mediterranean Fleet* de un buque de guerra verdaderamente inédito para los italianos: el portaaviones *Eagle*, provisto de biplanos torpederos, y de tres acorazados de 31.000 toneladas, cualitativamente muy superiores a sus dos contrapartes italianos. Las fuerzas de destructores, debido a las averías surgidas y la necesidad de hacer combustible, habían quedado casi equilibradas: dieciséis italianos y catorce británicos.

Hacia las tres de la tarde, los cruceros que navegaban en vanguardia de ambas escuadras se avistaron mutuamente. En todos los buques se tocó entonces zafarrancho y se izaron las banderas de combate. Para los ingleses, que durante la Gran Guerra no habían tenido otro adversario en el Mediterráneo que los submarinos alemanes, resultó un gran momento cuando el crucero *Neptune* señaló: «Escuadra de batalla enemiga a la vista», porque dicha señal no había vuelto a repetirse desde los tiempos de Horacio Nelson.

Ahora, más de treinta mil hombres, italianos y británicos, de todas las edades y graduaciones, se dirigían apresuradamente a los puestos de combate para hacerse cargo de su cometido, conscientes de que la dotación de un buque de guerra constituye un equipo perfectamente conjuntado, donde el papel de todos y de cada uno es ciertamente importante. El despliegue, las necesarias y continuas evoluciones, cambios de rumbo y de velocidad de los buques, etc., dependen de quienes se afanan bajo la línea de flotación sin poder ver por un instante al enemigo. Si estos hombres no actuaran en todo momento con la mayor competencia, las órdenes de los almirantes resultarían inútiles. De nada valdrían tampoco las más complejas direcciones de tiro y toda la ciencia de quienes las utilizan si aquellos que permanecen sepultados a muchos metros por debajo de las olas dejasen de enviar constantemente proyectiles y saquetes de cordita hasta las grandes torres de artillería, o si las dinamos y alternadores, que en definitiva son los que mueven a los grandes cañones, se detuviesen, etc. La dotación de un buque de guerra forma parte integral de un complicado y formidable engranaje en que cada pieza de acero, o de carne y hueso, resulta esencial en la labor del conjunto, que es la única que cuenta.

Pero quizá lo más dramático, lo que confiere una indudable grandeza al personal de un buque tal cuando entra en combate, es el hecho de que sólo una parte mínima, numéricamente insignificante, de él sea capaz de ver al adversario. Y, por supuesto, nos referimos al buque de superficie, no al submarino, donde tal circunstancia llega al extremo, difícilmente concebible para el aviador o el soldado, de que sólo un hombre, el comandante del escualo de acero, puede entrever furtiva e intermitentemente al enemigo a través del periscopio de ataque.

Para algunos, los buques adversarios se materializarán en una serie de puntos de grafito sobre el papel de la mesa trazadora del «Centro de Información en Combate» («C. I. C.») o la estación calculadora de la dirección de tiro. O en los trazos dejados por lápices grasos sobre unos paneles transparentes. Para otros, el enemigo estará representado por pequeñas manchas fosforescentes que surgirán en las pantallas de algún radar de exploración, o el pico más alto de la «hierba» que danza, igual que una anémona epiléptica, en el tubo de rayos catódicos de un radar de tiro. Tal vez se deje escuchar, en entrecortados e incomprensibles mensajes, a través de los auriculares de algún aparato de radio o radiogoniómetro. Quizá podamos analizar las pulsaciones de sus radares en el osciloscopio de un equipo de contramedidas electrónicas. Pero sólo un reducido puñado de hombres podrá verlo con sus propios ojos a través de telémetros y alzas de puntería, periscopios del puesto blindado de mando, prismáticos y visores de observación de la caída de las salvas propias. Todo ello con dificultades, de forma interrumpida, entre las nubes de gas producidas por los disparos de la artillería de a bordo y los géiseres de agua que periódicamente levantan — ¡cada vez más cerca! — los proyectiles con que aquellas grises siluetas sobre el horizonte nos obsequian en justa correspondencia. Para los demás, para la gran mayoría, el enemigo serán los estampidos que hacen vibrar a su buque y causan destrozos, vías de agua e incendios; los latigazos de metralla y el terrible poder de la onda expansiva, que mata y siembra la ruina por doquier. Y esos hombres, que tan fría pero valerosamente se enfrentan a un adversario punto menos que invisible, han de permanecer en sus puestos hasta que aquel combate, verdaderamente sobrehumano, pues para ellos el enemigo parece no tener siquiera forma física, termine con la retirada o con la victoria; o se reciba la orden de abandonar el buque, pues el navío, herido de muerte, ya se precipita rápidamente hacia el insondable abismo en una zambullida eterna.

Pero también es posible que la patética orden no llegue jamás. Que con su deletérea carga de millares de toneladas de municiones y explosivos a bordo, el leviatán de acero vuele por los aires en cuestión de segundos, en un estallido de catástrofe, al haber sido directamente alcanzado en algún punto vital por el afortunado impacto de un enemigo al que sus víctimas ni siquiera lograron ver en toda la batalla, pues para ellas permaneció siempre con el rostro tapado, como el verdugo.

Todo esto lo llevaban prendido en el subconsciente aquellos treinta mil y pico de marinos que, a bordo de más de medio centenar de buques de guerra, acudían presurosos a sus puestos en zafarrancho de combate una soleada y calurosa tarde de julio del año 1940.

* * *

Al producirse el mutuo avistamiento, la 8.ª División italiana, compuesta por los cruceros *Abruzzi* y *Garibaldi* (contralmirante Legnani), arrumbó al 70° y puso las máquinas a régimen de 30 nudos, mientras los buques del vicealmirante Tovey, excepto el averiado *Gloucester,* al que Cunningham ordenó replegarse sobre el *Eagle,* cayeron hacia el Norte por giros simultáneos, a fin de hacer entrar en fuego todas sus piezas sobre los destructores italianos de la 9.ª Escuadrilla, que poco después recibió orden de replegarse.

A las 1520, los veinte cañones de 152 mm. que montaban los dos cruceros de Legnani rompieron el fuego sobre sus cuatro adversarios, que inmediatamente replicaron con sus treinta y seis piezas del mismo calibre. La distancia inicial fue grande, unos 24.000 metros, pero pronto empezó a disminuir, y seis minutos después se sumaba al combate la 4.ª División italiana, reducida al *Barbiano* y al *Giussano,* que aportaba dieciséis bocas de fuego más de 152 mm. Las fuerzas estaban, pues, equilibradas, pero sea porque los cruceros de Tovey andaban escasos de municiones o porque los telemetristas italianos tenían el sol a la espalda y, en cambio, sus antagonistas de cara, el caso es que los buques de

Albión se vieron verdaderamente abrumados por la caída continua y peligrosamente próxima de las salvas enemigas, y tuvieron que zigzaguear y efectuar violentos cambios de rumbo para descentrarse. La metralla alcanzó al crucero *Neptune* y le acribilló la catapulta y el avión trincado sobre ella, que, debido a la pérdida de gasolina, tuvo que ser arrojado al mar.

Mientras aquellos ocho cruceros se cañoneaban intensamente, pero con ventaja para los italianos, el almirante Cunningham, al ver la comprometida situación por que atravesaban los buques de Tovey, puso el *Warspite* y sus cinco destructores a 24,5 nudos para aproximarse y prestarles apoyo. Con ello, a las 1526, los cruceros británicos pudieron ser «salvados de su precaria posición» (1) gracias a la intervención de los cañones de 381 mm. del acorazado, cuyos enormes proyectiles pusieron punto final a este primer encuentro, al obligar a los cruceros italianos a replegarse a toda máquina, al mismo tiempo que tendían cortinas de humo para enmascararse, sustrayéndose a una situación extremadamente peligrosa para ellos. A las 1531 cesó el cañoneo por ambas partes, y sobre la tranquila mar volvió a imperar el silencio, mientras el viento se llevaba la humareda, lentamente, hacia el Sur.

Para entonces, por encima del horizonte de los dos contendientes se habían ido encaramando innumerables mástiles y siluetas de buques enemigos. Las tres columnas que componían la formación de marcha de Campioni navegaban ya al 60° para cerrar distancias sobre el grueso británico, y los acorazados *Malaya* y *Royal Sovereign*, que se habían quedado todavía más rezagados después de la estrepada del buque insignia, trataban de acortar distancias a todo lo que daban de sí sus calderas y turbinas de vapor.

A las 1540, el almirante italiano ordenó el despliegue sobre babor, arrumbó al 10° verdadero y puso a régimen de 25 nudos. Sólo unos momentos antes, los cruceros del vicealmirante Tovey habían aproado al 320° para tratar de volver a tomar contacto y seguir al enemigo, que era su verdadera misión, y mientras tanto el *Warspite* reducía velocidad y efectuaba un giro completo de 360°, con poca caña, a fin de dar tiempo a que se le aproximasen los otros dos acorazados, pues las siluetas del *Cesare* y del *Cavour* ya se percibían claramente en la distancia, por Poniente.

(1) Playfair, *The Mediterranean and Middle East*, vol. I, pág. 153 (Her Majesty's Stationery Office, Londres).

Durante un combate naval, cuando la muerte ronda y un enemigo enormemente superior trata de aniquilarnos con sus terroríficos proyectiles, es natural que las cosas no salgan tan bien como en las salas de cualquier centro de adiestramiento, donde se practica y ensaya la táctica naval en el llamado «juego de la guerra». Allí, con toda tranquilidad y el auxilio de complejos equipos electrónicos capaces de interpretar y debidamente traducir nuestras órdenes, somos muy dueños de resolver a la perfección los más difíciles problemas. Sobre una gran pantalla vertical que quiere ser la superficie de la mar a vista de pájaro se desplazarán obedientemente unas lucecitas de diversos colores que representan a limitada escala de distancias, pero con absoluto realismo y precisión, los movimientos y evoluciones de convoyes, escuadras, buques de superficie, submarinos y aviones. No existe el menor peligro ni otro riesgo que el de equivocarse. El silencio es casi absoluto, y ni siquiera os molestará el desagradable zumbido de los proyectiles enemigos o el estallar de los mismos, las bombas aéreas o las cargas de profundidad, que muy bien podrían simularse, cuando fuese oportuno, con un adecuado equipo de altavoces. En un centro británico examinamos en cierta ocasión una central de lanzamiento de torpedos montada sobre el que se suponía puente descubierto de un destructor lanzado al ataque del enemigo a través de las olas. Sus movimientos eran ciertamente bruscos, pero todavía el único riesgo estaba en sufrir algún golpe o una caída sin importancia. Estos costosos sistemas de enseñanza son necesarios y, por otra parte, ahorran mucho tiempo, petróleo y desgaste del material a flote. Pero, desde luego, las condiciones en que allí se desarrollan los supuestos tácticos son por fuerza bien diferentes a la realidad.

Cuando los cuatro cruceros italianos de las Divisiones 4.ª y 8.ª tuvieron que escapar sorteando los monstruosos surtidores que hacían brotar alrededor de ellos los proyectiles del *Warspite*, los buques del contralmirante Legnani cayeron primero a Poniente y luego al Norte, mientras que los de Marenco, del mismo empleo, terminaron por marchar hacia el Sur. De modo que, al finalizar el despliegue, en la vanguardia de Campioni sólo quedaron el *Garibaldi* y el *Abruzzi*, mientras que a retaguardia marchaban seis cruceros ligeros: los de la 4.ª y la 7.ª Divisiones. Por otra parte, la distancia entre columnas («intervalo») había sido grande, cinco millas, y como el despliegue se efectuó tomando como perno a los acorazados, y hasta entonces los cruceros pesados habían navegado por fuera, respecto al enemigo, resultó que estos seis buques tardaron bastante más que el *Cesare* y el *Cavour* en llegar a distancia balística con el *Warspite* y el *Malaya*. Así que los blindados italianos no pudieron compensar su inferioridad artillera con los cuarenta y ocho cañones de 203 mm. que montaban los cruceros del almirante Paladini.

Pero tampoco los buques de línea británicos se hallaban en buena disposición de combate, pues el *Royal Sovereign*, que era el único de los tres que no había sido modernizado y reconstruido, no pudo alcanzar a tiempo a sus compañeros de batalla, y el *Malaya* estaba todavía bastante retrasado con respecto al *Warspite*. Éste catapultó un avión a las 1548 para que observara el tiro propio, cuya apertura era inminente, y arrumbó al 354°, seguido por el *Malaya* y, a unas tres millas de distancia, el *Royal Sovereign*.

A las 1553, el acorazado británico más próximo al *Cesare* se hallaba a 23.400 metros de distancia. Campioni no quiso aguardar más. Los cruceros pesados todavía no habían ocupado sus puestos en la línea de batalla italiana, cierto, pero tampoco lo habían hecho los acorazados enemigos. No había, pues, momento que perder. El *Cesare* y el *Cavour* recibieron orden de abrir el fuego sobre sus contrapartes británicos situados en cabeza. Poco después, un estampido imponente, que sacude a los buques italianos de quilla a perilla, rueda sobre la mar, y cuando los oídos de quienes tienen sus puestos al aire libre vuelven a funcionar, estos hombres pueden percibir el ruido de los proyectiles que se alejan rasgando la atmósfera a gran velocidad.

Al otro extremo de la línea de tiro, en recorrer la cual los proyectiles italianos iban a emplear más de medio minuto, los marinos ingleses observan el gran relampagueo producido por los disparos del adversario, y entonces Cunningham ordena abrir también el fuego. ¿Fue prematuro por su parte?

A aquella distancia, y si el enemigo se veía en dificultades, cosa fácil de prever, podría retirarse inmediatamente fuera del alcance de las piezas inglesas, posiblemente antes de que los daños fueran irreparables. Mientras que si los británicos aguardaban a que disminuyese la distancia, para tirar desde más cerca, a los buques italianos ya no les resultaría después tan fácil el evadirse. ¿Podían haber aguantado los acorazados de la *Mediterranean Fleet* la lluvia de acero y explosivos que mientras tanto les lanzaría impunemente el enemigo? Con toda probabilidad, sí. Precisamente el *Warspite* y el *Malaya* habían recibido trece y ocho impactos directos, respectivamente, durante la batalla de Jutlandia, procedentes de los acorazados alemanes, y, prácticamente, se quedaron tan frescos. ¿No tuvo Cunningham la sangre fría necesaria para someterse a semejante prueba? No existe el más leve indicio que nos permita suponer tal cosa. Pero este almirante sabía muy bien que para sus proyectiles perforantes, y aun a aquella distancia, el blindaje del enemigo era insuficiente y que un solo impacto afortunado podía hacer volar a cualquiera de los dos buques italianos que tan intrépidamente se le enfrentaban, o dejarlos inmovilizados, ¡presas después fáciles para sus destructores y aviones torpederos! Por otra parte, era probable que el enemigo, conocedor de su propia debilidad, tratara de mantener aquella distancia.

Naturalmente, ignoramos lo que en definitiva habría sucedido si Cunningham hubiera retrasado la apertura del fuego, pero el caso es que, tal y como se desarrollaron los acontecimientos, los buques italianos no pudieron ser aniquilados y todos los afanes de la escuadra inglesa resultaron inútiles...

A semejante distancia, el tiro de los retrasados *Malaya* y *Royal Sovereign* resultó siempre corto, mientras que el *Cavour*, que por error disparaba sobre el último de los acorazados ingleses, también vería caer cortas todas sus salvas. Pero el *Cesare* y el *Warspite* pronto se centraron. Las bandadas de proyectiles se cruzaban en el aire, a gran altura, como pajarracos enfurecidos, y, tras un vuelo tan raudo como efímero, terminaban desplomándose a caballo de sus objetivos. ¿Quién daría el primero? La dispersión de las salvas italianas era bastante grande; muy bien agrupados llegaban los pesados proyectiles ingleses. Y la suerte quiso favorecer al director de tiro que probablemente había dedicado más tiempo y desvelos a la alineación y puesta a punto de la artillería de su buque. Con su característico y poderoso rugido, otra salva británica, la que hacía el número siete, envolvió al *Cesare*, y esta vez las explosiones coincidieron con un estremecimiento sentido en todo el buque y no provocado por los disparos propios.

«A las 0400 — escribe Cunningham — vi la gran llamarada de color naranja producida por una fuerte explosión en la base de las chimeneas del buque enemigo. Fue seguida por el vomitar de un torbellino de humo, y supe que le habíamos alcanzado de pleno a la prodigiosa distancia de trece millas.»

Efectivamente, un proyectil de 381 mm. y casi una tonelada de peso había atravesado la chimenea de popa del *Cesare* y estallado prematuramente. Sobre el personal de las ametralladoras y cañones antiaéreos del combés se abatió un latigazo de metralla que produjo más de veinte muertos y heridos. Pero la ojiva del proyectil perforó la cubierta del castillo, luego la de batería, atravesó después una camareta de suboficiales y, finalmente, quedó empotrada en el cinturón blindado de la banda de babor. El impacto en sí no tenía nada de grave, pero originó un gran incendio en el interior del buque y, mucho peor, los gases de la explosión fueron inmediatamente aspirados por los turboventiladores de las calderas 4, 5, 6 y 7, que tuvieron que ser evacuadas. Pese al empleo de máscaras antigás, un fogonero murió allí asfixiado y varios hombres perdieron el conocimiento.

Con la mitad de sus calderas momentáneamente fuera de servicio, lo que redujo la velocidad máxima a 18 nudos, y un fiero incendio todavía no bien localizado y cuya importancia se desconocía, el *Cesare* tuvo que salir de formación, aunque continuó disparando con sus torres poperas hasta que los destructores le cubrieron con cortinas de humo. Pero dejar solos al *Cavour* y los cruceros de Paladini frente a un enemigo cuya concentración era ya cuestión de minutos hubiera sido una verdadera temeridad; así que el almirante italiano ordenó la retirada de toda la escuadra hacia el estrecho de Mesina, al mismo tiempo que, para salvar una situación siempre comprometida (presentar la popa al enemigo en pleno combate), lanzaba los destructores al ataque con torpedos.

No se puede censurar a Campioni por aquella decisión. A las cuatro de la tarde todavía la escuadra inglesa no había sufrido el ataque de un solo avión italiano, ni, por tanto, experimentado merma alguna en su capacidad combativa. Proseguir el duelo artillero a 18 nudos era poco menos que quedar a merced del muy superior enemigo, ya que la única ventaja de los acorazados italianos, su velocidad, había desaparecido bruscamente. Por otra parte, el convoy estaba a buen recaudo, y el plan previsto por «Supermarina», y por causas totalmente ajenas a la escuadra italiana, no se había cumplido. Proseguir el combate hubiera equivalido a aceptar un riesgo tan peligroso como innecesario, es decir, a hacerle el juego al enemigo.

Tal vez Campioni no tuvo demasiada suerte con aquel impacto, que, por lo demás, no quebrantaba, excepto en lo que a velocidad se refiere, el valor militar del *Cesare*. Pero también pudo haber saltado por los aires con su buque insignia, no lo olvidemos.

Mas el combate, aunque ahora en tono menor, proseguía. Entre las 1550 y las 1600, los cruceros pesados italianos habían ido abriendo el fuego sobre el enemigo por el siguiente orden: *Trento, Fiume, Bolzano, Zara, Pola* y *Gorizia*. Para los ingleses, un considerable sector del horizonte de Poniente quedó vivamente esmaltado por los grandes fogonazos rojizo-anaranjados que escupían los acorazados y cruceros italianos. El *Trento* pudo disparar tres salvas sobre el *Warspite*, a 27.000 metros de distancia, es decir, en el límite del alcance de sus piezas de 203 mm. Pero el acorazado británico quedó muy pronto fuera de aquél, y el crucero dirigió su tiro sobre los buques del vicealmirante Tovey. También el *Zara* disparó seis salvas contra el buque de línea enemigo más próximo, pero sin resultado.

A partir de las 1600, en que Campioni lanzó al ataque a sus flotillas de destructores, el tiro de los cruceros de ambas escuadras se hizo muy violento, ya que la distancia fue rápidamente disminuyendo hasta los 18.000 metros, y poco después contraatacaban los destructores ingleses. Así que los treinta minutos siguientes fueron, sin duda, los más emocionantes, espectaculares y movidos de toda la batalla. También los más hermosos. Mientras los acorazados y cruceros ligeros italianos arrumbaban primero al 270° y después al 230°, los destructores les cubrían muy eficazmente con cortinas de humo, forzaban máquinas y buscaban una posición adecuada para lanzar sus torpedos sobre los cruceros y acorazados enemigos. Los buques vibraban. Las hélices giraban rabiosamente y hacían que las popas de aquellos galgos, lanzados ya a más de 36 nudos, se hundieran pronunciadamente en el agua al mismo tiempo que una gran estela se alzaba muy por encima de las toldillas, y que las proas se remontaran anormalmente sobre las olas.

El ataque era sostenido por los cruceros pesados, que atraían sobre sí el fuego de los buques del vicealmirante Tovey. A las 1605, una salva británica encuadró al *Bolzano*, que navegaba en cabeza de la formación, y este buque recibió tres impactos directos de 152 mm. El primero, en una esquina de la torre número 2, de 203 mm., sin consecuencias, ya que sus dos cañones siguieron disparando; otro en el alcázar, bajo cubierta, que inutilizó los dos tubos lanzatorpedos popeles de estribor, y el último, en el servomotor de gobierno, que dejó momentáneamente bloqueado el timón. El buque se vio obligado a describir una circunferencia completa sobre babor, pero la avería quedó rápidamente reparada. Lo que fue una suerte para este gran crucero de 11.000 toneladas y 197 metros de eslora, pues a las 1609 intervenía el *Warspite*, que lanzaba seis salvas contra los cruceros italianos, y, casi al mismo tiempo, estos buques eran atacados por una nueva formación de aviones torpederos, procedentes del *Eagle*, que, muy oportunamente, intervenían en el combate. Su objetivo eran los acorazados, pero, por suerte para los buques del vicealmirante Tovey, ¡y los de Campioni!, el caso es que también esta vez atacaron a los cruceros de Paladini. Su blanco fueron el *Bolzano*, el *Trento* y el *Fiume*, sobre los que los marinos británicos arrojaron sus nueve torpedos, y aunque los ingleses creyeron haber alcanzado por lo menos a uno de estos buques, tampoco aquel segundo ataque torpedero aéreo logró impacto alguno.

Mientras tanto, sorteando los bosques de grandes piques provocados por la artillería de los acorazados y destructores ingleses, las flotillas italianas iban alcanzando sus sectores de ataque y dejaban caer al agua los artefactos submarinos. Las posiciones y distancias variaron bastante. La que se aproximó más al enemigo fue la 7.ª Escuadrilla (C. F. Baldo), que lanzó sobre los cruceros ingleses desde 8.500 metros, al mismo tiempo que disparaba con sus piezas de 120 mm. La 11.ª arrojó al mar diez torpedos, desde 11.000 metros, dirigidos contra el *Warspite* y uno de los cruceros ingleses, sobre los que también disparó su artillería. La 9.ª lanzó cinco torpedos contra los cruceros de la 7.ª División del vicealmirante Tovey, siendo alcanzado por la metralla de los proyectiles ingleses el destructor *Alfieri*. La 12.ª Escuadrilla disparó siete torpedos desde lejos y en retirada, por haber apreciado que los buques enemigos habían invertido el rumbo. Y por la misma razón no lanzó la 14.ª

En cada ataque sólo se descubría uno de los destructores: el conductor de flotilla, que vomitaba torrentes de humo e iba dando los datos de tiro a los buques que le seguían. Éstos, escalonados por dentro de la cortina de humo, sólo la atravesaban al final, para mostrarse unos momentos y lanzar sus artefactos al mismo tiempo que hacían fuego con la artillería. Inmediatamente volvían a ocultarse, y luego se retiraban con otra larga y veloz galopada, envueltos en su propia nube oscura, igual que los calamares cuando se saben perseguidos. ¡Y a fe que lo eran! Pues los grandes proyectiles de grueso y mediano calibre del *Warspite* y del *Malaya*, y también de los cruceros y destructores británicos, les seguían tenazmente, aullando y desplomándose por doquier. Pero ninguno de los veloces galgos italianos pudo ser alcanzado.

Hay que reconocer que la mayor parte de los ataques torpederos italianos fueron dirigidos contra los cruceros y no contra los acorazados ingleses, y que ninguno de los ingenios submarinos hizo blanco. Pero ello es normal en tales casos, y la realidad es que aquellos ataques, valerosamente llevados a cabo, al obligar a los buques enemigos a gobernar hacia fuera y disparar sobre los atacantes, permitieron al grueso de la escuadra italiana romper el contacto y retirarse sin daño.

Después, el almirante Cunningham no quiso perseguir al enemigo a través de la densa humareda que éste había dejado tras de sí. Supuso que tal vez todo aquello pudiera muy bien obedecer a sus intenciones de atraerle hacia una trampa de submarinos. Así que, desconfiado, decidió dar un gran rodeo por el Norte, a barlovento de toda aquella gran humareda, dejada como secuela de los combates y que el viento arrastraba perezosamente hacia la costa de África. Cuando terminó de hacerlo, hacia las 1730, ya era demasiado tarde. Pudo contemplar la costa calabresa a tan sólo 25 millas de distancia, pero ni un solo buque de guerra enemigo quedaba a la vista.

Pese a que los submarinos italianos acechaban mucho más al Sur y a que los buques italianos y británicos no volverían a encontrarse aquella tarde, ni la retirada de Campioni hacia el estrecho de Mesina, ni la aproximación de Cunningham a la costa de Calabria, y después su navegación hacia el Sur, estuvieron exentas de grandes peligros y sobresaltos. Porque entonces, ¡ay!, demasiado tarde, intervino la *Regia Aeronautica*.

Pero antes de ocuparnos brevemente de esta fase de la batalla de Punta Stilo veamos la suerte corrida en el Mediterráneo occidental por la «Fuerza H» del almirante Somerville.

* * *

Cuando por parte británica se planeó la operación que consideramos, el almirante Cunningham propuso que la «Fuerza H» atacase, con los aviones del *Ark Royal*, a los buques italianos surtos en las bases navales de Nápoles, Trapani, Palermo o Mesina. Pero los destructores asignados a dicha agrupación tenían un radio de acción bastante limitado, y Somerville, que no era partidario de arriesgar sus valiosas unidades en operaciones secundarias y poco importantes, alegó que el único ataque factible era el de Cagliari, en Cerdeña.

La «Fuerza H» aparejó de Gibraltar a las 0700 del 8 de julio. El crucero de batalla *Hood*, los acorazados *Valiant* y *Resolution*, el portaaviones *Ark Royal* y tres cruceros doblaron Punta Europa precedidos por una cortina antisubmarina de diez destructores, adoptaron el dispositivo diurno de marcha y pusieron la proa a Levante.

Esta ostentosa salida, a plena luz del día y hacia el Mediterráneo, fue pronto conocida en Roma, y desde allí se alertó a las fuerzas aéreas basadas en Cerdeña. Descubierta la escuadra de Somerville, en la tarde del día 9, por aviones italianos de reconocimiento, fue atacada, hacia las 1900 horas de ese día, por treinta bombarderos procedentes de los aeródromos de Cerdeña. Dos aparatos italianos resultaron abatidos y otros muchos alcanzados por la metralla, pero los aviones pudieron descargar un total de 144 bombas de 250 kilos sobre los buques de guerra británicos.

Los ataques aéreos se llevaron a cabo con tal decisión, y las silbantes bombas cayeron tan sumamente próximas a los navíos ingleses, que el almirante británico, considerando «que el peligro de que el *Ark Royal* sufriese daños sobrepasaba cualquier ventaja que pudiera obtenerse en una operación secundaria» (1), optó por retirarse a Gibraltar.

Hasta aquí los hechos reconocidos y probados. A partir de este momento se penetra en un terreno de disputa, tan traidor como las arenas movedizas del lapachar. Todavía hoy, los italianos aseguran que el *Hood* recibió a bordo tres bombas, una el *Ark Royal* y que dos destructores ingleses resultaron gravemente averiados. Sin embargo, los textos oficiales británicos, unánimemente, declaran que ningún buque fue directamente alcanzado por los artefactos aéreos.

A los veinticinco años de terminada la segunda guerra mundial, los archivos del Almirantazgo británico han sido abiertos al público. Aprovechando tal oportunidad, el autor de este libro hizo ciertas indagaciones al respecto. Según ellas, doce bombas cayeron en la inmediata vecindad de los buques ingleses *(near-misses)* y varios de éstos resultaron alcanzados por la metralla, pero ningún artefacto consiguió hacer blanco directo ni provocó daños importantes (2). Por tanto, hemos de suponer que, efectivamente, así fue, pero los ataques aéreos, aunque inefectivos, debieron de resultar sumamente peligrosos e impresionantes, puesto que decidieron al almirante de aquella poderosa escuadra britá-

---

(1) Playfair, *The Mediterranean and Middle East*, vol. I, pág. 115. Londres.

(2) *Ministry of Defense*, informe NHBL 16907, facilitado al autor el 9 de julio de 1973.

nica, pese a los cazas embarcados en el *Ark Royal*, a retirarse y suspender las operaciones.

El día 11, los aparatos de dicho portaaviones descubrieron a un submarino que acechaba a unas 80 millas a levante de Gibraltar, y su destrucción fue encomendada a los destructores *Forester* y *Escort*. Se trataba del italiano *Marconi*, al mando del capitán de corbeta Chialamberto, quien, como ya sabemos, se las arregló para torpedear al segundo de los citados buques, que se fue a pique a las nueve horas de recibir el impacto, arrastrando consigo al abismo a veinte muertos.

En cualquier caso, la retirada de la «Fuerza H» causó muy mala impresión en el Almirantazgo, y especialmente al primer ministro, Winston Churchill. Ya veremos sus secuelas.

* * *

En la tarde del 9 de julio, desaparecida bajo el horizonte la escuadra del almirante Campioni, la *Mediterranean Fleet* arrumbó hacia Malta, sufriendo, entre las 1643 y las 2110 de esa misma fecha, numerosos ataques aéreos por parte de la *Regia Aeronautica*.

Ciento veintiséis bombarderos salidos de Sicilia y Calabria descargaron 514 bombas (8 de 500 kilos, 236 de 250 kilos y el resto de 100 kilos) sobre los buques británicos y..., ¡ay, también italianos! Porque allí se puso inexorablemente de manifiesto la lamentable falta de cooperación, en tiempos de paz, entre la Aviación y la Marina italianas. El más bien impreciso señalamiento de la posición de las fuerzas navales enemigas por parte de Campioni, y sobre todo la absoluta falta de experiencia y de adiestramiento de los aviadores para reconocer a los buques propios, dieron lugar a que unos cincuenta bombarderos atacasen por error a los buques italianos. De nada sirvieron los desesperados mensajes del almirante Campioni ni cuantas señales se hicieron por radio o con proyectores luminosos y bengalas. Los marinos italianos terminaron por cansarse de esquivar la peligrosa lluvia de bombas con que la *Regia Aeronautica* les rociaba a discreción y abrieron el fuego, abatiendo en llamas un avión propio y averiando a otros varios. Pero, lo que no deja de ser altamente revelador, ni un solo impacto directo lograron los aviadores sobre los buques de guerra de sus camaradas del mar. Tampoco en los británicos, aunque la metralla alcanzó al acorazado *Warspite*, seccionándole diversos cables eléctricos de la artillería antiaérea. Es decir, aquellos insistentes ataques aéreos constituyeron sólo un derroche de gasolina y explosivos por parte de la Aviación italiana, esta vez sin compensación apreciable alguna.

Por el contrario, la escuadra de Cunningham, que se mantuvo al sur de Malta durante todo el día 10 de julio, sin ser molestada, mientras los destructores y el acorazado *Royal Sovereign* tomaban sucesivamente combustible en La Valetta, montó un ataque contra la base naval de Augusta con los aviones torpederos del *Eagle,* pues el reconocimiento aéreo descubrió en aquella rada a tres cruceros y ocho destructores, recién entrados, pertenecientes a las fuerzas del almirante Campioni.

En realidad, habían fondeado allí el acorazado *Cavour,* los cruceros pesados *Pola, Zara, Gorizia* y *Fiume* y los ligeros de las Divisiones 4.ª y 8.ª, mientras que los restantes buques de la 1.ª y 2.ª Escuadras se dirigían a Mesina y Nápoles. Pero «Supermarina», temiendo un ataque aéreo, ordenó la salida inmediata de todos aquellos buques, que en las primeras horas de la madrugada, y también a media mañana del día 10, fueron levando anclas con destino a Nápoles.

Debido a ello, cuando poco después del crepúsculo vespertino de dicha fecha llegaron a la rada de Augusta, bañada por la luz de la luna, los aviones torpederos lanzados por Cunningham desde el *Eagle* sólo pudieron encontrar a un solitario destructor, el *Pancaldo,* que recibió uno de los cuatro torpedos dejados caer al agua por los *Swordfishes* y se fue a pique con dieciséis muertos a bordo (1). Los demás aviones ingleses no hallaron objetivos sobre los que lanzar sus artefactos submarinos, y todos aterrizaron después en Malta. Sin la menor duda, la previsora orden dada por «Supermarina» evitó a la Flota italiana un grave desastre.

* * *

En cuanto el vicealmirante comandante de Malta supo que las escuadras británica e italiana combatían en las proximidades de Punta Stilo, alistó a los tres barcos del convoy rápido y lo hizo salir a la mar, escoltado por tres destructores, una hora antes de la medianoche del 9 al 10 de julio. En uno de aquellos transportes se encontraban la esposa y dos sobrinas del almirante

---

(1) Este buque sería posteriormente recuperado y puesto en servicio. Y vuelto a hundir, definitivamente, por la Aviación aliada en 1943.

Cunningham, que, por cierto, tendrían una travesía bastante accidentada.

El convoy más lento aparejó de La Valetta el día 10, con el *Royal Sovereign* y los destructores que habían entrado en aquella base naval para petrolear.

En la noche del 11 de julio, el submarino italiano *Capponi* (teniente de navío Romei), que acechaba en superficie al SE. de Malta, avistó, a las 2340, a tres acorazados británicos que navegaban al SE. escoltados por numerosos destructores. Romei aguantó en superficie y, desde muy corta distancia, lanzó dos torpedos sobre el gran buque que navegaba en cabeza, sumergiéndose inmediatamente. Ambos artefactos fallaron el blanco, y de aquel ataque ni siquiera se enteraron los ingleses, pero este submarino montaba seis tubos lanzatorpedos de 533 mm. y, de haber lanzado en abanico con todos ellos, es posible que el resultado hubiera sido diferente.

Después, las fuerzas británicas se dividieron. El acorazado *Warspite* y cuatro destructores se adelantaron para proteger al convoy rápido, mientras el *Royal Sovereign*, el *Malaya* y el *Eagle*, con los contratorpederos restantes, a las órdenes de Pridham-Wippell, daban cobertura al más lento. Inicialmente, los cruceros se mantuvieron a retaguardia, repartiéndose después entre ambos convoyes. Y para tratar de librarse de los ataques aéreos procedentes de las islas del Dodecaneso, todas las fuerzas hicieron una derrota bastante más meridional que la de ida. Pero ello no les sirvió de nada, pues durante los días 11 y 12 la *Mediterranean Fleet* y los transportes se vieron sometidos a violentos bombardeos por parte de los trimotores italianos basados en el Norte de África y también en aquellas hermosas islas, hoy otra vez griegas.

Doscientos treinta y cinco aviones italianos efectuaron treinta y un ataques contra los buques británicos, lanzando sobre ellos un infierno de 914 bombas. El *Eagle*, que llevaba a bordo tres cazas *Gladiator*, no contaba, como sabemos, con piloto alguno para manejarlos. Pero el capitán de fragata Keighly-Peach, que años atrás había sido piloto de caza, se ofreció voluntario, y él y otro piloto de la dotación de los *Swordfishes* consiguieron que aquellos aviones pudieran remontarse.

El primer ataque del capitán de fragata no fue acompañado por la suerte. Su aparato quedó acribillado por las ametralladoras de los *Sparviero*, y el mismo Keighly recibió un balazo que le atravesó una pierna. Pero, tras una cura de urgencia, tomó otro

Gladiator y volvió a despegar. Y entre los dos marinos lograron abatir un avión de reconocimiento y dos bombarderos enemigos.

Las bombas cayeron peligrosamente próximas a los buques de guerra, y los ingleses reconocen que, en cierta ocasión, el *Warspite* se vio rodeado por los imponentes obeliscos negruzcos que producían, simultáneamente, las explosiones de treinta y seis artefactos, todos ellos dentro de los doscientos metros de distancia al acorazado. Pero los aviadores italianos tampoco tuvieron mucha fortuna en estos ataques. Aunque varios navíos ingleses recibieron metralla a bordo, ninguno resultó directamente alcanzado por una sola bomba. El acorazado *Malaya* sufrió averías menores; el crucero *Liverpool* tuvo dos muertos, y el portaaviones *Eagle* quedó bastante perforado por la metralla y, como consecuencia de ello, no pudo participar después en el ataque que desencadenaría la Flota inglesa contra la base naval de Taranto el 11 de noviembre siguiente. Pero, antes de dicha acción, este buque se haría a la mar, desde Alejandría, para operar con la Escuadra los días 27 y 31 de julio y también el 30 de agosto. Así que sus daños no debieron de ser muy importantes. Cierto que el *Warspite* entraba en su base, el 13 de julio, con una fuerte escora, pero ésta fue intencionadamente provocada por su dotación al objeto de comprobar si la metralla había perforado el pantoque del acorazado.

Por su parte, los aviadores italianos, después de estudiar las fotografías tomadas durante los bombardeos, creyeron haber obtenido un gran éxito, y el mismo Mussolini llegó al convencimiento de que la mitad de la escuadra inglesa del Mediterráneo había quedado fuera de combate. La opinión pública italiana también quedó persuadida de que la batalla de Punta Stilo y las acciones aéreas con ella relacionadas habían constituido una gran victoria para sus armas.

En resumen, entre el 8 y el 12 de julio actuaron contra los buque de guerra británicos cerca de 500 aviones italianos, que les lanzaron 2.000 bombas. Pero la *Regia Aeronautica* sólo logró los pobres resultados que hemos consignado, mientras que cuatro aparatos resultaron abatidos, ochenta y dos ligeramente averiados y tres con graves averías. Los historiadores italianos achacan hoy este fracaso a la falta de visores giroscópicos en sus bombarderos, pero creemos que el verdadero fallo radicó únicamente en el sistema. Porque el bombardeo horizontal a alta cota (imprescindible para lograr que las bombas adquieran durante su caída suficiente velocidad de perforación) nunca dio el menor resultado en la pasada contienda mundial, ni tampoco en nuestra guerra civil. Durante ésta, los aviones hundieron al destructor *Ciscar*, averiaron al acorazado *Jaime I* y también alcanzaron a otros buques, pero siempre cuando éstos se encontraban en puerto, inmovilizados. Los únicos impactos directos logrados por aviones sobre buques de guerra en la mar lo fueron en el crucero *Almirante Cervera*, en 1938, pero obtenidos por un aparato que se lanzó contra él en picado, no en bombardeo horizontal.

En la guerra de 1939 a 1945, los éxitos de los aviones alemanes, británicos, italianos, japoneses y norteamericanos contra buques de guerra enemigos en movimiento se consiguieron casi invariablemente con aviones en picado o armados con torpedos. El bombardeo horizontal, con o sin visores estabilizados, sólo tuvo resultados positivos contra los buques surtos en puerto. Pero ya sabemos que en 1940 la *Regia Aeronautica* no disponía de aviones en picado ni tampoco torpederos. De modo que el fallo estuvo en el equivocado concepto sobre el empleo de los aviones, no en sus tipos de visores. Y es que pretender aplicar casi los mismos métodos de bombardeo sobre objetivos terrestres, fijos, que contra buques en movimiento sobre las olas, a elevada velocidad, es un error craso. En el año 1942, los japoneses todavía emplearían este sistema, pero sólo para distraer a los artilleros enemigos y facilitar el ataque simultáneo de sus aviones torpederos.

Con la entrada en Alejandría de la *Mediterranean Fleet* y los dos convoyes procedentes de Malta, los días 13 y 15 de julio, la batalla aeronaval de Punta Stilo había terminado. Decepcionante para los ingleses, causó impresiones contrapuestas en los marinos italianos. Por una parte, les proporcionó cierta confianza, en el aspecto puramente táctico y naval, ya que se habían enfrentado, y salido bien librados, con la poderosa y temida Escuadra británica, que no supo sacar partido de su superioridad y de su mayor experiencia de guerra. Pero, al mismo tiempo, sus esperanzas de que la *Regia Aeronautica* pudiera compensar su inferioridad ante la flota enemiga se esfumaron. Resultaba evidente que, en lo sucesivo, tendrían que marchar por el proceloso Mare Nostrum prácticamente solos y depender exclusivamente de sus limitados recursos. En verdad, se abría ante ellos un panorama tan oscuro como grávido de amenazas.

Con respecto a los combates navales librados, hay que notar que los aviones torpederos ingleses embarcados intervinieron siempre con gran oportunidad, mientras que los bombarderos de la

Regia Aeronautica, basados en tierra, actuaron totalmente a destiempo.

Para los italianos fue una suerte que los pilotos del *Eagle* confundieran a los cruceros pesados de Paladini con los acorazados de Campioni, pues estos buques, mucho más lentos y difíciles de maniobrar, posiblemente no hubieran logrado esquivar los torpedos, lo que podría haber tenido consecuencias funestas para ellos.

Como resultado de la falta de aviación de caza nacional, pese a navegar por aguas prácticamente territoriales propias, el almirante Campioni tuvo que emplear sus cruceros ligeros para dar protección al *Cesare* y al *Cavour* contra los aviones torpederos del *Eagle,* en vez de lanzarlos a la caza del portaaviones enemigo, lo que hubiera obligado a Cunningham a destacar uno de sus tres buques de línea y varios cruceros para darle escolta cercana, equilibrando, hasta cierto punto, la potencia de ambos gruesos en el momento de producirse el contacto balístico.

En el manejo y empleo de sus formaciones de superficie, los italianos estuvieron ciertamente a la altura de sus antagonistas, logrando zafarse muy bien de una situación verdaderamente comprometida, después de que el *Giulio Cesare* resultase alcanzado por el *Warspite,* lo que no deja de ser meritorio.

El almirante de la *Mediterranean Fleet,* por su parte, no quiso correr riesgos cuando el inferior y ya dañado enemigo, que se había prestado a hacerle el juego, se retiraba, y así, la batalla tan afanosamente buscada por los británicos resultó inútil y les causó una gran decepción. Pero, debido al estrepitoso fracaso de la Aviación italiana y, por supuesto, a la inferioridad material de la escuadra de Campioni, Cunningham quedó momentáneamente dueño absoluto de la situación en el Mediterráneo central.

Mas el dominio del mar nunca es realmente efectivo a menos que se destruya o embotelle a la flota de combate enemiga, y esto no lo habían podido lograr los ingleses en Punta Stilo. Y es que allí no contaron con su mejor aliado: la noche.

Capítulo V

EL COMBATE DE CABO ESPADA

Habéis navegado por el mar Egeo? Sobre sus azules aguas se remontan allí cerca de un millar de islas e islotes de todas las formas y tamaños imaginables. Habitados unos, vacíos de seres humanos los otros, constituyen los montes más altos y las cresterías montañosas de un mundo hundido hace millones de años.

Es un mar tan noble como desde siempre lo han sido sus habitantes. Queremos decir que no existen en él traidores bajíos agazapados entre dos aguas, o puntas y cabos con restingas peligrosas para la navegación. La mayoría de las islas cuentan hoy con farolas, y los solitarios y desérticos peñascos, oscuros y fantasmales durante la noche, son altos y fáciles de distinguir bien entre las sombras, a menos que sobre ellos se eche la traidora niebla.

En las islas se cultiva desde tiempo inmemorial la vid y el olivo, se apacienta el ganado, y todas las mañanas los pueblecillos arrojan a la mar un puñado de barcas de pesca que luego se recogen con la anochecida. Nuevas ínsulas salen continuamente a vuestro encuentro, y sobre algún altivo promontorio tal vez podáis columbrar un grupo de esbeltas columnas de capiteles corintios, pertenecientes a algún templo otrora dedicado al culto de Poseidón, que desafían el azote de los vientos desde hace milenios. Y si desembarcáis y os aproximáis a ellas con esa curiosidad tan típicamente griega en el mundo de Platón y Aristóteles, en aquella inquisitiva sociedad que buscaba causas y pedía razones, tal vez descubráis, en los fustes de los venerables mármoles, algunos nombres de leyenda, como el del autor de *El corsario,* grabado por su mano en una de las hermosas columnas que se alzan en el cabo Sunión.

Este fabuloso mar, donde todavía se dan bien las esponjas

— ¡os las venderán a la misma entrada de la Acrópolis! —, poco profundo al norte del paralelo de la isla de Santorín, pero de grandes sondas en el Sur, más propicias a los submarinos, queda parcialmente cerrado al mediodía por una cadena de islas cuyos eslabones más destacados, de Levante a Poniente, los constituyen Rodas, Karpatos (Scarpanto), Creta y Khitera. Entre ellas y la costa griega y turca yacen las únicas salidas naturales al Mediterráneo, al Mediterráneo oriental, se entiende, pues todavía existe otra puerta al mar Jónico, la artificial del canal de Corinto, ese tajo de poco más de seis kilómetros de largo que ya iniciara el emperador Nerón hace casi dos mil años, pero que hubo de abandonar después de haber excavado unos cien decámetros, y que os parecerá casi de juguete si lo contempláis en toda su extensión desde el puente de la carretera o el contiguo del ferrocarril, que lo cruzan a ochenta metros de altura.

En el verano del año 1940, algunos convoyes ingleses surcaban de vez en cuando el Egeo para enlazar Alejandría con El Pireo y los estrechos de los Dardanelos, razón por la cual los cruceros y destructores de la *Mediterranean Fleet* patrullaban aquellas aguas cuando por allí se movían los barcos mercantes de Albión.

Por su parte, «Supermarina» decidió basar temporalmente algunos buques de guerra en las islas del Dodecaneso, precisamente situadas en el flanco oriental de aquella derrota marítima y desde las cuales pudieran actuar, en rápidos golpes de mano, contra el tráfico enemigo.

El problema logístico referente al combustible líquido, esa pesada servidumbre a que invariablemente tienen que hacer frente todas las marinas de guerra, sobre todo cuando se trata de bases avanzadas alejadas de la metrópoli y las fuentes de producción, pareció hacer aconsejable el empleo de una sola sección de cruceros ligeros, sin acompañamiento de destructores, en vez de una división completa de cruceros pesados o de una mixta escoltada por contratorpederos. Pues el Almirantazgo italiano consideraba, razonablemente, que el abastecimiento prácticamente continuo del frente líbico y el normal de Albania y el Dodecaneso ya obligaban a la Marina de Guerra a una tarea verdaderamente formidable y difícil. Así que los buques designados fueron el *Colleoni* y el *Bande Nere*, de 5.200 toneladas: aquellos «cruceros de papel» de que tratáramos al comienzo de este libro, verdaderos destructores grandes, capaces de desarrollar los 37 nudos de velocidad en condiciones de mar ideales...

Nos hacemos cargo de los compromisos contraídos por la Armada italiana y del hecho de que hasta el mes de agosto siguiente toda su flota de combate estaría reducida a un solo acorazado modernizado, el *Cavour*, muy inferior a cualquiera de los seis buques de batalla de que disponían los ingleses en el Mediterráneo, para no hablar de portaaviones, y comprendemos que «Supermarina» no quisiera desprenderse de ninguno de sus cruceros pesados ni sobrecargar las comunicaciones con el Dodecaneso. Pero la velocidad, esa «arma», puede ser muy útil en océano abierto, pero no vale de mucho en un mar como el Egeo, reducido, disputado por el enemigo y donde, si hay que poner la popa a un adversario superior para salvarse gracias a algunos nudos de más, al poco tiempo, inevitablemente, surgirá cualquier isla por la proa del fugitivo, que le obligará a cambiar de rumbo y permitirá a su perseguidor, algo más lento, navegar inmediatamente por la cuerda del arco acuático que aquél describe, para acortar muy pronto y letalmente las distancias.

Por ello, y teniendo en cuenta que los ingleses ya habían retirado del Mediterráneo sus cruceros ligeros anticuados, para destinarlos a la protección de convoyes en los grandes océanos, donde el mayor peligro lo constituían entonces los cruceros auxiliares alemanes disfrazados (1), lo que dejaba en el Mare Nostrum sólo a cruceros británicos modernos y mucho mejor protegidos que los «Colleoni» italianos, creemos que, en vez de dos buques muy rápidos, pero vulnerables a cualquier impacto, «Supermarina» debió enviar a Leros dos barcos bien blindados y artillados, como, por ejemplo, los cruceros de la serie «Garibaldi», armados con diez piezas de 152 mm. cada uno (repartidas en cuatro torres superpuestas a proa y a popa) y con un blindaje de 135 mm., es decir, invulnerables, en los puntos vitales, a todos los cañones de los destructores británicos y, combatiendo con cierto ángulo respecto a la línea de tiro del enemigo — cosa que la Armada italiana tenía muy bien estudiada —, también a las piezas de todos los cruceros ingleses presentes entonces en el Mediterráneo, ya que ninguno llevaba todavía artillería de 203 mm.

---

(1) Acerca de la interesante carrera de estos buques fantasmas, véase *Corsarios alemanes en la segunda guerra mundial*, del mismo autor. Editorial Juventud, Barcelona.

* * *

En la mañana del 19 de julio de 1940, una hora después de la salida del sol, el contralmirante Ferdinando Casardi contemplaba, desde el puente alto del crucero italiano *Bande Nere,* los todavía imprecisos contornos de la isla de Creta y del islote de Cerigotto (Antikithera), que, respectivamente, se divisaban por ambas amuras de los buques de la 2.ª División de cruceros ligeros. Éstos navegaban haciendo zigzag, a 25 nudos, sobre el rumbo base 73° verdadero, es decir, se disponían a entrar en el mar Egeo. Su travesía nocturna desde Tobruk hasta aquella puerta del «Kritikón Pélagos» transcurrió sin novedad, pero el fuerte mistral (del NO.) había levantado una desagradable marejada y, al nuevo rumbo, los buques se balanceaban con un rolido bastante intenso y molesto. Aquella mar del viento contrariaba a Casardi, pues las catapultas del *Colleoni* y el *Bande Nere* iban fijas a los castillos, y para utilizarlas, es decir, lanzar al aire sus hidroaviones de reconocimiento, los cruceros tenían que aproar al viento. Pero entonces las fuertes cabezadas que produciría la marejada harían peligrar los aviones, a menos que se moderase drásticamente la velocidad, lo que, sin destructores capaces de prevenir el ataque de cualquier submarino al acecho en el estratégico paso, resultaría sumamente arriesgado. Por otra parte, también era posible que la peligrosa faena resultase innecesaria, pues quizá los preciosos informes de los aviones llegarían de un momento a otro.

El marino descansó sus prismáticos, observó a simple vista el estrecho y se preguntó si aquélla no sería la entrada de una auténtica trampa. Porque los aviones de reconocimiento prometidos por «Superaéreo» precisamente para informarle a él sobre la posible presencia de submarinos o fuerzas de superficie enemigas en el Egeo no se habían presentado, como se temía. Así que sus cruceros tendrían que penetrar completamente a ciegas en el peligroso piélago sembrado de islas.

A las 0617, todavía a unas cinco millas de la entrada del Egeo, los serviolas del *Bande Nere,* encaramados en la elevada plataforma de la dirección de tiro, pudieron percibir, sobre el tomado horizonte y casi exactamente por su proa, a cuatro oscuras siluetas. ¿Los corceles del Apocalipsis? Pese a que tenían el sol de cara y todavía muy bajo, aquellos hombres fueron capaces de reconocer a cuatro destructores británicos que navegaban de vuelta encontrada, en línea de frente y bastante distanciados entre sí.

Y la pregunta que inmediatamente se formuló Casardi fue ésta: ¿aquellos buques navegarían solos o precederían a alguna fuerza naval más importante?

Imposible saberlo, pero, a plena luz del día, cuatro destructores no eran enemigo para los dos cruceros italianos, mucho mejor armados y casi tan veloces (1); así que el contralmirante de la 2.ª División optó por quitárselos de encima a cañonazos, pero tomando antes ciertas medidas de precaución, pues sabía muy bien que los costados de sus frágiles buques podían ser perforados por la artillería que montaban aquellos contratorpederos. Ordenó tocar zafarrancho de combate, aumentar a 30 nudos y caer a babor por contramarcha para abrir distancias.

A las 0617, cuando la media telemétrica era de 17.500 metros, los cruceros italianos abrieron el fuego sobre los destructores *Hyperion, Ilex, Hero* y *Hasty,* de 1.350 toneladas estándar, terminados de construir en 1936, algunos de ellos veteranos de los duros combates librados en Narvik con los buques alemanes la primavera anterior. Comenzaba así un accidentado encuentro en que la suerte volvería decididamente la espalda a los italianos. Entre otras cosas, porque aquellos cuatro destructores ingleses, que efectuaban un barrido antisubmarino preparatorio del tránsito del convoy «AN-2», de Suez a El Pireo, no andaban solos. Hacía pocas horas que el crucero australiano *Sydney,* de 7.100 toneladas, y el destructor *Havock* se habían destacado hacia el Norte para tratar de atacar el tráfico mercante enemigo en el golfo de Atenas.

Ahora, tan pronto el capitán de fragata Nicolson, jefe de la 2.ª Flotilla británica de destructores, divisó desde el puente del *Hyperion* el rojizo relampagueo que escupían los cañones de los cruceros italianos, ordenó izar los domos de los detectores antisubmarinos *(asdic)*, invertir el rumbo 180° y aumentar a régimen de 35 nudos, al mismo tiempo que enviaba un mensaje de «prioridad máxima» al capitán de navío Collins, comandante del *Sydney,* que ya se movía a unas 45 millas por el Norte, exponiéndole la desagradable situación.

Este mensaje fue captado en la base naval de Alejandría y causó gran ansiedad al almirante Cunningham, ya que fue se-

---

(1) En el año 1932, las averías estructurales sufridas por estos cruceros, debido a golpes de mar, obligaron a reforzarles los débiles cascos, lo que hizo aumentar el desplazamiento y disminuir proporcionalmente su elevada velocidad.

guido por un silencio radiotelegráfico sepulcral, que no parecía presagiar nada bueno. Y es que Collins no quiso delatarse al enemigo utilizando la radio. Pero su mutismo se vería pronto recompensado.

Por su parte, el almirante de la *Eastern Mediterranean Fleet*, temiendo que otras unidades de la Flota italiana pudieran encontrarse también en la mar, ordenó despegar a varios hidroaviones de reconocimiento de la RAF y aparejar inmediatamente de Alejandría a los buques de su escuadra.

* * *

Mientras tanto, las afiladas rodas de los cruceros *Bande Nere* y *Colleoni* partían las olas arrumbados al Norte, y sus dieciséis piezas de 152 mm. disparaban sobre los evasivos destructores del capitán de fragata Nicolson, que habían aproado al NE., devolvían el fuego y se aprestaban a lanzar sus torpedos.

Las salvas italianas caían lejos, alternativamente cortas y largas, pues a los telemetristas, deslumbrados por el sol y con el enemigo difuminado entre la calima, les era muy difícil medir con precisión la distancia. Pero aquellos altos surtidores, teñidos de verde y rojo, para que los directores de tiro de los buques italianos no confundiesen sus respectivos piques y pudieran efectuar las correcciones oportunas, resultaban sumamente inquietantes para los marinos británicos, ya que sus propios disparos caían invariablemente cortos, y la intervención del *Sydney* y el *Havock* no se produciría antes de una hora, es decir, después de sesenta largos minutos de ansiedad y peligro.

A las 0643, y desde 18.000 metros, los buques ingleses lanzaron varios torpedos regulados para tiro de distancia, y seguidamente arrumbaron al Norte, envolviéndose en una tupida cortina de humo. Con ello trataban de aproximarse cuanto antes a los buques de Collins y arrastrar en pos de sí a los italianos. Pero las estelas de burbujas de aire que dejaban los peces mecánicos fueron avistadas desde el *Bande Nere*, por la banda de estribor muy distantes, y provocaron un efecto no esperado por Nicolson, pues el contralmirante italiano, que hasta entonces había logrado mantener sus vulnerables cruceros fuera del alcance de la artillería enemiga, al ver que su propio tiro resultaba ineficaz, decidió cerrar distancias. A las 0650, sus buques aumentaron a 32 nudos y cayeron a estribor por giros simultáneos, quedando aproados al E. cuarta al NE. (1), en línea de marcación.

Navegando ahora a rumbos prácticamente normales y convergentes, ambas formaciones acortaban velozmente las distancias que las separaban, y como la más débil era la británica, Nicolson no tuvo más remedio que caer a su vez a estribor a las 0653 y volver a gobernar al NE. Y por su parte, Casardi, siempre abrumado por la posibilidad de recibir algún impacto desgraciado — lo que revela la desafortunada elección de semejantes buques para aquella misión —, no quiso seguir aproximándose y cayó a su vez al NE., al mismo tiempo que ordenaba reanudar el fuego, ya que aquel rumbo le llevaba directa y rápidamente a Leros, que era su objetivo inmediato.

A las 0705, todavía en mala posición táctica respecto al sol, los cañones italianos volvieron a quedar silenciosos, cosa que aprovecharon los destructores ingleses para dar otra cuchillada hacia el Norte. Pero aquella insistencia en aproar hacia el septentrión debió de causar cierta desconfianza a Casardi, que volvió a arrumbar hacia el E. cuarta al NE., obligando a Nicolson a caer al rumbo anterior. Y así proseguía la veloz y peligrosa regata hacia Levante, a más de 32 nudos, con las desiguales formaciones enemigas fluctuando entre los veinte y los veinticuatro mil metros de distancia, observándose atentamente, mientras los italianos disparaban alguna salva ocasional siempre que el adversario se descubría un poco más entre la neblina y su propia humareda artificial.

Pero de los aparatos de la *Regia Aeronautica* no había ni rastro, y aquel molesto contacto óptico con los destructores ingleses podía atraer a otras unidades de la Flota británica; así que, a las 0722, el contralmirante Casardi pidió al comandante militar del Dodecaneso la intervención de sus bombarderos, para que atacasen, en la situación que le señalaba, a los «cuatro destructores enemigos que huían hacia el Este» y con los que él mantenía el contacto balístico. Pero es bien sabido que los aviones basados en tierra invariablemente llegan tarde a los combates navales, cuando todo está ya decidido, lo cual, no debemos olvidarlo, era un axioma tan importante en 1940 como lo sigue siendo en 1975.

Los buques italianos y británicos se tragaban olas y millas marinas a una velocidad vertiginosa, envueltos en grandes rocio-

---

(1) Una cuarta = 11,25 grados de arco, o 1/32 de la Rosa de los Vientos.

nes de espuma, con un rítmico rolido debido a la mar, que las quillas de balance sólo lograban parcialmente disminuir. A pesar de que la situación era para todos inquietante, pues un fallo en las máquinas de cualquier destructor inglés significaría su segura destrucción, mientras que los italianos sabían perfectamente que marchaban a ciegas hacia Levante a bordo de los dos cruceros más viejos y vulnerables de toda la Flota, moviéndose más cerca de la base naval enemiga de Alejandría que de la suya situada a menor distancia, la de Taranto, navegar a semejante velocidad resulta una experiencia fascinante para cualquier marino.

El autor de estas líneas recuerda muy bien la travesía, desde El Ferrol a Palma de Mallorca, efectuada durante nuestra guerra civil a bordo del crucero *Almirante Cervera,* sin bajar una décima de los 30 nudos desde que dejamos el cabo Prioriño, por estribor, hasta que entramos en la luminosa bahía palmesana. Era como navegar en una champa perpetua, impulsados por alguna gran ola invisible que rompiese incesantemente por nuestra popa sobre una mar sin orillas. Sensación embriagadora, que no puede compararse al galopar sobre una lancha rápida o el vuelo a bordo de un avión, pues uno es perfectamente consciente de la tremenda potencia necesaria para mover aquella pesada mole de acero que le arrastra y hiende imparable las aguas a semejante velocidad ¡durante días!

Pues bien, para los marinos italianos del *Bande Nere* y del *Colleoni,* aquella especie de éxtasis tuvo un rudo y desagradable desenlace a las 0730. De pronto, inesperadamente, escucharon sobre sus cabezas unos sibilantes aullidos, seguidos por explosiones huecas y un bosque de altas palmeras de agua que brotaron, muy cerca, por la banda de estribor de los cruceros. ¿Qué era aquello?

Para los latinos resultó un cambio tan brusco como inesperado. Hacia el Norte, entre la densa bruma que por dicho sector del horizonte espesaba sus grisáceas tintas, se advirtieron unos fogonazos que parecían surgir de ninguna parte, pues el buque o buques que los producían se mimetizaban tan bien con la mar y el cielo que ni el más leve trazo se percibía de ellos. Pero era indudable que, arropado entre la espesa calima y la niebla, allí se escondía un enemigo armado con cañones de 150 mm. de calibre y que, por un capricho de la meteorología (visibilidad asimétrica), les veía a ellos perfectamente. Los telemetristas italianos sólo podían divisar y tratar de medir la distancia al adversario por sus fogonazos, y de las salvas que apresuradamente dispararon los cruceros de la 2.ª División ni siquiera se vieron los piques que debían de haber levantado sus granadas, una de las cuales, por cierto, hizo casualmente blanco. Por el contrario, el tiro del enemigo estaba muy bien centrado, y la situación era verdaderamente peligrosa para los buques de Casardi, que, en vista de lo cual, a las 0732 ordenó caer 90° a estribor por giros simultáneos.

Casi inmediatamente, el *Bande Nere* recibió a bordo un proyectil de 152 mm. disparado por el *Sydney*, crucero que, aprovechando las desiguales y para él favorables condiciones de visibilidad, había logrado aproximarse sin ser visto y rompió el fuego a 18.300 metros de distancia. La granada perforó el trípode del palo trinquete y la caja de humos de la chimenea proel y estalló debajo del puente, matando a cuatro hombres e hiriendo a otros tantos. El *Sydney* también había sido alcanzado, como dijimos, pero el proyectil se limitó a atravesar la chimenea de proa, hiriendo levemente a un marinero.

Inicialmente, los italianos creyeron habérselas con dos cruceros enemigos, pues al cabo de cierto tiempo lograron distinguir dos confusas siluetas oscuras, casualmente en mucho mejores condiciones tácticas que las suyas, ya que tenían la luz, la mar y el viento a su favor. Así que el contralmirante Casardi, abrumado por el desplome próximo de los proyectiles enemigos y teniendo en cuenta que los destructores ingleses ya habían invertido el rumbo para lanzarse en su persecución, ordenó tender una cortina de humo.

A las 0746, en vista de que el tiro del enemigo se había vuelto ineficaz, el *Colleoni* y el *Bande Nere* cesaron de emitir cortinas de ocultación. Entonces sus tripulantes pudieron distinguir con cierta claridad a dos buques de guerra, que fueron tomados por otros tantos cruceros británicos del tipo «Leander», pero cuya distancia a los navíos propios era todavía imposible medir a través de los telémetros.

A esa misma hora, Casardi tuvo que adoptar una decisión crucial. La costa norte de Creta, que se extiende sensiblemente de Este a Oeste en una longitud aproximada de 135 millas marinas, les cerraba el paso por el Sur. De continuar a aquel rumbo, que por lo demás era el mejor para librarse cuanto antes del considerado como superior enemigo, el sobresaliente cabo Tripiti, que avanza hacia el Norte como un espolón, sería muy pronto un valladar infranqueable. Sólo quedaban, pues, dos alternativas: arrumbar hacia Levante, para tratar de alcanzar Leros dando un rodeo, o poner la proa al Sudoeste e intentar ganar la mar abierta para librarse de sus principales enemigos lo antes posible y a base de velocidad. Allí, fuera de obstáculos geográficos y dando la popa a la mar, aquellos cruceros podrían desarrollar los 34 nudos y despegarse de sus antagonistas del mismo porte.

La primera opción situaría a los destructores ingleses, que ya se movían arrumbados al Sur, por el través de los buques italianos, es decir, en una situación desde la cual podrían cerrar distancias con rapidez. Por el contrario, la segunda alternativa colocaría a los latinos en posición avanzada respecto al enemigo, lo que por lo menos les permitiría sostener las distancias, hacer uso de sus torpedos y salir del Egeo. Pero en la decisión de Casardi debió de pesar principalmente la consideración de que en este mar ya habían surgido seis buques enemigos y que nada, ¡absolutamente nada!, le garantizaba a él que hacia Levante no pudiera caer en otro avispero semejante. Mientras que, procediendo él mismo de Poniente, conocía que por allí la situación se hallaba despejada. Hoy sabemos que no había otros buques británicos en el Egeo, cierto, pero eso no podía saberlo entonces Casardi.

Consciente de la importancia de su decisión, el contralmirante italiano ordenó a los comandantes de sus unidades arrumbar al Sudoeste. Con ello no cometía ningún error y tampoco incurriría en fallo alguno durante el combate, dadas las circunstancias, que son siempre las que mandan, y el tipo de cruceros que componían su sección. Pero ello no le libraría, por causas que estaban absolutamente fuera de su competencia, de perder a la mitad de su fuerza. Así es la guerra.

Nos aproximamos al final del drama. El capitán de navío Collins, dándose cuenta de la ventajosa posición táctica de sus unidades y conociendo la vulnerabilidad de los dos cruceros ligeros italianos, que habían sido bien identificados, se lanzó en persecución del enemigo con una decisión y perseverancia realmente encomiables. Ordenó al *Havock* que se incorporara a la flotilla de Nicolson, y entonces los italianos debieron de comprender que se las habían con un solo crucero y cinco destructores. Pero ello no variaba mucho las cosas, pues aquel buque estaba ciertamente mejor protegido que el *Colleoni* y el *Bande Nere,* los cinco contratorpederos ingleses montarían por lo menos veinte piezas de 120 mm. y la situación táctica favorecía plenamente al enemigo.

Hacia las ocho de la mañana, el *Sydney* salió por fin del sector caliginoso del horizonte y, por primera vez en todo el combate, los telemetristas del *Colleoni* y del *Bande Nere* pudieron medir bien sus distancias a dicho buque, de modo que ambos cruceros reanudaron el fuego con todas las piezas. Y es que el sobresaliente cabo Espada no les había permitido dar la popa al adversario para abrir distancias con mayor rapidez. Por otra parte, los cinco destructores del capitán de fragata Nicolson se aproximaron gracias a su superior andadura y también abrieron el fuego, de modo que el cañoneo era, por ambos bandos, todo lo intenso que la mar, de través, consentía, ya que los pronunciados balances obligaron a intercalar en los circuitos eléctricos de disparo de la artillería unos dispositivos giroscópicos previstos para tales casos, que cerraban contactos y sólo permitían hacer fuego precisamente cuando el buque pasaba un instante por la posición horizontal, entre uno y otro bandazo. Ello retrasaba el disparo de las piezas, pero de otra forma los artilleros no podrían deshacer el rápido balance con suficiente efectividad y las salvas se perderían inútilmente.

A las 0810, los cruceros de Casardi, que navegaban en línea de marcación y de vez en cuando tenían que serpentear violentamente para descentrarse, ya habían cortado el meridiano del cabo Espada. Ocho minutos después tuvieron que enmendar el rumbo para librar el islote de Agria, situado al norte del cabo Voúxa, y parecía que ya lograrían ganar la mar libre y zafarse al fin de la jauría que les perseguía pisándoles los talones, cuando, a las 0823, el *Colleoni* recibió un solitario proyectil en las máquinas, proyectil fatal, temido por Casardi durante todo el encuentro y que sellaría la suerte del crucero, pues muy pronto le hizo perder la arrancada, hasta dejarle parado, al garete, blanco fácil para los apuntadores enemigos, que rápidamente se le echaban encima.

«Desde el puente del almirante observé los últimos momentos gloriosos del crucero — escribe Casardi —. En unos instantes se le vio rodeado por las columnas de agua de las salvas enemigas. No se divisaba a nadie en cubierta, y su heroica voluntad de combatir hasta el fin se manifestaba en el ritmo implacable con que se sucedían sus andanadas.»

Fue una resistencia bizarra y desesperada, que valdría a su comandante, personificación de todo el personal del buque, el capitán de navío Umberto Novaro, póstumamente, la Medalla de Oro al Valor. Pero el *Colleoni* quedó inmediatamente acribillado y destrozado por los proyectiles enemigos. Un formidable incendio, cuyas llamaradas se alzaron muy pronto por encima de la torre directora del tiro, en lo más alto del puente de mando, se declaró en las cámaras de calderas de proa. Las turbodinamos quedaron paradas, y el buque entero, sin energía eléctrica de ninguna clase. Los cañones de las cuatro torres dobles de 152 mm. enmudecieron súbitamente. Los ascensores de municiones ya no funcionaban y los motores del sistema de puntería tampoco. Las explosiones y averías se sucedían por doquier. Hubo que evacuar el puente y toda la zona del combés, convertidos en un verdadero infierno, donde las planchas estaban al rojo vivo. En los compartimentos interiores no brillaba otra luz que la breve de las explosiones, la siniestra de los incendios o la que se filtraba a través de los agujeros abiertos por los impactos.

Los destructores británicos lanzaron inmediatamente sus torpedos. Algunos se perdieron, pero un artefacto alcanzó en la proa al infortunado crucero italiano. Se produjo una tremenda explosión, todo el castillo voló por los aires y luego se hundió en las olas. A proa de la primera torre de artillería no quedaba nada. El *Colleoni* ya no disparaba, pero seguía con la bandera arriba, y poco después otros dos torpedos, lanzados desde muy cerca, hirieron al destrozado buque bajo la flotación, hacia el centro de la obra viva, a la banda de estribor. El derrelicto comenzó a escorar rápidamente, dio casi la voltereta completa, mostrando un instante el timón y las hélices, y desapareció bajo las aguas entre el fuerte silbar de las planchas calentadas al rojo y una humareda imponente, llevándose consigo a unos 150 hombres de su dotación.

Mientras tanto, el *Bande Nere* había logrado librar la extremidad noroccidental de la isla de Creta y arrumbar al Sursudoeste, perseguido por el *Sydney* y varios destructores. Disparaba con rapidez y precisión, pero todavía sin suerte, y a las 0850 recibió otro proyectil sobre el castillo, que perforó la cubierta y estalló después contra un mamparo estanco, matando a cuatro hombres e hiriendo a otros doce. Al mismo tiempo hubo que incomunicar una de las seis calderas, debido al mal funcionamiento de su válvula de seguridad, con lo que el andar cayó inmediatamente a cerca de los 29 nudos. La distancia a sus perseguidores volvió a disminuir, y las salvas enemigas de 152 y 120 mm. le rodearon de nuevo peligrosamente. Pero el corcel hizo un esfuerzo desesperado y, a las 0915, sólo con cinco calderas, logró dar casi los 32 nudos. Ello, sus últimas salvas, muy bien centradas sobre el *Sydney*, y el casi total agotamiento de las municiones de las torres proeles del crucero australiano, salvó al *Bande Nere* de una situación peligrosa. A las 0926, el *Sydney* cayó bruscamente a estribor y cesó de disparar. Los galgos ingleses pronto le imitaron. El combate llamado del cabo Espada había terminado.

* * *

Los destructores *Hyperion, Ilex* y *Havock* lograron rescatar a 525 náufragos del *Colleoni* — que se había llevado consigo todos sus botes y la mayoría de las balsas —, incluyendo al comandante del buque, gravemente herido, que fallecería cuatro días después en Alejandría. Cuando ya sólo el *Havock* daba fin a la humanitaria tarea hizo acto de presencia la Aviación italiana.

A las 0830 había acudido al lugar del combate un hidroavión de reconocimiento, y hacia las 1130 llegaron seis trimotores *S-79,* que dejaron caer sus bombas sobre el solitario destructor inglés, que inmediatamente dio por terminado el rescate y arrumbó velozmente hacia Alejandría. Pero a las 1330, otros seis bombarderos, esta vez *S-81,* volvieron a atacarle, y la metralla de una de sus bombas perforó el casco del *Havock* bajo la flotación e inutilizó una cámara de calderas, debido a la entrada de agua, lo que redujo la velocidad máxima del buque a 24 nudos.

Otros tres ataques aéreos se sucedieron entre las 1700 y las 1830, a cargo de cuatro y de nueve trimotores *S-79,* procedentes del Dodecaneso, y de seis aparatos del mismo tipo salidos de Libia. Pero ninguno tuvo consecuencias.

No es necesario insistir sobre el error que supuso, por parte de «Supermarina», la selección del *Colleoni* y el *Bande Nere* — dos cruceros del tipo «Garibaldi» hubieran llegado aquel día a Leros sin dificultad alguna —, ni acerca del fallo, ¡una vez más!, de la exploración aérea, verdadero causante de la pérdida de aquél. El Almirantazgo italiano, desanimado por aquel revés, ciertamente muy poco importante para el conjunto de la Flota, desistió de basar en Leros a otros buques más aptos para aquella misión, a pesar de que a primeros de agosto entraban en servicio y se incorporaban a la escuadra de Campioni los dos magníficos acorazados *Littorio* y *Vittorio Veneto,* de 41.300 toneladas de desplazamiento estándar y de que la Aviación italiana dominaba en el Egeo desde sus bases en las islas de Rodas y Scarpanto, mientras que los aeródromos ingleses más próximos se hallaban en Egipto, a trescientas millas marinas de distancia del límite meridional de dicho mar. Pero «Supermarina» ya había perdido la confianza en el apoyo que pudiera prestar a sus buques la *Regia Aeronautica.*

El *Bande Nere* entraría sin más novedades en Bengasi, y luego marcharía a Trípoli. Los buques del almirante Cunningham creyeron que se dirigía a Tobruk, pues hacia allí había arrumbado inicialmente Casardi para ocultar su verdadera intención, y no lograron interceptarle. De todos modos, los ingleses atacaron Tobruk el día 20 de julio con dos escuadrones de bombarderos de la RAF y varios aviones torpederos del portaaviones *Eagle*, obteniendo un resultado ciertamente halagüeño para ellos.

Allí fueron hundidos los destructores *Nembo* y *Ostro*, de la serie «Turbine», buques de 1.100 toneladas construidos entre 1925 y 1928, y el carguero *Sereno*. Pero ya anteriormente, el 5 de julio, los aviones torpederos del *Eagle* habían echado también a pique en el mismo puerto norteafricano al destructor *Zeffiro* y averiado gravemente al de su mismo tipo *Euro* y a varios barcos mercantes, que tuvieron que ser embarrancados para evitar su pérdida.

Todos estos éxitos logrados en puertos italianos por los aviones torpederos ingleses, unidos al hundimiento del *Pancaldo*, de que ya habláramos, y el del crucero de batalla francés *Dunkerque*, en Mers-el-Kebir, a cargo de los aparatos del *Ark Royal*, decidieron a «Superaéreo» a reconsiderar su postura y habilitar algunos de sus aviones como torpederos. Fue una medida tardía, aunque ciertamente eficaz, como veremos. Mas tales aparatos harían la guerra por su cuenta, igual que inicialmente los submarinos, es decir, causarían daños al enemigo en una guerra de desgaste, pero, a diferencia de lo que tenía lugar y seguiría teniendo en el campo británico, no contarían para nada durante los combates y batallas navales prácticamente hasta casi el final de la guerra.

Respecto a los dos cruceros supervivientes del combate del cabo Espada, ninguno vería el final de la contienda. El *Bande Nere* sería echado a pique por el submarino británico *Urge* el 1.° de abril de 1942, a 20 millas del cabo Rasocolmo (Sicilia), y el *Sydney*, por el corsario alemán disfrazado *Kormoran*, a unas 300 millas de Fremantle (Australia), tras un sangriento combate a corta distancia, al que tampoco sobrevivió el buque germano. En aquel hundimiento pereció íntegramente la dotación del *Sydney* (1).

---

(1) Véase *Corsarios alemanes en la segunda guerra mundial*, del mismo autor. Editorial Juventud, Barcelona.

Capítulo VI

LOS AVIONES TORPEDEROS ITALIANOS. — REFUERZOS PARA LA «MEDITERRANEAN FLEET». «SUPERMARINA» SE MUESTRA CAUTELOSA. OCASIONES PERDIDAS

El almuédano de la gran mezquita de Abou El Abbas, en Alejandría, invocó a Alá cuando moría la tarde del 16 de agosto del año 1940, desde lo alto del alminar que, coronado por la media luna, domina toda la ciudad y permite avizorar el mar.

Antes de descender por la angosta escalera de caracol, nuestro hombre dirigió distraídamente la mirada hacia la cercana isla de Faro, donde en la antigüedad se alzaba la célebre torre luminosa que fue una de las Siete Maravillas del mundo de los griegos y que después daría su nombre a todas las estructuras similares que a lo largo de siglos han orientado a los navegantes durante la noche. Con más interés oteó el puerto nuevo, donde todavía se distinguían las oscuras y pesadas moles de los buques de guerra franceses y británicos allí fondeados desde el comienzo de la guerra. Y el musulmán no pudo menos de preguntarse cuándo permitiría Alá que el noble pueblo egipcio se viera por fin libre de la odiosa tutela extranjera.

Al llegar la noche, la ciudad, que había permanecido como adormecida bajo la pesadumbre de un sol de fuego, pareció despertar de su letargo, y calles y plazas, sólo discretamente alumbradas por temor a los ataques aéreos italianos, se animaron con la presencia de una infinitud de gentes de todas las trazas y condiciones, entre las que destacaban por sus vistosos uniformes los marinos de las escuadras surtas en el puerto.

A aquella hora, en los buques de guerra del almirante Cunningham se aferraron los toldos de lona y se repartieron las guardias nocturnas. Botes y falúas fueron atracando a los portalones para llevar a tierra a los últimos francos de servicio, y poco después todo quedó oscuro y silencioso a bordo de las grandes unidades, pese a que parte de la marinería prefirió tumbarse en cubierta en espera de que la temperatura descendiese en los recalentados sollados.

Algunos se quedaron dormidos, y no habrían sabido decir durante qué tiempo, cuando les despertó el repiquetear de los timbres de alarma. Al cesar el ruido de carreras y el golpear de las puertas estancas y escotillas, se pudo percibir el lejano ronquido de los motores de un avión, sin duda enemigo. El ruido del invisible aparato se hizo pronto mucho más potente, y por fin desde el crucero *Gloucester* se logró divisar la oscura silueta de un trimotor que cruzaba muy bajo por encima del rompeolas y, entre una lluvia de balas, dejaba caer cerca del buque dos artefactos, bastante pesados a juzgar por los grandes surtidores de espuma que levantaron. El aparato hizo inmediatamente un brusco viraje y desapareció en la noche.

¿Torpedos? No se divisó estela alguna. ¿Minas? Los buzos británicos no hallaron rastro de ellas al día siguiente.

La noche del 23 de agosto se repitió la función, esta vez con dos aviones y también sin efectos tangibles. ¿Qué pretendían aquellos grandes y poco maniobreros aparatos italianos que tanto se arriesgaban dentro de la base naval a ras del rompeolas? Los ingleses estaban perplejos, pues nada lograron hallar en el fangoso fondo del puerto. Lo que no les impidió tomar ciertas medidas de precaución, elementales, ya que todavía no contaban con globos cautivos ni redes antitorpederas para la protección inmediata de los buques, a base de levantar mástiles sobre el espigón, lanzar al aire cometas, si el viento lo permitía, provistas de explosivos fijos a los cables de amarre, y redoblar la vigilancia nocturna.

Estos infructuosos ataques habían sido llevados a cabo por trimotores *S-79*, pertenecientes a un grupo de cinco aparatos que «Superaéreo» había decidido adecuar para que pudiesen lanzar dos torpedos cada uno. Pero en Alejandría no dieron el resultado que se esperaba, en vista de lo cual se descartó precipitadamente aquella modalidad de empleo de los aviones torpederos y se decidió utilizarlos únicamente contra buques en movimiento sobre la mar o surtos en radas abiertas y poco defendidas. Con lo cual los italianos se privaban a sí mismos de unas posibilidades que, en cambio, sus enemigos explotarían a la perfección.

Pese a que aquello suponía una rectificación, «Superaéreo» no consintió que sus aviones torpederos quedasen a las órdenes de la Armada, es decir, el reparto estratégico de tales aparatos nada tuvo que ver con las operaciones navales italianas en curso. Pero hasta la llegada al Mediterráneo de los *Stukas* alemanes, en 1941, dichos aviones torpederos se convertirían en el mayor peligro aéreo para los buques de guerra de Su Majestad que surcaban el Mare Nostrum.

* * *

Después del combate de Punta Stilo, el almirante Cunningham había pedido dos cruceros con artillería de 203 mm. Uno de ellos, el *Kent,* de 10.000 toneladas, llegó a Alejandría, vía canal de Suez, a primeros de agosto, y ya el 17 de ese mes bombardeaba Bardia escoltado por doce destructores.

Cuando intentaba repetir la operación a mediados de septiembre, durante la noche, y trataba de situarse adecuadamente, fue alcanzado por el torpedo de un avión italiano y quedó con sus cuatro hélices y el timón deshechos. Dos días tardaron los destructores ingleses en remolcarlo hasta Alejandría, constantemente protegido por cazas de la RAF, y este buque tuvo que abandonar el Mediterráneo para reparar sus graves averías.

El 14 de octubre, al anochecer, cuando la escuadra del almirante Cunningham regresaba a Alejandría, el crucero de 11.550 toneladas *Liverpool* fue alcanzado en la proa por un torpedo aéreo. Aquel impacto no le ocasionó muchos daños, pero sí un fuerte incendio que pronto se propagó a los tanques de petróleo. Éstos estallaban poco después, y también voló el pañol de municiones proel. En la noche, el castillo del crucero vomitó un volcán de grandes llamaradas rojas y las torres triples de la artillería fueron lanzadas por los aires. Cuando las llamas y la formidable humareda se extinguieron, se pudo comprobar que toda la parte del buque situada a proa del puente de mando colgaba sumergida. El crucero *Orion* dio un remolque al mutilado buque, de popa por si cedían los mamparos estancos proeles. Era una clara noche de luna y los ingleses temieron que un nuevo ataque pudiera ser el final del gran crucero. Pero los aviadores italianos no aprovecharon aquella oportunidad. Después de navegar cien millas de esta guisa faltó (partió) el remolque, pero también se desprendió y hundió toda la proa del *Liverpool,* lo que facilitó la difícil faena de llevarlo a puerto. Este destrozado crucero también tuvo que abandonar el Mediterráneo.

El 3 de diciembre, dos aviones italianos se colaron audazmente y por sorpresa en la bahía de Suda (isla de Creta) y, desde trescientos metros, según apreciación de los ingleses, lanzaron sus torpedos contra el crucero *Glasgow*. Este buque, gemelo del *Liverpool*, resultó alcanzado por dos artefactos submarinos, pero logró renquear por sus medios hasta Alejandría, donde se le parcheó convenientemente en dique para que pudiese cruzar también el canal de Suez y luego el océano, en demanda de un buen astillero.

Como vemos, los italianos pronto perfeccionaron sus balbuceantes tácticas torpederas con aviones, que llegarían a constituir una seria amenaza para la Flota y los barcos mercantes de Albión. Sucintamente iremos viendo sus actividades, que culminarían con el torpedeamiento del acorazado *Nelson* y el protaaviones *Indomitable*. Pero es evidente que aquella apreciación, anterior a la guerra y totalmente infundada, de que «la bomba era mucho más efectiva que el torpedo», hizo perder a la *Regia Aeronautica* dos meses preciosos, los iniciales, durante los cuales las unidades de la *Mediterranean Fleet*, a diferencia de las de la «Fuerza H», no montaban equipos de radar de ninguna clase, capaces de detectar aviones a cincuenta millas de distancia. Un centenar de aparatos torpederos, con pilotos bien adiestrados y puestos a las órdenes operativas de la Marina, sin la menor duda habrían proporcionado a Italia unos dividendos muy superiores a los logrados en la mar por más de un millar de bombarderos atacando en vuelo horizontal.

Pero nos hemos adelantado un tanto a los acontecimientos. Retrocedamos, pues, en el tiempo y echemos un breve vistazo a la situación en el Mediterráneo.

Ya sabemos que a primeros de agosto se habían incorporado a la escuadra de Campioni los nuevos acorazados *Vittorio Veneto* y *Littorio*. También lo hicieron por entonces el modernizado *Duilio* — de 23.600 toneladas, con artillería de 320 mm. — y el *Cesare*, una vez reparadas sus averías en Punta Stilo. De modo que en agosto de 1940 la Flota italiana contaba con cinco buques de línea, aunque tres de ellos, no lo olvidemos, eran muy inferiores a todos sus contrapartes británicos.

Respecto a los ingleses, el gobierno de Su Majestad, temeroso de la inminente ofensiva italiana en el Norte de África y dándose cuenta de que la pérdida de Egipto significaría inevitablemente la caída de todo el Oriente Medio y la desaparición para ellos del petróleo del golfo Pérsico, decidió reforzar cuanto antes la escuadra de Alejandría y las tropas del desierto líbico.

Tras consultar al almirante Cunningham, el Almirantazgo consideró oportuno enviarle el acorazado, modernizado y reconstruido, *Valiant*, de 32.700 toneladas de desplazamiento estándar, con artillería principal de 381 mm.; el nuevo portaaviones *Illustrious*, de 23.000 toneladas, con cubierta de vuelo, hangar y flotación bien blindados, y los modernizados cruceros antiaéreos *Calcutta* y *Coventry*, de 4.200 toneladas. Esta adición a la *Eastern Mediterranean Fleet* era muy importante, no sólo debido a la calidad de los buques que se incorporaban y porque el *Illustrious* llevaba doce aviones de caza además de veintidós aparatos *Swordfish*, sino por el hecho decisivo de que todos ellos contaban con equipos de radar, acerca siquiera de cuya posible existencia los italianos no tenían ni la más remota idea.

Este plan, denominado «Operación Hats», preveía la salida sincronizada hacia el canal de Sicilia de ambas escuadras británicas basadas en el Mediterráneo; la transferencia de los buques citados, que procedían del Atlántico, y el regreso de la «Fuerza H» y la *Mediterranean Fleet* a Gibraltar y Alejandría. Un convoy, con tropas y casi la mitad de todos los carros de combate existentes entonces en Inglaterra, destinado a Egipto, que el primer ministro había querido acompañase a los buques de guerra a través del Mediterráneo, fue rechazado por el Almirantazgo alegando el riesgo y la lentitud que hubiera impuesto a la operación. Así que los barcos mercantes que lo componían tuvieron que proseguir hacia el canal de Suez vía cabo de Buena Esperanza.

Este importante envío de tropas y material de guerra al desierto líbico, precisamente en aquellos momentos, demuestra claramente que en el Reino Unido nunca se tomó demasiado en serio el proyectado y tan debatido desembarco alemán en Inglaterra. Y es que la poderosa Flota británica convertía el canal de la Mancha en un foso infranqueable para los germanos, siempre manifiestamente inferiores en la mar y especialmente después de las pérdidas sufridas por la *Kriegsmarine* durante la invasión de Noruega.

* * *

En la mañana del 30 de agosto aparejaron de Gibraltar el acorazado *Valiant*, el crucero de batalla *Renown*, los portaaviones *Illustrious* y *Ark Royal*, los cruceros *Sheffield*, *Calcutta* y *Co-*

ventry y trece destructores. De ellos, los buques destinados a engrosar la escuadra del almirante Cunningham llevaban a bordo 587 toneladas de material de guerra con destino a la defensa de Malta y 250 toneladas para Alejandría.

Esta salida fue conocida por «Supermarina» a última hora de aquella misma mañana, y, el día 31, el Servicio de Inteligencia italiano advirtió al Almirantazgo que parecía «tratarse de una tentativa para forzar el canal de Sicilia con la finalidad de llevar refuerzos y material a Egipto». En vísperas de la inminente ofensiva del Ejército italiano en el Norte de África, esta última noticia era muy importante, pero «Supermarina» no pareció tomarla en consideración, ya que únicamente envió al canal de Sicilia a cuatro submarinos y una flotilla de lanchas torpederas.

Para entonces, la Marina italiana había fondeado catorce campos de minas en dicho estratégico canal, con 3.490 artefactos de contacto, y se sabía que, tan sólo una semana antes, el destructor británico *Hostile* había chocado con una de ellas a veinte millas al sudeste de cabo Bon y se había hundido. Sin duda «Supermarina» se confió en exceso y no tuvo en cuenta que aquellos barrajes no estaban defendidos por buques de guerra ni aviones y que las minas carecían de antirrastras de ninguna clase; es decir, se trataba de campos muy vulnerables a destructores provistos de paravanes y que fácilmente podían abrir brecha para otros navíos mayores.

En las primeras horas del 30 de agosto se hizo también a la mar, desde Alejandría, la *Mediterranean Fleet*, con los acorazados *Warspite* y *Malaya*, el portaaviones *Eagle*, dos cruceros y nueve destructores, arrumbando inmediatamente al Noroeste, es decir, hacia el mar Jónico (1). Unas horas antes habían zarpado de la misma base naval los cruceros *Kent*, *Gloucester* y *Liverpool*, con tres destructores, buques que navegarían con independencia por el Egeo meridional para tratar de confundir a los italianos y después se incorporarían a la escuadra al sur del cabo Matapán. También había aparejado de Alejandría, en la noche del 29, un pequeño convoy de dos cargueros y un petrolero despachados para Malta con la escolta de tres destructores.

«Supermarina» conoció igualmente esta salida de la escuadra de Cunningham y, aparte de movilizar más de una veintena de submarinos y alertar a la *Regia Aeronautica*, ordenó a la escua-

(1) El acorazado *Royal Sovereign* se hallaba reparando los condensadores de sus turbinas.

dra de Campioni que se hiciera a la mar. Ésta aparejó de Taranto a las 0600 del día 31, con los acorazados *Littorio, Veneto, Cavour* y *Duilio,* cuatro cruceros pesados, dos ligeros y veintisiete destructores. Ese mismo día salieron de Brindisi y Mesina otros tres cruceros pesados, cuatro ligeros y doce destructores, es decir, Campioni se encontró en la mar al mando de cuatro acorazados, siete cruceros pesados, seis ligeros y treinta y nueve destructores. Era una fuerza naval muy poderosa, sobre todo teniendo en cuenta a los dos nuevos buques de línea de 41.300 toneladas estándar (1). Pero esta vez la sangre no llegaría al río, porque «Supermarina», presionada y mediatizada por el Alto Mando — *Stato Maggiore Generale* —, amarró de tal manera a Campioni, que el contacto con la escuadra británica resultó, teórica y prácticamente, imposible.

Por otra parte, una violenta borrasca que se desencadenó el 1.º de septiembre sobre el golfo de Taranto produjo averías estructurales a la mayoría de los destructores italianos. En vista de lo cual y del subsiguiente fallo del reconocimiento aéreo, la escuadra de Campioni, que debido a las constantes imposiciones de «Supermarina» había auténticamente «perdido la virada», tuvo que entrar en Taranto sin haber disparado un cañonazo.

Cuando, tres días después, la *Mediterranean Fleet* repasara el Mediterráneo central rumbo a Alejandría, las cosas habían variado bastante. Porque entonces ya no serían dos los acorazados de aquella escuadra inglesa, sino tres, y dos los portaaviones, uno de ellos nuevo y muy bien blindado (2), amén de dos cruceros antiaéreos más; para no hablar de los equipos de radar que montaban los buques recién llegados. «Supermarina» debió de comprender entonces, ¡demasiado tarde!, que la momentánea superioridad de su escuadra de superficie había desaparecido y que también se había esfumado una magnífica ocasión para infligir al enemigo una posible derrota.

Dejemos a la escuadra de Campioni abriéndose trabajosamente paso entre las grandes olas, durante la borrascosa noche, en demanda del puerto de Taranto, y, antes de analizar las razones

---

(1) Desplazamiento estándar es el peso total del buque con toda su artillería, municiones y pertrechos a bordo, pero sin agua ni petróleo.

(2) El *Illustrious* llevaba una cubierta de vuelo, de acero «Skoda», de 76 mm. de espesor, y todo el hangar iba dentro de una verdadera caja del mismo material y de 120 mm. de grosor, que era también el del cinturón blindado de la flotación del buque.

que movieron al Alto Mando italiano a adoptar una actitud tan excesivamente prudente respecto a su Escuadra, veamos brevemente el desarrollo y vicisitudes de la operación británica denominada «Hats».

* * *

Tras doblar el desolado y ventoso cabo de Gata, la escuadra británica salida de Gibraltar el día 30 de agosto a las órdenes del almirante Somerville hizo rumbo hacia las Baleares y poco antes de la anochecida del 31 rebasó por el Sur la isla de Menorca y puso proa a las costas de Cerdeña. Dos destructores cruzaron el canal de Menorca y arrumbaron hacia el golfo de Génova para lanzar al éter fuertes emisiones radiotelegráficas destinadas a desorientar a la Aviación italiana y enmascarar las comunicaciones de poca potencia entre el *Ark Royal* y sus aviones *Swordfish,* nueve de los cuales fueron lanzados al aire aquella misma noche para que bombardearan el aeródromo de Cagliari, ataque que llevaron a la práctica sin sufrir pérdidas.

La escuadra inglesa contorneó después la costa meridional sarda y arrumbó hacia la extremidad occidental de Sicilia, pero unas horas antes de la anochecida del 1.° de septiembre aproó al golfo de Nápoles. Era sólo una finta. Al caer las sombras, la «Fuerza H» dio la vuelta hacia Gibraltar, mientras los buques destinados a la *Mediterranean Fleet,* escoltados por cuatro destructores de aquella fuerza naval y otros tantos enviados por Cunningham, se dirigían al Mediterráneo central a través del canal de Sicilia.

El cruce de este estratégico paso de setenta y cinco millas de anchura por buques pesados británicos fue una operación audaz, no esperada por los italianos y que, además, se vio coronada por la fortuna, pues los ingleses, que ignoraban la posición exacta de los campos de minas enemigos, no sufrieron el menor percance.

Con la precisión que sólo puede proporcionar un excelente adiestramiento, los destructores británicos dieron sus paravanes — aquellos peces metálicos provistos de tijeras de acero, timones y un sistema de profundidad, que se remolcaban por la popa o desde una pieza firme al pie de roda de los buques — y adoptaron una formación en «V», en el eje de la cual, pero a cierta distancia, les seguían, en línea de fila, los cuatro buques mayores. Noche oscura, intermitentemente rasgada en la distancia por los pantallazos de la farola del cabo Bon y que parecía llena de amenazas para los tripulantes de los doce navíos de guerra ingleses que, expectantes y en tensión, surcaban cautelosamente las negras aguas del canal de Sicilia. Por temor a las minas, nadie durmió aquella noche en los sollados bajos, y la vigilancia sobre la mar y las pantallas de radar fue incesante, pues se temían ataques de las veloces lanchas torpederas italianas basadas en la isla de Pantelleria. Pero la noche transcurrió sin novedades, y la amanecida halló a los buques británicos en franquía. Habían cruzado el angosto paso por el canal de Pantelleria, más profundo que el bajo Avventura, pero donde los italianos precisamente habían fondeado cuatro barrajes — «5 AN», «6 AN», «5 AN bis» y «6 AN bis» —, con un total de 848 minas de contacto.

A las nueve de la mañana del día 2, la fuerza británica procedente del Mediterráneo occidental y el grueso de la escuadra de Cunningham mutuamente se avistaron. Un gran momento para los ingleses. A bordo del *Illustrious* izaba su insignia el contralmirante George Lister, que tomaría el mando de la flamante división de portaaviones de la *Mediterranean Fleet*. Durante la Gran Guerra (1914-1918), este marino inglés había permanecido afecto a un escuadrón de hidroaviones británicos basados en Taranto para vigilar el canal de Otranto, a la entrada del mar Adriático. Como pronto veremos, su familiaridad con aquella base naval italiana y sus alrededores iba a resultar, veintidós años después, funesta para la escuadra de Campioni.

Volviendo a la «Operación Hats», el acorazado *Valiant* y los dos cruceros antiaéreos entraron en La Valetta para descargar el material de guerra que traían a bordo y, poco después de la medianoche del 2 al 3, la reforzada *Mediterranean Fleet* arrumbó a Alejandría. Pero no directamente. Se aprovechó el regreso de la escuadra para dar escolta a un convoy procedente del golfo de Atenas, que se dirigía a Port Said, y también para bombardear las bases aéreas italianas del Dodecaneso.

La escuadra inglesa entró en el Egeo en las primeras horas de la tarde del día 3, por su puerta de Poniente. A las 1700, tres cruceros y cuatro destructores se unieron al convoy procedente de Nauplia, y, con el alba del día 4, el *Orion*, el *Sydney* y dos destructores cañonearon el campo de aviación de Karpatos. Pocas horas antes, estos buques habían sido atacados, al sur de la isla de Kasos, por dos lanchas torpederas italianas, de las cuales resultó hundida la del teniente de navío Bressani.

Mientras tanto, el grueso de la *Mediterranean Fleet* rebasó Karpatos, cruzó luego entre esta isla y la de Rodas y puso en el aire una veintena de aviones procedentes del *Eagle* y del *Illustrious,* que poco después lanzaban un centenar de bombas sobre el aeródromo de Rodas. Pero los cazas italianos pudieron elevarse entre dos ataques y lograron derribar a cuatro *Swordfishes* del *Eagle.*

Por su parte, los bombarderos de la *Regia Aeronautica* desencadenaron cinco ataques contra la escuadra británica en la mañana del día 4, sin resultado alguno, y los cazas *Fulmar* del *Illustrious* abatieron un *Sparviero* y averiaron a otros siete. Igual resultado negativo habían obtenido los cinco ataques aéreos italianos efectuados el día 2, al sur de Malta, contra la misma fuerza naval. Así que el grueso de la *Mediterranean Fleet* pudo entrar en Alejandría el día 5, incólume, y el 6 lo hacían los cruceros procedentes de Port Said. ¡El almirante Cunningham tenía buenas razones para sentirse satisfecho!

* * *

Obligado por Benito Mussolini, el ejército de Graziani inició su ofensiva en el Norte de África el 13 de septiembre de 1940. El mariscal hubiera querido esperar a que se motorizasen las dos divisiones de infantería que habrían de moverse, por la parte sur del desierto, con el grupo mecanizado del general Maletti. Pero el dictador estaba impaciente, de modo que, sin suficientes medios, las tropas italianas, después de avanzar unos ochenta kilómetros por territorio egipcio y tomar Sollum y Sidi el Barrani, decidieron detenerse. Las fuerzas británicas, bien motorizadas, se habían replegado sin ofrecer mucha resistencia, pero destrozaron la carretera de la costa con cargas de demolición y envenenaron el agua potable de aquella plaza norteafricana. Antes de proseguir su ofensiva, los italianos se dispusieron, pues, a reparar la única carretera hacia Alejandría y a tender un acueducto (1).

Una de las consecuencias del avance italiano fue que los ingleses ya no podrían enviar directamente a Malta aviones de caza

---

(1) Para participar en esta ofensiva, los alemanes habían ofrecido dos divisiones acorazadas. A fines de agosto, «Supermarina» preparaba los convoyes que habrían de llevarlas a Trípoli. Pero Mussolini rechazó unos días después aquella valiosa oferta. Teniendo en cuenta la debilidad entonces de los británicos en el desierto, cabe preguntarse si las fuerzas italo-alemanas no habrían podido llegar fácilmente a Alejandría en septiembre de 1940.

que despegasen del aeródromo de Sidi el Barrani. Por falta de autonomía suficiente, tales aparatos tendrían ahora que ser lanzados desde buques portaaviones que se aproximasen a la isla, o llevarse a La Valetta en las cubiertas y bodegas de cargueros que, antes, tendrían que cruzar medio Mediterráneo. Por otra parte, durante el mes de agosto las tropas del duque de Aosta habían derrotado a las británicas del general Goswin-Austen en el África oriental y se habían apoderado de la Somalia inglesa. Derrota que causó pésima impresión en el Reino Unido, donde ahora se temía también por la suerte de Egipto.

Por ello, tras la victoriosa ofensiva del mariscal Graziani, los británicos decidieron no sólo enviar inmediatamente al país del Nilo tropas procedentes de todos los ámbitos del Imperio, sino reforzar la escuadra del almirante Cunningham con otro acorazado y proporcionarle submarinos más aptos para operar en el Mediterráneo, así como cruceros y destructores adicionales que quedarían basados en Malta tan pronto se pudieran consolidar las defensas de la estratégica isla. Y Malta, cuya capacidad ofensiva y defensiva oscilaría notablemente a lo largo de toda la contienda —más de setecientos cazas de la RAF serían allí basados—, llegaría a convertirse en una intolerable espina clavada en la planta del pie del ejército italo-alemán que lucharía en el Norte de África y en una verdadera y sangrienta pesadilla para las flotas mercante y de guerra italianas. Y es que el error más grave que cometieron los latinos, aparte de entrar en la guerra, fue no haberse apoderado de Malta en cuanto Francia firmó el armisticio. Error irreparable y que acarrearía a Italia gravísimas consecuencias.

* * *

El fracasado intento británico para apoderarse de Dakar con tropas inglesas y francesas libres del general De Gaulle hizo temer en Whitehall que el gobierno de Vichy declarase la guerra a la Gran Bretaña. Y como en Alejandría se hallaba surta una escuadra francesa que, aunque parcialmente desmilitarizada tras el armisticio, podía intentar la salida o autohundirse en la boca del puerto, cuando la *Mediterranean Fleet* levó anclas a fines de septiembre para trasladar cerca de dos mil soldados ingleses, material aéreo y aviadores de la RAF a Malta, el almirante Cunningham prefirió dejar en dicha base naval a dos de sus acorazados, un portaaviones y varios cruceros y destructores.

Con el *Warspite*, el *Valiant*, el *Illustrious*, cinco cruceros y once destructores aparejó de Alejandría en la noche del 28 al 29. Al día siguiente, estos buques fueron atacados por los bombarderos de la *Regia Aeronautica*, pero infructuosamente.

«Supermarina» tuvo noticias de esta salida de la *Mediterranean Fleet* y luego recibió sucesivos aunque imprecisos informes del reconocimiento aéreo acerca de sus movimientos, por lo que envió a la mar a la 1.ª y 2.ª Escuadras. Pero las mantuvo constantemente por encima del paralelo de los 37° de latitud Norte y luego les ordenó regresar a sus bases sin que hubieran tenido ocasión de intentar siquiera el combate. La razón de esta reiterativa actitud por parte del Almirantazgo italiano se debía a las directrices impartidas por el jefe del Estado Mayor General, mariscal Badoglio.

En la del 16 de septiembre, Badoglio señalaba que los británicos habían fracasado por completo en sus intentos de dañar el tráfico marítimo italiano con Libia y Albania y tampoco habían atacado las costas metropolitanas; que las pérdidas de ambos contendientes habían sido equivalentes, y que, pese a su inferioridad material, la Marina italiana había logrado todos sus objetivos, por lo que él no veía «ningún motivo para cambiar las líneas de acción seguidas hasta entonces».

El mariscal del Ejército italiano presuponía que los ingleses iban a permitir que continuara un estado de cosas que hasta el presente en nada les había favorecido. Con lo cual, como pronto veremos, se equivocaba por completo.

Pasada la crisis de Dakar, la escuadra del almirante Cunningham se hizo de nuevo a la mar el 8 de octubre para proteger a un convoy de cuatro barcos con suministros y material destinados a Malta. Esta vez, el marino británico llevó consigo a los acorazados *Warspite*, *Valiant*, *Malaya* y *Ramillies* (treinta y dos piezas de 381 mm.), los portaaviones *Illustrious* y *Eagle* (más de cincuenta aviones), seis cruceros y dieciséis destructores. Por su parte, el convoy iba directamente escoltado por dos cruceros antiaéreos y cuatro destructores.

Ahora eran seis los buques de batalla británicos, ya que como tales deberemos considerar en lo sucesivo a los portaaviones, por lo que «Supermarina» no quiso arriesgar un encuentro en inferioridad manifiesta de efectivos y dejó en sus bases a las escuadras de los almirantes Iachino y Campioni. Tal actitud era perfectamente ortodoxa en esta ocasión y no admite objeciones.

Capítulo VII

EL RADAR MUESTRA SUS POSIBILIDADES NOCTURNAS. GUERRA CON GRECIA.—EL ATAQUE A TARANTO

Era una espléndida y despejada noche en que la luna, casi llena, rielaba sobre la oscura mar y arrancaba a las olas de azabache misteriosos y fugaces destellos. La atmósfera tenía una rara transparencia, la visibilidad hacia el fantástico proyector natural suspendido del firmamento era enorme y un hondo silencio lo envolvía todo, mientras los astros rodaban imperturbables por la bóveda infinita. Y ante la majestad y belleza de una noche así, el espíritu del hombre queda embargado por una mezcla de admiración y de serenidad llenas de respeto y una emoción difícil de matizar se apodera de su ánimo.

En las primeras horas de la madrugada del 12 de octubre de 1940, siete buques de guerra italianos, alineados por meridiano, se movían en el Mediterráneo central con rumbo a Poniente. Se trataba de tres torpederos y de cuatro destructores (1), que, a 12 nudos y con una separación entre puentes de unas cuatro millas, exploraban la mar entre los paralelos de 35°-45′ y 35°-25′ de latitud Norte, para tratar de descubrir y atacar con torpedos a los buques de la *Mediterranean Fleet* procedentes de Malta. El límite superior de la faja así barrida tangenteaba la costa meri-

(1) Escalonados por este orden, de Norte a Sur: torpederos *Alcione, Airone* y *Ariel,* de la serie «Perseo», con 680 toneladas, tres piezas de 100 mm. y cuatro tubos lanzatorpedos, sencillos, de 450 mm., dos a cada banda, y 34 nudos; destructores *Geniere, Aviere, Artigliere* y *Camicia Nera,* el último de los cuales daba nombre a esta serie de buques de 1.620 toneladas, entregados en 1938 y 1939, armados con cuatro piezas de 120 mm. y seis tubos lanzatorpedos, de 533 mm., en montajes triples a crujía, y 39 nudos.

dional de dicha isla, y se esperaba que por ella se moverían de vuelta encontrada las unidades enemigas.

La escuadra y el convoy británicos salidos de Alejandría el 8 de octubre no habían tenido otro contratiempo que las graves averías sufridas por el destructor *Imperial*, en la tarde del día 11, al chocar con una mina italiana a unas quince millas al sur de La Valetta. Este buque quedó al garete y tuvo que ser tomado a remolque. Y es que después del cruce del minado canal de Sicilia por las grandes unidades de la *Mediterranean Fleet*, sin el menor percance, lo que resultó decepcionante para los italianos, éstos habían fondeado dos nuevos campos de minas con el novilunio: uno entre Pantelleria y Túnez y otro al sur de Malta.

En la anochecida del mismo día, 11 de octubre, salieron de La Valetta tres cargueros en lastre, y la escuadra de Cunningham arrumbó entonces hacia Levante, a 12 nudos, con la 7.ª División de cruceros desplegada por la amura de babor del grueso. En el extremo septentrional de esta barrera de descubierta navegaba el crucero de 7.000 toneladas *Ajax*, un veterano del combate del Río de la Plata con el crucero-acorazado alemán *Graf Spee*: ¡aquella derrota naval británica que una hábil propaganda convertiría luego en «victoria»! (1).

Faltaban dos horas para el ocaso de la luna, que entonces bogaba precisamente por la proa del torpedero *Alcione*, cuando, a las 0137 de la madrugada, los serviolas de este buque descubrieron a un crucero enemigo por la amura de babor, a más de 18.000 metros de distancia, moviéndose hacia Levante. Era el *Ajax*. Se tocó zafarrancho de combate y se arrumbó hacia él a 17 nudos, para no delatarse con la blanca onda de cabeza que produciría un andar mayor, pues para aquel buque británico hacia sotaluna todo deberían de ser tinieblas. Unos minutos después, el crucero fue también avistado, casi exactamente por su proa, por el torpedero *Airone*, que aumentó moderadamente la velocidad, y por el *Ariel*, que cayó a estribor y arrumbó hacia el enemigo.

De modo que, a las 0148, antes de que el *Alcione* lanzase la señal de alarma, los tres torpederos italianos ya convergían sobre el *Ajax*. Sin embargo, los cuatro destructores del capitán de navío Carlo Margottini, que se movían más al Sur, continuaron hacia el Oeste, y por su parte el *Ajax*, que había sido recientemente

(1) Véase *La guerra naval en el Atlántico, 1939-1945*, del mismo autor. Editorial Juventud, Barcelona.

modernizado y montaba equipos de radar de exploración y de tiro, al parecer tardó aún cierto tiempo en descubrir, ¡visualmente!, a los buques italianos que se le aproximaban.

A bordo de los tres torpederos, los minutos se desgranaban expectantes. Aparentemente, el enemigo ignoraba todavía su presencia, ya que la distancia disminuía con rapidez, pero sus cañones permanecían mudos. Los hombres encaramados en las direcciones de tiro de la artillería y de los torpedos enviaban sus datos a los montajes, que ya estaban cargados y orientados. A bordo del *Airone*, el jefe de la escuadrilla, capitán de corbeta Alberto Banfi, observaba la aproximación de sus otros dos torpederos, como sombras, uno por cada banda, y tuvo la sensación de que todo se desarrollaba con la exactitud de un ejercicio de rutina. Pero el enemigo se movía haciendo zigzag, lo que dificultaba los cálculos para el lanzamiento de los torpedos, por lo que Banfi decidió que había que aproximarse todo lo posible, aun a riesgo de recibir a quemarropa una andanada necesariamente mortal.

Por fin, a las 0157, cuando la distancia al *Ajax* era ya inferior a los dos mil metros, el *Airone* lanzó sus torpedos de babor y luego cambió de rumbo para hacer lo mismo con los de la otra banda. Mientras tanto, Banfi no pudo resistir la tentación de abrir el fuego con su artillería. ¡Iba a pagar muy caro tal imprudencia! Casi simultáneamente había arrojado otros dos artefactos submarinos el *Alcione*, desde unos tres mil metros, y este buque y el *Ariel* rompieron también el fuego.

Los proyectiles trazadores italianos surcaron el aire transparente y en calma de la noche igual que huidizas centellas luminosas, y se vio como varios de ellos alcanzaban al crucero enemigo. Según la versión inglesa, dos granadas hicieron blanco en el puente del *Ajax*, y una tercera en el combés, ésta por debajo de la flotación. Dichos impactos produjeron algunas bajas y un incendio, y el comandante del crucero, capitán de navío McCarthy, debió de arrepentirse por haber aguardado tanto tiempo para asegurar el tiro propio.

Pero la reacción no se hizo esperar. El *Ajax* cayó bruscamente a babor, al mismo tiempo que de sus cañones brotaba un imponente bramido y grandes llamaradas. Y su primera salva se abatió mortífera sobre el *Ariel*, cuyas finas planchas de acero saltaron por los aires. El puente y la flotación del torpedero quedaron inmediatamente destrozados, y el buque comenzó a hundirse vertiginosamente. Pero todavía pudo lanzar uno de sus torpedos, y siguió disparando hasta ser tragado por la mar. Su comandante, el teniente de navío Mario Ruta, y el segundo de a bordo se fueron con el buque, que también se llevó consigo a la mayor parte de su valerosa dotación; tales habían sido los destrozos y la rapidez del hundimiento.

Mientras tanto, el combate proseguía con gran violencia. El *Ajax* disparaba por ambas bandas, con las dieciséis piezas de 152 mm. y de 100 mm., contra sus dos débiles pero peligrosos adversarios, que le devolvían el fuego con toda la celeridad de que eran capaces. El *Alcione* logró disparar quince salvas, y el *Airone* pudo lanzar también sus otros dos torpedos, desde unos 700 metros. Pero ninguno de los siete veloces artefactos hicieron blanco, probablemente debido al cálculo erróneo de la velocidad del crucero y a sus bruscos cambios de rumbo. El *Airone* también fue pronto alcanzado y quedó fuera de combate, declarándosele a bordo un formidable incendio. Ya tenía el timón inutilizado cuando el *Ajax* le pasó a contrabordo a menos de cien metros de distancia, disparando sobre él con todas sus ametralladoras (veintiocho cañas de 40 y de 20 mm.), cuyos proyectiles barrieron el puente de mando y las cubiertas y dejaron aquella hoguera, que aún flotaría durante algunas horas, convertida en una verdadera pira funeraria.

La escuadrilla de destructores del capitán de navío Margottini había seguido a rumbo, ya que los torpederos sólo señalaron a un crucero enemigo y era de esperar que otros buques ingleses se aproximarían más bajos en latitud. Pero hacia las dos de la madrugada, cuando se observaron sobre el oscuro horizonte septentrional los fogonazos del *Ajax*, que, por cierto, no disparaba con pólvoras sin llama, el jefe de la escuadrilla ordenó arrumbar hacia el Norte, aunque, por un error en la transmisión de la correspondiente señal, sus otros tres destructores aproaron al Nordeste. Ello haría que el *Geniere* perdiese todas sus posibilidades de lanzar después contra el crucero británico.

Éste, que durante el combate con los torpederos había invertido el rumbo, gobernó luego hacia el Sudeste, y a las 0203 perdió el contacto con el *Alcione*, que era el único de los tres buques del capitán de corbeta Banfi que había podido seguir disparando. Sobre la plateada mar volvió a imperar el silencio, un silencio grávido de amenazas, pues en las fluorescentes pantallas de radar del *Ajax* ya se movían unas lucecitas que no eran sino los ecos reflejados por otros buques de guerra italianos que se le aproximaban velozmente por el Sur y el Sudeste. Pero esta vez el capitán de navío McCarthy sería más rápido en abrir el fuego. A las 0215, los radares de tiro del crucero medían con toda exactitud la distancia al destructor *Aviere;* los apuntadores de las alzas directoras lo tenían ya en los retículos de sus visores, y los aparatos de calcular de la central de tiro conocían exactamente su rumbo y velocidad.

— *Fire!* — ordenó el director de tiro.

Una gran llamarada roja, y los proyectiles ingleses de alto explosivo y 152 mm. de calibre vuelan a 950 metros por segundo en busca del *Aviere.* Instantes después, este buque, que ya se disponía a lanzar sus torpedos contra el *Ajax,* recibe a bordo el terrible martillazo de acero y explosivos de una salva británica que le destroza el castillo de proa y le inutiliza la dirección de tiro. Otra salva deja inmediatamente fuera de servicio el montaje doble de 120 mm. del alcázar y varios impactos directos más le agujerean el casco, inutilizan los generadores eléctricos y producen cuantiosas bajas. Tras aguantar durante cinco minutos un implacable diluvio de balas de cañón, el *Aviere,* que está prácticamente fuera de combate, logra invertir el rumbo y alejarse renqueando hacia el Sur.

A las 0230, el destructor *Artigliere,* en mala posición de luz respecto a la luna, pues el *Ajax* se le aproximaba casi por el Nordeste, logró avistar al crucero inglés a cierta distancia, pero quiso aproximarse más para lanzar sus torpedos. Cuando ya sólo tres mil metros separaban a ambos buques, en el *Artigliere* se escuchó un aullido terrorífico, heraldo de la primera salva británica, que se limitó a levantar fantasmagóricas columnas de agua en las proximidades del destructor. Y puesto que ya estaban descubiertos, Margottini ordenó abrir el fuego y lanzar los torpedos.

Pero los italianos sólo tuvieron tiempo para disparar dos salvas de artillería y uno de sus artefactos submarinos, pues el *Artigliere* recibió casi inmediatamente una andanada que le alcanzó de pleno en el puente de mando y, con un estampido ensordecedor, le voló la caja de urgencia proel de las municiones de 120 mm. Un imponente incendio envolvió con su crepitante cortina de llamas todo el puente y parte del castillo de proa del *Artigliere,* y el buque recibió a continuación otros cuatro impactos directos más: dos en cubierta, uno en la caldera del centro, que dejó inutilizada también la de proa, y el último en una sala de máquinas. El comandante del destructor y todos los oficiales del cuerpo general habían muerto o estaban gravemente heridos, y el jefe de máquinas tuvo que tomar el mando del ardiente derrelicto.

Pero el *Ajax* no se ha ido de vacío. Las dos salvas del *Artigliere* le han alcanzado con cuatro proyectiles que le inutilizan un montaje doble de 100 mm., averían uno de los radares y la aguja giroscópica y le producen bajas. En total, este crucero británico tiene a bordo doce muertos y veinte heridos y ha sufrido considerables daños. Pero ninguno de los ocho torpedos lanzados contra él por los buques italianos, algunos casi a quemarropa, le han alcanzado. Todavía intercambió varias salvas con el destructor *Geniere,* que trataba de aproximársele por el Nordeste, y después con el *Camicia Nera,* que a las 0245 le cortaba la proa a unos cinco mil metros. Pero ninguno de estos buques pudo lanzar sus peces de acero sobre el *Ajax,* pues en cada caso el crucero les presentó la popa y se perdió entre las sombras a toda velocidad.

¡Dejaba en pos de sí una sangrienta estela! El *Ariel* ya se había hundido, hacia las 0210, con la mayoría de su gente. El *Airone,* inmovilizado, ardía como una tea, y el fuego cobraba constantemente mayor incremento debido a que los equipos de contraincendios habían quedado inservibles. Hacia las 0230, cuando se le aproximó el *Alcione* para prestarle auxilio, el capitán de corbeta Banfi, comprendiendo que su buque estaba irremediablemente sentenciado, ordenó abandonarlo. Los supervivientes y heridos menos graves pudieron ser recogidos por el *Alcione,* que después se alejó, por considerar su presencia tan inútil como peligrosa junto a aquella delatora hoguera que flotaba en precario. Pero el comandante del destrozado torpedero decidió acompañar en el último viaje a sus agonizantes camaradas. Durante una hora confortó a sus hombres, les arrastró lejos de las llamas o les ayudó a morir. Luego... «a las 0334 —escribe Banfi—, el *Airone,* hocicado de popa 45°, se sumergió mientras los moribundos proferían vivas al Rey y al Duce. Tras haberme hundido unos veinte metros, fui empujado fuera del agua, probablemente por una burbuja de aire. El instinto de conservación no me permitió después mantenerme bajo la superficie. Me encontré en medio de una gran mancha de petróleo, en las proximidades de dos largos puntales de madera. Me aferré a ellos y nadé lentamente hacia algunas voces que pedían auxilio».

Éste es el dramático relato, que posee todo el laconismo y la sencillez castrense de un parte de guerra, de aquel oficial que tras haber combatido valerosamente no quiso sobrevivir a su buque ni a los camaradas caídos, pero cuyo inútil sacrificio tampoco sería aceptado por el destino, esta vez misericorde.

A unas ocho millas y media por el sur de donde agonizaba

el *Airone,* el destructor *Artigliere* se hallaba al garete, y sus supervivientes luchaban denodadamente para sofocar los incendios y poner de nuevo en función la planta propulsora. Tras veinte minutos de esfuerzos lograron controlar los límites de aquéllos y alimentar con una caldera la máquina de popa. Así que el buque pudo arrumbar hacia el Norte. En la misma dirección se movía también, pese a sus graves averías, el *Aviere,* que con las primeras luces del alba descubrió al *Geniere,* que le aguardaba para darle escolta. Ambos lograrían llegar a su base sin más novedades.

El *Artigliere,* debido a la imposibilidad de seguir alimentando la única de sus tres calderas que aún era útil, volvió a quedar al garete hacia las cuatro de la madrugada. El *Camicia Nera* le tomó entonces a remolque, pero tres horas después surgió un gran hidroavión británico que, tras observar a los dos buques italianos durante algún tiempo, desapareció luego hacia el Sudeste. Era un mal presagio para los latinos.

El almirante Cunningham no dejaría escapar la explotación del éxito. Al conocer el avistamiento efectuado por el *Sunderland,* basado en Malta, ordenó despegar del *Illustrious* a varios aviones armados con bombas y torpedos, los que, conducidos por el gran cuatrimotor, se dirigieron hacia los renqueantes destructores de Margottini, uno de los cuales iba incendiado. Por las aguas del combate nocturno ya husmeaban los cruceros ingleses de la 3.ª División, dispuestos a rematar a los buques enemigos que hubiesen quedado por allí maltrechos. Pero al conocer la posición del *Artigliere* y el *Camicia Nera,* arrumbaron hacia ellos a toda máquina.

Cuando los italianos vieron aproximarse a tres cruceros británicos — *York, Gloucester* y *Liverpool* — y varios destructores, el comandante del *Camicia Nera* comprendió que toda resistencia sería inútil y que sólo había una cosa que hacer: largar el remolque y tratar de escapar. A las 0810 se disparó el gancho del cable firme a la toldilla y se arrumbó al Norte a toda velocidad.

Dos cruceros y tres destructores ingleses trataron de darle caza, mientras el *York* se aproximaba al inerme y por tercera vez inmovilizado *Artigliere* y conminaba a sus hombres a que abandonaran inmediatamente el buque. A bordo del *Artigliere* se abrieron los grifos de fondo y se ordenó a todos los vivos, heridos o no, que se arrojasen al agua. El comandante del crucero británico no quiso salvar a la dotación del destructor enemigo. ¡Era natural! Su propio buque se hallaba a tan sólo sesenta millas de la costa sícula, es decir, al alcance de los bombarderos italianos, y el capitán de navío Portal recordaba muy bien el ataque de la Aviación italiana contra los destructores ingleses que rescataban a los náufragos del *Colleoni*.

Como el *Artigliere* tardaba en hundirse, y por otra parte se hallaba indefenso y existía el peligro de que el enemigo tratara de apoderarse de su bandera de combate, se arrió ésta con los honores de ordenanza y, en una breve ceremonia tan respetuosa como patética, se la colocó cuidadosamente dentro de un saco lastrado y se arrojó al fondo del mar. Tan pronto el buque quedó a solas con sus muertos, el *York* le disparó a boca de jarro una andanada con sus cañones de 203 mm. Pero como los impactos no parecieron surtir demasiados efectos y Portal tenía prisa, a continuación se le lanzaron dos torpedos. Uno de ellos hizo blanco, se produjo una gran explosión y el *Artigliere* se fue rápidamente a pique.

El *York* dejó en el agua una balsa salvavidas y arrumbó hacia el Norte a toda máquina, en pos de sus compañeros de división que trataban de atrapar al *Camicia Nera*. ¡Vana empresa! Este buque italiano había dado en pruebas los 39 nudos, y a pesar de sus constantes maniobras para esquivar hábilmente los torpedos y bombas dejados caer contra él, en diez ataques, por los aviones ingleses, el capitán de fragata Giovani Oliva no permitió que su destructor quedase un momento al alcance de la artillería de sus perseguidores y logró entrar en puerto con el buque indemne.

Para prestarle apoyo, a las 0800 de la mañana habían salido de Mesina tres cruceros pesados y otros tantos destructores, que tan pronto estuvieron en franquía arrumbaron al SSE. a 30 nudos. ¡Demasiado tarde! Estos buques deberían haberse encontrado en la mar algunas horas antes. A las 0905 bajaba al abismo el *Artigliere*, y poco después los cruceros ingleses renunciaban a la persecución del escurridizo *Camicia Nera*.

Se cerraba así un dramático episodio que había costado a los italianos la pérdida de dos torpederos y de un destructor y la muerte de más de trescientos hombres. El Almirantazgo italiano quedó perplejo ante aquel inesperado resultado. El ataque de los tres torpederos se había realizado en favorables condiciones tácticas — cuando faltaban cuatro días para la luna llena—, estuvo perfectamente coordinado y se llevó a la práctica con un valor reconocido incluso por los propios adversarios (1). Debido a un

---

(1) Tal reconocimiento costaría al almirante Cunningham una reprimenda del Almirantazgo británico. «En vista de los sentimientos de

error de transmisión, no todos los destructores italianos pudieron intentar el ataque al crucero enemigo, pero a pesar de su reducida silueta, comparada con la del buque británico, éste había disparado siempre el primero y con una precisión tan mortífera como sorprendente durante la noche. Después de estudiar y tratar de reconstruir con la posible exactitud aquel encuentro, «Supermarina» llegó a la consecuencia de que la actuación de los buques italianos había sido excesivamente atrevida y que el resultado obtenido era «inexplicable».

Los alemanes, que como sabemos contaban con radiotelémetro desde antes de la guerra y que a aquellas alturas conocían perfectamente la existencia y posibilidades de los radares ingleses, podían haber dado a los italianos una explicación satisfactoria de lo sucedido. Pero, incomprensiblemente, no quisieron hacerlo. En otro caso habrían podido evitar a sus aliados el sangriento desastre de Matapán y otros muchos reveses. Cierto que la nave italiana, cuyo timón empuñaba en exclusiva Benito Mussolini, hacía una «guerra paralela», es decir, por su propia cuenta e independiente de la de Alemania. Pero incluso después, cuando las circunstancias obligaron a los combatientes de ambas potencias a luchar hombro con hombro en el Norte de África, Grecia y Rusia, todavía los germanos mantuvieron durante cierto tiempo sus labios sellados respecto a aquel importantísimo secreto técnico que tan drásticamente revolucionaba la guerra naval.

Si los alemanes hubieran abierto los ojos de los italianos sobre esta cuestión, en septiembre de 1940, cuando se renunció al pretendido desembarco en Inglaterra y se vio claramente que la Gran Bretaña no iba a rendirse y que la guerra sería mucho más larga de lo previsto, y les hubieran proporcionado la ayuda técnica necesaria para poder fabricar en serie y lo antes posible su propio radiotelémetro, la guerra naval en el Mediterráneo hubiera podido tomar un giro muy diferente. Y, por supuesto, en África del Norte, ya que las fluctuaciones de esta lucha terrestre no fueron más que el inmediato reflejo de la situación prevaleciente en la mar. Pero sin radar, portaaviones ni aviación naval, no nos cansaremos de repetirlo, la Flota italiana tuvo que combatir en la segunda guerra mundial prácticamente con la técnica, medios y tácticas de la Gran Guerra, pero... contra un enemigo que estaba

---

la población que aquí sufre intensos y despiadados ataques, podrían excluirse de los futuros comunicados las referencias al coraje del enemigo.»

al día. Y lo que a algunos historiadores extranjeros asombra —y en todo caso habla muy alto del valor, la disciplina y el patriotismo de los marinos italianos— es el hecho de que, pese a semejantes condiciones de desigualdad y a las atroces e inevitables pérdidas, en ninguna ocasión las dotaciones de los buques de guerra y los tripulantes de los barcos mercantes italianos se negaron a salir a la mar.

* * *

Las razones por las que Benito Mussolini decidió atacar a Grecia son bastante complejas. Las relaciones entre Italia y el país de los helenos, que nunca habían sido buenas, sobre todo después del cambio de mano del Dodecaneso, llegaron a su punto más difícil en el año 1923, cuando una misión italiana que trataba de delimitar las fronteras greco-albanesas fue asesinada cerca de Janina y, en represalia, los italianos ocuparon la isla de Corfú. Las cosas no mejoraron con la anexión de Albania en 1939, ni tampoco con la garantía dada por la Gran Bretaña a Grecia a raíz de aquélla.

En octubre de 1940, la existencia de dicho pacto hizo temer a Mussolini, ya enfrentado con la perspectiva de una guerra larga, que los griegos pudieran conceder bases navales y aéreas a los ingleses, lo que dejaría los puertos y ciudades del centro y sur de Italia al alcance de los buques y aviones británicos. Era una situación parecida a la de Noruega, respecto a Alemania, antes de que los germanos ocupasen aquel país escandinavo. Por otra parte, la reciente intervención de los alemanes en Rumania, sin consulta ni acuerdo previo de ninguna clase con Italia, hizo temer a Mussolini por las perspectivas de su pretendida hegemonía política y económica sobre los Balcanes, hasta entonces tácitamente aceptada por Hitler.

Los gobernadores civil y militar de Albania: Francesco Jacomini y el general Visconti Prasca, dieron seguridades al Duce de que sería muy fácil, en un ataque por sorpresa desencadenado con las cinco divisiones italianas ya estacionadas en Albania, apoderarse de Corfú y de todo el Epiro. El mariscal Badoglio señaló después, muy sensatamente, que entonces sería necesario ocupar también el resto del país y la isla de Creta, para lo que harían falta veinte divisiones. Pero el «Plan Prasca» ya había cautivado a Mussolini, quien, muy mal aconsejado y creyendo que los griegos no ofrecerían resistencia, decidió llevarlo a la práctica sin perder momento, en una primera fase, y, después, en fecha imprecisa, ocupar el resto de Grecia. El dictador italiano no quiso tener en cuenta los insuficientes medios del Ejército italiano para lanzarse a una campaña que debería ser relámpago, so pena de provocar precisamente la situación que se temía y trataba de evitar; la falta de suficiente capacidad de descarga de los puertos albaneses; la grave servidumbre que un nuevo frente ultramarino arrojaría sobre las Marinas mercante y de guerra propias, y la inminente llegada del invierno, que podía ser rigurosísimo, en un país montañoso, abrupto y de pésimas comunicaciones. Es decir, la posibilidad de un catastrófico estancamiento de las operaciones y de tener que sostener indefinidamente un segundo frente terrestre. Por otra parte, no existió sorpresa estratégica ni táctica, pues Grecia, alarmada por la campaña de prensa desencadenada por el gobierno italiano, había efectuado secretamente una movilización parcial y se disponía a resistir a toda costa.

El 28 de octubre, a las seis de la mañana, después de que los griegos rechazasen un ultimátum totalmente inaceptable, las tropas italianas cruzaron la frontera greco-albanesa. Tras intensos combates, los latinos lograron cruzar el río Kalamas, en el Epiro, y establecer allí una cabeza de puente, y por el Pindo llegaron hasta las proximidades del paso montañoso Métsovon. Pero ya el 8 de noviembre, a los doce días de iniciada, la irreflexiva invasión italiana había sido totalmente contenida por los helenos.

Al producirse el ataque italiano, el gobierno griego recabó de la Gran Bretaña la ayuda pactada, y los ingleses establecieron inmediatamente una base naval en Suda, en la costa norte de la isla de Creta, y enviaron varios escuadrones de aviones de caza y de bombardeo a Atenas. Pero se hizo evidente que para poder sostener a los griegos de forma realmente efectiva, con tropas y material de guerra, elementos que sólo podrían ser trasladados por mar, habría que inutilizar de alguna manera a la escuadra italiana que, basada en Taranto y fuerte ya en seis acorazados, podría intervenir en el Egeo y, por supuesto, en el Jónico, en cualquier momento. Ello precipitó una operación naval cuidadosamente planeada por los británicos desde hacía varios años, pero que, por unas u otras causas, aún no había podido ser llevada a la práctica: el ataque a las grandes unidades de combate italianas surtas en la rada de Taranto, mediante el empleo de aviones torpederos de la Flota lanzados desde portaaviones. Lo que daría lugar al llamado «Pearl Harbour del Mediterráneo».

* * *

En uno de los primeros días de noviembre del año 1940, el teniente de navío de la Armada británica David Pollock, de la dotación del portaaviones *Illustrious,* contemplaba distraídamente, desde un avión que se disponía a aterrizar en El Cairo, la gran leona tendida sobre el desierto líbico y las formidables pirámides de Giza. Porque aquel marino no llegaba como turista. Una importante y urgente misión le había llevado a la moderna capital del milenario país del Nilo: la de recoger y estudiar las fotografías tomadas por aviones de observación de la RAF, desde más de cinco mil metros de altura, sobre la base naval italiana de Taranto.

En el departamento de fotografía del Cuartel General de la RAF, y con el auxilio de un potente estereoscopio, Pollock hizo pronto un descubrimiento que le dejó tan sorprendido como preocupado. ¡El fondeadero de los acorazados enemigos se hallaba protegido por barrajes de globos cautivos! Pero su existencia no había sido prevista en el plan elaborádo para atacar Taranto con aviones torpederos y, ciertamente, aquello podía resultar un obstáculo insuperable. Porque la rada sólo tenía quince metros de profundidad, y para evitar el gran «saco» que inicialmente describe dentro del agua la trayectoria de un torpedo arrojado desde el aire, debido a su peso y flotabilidad negativa, y que de otra manera le haría clavarse inútilmente en el fango, los aviones tendrían que lanzar prácticamente a ras de la superficie líquida. Pero ¿cómo hacerlo en plena noche sin chocar con los invisibles cables de acero suspendidos de aquellos globos?

De vuelta en Alejandría, Pollock mostró las fotografías al contralmirante Lister. Éste quedó pensativo. Años atrás, al producirse la crisis italo-británica a raíz de la guerra con Abisinia, la *Royal Navy* había preparado un plan para atacar Taranto con aviones torpederos, plan que en 1938 llegó a conocimiento de Lister, entonces capitán de navío y comandante del portaaviones *Glorious,* destacado en el Mediterráneo. Aprovechando su familiaridad con la base naval de Taranto, Lister perfeccionó el plan y preparó a sus pilotos para el ataque torpedero nocturno en un espacio confinado y de poco fondo. La guerra no llegó a estallar en 1938, y Lister terminó su mando a flote y cambió de destino. Más tarde ascendió a contralmirante, y al volver al Mediterráneo en 1940, como jefe de la división de portaaviones de la escuadra del almirante Cunningham, sometió su antiguo proyecto, con algunos retoques, a la consideración del comandante en jefe de la *Mediterranean Fleet.*

A bordo del *Illustrious,* Lister había hecho traer depósitos adicionales de gasolina para todos los *Swordfishes* de su división, lo que permitiría lanzarlos al ataque desde mayor distancia que la normalmente consentida por su radio de acción. Ello podría tener gran importancia si, como era de prever, los italianos habían establecido una línea de vigilancia, con centro en Taranto, precisamente en el límite de dicho radio de acción de los aparatos ingleses (130 millas), ya que ahora los portaaviones podrían lanzar aquéllos desde cincuenta millas más lejos. Es decir, era lo más probable que los buques no fueran descubiertos por las unidades enemigas de vigilancia, y tampoco por los aviones, pues se sabía que éstos no volaban durante la noche. Por otra parte, los torpedos podrían ir armados con las nuevas espoletas magnéticas y regularse de forma que navegaran por debajo de las redes antitorpederas que rodearían a los buques de combate italianos, ya que la profundidad de tales cortinas no rebasaría la de las quillas de los acorazados, pues hasta entonces los torpedos tenían que colisionar con el blanco para que sus espoletas actuasen.

Cunningham estudió cuidadosamente el proyecto de Lister y le dio su aprobación. Teniendo en cuenta las fuertes defensas de una base naval de primera categoría, se trataba de una operación sin duda arriesgada, pero también era probable que se pudiera contar con el factor sorpresa, y, por otra parte, la sucesiva entrada en servicio de los nuevos acorazados italianos, siempre más veloces que sus contrapartes británicos, hacía imperativo correr el riesgo. La clave del éxito radicaba sin duda en lograr que los portaaviones pudieran aproximarse a Taranto, con noche clara y cielo despejado, sin que los italianos los descubriesen ni sospecharan el ataque, pues de lo contrario les bastaría con hacer salir sus buques a la mar para que todo el laborioso plan se viniese abajo. Por tanto, habría que aprovechar cualquier operación rutinaria, como la escolta de un convoy despachado para Malta, y evitar la observación de los aviones enemigos.

Pero en el plan de Lister no se había tenido en cuenta la existencia de globos cautivos, precisamente porque el Servicio de Inteligencia británico había dado seguridades de que en Taranto no existían tales barrajes. Dejemos en Alejandría al almirante de la división de portaaviones tratando de hallar un resquicio por donde introducir sus aviones torpederos en el Mar Grande de

Taranto y trasladémonos a la capital de la Apulia, a unas 840 millas marinas de distancia a vuelo de pájaro.

* * *

En la Capitanía General del Departamento Marítimo, el vicealmirante Antonio Pasetti se hallaba pensativo. A través de las ventanas de su despacho podía ver las aguas del fondeadero principal de la base, donde aquel día, 11 de noviembre, se mecían seis acorazados, tres cruceros pesados y varios destructores y buques auxiliares. Mientras permanecieran en el puerto, la seguridad de aquellos buques era de la incumbencia de Pasetti, lo que inquietaba cada vez más al vicealmirante, pues sabía que los aviones torpederos ingleses habían hundido al *Dunkerque* dentro de la rada de Mers-el-Kebir en julio pasado y que después habían logrado echar también a pique con torpedos, sucesivamente y siempre en puerto, a los destructores italianos *Zeffiro, Pancaldo, Nembo, Ostro* y *Borea,* amén de varios barcos mercantes. Ello revelaba que el poco brazaje de los puertos no era obstáculo para la efectiva actuación de los aviones torpederos enemigos.

Cierto que la defensa antiaérea de Taranto era muy fuerte (1), pero el vicealmirante sabía muy bien que, durante la noche, aquella impresionante panoplia no serviría prácticamente para nada. Las bombas que pudieran arrojar los aviones embarcados ingleses, tampoco, pero, en cambio, sus torpedos podrían resultar letales.

El almirante Campioni quería que sus buques pudieran hacerse rápidamente a la mar, en un momento dado, sin el retardo que supondría tener que retirar unas redes antitorpederas situadas muy cerca. Hasta recientemente, los acorazados y cruceros pesados habían permanecido fondeados a la gira, es decir, libres de bornear al impulso de vientos y corrientes. Teniendo en cuenta que lo ortodoxo es filar una longitud de cadena equivalente a unas cinco veces el fondo — para evitar el garreo con mal tiempo —, había que largar 75 metros de grilletes, que, unidos a los 238 metros de eslora de los grandes acorazados, significaban un círculo alrededor de ellos, libre de redes, de bastante más de 313 metros de

(1) El 11 de noviembre de 1940 existían en Taranto, independientemente de la artillería de los buques de guerra, 21 baterías antiaéreas con un total de 101 cañones, 193 «cañas» de ametralladoras pesadas y ligeras, 13 estaciones aerofónicas de escucha de ruidos de aviones y 22 proyectores luminosos.

radio. Al capitán general del Departamento, aquello le había parecido sumamente peligroso, pero logró convencer a Campioni de la necesidad de trincar las popas de los buques amarrándolas a un muerto, de forma que no pudiesen bornear, lo que había permitido aproximar algo más aquellos barrajes antitorpederos.

Pero no era suficiente. Pasetti consideraba que cada buque debería permanecer dentro de un ajustado paralelepípedo de red, de modo que en ningún caso pudiera resultar alcanzado por torpedos. Ello, naturalmente, exigiría una cantidad de redes mucho mayor, pero era el único sistema seguro. Sin embargo, la falta de medios suficientes — en Taranto se precisaban 8.600 metros de paños de red, de diez metros de profundidad, y en noviembre sólo se disponían de 2.900 metros — había hecho imposible ultimar el aparentemente bien concebido proyecto, y sólo se logró separar con un nuevo barraje el fondeadero de los acorazados del de los cruceros pesados, mientras el conjunto quedaba defendido, a gran distancia, por el dique de piedra de Tarantola y otros dos barrajes: uno en prolongación de dicho dique y otro en ángulo recto con el anterior. Es decir, se trataba en realidad de defensas concebidas contra ataques de los submarinos.

Lo que el cuidadoso y precavido vicealmirante Pasetti ignoraba entonces era que, en cualquier caso, todas las redes que él proponía no hubieran servido absolutamente para nada, ya que los torpedos ingleses se habrían deslizado por debajo de ellas. Y es que los italianos no sólo carecían de tal tipo de espoletas de doble efecto: magnético y de percusión, sino que ignoraban siquiera su existencia, a pesar de que sus aliados alemanes las tenían desde antes del comienzo de la guerra...

Por si las cosas no estuvieran ya suficientemente difíciles para la defensa antitorpedera de Taranto, el tiempo atmosférico, fuertemente ventoso y racheado, que había prevalecido precisamente hasta la víspera, se había llevado sesenta globos cautivos, de modo que en el aire sólo quedaban veintisiete esféricos de gas, repartidos sobre tierra, a levante del fondeadero, y delante de las redes, amarrados a bateas, pues la sustitución no era fácil, entre otras cosas debido a la falta del hidrógeno necesario.

Como vemos, las condiciones de seguridad de la rada exterior de Taranto eran precarias el 11 de noviembre de 1940. El tiempo había despejado aquel día y por la noche brillaría fuertemente la luna. Se sabía que la Escuadra británica se movía por el Mediterráneo central desde hacía varios días. Y durante la mañana y primeras horas de la tarde, la presencia a gran altura de aparatos enemigos de observación había sido casi continua. Pasetti pensaba si, dadas las circunstancias, no convendría hacer salir a la mar a las grandes unidades antes de que anocheciera.

* * *

Retrocedamos brevemente en el tiempo.

El 7 de noviembre, los italianos tuvieron noticia de que dos escuadras enemigas procedentes de ambos extremos del Mediterráneo convergían hacia el canal de Sicilia.

La «Fuerza H» —excepto el crucero de batalla *Renown*, que trataba de cazar al crucero-acorazado alemán *Admiral Scheer* en el océano Atlántico—, reforzada con el acorazado *Barham*, los cruceros pesados *Glasgow* y *Berwick* y tres destructores, había aparejado de Gibraltar en la anochecida del día 7. Los seis últimos buques citados, que después atravesarían el canal de Sicilia para incorporarse a la *Mediterranean Fleet*, llevaban a bordo 2.150 soldados británicos destinados a la guarnición de dicha isla.

El día 6 se había hecho a la mar, desde Alejandría, la escuadra del almirante Cunningham, con cuatro acorazados, el portaaviones *Illustrious*, dos cruceros y trece destructores. Esta vez, el portaaviones *Eagle* no había podido aparejar. Ciertas averías surgidas en el sistema de alimentación de calderas, secuela de los bombardeos aéreos anteriormente sufridos, se lo impidieron. Era uno de los dos buques designados para el ataque a Taranto, y su indisponibilidad precisamente entonces fue un grave contratiempo para los ingleses, que en otras circunstancias sin duda habrían aplazado la operación. Pero el avance de las tropas italianas en el Epiro y la imperativa necesidad de mantener abiertas y seguras las comunicaciones marítimas entre Egipto y Grecia obligaron a Cunningham a decidir el ataque a la importante base italiana con un solo portaaviones.

Lo único que pudo hacerse fue embarcar en el *Illustrious* cinco aviones torpederos del *Eagle*, y se advirtió al Almirantazgo que no esperara grandes resultados de la operación.

El día 4 había zarpado de Alejandría el convoy «AN-6», con gasolina de aviación y diverso material destinado a Grecia, y dos días después salió del mismo puerto otro convoy, con cinco barcos, despachado para La Valetta, al que acompañaban dos cargueros, con combustible líquido y cañones antiaéreos, que se quedarían en Suda. Este convoy iba escoltado por varios cruceros y destructores. Al mismo tiempo, el *Ajax* y el *Sydney* aparejaban de Port Said para trasladar a Creta al Estado Mayor de la 14.ª Brigada de Infantería, dos baterías antiaéreas y algunas tropas. Buques que, después de tocar en Suda, se incorporarían en la mar a la *Mediterranean Fleet*.

Como consecuencia de todos aquellos movimientos, «Supermarina» ordenó a la 1.ª y 2.ª Escuadras que estuvieran preparadas para hacerse a la mar; destacó algunos torpederos para que escoltasen a los convoyes que se dirigían a Albania, y envió al Jónico meridional, en misión de descubierta, a la 7.ª Escuadrilla de destructores.

Como de costumbre, para tratar de desorientar al enemigo y ocultar su verdadera fuerza e intenciones, las escuadras de Cunningham y de Somerville se movieron por el Mediterráneo fraccionadas en varios grupos muy distanciados entre sí. A pesar de lo cual, esta vez los italianos sospecharon que parte de las unidades pesadas procedentes de Poniente tratarían de atravesar el canal de Sicilia, como anteriormente, por lo que la noche del día 8 destacaron allí una escuadrilla de destructores y varios torpederos, pues el mal estado de la mar impidió la salida de las lanchas rápidas.

En la mañana del día 9, varios escuadrones del *Ark Royal* bombardearon las instalaciones del aeródromo de Cagliari, y por la tarde la «Fuerza H», ya reunida con el grupo que escoltaba al *Barham*, fue a su vez atacada, con gran decisión, a cuarenta y cinco millas al norte del cabo Bougaroni (Argelia), por veinte trimotores italianos. Los cazas ingleses fueron incapaces de romper las formaciones aéreas enemigas, y las bombas cayeron peligrosamente próximas a varios buques, que, no obstante, una vez más se libraron de los impactos directos.

Al anochecer, la «Fuerza H» invirtió el rumbo para regresar a Gibraltar, mientras el acorazado *Barham*, con los dos cruceros pesados y seis destructores, embocaban el canal de Sicilia. Esta vez, el mal tiempo, achubascado y con visibilidad reducida, favoreció el tránsito de los buques ingleses, que en la mañana del día 10 entraban sin daños en La Valetta. «Supermarina» había apostado cinco submarinos entre Cerdeña y Túnez, otros tantos al sudeste de Malta y destacado al canal de Sicilia varias escuadrillas de destructores y de lanchas torpederas, pero ninguno de estos buques logró avistar rastro del enemigo.

Mientras tanto, la *Mediterranean Fleet* y los cinco barcos mercantes habían llegado a Malta, y el día 10 salía de La Valetta el convoy «ME-3», compuesto por cuatro cargueros en lastre y el

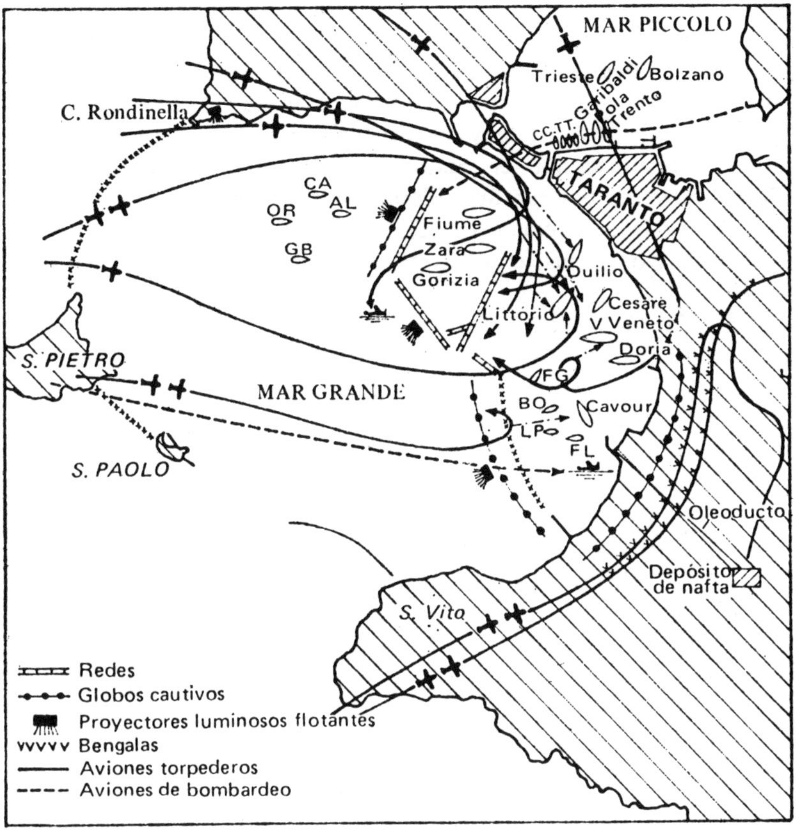

Taranto. Posición de los buques de la escuadra italiana del almirante Campioni la noche del 11 de noviembre de 1940, durante el ataque de la *Mediterranean Fleet*, mostrando las defensas pasivas de la base naval y las derrotas seguidas por los aviones navales británicos.

monitor *Terror* (1), este último con destino a las defensas de la bahía de Suda. Dicho convoy sería avistado e infructuosamente atacado por el submarino *Topacio*, pero los aviones italianos del reconocimiento marítimo no pudieron señalar los movimientos de la *Mediterranean Fleet*, no sólo debido a las malas condiciones

(1) Buque de 7.200 toneladas, armado con una torre doble de cañones de 381 mm., ocho piezas de 102 mm. y ametralladoras. Con blindaje de hasta 330 mm., y 12 nudos de velocidad.

atmosféricas, sino porque eran detectados a gran distancia por el radar del *Illustrious* y luego abatidos por sus cazas *Fulmar*. En realidad, la escuadra inglesa permaneció durante dos días en las proximidades de Malta, en espera de la llegada de los buques que procedían del Atlántico y de una mejoría del tiempo que permitiese desencadenar el ataque contra Taranto. Mientras, el *Ramillies* y los destructores Tomaron petróleo en La Valetta, y, por fin, en la anochecida del día 10, toda la escuadra, ahora fuerte en cinco acorazados, con cuarenta piezas de 381 mm., arrumbó al Norte.

El día 11 resultó decisivo. Despejó el cielo y los cazas del *Illustrious*, reforzados por tres *Fulmar* enviados dos días antes por el *Ark Royal*, impidieron al Almirantazgo italiano formarse un cuadro claro de la situación y sospechar siquiera las intenciones de la *Mediterranean Fleet*, que, virtualmente indetectada, continuó su aproximación a la entrada occidental del mar Egeo con objeto de que el *Illustrious* se situara aquella misma noche en el punto fijado para el lanzamiento de los aviones: a 40 millas de la isla de Cefalonia, es decir, a 170 millas al sudeste de Taranto.

Por la tarde, un aparato del portaaviones voló hasta Malta para recoger las últimas fotografías tomadas aquel día sobre la base italiana. En ellas se veían a cinco acorazados fondeados en el Mar Grande. Pero todavía después, un aparato de reconocimiento procedente de Malta señaló que un sexto buque del mismo tipo acababa de entrar en el puerto (1). Era el *Andrea Doria*, en período de adiestramiento, que no pudo tomar el muerto de popa y fue, por tanto, el único de los buques mayores surtos en el Mar Grande que quedó aquella noche fondeado a la gira. Es decir, los marinos ingleses que pocas horas después iban a lanzar sus torpedos en Taranto conocieron de antemano la posición, ¡fija!, que presentarían los cascos de sus objetivos, lo que les permitió prever el rumbo más adecuado para hacer impacto.

Caen las sombras. En el puente alto del *Warspite*, el almirante Cunningham espía ansiosamente la llegada de la noche. El cielo está despejado y brilla la luna. Hace frío y el relente empapa las planchas de acero. El viento es flojo, hace muchas horas que no

(1) Los ingleses disponían entonces en Malta de tres bimotores *Maryland* de reconocimiento, de fabricación norteamericana, con 1.300 millas de radio de acción y una velocidad de 280 nudos, es decir, de características más sobresalientes que los cuatrimotores *Sunderland* de la RAF.

aparece avión enemigo alguno y los radares nada señalan en cincuenta millas a la redonda. El comandante en jefe piensa que no es el momento de vacilaciones. El de pararse a pensar en la posibilidad de que la escuadra italiana se haga a la mar aquella misma noche, o que el *Illustrious* pueda ser descubierto antes o después de haber puesto sus aparatos en el aire. En la guerra se tienen que aceptar ciertos riesgos.

Cunningham ordena a su jefe de Estado Mayor que destaque al portaaviones y la 3.ª División de cruceros. Ésta, a las órdenes del vicealmirante Pridham-Wippell, que ha relevado al también recién ascendido Tovey, cruzará el canal de Otranto para tratar de atacar simultáneamente el tráfico marítimo enemigo con Albania.

Poco después de las seis de la tarde, el *Illustrious*, con los cruceros pesados *Gloucester*, *Berwick*, *Glasgow* y *York* y cuatro destructores, arrumbaba hacia el Norte a veinte nudos. Por el radioteléfono de corto alcance, el almirante anima a los pilotos de los aviones: «Vuestro éxito puede muy bien suponer un cambio de la mayor trascendencia en el curso de la guerra en el Mediterráneo», termina su mensaje.

A las 2030 horas, la formación británica alcanzó el punto prefijado. La mar estaba desierta. Aparte de los buques de Pridham-Wippell, ni sobre el agua ni en el aire parecía existir alma viviente. Las sombras de aquellos cruceros y destructores se perdieron en seguida hacia el Norte, y el *Illustrious*, escoltado por sus ocho fieles guardianes, aproó al viento y forzó máquinas hasta dar los 31 nudos. A las 2035 despegaba el aparato del capitán de corbeta K. Williamson, y cinco minutos después estaban en el aire los doce aviones que iban a efectuar la primera parte del histórico y trascendental ataque contra la escuadra italiana del almirante Campioni surta en Taranto.

Un avión de reconocimiento procedente de Malta había alertado a la defensa antiaérea de la base naval, de modo que cuando llegaron allí los *Swordfishes* de Williamson, el infierno ya parecía andar suelto en la capital de la Apulia. Pero no se había cubierto el fondeadero con niebla artificial ni se iban a encender los proyectores luminosos.

Poco antes de las once de la noche, dos aparatos ingleses se dislocaban de la formación para dirigirse hacia el cabo San Vito, y a las 1102 comenzaron a lanzar sus treinta y dos bengalas, provistas de paracaídas, sobre tierra, próximas a la orilla oriental del Mar Grande. Para los aviadores ingleses que ya se aproximaban a la rada desde Poniente, lanzados hacia el agua en un picado escalofriante, a través de un diluvio de explosiones y proyectiles de todas clases, la intensa luz de las bengalas dejaría perfectamente en silueta las obras muertas de los acorazados italianos.

El primer avión atacante fue abatido por los disparos del destructor *Fulmine*, pero después de lanzar, y su torpedo alcanzó al acorazado *Conte di Cavour* y le produjo una brecha de doce por ocho metros debajo del pañol de municiones de la torre triple de proa. Con una suerte realmente increíble, Williamson y el teniente de navío Scarlet lograron desembarazarse de los paracaídas, ya bajo el agua, y salvar sus vidas.

Los alféreces de navío Sparke y Macauley fallaron sus respectivos lanzamientos, pero la segunda escuadrilla, al mando del teniente de navío Kemp, logró alcanzar con dos torpedos al *Littorio*, que sufrió sendas vías de agua, de quince por diez y doce por nueve metros, bajo el castillo de proa. Mientras tanto y para tratar de distraer a la defensa antiaérea, otros dos aviones británicos se lanzaban en picado sobre los buques de guerra surtos en el Mar Piccolo y les arrojaban una rociada de bombas que causaron averías a los destructores *Libecio* y *Passagno*. Poco después, los aparatos encargados de las bengalas bombardeaban los depósitos de combustible situados al sur de Taranto.

Con ello terminaba la primera parte del valeroso y afortunado ataque británico. Al insignificante precio de un solo avión perdido, los marinos ingleses habían conseguido dejar gravemente averiados a dos acorazados italianos, uno de los cuales, el *Cavour*, se iría a pique algunas horas más tarde.

Pero ya se aproximaban a Taranto ocho biplanos *Swordfish* que habían despegado del *Illustrious* hacia las 2130. Y la suerte volvió a repetirse. Otros dos aviones lograron arrojar sus bengalas a levante del fondeadero de los buques de línea, que inmediatamente fueron atacados desde Poniente. Un avión torpedero resultó abatido por la artillería antiaérea de la plaza fuerte, perdiendo la vida sus dos tripulantes. Pero el acorazado *Littorio*, que parecía imantar a los torpedos ingleses, resultó nuevamente alcanzado por el artefacto dejado caer por el capitán de corbeta Hale, esta vez a popa, en el compartimento de los timones, sufriendo un desgarro en la obra viva de siete por uno y medio metros. El acorazado *Duilio* fue víctima del torpedo arrojado a las aguas del Mar Grande por el teniente de navío Lea y quedó con un boquete de once por siete metros a estribor, bajo los pañoles de municiones de las torres de proa.

En el Mar Piccolo, el crucero pesado *Trento* recibió una

bomba que resbaló sobre el escudo de un montaje de 100 mm. de babor y después perforó la cubierta, causando daños en los compartimentos inferiores y tanques de petróleo.

Aunque varios de los dieciocho aviones supervivientes del audaz ataque resultaron bastante agujereados por la metralla, todos ellos consiguieron anavear después en el *Illustrious*, que les aguardaba entre las sombras sin haber sufrido sobresaltos ni contratiempos. Pero los ataques británicos en aquella noche, verdaderamente aciaga para los italianos, no habían terminado.

* * *

Los cruceros y destructores del vicealmirante Pridham-Wippell, al acecho, cortaron el paralelo de los 40°-30′ Norte poco antes de la una de la madrugada del 12 de noviembre. En el canal de Otranto, la mar estaba en calma y la visibilidad era excelente, y ya parecía que la descubierta de los buques ingleses iba a resultar infructuosa, cuando, unos minutos después, el radar del *Ajax* señaló a varias unidades enemigas que se movían hacia Poniente por la aleta de estribor de la formación británica, que cambió inmediatamente de rumbo. Los cruceros ingleses navegaban en línea de fila, con un destructor por cada amura, y sus tripulantes pronto pudieron comprobar que se trataba de cuatro barcos mercantes italianos y de dos pequeñas unidades de escolta.

Efectivamente, eran los cargueros *Locatelli*, *Premuda*, *Vado* y *Catalani*, en lastre, que habían salido de Valona unas horas antes y navegaban hacia Italia escoltados por el viejo torpedero *Fabrici* y una motonave armada con cuatro piezas de 120 mm.: el *Ramb 3.°*

Los buques británicos se aproximaron al convoy a 20 nudos y, a 6.000 metros de distancia, empezaron a lanzar proyectiles iluminantes. Casi inmediatamente abrieron un fuego terrorífico con sus ¡sesenta y cuatro cañones! sobre las unidades del convoy, que trataron inútilmente de escapar cayendo a estribor y forzando máquinas. Pero su maniobra y la desesperada defensa del *Fabrici*, que se interpuso entre los mercantes y el enemigo y trató de arrojar sus torpedos y no cesó de disparar pese a resultar alcanzado por varios impactos directos y sufrir graves daños, once muertos y diecisiete heridos — entre ellos su comandante, el teniente de navío Giovani Barbini, que siguió en su puesto pese a resultar gravemente herido con la primera andanada británica —, fueron inútiles. El ardiente y estruendoso vendaval de acero y explosivos duró exactamente tres minutos, ¡ciento ochenta segundos! Después, sobre la mar volvió a caer un pesado silencio. Pero cuatro hogueras flotaban ahora a la deriva sobre las aguas. Hechos una criba, los cargueros italianos, que totalizaban 16.938 toneladas de registro bruto, se fueron hundiendo, entre el crepitar de hierros candentes, arrastrando consigo a veinticinco hombres, mientras cinco sombras se alejaban velozmente hacia el Sur, como ángeles negros, dejando a la luna por testigo del fulminante desastre.

* * *

Respecto al ataque desencadenado por la *Mediterranean Fleet* contra Taranto, que dejó fuera de combate durante casi medio año al cincuenta por ciento de la escuadra italiana de acorazados y causó enorme sensación en todo el mundo, pues no sólo puso de manifiesto las posibilidades de la aviación naval embarcada, sino que señaló la entrada en una nueva era de la guerra naval, seremos breves.

Esta operación británica estuvo tan bien concebida como magistralmente llevada a la práctica. Si los inventores del torpedo submarino habían sido los austríacos, hoy hace poco más de un siglo, y el primer avión que hundió con torpedos a un barco enemigo resultó ser un *Short 184* precisamente inglés, que en el verano del año 1915 echó a pique a un carguero turco en el mar de Mármara, no es menos cierto que la Marina de Guerra italiana fue una de las pioneras en desarrollar las tácticas torpederas con aviones. Sin embargo, debido al despojo efectuado por la *Regia Aeronautica,* aquellas tácticas parecieron haber caído en el más absoluto de los olvidos en 1940, y, pese a los recientes hundimientos de varios destructores y barcos propios, a cargo de aviones torpederos ingleses, los marinos italianos fueron totalmente sorprendidos en Taranto.

Estos hombres no habían considerado seriamente la posibilidad de un ataque nocturno de importancia, con aviones, contra una base naval de aquella categoría. Tal vez influyó en ello el nulo resultado obtenido anteriormente en Alejandría por la *Regia Aeronautica.* Pero esto no les exime de culpa, y, por otra parte, tampoco podemos achacar solamente a la Aviación italiana la responsabilidad por lo sucedido en Taranto la noche del 11 al 12 de noviembre de 1940. Porque la realidad es que, pese al fallo, ¡decisivo fallo!, de la exploración aérea en señalar la aproximación del *Illustrious* y sus buques de acompañamiento; a la ignorancia italiana acerca de la existencia de las espoletas británicas de doble efecto, y a la falta de suficientes redes y globos cautivos en la base naval, los marinos italianos pudieron haber hecho fracasar, y muy fácilmente por cierto, el ataque enemigo. Si cuando se dio la alarma aérea producida por la aproximación de la primera ola de aparatos ingleses a Taranto, ¡media hora antes de su llegada al Mar Grande!, se hubieran abierto los fumígenos y mecheros de los destructores y cruceros fondeados en la rada exterior, los pilotos de la *Fleet Air Arm* no hubieran podido ver a los acorazados de Campioni, pese a la intensa luz de las bengalas, y absolutamente nada habrían podido hacer, excepto arrojar sus pequeñas bombas.

El error de los latinos estuvo en su falta de imaginación para haber previsto y hecho abortar, con los medios disponibles, cualquier ataque torpedero aéreo contra su base naval más importante. Sin embargo, en su descargo debemos aducir que, en otra faceta no menos interesante de la guerra en el mar, aquellos hombres, haciendo honor a su propia historia naval y a la idiosincrasia de la raza, lograrían devolver, un año después y con igual contundencia, el golpe a sus adversarios. Demos tiempo al tiempo.

Capítulo VIII

EL COMBATE DEL CABO TEULADA.—CONSECUENCIAS DE LOS REVESES ITALIANOS EN EL NORTE DE ÁFRICA

El hundimiento del *Cavour* y las graves averías sufridas por los acorazados *Littorio* y *Duilio,* que tardarían respectivamente cuatro y seis meses en quedar reparados, determinaron la decidida rotura del precario equilibrio de fuerzas navales existente hasta entonces en el Mediterráneo. Equilibrio sólo aparente, ya que, en caso necesario, los ingleses siempre hubieran podido distraer otros buques destacados en el Atlántico norte y sur, o de sus bases metropolitanas, y llevarlos al Mare Nostrum (1), lo que no era el caso de los italianos, cuya escuadra de combate había quedado reducida, a mediados de noviembre, a dos buques de línea: el *Vittorio Veneto* y el inferior *Giulio Cesare,* por el momento sin posibilidad de nuevas adiciones. De modo que si hasta entonces «Supermarina» había utilizado su flota de super-

---

(1) Los ingleses disponían, o podrían disponer en plazo más o menos breve (ya perdido el acorazado *Royal Oak*), de un total de veintiún acorazados y cruceros de batalla, todos los cuales desplazaban más de 30.000 toneladas e iban armados con piezas de 356, 381 y 406 mm. de calibre, y de diez portaaviones de escuadra. Por el momento, ya que en 1942 se inició en la Gran Bretaña la construcción de cuatro portaaviones de 36.000 toneladas (de la serie «Audacious»), diez de 13.190 toneladas (de la serie «Colossus») y seis de 14.000 toneladas (de la serie «Majestic»). A fines de 1943, la *Royal Navy* tendría en construcción en sus astilleros, o estaban encargados (incluyendo a los retrasados *Implacable* e *Indefatigable*), nada menos que treinta y un portaaviones de escuadra de varios tipos. Ello independientemente de los treinta y ocho portaaviones de escolta que los Estados Unidos de América fueron entregando a la Armada británica a lo largo de la guerra.

ficie con cautela y circunspección, en ocasiones tal vez excesivas, como hemos visto, era natural que a partir de entonces se mostrara todavía más reacia a empeñar su Escuadra en combate abierto con fuerzas enemigas iguales o superiores, puesto que si las grandes unidades disponibles habían disminuido, los compromisos ultramarinos de la Armada italiana permanecían inalterables.

Por el contrario, los ingleses se dispusieron a explotar plenamente la supremacía naval que habían alcanzado en el Mediterráneo después de Taranto, haciendo atravesar directamente todo aquel mar a sus convoyes, con tropas y material de guerra, para fortalecer Malta, ayudar decididamente a los griegos y pasar cuanto antes a la ofensiva en el desierto líbico. Dichas operaciones británicas darían lugar a un fugaz combate entre las escuadras de superficie, que los italianos denominaron del cabo Teulada, y de Spartivento los ingleses: puntas meridionales, ambas, de la isla de Cerdeña.

* * *

En el año 1916, el gobierno británico compró a Italia el transatlántico *Conte Rosso,* de 15.700 toneladas, todavía sin terminar de construir, y seguidamente lo transformó en portaaviones, con cubierta corrida de vuelo, hangar y dos ascensores, rebautizándolo *Argus.*

Al estallar la guerra, en 1939, éste era uno de los siete portaaviones que tenía en servicio la Armada británica, pero su escasa velocidad, 20,75 nudos, lo había relegado al modesto papel de buque de adiestramiento y transporte. No obstante, sería ampliamente utilizado para trasladar aviones a Takoradi, en la Costa de Oro, desde donde volaban a través de África, en varias etapas, hasta Egipto. Y también en el Mediterráneo para enviar cazas de la RAF a Malta. El sistema seguido era aproximarse desde Gibraltar y poner los aviones en el aire a unas 360 millas de la isla, que después alcanzaban por sus medios. La primera operación de este tipo se había llevado a cabo el 31 de julio de 1940, con éxito, enviándose a Malta doce *Hurricanes,* y se intentó repetir el 17 de noviembre del mismo año. Pero esta vez intervino la Escuadra italiana y las cosas no salieron como los ingleses esperaban.

El 15 de noviembre, a las 0600 de la mañana, aparejó de Gibraltar el *Argus,* llevando a bordo una docena de *Hurricanes* de la RAF. Iba escoltado por la «Fuerza H», ahora reducida al crucero de batalla *Renown*, el portaaviones *Ark Royal*, dos cruceros y siete destructores.

«Supermarina» tuvo noticias de esta salida cuatro horas después, e hizo zarpar de Nápoles y de Mesina, donde habían sido trasladadas la 1.ª y 2.ª Escuadras después del ataque a Taranto, a los acorazados *Vittorio Veneto* y *Giulio Cesare*, con las dos divisiones de cruceros pesados y cuatro flotillas de destructores, que a las 0730 del día 17 ya se encontraban a 35 millas al sudoeste de la isla de San Antioco, situada al sudoeste de Cerdeña, es decir, en muy buena posición para interceptar a la «Fuerza H», aunque las intenciones de ésta eran aún desconocidas para los italianos.

La escuadra de Campioni fue descubierta y señalada por aviones ingleses de observación salidos de Malta. En vista de lo cual, el almirante Somerville, no queriendo arriesgar un encuentro que podría resultar para él peligroso, decidió poner en el aire los aparatos de la RAF lo más a poniente del canal de Sicilia que su autonomía le permitiese, es decir, a unas 400 millas de distancia de Malta.

Poco antes de la amanecida del día 17, en la semioscuridad, los *Hurricanes* fueron despegando de la cubierta de vuelo del *Argus*, en dos tandas, cada una conducida por un *Fulmar*, mientras los aviones del *Ark Royal* daban protección antiaérea y antisubmarina a los buques británicos. Pero Somerville tal vez quiso aquilatar en exceso, y aquellas cuarenta millas de diferencia respecto a la primitiva posición fijada para el lanzamiento supusieron el que dos *Hurricanes* de la primera tanda cayesen al mar, faltos de gasolina, a 25 y 34 millas de Malta, pudiendo ser recogidos sus pilotos por los hidroaviones ingleses; mientras que los seis cazas de la RAF y el *Fulmar* de la segunda desaparecieron sin dejar rastro. Probablemente, faltos de esencia, estos aviones fueron desplomándose sobre las olas, y sus tripulantes se ahogarían o perecerían de sed en ese verdadero desierto líquido en que para el hombre puede convertirse incluso un mar de tan reducidas dimensiones como el Mediterráneo.

Aquella pérdida de nueve preciosos aviones de caza y de ocho aviadores (los *Fulmar* llevaban piloto y navegante), indirectamente motivada por la mera presencia de la Escuadra italiana, causó pésimo efecto en Whitehall. Pero la realidad es que los almirantes ingleses, como es natural, sólo arriesgaban encuentros con la Escuadra italiana cuando contaban con superioridad de efectivos o las condiciones tácticas y técnicas les eran plenamente favorables.

* * *

La operación británica denominada «Collar» apuntaba a varios objetivos. El primero y más importante era el cruce del Mediterráneo por un convoy rápido — 16 nudos — procedente del Reino Unido, con material de guerra y personal de la RAF, compuesto por tres transportes, dos de los cuales, el *Clan Forbes* y el *Clan Fraser,* iban despachados para Malta, y otro, el *New Zeland Star,* a Alejandría. Este importante convoy iría escoltado desde Gibraltar por la «Fuerza F», formada por los cruceros *Manchester* y *Southampton,* un destructor y cuatro corbetas — éstas provistas de *asdic* y equipos electromagnéticos de rastreo de minas —, mientras que la escuadra del almirante Somerville, con el *Renown,* el *Ark Royal,* dos cruceros y nueve destructores, le darían cobertura hasta el canal de Sicilia. A partir de allí quedaría bajo la protección de la *Mediterranean Fleet,* que le aguardaría en las proximidades de Malta. Al mismo tiempo, el acorazado *Ramillies* y dos cruceros pesados — «Fuerza D» —, cuya presencia se consideraba ya innecesaria en el Mediterráneo después de las pérdidas sufridas por la Flota italiana en Taranto y que, en cambio, se precisaban en el Atlántico para defender los vitales convoyes ingleses de los depredadores alemanes — léase cruceros auxiliares disfrazados y acorazado «de bolsillo» *Admiral Scheer* —, atravesarían el canal de Sicilia hacia Poniente, escoltados por un crucero y cinco destructores, y se incorporarían a la «Fuerza H» hasta que ésta regresara a Gibraltar.

La operación dio comienzo el 23 de noviembre, cuando zarparon de Alejandría los acorazados *Malaya* y *Ramillies,* con el portaaviones *Eagle,* la 7.ª División de cruceros y nueve destructores, a las órdenes del vicealmirante Pridham-Wippell. Esta fuerza daba cobertura al convoy «MW-4» — compuesto por cuatro transportes —, salido de los puertos egipcios y despachado para Malta, vía el norte de Creta, con la escolta directa de dos cruceros y cuatro destructores.

Poco antes de la amanecida del 25 de noviembre aparejaba la *Mediterranean Fleet,* a las órdenes de Cunningham, con los acorazados *Warspite* y *Valiant,* el portaaviones *Illustrious* y nueve destructores. Y ya en la noche de ese mismo día, quince aviones del *Illustrious* dejaban caer sus bombas sobre la base italiana de hidroaviones de la isla de Leros. A setecientas millas de allí, pero en la mañana del 26, los aparatos del *Eagle* atacaban a su vez el puerto de Trípoli, y aquel mismo día entraba en La Valetta el convoy «MW-4», que únicamente había sido atacado, en el Egeo y sin consecuencias, por tres aviones torpederos italianos.

A las 0800 del día 25 zarpó de Gibraltar la «Fuerza H», arrumbando al Mediterráneo. Algunas horas antes había atravesado el estrecho, durante la noche, el convoy rápido procedente del Reino Unido, al que al amanecer se uniría la «Fuerza F». Dicho convoy y fuerza naval barajaron a cierta distancia la costa española hasta el cabo de Palos y seguidamente arrumbaron hacia el SSE. para aproximarse a la «Fuerza H», que se movía más al Sur.

A través de sus agentes en Algeciras supo «Supermarina» la salida de Gibraltar de la escuadra de Somerville, pero no la entrada en el Mediterráneo del convoy procedente de Inglaterra, y un avión civil de la línea Italia-Libia señaló, a las 1130 del día 25, la presencia de diez buques de guerra británicos a unas 150 millas al sudeste de Malta, arrumbados al Noroeste. Estas dos noticias y el bombardeo de Trípoli por aviones *Swordfish*, que sólo podían proceder de algún portaaviones enemigo, decidieron a «Supermarina» a hacer salir a la mar, el día 26, a la 1.ª y 2.ª Escuadras: la 1.ª reducida, como sabemos, a los acorazados *Veneto* y *Cesare*, y la 2.ª, a seis cruceros pesados, por hallarse en obras el *Zara*. Ambas agrupaciones se reunieron algo al norte de Estrómboli — isla volcánica, de casi mil metros de altitud, verdaderamente impresionante y que resulta todo un encendido espectáculo durante la noche —, y seguidamente pusieron la proa al sur de Cerdeña. Al mismo tiempo salían de Trapani tres torpederos, cuya misión sería cruzar en las proximidades del cabo Bon durante las horas de oscuridad del 26 al 27. Y, a requerimiento de la Marina, «Superaéreo» alertaba en Cerdeña a un escuadrón de caza y dos de bombardeo.

En la tarde del 26 salió de La Valetta la «Fuerza D», que una vez en franquía arrumbó hacia el canal de Sicilia. De modo que en la noche del 26 al 27 de noviembre, tres fuerzas navales, dos británicas y una italiana, convergían, oscurecidas y silenciosas, hacia las aguas que bañan Cerdeña por el Sur. Sólo una de ellas, precisamente la británica «D», sería descubierta entre las sombras por sus adversarios. A las 0033 de la madrugada del 27, el torpedero italiano *Sirio* avistó las vagas e imprecisas siluetas de siete unidades enemigas que se movían hacia Poniente y se aproximó para lanzar contra ellas sus torpedos. Pero ni los artefactos hicieron blanco ni hubo reacción alguna por parte de los buques ingleses. El *Sirio* señaló por radio el avistamiento, indicando después que entre los buques enemigos probablemente se encontraba un acorazado.

Su mensaje fue recibido en Roma por «Supermarina» y, a bordo del *Vittorio Veneto,* por el almirante Campioni, y debió de chasquear a los marinos italianos, pues la presencia en el Mediterráneo occidental de aquellas unidades procedentes de Levante variaba el ansiado planteamiento de la operación, es decir, la posibilidad de un encuentro mano a mano con la «Fuerza H».

La travesía de las tres agrupaciones navales prosiguió sin más incidentes, y a las 0800 de la mañana del 27, poco antes de la amanecida, su situación era la siguiente: las dos divisiones de cruceros pesados italianos, al mando del vicealmirante Iachino, navegaban, a 16 nudos, a unas veinte millas del cabo Spartivento (Cerdeña), arrumbadas al OSO.; a dieciséis millas por su estela las seguían los acorazados de la 1.ª Escuadra; unas cuarenta millas al SSE. de la flota italiana se movía la «Fuerza D», al rumbo 260° verdadero, a 18 nudos, en demanda del punto de *rendez vous* con la «Fuerza H», en aquel momento a unas cien millas por el OSO. de la anterior y a la que seguían, a unas veinticinco de distancia, el convoy rápido y su escolta de cruceros. Es decir, los británicos contaban en total con tres buques de batalla: *Renown, Ramillies* y *Ark Royal,* con catorce cañones de 381 mm. y sesenta aviones a bordo *(Skuas, Fulmars* y *Swordfishes);* siete cruceros y quince destructores. Mientras que en la escuadra italiana se alineaban dos acorazados armados con diecinueve piezas de 381 y 320 mm., ningún portaaviones, seis cruceros y catorce destructores. Por tanto, la problemática superioridad esperada por los latinos había decididamente desaparecido para ellos. Pero ambos adversarios desconocían aún con exactitud su mutua presencia y la composición de las fuerzas enemigas. Son las ventajas e inconvenientes de la noche.

Buena amanecida la del 27 de noviembre, con mar rizada, viento flojo del SO. (leveche), horizontes claros, excelente visibilidad, algunas nubes bajas y cielo por lo demás despejado. Antes de la salida del sol, los cruceros *Fiume* y *Bolzano* catapultaron dos hidroaviones para que explorasen, respectivamente, por la proa de la 2.ª Escuadra y hacia el Sur, hasta la isla de La Galite, y luego hacia Poniente, hasta el cabo Fer. Ambos aparatos amerizarían después en Cagliari. Por su parte, el *Ark Royal* había puesto en el aire una patrulla antisubmarina, siete aparatos de reconocimiento, una sección de cazas y un avión meteorológico — ¡obsérvese la diferencia entre los medios de una y otra escuadra! —. Y el resultado de todo ello fue el siguiente: poco antes de las diez de la mañana, Somerville supo que cinco cruceros y otros tantos destructores italianos se encontraban a quince millas al NE. del *Renown*, mientras que, nueve minutos después, el aparato del *Bolzano* señalaba a un acorazado, dos cruceros y cuatro destructores ingleses a unas veintiséis millas al NNE. del cabo Fer, arrumbados al Este. Y Campioni se preguntó si se trataría de los mismos buques avistados por el *Sirio*, que después habían invertido el rumbo.

Nuevos mensajes aéreos advirtieron a Somerville de la presencia de los dos acorazados italianos, por lo que este almirante ordenó a los cruceros *Manchester* y *Southampton* que se le incorporaran rápidamente, y al convoy, con la escolta de un crucero y dos destructores, que tirase hacia el Sur, mientras él mismo aumentaba a 28 nudos con el *Renown* y arrumbaba al 75° para reunirse cuanto antes con el *Ramillies*.

Otro avión, catapultado por el *Gorizia*, señaló las mismas unidades enemigas ya descubiertas por el aparato del *Bolzano*, y entonces Campioni, todavía dudando si eran una o dos las fuerzas británicas presentes, arrumbó al 135°, a 18 nudos, para tratar de esclarecer la confusa situación, mientras sus buques eran ya constantemente observados por los aviones del *Ark Royal*.

A las 1155 recibió el almirante italiano un mensaje, retransmitido, en el que un bombardero nacional señalaba la presencia de un convoy enemigo escoltado por un acorazado, tres cruceros, un portaaviones y seis destructores, en la cuadrícula «K-3653», arrumbado hacia el Este. La posición dada era evidentemente errónea, pues en otro caso tales buques ya habrían sido avistados desde los cruceros italianos, pero dicha señal descorrió un velo, hasta entonces tupido e inquietante, para Campioni. Pues ahora estaba claro que aquel convoy procedente del Oeste iba escoltado por la «Fuerza H» y que ésta nada tenía que ver con la agrupación señalada por el torpedero *Sirio* la noche anterior. Luego en la zona debían de encontrarse dos fuerzas enemigas.

Tras el revés de Taranto, la Armada italiana necesitaba perentoriamente de una victoria, por parcial que fuese, y en su búsqueda había salido por dos veces la Escuadra, siempre para tratar de obtenerla a costa de la relativamente débil «Fuerza H». Pero ahora estaba claro que la pretendida superioridad italiana en la zona no existía, ni cuantitativa ni cualitativamente. En vista de ello, Campioni decidió retirarse. Arrumbó al Este a 25 nudos y ordenó a la 2.ª Escuadra que aumentase velocidad para incorporársele.

Cuarenta minutos antes, es decir, a las 1130, desde el *Renown* se había avistado a la «Fuerza D», a 24 millas. Entonces Somerville ordenó a los cruceros *Manchester, Southampton* y *Sheffield* que se incorporaran al *Newcastle* y al *Berwick* y arrumbaran todos al 50°, en línea de frente, a 28 nudos; al *Ramillies*, que tirara al Nordeste con sus destructores, y al *Renown*, que hiciera el mismo rumbo, a 28 nudos, mientras el *Ark Royal* ponía once aviones torpederos en el aire. Gracias a sus aviones, el almirante inglés conocía la posición de los cruceros italianos, todavía por el sur de los acorazados de la 1.ª Escuadra, y decidió atacarlos con sus propios cruceros y el *Renown*, al mismo tiempo que los aparatos del *Ark Royal* caían sobre el *Veneto* y el *Cesare*, con lo cual estos buques no podrían intervenir inmediatamente. Y si los aviones lograban algún blanco con sus artefactos submarinos, la escuadra italiana, con daños y merma de velocidad en sus unidades mayores, podría verse muy pronto en graves dificultades frente a las catorce piezas de 381 mm. del *Renown* y el *Ramillies* y nuevos ataques desencadenados por el portaaviones. Entonces el convoy no tendría nada que temer.

Vemos, pues, cómo este almirante británico, hasta entonces tantas veces reacio a comprometer sus buques en misiones que consideraba secundarias y queriendo sacarse la espina de los aviones del *Argus* perdidos sólo diez días atrás, se lanza resueltamente contra el adversario en busca de una victoria que, dadas las fuerzas en presencia, le parece factible, aceptando el riesgo de ser bombardeado por los aviones salidos de los ya muy próximos aeródromos sardos.

Los cinco grandes cruceros ingleses se movían velozmente hacia el Nordeste, en línea de frente, con una separación de ocho millas entre los buques de las alas, seguidos por los destructores, éstos bien agrupados a fin de poder pasar rápidamente al ataque con torpedos, y por el *Renown*, que debido al inoportuno recalentamiento de uno de sus ejes propulsores había tenido que moderar a 27 nudos, pero que rápidamente rebasó al *Ramillies*, que se movía a tan sólo 21 millas horarias. La avería del *Renown* fue un pequeño contratiempo para Somerville, sin duda compensado por el hecho de que todos los aviones de reconocimiento enemigos últimamente surgidos habían sido derribados por los cazas del *Ark Royal*, de modo que la concentración de las dos fuerzas británicas era ignorada por los italianos. Por otra parte, los apuntadores ingleses tenían el sol a la espalda, es decir, en posición óptima.

Poco después del mediodía, los cruceros de Somerville avistaron humos por el Norte. Y, algunos minutos más tarde, desde el puente alto del *Pola* se divisaron cinco cruceros ingleses que se movían por el SSE., tras los cuales emergía sobre el horizonte la gran cofa de un acorazado o crucero de batalla enemigo, y, todavía más lejos, una gran humareda que presagiaba la urgente aproximación de otro buque de línea británico. En aquel momento, la 1.ª División de cruceros *(Pola, Fiume* y *Gorizia)* navegaba en línea de fila, arrumbada al Este, a 28 nudos, con cuatro destructores; a 8.000 metros por su estela le seguía la veloz 3.ª División *(Trieste, Trento* y *Bolzano)*, con tres destructores, y por la amura de babor del *Pola,* buque insignia del almirante Iachino, marchaban, a unos 24.000 metros de distancia y también arrumbados al 90°, pero a 24 nudos, el *Vittorio Veneto* y el *Cesare,* con siete destructores.

A las 1220, cuando la distancia entre los cruceros enemigos era de unos 22.000 metros, los buques italianos rompieron el fuego sobre sus contrapartes ingleses, que contestaron inmediatamente. El tiro de aquéllos fue inicialmente magnífico, ya que la primera salva, disparada por el *Fiume,* cayó a tan sólo noventa metros por una de las bandas del *Manchester,* pero ¡centrada en alcance!

La 1.ª División italiana arrumbó inmediatamente hacia el Nordeste, para replegarse sobre los acorazados, ya que Iachino acababa de recibir, por segunda vez, órdenes del comandante en jefe de no entablar combate. Pero al nuevo rumbo sus cruceros todavía podían disparar con todas las piezas de la artillería principal. La 3.ª División continuó mientras tanto al 90°, en posición táctica ideal («fundamental») respecto a los cruceros ingleses, ya que prácticamente les «cortaba la T», es decir, los tenía dentro del «sector de máxima ofensa» de la artillería. A las 1222, un proyectil perforante italiano de 203 mm. alcanzó al *Berwick* en la tercera torre doble del mismo calibre (1), matando a siete hombres, hiriendo a nueve y dejándola fuera de servicio. Dos minutos después abría el fuego, muy oportunamente, el *Renown,* desde 23.800 metros, sobre los buques italianos de la 3.ª División, que

(1) En la Marina inglesa, las torres proeles de la artillería principal se designaban «A» y «B», y las poperas, «X» e «Y»; de haber otra torre central, o proel, con la letra «Q».

ante la llegada de aquellos formidables proyectiles de 381 mm. se vieron obligados a arrumbar inmediatamente hacia el Norte, a 34 nudos, perdiendo su ventajosa posición táctica. El crucero de batalla británico disparó seis salvas, y también abrió el fuego el *Ramillies*, que seguía la estela del buque insignia, pero sus dos andanadas cayeron cortas.

El *Berwick*, que era el crucero inglés más próximo a la 1.ª División italiana, volvió a ser alcanzado, a las 1235, por una granada que estalló en los alojamientos de oficiales, sin producir daños que afectaran a la capacidad combativa del buque ni bajas, precisamente en el momento en que el destructor *Lanciere*, algo retrasado respecto a la 3.ª División por haber sufrido poco antes una avería en la planta propulsora, recibía a su vez un proyectil de 152 mm. en la cámara de máquinas de popa, que quedó inutilizada, haciendo caer a 23 nudos su velocidad máxima. Este buque sufrió muy pronto dos impactos más: un proyectil le atravesó el casco de parte a parte y estalló después en el agua, y otro cayó a bordo sin hacer explosión. Pero los destructores de su flotilla le ocultaron rápidamente con cortinas de humo y no volvió a ser alcanzado, aunque más tarde quedaría al garete.

Mejor suerte tuvo el *Manchester*, varias veces centrado y envuelto por los altos surtidores que levantaban las salvas italianas, de una precisión que impresionó a los marinos ingleses, pero que no sufrió impacto directo alguno.

Mientras tanto, a las 1227, Campioni había caído a estribor, con sus acorazados, arrumbando seguidamente al Oeste para aproximarse a los cruceros de la 2.ª Escuadra. A las 1235 volvió a caer a la misma banda y quedó navegando al Nordeste. El cañoneo entre los cruceros continuaba, aunque ahora sin mucha precisión: porque el humo dejado por los buques italianos era arrastrado por el viento y hacía difícil su observación para los ingleses; porque los cruceros de la 3.ª División iban arrumbados prácticamente hacia el Norte para tratar de romper cuanto antes el contacto, y sólo podían disparar con las torres de popa, y porque, a las 1235, los aviones torpederos británicos que se dirigían contra los acorazados de Campioni, al pasar muy próximos a los cruceros de la 1.ª División de Iachino, hicieron temer a éste que sus buques fueran el objetivo del ataque que se preparaba y le obligaron a efectuar varios cambios preventivos de rumbo.

Hacia las 1245 lanzaron los *Swordfishes* sus once torpedos contra el *Vittorio Veneto*, por dentro de la cortina de los destructores, a distancias comprendidas entre los 700 y los 800 metros (hasta 650 metros según fuentes italianas), y los marinos ingleses creyeron haber alcanzado con un torpedo a este acorazado. Pero la realidad es que el leviatán de acero, revolviéndose a toda máquina, salió indemne del ataque, que sin la menor duda estuvo mal coordinado, pues a semejante distancia de lanzamiento a un gran buque de guerra cuya curva de evolución es inevitablemente muy amplia, aun estando provisto, como en este caso, de tres timones, le es materialmente imposible librarse del haz mortal formado por once veloces torpedos que converjan al mismo tiempo sobre él desde diversos puntos situados por sus amuras. Dos aviones ingleses resultaron averiados por el tiro antiaéreo de los buques italianos, pero ambos consiguieron anavear en el *Ark Royal*.

A las 1300, el *Vittorio Veneto* abrió el fuego con su torre triple de popa y alzas de casi 29.000 metros, y el vicealmirante Holland, al ver desplomarse los grandes proyectiles alrededor de sus cruceros, arrumbó inmediatamente al Sudeste a toda máquina, con lo cual la distancia aumentó rápidamente y el cañoneo cesó a las 1315, cuando los cruceros italianos habían arrojado un total de 666 granadas perforantes de 203 mm.

Poco después, Somerville preguntaba a Holland si había alguna posibilidad de volver a alcanzar a los cruceros enemigos. La respuesta fue negativa. En vista de lo cual, y desconociendo que el *Veneto* había sido supuestamente torpedeado, el almirante británico renunció a la persecución y decidió replegar todas sus fuerzas sobre el convoy. No sólo temía los ataques de la aviación enemiga, sino que le preocupaban dos de sus cruceros, el *Manchester* y el *Southampton*, que llevaban a bordo setecientos soldados con destino a la guarnición de Malta. Pero todavía a las 1400 y por iniciativa del comandante del *Ark Royal* despegaron de este buque nueve aviones torpederos y siete *Skuas* de bombardeo en picado, para tratar de rematar al supuestamente torpedeado *Veneto* y atacar a un crucero pesado que los ingleses daban también por gravemente averiado durante el combate artillero.

El jefe del escuadrón británico consideró que no era posible sorprender a los acorazados, pues en la derrota directa hacia estos buques se interponían los cruceros de la 1.ª División italiana, por lo que decidió lanzar sus torpedos contra estos últimos. El ataque no tuvo consecuencias, y tampoco el de los bombarderos en picado contra el *Lanciere* — que ahora navegaba a remolque hacia Cagliari — y los cruceros de la 3.ª División, que habían vuelto para proteger al inmovilizado destructor, aunque algunas bombas cayeron *vicinisseme* al *Trento.*

Si durante el contacto balístico hemos visto intervenir muy oportunamente a los cazas y aviones torpederos del *Ark Royal,* aunque los últimos con poca efectividad, la Aviación italiana brilló literalmente por su ausencia en todo el combate, pese a los insistentes requerimientos de Campioni desde que se avistó al enemigo, y, como de costumbre, llegó tarde, cuando todo estaba ya decidido.

A las 1407, el radar de descubierta del *Renown* señaló la aproximación de aparatos enemigos (el *Ark Royal* se movía bastante más al Sur y todavía no montaba radar). Eran diez bombarderos escoltados por cinco cazas, y la patrulla aérea de siete *Fulmars* que llevaba el portaaviones británico en el aire no pudo impedir que los *Sparviero* dejasen caer sus bombas sobre el crucero de batalla y el *Ramillies.* Pero los silbantes artefactos cayeron lejos, y un caza italiano resultó abatido. Otros dos ataques aéreos, efectuados hacia las 1645 por diez bombarderos cada uno, no tuvieron mayor fortuna, si bien los ingleses reconocen que las bombas cayeron esta vez muy próximas al *Ark Royal,* algunas a menos de nueve metros de sus costados *(«within ten yards of the ship»).* Lo cual, teniendo en cuenta que los bombarderos volaban a casi 4.000 metros de altura, continuamente hostigados por los *Fulmars* y la artillería antiaérea y sin escolta de cazas propios, debido ahora a la mayor lejanía de sus bases, supone una puntería magnífica y unos nervios bien templados, pues las formaciones aéreas en «V» no pudieron ser rotas. En total, diecisiete *Sparviero* resultaron averiados, cuatro de ellos gravemente, pero ninguno fue abatido.

En la noche del 27 al 28, el convov. escoltado por tres cruceros, cinco destructores y las cuatro corbetas, atravesó el canal de Sicilia por su parte meridional y, aunque fue descubierto por cuatro torpederos italianos al acecho, sólo uno de estos buques tuvo oportunidad de atacarle con torpedos, sin lograr resultados. Esta vez, los ingleses se limitaron a cambiar oportunamente de rumbo y lanzar sus propios artefactos submarinos, sin querer emplear la artillería para no delatarse a otras fuerzas enemigas posiblemente presentes en la zona. Después, las lanchas italianas apostadas cerca de Malta no tuvieron más suerte.

Como suele suceder en tales casos, en el combate del cabo Teulada, ambos contendientes sobrestimaron los resultados propios. El parte oficial británico daba por torpedeado a un acorazado del tipo «Littorio» y averiados a tres cruceros y dos destructores italianos. Los medios informativos latinos negaron tales asertos; insistieron los ingleses, y «Supermarina» decidió poner punto final a la controversia invitando a diecisiete periodistas extranjeros (1) a visitar en sus bases, en Nápoles y Mesina, todas las unidades que habían participado en el encuentro. Fue una medida insólita, aunque efectiva y que hizo enmudecer a la «BBC» de Londres, pero que rompía un secreto que hubiera convenido guardar y que pone de manifiesto la desconfianza que ya sentía hacia su Flota la opinión pública italiana. Porque dejar al enemigo en la falsa creencia de que la totalidad de las más potentes unidades propias están fuera de combate puede proporcionarle muy graves sorpresas.

El encuentro del cabo Teulada, o de Spartivento, se llevó a cabo con bastante prudencia por ambas partes. La Escuadra italiana salió en busca de una victoria, en aguas próximas a sus bases navales y aéreas, sobre una «Fuerza H» bastante débil en aquella ocasión, ya que sólo contaba con un crucero de batalla, veloz y muy bien artillado con seis piezas de 381 mm., pero tan débilmente protegido como todos sus congéneres; un portaaviones, dos cruceros y nueve destructores. Pero cuando Campioni dedujo que había otra agrupación enemiga en la zona, de composición exactamente desconocida pero en la que probablemente figuraba un acorazado, consciente de la necesidad de evitar nuevas pérdidas, debido al estado de debilidad a que había quedado reducida la Escuadra italiana después del ataque en Taranto, y teniendo en cuenta que allí no había intereses propios que defender — independientemente del natural deseo y la conveniencia de causar los posibles daños al adversario —, decidió retirarse a sus bases en espera de mejor oportunidad.

Tal decisión ha sido tachada de excesivamente precipitada, pero ¿qué podía haber aguardado Campioni? Este almirante ya no confiaba para nada en la eficacia de los ataques de la *Regia Aeronautica:* «La experiencia anterior — escribe — me aconsejó descartar la posibilidad de una intervención tempestiva y eficaz de la Aviación nacional.» Como hemos visto, los hechos sancionaron su suposición, y el haber alargado el combate, aun manteniendo una distancia balística prudencial, sólo hubiera conducido a proporcionar nuevas oportunidades para los aviones torpede-

(1) Entre ellos a los corresponsales españoles de *Arriba* y de la Agencia «Efe».

ros británicos, pero sin contrapartida alguna que mereciera la pena a los italianos. Y es que, dada la absoluta ineficacia de los bombardeos aéreos de la *Regia Aeronautica,* el combate que hemos considerado fue, una vez más, la desigual lucha sostenida por una Escuadra carente de aviones de combate y que prácticamente sólo contaba con los medios existentes en el año 1918, contra otra que disponía de los mucho más modernos — radar y portaaviones — propios de las postrimerías del 1940.

Cierto que Somerville no tuvo mucha suerte. Había querido llevar consigo al acorazado *Royal Sovereign,* que reparaba en Gibraltar, pero este buque aún no estaba listo. Luego, durante el combate, los aviones torpederos del *Ark Royal* no lograron mermar la velocidad del *Veneto* y el *Cesare,* y el *Renown* tampoco pudo desarrollar todo su andar. En vista de lo cual y de la proximidad de la importante base aérea italiana de Elmas, no quiso insistir y decidió replegarse sobre el convoy, cuya defensa era en realidad su verdadera misión. Pero el Almirantazgo británico, sin duda todavía mal impresionado por la prematura retirada de la «Fuerza H» durante la batalla de Punta Stilo y la reciente pérdida de la mayoría de los aviones del *Argus* destinados a Malta, ni corto ni perezoso, sin aguardar siquiera a que el almirante hubiera regresado a Gibraltar y rendido un informe detallado de la operación, ordenó abrir una encuesta sobre las causas de la discontinuidad en la persecución de la escuadra italiana el 27 de noviembre y el hecho de que el segundo ataque torpedero aéreo del mismo día no fuera dirigido contra los acorazados enemigos. Cuando la «Fuerza H» entró en Gibraltar, ya habían llegado a la colonia, en avión, los componentes del *Board of Enquire.*

Se adivina aquí la mano, frecuentemente tan precipitada e impulsiva, de Winston Churchill. Pero el tribunal naval encontró justificadas las decisiones de Somerville y también las del jefe del escuadrón del *Ark Royal.* Sobran otros comentarios, pero siempre cabrá preguntarse lo que hubiera sucedido si, provista de bombarderos en picado, la *Regia Aeronautica* hubiese dejado al *Ark Royal,* durante el combate del cabo Teulada, tan destrozado e inservible como dejarían los *Stukas* alemanes, algunas semanas después y no muy lejos de allí, al mucho mejor blindado *Illustrious...*

* * *

Tras medio año de lucha, cuyo «haber», pese al revés de Taranto, había sido en conjunto favorable a las armas italianas, es decir, una vez transcurrido el período que pudiéramos considerar propio de una guerra corta, la impreparación general de Italia para una contienda más larga y los errores en la conducción estratégica del conflicto iban a causar inmediatamente sus tangibles efectos.

Hasta entonces, ni los británicos habían podido yugular el flujo de los convoyes italianos despachados para el Norte de África, Albania y el Dodecaneso (1), ni la Flota y la Aviación italianas fueron capaces de impedir el tránsito de sus contrapartes enemigos hacia Malta, Grecia y Egipto. Pero con una importante diferencia: la Gran Bretaña, una potencia de primer orden, que además estaba decididamente ayudada por el formidable arsenal de los Estados Unidos de América, en aquellos seis meses había logrado fortalecer muy eficazmente sus frentes y posiciones estratégicas mediterráneas; mientras que Italia, que hasta entonces no había recibido ayuda de nadie, sólo fue capaz de un esfuerzo muy limitado en lo material y que inmediatamente se revelaría a todas luces insuficiente para contender con el Reino Unido.

Por lo pronto, la nefasta decisión de invadir Grecia, en vez de tratar de apoderarse de Malta — aun careciendo de medios anfibios, como habían hecho los alemanes en Noruega —, permitió a los ingleses, entre otras cosas no menos perjudiciales para los latinos, ir potenciando la estratégica isla y conseguir que, a fines de 1940, los aviones de la RAF en ella basados pudieran lanzar ataques contra los puertos y bases navales y aéreas de la Italia meridional y de Tripolitania (2).

El 14 de diciembre fue alcanzado en Nápoles el crucero pesado *Pola*. Una bomba le atravesó dos cubiertas e hizo explosión

---

(1) Entre junio de 1940 y enero de 1941 pasaron al Norte de África 47.000 soldados italianos, sin pérdida alguna, y cerca de 350.000 toneladas de material y suministros, de los que sólo se perdieron en la mar el 2,3 %. Y hasta la intervención alemana en Grecia, en abril de 1941, fueron llevados a Albania 600.000 soldados italianos, 67.000 caballos y más de 700.000 toneladas de material, con tan sólo el 1 % de pérdidas.

(2) En diciembre de 1940 había en Malta 12 aviones *Swordfish*, 20 cazas *Hurricane*, 20 bombarderos *Wellington* y 11 aviones de reconocimiento de gran radio de acción.

Batalla de Gaudo-Matapán. El acorazado británico *Warspite*, buque insignia del almirante Cunningham durante la batalla. Al fondo el *Barham*, que también combatió.

Batalla de Gaudo-Matapán. El acorazado *Veneto*, torpedeado, se retira con 4.000 toneladas de agua salada a bordo.

La «Fuerza H», basada en Gibraltar (al fondo en la fotografía), que en febrero de 1941 bombardeó el puerto de Génova. *De izquierda a derecha*: portaaviones *Ark Royal*, acorazado *Malaya* y crucero de batalla *Renown*. (*Cap. IX*)

Batalla de Gaudo-Matapán. Traslado de torpedos sobre la cubierta de vuelo del portaaviones *Formidable*.

La flota italiana tuvo que dar escolta a 1.275 convoyes despachados para el Norte de África hasta la caída de Túnez, lo que constituyó una servidumbre catastrófica. En las fotografías, convoyes italianos protegidos por buques de guerra.

El crucero pesado italiano *Pola,* que fue torpedeado y después hundido por la Escuadra británica del Mediterráneo durante la batalla de Gaudo-Matapán.

El acorazado italiano *Duilio* escoltando a un convoy despachado para Tripolitania.

Otra víctima de los escualos de acero germanos: el acorazado *Barham,* que se desintegraría antes de bajar al abismo.

La llegada al Mediterráneo de los submarinos alemanes —muy superiores técnicamente a los italianos— se dejaría sentir inmediatamente. He aquí una de sus primeras víctimas, el portaaviones británico *Ark Royal,* que se iría a pique.

Segunda batalla de la Sirte. El fuerte viento y mal estado de la mar libraría a los cruceros británicos de un posible desastre. Obsérvense los rociones de agua que envuelven el castillo de proa del crucero italiano *Gorizia,* empapando telémetros, visores y alzas de puntería.

Segunda batalla de la Sirte. Las grandes olas barrieron las cubiertas de los destructores. En la fotografía, «paraván» estibado en la toldilla de un destructor italiano.

Primera batalla de la Sirte. Los acorazados *Doria* y *Cesare* navegan a 25 nudos, en busca del enemigo.

El acorazado *Littorio,* buque insignia del almirante Iachino, durante la primera batalla de la Sirte.

El crucero ligero italiano *Montecuccoli,* uno de los protagonistas del combate de Pantelleria.

La agonía del portaaviones británico *Eagle,* torpedeado por el submarino alemán *U-73,* el 11 de agosto de 1942, duró escasamente ocho minutos.

El portaaviones *Indomitable,* incendiado y puesto fuera de combate durante la batalla de mediados de agosto de 1942.

Combate de Pantelleria. A 30 nudos, los destructores y cruceros del almirante Da Zara se dirigen nuevamente hacia el enemigo.

Combate de Pantelleria. El destructor británico *Bedouin,* gravemente averiado por los cruceros italianos, sería rematado por los aviones torpederos de la «Regia Aeronautica».

El crucero italiano *Attendolo,* después de ser torpedeado por el submarino británico *Unbroken.*

El crucero pesado italiano *Bolzano,* que, torpedeado por el submarino *Unbroken,* tuvo que ser embarrancado en la isla de Panarea. El puente de mando ha quedado abrasado.

El submarino italiano *Torelli* da el golpe de gracia, con un torpedo, al petrolero norteamericano *Walker*. Fotografía tomada en el Atlántico. En el Mediterráneo era prácticamente imposible para los submarinos del Eje, debido a la intensa vigilancia de los aviones antisubmarinos británicos, emerger a plena luz del día.

Lancha torpedera italiana «MAS» navegando a elevada velocidad. Estas pequeñas embarcaciones combatieron muy eficazmente durante la batalla de mediados de agosto de 1942.

Tolón, 27 de noviembre de 1942. Autohundimiento de la Escuadra francesa. En primer término, el crucero pesado *Colbert*. Detrás, el de batalla *Strasbourg*.

La lancha torpedera británica «M.T.B. 314», capturada por los italianos tras el fallido ataque a Tobruk.

Cruceros italianos en misión de descubierta.

La Marina de guerra italiana tuvo que realizar un constante esfuerzo para abastecer a las tropas del Eje en el Norte de África. El torpedero *Orsa*, al fondo, acaba de desembarcar en Derna gasolina en bidones.

Rendición de la Escuadra italiana. *Arriba:* Buques de guerra italianos navegando en «línea de fila» hacia Malta, precedidos por el acorazado británico *Valiant,* anteriormente hundido por los italianos en Alejandría y después reflotado y reparado. *Abajo:* Los acorazados italianos *Veneto* e *Italia,* este último ya averiado por bombas alemanas radiocontroladas. En primer término, el crucero *Duca d'Aosta;* al fondo, el *Eugenio di Savoia.*

Más de un centenar y medio de submarinos de diversas banderas fueron hundidos en el Mediterráneo entre 1940 y 1943. En la fotografía, el británico *Tempest,* averiado, tomado a remolque y después hundido por el torpedero italiano *Circe.*

La Armada británica utilizó siete portaaviones en el Mediterráneo, ninguno de la «Regia Marina». El *Aquila,* en la fotografía, no estaba aún listo al firmarse el armisticio.

en la cámara de calderas n.º 3, matando a trece hombres, hiriendo a treinta y tres y produciendo inundaciones en varios compartimentos estancos. El 8 de enero de 1941, otro ataque de la RAF causaba averías al acorazado *Cesare,* afectado por la caída muy próxima de varias bombas, que sufrió cinco muertos y veinte heridos, daños en las turbinas y algunas vías de agua. Este buque tuvo que trasladarse a Génova para reparar, y como el *Doria* no estaba aún listo, la flota de combate italiana quedó reducida a un solo buque, el *Vittorio Veneto,* precisamente en unos momentos dramáticos para Italia.

Porque a mediados de noviembre y principios de diciembre de 1940, griegos y británicos habían desencadenado sus respectivas contraofensivas en el Epiro y el Norte de África, cuyo resultado para las mal equipadas tropas italianas sería catastrófico. En Grecia, el rigurosísimo invierno impidió la actuación de las alas italianas en los frentes de montaña, y allí se hizo sentir también la falta de infantería, pues, tras la última reorganización de 1939, las divisiones del Ejército habían quedado reducidas a dos regimientos, en lugar de tres. Por el contrario, los griegos retiraron tropas de la frontera búlgara y lograron lanzar al combate trece divisiones, de modo que, a fines de diciembre, los latinos, en manifiesta inferioridad numérica y mal equipados, habían perdido casi todos los territorios conquistados en la Hélade.

Al otro lado del mar, en Egipto, el general O'Connor lanzó su bien preparada ofensiva en la noche del 7 de diciembre, con 30.000 hombres, cerca de 300 carros de combate y el apoyo de 200 aviones de la RAF (116 bombarderos *Blenheim, Wellington* y *Bombay,* 60 cazas *Hurricane* y *Gladiator* y 16 aparatos de reconocimiento *Lysander* y *Gauntlet*). Las tropas italianas, que fueron completamente sorprendidas, no tenían nada que oponer a los blindados *Matilda,* invulnerables a sus cañones anticarro, y sucedió lo normal cuando el terreno no se presta a la defensa, el atacante cuenta con mejor artillería, se carece de medios de transporte para una retirada rápida y no hay forma de parar a los blindados enemigos. Los italianos disponían entonces en el Norte de África de 140 bombarderos y 191 cazas, pero 29 aparatos quedaron destrozados en el suelo en Castel Benito — al sur de Trípoli — por bombarderos procedentes de Malta, otros 10 lo fueron cerca de Bengasi y muchos más en los aeródromos avanzados, de modo que la RAF obtuvo pronto la supremacía aérea en el frente.

El general Maletti encontró la muerte — disparando personalmente su metralleta — en los primeros combates, y para el 11 de diciembre las tropas británicas habían hecho 38.300 prisioneros italianos y libios, tomado Sidi el Barrani y cercado Bardia. Tanto puede en el desierto una división acorazada frente a ninguna, si cuenta además con la supremacía aérea y un fuerte apoyo naval. La ofensiva británica se detuvo por razones logísticas, pero, el 16 de diciembre, los ingleses se apoderaron del pequeño puerto de Sollum, que alivió para ellos el grave problema del abastecimiento de agua potable. Entre el 18 y el 22 del mismo mes, otros 44 aviones de la *Regia Aeronautica* fueron destrozados por la RAF en los aeródromos de Castel Benito, Benina y Berka.

Aquellos reveses en los frentes ultramarinos terrestres tuvieron importantes repercusiones políticas y militares en la metrópoli. El 4 de diciembre de 1940 se invitó al mariscal Badoglio, jefe del Estado Mayor General, a que presentase la dimisión, siendo relevado el día 8 por el general Ugo Cavallero. El día 9, el almirante Arturo Ricardi relevaba a su vez al subsecretario de Estado y jefe del Estado Mayor de la Armada, almirante Cavagnari, y el de su mismo empleo Campioni dejaba el mando de la 1.ª Escuadra y reemplazaba a Somigli como segundo jefe del Estado Mayor de la Armada. En Nápoles, el almirante Angelo Iachino tomó el mando de la 1.ª y 2.ª Escuadras, que quedaron refundidas en una sola. Iachino era hombre relativamente joven para su categoría (cincuenta y un años), de brillante carrera y gran prestigio en la Marina. Pero la crisis de la Flota italiana no era tanto de mandos como de superados conceptos y falta de medios. Al fin y al cabo, Campioni nunca había sido derrotado, y, hasta su relevo, la Escuadra cumplió bien con todas sus misiones... secundarias; pues la primordial, la destrucción de la fuerza de combate enemiga, resultaba imposible dada la diferencia de efectivos.

Por razones de tipo político y psicológico, de cara al escenario internacional, en Alemania no convenía que los italianos fueran expulsados de África del Norte, ya que el prestigio del Eje se vería entonces gravemente comprometido. Así que el 19 de diciembre, cuando Mussolini solicitó de sus aliados el envío a África de un adivisión acorazada germana, equipos para diez divisiones y materias primas para la industria de guerra, los alemanes decidieron mandar la 5.ª División ligera, al mando del general Streich, y basar temporalmente en Sicilia el *Fliegerkorps X*, de la *Luftwaffe*, a las órdenes del general Geisler, muchas de cuyas unidades estaban especializadas en los ataques antibuque, a fin de neutralizar la isla de Malta y permitir el paso por mar de las tropas germanas.

De modo que los aviadores alemanes, hasta entonces basados en Noruega, abandonaron el frío y hermoso país escandinavo, atravesaron Europa de Norte a Sur y el 10 de enero de 1941 ya estaban instalados en los aeródromos de la «Magna Grecia», con sus propias baterías antiaéreas, depósitos logísticos, equipos de transmisiones, etc., y los siguientes aviones: 50 bimotores de bombardeo *He 111*, 80 bombarderos en picado *Ju 88 A*, 26 bimotores de caza *Me 110* y 40 cazas monomotores *Me 109 E-3* — que habían sido modificados para que pudieran operar desde el portaaviones *Graf Zeppelin* —. Como puede observarse, entre aquellos 226 aparatos no había aviones torpederos.

A pesar de ello, para la Flota británica, hasta entonces un verdadero jugador de ventaja en la gran partida del Mediterráneo — gracias a su superioridad sobre la Escuadra italiana, la falta de coordinación entre ésta y la *Regia Aeronautica* y la carencia de medios y tácticas idóneas para la lucha en el mar por parte de la última —, la guerra naval en el Mare Nostrum daría un giro espectacular y se convertiría en una lucha terriblemente dura y difícil. Porque además de los aviones de la *Luftwaffe*, minas magnéticas y acústicas y dispositivos para dificultar el dragado de los campos minados, un año después los alemanes llevarían también al Mediterráneo a sus submarinos, mucho mejor concebidos y equipados que los escualos italianos. Todo lo cual, unido al paulatino perfeccionamiento de las tácticas italianas, en base a las experiencias ya cosechadas y a la aparición en su campo de medios sutiles, haría que el Eje terminara por arrebatar a la poderosa *Royal Navy* — si bien es cierto que comprometida al mismo tiempo en varios teatros de guerra — la supremacía naval en el Mare Nostrum, con todas sus consecuencias.

Pero conviene observar que el envío de unidades terrestres y aéreas alemanas al ámbito del Mediterráneo no perseguía otra finalidad que impedir la expulsión de los italianos de Tripolitania y descargar desde el aire, durante un breve período de tiempo, los posibles golpes sobre la Escuadra británica, pero con la mayor economía posible de fuerzas y la mira puesta en unos objetivos tan limitados como de corto alcance. Y es que el Alto Mando alemán creía que la guerra se ganaría indefectiblemente en el continente, no en la mar, y, en Berlín, el único que comprendía la verdadera importancia del Mediterráneo y ya había considerado la necesidad de apoderarse de Gibraltar y del canal de Suez, antes de que interviniesen directamente en el conflicto los Estados Unidos de América, fue el almirante Raeder. Pero Alemania es y ha sido siempre — sin olvidar la Liga Hanseática —, precisamente por haber forjado su nacionalidad en dos guerras victoriosas — una contra Austria, contra Francia la otra —, en las que exclusivamente contaron sus ejércitos de tierra, un país con mentalidad fuertemente continental, y la voz del marino y excelente estratega germano sería apenas escuchada.

La situación naval en el Mediterráneo parecía tan favorable a los británicos a fines de 1940, que el almirante Cunningham aceptó la transferencia de otro de sus acorazados, el *Malaya,* a la «Fuerza H», que, a caballo entre dos mares, podía operar también en el océano Atlántico. Así que el 16 de diciembre salieron de Alejandría los acorazados *Warspite, Malaya* y *Valiant,* el portaaviones *Illustrious,* dos cruceros y once destructores, con el convoy «MW-5», éste despachado para Malta. El acorazado *Barham* se hizo también a la mar, pero para dar apoyo a las fuerzas navales británicas que operaban a lo largo de la costa de África hasta más allá de Tobruk.

La 7.ª División de cruceros se incorporó a la *Mediterranean Fleet* en el Egeo, y los aviones del *Illustrious* atacaron, el día 17, los aeródromos de Rodas y Stampalia, aunque el mal tiempo hizo que muy pocos aparatos lograran hallar sus objetivos. Después, debido a los continuos y fuertes chubascos y la pésima visibilidad, la Escuadra dejó atrás al portaaviones y se aproximó en solitario a Valona. Para sorpresa de los marinos ingleses, allí la noche era clara y despejada, aunque muy fría, y la luz de la luna se reflejaba en las colinas blanqueadas por la nieve. A partir de la una de la madrugada del día 19, los acorazados ingleses dispararon un centenar de proyectiles de 381 mm. contra el puerto y el aeródromo de la ciudad albanesa, pero por elevación y sin mucha efectividad, debido a no poder observar la caída de las granadas, al otro lado de los montes, dada la falta de aviones.

La escuadra de Cunningham recaló en Malta el día 20, y el convoy y el buque insignia entraron en La Valetta. En la noche del 21 al 22 cruzaba el canal de Sicilia el *Malaya,* con cinco destructores y dos cargueros en lastre recogidos en Malta. Le había escoltado hasta las proximidades de Pantelleria el portaaviones *Illustrious,* cuyos aparatos descubrieron y atacaron a dos convoyes italianos que navegaban hacia Trípoli, logrando hundir con torpedos a los cargueros *Norge* y *Peuceta,* que tuvieron seis muertos.

Los ingleses perdieron al destructor *Hyperion,* que chocó con una mina italiana cerca de cabo Bon y luego tuvo que ser hundido. Al otro lado del canal de Sicilia aguardaba al *Malaya* la «Fuerza H», que tampoco había sido descubierta por la *Regia Aeronautica* desde su salida de Gibraltar.

Por su parte, los italianos habían bombardeado las fortificaciones de la zona norte de Corfú, el 28 de noviembre, con los destructores de la 15.ª Flotilla, que dispararon cerca de 1.600 proyectiles. El 18 de diciembre, los cruceros *Savoia* y *Montecuccoli*, protegidos por destructores con los paravanes dados, cañonearon las posiciones griegas en la zona de Lokova. Y el 13 del mismo mes, el submarino *Neghelli* (capitán de corbeta Ferracuti), que acechaba en superficie cerca de Marsa Matruk, avistó en la noche a un buque de guerra enemigo y le lanzó cuatro torpedos, uno de los cuales hizo impacto en el crucero antiaéreo *Coventry*, a proa del puente, que sufrió inundaciones y averías. Pero el *Neghelli* no pudo repetir el ataque, pues fue inmediatamente cañoneado y tuvo que sumergirse, y el crucero logró renquear hasta Alejandría, donde sería reparado y parcheado.

El año terminaba, pues, bastante bien para las fuerzas navales británicas destacadas en el Mediterráneo, que, buques averiados aparte, sólo habían perdido un crucero ligero, tres destructores y once submarinos (entre éstos el griego *Proteus* y el francés *Narval*, ambos bajo control británico). Pero el retraso de algunos días en la salida de Gibraltar de cuatro barcos (convoy «Excess»), despachados para Malta y Grecia, acarrearía funestas consecuencias a la *Mediterranean Fleet*.

Efectivamente, cinco cargueros ingleses consignados al Mediterráneo habían cruzado desde el Reino Unido integrados en el convoy «WS-5», que entre otras cosas llevaba 30.000 soldados británicos a Egipto, vía el cabo de Buena Esperanza. Dicho convoy, que iba escoltado por varios portaaviones, cruceros y corbetas, fue atacado por sorpresa, en la madrugada del 24 de diciembre, por el crucero pesado alemán *Admiral Hipper*, que logró averiar a dos cargueros y produjo importantes daños al crucero pesado *Berwick*, consiguiendo escapar indemne. El «WS-5» tuvo que dispersarse, y en su auxilio salió a toda velocidad de Gibraltar la «Fuerza H». Pero los golpes de mar averiaron al crucero de batalla *Renown*, que quedó con su máxima velocidad reducida a 20 nudos y tuvo que entrar en dique. Ello obligó a aplazar la salida del convoy «Excess», ya reducido a cuatro barcos debido a un accidente de mar, hasta el 6 de enero de 1941.

Capítulo IX

DRAMÁTICA INTERVENCIÓN DE LA «LUFTWAFFE». BOMBARDEO DE GÉNOVA. — CONFERENCIA NAVAL EN MERANO. — LA DÉCIMA FLOTILLA «MAS» GOLPEA EN SUDA

El día 10 de enero de 1941, que resultaría aciago para la *Mediterranean Fleet,* tuvo, no obstante, un comenzar halagüeño para los británicos. Poco antes de la amanecida, y a unas doce millas al sursudeste de la isla de Pantelleria, desde los buques de guerra que escoltaban el convoy «Excess», procedente de Gibraltar y que acababa de cruzar el canal de Sicilia, se detectaron por radar dos torpederos italianos que, poco después, se lanzaron intrépidamente al ataque. Pese al intenso fuego de los destructores y cruceros ingleses, los pequeños buques pudieron lanzar siete artefactos submarinos contra el convoy. No lograron impactos y, en cambio, el torpedero *Vega* recibió un proyectil que le dejó inmovilizado y casi inmediatamente otro que estalló en la caldera de proa y varios más que le inutilizaron el cañón de 100 mm. de la toldilla y le volaron el correspondiente pañol de municiones, que en la noche vomitó un volcán de llamaradas. Sobre el ardiente derrelicto se concentró el tiro del flamante crucero *Bonaventure* — buque que consumió en esta acción el 75 por ciento de toda su munición de superficie — y del destructor *Hereward,* pero el *Vega* siguió disparando hasta el final, cuando un torpedo le envió al abismo.

Se había defendido valerosamente y logró alcanzar con algún proyectil de 100 mm. al *Bonaventure,* que sufrió un muerto y tres heridos. El comandante del buque italiano, capitán de corbeta De Luca, que salió indemne y durante el combate había animado constantemente a su dotación, hizo entrega de su salvavidas al jefe de máquinas y decidió hundirse con el torpedero, del que únicamente podrían ser después rescatados seis supervivientes. Mientras tanto, el *Circe* había logrado escapar entre un infierno de explosiones, pero más tarde regresaría al lugar donde se había hundido el *Vega.*

Los buques de batalla del almirante Cunningham: *Warspite, Valiant* e *Illustrious,* se aproximaron a toda máquina al convoy, y una vez pasado el peligro arrumbaron hacia el Sudeste, momento a partir del cual la suerte se volvería bien esquiva con los británicos. Efectivamente, los destructores ingleses acababan de ocupar sus nuevos puestos en la cortina, cuando el *Gallant* chocó con una mina italiana que acechaba entre dos aguas. Su explosión le voló los pañoles proeles de municiones y el castillo desapareció en la noche. El buque había sufrido sesenta muertos y veinticinco heridos, pero pudo ser tomado a remolque — de popa — por el *Mohawk* y llevado hasta La Valetta, con la escolta de los cruceros *Gloucester, Southampton* y *Bonaventure.* Mas sus averías habían sido de tal importancia, que tendría que ser desguazado. Esta pérdida británica sólo sería el triste heraldo con que se anunciaba un año que iba a resultar, sucesivamente, el más glorioso y el más catastrófico para la escuadra inglesa del Mediterráneo.

Los buques de Cunningham prosiguieron bajo el baldaquino de los aviones de caza del *Illustrious,* que aquella mañana del 10 de enero derribaron un aparato italiano de reconocimiento. Pero poco después del mediodía se aproximaron, volando a ras de las olas, dos trimotores de la *Regia Aeronautica,* que luego lanzaron sus torpedos contra los acorazados británicos y, siempre perseguidos por un diluvio de proyectiles de todas clases, se alejaron rápidamente. Aquellos veloces «jorobados» (tal fue el apodo de los *Sparviero* debido a la extraña forma de su fuselaje) eran duros y difíciles de derribar, pero en esta ocasión sus torpedos pasaron por la popa del *Valiant.* El ataque, pues, resultó infructuoso, pero hizo que los cazas de la patrulla aérea, que hasta entonces habían volado altos, descendieran, precisamente momentos antes de que los radares ingleses detectasen la aproximación de un enjambre de aviones enemigos: ¡eran *Stukas* alemanes provistos de bombas de 500 kilos!

El *Illustrious* aproó al viento y puso precipitadamente en el aire todos los *Fulmar* que pudo. ¡Demasiado tarde! Ni estos aparatos ni los de la patrulla aérea lograrían interferir, casi hasta el final, el ataque de los aparatos germanos, ya que sólo eran capaces de escalar los cielos a razón de 400 metros por minuto. Dejemos ahora que sea un testigo de excepción, el almirante Cunningham, quien nos describa el subsiguiente combate:

«Aquella nueva modalidad de ataque, verdaderamente estremecedora — escribe —, era sumamente interesante y no había duda de que observábamos la actuación de magníficos expertos. Formando aproximadamente un amplio círculo sobre la escuadra, al alcanzar sus posiciones de ataque se lanzaban en picado, uno por uno. No pudimos menos de admirar su habilidad y precisión. Los ataques proseguían hasta donde los cañones disparaban a cero, y al salir del picado algunos aparatos volaban a lo largo de la cubierta de vuelo del *Illustrious*, por debajo de la extremidad de su chimenea.»

Efectivamente, treinta *JU-87* se aproximaron a la *Mediterranean Fleet* y formaron un círculo sobre ella, tan amenazador como la cuerda alrededor del condenado a la horca. Para evadirse del intenso fuego de la artillería antiaérea, aquellos aparatos cambiaban constantemente de altura, velocidad y posición relativa. Diez aviones se lanzaron después sobre los acorazados, en un ataque de diversión, y una bomba alcanzó al *Warspite* encima del escobén del ancla de estribor. El acorazado sufrió menores daños, ya que el artefacto sólo estalló parcialmente, y la metralla mató a un marinero e hirió a otros dos.

El ataque principal fue dirigido contra el *Illustrious*, el buque que había dejado fuera de combate, en Taranto, a tres acorazados italianos. Los *Stukas* se desplomaron sobre él con ángulos que variaban entre los 60 y los 80° respecto a la horizontal, con un chirrido muy desagradable y a través del diluvio de proyectiles disparados por los buques de la formación británica. Pero nada pudo detener a los aviadores, y durante algunos minutos el portaaviones desapareció literalmente entre los imponentes géiseres de agua, humo y espuma que levantaban las bombas.

Una de ellas alcanzó el ascensor de popa del *Illustrious* en el momento en que se izaba a la cubierta de vuelo un *Fulmar*, con su piloto — un guardia marina — a bordo. Se produjo un siniestro chasquido y la formidable plataforma de trescientas toneladas basculó violentamente y después se estrelló contra la cubierta del hangar. Allí la explosión del artefacto aéreo desencadenó un fiero incendio que inmediatamente hizo presa en trece aparatos *Swordfish* y *Fulmar* que se encontraban rellenos de gasolina, bombas y municiones y que momentos después empezaron a estallar como en una traca terrorífica, mientras el gran buque se estremecía de quilla a perilla.

Otra bomba alemana perforó la blindada cubierta de vuelo a poca distancia de la escotilla para el ascensor de popa, y luego hizo explosión en el hangar. Un artefacto atravesó la plataforma de ametralladoras antiaéreas y estalló después junto al costado, que resultó acribillado por la metralla. Otra taladró varias cubiertas y reventó en el interior del buque, por debajo del hangar. Y otros dos proyectiles aéreos, en fin, alcanzaron también al portaaviones, que en seis minutos había recibido otros tantos impactos directos y tenía a bordo 126 muertos y casi un centenar de heridos, se hallaba envuelto en llamas, inmovilizado, sin energía eléctrica ni gobierno y con la mitad de su artillería y la cubierta de vuelo destrozadas.

Pero era un buque muy bien construido, y tres horas después del demoledor ataque, que sin duda hubiera hundido a cualquier otro portaaviones menos robusto, su diezmada pero eficiente dotación consiguió que volviera a navegar, a 17 nudos, teniendo que ser gobernado con las hélices. El *Illustrious* ardía aún cuando, hacia las cuatro de la tarde, se produjo un nuevo ataque aéreo alemán. Pero esta vez los *Fulmar,* que ya habían repostado en Malta de gasolina y municiones y se hallaban prevenidos, pudieron intervenir a tiempo, de modo que sólo uno de los veinte *Stukas* atacantes lograría otro impacto directo. La bomba cayó cerca del ascensor de popa del portaaviones y estalló después en el hangar, produciendo nuevos daños y reactivando algunos incendios ya extinguidos. En los dos ataques, los cazas embarcados habían logrado derribar a seis *Stukas* y averiar gravemente a uno.

Como una fiera malherida que penosamente se arrastra hacia su cubil, así renqueó el destrozado *Illustrious* hasta La Valetta, donde consiguió entrar en las primeras horas de aquella misma noche. Sólo que, como pronto veremos, su «guarida» no era muy segura.

En la madrugada del día 11, los cruceros *Gloucester* y *Southampton,* que habían escoltado al *Gallant* hasta las proximidades de Malta, arrumbaron después hacia el convoy «ME-6», que había salido de La Valetta y navegaba en lastre hacia Alejandría. A diferencia del *Bonaventure,* estos dos cruceros no montaban radar, y en las primeras horas de la tarde fueron sorprendidos por una docena de *Stukas* alemanes que se les colaron en la dirección del sol.

La primera noticia que tuvieron los ingleses de que estaban siendo atacados fue el agudo silbido de las bombas que caían. Un artefacto de media tonelada perforó la torre de la dirección de tiro principal del *Gloucester* y a continuación atravesó cinco cubiertas. Pese a que no hizo explosión, produjo al buque graves averías y le causó nueve muertos y catorce heridos. Pero su compañero de flota, el *Southampton,* tuvo peor suerte aún. Tres bombas alcanzaron directamente al buque, dos de las cuales estallaron en la cámara de oficiales y el comedor de suboficiales, precisamente cuando estos locales, después de muchas horas de zafarrancho de combate, se encontraban atestados, matando a ochenta hombres e hiriendo a otros ochenta y siete, entre quienes se hallaban los mejor cualificados en seguridad interior. Grandes incendios, que resultaron imposibles de extinguir, y la pérdida del agua destilada de las calderas dejaron poco más tarde a este crucero al garete. Sus averías hicieron imposible inundar los pañoles de municiones, y ante el temor de que volaran y la creciente dimensión de los voraces incendios, el contralmirante Renouf decidió abandonar el maltrecho buque y echarlo a pique.

En su auxilio habían acudido los cruceros *Orion* y *Perth,* con varios destructores, y a las diez de la noche, una vez evacuado por los supervivientes, el *Southampton,* convertido ya en una formidable hoguera a la deriva, fue blanco de tres torpedos ingleses y cinco minutos después desaparecía bajo las aguas entre grandes torbellinos de humo y el crepitar de las planchas calentadas al rojo. Era el primer crucero grande (11.550 toneladas de desplazamiento estándar) que resultaba hundido en la segunda guerra mundial a consecuencia de un ataque aéreo.

El efecto moral de aquella nueva modalidad de bombardeo fue enorme para los marinos británicos. Por otra parte, su sombrilla de cazas, que hasta entonces tan eficazmente les había sustraído a la observación de los aviones enemigos y protegido en los ataques torpederos aéreos y los bombardeos a alta cota, había bruscamente desaparecido, y aquellos hombres se sintieron de pronto tan desnudos frente al nuevo y letal adversario aéreo como hasta entonces lo habían estado, constantemente, los marinos italianos. Consecuentemente, la escuadra de Cunningham abandonó el Mediterráneo central, y, el 12 de enero, el Almirantazgo británico decidió enviar inmediatamente al Mare Nostrum, por su puerta posterior, al portaaviones *Formidable,* de la misma serie que el *Illustrious,* que operaba entonces en el Atlántico sur, ya que el *Eagle* estaba nuevamente fuera de servicio debido a ciertas averías surgidas en sus prensas de popa y, por otra parte, carecía de blindaje alguno y sería una víctima segura ante los *Stukas.* Pero, por las razones que luego sabremos, el *Formidable* tardaría aún dos meses en llegar a Alejandría. Mientras tanto quedaría totalmente suspendido el cruce del Mediterráneo por convoyes y barcos mercantes británicos de cualquier clase (1) y Malta no volvería a recibir bastimentos y pertrechos hasta el 23 de marzo, cuando entró en La Valetta un pequeño convoy enviado desde Alejandría con la escolta del *Formidable.*

En aquel antiquísimo puerto, cuya soberanía ya cediera generosamente Carlos I de España a los caballeros hospitalarios de Jerusalén expulsados de Rodas por Solimán, la situación del *Illustrious* era bastante precaria en enero de 1941. Como el gran dique flotante de que disponía la base naval había sido hundido por la *Regia Aeronautica* al comenzar la guerra y ninguno de los restantes tenía suficiente capacidad para albergar al portaaviones, no quedó más remedio que aligerarle todo lo posible y soldar sus vías de agua utilizando buzos. Los ataques aéreos se sucedían mientras tanto — durante el mes de enero, Malta fue bombardeada cincuenta y ocho veces —, y las bajas entre la población civil eran inevitables. El director de los astilleros (J. C. Joughim) permanecía constantemente en la lancha de los buzos cuando éstos trabajaban, dando ejemplo de entereza y corriendo los mismos riesgos, pues si se quería evitar que el *Illustrious* terminase por ser hundido tendría que hacérsele salir lo antes posible de aquel infierno.

Los artilleros de los buques de guerra y de la base naval y los cazas de la RAF y del lisiado portaaviones no se daban punto de reposo, pero el día 16 se produjo un fuerte ataque de los *Stukas* alemanes y el *Illustrious* resultó alcanzado por una bomba que le causó algunas averías. También sufrió un impacto directo el carguero *Essex,* del convoy «Excess», que recibió un artefacto aéreo en la sala de máquinas y tuvo quince muertos y veintitrés heridos. Milagrosamente, las 4.000 toneladas de municiones que albergaban sus bodegas no fueron alcanzadas, y tampoco los doce aviones *Hurricane* estibados en cajas. Después de lo cual los descargadores locales se negaron a seguir trabajando y hubo que emplear soldados y marineros británicos.

Tras febriles trabajos, pareció que el portaaviones podría ha-

---

(1) El *Northern Prince,* quinto barco del convoy «Excess», despachado para Grecia, que después de embarrancar fue reparado en Gibraltar, pasaría al Mediterráneo vía el cabo de Buena Esperanza y el mar Rojo. Pero era un barco sin suerte y, después del largo viaje, resultó hundido por los aviones italianos al entrar en el Egeo.

cerse a la mar el día 19, pero la explosión de varias bombas caídas después muy próximas al costado del buque agujerearon y abollaron nuevamente su obra viva. Haciendo un verdadero *tour de force*, en la anochecida del 23 de enero, el *Illustrious* quedó por fin listo para aparejar. Poco después largaba amarras y, como una sombra más, se hacía a la mar rumbo a Alejandría, a 20 nudos. Se había dejado en Malta un escuadrón de *Swordfishes* y doce *Fulmars*. El resto de sus aparatos fueron enviados a la isla de Creta y al Norte de África.

La entrada del *Illustrious* en Alejandría, a la hora de la meridiana del 25 de enero, entre los vítores de las dotaciones de los buques de guerra ingleses surtos en el puerto, constituyó todo un acontecimiento, pues eran muchos los que allí habían creído que el buque sería echado a pique durante la travesía. En los astilleros de la Armada norteamericana en Brooklyn, Nueva York, ya se le tenía reservado un dique seco donde reparar. Pero, el 30 de enero, algunos aviones alemanes que habían despegado de Bengasi lanzaron minas acústicas y magnéticas de fondo en el canal de Suez, donde varios barcos resultaron hundidos. Y mientras actuaban los dragaminas, esos valiosos buquecitos sin los cuales la flota más formidable puede muy bien quedar totalmente paralizada, los ingleses tuvieron que cerrar el canal, que no podría atravesar el *Illustrious* hasta mediados de marzo. Sus reparaciones durarían después diez meses, de modo que el magnífico portaaviones permaneció más de un año fuera de combate: un grave contratiempo para la *Royal Navy*.

Pero merece la pena hacer aquí un breve inciso, pues si el *Illustrious* no se había hundido, ello se debió sin duda a un hombre que entonces ni siquiera estaba en el Mediterráneo: un marino inteligente y emprendedor, situado en un puesto clave, doble y feliz condición — que tan pocas veces se produce — imprescindible para conseguir que una Marina pueda avanzar.

Cuando, a fines de 1936, el contralmirante Reginald Henderson fue destinado al Almirantazgo británico como tercer lord del Mar, es decir, encargado del diseño y construcción de nuevas unidades, no quiso ni oír hablar de otros portaaviones de la serie «Ark Royal». Había mandado el *Furious* y sabía muy bien que los siete portaaviones con que contaba entonces la Armada británica, incluyendo la recién botada «maravilla», eran prácticamente de hojalata y podrían ser fácilmente hundidos por la aviación enemiga basada en tierra. Concibió un revolucionario tipo de buque que sólo podría llevar un hangar en vez de dos, como era lo normal, y muchos menos aparatos que sus predecesores, pero que, en cambio, iría perfectamente acorazado. El nuevo proyecto quedó listo en ¡tres meses!, y así nacieron los *Illustrious, Victorious, Formidable, Indomitable* y *Unicorn,* y después los *Indefatigable* e *Implacable,* todos ellos botados entre 1937 y 1939 y todos los cuales sobrevivirían a la segunda guerra mundial (aunque los dos últimos llevaban un pequeño hangar adicional debajo del principal, por lo que se les disminuyó el blindaje del costado). Y mientras en la Gran Bretaña se construían a toda prisa siete portaaviones, o sea se doblaba la flota de buques de esta clase, en Italia la Aviación era el arma de moda y nadie quería oír hablar de ellos.

* * *

En tanto que estos dramáticos acontecimientos tenían lugar en la mar, en tierra las cosas tomaban un feo cariz para el Ejército italiano.

En la Cirenaica, la ofensiva de Wavell se reanudó el 3 de enero de 1941, con el ataque a Bardia. Hasta entonces, esta plaza y su pequeño puerto habían merecido la atención del monitor *Terror* y de algunos cañoneros británicos, pero a las 0800 de la mañana de dicha fecha, sobre las posiciones y tropas italianas se desató un verdadero vendaval de fuego procedente de los veinticuatro cañones de 381 mm. de los acorazados *Warspite, Barham* y *Valiant,* y de sus baterías de 152 mm., cuyo tiro observaban y corregían los aviones puestos en el aire por el *Illustrious.* El terrible bombardeo duró tres cuartos de hora, después de lo cual la escuadra dejó el campo libre a los buques menores, que continuaron el machaqueo artillero. Tres días más tarde, las tropas británicas ocupaban Bardia.

Tobruk cayó el 22 de enero, y su puerto quedó abierto al tráfico el día 27. Allí habían hundido los propios italianos al viejo crucero-acorazado *San Giorgio,* que hasta entonces actuó eficazmente como batería flotante, sin cesar de hacer fuego, con sus baterías de 254 y 190 mm., hasta el final, y al que los aviones ingleses no habían podido alcanzar.

Pero el avance británico, que gracias a la movilidad de sus carros de combate cerraba constantemente el paso a las poco o nada motorizadas tropas italianas en retirada, cortándoles literalmente la «T», como proclamaban, entusiasmados, los marinos ingleses, no se detendría hasta el 7 de febrero, por las razones que pronto conoceremos, después de que los soldados australianos, indios y británicos hubieran tomado Derna, Bengasi y El Agheila, es decir, llegado hasta los confines de la Tripolitania y capturado un total de 130.000 prisioneros.

Ese mismo 7 de febrero era llamado al Cuartel General de Hitler, en Berlín, un militar llamado Erwin Rommel, hasta entonces casi desconocido, pero cuyo nombre entraría muy pronto y merecidamente en los dominios de la leyenda. Y es que el Führer, en vista del giro que habían tomado los acontecimientos en África del Norte, decidió reforzar el *Fliegerkorps* y la 5.ª División ligera. Esta última, que ya se preparaba en Nápoles para su traslado a Trípoli, iba a ser incrementada con la 15.ª División acorazada *(Panzer)*, quedando el conjunto de las fuerzas terrestres alemanas, que recibirían la denominación de *Deutsches Afrika Korps*, a las órdenes del general Rommel. Este gran soldado, de quien el vicealmirante Ruge diría que «era el tipo de hombre que uno encuentra más frecuentemente en la Marina que en los otros ejércitos», haría repasar a las tropas británicas toda la Cirenaica a mucha mayor velocidad de la que habían traído hasta la Tripolitania. Pero ello tendría lugar en abril, y antes se producirían importantes acontecimientos que exigen nuestra atención.

A finales de enero murió el jefe del gobierno griego, general Metaxas, y los nuevos dirigentes helenos resolvieron aceptar una propuesta hecha anteriormente por la Gran Bretaña para enviar tropas inglesas a Grecia. En vista de lo cual, el gabinete de guerra, presidido por Winston Churchill, decidió detener la ofensiva del Ejército británico en África del Norte y trasladar a aquel país balcánico cerca de 60.000 soldados y la mayor parte de las fuerzas aéreas de la RAF basadas en Egipto. Así que, a partir del 5 de marzo siguiente y desde lo alto de la Acrópolis (valga la redundancia), las cariátides y demás venerables mármoles levantados hace unos dos mil cuatrocientos años por Pericles y su estupenda pléyade de escultores y de arquitectos, contemplarían, una vez más, la llegada a El Pireo de una nueva ola de «bárbaros».

Aquella decisión, patrocinada hacía tiempo por Winston Churchill con la finalidad de formar en los Balcanes una coalición que pudiera combatir contra los alemanes en la misma Europa continental, fue un grave error para la causa aliada — como ya había previsto el fallecido general Metaxas —, que daría lugar a un segundo Dunkerque británico y, en última instancia, pondría en grave peligro Alejandría y todo el país del Nilo. Y es que la zona de los Balcanes nunca trajo buena suerte al imaginativo estadista británico.

El 9 de febrero, precisamente el día en que salían del puerto de Nápoles los transportes italianos que llevaban a Trípoli los primeros contingentes de tropas alemanas, la «Fuerza H» bombardeaba Génova.

* * *

Después de que la escuadra del almirante Cunningham se viera obligada a abandonar el Mediterráneo central debido a la falta de portaaviones, y teniendo en cuenta la crisis de acorazados por que atravesaba la Flota italiana, Somerville consideró oportuno el bombardeo de Génova, no sólo por el efecto psicológico que produciría un ataque tal en la retaguardia del enemigo y porque allí reparaban al parecer dos acorazados italianos que podrían resultar gravemente dañados, sino con objeto de obligar a los latinos a distraer fuerzas navales y aéreas del Mediodía. Por otra parte, aquel importante puerto estaba mal defendido; en sus accesos, las sondas eran grandes, es decir, seguras a efectos de los campos minados, y, dada su lejanía a los teatros de operaciones, era muy probable conseguir la sorpresa.

El Almirantazgo aprobó este proyecto, y la «Fuerza H» aparejó de Gibraltar en la noche del 31 de enero de 1941, con el *Renown* y el *Malaya,* el portaaviones *Ark Royal,* un crucero y diez destructores, y, en la madrugada del 2 de febrero, ocho de sus aviones armados con torpedos atacaban, con intensa lluvia, mucho frío y malas condiciones de visibilidad, la presa hidroeléctrica de Tirso, en Cerdeña. Un aparato resultó abatido por la defensa antiaérea, siendo hechos prisioneros sus tres tripulantes, y, pese a que la presa no estaba entonces protegida por redes antitorpederas, ninguno de los peces mecánicos ingleses la alcanzó o hizo siquiera explosión. Más tarde, una fuerte borrasca en el golfo de Génova obligó a Somerville a posponer la operación, y la «Fuerza H» regresó a Gibraltar.

Días después, el Almirantazgo británico recibió falsos informes de que un contingente de tropas italianas que se disponían a embarcar en Génova tenía por objetivo ocupar las islas Baleares. En vista de lo cual hizo salir a la «Fuerza H» el 6 de febrero, para que llevase a cabo el proyectado ataque a dicho puerto italiano. Aquella fuerza, dividida en varios grupos, y algunos barcos mercantes zarparon de Gibraltar e hicieron rumbo al Atlántico, como medida de decepción. Pero, por la noche, los buques de guerra repasaron el Estrecho, y en la mañana del día 8 se reunían al norte de las Baleares. Dos destructores se destacaron entonces hasta levante de Menorca para lanzar al éter mensajes radiotelegráficos que hicieran creer a los italianos que el objetivo de la «Fuerza H» era nuevamente la presa de Tirso. Los radiogoniómetros de «Supermarina» detectarían efectivamente aquellas emisiones, que, como veremos, contribuirían a que el Almirantazgo italiano se formase un cuadro erróneo de la situación.

Para los buques de Somerville, la noche del 8 al 9 de febrero transcurrió tensa, pero sin incidentes, surcando una mar en calma, a la que la luna arrancaba plateados destellos. No obstante, a tan sólo treinta millas por levante de dicha agrupación británica pasaron de vuelta encontrada los acorazados italianos *Veneto, Cesare* y *Doria*, con la 3.ª División de cruceros pesados y varias flotillas de destructores. Pero nadie a bordo de las dos escuadras enemigas sospechó la presencia de la otra en el mar de Liguria.

A las cuatro de la madrugada del día 9, el *Ark Royal* se destacó hacia Levante, escoltado por dos destructores, y con las primeras luces puso en el aire diez aviones para que bombardeasen la refinería de petróleo de Livorno y la estación del ferrocarril de Pisa, mientras que otros cuatro aparatos dejaban caer minas magnéticas de fondo en la entrada de la base naval de La Spezia. Uno de estos aviones resultó abatido en Coltano.

El resto de la «Fuerza H» había continuado hacia Génova a través de las sombras, y la recalada tuvo lugar, poco antes de las 0700, en Portofino. Seguidamente, los buques ingleses aproaron al ONO., rumbo que mantendrían durante todo el bombardeo. El *Renown* había puesto en el aire un avión, cuyo piloto señaló que en el puerto de Génova no se encontraba acorazado alguno. La visibilidad no debía de ser muy buena a las 0711 de la mañana, porque en realidad el *Duilio* reparaba allí en dique seco. Consecuentemente, desde los profundos pañoles de municiones del acorazado *Malaya* empezaron a enviarse proyectiles de alto explosivo a las torres de la artillería de 381 mm., en vez de los perforantes previstos para el caso de encontrarse en Génova alguno de los acorazados italianos, que entonces hubieran sido el objetivo principal. Al mismo tiempo, dicho buque y el crucero *Sheffield* pusieron en el aire dos aviones de observación, y poco después llegaba una patrulla de seis cazas enviada por el *Ark Royal*.

Cuando los primeros rayos del sol naciente empezaban a teñir de rojo los picos de los montes situados al norte de Génova, y hasta ese extraordinario cementerio de Staglieno se desembarazaba de las sombras, tronaron los grandes cañones ingleses: eran las 0814, y la distancia de tiro, de 19.000 metros. Aquellas piezas rompían así brutalmente la paz y el silencio de una tranquila amanecida de domingo en que la gran ciudad aún dormía...

Cierta calima se pegaba a la mar y difuminaba la costa, pero el aparato de observación del *Renown* pronto llevó la «rosa de tiro» de los cañones de 381 mm. del gran crucero de batalla británico sobre los astilleros Ansaldo, mientras el *Malaya* bombardeaba los muelles y el *Sheffield* atacaba las instalaciones industriales. Poco después, desde los buques ingleses se observaron sobre tierra grandes incendios y explosiones secundarias, cuyas imponentes humaredas ocultaban frecuentemente los objetivos mismos. Al otro extremo de la línea de tiro británica, en los antiguos y típicos barrios marineros próximos al puerto, las viejas casas eran pulverizadas por los proyectiles perdidos o largos, y sus gentes huían despavoridas. Era la guerra, con toda su dureza...

A las 0845, después de disparar un total de 273 proyectiles de 381 mm., 782 de 152 mm. y 400 de 114 mm., es decir, lanzar sobre Génova unas cuatrocientas toneladas de explosivos, y cuando la distancia era de 21.200 metros, cesó el fuego británico, que sólo había podido ser contrabatido ineficazmente por una batería de costa de 152 mm. Con un entusiasta «¡Magnífico!» señalado por el piloto del avión del *Renown* y que quería ser compendio y resumen del tiro de los buques de guerra ingleses, aquel aparato se dirigió hacia el Sur para anavear sobre el *Ark Royal*, y la escuadra de Somerville puso la proa en la misma dirección, a 22 nudos, que era todo lo que daban de sí las calderas y turbinas del viejo *Malaya*. Porque ahora había que tratar de salir del mar de Liguria lo antes posible.

Los marinos de Albión dejaban atrás una ciudad estremecida y muy castigada, cuya población civil había sufrido 144 muertos y 272 heridos. Una treintena de barcos mercantes resultaron alcanzados dentro del puerto, sufriendo mayores o menores daños, y el buque-escuela *Garaventa* se fue a pique. Pero el acorazado *Duilio* no recibió impacto alguno. Las fábricas, complejos industriales e inevitablemente el casco urbano sufrieron importantes destrozos. Sin embargo, los efectos de un bombardeo naval son más bien de orden psicológico que material, a menos que tengan persistencia, lo que esta vez no fue el caso, pues la Escuadra inglesa no volvería a aparecer por el golfo de Génova.

Lo sorprendente de esta operación británica, que indudablemente entrañaba un riesgo tan grave como desproporcionado a los posibles resultados, estuvo en el hecho de que la escuadra de Somerville no fuese detectada antes del bombardeo y, todavía más difícil, que pudiera escabullirse después indemne. Esto, como señala el historiador italiano Romeo Bernotti, constituyó «uno de los sucesos más extraños de la guerra» (1), ya que la distancia entre Gibraltar y Génova es nada menos que de 700 millas marinas, y el golfo de Génova constituye el rincón más septentrional del Mediterráneo — si se exceptúa el Adriático norte — y es uno de los más escondidos.

«Supermarina» había considerado probable que aquella salida de Gibraltar de la escuadra inglesa y varios barcos mercantes hacia el Atlántico, el 6 de febrero, pudiera tener en realidad por objetivo el Mare Nostrum, por lo que solicitó de «Superaéreo» el reconocimiento del Mediterráneo occidental el día 8, hasta el meridiano del canal de Menorca, y también, y muy especialmente, la faja de mar comprendida entre dicha isla y la de Cerdeña. Lo cual indica que el Almirantazgo italiano creyó desde un principio que se preparaba un nuevo ataque contra la presa de Tirso. Suposición peligrosa. Al mismo tiempo ordenó a la 3.ª División de cruceros pesados, surta en Mesina, que en la mañana del día 8 aparejase y se dirigiera a La Spezia, donde se encontraban, a buen recaudo de los bombarderos de la RAF, los tres acorazados de que ya disponía el almirante Iachino, que recibió órdenes de tener sus buques encendidos y libres de redes. Tales disposiciones eran muy acertadas, pero en Roma se recibieron después ciertos informes, aéreos y radiogoniométricos, que llevarían a «Supermarina» al error acerca del verdadero objetivo de la «Fuerza H».

En la mañana del día 8, uno de los aparatos de reconocimiento de la *Regia Aeronautica* señaló a un avión enemigo del mismo tipo, entre Menorca y Argelia, arrumbado a Levante. Poco después comunicaba que había sido atacado por una patrulla de cazas ingleses y logrado derribar a uno de ellos. Las fuentes inglesas no mencionan este hecho — en conjunto, sumamente dudoso —, que hizo creer a «Supermarina» que por el sur de Menorca se movía un portaaviones británico, pues la posición señalada distaba más de 500 millas marinas de Malta, a vuelo de pájaro, y unas 480 de Gibraltar: es decir, quedaba fuera del radio de acción de cual-

(1) Bernotti, *Storia della Guerra del Mediterraneo (1940-43)*. Roma, 1960.

quier caza británico salido de dichos puntos y que no estuviese especialmente acondicionado para vuelos de reconocimiento.

Al confirmar este importante mensaje, «Superaéreo» concluía que la presencia allí de un avión de caza hacía presumir la existencia de unidades navales enemigas en la zona. En realidad, desde su salida de Gibraltar, nadie en el campo italiano había visto a la «Fuerza H», pero ahora «Supermarina» tenía ciertas razones para creerla ya al sur de las Baleares. Y decimos «ciertas» porque, algunos días atrás, un *Spitfire* salido de Malta y acondicionado para el reconocimiento aéreo sobre La Spezia había sido derribado allí por cazas italianos. Pero aquel encuentro aéreo, las engañosas señales recogidas por los radiogoniómetros, su preconcebida idea de un ataque a Tirso y la consideración de que tratar de hacer pasar un convoy a Malta sería un riesgo ahora totalmente inaceptable para los ingleses, hizo pensar a «Supermarina» que se planeaba una nueva remesa de aviones a dicha isla — lanzados a distancia — y/o el ataque a la presa sarda. Así que los aviones italianos descuidaron la vigilancia de la zona situada al norte de las Baleares, lo que permitiría a Somerville, como ya sabemos, alcanzar el golfo de Génova durante la noche sin ser advertido.

«Supermarina» destacó a tres sumergibles para que acecharan en las proximidades de Malta y de la isla de La Galite (próxima a la costa tunecina) y ordenó a Iachino que se hiciera a la mar. La escuadra italiana zarpó en la tarde del día 8 y arrumbó al punto de reunión fijado para la 3.ª División de cruceros: diez millas al norte de la isla de Asinara, al noroeste de Cerdeña.

Ya sabemos que los acorazados italianos y la «Fuerza H» se cruzaron aquella noche inadvertidamente a unas 30 millas de distancia, a la entrada del mar de Liguria, cuando navegaban a rumbos prácticamente opuestos. A las 0825 de la mañana del día 9 tuvo lugar la reunión de las dos agrupaciones de Iachino, el cual arrumbó seguidamente al Sudeste en busca de la «Fuerza H» — que aún se pensaba trataría de aproximarse a la presa de Tirso —, y ordenó poner en el aire dos aviones (los del *Trento* y del *Bolzano*) para que explorasen hacia el Sudoeste. Pero, tres cuartos de hora antes, en Roma habían comenzado a recibirse una serie de mensajes cada vez más alarmantes: La Spezia señalaba la presencia de aviones navales en la boca de la rada, que se suponían procedentes de un portaaviones próximo; a las 0825, el semáforo de Portofino informaba haber avistado buques de guerra desconocidos a doce millas del puerto, y a las 0837 se supo que una importante fuerza naval enemiga ¡estaba cañoneando Génova!

Semejante noticia, totalmente inesperada, cayó como una bomba en el Almirantazgo italiano, pero no por ello los marinos perdieron los nervios. Si, lamentablemente y en contra de todo lo previsto, el bombardeo era ya inevitable, existían grandes posibilidades de atrapar y poder infligir un duro castigo a la escuadra atacante, ya que los buques del almirante Iachino se encontraban en aquellos momentos a tan sólo 200 millas de la «Fuerza H», y como ésta tendría forzosamente que tratar de escapar entre Córcega y la costa francesa, era perfectamente factible llegar al contacto balístico en las primeras horas de aquella tarde. No había, pues, momento que perder, los minutos eran preciosos.

Rápidamente se redactó un mensaje urgente dirigido al comandante en jefe de la Escuadra: «A 0800, buques enemigos bombardeando Génova. Dirígete al Norte.»

Había que cifrarlo, pues transmitido en claro proporcionaría al enemigo una pista sobre la posición aproximada de la escuadra italiana. Con ello se perdió una hora y veinticinco minutos, es decir, casi una hora y media preciosas para haber podido atrapar a la escuadra británica, pues la verdad es que el mensaje muy bien podía haberse redactado de forma que no necesitara cifrarse —y luego descifrarse—. A las 0950, Iachino lo tenía por fin en sus manos, y algunos minutos después la escuadra italiana viraba hacia el Norte.

En aquel momento, la «Fuerza H» ya se alejaba de Génova hacia el Sur, de modo que los rumbos de ambas agrupaciones navales enemigas eran prácticamente opuestos y casi coincidentes. A las 1055, cuando el *Ark Royal* y sus destructores se incorporaron a la fuerza de Somerville, éste arrumbó al Sursudoeste, y media hora después puso la proa al Sudoeste. Es decir, a partir de ese momento, las derrotas de Iachino y de la «Fuerza H» fueron convergentes, y las distancias entre ambas agrupaciones disminuyeron rápidamente.

Entre los italianos reinaba cierta confusión. Debido a la neblina que había envuelto a los buques ingleses durante el bombardeo de Génova; a que Somerville interpuso entre ellos y la costa a dos destructores, para que sus humos y el de los disparos contra las baterías de costa enmascararan a las unidades mayores, y a la gran distancia a que éstas se movieron (unos 20 kilómetros de promedio), no se conocía con exactitud la composición de la escuadra atacante. Por otra parte, algunos aviones de observación de la *Regia Aeronautica* embrollaron todavía más el panorama al señalar, a las 1140, a una fuerza naval, considerable pero imprecisa, en las proximidades de Menorca, arrumbada al Oeste. Avistamiento confirmado después por otro mensaje, donde se especificaba que tales buques iban escoltados por aviones.

¿Qué fuerza podía ser aquélla? Los marinos italianos quedaron perplejos. En realidad, se trataba únicamente de los dos destructores destacados por Somerville para emitir señales radiotelegráficas al éter. Pero también se había señalado a un portaaviones al sur de Génova, así que, a las 1235, Iachino puso en el aire un tercer aparato — el último disponible —, para que explorase hacia el 330° y luego, al avistar la costa francesa, se dirigiera hacia Génova volando paralelamente a la línea de tierra. Infortunadamente para el almirante italiano, las dos catapultas del *Veneto* se habían averiado y no pudieron ser reparadas, lo que le impidió lanzar al aire los dos aparatos de este buque, mientras que el avión del *Trento* no podría descubrir a la «Fuerza H», pues, cuando fue catapultado, dicha fuerza ya se hallaba exactamente al norte de la escuadra italiana. Aquí hay que reconocer la habilidad de Somerville, que no quiso retirarse más pegado a la costa francesa, como fácilmente hubiera podido suponerse.

A las 1244, Iachino, sin nuevos informes, decidió arrumbar al 330° verdadero. Era una decisión plenamente acertada, y, de haberse mantenido dicho rumbo, la escuadra italiana habría llegado inevitablemente, hacia las dos de la tarde, al contacto visual con la «Fuerza H». Pero, ¡ay!, no lo mantuvo. A las 1300, Iachino recibió nuevos informes aéreos, retransmitidos por «Supermarina», que señalaban un portaaviones, avistado a las 1045, a 40 millas al norceste del cabo Corso (la extremidad más septentrional de Córcega), arrumbado al 190°, y a tres imprecisas unidades enemigas, descubiertas a las 1130, a unas 75 millas al oessudoeste del mismo cabo, rumbo al Nordeste.

El primer informe era casi exacto: el segundo, totalmente erróneo. Los aviadores italianos tuvieron que haber observado a un convoy francés salido de Marsella en la tarde del 8 de febrero, con destino a Bizerta, que en la mañana del 9 navegaba por el mar de Liguria arrumbado al Este, sobre la derrota fijada por las autoridades italianas para entrar en el Tirreno. Aunque la posición y el rumbo dados por los aviadores tenían grandes errores, sin duda debió de tratarse de dicho convoy — que incluso sería después equivocada e inefectivamente bombardeado por la *Regia Aeronautica* —, y este error de identificación hizo suponer a Iachino que el portaaviones enemigo y la supuesta formación naval británica convergían hacia un punto aproximadamente situado a unas 45 millas al oeste del cabo Corso. Consecuentemente, el almirante italiano arrumbó al 30° verdadero a las 1316 y puso sus acorazados a régimen de 24 nudos. Al mismo tiempo, convencido de la inminencia del encuentro, ordenó a su escuadra prepararse para el combate.

A unos 15.000 metros por la proa de los buques de línea italianos se movían los cruceros pesados de la 3.ª División, y a las 1524 el *Trieste* señaló: «Enemigo a la vista en demora 50°.»

¡Zafarrancho de combate! Nada más, porque los acorazados marchaban ya en la línea de marcación conveniente para un despliegue inmediato respecto al rumbo de aproximación del enemigo, y las flotillas de destructores navegaban agrupadas, por la popa y la proa de los buques de batalla. La mar estaba en calma, el sol alto, despejado el cielo, soplaba un viento flojo de Levante y los marinos italianos ardían en deseos de combatir. Ocho minutos después, y para desilusión general a bordo de los buques de Iachino, el *Trieste* comunicó que se trataba de un petrolero.

Seis minutos más tarde, nueva alarma. A las 1538 volvía a señalar el *Trieste* los mástiles de varios buques sospechosos, por su amura de estribor. Esta vez parecía no haber la menor duda. Los telémetros del *Vittorio Veneto* promediaban una distancia de 32.000 metros, y los directores de tiro ordenaron cargar las grandes piezas de artillería.

¡Nueva decepción a las 1548! El *Trieste* aclaraba que eran cinco o seis barcos, probablemente franceses, que navegaban hacia el Sudeste. ¡Aquello parecía ya una verdadera guerra de nervios! En realidad, a las dos de la tarde, la «Fuerza H» pasaba, indetectada, por el noroeste de la escuadra italiana, a tan sólo ¡26 millas! de distancia.

Nuevos señalamientos aéreos, imprecisos, recibidos con mucho retraso o erróneos, nada aclararon a Iachino, que se dio cuenta de que su primera suposición, la de que el enemigo se retiraría hacia Poniente, y no arrumbado al Sur, era la correcta. Por ello, a las 1550 arrumbó al Oeste con toda la escuadra y ordenó a los cruceros que aumentasen a 30 nudos. Temía ya que el enemigo se le pudiera escurrir por entre los dedos.

Efectivamente, la oportunidad de atrapar a la escuadra británica se había esfumado. Iachino continuó navegando al Oeste hasta las 1800. Después, desorientado y sin nuevos informes, arrumbaría al Norte. Se alejaba así, ineluctablemente, de la «Fuerza H». Sin duda, aquel inoportuno convoy francés fue el causante de que no se produjera el encuentro entre las dos escuadras enemigas hacia las dos de la tarde, con muchas horas de luz por delante para combatir. ¿Qué hubiera sucedido?

Es inútil dar rienda suelta a la fantasía, pero artilleramente esta vez los italianos eran muy superiores a sus adversarios: nueve piezas de 381 mm., veinte de 320 mm. y veinticuatro de 203 mm. sobre los buques de Iachino, frente a catorce de 381 mm. y doce de 152 mm. (artillería secundaria de los acorazados aparte) en los de Somerville. La escuadra italiana era también superior en velocidad. Así que lo que hubiera decidido el combate, o combates, es decir, la batalla, habría sido el resultado del primer ataque lanzado por el *Ark Royal* con sus aviones torpederos. Si los artefactos submarinos fallaban el blanco, como habían fallado durante las acciones de Punta Stilo y el cabo Teulada, la escuadra británica hubiera sido probablemente derrotada, pues sin duda Iachino, a quien «Supermarina» había dejado en total libertad de acción y que debutaba como almirante de la Escuadra italiana, se habría empleado a fondo con sus acorazados y destructores, al mismo tiempo que lanzaba a sus tres velocísimos y muy bien artillados cruceros a la caza del portaaviones enemigo, que pronto hubiera sucumbido. Pero si los *Swordfishes* alcanzaban al *Vittorio Veneto,* como lo harían los aparatos del portaaviones *Formidable* el 28 de marzo siguiente, en el encuentro de Gaudo, o los mismos del *Ark Royal* que torpedearían al acorazado alemán *Bismarck* el 26 de mayo, la escuadra italiana hubiera tenido que retirarse, posiblemente sin llegar siquiera al contacto balístico.

Sobre la actuación de la Aviación italiana antes y después del bombardeo de Génova, el general Santorio (1), que fue segundo jefe del Estado Mayor de la *Regia Aeronautica* durante toda la guerra, dice lo siguiente: «Los señalamientos de los aviones de reconocimiento resultaron escasos y tardíos, y a las unidades independientes les faltó tempestividad y espíritu de iniciativa.»

A las 1220, varios bombarderos italianos habían atacado a la «Fuerza H», sin lograr resultados. Un *Sparviero* en misión de reconocimiento fue abatido por siete cazas del *Ark Royal* antes de que hubiese logrado avistar a los buques británicos; sus tripulantes, todos ellos heridos, fueron después recogidos por el *Camicia Nera.* Otro aparato de exploración, que había salido de

(1) Santorio, *L'Aeronautica Italiana della Seconda Guerra Mondiale.* Roma, 1957.

Elmas y logrado descubrir a la «Fuerza H» a las 1200 horas, resultó también derribado por los cazas ingleses antes de poder transmitir su importante observación; estos aviadores serían rescatados, a las cinco de la tarde, por el torpedero *La Masa.*

Se ha dicho que el factor suerte favoreció plenamente a Somerville y, en cambio, volvió la espalda a Iachino, ya que, entre otras cosas para éste adversas, las averiadas catapultas del *Veneto* impidieron el empleo de los dos aviones del acorazado, que, de haber sido lanzados al mismo tiempo que el del *Trieste,* a las 1235, para una exploración entre el norte y el noroeste de la escuadra italiana, como parecía obligado, es casi seguro que hubieran descubierto a la «Fuerza H». Cierto; pero, con toda probabilidad también, habrían sido abatidos por los cazas que el *Ark Royal* mantenía permanentemente en el aire, antes de que hubieran podido radiar la posición del enemigo, como lo fueron los de la *Regia Aeronautica,* ya que el *Renown* y el *Sheffield* montaban radares de descubierta, y los pequeños hidroaviones italianos eran muy vulnerables.

Y es que, casi siempre, en la inmensa mayoría de los casos, la suerte se hace, se canaliza, y la de la Escuadra italiana se deshizo cuando se decidió privarla de portaaviones. Porque un solo buque de esta clase en la fuerza de Iachino hubiera resultado decisivo para poder localizar sin error a la escuadra de Somerville después del bombardeo de Génova; como lo habría sido anteriormente en el combate del cabo Teulada, y en las ocasiones perdidas, cuando «Supermarina», conocedora de la indefensión de su escuadra ante los aviones torpederos embarcados de que invariablemente disponía el enemigo, no quiso arriesgarse. Por otra parte, esto fue precisamente lo que hizo la *Mediterranean Fleet* cuando se quedó sin portaaviones, y lo que seguiría haciendo hasta que el *Formidable* consiguiera atravesar el cementerio de barcos en que las minas alemanas habían convertido el canal de Suez.

* * *

A pesar de los constantes bombardeos a que la aviación italo-alemana tenía sometida a la isla de Malta, a principios de febrero de 1941 comenzaron a actuar desde La Valetta los submarinos ingleses de la serie «U» *(Unique, Usk, Utmost, Upright* y *Upholder)*, de menor tonelaje que los empleados hasta entonces por la *Royal Navy* en el Mediterráneo y más aptos para operar en aguas de tan poco brazaje como las del canal de Sicilia y las contiguas a las costas de Túnez.

Uno de ellos, el *Upright* (teniente de navío Norman), avistó una noche muy oscura y de fuerte marejada, la del 25 de febrero, en las proximidades del banco Kerkenah, a tres cruceros italianos que regresaban de dar escolta a un convoy de tropas despachado para Trípoli. Maniobrando en superficie, el teniente de navío lanzó cuatro torpedos contra uno de los cruceros, que resultó ser el *Armando Diaz* (de 5.200 toneladas), alcanzándole con un artefacto que le voló los pañoles de municiones proeles y resultó suficiente para echar a pique al buque. Este trágico hundimiento, en el que pereció la mayor parte de la dotación del *Diaz*, decidiría a «Supermarina» a suprimir sus cruceros en la escolta de los convoyes destinados al África, lo que, como después veremos, traería para éstos malas consecuencias.

* * *

A propuesta de los alemanes, el jefe de la *Kriegsmarine*, gran almirante Erich Raeder, y el almirante italiano Arturo Ricardi se reunieron en Merano (en la región Trentino - Alto Adigio) los días 13 y 14 de febrero de 1941, con la finalidad de tratar de establecer una colaboración más estrecha entre sus respectivas Marinas.

Los germanos ofrecieron a sus aliados minas acústicas y magnéticas, así como dispositivos antirrastras; equipos de *asdic* para la detección submarina; media docena de lanchas rápidas — de mayor capacidad que las italianas — para el fondeo de minas; los barcos mercantes alemanes que habían sido sorprendidos por la guerra en el Mediterráneo, y el auxilio de los aviones de reconocimiento de la *Luftwaffe*.

Por su parte, los italianos les cedieron sus excelentes torpedos aéreos y les expusieron sin ambages las angustiosas necesidades de combustible líquido por que atravesaba la Marina, que ya sólo disponía de 600.000 toneladas de petróleo; es decir, de no lograrse suministros alemanes, la Escuadra italiana quedaría inmovilizada en el próximo mes de junio, y los submarinos, en febrero del año siguiente. También solicitaron direcciones de tiro y artillería antiaérea para equipar los hasta entonces indefensos barcos mercantes que componían sus convoyes ultramarinos, y aviones de reconocimiento de gran radio de acción. Eso fue todo.

Como vemos, no se trató de establecer algún tipo de coordinación operativa entre ambas Marinas, para el Atlántico o el Mediterráneo, ni siquiera en el campo de la guerra submarina. Pero los alemanes, que ya habían sacado al anchuroso Atlántico, y hasta entonces con gran éxito, a varias potentes unidades de superficie (1) para que actuaran contra el tráfico marítimo británico, insistieron en la conveniencia de utilizar los modernos y veloces acorazados italianos del tipo «Veneto» en misiones ofensivas contra los convoyes ingleses que, desde Egipto, cada vez en mayor número surcaban la mar hacia los puertos griegos y líbicos. No quisieron tener en cuenta que, a diferencia del inmenso Atlántico, donde una vez franqueada alguna de sus salidas desde el mar de Noruega no existía peligro de que sus buques de guerra pudieran ser localizados por la aviación enemiga basada en tierra, en el reducido ámbito del Mediterráneo sería prácticamente imposible poder sustraerse a la observación aérea británica y evitar los subsiguientes ataques de sus aviones torpederos. Por otra parte, el grave riesgo de perder uno de estos formidables buques, que tendrían que moverse sin escolta alguna de aviones de caza, no compensaría los problemáticos y dudosos resultados que pudieran obtenerse de una operación tal por aguas relativamente lejanas y perfectamente controladas por el enemigo.

Tampoco se decidió en Merano el empleo en el Mare Nostrum de los eficientes submarinos alemanes, ni la *Kriegsmarine,* pese a conocer perfectamente la enorme desventaja técnica con que la Marina italiana tenía que hacer frente a las fuerzas navales británicas, quiso hablar para nada de su importante detector secreto: el radiotelémetro.

Poco después de aquel acuerdo, concretamente a partir del 5 de marzo, el tráfico marítimo británico entre Egipto y Grecia — para trasladar a este país las tropas y el material de guerra de que ya habláramos — se intensificó hasta el punto de que cada tres días zarpaba de Alejandría un convoy despachado para El Pireo.

Los aviones italo-alemanes y las fuerzas ligeras italianas lograron hundir a veinticinco de aquellos barcos, con 115.026 tone-

(1) Nos referimos a los cruceros-acorazados de 13.200 toneladas *Deutschland, Graf Spee* y *Admiral Scheer,* al crucero pesado de 14.700 toneladas *Admiral Hipper* y a los acorazados de 32.000 toneladas *Scharnhorst* y *Gneisenau.* Acerca de las correrías y logros de estos y otros buques germanos que saldrían después al Atlántico, véase *La guerra naval en el Atlántico, 1939-1945,* del mismo autor. Editorial Juventud, Barcelona.

ladas de registro, la mayoría de ellos en puerto o durante el viaje de regreso. Pero la insistencia germana sobre la necesidad de que la Marina italiana atacase el tráfico enemigo con agrupaciones cuyo núcleo estuviese constituido por uno o varios acorazados rápidos, y el fuerte atractivo que para la misma Armada italiana suponía la posibilidad de descargar un fuerte golpe a las comunicaciones británicas, todo ello en un momento en que la moral de retaguardia era baja y la situación militar en los frentes terrestres todavía angustiosa, conduciría a la escuadra del almirante Iachino al revés más sangriento de toda la guerra en el Mediterráneo.

* * *

Animados por sus éxitos en África del Norte, los ingleses, que ya contaban con bases navales y aéreas en Creta, quisieron establecer un apostadero de lanchas torpederas en la pequeña isla de Castelorizzon, en el Dodecaneso, contigua a la costa turca, a levante de Rodas.

El 23 de febrero, los destructores *Decoy* y *Hereward* desembarcaron allí a 200 soldados británicos, a los que poco después se unía un destacamento de Infantería de Marina llevado por el cañonero *Ladybird*. Este buque fue más tarde averiado por los bombarderos de la *Regia Aeronautica* y tuvo que retirarse.

El almirante Biancheri, comandante naval del Dodecaneso, zarpó inmediatamente de Rodas con dos destructores y otros tantos torpederos y puso en la pequeña y disputada isla a 240 soldados italianos. Después, las tropas inglesas fueron cañoneadas por los buques de Biancheri, en tierra se produjeron varios encuentros y, con medio centenar de bajas, los británicos tuvieron que reembarcar precipitadamente y abandonaron el proyecto.

Mientras tanto, el monitor *Terror*, que había hecho honor a su nombre martilleando a placer con su potente artillería de 381 mm. las posiciones y contingentes de tropas italianas en Cirenaica, atravesaba un mal momento. En Tobruk, durante la amanecida del 22 de febrero, una bomba aérea estalló próxima al costado del buque y le produjo algunas vías de agua. Al caer las sombras de la noche, el monitor se puso en movimiento para tratar de salir del puerto. Pero el ruido de sus hélices y viejas máquinas hizo saltar a dos minas acústicas alemanas de fondo, con lo que sus inundaciones aumentaron alarmantemente. Durante la noche, el *Terror* renqueó hasta la altura de Derna, donde al llegar el día fue nuevamente atacado por aviones en picado germanos.

El buque se defendió con valor, pero varias bombas que cayeron muy próximas le rompieron la quilla e inundaron su sala de máquinas. La carrera del veterano cañonero había llegado a su fin. Una corbeta y un dragaminas trataron de darle remolque, pero el *Terror* comenzó a escorar peligrosamente y tuvo que ser abandonado por su dotación. Poco después, sus 7.200 toneladas de acero hacían una extraña pirueta y desaparecían para siempre bajo las olas.

Ese mismo día le acompañaban en su última singladura el destructor *Dainty*, víctima de los *Stukas* alemanes, y varios buques menores pertenecientes a la flotilla costera británica. ¡Las cosas empezaban a ponerse mal para los ingleses en el Norte de África!

El general Rommel, que había llegado a Trípoli el 12 de febrero, se trasladaba a Nofilia el 19, con sus unidades anticarro y las tropas italianas de la división «Ariete», recién llegada. Al mismo tiempo aterrizaban en Castel Benito 60 *Stukas*, 20 cazas y algunos aviones de reconocimiento de la *Luftwaffe*. Los italo-alemanes ocuparon el vacío oasis de Marada y tomaron posiciones al oeste de El Agheila. Después, Rommel se trasladó a Berlín para solicitar personalmente del OKH (Alto Mando del Ejército) las tropas necesarias para desalojar a los ingleses de Cirenaica y avanzar hasta el canal de Suez. Pero no tuvo éxito: en Alemania se preparaba febrilmente la invasión de Rusia y se le indicó que su misión sería defender Tripolitania y, si se podía, reconquistar Cirenaica con las tropas disponibles. El general volvió a Trípoli el 23 de marzo, y los italo-alemanes couparon El Agheila el día 23. Entonces el OKH recomendó a Rommel que no tratara de apoderarse de la posición siguiente, el poblado de Agedabia, antes de mayo, en que podría disponer de la 15.ª División «Panzer».

El «zorro del desierto» pensó que Berlín quedaba muy lejos, pero que en África él sabía mejor que nadie lo que se podía hacer. El 1.º de abril tomaba Mersa Brega; el día 2, Agedabia y Zuetina; el 4, Bengasi; el 8, Derna; el 11 cercaba Tobruk y capturaba El Adem, y para el 13 habían caído en su poder Bardia y Fuerte Capuzzo y ¡entraba en territorio egipcio! La velocidad de aquel vertiginoso avance de las tropas italo-alemanas, conducidas muy hábilmente por la indomable energía de Rommel, sólo fue parcialmente superada por la despavorida carrera de las fuerzas británicas, que, sin embargo, no habían sido inferiores en número, armamento ni aviación y que además contaron con un apoyo naval incontrastado. Pero, ¡conviene no olvidarlo!, si Rommel pudo obtener sus merecidos laureles fue debido a que la Escuadra británica resultó incapaz de cortar el tráfico de los convoyes italianos a través del Mediterráneo, pues sin orugas, gasolina, municiones y víveres no hay ofensiva ni guerra posibles.

* * *

En diciembre de 1940, la Marina italiana había enviado a la bahía de Parteni, en la isla de Leros (Dodecaneso), ocho botes explosivos. Se trataba de pequeñas embarcaciones de fondo plano y cinco metros de eslora, que exteriormente poco se diferenciaban de una buena canoa para practicar el esquí acuático, ya que andaban como el viento. Sólo que la cabina para el piloto era muy reducida, y ocultas bajo el castillo de proa iban nada menos que tres quintales de trilita y unas espoletas. Pertenecían a la «Décima Flotilla MAS» *(Mezzi Asalto Sottomarini)*, agrupación que, desde la Gran Guerra, comprendía toda clase de medios no convencionales, tales como lanchas rápidas, torpedos tripulados, submarinos de bolsillo y botes explosivos, y que en aquella contienda se hizo famosa en todo el mundo por haber echado a pique a dos de los mejores acorazados con que contaba la Armada austríaca: el *San Esteban* y el *Viribus Unitis*, de 21.000 toneladas cada uno.

El ya legendario poeta italiano Gabriele D'Annunzio, aquel gran patriota, polifacético y fantástico, que, siendo oficial de Caballería, obtuvo la Medalla de Oro al Valor pilotando aviones de guerra; que, según se decía en Italia, durante los dieciocho años que vivió a orillas del lago Di Garda había seducido a 349 mujeres (ni una menos), y que en 1919 tuvo la osadía de ponerse al frente de un batallón de granaderos y apoderarse, *motu proprio* y por la fuerza, de la ciudad de Fiume, ocupada por las tropas aliadas; este hombre fabuloso, decíamos, cambió el significado de aquellas siglas por el de «*Memento Audere Semper*» («Recuerda Audacia Siempre»), lema que dos guerras sancionarían como mucho más apropiado.

Volviendo a las pequeñas lanchas explosivas de la Décima Flotilla, su empleo requería muy especiales condiciones: mar casi llana, para poder desarrollar toda su velocidad y no pasarse por ojo, nocturnidad, sorpresa y... que nada se interpusiera delante de cualquier objetivo flotante contra el que mereciera la pena estrellarse, ya que carecían de armamento, tenían una autonomía muy limitada y su única oportunidad estribaba en poder llegar a la colisión. Debido a ello, la espera fue larga.

Dos destructores, el *Crispi* y el *Sella*, de 935 toneladas y 35 nudos de andar, habían sido acondicionados para poder llevar a bordo y arriar a la mar con toda rapidez seis botes explosivos cada uno. El 25 de marzo, ambos buques se encontraban fondeados en una solitaria rada de la isla de Astypalaia, situada a unas 120 millas al nordeste de la bahía de Suda (Creta), aguardando... Por fin, la T. S. H. recibió un importante mensaje: aquella mañana se habían detectado desde el aire dos destructores, un crucero y varios barcos mercantes fondeados en la base naval británica cretense. Las condiciones meteorológicas eran favorables, la mar estaba en calma, apenas soplaban ventolinas y aquella noche no habría luna.

En las primeras horas de la tarde, ambos buques levaron anclas y arrumbaron al Sudoeste. Tras una travesía sin incidencias, a las 1130 de la noche — noche tranquila, de cielo estrellado y parcialmente cubierto —, los dos destructores pararon sus máquinas a unas diez millas de la oscura costa de Creta, en el punto convenido. Durante unos mintuos sólo se escuchó el suave girar de los chigres eléctricos, alguna orden breve formulada en voz baja y el leve chapoteo de las embarcaciones explosivas al tocar en el agua. Tras un emocionado «¡Buena suerte!», los dos buques de guerra dieron avante y, tan furtivamente como habían llegado, desaparecieron entre las sombras, pues la que había dado comienzo era una operación sin retorno.

Sobre la mar quedaron, minúsculas y solitarias, seis embarcaciones de madera cuyos tripulantes habían visto desaparecer, no sin nostalgia, a los dos destructores que les habían traído. Pero aquéllos eran hombres resueltos y valerosos, y su jefe, el teniente de navío Luigi Faggioni (hoy almirante de la Armada italiana), estudió un momento la costa que se dibujaba enigmática en la lejanía y luego arrancó el motor de crucero de su embarcación y la hizo caer hasta que la pequeña aguja magnética señaló el rumbo adecuado. Los demás le siguieron.

Faggioni sabía muy bien que, en el mejor de los casos, caerían prisioneros y tendrían que permanecer en un campo de concentración hasta que la guerra terminase. ¡En el mejor de los casos...! Pero iba decidido a que su sacrificio y el de sus camaradas no resultase estéril, y este hombre (que años después nos relataría personalmente, en La Spezia, su extraordinaria aventura) había sido bien seleccionado para la arriesgada empresa, porque no sólo poseía un valor frío y temerario, sino también unos nervios tan templados como el acero.

Hora y media de navegación sin incidencias llevan a las seis cáscaras de nuez hasta la entrada de la gran bahía de Suda. Entonces se reduce velocidad y apenas un leve murmullo escapa de los motores. El teniente de navío observa cuidadosamente a través de sus prismáticos y luego sonríe para sí: ¡no hay embarcaciones de vigilancia! Sólo dos barrajes antisubmarinos cruzan entre las escarpadas orillas de la rada. Y como si se tratara de un ejercicio más, los seis italianos hacen bascular las hélices y timones de sus botes explosivos y pasan las metálicas redes por encima. Luego surcan, sin más sobresaltos que los provocados por los haces de dos inquisitivos proyectores luminosos que durante unos momentos escudriñan las aguas, las seis millas que los separan de su objetivo, en el fondo de la bahía, donde, detrás de un tercer barraje, se agazapan los buques británicos.

La pequeña flotilla italiana sortea el último obstáculo y luego se detiene a tan sólo unos cientos de metros del enemigo. La oscuridad es casi impenetrable, y el teniente de navío decide esperar a la amanecida, con los motores parados, pues resulta casi imposible distinguir bien la verdadera naturaleza de los objetivos. Y aquellos seis marinos permanecen allí, en las mismas barbas del adversario y desafiando a la muerte, pues si fueran descubiertos podrían resultar aniquilados en un santiamén, durante veinte minutos. ¡Veinte minutos! Los botes se abarloan al de Faggioni y éste cede por turno sus prismáticos a sus compañeros, para que todos puedan examinar y conocer bien el objetivo particular que les asigna. Y cuando el cielo comienza a palidecer por el Este y las próximas moles oscuras que flotan sobre una tersa superficie que parece de azabache se perfilan con cierta nitidez, el oficial da la orden de ataque.

Dos lanchas se aproximan, lentamente y todavía sin romper el profundo silencio que envuelve toda la rada, hacia un crucero pesado de alta borda y dos chimeneas; después aceleran, rugen los motores y se lanzan contra el leviatán a toda velocidad. A menos de cien metros del costado de acero del *York* — pues de tal se trata —, los pilotos italianos trincan los timones y se arrojan al agua. Momentos después escuchan un golpe y el chasquido de maderas rotas, y ven como ambas lanchas se hunden. Pero segundos más tarde, al funcionar las espoletas hidrostáticas, se produce una terrible explosión que zarandea violentamente al crucero pesado.

Aquella diana, verdaderamente brutal, saca del sueño a los

ingleses y pone en conmoción a toda la base. Y los sorprendidos marinos británicos, que creen escuchar ruido de aviones, abren apresuradamente el fuego contra un cielo vacío y que ya comienza a clarear.

Mientras tanto, Faggioni, imperturbable, como si dirigiera un ejercicio cualquiera, va lanzando uno por uno el resto de su pequeña fuerza, y cuando por fin se queda solo arrumba hacia el crucero británico, muy escorado y del que se eleva una imponente humareda, pero que no parece decidido a hundirse.

En Suda, la algarabía es ya infernal. Las secas detonaciones de la artillería antiaérea quedan intermitentemente ahogadas por las potentes y más graves explosiones de los botes italianos que se estrellan; las sirenas de los buques alcanzados aúllan con desesperación, y las altas montañas que rodean la profunda rada devuelven y multiplican un aquelarre de agonía. Dos botes explosivos fallan el impacto después de haber sido abandonados por sus tripulantes, pero todos los marinos italianos pueden ganar a nado la orilla o son recogidos de las aguas y hechos prisioneros.

El *York,* cuyas cámaras de calderas y de máquinas están destrozadas, ha quedado sin vapor ni energía eléctrica de ninguna clase, sufre cuantiosas bajas y tiene que ser precipitadamente tomado a remolque y embarrancado para impedir que se vaya a pique. Pero jamás volverá a navegar. Cuando los paracaidistas alemanes se apoderen de Creta algunas semanas después, los restos del crucero inglés ya habían tenido que ser volados por su propia dotación (1).

Además del *York,* resultó hundido un transporte y alcanzado en medio de su obra viva el petrolero de 8.000 toneladas *Pericles,* que también hubo de ser embarrancado. Los marinos ingleses quedaron enormemente impresionados por aquel temerario, inesperado y eficaz sistema de ataque que, entre otras cosas, les privaba del único crucero con artillería de 203 mm. de calibre presente entonces en el Mediterráneo oriental. Era el segundo buque de guerra de esta clase hundido por la Armada italiana, que muy pronto echaría a pique a un tercero.

---

(1) Valerio Borhese, en su libro *Décima Flottiglia MAS,* se lamenta de que el Almirantazgo británico atribuyese la pérdida del *York* a los bombarderos alemanes. Pero en el «Apéndice T» de la publicación oficial inglesa *The War at Sea,* volumen III, pág. 439, figura el crucero *York* como hundido por botes explosivos italianos — «*It. E-boats*» —, en Creta, el 26 de marzo de 1941.

Cinco días después, en la oscura madrugada del 31 de marzo, el submarino *Ambra* (teniente de navío Arillo), que acechaba en superficie entre Sidi el Barrani y Marsa Matruk, descubrió un barco enemigo, que fue inicialmente tomado por petrolero, navegando despacio hacia Levante. Arillo le lanzó tres torpedos y aguardó expectante el resultado. Tras unos minutos de profundo silencio, los hombres encaramados en la torreta del *Ambra* vieron cómo una gran llamarada roja rompía las tinieblas junto al buque británico, seguida poco después por dos violentas explosiones.

Los italianos habían alcanzado de muerte al flamante crucero antiaéreo *Bonaventure*, de 5.500 toneladas, que, acompañado por tres destructores, daba escolta a un pequeño convoy. El buque se hundió con bastante rapidez y se llevó consigo a 138 muertos de su dotación.

El destructor *Stuart* pudo localizar al *Ambra* con su equipo detector ultrasonoro y le persiguió durante varias horas, atacándole siete veces con cargas de profundidad. Sólo los peces sufrieron las consecuencias, pero aquella última semana del mes de marzo de 1941, en que los italianos habían logrado hundir a dos cruceros ingleses, resultaría también trágica para la Marina de Guerra italiana: la más trágica y dramática de toda la contienda mediterránea.

Capítulo X

LA BATALLA AERONAVAL DE GAUDO

Una gran ola, elástica, altanera y veloz, surca la mar, descubriendo intermitentemente su blanca cabellera al viento y mimetizándose respecto al cielo. Tras recorrer, infatigable, quién sabe cuántos cientos o quizá millares de millas, al aproximarse a la costa, o a un bajo traidor donde el fondo disminuye, su base acuática se ve frenada por el roce con las rocas o la arena y su poderosa e incontenible energía cinética se desborda hacia lo alto, haciéndola arbolar anormalmente y crecer en pendiente, hasta que la cresta y toda la onda rompen, estruendosas, con enorme violencia, formando cataratas y torbellinos de agua y espuma capaces de hundir la amurada de un buque o de hacerlo zozobrar.

En un día de tempestad, cuando el viento grita incesantemente en la jarcia, igual que un ser atormentado, y toda la superficie de la mar se vuelve blanca de espumas como en un arrebato de suprema furia, las nubes van espesando sus frías tintas y se tornan más y más amenazadoras. Luego, bruscamente, como si fuesen de alabastro, se iluminan por dentro con siniestros fulgores; después se escucha un chasquido que sobrecoge el ánimo, y la vaporosa masa escupe inmisericorde una cegadora chispa que serpentea arborescente hacia las olas, muy capaz de desarbolar alguno de aquellos hermosos veleros de alto bordo de los tiempos idos.

De parecida forma, igual que la ola se deshace con un estertor violento y peligroso, o la tormentosa nube termina por descargar su exceso de electricidad con una centella letal, así la guerra del mar en el Mediterráneo llega a su punto más importante y de mayor dramatismo el 28 de marzo de 1941, durante la batalla de Matapán, acción naval que costó a los italianos tres mil muertos e ingentes pérdidas en buques de guerra, pero que, en pavoroso contraste, tuvo consecuencias materiales verdaderamente insignificantes para sus adversarios británicos: la desaparición de un avión y de sus tres tripulantes. Y quizá se pregunte el lector, estupefacto, cómo pudo suceder tal cosa, existir semejante desigualdad de resultados, diferencia tan abrumadora. Creemos que la respuesta es bastante menos compleja de lo que pudiera suponerse, pero preferimos que sea el que tenga la curiosidad de seguir leyendo quien lo descubra por sí mismo.

* * *

Nápoles, 24 de marzo de 1941.

A bordo del acorazado *Vittorio Veneto,* de 41.300 toneladas de desplazamiento estándar, dos hombres, el almirante Angelo Iachino y el vicealmirante Carlo Cattaneo, cambiaban algunas frases amistosas e intrascendentes mientras se dirigían, por la impecable y amplia cubierta de madera de teca del formidable navío, hacia el portalón de estribor del buque insignia de la Escuadra italiana.

El *Veneto* se hallaba fondeado al norte del muelle de San Vicenzo, pétreo valladar que, con varias redes antitorpederas, protegía al buque de cualquier posible ataque torpedero. El acorazado había entrado en Nápoles en la mañana del día 23, procedente de La Spezia, y, aunque se había previsto que sólo tocase allí las horas precisas para hacer combustible durante la noche, la necesidad de coordinar detalladamente la operación que se aprestaba a llevar a cabo la Escuadra italiana — por aguas del Mediterráneo oriental, dominadas por el enemigo —, con los movimientos de las fuerzas aéreas alemanas del *Fliegerkorps X,* obligaron al buque insignia a una estancia de tres días en el importante y populoso puerto.

Angelo Iachino había querido celebrar una conferencia previa con el vicealmirante Cattaneo, que mandaba la 1.ª División de cruceros pesados y que con tal fin se había trasladado desde Taranto, donde se encontraban sus buques.

— ¡Sobre el hombro! ¡Armas!

Con el preciso y sincronizado movimiento de sus fusiles, la guardia militar del *Veneto* rendía los honores de ordenanza al vicealmirante que abandonaba el buque insignia.

Iachino y Cattaneo se estrecharon las manos.

—*In bocca al lupo!* —exclama Iachino, sonriente.

—*In bocca al lupo!* —responde Cattaneo de la misma guisa, con la despedida de ritual.

Luego el marino saluda a la guardia militar y a la bandera, desciende ágilmente por el portalón y embarca en la falúa que le aguarda. Y mientras la embarcación abre del formidable costado de acero, Cattaneo vuelve la mirada hacia arriba, a la meseta desde donde Iachino le saluda con un amistoso movimiento de la mano y una sonrisa.

«Todavía le recuerdo alejándose del *Vittorio Veneto* en la falúa —escribe el almirante Iachino—. Me saludaba sonriendo, con aquella sonrisa suya un poco melancólica, de meridional fatalista, que le caracterizaba» (1).

Lo que no podía sospechar en aquel momento Angelo Iachino era que jamás volvería a ver a Carlo Cattaneo, entonces uno de los vicealmirantes más antiguos de la Armada italiana, muy próximo al ascenso. Tampoco sabía que iba a ser él mismo quien, cuatro días después, le enviaría, sin sospecharlo siquiera, directamente a los brazos de la muerte.

Dejemos que el almirante Cattaneo se aleje hacia los embarcaderos de Nápoles, ciudad donde pasará algunas horas con su familia antes de regresar a Taranto, y volvamos con el comandante en jefe de la Escuadra italiana. Unas semanas atrás (estamos todavía en marzo de 1941, y la ofensiva de Rommel no se produciría hasta abril), Iachino había propuesto a «Supermarina» una salida a la mar con el *Vittorio Veneto* y la división más rápida de cruceros pesados para efectuar un *raid* por sorpresa contra el tráfico marítimo que mantenían los ingleses con Bengasi. La situación de este puerto norteafricano, casi exactamente sobre el meridiano de los 20° de longitud oriental, habría permitido a la Escuadra italiana aproximarse, navegando constantemente por aguas donde sus grandes buques podrían ser protegidos de los ataques de aviones torpederos enemigos por cazas propios despegados desde los aeródromos libios y sículos. Y respecto a la superior escuadra británica que velaba en Alejandría, la mayor velocidad de los buques de Iachino y la gran distancia existente entre Bengasi y aquel puerto egipcio —540 millas— serían garantías suficientes.

Mientras en Roma se estudiaba aquella propuesta, los aviones alemanes intervinieron en Libia y los ingleses se vieron obligados

---

(1) Angelo Iachino, *Gaudo e Matapan* (Mondadori, Verona, 1947).

a abandonar el tráfico marítimo con Bengasi, puerto que quedó totalmente vacío e inutilizable. ¡El plan de Iachino era, por tanto, inútil!

Pero algunos días después, «Supermarina», en vista del flujo constante de convoyes ingleses hacia Grecia, y fuertemente presionada por los alemanes, decidió emprender una doble operación, de mayor importancia y mucho más peligrosa que la anteriormente patrocinada por el comandante en jefe de la Escuadra. El almirante Cattaneo, con la 1.ª División de cruceros pesados (*Zara*, *Pola* y *Fiume*) y la 8.ª de cruceros ligeros (*Garibaldi* y *Abruzzi*, contralmirante Legnani), es decir, con los cinco cruceros mejor blindados de la Marina — pues en Roma no se había olvidado la triste suerte corrida por el *Colleoni* —, y seis destructores penetraría en el mar Egeo hasta más allá del meridiano que tangentea la extremidad oriental de Creta (exactamente hasta un punto situado a 30 millas al sur de Stampalia), para efectuar un *raid* ofensivo contra los convoyes británicos que pudieran descubrirse. Mientras tanto, la 3.ª División de cruceros pesados (*Trento, Trieste* y *Bolzano,* vicealmirante Luigi Sansonetti), con cuatro destructores, apoyada por el *Veneto,* efectuaría otro *raid* con la misma finalidad pero por el sur de dicha isla griega.

Era una operación muy arriesgada para una escuadra desprovista de portaaviones, puesto que las dos fuerzas italianas tendrían que moverse dentro del alcance inmediato de los aviones británicos basados precisamente en los aeródromos cretenses, para defenderse de los cuales únicamente podría contarse con los cazas nacionales salidos de Rodas y Scarpanto. Por otra parte, era de capital importancia conocer los movimientos del grueso de la *Mediterranean Fleet,* es decir, disponer de una exploración aérea eficaz.

A fines de marzo, la *Regia Aeronautica* contaba en el Dodecaneso — en estado de disponibilidad inmediata — con 16 bombarderos, 5 aviones torpederos, 23 cazas y 8 aviones de reconocimiento marítimo. Pero la Marina italiana, ya escarmentada, no quiso que se reforzara la aviación del Egeo y prefirió solicitar también la cooperación del *Fliegerkorps X,* cuyos aparatos de caza y de reconocimiento tenían mayor radio de acción que sus contrapartes italianos — a pesar de que tales aviones sólo podrían actuar desde Sicilia, ya que en los aeródromos del Dodecaneso no se disponía de la gasolina especial que tales aeronaves quemaban —. Dichos aparatos germanos podrían establecer una exploración aérea más lejana y completa y atacar a los buques enemigos hasta el meridiano de los 21° Este (que discurre entre Zante y el Peloponeso).

Como no existían precedentes, ni orgánica alguna para una operación conjunta entre la Escuadra italiana y el *Fliegerkorps X*, tuvo que improvisarse todo (señales de reconocimiento, longitudes de onda de comunicaciones y de contacto radiogoniométrico, claves, etc.), y con la máxima urgencia, pues los británicos, que se afianzaban progresivamente en Grecia, podrían bombardear desde allí los pozos de petróleo rumanos, únicos de que dispondrían Alemania e Italia tan pronto la *Wehrmacht* se lanzase al proyectado ataque de la Unión Soviética. Por otra parte, la vacilante situación política en Yugoslavia aconsejaba una demostración tal de fuerza.

En resumen, «Supermarina» consiguió lo siguiente: el día 26 de marzo, en que zarparían las fuerzas navales a las órdenes de Iachino, los aviones italianos y alemanes reconocerían Alejandría y Suda, así como el Egeo y el Mediterráneo oriental; el día 27 repetirían la exploración y reconocerían también Malta, y desde las diez de la mañana hasta una hora antes del crepúsculo los aviones germanos sobrevolarían continuamente las dos agrupaciones italianas, que ya navegarían por el mar Jónico. Finalmente, el 28, que sería el de la penetración en el Egeo y el Mediterráneo oriental, la *Regia Aeronautica* se comprometió a explorar aquellas aguas hasta las proximidades del cabo Matapán, bombardear los aeropuertos de Creta y tener dispuestos a sus bombarderos y aviones torpederos basados en el Dodecaneso. En el último momento y a petición del almirante Iachino, «Superaéreo» accedió también a proporcionar escolta permanente de cazas a los buques — con aparatos provistos de depósitos adicionales de gasolina y que tendrían que relevarse cada dieciocho minutos —, durante toda la mañana de dicho día 28.

En esta fecha y por parte del *Fliegerkorps X* se reconocería una amplia faja del Mediterráneo oriental comprendida entre los paralelos de los 32°-30′ y 35° de latitud Norte, hasta el meridiano de los 26° Este; es decir, prácticamente las aguas comprendidas entre Creta y las proximidades de la costa africana, desde Sicilia hasta el meridiano que corta la extremidad oriental de la isla minoica.

En forma esquemática, tal fue la parte más importante del complejo programa de cooperación aérea, de cuyos detalles hacemos gracia al lector, ya que el plan fallaría en la práctica casi en su totalidad. Pero sí queremos llamar su atención respecto a dos puntos importantes: primero, que todo el concurso aéreo italo-alemán se basaba en aviones que necesariamente tendrían que despegar de diversos aeródromos situados a centenares de millas de distancia de las fuerzas navales operativas italianas, y segundo, que para el día 28, la jornada crucial de la operación, no se había previsto el reconocimiento del puerto de Alejandría. Este fallo acarrearía consecuencias funestas para la escuadra de Iachino, porque si la visibilidad sobre la mar no es buena resulta bastante fácil que a uno o varios aviones, desprovistos de radar, se les escape la presencia de una escuadra enemiga; pero un puerto es un lugar preciso y muy reducido donde, durante el día y a menos que prevalezca una niebla cerrada o un techo de nubes muy bajo, es imposible que una fuerza tal escape a la detección de un observador aéreo o al objetivo de su cámara fotográfica (1).

Por lo demás, «Supermarina» destacó a cuatro sumergibles para que durante aquellos días de operaciones explorasen una amplia zona situada al noroeste de Alejandría y colocó otro entre Scarpanto y Creta, en la entrada meridional del Egeo. Pero, como veremos, ninguno de estos cinco buques avistaría otra cosa que olas, nubes y estrellas.

El 25 de marzo embarcaron en el *Vittorio Veneto* un teniente y cuatro radiotelegrafistas de la *Luftwaffe*, que permanecerían a bordo durante toda la operación. También embarcó un equipo de descriptadores del Servicio de Inteligencia de «Supermarina».

Pese a que la protección ofrecida por la *Regia Aeronautica* y el *Fliegerkorps X* era sumamente aleatoria, Iachino acogió favorablemente el proyecto que nos ocupa, y aunque muy pronto comprendió que una colaboración aérea eficaz resultaría altamente improbable, su posición como comandante en jefe era muy delicada y no le permitió hacer objeciones que pudieran «prestarse a malévolas interpretaciones».

Y tras unos días de actividad verdaderamente febril para «Supermarina», el almirante Iachino y los estados mayores de «Superaéreo» y el *Fliegerkorps X*, a las nueve de la noche del 26 de marzo largaba silenciosamente amarras el *Vittorio Veneto*,

---

(1) Hoy en día, incluso de noche o con niebla cerrada, nada escapará, no digamos ya al radar, sino a una película sensible a los rayos infrarrojos, en la que quedarán, tan clara y exactamente como si la fotografía hubiera sido tomada a plena luz, cualesquiera buques o embarcaciones que no lleven mucho tiempo abandonados por sus tripulantes.

escoltado por cuatro destructores, y, una vez en franquía, arrumbaba al estrecho de Mesina. Quizás alguien que no debía, observaba atentamente, a través de cualquier ventana que dominara el oscurecido puerto napolitano, la salida a la mar del acorazado...

A la misma hora aparejaba de Brindisi (en el Adriático meridional) la 8.ª División de cruceros ligeros del contralmirante Legnani, con los destructores *Da Recco* y *Pessagno,* y a las once de aquella noche zarpó de Taranto la 1.ª División del vicealmirante Cattaneo con la 9.ª Flotilla de destructores. ¡La suerte estaba echada!

* * *

En los muelles de Alejandría, una tarde cualquiera.

Un hombre vestido de paisano, a la moda occidental, tras sortear a algunos vendedores árabes que insistentemente le ofrecían desde magníficas falsificaciones de escarabeos sagrados hasta asquerosas pero quizás auténticas vendas de momia, se acercó al embarcadero donde el bote de un destructor australiano surto en el puerto se disponía a zarpar y preguntó al patrón si, de pasada, podría dejarle en el acorazado *Valiant.*

El cabo de maniobra que empuñaba la caña supuso que aquel individuo de ojos azules y mediana edad debería de ser el mayordomo del buque insignia y le dio permiso para embarcar, pero advirtiéndole de que, por avería en el embrague, no podría dar atrás y el pasajero tendría que saltar sobre la marcha.

Poco después, el bote australiano reducía velocidad para aproximarse al portalón de estribor del combés del *Valiant,* y nuestro paisano saltaba ágilmente a su meseta inferior y trepaba por la escala. El cabo que le había traído aceleró y no volvió a ocuparse de su pasajero, pero a bordo del acorazado británico se produjo cierto revuelo y hubo veloces carreras por cubierta, porque quien acababa de embarcar de tan insólita manera era el comandante en jefe de la *Mediterranean Fleet,* almirante Andrew Browne Cunningham, familiarmente conocido por «ABC», después caballero de la Orden del Baño y vizconde de Hyndhope.

De tal guisa llegó un día a su buque insignia aquel marino británico que cosecharía más laureles y lograría mayor prestigio durante la segunda guerra mundial que cualquier otro de su nacionalidad. Así de sencillo era este hombre inteligente — la arrogancia va invariablemente de la mano de la estupidez —, astuto y audaz, cuya alta categoría, excelente preparación profesional y aguda visión estratégica no le impedían llegar a bordo de la manera que hemos visto, o apostarse diez chelines, por cualquier motivo baladí, con alguno de los capitanes de fragata que componían su Estado Mayor.

En las primeras horas de la tarde del 27 de marzo de 1941, el almirante de la escuadra inglesa pidió su falúa y poco después apareció en toldilla trajeado con sus mejores pantalones de golf, llevando un maletín de mano. Parecía que se disponía a pasar la noche en tierra, aunque sus buques ya levantaban activamente presión en calderas...

Como se esperaba, en las proximidades del *tee*, Cunningham pudo observar la inconfundible silueta del cónsul japonés en Alejandría, y procuró que este hombre le viera también a él. La temperatura era todavía agradable en el maravilloso delta del Nilo, y el almirante británico no llegó al *green* hasta que el sol se hundió bajo el horizonte. Entonces tomó una ducha, se hizo disimuladamente con su maletín y se escabulló del club. Esta vez su falúa le aguardaba en el muelle, y tan pronto «ABC» embarcó en el *Valiant*, hacia las siete de la tarde, ya de noche cerrada, la escuadra británica zarpó inmediatamente de Alejandría.

¡Tal vez Cunningham sabía muy bien lo indiscretos que pueden resultar los cónsules de ciertas potencias «neutrales»!

* * *

El acorazado *Vittorio Veneto*, precedido por cuatro destructores, salió del golfo de Nápoles a través del paso, libre de minas, que discurre entre la isla de Capri — allí donde hoy se asoma la quinta de Curzio Malaparte — y Punta Campanella. Seguidamente, aquellos cuatro buques adoptaron el dispositivo nocturno de escolta, es decir, formaron una línea de frente cuyo eje quedaba a cuatro mil metros por la proa del *Veneto*, con una separación entre puentes de dos mil metros. Esta especie de «T» era el dispositivo nocturno que prescribían los cuadernos tácticos de la Escuadra italiana, y convendrá que el lector lo retenga en la memoria.

Para la agrupación de Iachino, la noche del 26 al 27 de marzo transcurrió sin incidencias, navegando, a 20 nudos, directamente hacia el estrecho de Mesina. La visibilidad fue bastante reducida debido a la niebla, hasta el punto de que los destructores no distinguían al *Veneto* y, desde éste, los telemetristas difícilmente lograban percibir las tenues y azuladas luces de alcance que tuvieron que encender aquéllos.

A las seis de la mañana se atravesó el estrecho, y los cuatro destructores que habían acompañado al acorazado desde Nápoles fueron relevados por otros tantos salidos de Mesina; con ello se pretendía que a estos buques no les faltara petróleo en el caso de que, por cualquier circunstancia, la operación se prolongase más de lo previsto. De Mesina habían zarpado también, a las 0530 de la mañana, la 3.ª División de cruceros pesados y tres destructores de la 12.ª Flotilla, buques que navegarían de conserva con el *Veneto*. Tanto esta doble agrupación como la de Cattaneo se moverían durante las horas de luz del día 27 al rumbo 134° verdadero, es decir, con la proa al cabo Ras el Hamama, en Cirenaica, aunque separadas entre sí unas cincuenta millas. Era un rumbo de decepción, para hacer creer al enemigo, caso de ser descubiertos por sus aviones o submarinos, que el objetivo italiano estaba en el litoral libio.

El cruce del estrecho de Mesina es una experiencia interesante. Por allí se supone que anduvo hace algo más de tres mil años el astuto Ulises, un marino inventado. Otro auténtico, que el lector ya conoce, lo cruzaría también mucho después, paradójicamente en tren (un tren que desde Siracusa os lleva directamente a Roma y que para surcar el mar se aloja íntegramente en un gran transbordador, igual que Jonás en su ballena), y más tarde a bordo de un transatlántico, varias veces, una de ellas durante una magnífica noche de verano en que la luna brillaba muy alta y se veían grandes fogatas en los montes calabreses y sículos, cuyas oscuras siluetas claramente se recortaban contra el estrellado cielo, mientras una miríada de luces parpadeaban en ambas orillas.

El 27 de marzo de 1941 soplaba un siroco fresco, de fuerza 4, al sur del estrecho de Mesina; había neblina y la visibilidad era mala. Desde el *Veneto* difícilmente se distinguían las grises siluetas de los cruceros del vicealmirante Sansonetti, que se movían a unas siete millas de distancia del buque insignia. Pero la niebla fue bien recibida por los italianos, que confiaron pasar inadvertidos para los aparatos enemigos de vigilancia.

Debido a la reducida visibilidad, los cazas y bombarderos alemanes salidos de Sicilia para escoltar a la escuadra de Iachino no lograron hallarla, pero dos hidroaviones antisubmarinos de la *Regia Aeronautica* pudieron acompañar durante todo el día al *Vittorio Veneto*.

A bordo de este buque llegaron malas noticias a las 1225. El *Trieste* comunicaba haber avistado a un gran cuatrimotor inglés de reconocimiento, que observaba por el Sur. Cinco minutos antes, este *Sunderland* había lanzado un mensaje en clave, de preferencia absoluta, dirigido al almirante Cunningham y a la base aérea de Scaramanga (Grecia). Dicho mensaje, inmediatamente descifrado a bordo del *Valiant*, fue también sorprendido y descriptado a bordo del *Veneto* y por «Supermarina», galvanizó a italianos y británicos, y decía lo siguiente: «He avistado tres cruceros y un destructor italianos a 5 millas al 270°. Mi posición, a 80 millas al 100° del cabo Passero.» ¡La escuadra italiana había sido descubierta!

Poco después, el hidroavión de la RAF añadía que el rumbo del enemigo era el 120° y su velocidad 15 nudos. También fue descriptado por los marinos italianos, que ahora maldijeron a la niebla, ya que, de no haber existido, los previstos cazas alemanes hubieran podido derribar aquel aparato, posiblemente antes de que transmitiera sus delatores mensajes. El *Sunderland* siguió observando en el límite de visibilidad, pero guardó silencio radio, sin duda temeroso de descubrirse y ser atacado por aviones salidos de la vecina Sicilia. A las seis de la tarde amerizaba en Corinto, al pie de la formidable fortaleza medieval de Acrocorinto, encaramada, como un desafío, sobre un abrupto risco de casi seiscientos metros de altura.

A bordo del *Veneto*, los ánimos decayeron un tanto, pues se pensó que probablemente los ingleses sospecharían las verdaderas intenciones de la escuadra italiana y harían regresar a los convoyes que se hallasen en la mar, o suspenderían las salidas, con lo que la operación ya emprendida resultaría inútil. Desde las 14 a las 16 horas, Iachino mantuvo la proa de sus unidades al rumbo 150°, es decir, todavía más caída hacia el Sur, pero esta alteración no tendría consecuencias.

Aquella tarde, a bordo del buque insignia italiano se interceptó un mensaje, transmitido por la estación de Rodas, señalando que el reconocimiento aéreo había avistado a las 1400 horas, y luego a las 1445, a tres acorazados, dos portaaviones y un número impreciso de cruceros británicos fondeados en el puerto de Alejandría.

A requerimiento de Iachino, el jefe del grupo de descriptadores embarcados en el *Veneto* por «Supermarina», capitán de fragata Porta, hizo un estudio de la situación basándose en los radiogramas descriptados, la actividad inalámbrica desplegada durante el día por las estaciones enemigas del Mediterráneo y el grado de prioridad dado a sus mensajes. Este oficial dedujo que el avistamiento del *Sunderland* había provocado cierta alarma en el enemigo, pero que las medidas por él adoptadas no eran demasiado importantes, ya que los incomprensibles mensajes transmitidos desde Alejandría no llevaban la calificación máxima de preferencia.

Esta apreciación, particular y poco sagaz, y el hecho de que «Supermarina» no hubiera decidido cancelar la operación, haría suponer a Iachino que la alarma de los ingleses no hacía prever próximos movimientos de la *Mediterranean Fleet* que pudieran comprometer a su escuadra.

¿Era acertada esta conclusión? Era totalmente errónea; no obstante, el razonamiento en que se basó Iachino para llegar a ella fue probablemente correcto, si se tiene en cuenta que estaba también basado en ciertas noticias y hechos anteriores, de los que todavía no hemos hablado.

Retrocedamos brevemente en el tiempo. En la tarde del 16 de marzo, el *Fliegerkorps X* había comunicado a «Supermarina» que, de los cuatro aviones *(He. 111)* salidos de Sicilia para efectuar un reconocimiento armado por la zona situada al oeste y sudoeste de Creta, dos de ellos habían avistado a una formación de batalla británica, compuesta por dos acorazados, seis cruceros y algunos destructores, a unas cien millas del cabo Kriós (extremidad sudoeste de dicha isla) ; que poco después de las cinco de la tarde, los aviones se lanzaron al ataque y dejaron caer sus cuatro torpedos a unos dos mil metros de los acorazados, y que dos de estos buques habían resultado alcanzados por un artefacto submarino cada uno. El día 19 del mismo mes, el *Seekriegsleitung* (Alto Mando Operativo de la *Kriegsmarine*) comunicaba al almirante Ricardi que sólo un acorazado británico se encontraba en situación de eficacia en el Mediterráneo oriental, y añadía que, habidas las circunstancias en el Atlántico, era completamente improbable la entrada en el Mare Latinum de la «Fuerza H» (1).

Por otra parte, el 24 de marzo, la *Mediterranean Fleet*, que regresaba de dar escolta al primer convoy enviado a La Valetta desde que el *Illustrious* había quedado fuera de combate, fue descubierta y fotografiada por los aviones alemanes del *Fliegerkorps X* y, en la tarde del 26 de marzo, los alemanes hicieron saber a «Supermarina» que la interpretación fotográfica señalaba — moviéndose a 30 millas de Marsa Matruk — a dos acora-

(1) Efectivamente, los acorazados alemanes *Scharnhorst* y *Gneisenau*, que traían de cabeza a la *Royal Navy* en el Atlántico, no entrarían en Brest hasta el 22 de marzo.

zados del tipo «Queen Elizabeth», uno del tipo «Barham» y un portaaviones de la serie «Formidable».

El descubrimiento de este último buque en el Mediterráneo oriental era una información de importancia capital para la escuadra italiana a punto de hacerse a la mar, tan sólo unas horas después, precisamente hacia dicha parte del Mare Nostrum. Sin embargo, inexplicablemente, ni el almirante Campioni (segundo jefe del E. M. A.) se la hizo saber a Iachino cuando habló con él por teléfono poco antes de la salida de éste a la mar, ni «Supermarina» se la comunicó aquella noche, o al día siguiente, cuando ya navegaba hacia Creta. Grave omisión, de las que hacen historia. Por eso Iachino, creyendo que la *Mediterranean Fleet* sigue sin contar con portaaviones en estado de disponibilidad y que tal vez tiene también a dos acorazados inutilizados, se aferrará después a la preconcebida idea de que la escuadra enemiga no se arriesgará a salir a la mar.

A las 1930, ya envueltos en los cendales de la noche, es decir, desaparecido el peligro de la observación aérea enemiga, el *Veneto* y la 3.ª División de cruceros aumentaron su andar a 23 nudos y pusieron la proa al rumbo 98°, hacia un punto situado a veinte millas al sur del deshabitado y abrupto islote de Gaudo, y las divisiones de Cattaneo se dirigieron a la entrada occidental del Egeo.

Por su parte, «Supermarina», comprendiendo que sus intenciones respecto a los convoyes ingleses habían sido probablemente desveladas por el enemigo, decidió cancelar la parte más peligrosa del plan: el *raid* de las Divisiones 1.ª y 8.ª por el Egeo meridional. A las diez de la noche, Iachino y Cattaneo recibieron un mensaje que anulaba la operación del segundo, a quien se ordenaba incorporarse a la agrupación del comandante en jefe. Y mientras ambas fuerzas italianas surcan como sombras y sin incidencias el Mare Nostrum, ya a rumbos convergentes, llevando a sus vigilantes y ágiles destructores bien desplegados en vanguardia, permítanos el lector que regresemos a Egipto.

* * *

El Almirantazgo británico había logrado descriptar dos radiomensajes intercambiados entre Roma y Rodas. Uno, en que aquélla aclaraba al comandante militar del Egeo que el día X-3, actual, era el 25 de marzo. Y otro, del 26, en que solicitaba de dicho mando el reconocimiento y los bombardeos aéreos de que ya hemos hablado. Estos dos mensajes hicieron sospechar a Cunningham que alguna agrupación, de entidad desconocida, perteneciente a la Escuadra italiana, se disponía a caer, el 28 de marzo, sobre los convoyes ingleses despachados para Grecia. Así que, cuando poco después del mediodía del 27 recibió el mensaje aéreo que ya conocemos, señalando la presencia de tres cruceros italianos arrumbados hacia el Sudeste, dicho almirante no dudó que éstos, y probablemente también otros buques de guerra italianos, se disponían a caer sobre el tráfico marítimo británico en el Mediterráneo oriental o en el mar Egeo.

Con su astucia característica (ingrediente siempre positivo), el comandante en jefe de la Escuadra británica haría todo lo posible para que el enemigo no sospechase que él se había percatado de sus intenciones y optase por retirarse antes de que la *Mediterranean Fleet* pudiera intervenir. Consciente de su neta superioridad, Cunningham planeó dejar que los buques italianos se aproximasen durante la noche al Mediterráneo oriental, para, una vez allí, caer sobre ellos por sorpresa después del amanecer y aniquilarlos. Por tal razón, ninguno de sus mensajes llevó el marchamo de máxima preferencia ni el grueso de su escuadra se movió de Alejandría hasta la puesta del sol. Además, Cunningham ordenó al convoy «AG-9, que el día 27 navegaba con tropas británicas hacia el mar Egeo, que continuase a rumbo hasta el crepúsculo vespertino y luego diese la vuelta y regresara a Egipto. También canceló la salida de El Pireo de otro convoy en lastre que se disponía a zarpar para Alejandría; alertó a las fuerzas de la Aviación Naval basadas en Grecia y la isla de Creta, y a la Marina griega; envió a Suda al crucero antiaéreo *Carlisle*, y apostó convenientemente a dos submarinos. Ya conocemos su pequeña comedia para dar la sensación de que la escuadra inglesa no tenía intenciones de moverse. Los toldos de los buques británicos surtos en Alejandría ni siquiera se aferraron, y, mientras se levantaba presión en calderas, se cursaron precipitadamente diversas invitaciones para una cena de gala aquella misma noche. Porque hasta que se descubriera su salida a la mar y los posibles agentes enemigos lograran comunicar la noticia a sus enlaces, si es que lo hacían, los buques italianos continuarían aproximándose confiadamente hacia la trampa mortal que con toda habilidad les había tendido.

Sin embargo, el portaaviones *Formidable* se hizo a la mar a las 1530 de la tarde. Era entonces ortodoxo, y todavía lo es hoy en día, que los buques portaaviones entren y salgan de puerto, en tiempos de guerra, sin aviones de ninguna clase a bordo. Las razones son obvias: una mina enemiga no rastreada, incluso una propia a la que las corrientes o la mar hayan hecho garrear hacia los canales supuestamente libres, o los torpedos de cualquier submarino indetectado y al acecho pueden hundir al buque y con él a todos sus valiosos aviones. Por ello, antes de entrar en puerto, los portaaviones ponen en el aire a la totalidad de sus aparatos y los envían al aeródromo de la base naval o a la aérea más próxima. Y, al revés, al salir, otra vez sorteados los campos de minas propios y a una distancia de seguridad, recobran sus aeronaves.

A bordo de los portaaviones, el despegue, lanzamiento con catapulta y la toma de cubierta durante la noche es hoy el pan nuestro de cada día (1). Pero entonces había que encender muchas luces y se consideraba todavía una operación arriesgada, por mor de los submarinos, que se procuraba evitar. Por tal razón, el *Formidable* salió de Alejandría antes de que cayera la noche, y por ello también los aviones italianos, que llegaron precisamente media hora después sobre la base naval británica, únicamente descubrieron en su interior a dos portaaviones (los averiados *Eagle* e *Illustrious*), en vez de tres, y el almirante Iachino siguió ignorando la presencia del *Formidable* en el Mediterráneo oriental.

A las 1630, este buque puso la proa al viento y forzó máquinas para recibir a bordo a sus aviones, procedentes del aeródromo de Dekeilah: eran trece cazas *Fulmar* y catorce torpederos *Albacore* (2) y *Swordfish*, y a las 2000 se incorporaba al grueso de la escuadra del almirante Cunningham, que con los acorazados *Warspite*, *Barham* y *Valiant* y nueve destructores navegaría durante la noche, a 20 nudos, arrumbada hacia el islote de Gaudo.

La división de cruceros del vicealmirante Pridham-Wippell *(Orion, Ajax, Perth* y *Gloucester)*, con cuatro destructores, ya sin el *York* y que había aparejado de El Pireo a las 1300 horas del mismo día (el 27), saldría del Egeo por el estrecho de Antikithera

---

(1) En 1967, el autor de este libro permaneció una semana embarcado en el portaaviones de 45.000 toneladas *Hornet*, durante unas maniobras de la Escuadra norteamericana por el océano Pacífico. Todas las noches, el funcionar de las catapultas de vapor y las tomas de cubierta — por cierto impecables — eran incesantes, pues los aviones de la cortina antisubmarina y de la descubierta radar avanzada se relevaban sin interrupción.

(2) El *Albacore* era un biplano torpedero-bombardero, más moderno que el *Swordfish* y con mayor autonomía y velocidad que éste; cabina cerrada y alerones hidráulicos.

y debería encontrarse, a las 0630 del día 28, a 30 millas al sur de Gaudo, para unirse después a la *Mediterranean Fleet*. Sin embargo, debido a que el *Warspite* había tocado en un bajo de fango al salir de puerto y las aspiraciones de algunos condensadores resultaron parcialmente obturadas, este buque no pudo dar toda su velocidad y el grueso de la escuadra llegaría tarde a su cita con Pridham-Wippell; lo que, como luego veremos, no sólo salvó al *Vittorio Veneto* de ser hundido, sino que estuvo a punto de costar un grave percance a la división británica de cruceros. Tanto quiso Cunningham aquilatar su tiempo para no delatarse.

Vemos, pues, que, sorprendentemente, las dos agrupaciones del almirante Iachino y una de las de su antagonista británico, la que debería arrastrar al enemigo hacia la más poderosa, se habían dado cita, prácticamente, en el mismo punto del Mediterráneo oriental, el mismo día y a la misma hora. ¿Se trató sólo de una extraordinaria y fortuita coincidencia?

Sí, así fue, pero si se echa un vistazo a la carta del Mediterráneo oriental, salta a la vista que, para los buques de Cunningham, el mejor punto de espera en la mañana del día 28 era el sudoeste de Creta, pues, una vez allí, si los italianos entraban en el Egeo, la escuadra británica podría cerrarles inmediatamente la salida, y si, eludiendo la penetración en dicho mar, trataban de dirigirse hacia la derrota marítima directa entre Alejandría y El Pireo, por el estrecho de Kasos, sobre ella estaría ya toda la *Mediterranean Fleet* para presentarles batalla con manifiesta superioridad de efectivos. Por otra parte el islote de Gaudo — hasta el que no podían llegar los *Stukas* alemanes — resulta, por sus características, un excelente lugar de recalada y, por tanto, buen paraje para el *rendez vous* de dos agrupaciones de igual bandera procedentes de puntos opuestos de la rosa.

Todo lo que se ha dicho y publicado respecto a que el almirante Cunningham conocía el completo plan de operaciones elaborado por «Supermarina», que el 28 de marzo de 1941 habría de llevar a la práctica el almirante Iachino, con el *Veneto* y demás buques que ya conocemos, es falso. Sólo tenía conocimiento de aquellos dos radios y de otros dos, también descriptados, de «Superaéreo», dando cuenta de los resultados del reconocimiento italiano sobre Alejandría y el Egeo y de ciertas deducciones obtenidas de la escucha radiotelegráfica enemiga (1).

---

(1) La obra del oficial de la Armada italiana Alberto Santoni *Il Vero*

* * *

Sobre los alerones del puente de mando del *Vittorio Veneto,* poco antes de la amanecida del 28 de marzo, el almirante Angelo Iachino y todos los componentes de su Estado Mayor espiaban ansiosamente el tomado horizonte, preguntándose qué les depararía el nuevo día. La mar estaba en calma, soplaba un viento flojo del Nordeste y la visibilidad seguía siendo mediocre. El silencio de la amanecida sólo era turbado por el ruido del hidroavión que, sobre una de las catapultas de la toldilla del acorazado, calentaba su motor disponiéndose para el vuelo. A medida que las sombras se desvanecían fueron haciéndose visibles las grises siluetas de los cuatro destructores que navegaban por la proa del gran buque de guerra, sobre una mar plomiza. Todavía no se percibían los cruceros de la 3.ª División, que debían moverse por la proa del *Veneto,* a unas siete millas de distancia, arrumbados también al 97° verdadero, ni los buques de Cattaneo.

A las 0600 se catapultó uno de los hidros del buque insignia, que se alejó hacia el Sudeste para explorar por allí una faja de veinte millas de anchura y cien de longitud. Cinco minutos más tarde se lanzaba también al aire el aparato del *Bolzano* (división de Sansonetti), que exploraría por el Norte, para contornear la costa cretense entre Gaudo y el estrecho de Kithera. Luego, ambos aparatos deberían amerizar en Leros.

Algo después se hicieron perceptibles las elevadas obras muertas de los cruceros pesados de la 3.ª División, más adelantados de lo previsto, y a unas quince millas por el Noroeste se avistó la agrupación de Cattaneo. Entonces, eran las 0630, Iachino ordenó aumentar a 25 nudos y señaló a la 1.ª División que se situase a diez millas del *Veneto,* por el Norte.

A aquella misma hora, el grueso de la *Mediterranean Fleet* se movía a unas ciento setenta y cinco millas por el sudeste del

---

Traditore, Hursia Editore, Milán, 1981, que aporta una concluyente documentación fotográfica de aquéllos y otros muchos mensajes ingleses, entonces ultrasecretos, pero hoy por fin desclasificados y en posesión del *Public Record Office,* Kew Gardens, Londres, enviados por el Almirantazgo británico al comandante en jefe de la *Mediterranean Fleet* los días 25, 26 y 27 de marzo de 1941, disipa toda duda al respecto.

buque insignia italiano. A las 0555, el *Formidable* había salido de formación para aproar al viento y lanzar al aire varios aviones: fueron cinco *Swordfishes*, que explorarían en abanico hacia el Noroeste; uno de vigilancia antisubmarina, y dos cazas *Fulmar*, que sobrevolarían a la escuadra.

A las 0643, emoción a bordo del *Vittorio Veneto*. El teniente de navío Micali comunicaba haber avistado desde las alturas, ocho minutos antes, a cuatro cruceros y otros tantos destructores enemigos arrumbados al 135°, a 18 nudos, en la cuadrícula que daba. Examinada la carta correspondiente, se supo que aquellos buques se hallaban a unas 45 millas del acorazado. El almirante italiano creyó que se trataría de la escolta avanzada de algún convoy británico, por lo que ordenó a la 3.ª División aumentar a 30 nudos y arrumbar al 135° para reconocer al enemigo. Simultáneamente, el acorazado ponía a régimen de 28 nudos y aproaba en la misma dirección, seguido a distancia por la agrupación de Cattaneo.

Como ya habrá supuesto el lector, se trataba de los cruceros de Pridham-Wippell, que a las seis de la mañana se encontraban a unas treinta millas de Gaudo, moviéndose al encuentro del grueso de la *Mediterranean Fleet*. Desde la división británica, a las 0633 se avistó un hidroavión italiano. Era del tipo embarcado, pero el vicealmirante debió de suponer que procedía de alguna base del Dodecaneso, ya que entonces arrumbó con sus buques al 200°, «para tener la división fuera de la zona del probable reconocimiento aéreo enemigo». Este marino no debió de sospechar, pues, la presencia de los buques de guerra italianos, ya que, hacia las 0740, cuando recibió el mensaje de uno de los aviones del *Formidable* señalando a cuatro cruceros y cuatro destructores enemigos a unas 35 millas al nordeste de su división, arrumbados al 230°, creyó que por error se había señalado a su propia fuerza. Minutos después, otro aparato del portaaviones comunicaba haber descubierto a cuatro cruceros y seis destructores, también arrumbados al 230°, a 25 millas al sudoeste de los anteriores. Pero este mensaje todavía no había sido descifrado a bordo del buque insignia de Pridham-Wippell cuando los serviolas del *Orion* descubrieron a tres cruceros enemigos del tipo «Zara»: eran los buques de Sansonetti.

La división británica viró inmediatamente hacia el Sudeste cuarta al Este y aumentó su velocidad a todo lo que le permitió una avería en las máquinas del *Gloucester*, no sólo para tratar de arrastrar al enemigo hacia el grueso de la *Mediterranean Fleet*, como estaba previsto, sino para intentar librarse de los disparos de la superior artillería italiana. Y así dio comienzo una veloz persecución, pues, aunque Sansonetti había recibido órdenes de Iachino de replegarse sobre el *Veneto* después del avistamiento, el vicealmirante no quiso desaprovechar una ocasión tan favorable: ¡al fin y al cabo, era la primera vez que los cruceros ingleses huían sin disimulo alguno delante de sus contrapartes italianos! Pero lo hizo con prudencia, para no exponerse a provocar cualquier avería en las máquinas — ciertamente peligrosa en aquellas aguas tan alejadas de las bases propias —, sin querer rebasar los 31 nudos, pues el *Trento* y el *Trieste,* aunque muy veloces, eran también buques relativamente viejos.

A las 0812, cuando la distancia entre ambas divisiones era de 23.000 metros, los cruceros de Sansonetti abrieron fuego sobre el *Gloucester,* que resultó inmediatamente centrado y tuvo que serpentear, pero que debió de sentirse ciertamente espoleado por la llegada de los proyectiles enemigos, pues logró dar una velocidad insospechada.

En este combate de persecución, la diferencia de velocidades fue muy pequeña; la distancia, grande, y la visibilidad, mediocre, así que el fuego italiano, en caza, bastante lento y cuyas salvas caían poco agrupadas, resultó ineficaz. A las 0829, cuando el alcance era de 21.000 metros, el *Gloucester* disparó tres salvas, pero como todas cayeron cortas, los cañones ingleses volvieron a enmudecer.

Desde el *Veneto* sólo se veían las llamaradas de los disparos de la 3.ª División. Pero los cruceros de Sansonetti iban distanciándose del buque insignia, mientras que, por el Sudeste, la *Mediterranean Fleet* forzaba su andar hasta los 22 nudos, máxima velocidad que era capaz de desarrollar el *Warspite,* debido a la avería ya mencionada. Pese a que los aviones del *Formidable* habían descubierto todas las agrupaciones italianas situadas por el norte de Pridham-Wippell, entre las que se señalaban a tres acorazados (las siluetas y disposición de la artillería principal del *Garibaldi* y el *Abruzzi* eran idénticas a las de los acorazados del tipo «Cavour»), el almirante Cunningham no quiso lanzar todavía al ataque a sus aviones torpederos, confiando en que el enemigo seguiría aproximándose.

La veloz carrera entre las divisiones de Sansonetti y de Pridham-Wippell continuaba, pues, sin variaciones, es decir, sin resultados positivos para los italianos. En vista de lo cual, y puesto que los buques se tragaban velozmente las millas hacia Alejandría y el avión del *Veneto* no había descubierto a convoy enemigo alguno en un radio de 30 millas, a las 0850, Sansonetti ordenó a su división cesar el fuego e invertir el rumbo. Dicha ausencia de convoyes enemigos y el hecho de que, en contra de todo lo previsto, ni un solo avión de caza italiano se había presentado, decidieron a Iachino, que ya descartaba haber conseguido la sorpresa, a cancelar la operación: a la misma hora ordenó a todas sus agrupaciones arrumbar al 300° y moderar a 20 nudos.

A partir de entonces comenzaron a llegar al buque insignia italiano una serie de desconcertantes mensajes procedentes del reconocimiento marítimo italo-alemán. Poco después de las nueve de la mañana, la estación de Rodas transmitió un radio señalando que un avión italiano había detectado, a las 0745, a un portaaviones, dos acorazados, nueve cruceros y catorce destructores británicos, en la cuadrícula 3836/0, arrumbados al 165° y moviéndose a 20 nudos. ¿Se trataba, efectivamente, de la escuadra británica?

En el *Vittorio Veneto* se comprobó que a dicha hora había sido precisamente la escuadra italiana la que navegaba por la cuadrícula señalada, y como existía el precedente de Punta Stilo, Iachino, temiendo ser atacado por los bombarderos nacionales, advirtió por radio que los buques avistados eran italianos. ¿Lo eran?

El almirante Cunningham afirma que se trataba de la *Mediterranean Fleet*. Sin embargo, el número de la cuadrícula no deja lugar a dudas (1), si bien es cierto que el observador del avión pudo haber cometido un error. ¿También en el rumbo? Esto cabe muy bien en lo posible, pues, creyendo hallarse a la vista de un portaaviones enemigo y temiendo ser atacado por sus cazas, la observación debió de hacerse a mucha distancia, como lo prueba, en cualquier caso, la gran inexactitud de todo el informe. Pero tanto si se trató de un doble error como si no, Iachino siguió creyendo que el grueso de la escuadra inglesa estaba aún en Alejandría.

Por otra parte, de los cuatro aviones alemanes *JU-88* despegados de Sicilia para explorar la zona por donde se movían los buques italianos — salida de la que Iachino tuvo noticias —, sólo uno de ellos señaló a los cruceros de Pridham-Wippell, pero ninguno al grueso de la *Mediterranean Fleet*, que, como ya sa-

(1) Los italianos empleaban tres cuadrículas por cada grado de latitud y longitud.

bemos, se aproximaba a aquéllos por el Sudeste. De modo que el almirante italiano no pudo sospechar todavía, ni remotamente, la presencia de la escuadra británica en la mar, y como los cruceros ingleses habían invertido el rumbo para seguir de lejos y a prudencial distancia a la 3.ª División de Sansonetti, planeó dar un rodeo hacia Levante, con el *Veneto,* para caer sobre ellos por retaguardia y envolverlos entre dos fuegos. Por su parte, Cunningham, viendo que el enemigo se le esfumaba, ordenó al *Formidable* que lanzase sus aviones torpederos contra los cruceros italianos en retirada. Observamos, pues, que ambos almirantes se disponen al ataque; pero mientras el brazo de Iachino no tiene mayor alcance que el de los cañones de sus buques (unas 16 millas), Cunningham es capaz de descargar su puño de trilita a casi diez veces tal distancia.

A las 1017, el *Vittorio Veneto* invirtió el rumbo, al mismo tiempo que Iachino comunicaba sus intenciones a Sansonetti, ordenándole proseguir hacia el Noroeste hasta nuevo aviso y aprestarse otra vez para el combate.

Trece minutos después, el acorazado italiano arrumbaba hacia el Este y los destructores se situaban por su banda de babor para no interferir luego la línea de tiro. El *Veneto* marchaba ahora a 28 nudos, y los pesados proyectiles, de 882 kilos de peso, ya ascendían desde los pañoles de municiones hacia las grandes torres de la artillería principal. Antes de izarlos, los artilleros italianos les daban afectuosas palmadas y hacían votos porque su próximo vuelo terminase en... las entrañas de los cruceros enemigos. Poco después, el *Veneto* caía al rumbo 120°, y unos minutos antes de las once de la mañana, desde la cofa se avistó, por la amura de estribor, a la división de Pridham-Wippell, en cuyo momento el buque de línea italiano cayó al 150°.

Este prematuro avistamiento sorprendió a Iachino, que suponía a los cruceros ingleses más hacia el Norte y había esperado poder cerrar sobre ellos prácticamente por su estela, para atraparlos contra la división de Sansonetti. Pero la navegación por estima y el conocimiento un tanto impreciso de la posición relativa, rumbo y velocidad del enemigo, todo ello basado en la apreciación de otra fuerza, suelen dar tales sorpresas. No obstante, Pridham-Wippell, igualmente extrañado por la aparición del *Veneto,* tardó cierto tiempo en reaccionar y, como ahora marchaba a un rumbo opuesto al del buque de línea italiano, las distancias empezaron a disminuir rápida y peligrosamente para él.

«¡Avistada unidad de tipo impreciso! ¡Voy a reconocerla!»,

lanza al éter Pridham-Wippell, y el *Orion,* que ya ha puesto la proa hacia el acorazado italiano, parpadea por semáforo luminoso la señal de reconocimiento: «OBI». Pero no hay respuesta, y el vicealmirante inglés comienza a inquietarse. Pronto saldrá de dudas. A las 1056, el sospechoso buque, que se aproxima velozmente por el Norte y ya está a 23.000 metros de distancia, escupe bruscamente una gran llamarada, inmediatamente otra y luego una tercera.

Pridham-Wippell ordena precipitadamente a todos sus buques caer a babor 180°, arrumbar hacia el Sur, forzar máquinas a toda velocidad y lanzar cortinas de humo «por todos los medios disponibles». Apenas han iniciado su caída los cruceros ingleses, llegan en rápida sucesión las tres escalonadas salvas del *Veneto,* y los proyectiles de 381 mm. levantan imponentes obeliscos acuáticos a caballo del *Orion,* sobre cuya cubierta se desploma una catarata de agua, al mismo tiempo que la metralla perfora su obra muerta, sin graves consecuencias. Pero los cruceros ingleses comienzan a arrojar inmediatamente por sus chimeneas una densísima cortina de humo negro, que muy pronto les oculta casi por completo para los apuntadores del acorazado italiano. Simultáneamente, dos destructores británicos cortan a toda velocidad la línea de tiro enemiga y tienden una cortina de humo, lo que dificulta todavía más la observación de la caída de los proyectiles del *Veneto.* Mientras tanto, Sansonetti ya ha invertido el rumbo de sus cruceros pesados y se lanza también en persecución de Pridham-Wippell.

Los quince minutos siguientes resultaron verdaderamente angustiosos para los británicos. Uno solo de aquellos formidables proyectiles que se aproximan aullando y luego levantan montañas de agua en las proximidades de sus cuatro cruceros pueden dejar inmovilizado a cualquiera de ellos, que entonces resultará irremediablemente destrozado y enviado al abismo. Así que la división de Pridham-Wippell zigzaguea constantemente y arroja tal cantidad de humo, que el director de tiro del *Veneto,* capitán de corbeta Sotgiu, a los diez minutos de abrir el fuego, decide cambiar de blanco y disparar sobre el único crucero enemigo que, por hallarse a barlovento, descubre parte de su obra muerta: el *Gloucester.* Este buque resulta inmediatamente centrado, pero, por suerte para él, logra escapar a la mortífera lluvia que insistentemente le busca, hasta que el destructor *Hasty* consigue cubrirlo con humos.

Debido a la necesidad de serpentear y navegar en zigzag para dificultar el peligroso tiro del enemigo, los cruceros ingleses apenas conseguían aumentar las distancias a su implacable perseguidor, y la división de Sansonetti se aproximaba amenazadoramente. La situación era, pues, desesperada, y obligó al almirante Cunningham a destacar al *Valiant*, a toda la velocidad de que fuera capaz, para prestar cuanto antes apoyo a los comprometidos cruceros de Pridham-Wippell, así como a cambiar el objetivo de los aviones del *Formidable*.

«Siempre había sido mi intención — escribe el almirante británico — no lanzar el ataque torpedero aéreo hasta que la escuadra de batalla enemiga estuviese lo bastante próxima para asegurar que, si uno de sus buques era acertado, nuestros acorazados pudieran, con absoluta certeza, alcanzarle y destruirle. Pero en esta emergencia me vi forzado.»

A las 0939 habían despegado del *Formidable* seis *Albacores*, dos cazas *Fulmar* y un *Swordfish* de observación, cuyo objetivo era atacar a los cruceros del vicealmirante Sansonetti, que navegaban hacia el Noroeste y eran seguidos por los de Pridham-Wippell. Poco antes de las once de la mañana, dichos aviones se aproximaron a los buques del «VALF» *(Vice Admiral Ligth Forces)*, siendo recibidos a cañonazos. En vista de lo cual, los aviones ingleses dieron un buen rodeo a sus destemplados camaradas y descubrieron al *Veneto*, que hendía velozmente las aguas hacia el Sur, levantando una formidable onda de cabeza, pero todavía sin disparar. ¿Qué buque era aquél? El capitán de corbeta Saunt, que mandaba el escuadrón, decidió averiguarlo.

Poco antes de las once, desde la cofa del *Vittorio Veneto* se avistaron varios aviones que volaban muy bajos por la popa del acorazado y que fueron tomados por cazas italianos. La noticia alegró lo que puede suponerse a los hombres de Iachino, que se arrepintieron de haber puesto en duda la tempestiva intervención de la *Regia Aeronautica*. Pero, ¡ay!, su alegría duró muy poco tiempo, pues pronto se descubrió que se trataba de los temidos aviones torpederos británicos. «Estos aparatos — relata Iachino — parecían perplejos sobre nuestra identidad, probablemente porque no esperaban encontrarse a un acorazado italiano por aquellas aguas, arrumbado hacia el Sur. Les vimos desfilar por nuestra banda de babor a baja cota, para examinar bien al *Veneto* y reconocer su tipo; pero pronto se convencieron de que éramos enemigos y se alejaron para preparar el ataque.»

Hacia las 1115, ya en plena estampida de los cruceros de Pridham-Wippell, los seis *Albacores* se aproximaron en formación cerrada hacia la proa del *Veneto.* Momentos después divergían, para formar un arco de unos 80° por las amuras del acorazado. El mismo Iachino ordenó cesar el tiro de la artillería principal, dirigido contra los cruceros ingleses — sobre los que ya habían llovido casi un centenar de proyectiles de 381 mm. —, y abrir el fuego antiaéreo con las piezas de 152 y de 90 mm. La primera escuadrilla británica se aproximó por la amura de estribor del buque de línea italiano y, entorpecida por el tiro del acorazado y de sus cuatro destructores, dejó caer al agua sus torpedos a unos dos mil metros de distancia.

En ese momento, el *Veneto* metió toda la caña del timón a estribor, pero todavía sus 42.000 toneladas de acero no habían comenzado a reaccionar, cuando ya la segunda escuadrilla de Saunt dejaba caer sus artefactos submarinos por la amura de la otra banda. Finalmente, con una lentitud que resultó desesperante para los italianos, la proa del *Veneto* inició su caída, luego progresivamente más rápida, y el almirante quiso salir del puesto acorazado para observar desde el exterior las trayectorias seguidas por los seis peligrosos peces de acero. Pero el mecanismo hidráulico de la pesada puerta de proa ha quedado afectado por el formidable resoplido de las grandes piezas que acaban de enmudecer y no funciona. Iachino ordena abrir la de popa, pero esta pequeña mole de acero, de 350 mm. de espesor, tampoco quiere moverse. El acorazado ya escoraba pronunciadamente a babor debido al efecto de la metida de sus timones a semejante velocidad, y, mientras tanto, seis torpedos se deslizaban traidoramente bajo las aguas, aproximándose al buque a más de 40 nudos.

«Y así me encuentro como un ratón en la trampa — escribe Iachino —, en el interior del reducto acorazado, furioso por este contratiempo que no me permite darme claramente cuenta de todo lo que sucede alrededor de nosotros.» Pero todavía existe una pequeña escotilla, con escala vertical, a través de la cual el comandante en jefe pudo escapar de su inesperada prisión y descender al puesto blindado inferior, que, por fortuna, tenía su puerta abierta y le permitió salir a la plataforma de afuera.

Las seis estelas de aire comprimido que escapaban por la cola de los artefactos submarinos ingleses pasaron por la popa del *Veneto,* pero éste dio un giro de 360° e hizo creer erróneamente a los marinos británicos que había sido alcanzado por lo menos por uno de sus torpedos.

¡Había pasado el peligro! Mas los italianos se dieron cuenta de que estaban a merced de los aviones enemigos, como anteriormente lo había estado el almirante Campioni durante la batalla de Punta Stilo, pues, aunque por aquella zona la situación atmosférica era buena, de los prometidos cazas nacionales no había ni rastro. Únicamente dos *JU-88,* alemanes, que, como sabemos, efectuaban un reconocimiento armado, se habían enfrentado con los aparatos ingleses poco antes del ataque torpedero de éstos, resultando uno de ellos abatido en llamas por los *Fulmar* y teniendo que retirarse el otro. Dada la proximidad de Creta — pues los italianos creyeron que de allí habían partido los aviones enemigos —, un ataque similar podría repetirse en cualquier momento, ¡quién sabía con qué resultado!, y también era de temer la intervención de los bombarderos de la RAF. En vista de lo cual, a las 1130, Iachino aumentó a 28 nudos y puso la proa al 300°, disponiendo bien distanciadas entre sí a las divisiones de Sansonetti y de Cattaneo, pues ahora sabía que su mejor arma iba a ser la oportuna maniobra a gran velocidad. Dejemos a las tres formaciones italianas arrumbadas hacia el Oesnoroeste y regresemos con los todavía trepidantes buques de Pridham-Wippell, que, al rumbo contrario, continúan arrojando imponentes borbotones de humo negro por sus chimeneas.

* * *

Envueltos en una humareda de incendio, vibrantes y lanzados a toda máquina, los cruceros y destructores del «VALF» no se enteraron del ataque llevado a cabo por los *Albacores* del *Formidable* contra el *Vittorio Veneto,* ni de la posterior inversión de rumbo de este acorazado y la 3.ª División de cruceros pesados de Sansonetti.

A las 1138, el *Gloucester* señaló a Pridham-Wippell que el enemigo había cesado el fuego y se alejaba. Diez minutos después, cuando el viento hubo aclarado suficientemente la humareda, ni un solo buque italiano quedaba a la vista de los ingleses. Pero tras aquella desesperada carrera con el *Veneto* a los talones, Pridham-Wippell decidió seguir a rumbo para aproximarse saludablemente al grueso de la *Mediterranean Fleet.*

A las 1228 se avistaron desde el *Orion* los destructores que formaban la cortina antisubmarina del *Valiant,* y se comprobó que había un error de una docena de millas entre las derrotas del «VALF» y del buque insignia de Cunningham — el *Warspite* —. Cuando este acorazado y el *Orion* estuvieron a la vista, intercambiaron entre sí los siguientes mensajes:

— *Where is the enemy?* («¿Dónde está el enemigo?»)

— *Sorry don't know; haven't seen them for some time.* («Lo siento, no lo sé; no les hemos visto desde hace tiempo») (1).

Para el comandante en jefe británico, cuyos planes habían quedado por el momento desbaratados, resultaba fundamental no perder contacto con el enemigo (los aviones del *Formidable* seguían constantemente a los buques italianos, pero su posición geográfica estaba expuesta a grandes errores), puesto que quedaban bastantes horas de luz por delante y todavía no desesperaba de poder rematar a cualquier gran unidad que resultase alcanzada por los torpedos aéreos, ya que el brazo del *Formidable* era fuerte y largo. Así que el almirante Cunningham ordenó al «VALF» arrumbar nuevamente hacia el Oesnoroeste, para volver a tomar contacto con el enemigo, mientras él concentraba sus tres acorazados y proseguía en la misma dirección, a 22,5 nudos (máxima velocidad del *Barham*, pues para entonces el *Warspite* había superado sus dificultades), y dejaba en libertad de maniobra al portaaviones, para no someter también a los buques de línea, mucho más lentos, a la servidumbre de la caprichosa dirección del viento.

Hacia las 1215, el *Formidable*, escoltado por dos destructores, salió de formación y aproó al viento para lanzar y recoger, respectivamente, a los escuadrones de los capitanes de corbeta Stead y Saunt. La vista de los tres acorazados resultaba magnífica desde la isla del portaaviones: sus rodas levantaban altas cascadas de blanca espuma, y las grandes obras muertas, erizadas de cañones, brillaban al sol coronadas por la bandera de San Jorge. Más de un viejo lobo de mar recordó entonces con nostalgia a la formidable *Grand Fleet* de la primera guerra mundial, a la que precisamente aquellos tres veteranos aunque modernizados buques habían pertenecido. Pero el espectáculo era también observado, desde hacía más de media hora, por ojos italianos.

Los siete aparatos de Dalyell-Stead rodaron uno tras otro por la cubierta de vuelo, se agruparon y desaparecieron hacia el Ooesnoroeste. Después anavearon los de Saunt, cuya intervención contra el *Veneto*, aunque infructuosa, había librado al «VALF» de una situación verdaderamente insostenible. Acto seguido, el *Formidable* hizo rumbo de incorporación al grueso, ya desaparecido por debajo del horizonte. El buque hendía las tranquilas aguas a 30 nudos, y su comandante, el capitán de navío Bisset, vigi-

(1) S. W. C. Pack, *Night Action off Cape Matapan*, pág. 52 (Londres, Alland, 1972).

laba sobre el alerón descubierto situado a proa de la caseta de gobierno del puente (dos cubiertas por encima de la de vuelo), cuando, casualmente, descubrió a un bombardero italiano *S-79*, que se aproximaba por la amura de estribor a muy baja altura. El capitán de navío dio personalmente la alarma por los altavoces, pero los artilleros que cubrían los cañones y ametralladoras antiaéreas no lograban divisar al intruso. El comandante del *Formidable* señalaba hacia aquel aparato que se aproximaba velozmente a ras de las olas, ya a mil metros de distancia, maldecía y se desesperaba. Por fin reaccionaron los artilleros, y una infernal algarabía brotó por las bocas de fuego de los montajes óctuples de ametralladoras de 40 mm. y los cañones antiaéreos de 114 mm. A unos novecientos metros de distancia, el *Savoia* italiano dejó caer al mar sus dos torpedos, hizo un cerrado viraje y escapó a todo gas.

— ¡A estribor toda! — ordena Bisset.

El gran buque escora pronunciadamente a babor. Pero poco después se adriza y queda a un rumbo aproximadamente opuesto al que traen los torpedos. Y entonces, cuando los artefactos submarinos aún no han tenido tiempo de llegar, Bisset, que debía tener una vista excepcional, descubre a otro *S-79* que se acerca, también indetectado, por la amura de estribor de su buque. Pero esta vez un enjambre de proyectiles parte inmediatamente del portaaviones. No obstante, el trimotor italiano siguió aproximándose, imperturbable, y dejó caer los torpedos a menos de mil quinientos metros de su enemigo. Viraje cerrado del avión, nueva metida a estribor y pronunciada escora del *Formidable*, unos segundos de incertidumbre para ingleses e italianos y ambos adversarios consiguen alejarse indemnes.

Había sido un momento peligroso para el portaaviones, sorprendido, por debajo del lóbulo del radar y sin cazas en el aire, por un resuelto ataque que pudo haber cambiado radicalmente el curso de la batalla de Matapán. Pero, como sabemos, la *Regia Aeronautica* disponía de contados aviones torpederos, y dos solitarios *Savoias* eran insuficientes para poder lisiar con torpedos, a plena luz del día, a un maniobrero buque bien artillado — con dieciséis piezas de 114 mm. y cincuenta y seis ametralladoras pesadas — y capaz de rebasar los 30 nudos.

Mientras tanto, los aviones del capitán de corbeta Stead volaban hacia el *Vittorio Veneto*. Pero antes de que estos aparatos llegasen hasta su formidable objetivo, los buques italianos sufrirían varios ataques aéreos.

Hacia el mediodía, tres *Swordfishes* del *Illustrious*, salidos del aeródromo de Maleme (Creta), avistaron a los cruceros de la 3.ª División italiana y, aproximándose en la dirección del sol, se lanzaron al ataque del *Bolzano*, que marchaba en cola de la formación. Este crucero, que como sabemos se movía a 28 nudos, logró sortear hábilmente los letales artefactos. A las 1420, tres bombarderos *Blemheims* de la RAF, salidos de Menedi (Grecia), atacaron a su vez al *Veneto* con grandes bombas que cayeron a una y otra banda del acorazado, a distancias comprendidas entre los cincuenta y los ciento cincuenta metros, pero sin lograr alcanzarle. Media hora después, otros seis bimotores de la RAF atacaban nuevamente al buque insignia de Iachino, pero esta vez las bombas silbaron lejos. Como podemos ver, los pilotos de la RAF, pese a no encontrar oposición alguna de cazas, no tenían mejor puntería que sus contrapartes de la *Regia Aeronautica*.

Por fin, a las 1519 se aproximaron al *Vittorio Veneto* los aviones conducidos por el capitán de corbeta Dalyell-Stead. ¡El calvario de la escuadra italiana iba a dar comienzo!

* * *

Nueva alarma en el *Veneto*. Eran tres bombarderos de la RAF, muy altos, aproximándose a la vertical del acorazado. Instantes después abría el fuego la artillería antiaérea, y luego se escuchó el crepitar de las ametralladoras pesadas del buque insignia y de los contratorpederos. El cielo era surcado por los plateados haces de los trazadores y quedaba profusamente salpicado por las vedijas oscuras que producían las explosiones de los proyectiles.

Aquellos bimotores ingleses atraían la atención de todos a bordo de los buques italianos, y mientras tanto los aviones torpederos de Dalyell-Stead, que habían avistado al *Veneto* a las 1510, daban un rodeo y perdían altura, indetectados, para atacar con el sol de cola. Los *Albacores* fueron por fin descubiertos desde uno de los destructores, que empezó a disparar sobre ellos, y entonces los *Fulmar* ametrallaron los puentes de mando y las cubiertas de los buques de escolta, lo que produjo el natural desconcierto entre el personal de la artillería y sirvió para abrir brecha a los *Albacores*. Éstos también fueron vistos desde el *Veneto* aproximándose por la proa, pero con direcciones distintas, y aunque se ordenó abrir el fuego sobre ellos, el cambio de blanco de las piezas y direcciones de tiro, cuyo objetivo había sido hasta entonces los bombarderos de la RAF, requirió necesariamente su tiempo, un tiempo esta vez decisivo.

Los aviones ingleses acortaban velozmente distancias como saetas, y la situación se hizo sumamente peligrosa para el *Veneto*. Cuando el lanzamiento de los torpedos parecía inminente, el comandante del buque, capitán de navío Sparzani, ordenó caer a estribor con toda la caña. Para los marinos italianos se desgranaron entonces unos instantes de angustia, y les pareció que transcurría una eternidad antes de que el gran acorazado comenzase a reaccionar. Con los ojos clavados en los aviones enemigos, nítidamente vieron desprenderse a sus torpedos, que entraron en el agua produciendo un plumero de blanca espuma: dos de ellos a unos mil metros de distancia, y todavía más cerca el del primer aparato, cuyo piloto, haciendo alarde de una sangre fría y un espíritu de sacrificio extraordinarios, pareció decidido a hacer blanco a cualquier precio. Era el avión del capitán de corbeta Dalyell-Stead.

Mientras el *Vittorio Veneto* giraba y las estelas de los tres torpedos ingleses cortaban las aguas a toda máquina, el *Albacore* del jefe del escuadrón británico, que volaba a contrabordo del acorazado, resultó alcanzado por los disparos de las ametralladoras, hizo un raro movimiento, cortó la proa del *Veneto* a tan sólo unas docenas de metros, recibió un diluvio de balas y se precipitó al mar. Dalyell-Stead y sus compañeros, el teniente de navío Cook y el suboficial Blenkhorn, no pudieron ver el resultado de su valeroso ataque. Pagaron su audacia con la vida, pero unos segundos después de estrellarse sobre el agua, su torpedo alcanzaba al *Veneto* en la popa. El gran buque de guerra acusó el impacto con un violento estremecimiento y luego quedó «vibrando largamente, como una barra golpeada por un mazo en una de sus extremidades» (1).

Pero el ataque no había terminado. Los dos torpederos *Swordfish* del *Formidable* se lanzaron ahora contra el acorazado, por su banda de estribor, y uno de los bombarderos de la RAF aprovechó el respiro que le concedió la artillería antiaérea para lanzarse en picado y dejar caer una gran bomba que estalló con imponente estruendo a muy pocos metros de la popa del *Veneto*, a babor, levantando una formidable montaña de agua que luego, debido al rabeo de la popa del buque, se desplomó casi íntegra-

(1) Angelo Iachino, obra citada.

mente sobre su toldilla. Pero esta vez tampoco los torpedos tuvieron mayor fortuna.

Desde las alturas, a bordo de un aparato de observación del *Formidable*, el teniente de navío Haworth vio las columnas de agua que brotaron allá abajo, junto al casco del *Veneto*, y cómo por las chimeneas del coloso escapaban grandes anillos de humo. Después del giro del acorazado, la formación italiana pareció quedar paralizada, pues Haworth apenas lograba distinguir las estelas de los destructores. Y, sin ser molestado, este oficial siguió radiando al buque insignia todas sus interesantes observaciones.

¿Qué había sucedido a bordo del *Vittorio Veneto*? El impacto del torpedo de Stead produjo una gran brecha en el casco del acorazado, a la altura de la hélice externa de babor, unos cinco o seis metros por debajo de la línea de flotación; provocó la entrada de unas 4.000 toneladas de agua en varios compartimentos estancos y bloqueó los tres timones. Las máquinas se pararon, de modo que, a las 1530, las cuatro hélices dejaron de moverse y el buque insignia de Iachino quedó al garete sobre la mar, ¡a 420 millas de Taranto!, ligeramente escorado a babor y bastante hundido de popa.

Sin embargo, y por fortuna para los italianos, esta peligrosa situación no duró mucho tiempo. Seis minutos después, valiéndose del gobierno a mano y con la máquina externa de estribor a régimen de toda fuerza, se pudo volver a navegar, a 16 nudos. A las 1642 funcionó otra vez el servomotor de gobierno, y a las 1713 se puso también a toda fuerza la máquina interna de estribor, pudiendo el buque alcanzar los 19 nudos. Pero una de las hélices de babor había quedado deshecha y el eje del otro propulsor de la misma banda estaba inutilizado, por lo que sus respectivas turbinas no pudieron emplearse.

Los ataques aéreos británicos proseguían. A las 1515, seis *Blemheims* de la RAF atacaron a la agrupación de Cattaneo, dejando caer sus bombas en las proximidades del *Zara* y del *Garibaldi*. Unos minutos después, cuatro bombarderos del mismo tipo atacaban a la 3.ª División, del vicealmirante Sansonetti. Esta vez, los tripulantes del *Trento* y del *Bolzano* vieron caer muy cerca los artefactos ingleses. A las 1645, cinco bimotores de la RAF bombardeaban a la 1.ª División italiana, y a las 1700, otros seis *Blemheims* rociaban con explosivos a los cruceros de Sansonetti. Mientras tanto, ni un solo caza del Eje había hecho acto de presencia. Al parecer, las condiciones meteorológicas no eran buenas en el canal de Kasos, y Sicilia quedaba muy lejos. Pero los ataques británicos no pararían ahí, porque ¿qué hacía mientras tanto la escuadra del almirante Cunningham?

* * *

La *Mediterranean Fleet*, entonces a unas 58 millas marinas por la estela del *Vittorio Veneto*, iba arrumbada al 310° verdadero, a toda la velocidad que podía desarrollar el buque más lento, que, como sabemos, era el acorazado *Barham*. El viento cayó casi por completo, pero se había llevado a la mayoría de las nubes, lo que garantizaba una buena exploración aérea. De todas maneras, los diversos informes sobre el enemigo no concordaban bien, por lo que Cunningham había ordenado a los hidroaviones de Creta que efectuasen una exploración por el noroeste de su escuadra, a fin de tratar de esclarecer la posición y movimientos de las diferentes agrupaciones italianas. También hizo salir de El Pireo a tres destructores (*Juno*, *Jaguar* y *Defender*), para que patrullasen durante la noche entre Creta y Kithera.

El comandante en jefe de la *Mediterranean Fleet* conocía desde las 1530 el resultado del ataque torpedero aéreo contra el *Veneto*, pero fue equivocadamente informado de que este buque navegaba después a 8 nudos. Luego, y en contra de lo que esperaba, los sucesivos informes aéreos señalaron que la distancia de la escuadra británica al torpedeado acorazado italiano disminuía muy lentamente, y, comprendiendo que no podrían darle alcance antes de que llegara la noche y que entonces cambiaría de rumbo y se perdería en la oscuridad, Cunningham ordenó al «VALF», a las 1644, que aumentara su velocidad a 30 nudos y destacase a dos destructores para entablecer cuanto antes contacto visual con el acorazado enemigo.

Y mientras los buques de la *Mediterranean Fleet* se aproximaban a todo andar al lisiado *Vittorio Veneto* y demás buques italianos, permítanos el lector un pequeño inciso: si el fango de Alejandría no hubiera entrado accidentalmente en las rejillas de aspiración de los condensadores del *Warspite*, y el grueso de la escuadra británica, en vez de navegar durante toda la noche a 20 nudos, lo hubiera hecho a los 22,5 que podía dar el más lento de sus tres acorazados, a las 1530 de la tarde del día 28 se habría encontrado 46 millas más adelantado, es decir, a tan sólo 12 de distancia del torpedeado e inmóvil *Vittorio Veneto*, ya con 4.000 toneladas de agua de mar a bordo y sobre el que inmediatamente se hubiera abatido el terrible azote lanzado por los veinticuatro cañones ingleses de 381 mm. de calibre, con el resultado que fácilmente puede suponerse...

A bordo del *Formidable* se preparaban ocho aparatos, para que, a la hora del crepúsculo vespertino, atacasen nuevamente al *Veneto*, ataque que debería sincronizarse con el de los *Swordfishes* disponibles en Maleme, donde después aterrizarían todos los aviones.

Hacia las 1735 despegaron del *Formidable* seis *Albacores* y dos *Swordfishes*, mandados por el capitán de corbeta Saunt, y poco más tarde se elevaban de Maleme otros dos aparatos de este último tipo, conducidos por el teniente de navío Torrens-Spence.

A las 1745, Cunningham, para tratar de aclarar cuanto antes la confusa situación, ordenó catapultar el hidro del *Warspite* — recogido de la mar poco antes, tras un vuelo de exploración —, que llevaría a bordo, como observador, al capitán de corbeta Bolt, del Estado Mayor. Este marino, de gran experiencia, avistó al *Veneto* a las 1820, y diez minutos después comenzó a transmitir una serie de mensajes cada vez más precisos. Según ellos, a esa hora el acorazado italiano se hallaba a 45 millas del *Warspite*, navegando hacia el Oeste, a 15 nudos, rodeado por un enjambre de cruceros y destructores.

Cunningham comprendió que tal dispositivo dificultaría las cosas para sus aviones, y como consideraba que serían necesarios muchos torpedos para hundir a un buque semejante, a las 1810 ya había dado a los mandos subordinados las siguientes instrucciones: «Si los cruceros consiguen tomar contacto con el acorazado torpedeado, las Flotillas 2.ª y 14.ª se lanzarán al ataque. Si no logran hundirlo, las seguirá el grueso de acorazados. Si los cruceros no lo localizan, daré un rodeo por el Norte y luego el Oeste, para volver a tomar contacto por la mañana.»

La 10.ª Flotilla *(Stuart, Griffin, Greyhound* y *Havock)* formó poco después una cortina por la proa del grueso británico, mientras que la 14.ª Flotilla *(Jervis, Janus, Nubian* y *Mohowk)* se situó a una milla por la amura de babor de los acorazados, y la 2.ª *(Ilex, Hasty, Hereward* y *Hotspur)* lo hizo, a igual distancia, por su amura de estribor. Los buques de estas dos últimas flotillas, designadas para el ataque nocturno, montaban un total de sesenta y dos tubos lanzatorpedos de 533 mm. Cunningham se preparaba, pues, a poner en práctica, con sus destructores y acorazados, la doctrina preconizada por sir Ernle Chatfield para el combate nocturno de la *Royal Navy*.

¿Qué disposiciones había adoptado mientras tanto el almirante italiano? El *Vittorio Veneto,* que después de ser torpedeado proseguía su penosa navegación hacia el Oesnoroeste, con el agua casi a la altura de los portillos altos de la toldilla y las bombas de achique a mano — las eléctricas habían quedado inutilizadas — funcionando sin interrupción para impedir el avance de las inundaciones en los compartimentos adyacentes, sólo fue atacado una vez, en tan crítica situación, por los bombarderos de la RAF, que dejaron caer lejos sus artefactos. Pero el acorazado era constantemente observado por los aviones de reconocimiento enemigos, lo que hacía temer a Iachino un nuevo ataque torpedero aéreo. «Supermarina» ya le había hecho saber que el último ataque de aviones torpederos había partido del portaaviones *Formidable* y que la escuadra enemiga se hallaba en la mar.

«El verdadero peligro para el *Veneto* — escribe Iachino — lo constituía solamente la eventualidad de ataques aéreos antes de la noche y de ataques nocturnos de los destructores.» Y luego prosigue: «Menos grave era el peligro de los destructores que habían sido vistos saliendo del canal de Cerigotto» (Antikithera).

Como vemos, la idea de la posible intervención de los acorazados de la *Mediterranean Fleet* ni siquiera se le pasó por la cabeza al almirante Iachino: en primer lugar debido a que, como luego veremos, les suponía mucho más lejos de lo que en realidad estaban, y en segundo, porque ignoraba la nueva doctrina británica para su empleo en el combate nocturno y también la existencia de radares a bordo de los buques enemigos. Tampoco confiaba en la intervención de los cazas alemanes, pese a que ya insistentemente los hubiera solicitado para dar cobertura aérea al malherido *Veneto* durante el peligroso crepúsculo que se avecinaba. Por ello improvisó un dispositivo para proteger al acorazado con una «especie de muralla móvil de cruceros y destructores» que impidieran la aproximación a él de los aviones torpederos del adversario. Ordenó al almirante de la 3.ª División que situase sus cruceros a babor del buque insignia, en línea de fila, a mil metros de distancia y con los destructores por fuera, y a Cattaneo que despachase al *Garibaldi* y al *Abruzzi* para Brindisi y dispusiera sus tres cruceros pesados y los destructores simétricamente, por la otra banda. También colocó a dos de sus destructores de escolta por la proa del buque insignia, a unos mil metros, y a los otros dos por la popa, a igual distancia.

Poco después de las 1700 horas, la división de Sansonetti ocupó su puesto a babor del *Veneto,* y una hora más tarde se situaba en el suyo la de Cattaneo, que había visto frecuentemente interrumpido su rumbo de incorporación debido a los ataques aéreos. Iachino observaba atentamente la impecable maniobra de las dos divisiones, sintiéndose al mismo tiempo orgulloso y nostálgico de aquellos magníficos buques, en varios de los cuales había permanecido embarcado en diversas etapas de su brillante carrera. Pasó un año a bordo del *Zara,* como jefe del Estado Mayor, durante la guerra con Etiopía; estuvo en el *Fiume,* en 1938, como jefe de la 1.ª División de cruceros; en el *Pola,* como comandante en jefe de la 2.ª Escuadra... Los recuerdos, las vivencias se agolparon en aquellos dramáticos momentos en la mente del almirante igual que un tropel de corceles salvajes, en vertiginoso y calidoscópico carrusel. Y se sintió abrumado, tal vez presintiendo ya el inmediato y trágico destino de aquellos tres buques.

A las 1800, el *Veneto* tuvo que moderar a 15 nudos, por temor de que fallase el sistema de lubricación de una de las máquinas de estribor. Entonces, los marinos italianos experimentaron la desagradable sensación de quedar casi parados, arando lenta y silenciosamente una mar en calma sobre la que destellaba con reflejos sangrientos un sol de Poniente que se desplomaba raudo hacia el horizonte como un fantástico globo rojo falto de gas.

Casi media hora después, el destructor *Alpino* detectó aviones británicos por la popa de la escuadra italiana. Eran los temidos biplanos torpederos, que, al parecer, no querían lanzarse todavía al ataque, aguardando, con la paciencia de los buitres, a que cayesen las cómplices sombras de la noche. En efecto, se trataba de los *Swordfishes* de Torrens-Spence, que, con los aparatos del capitán de corbeta Saunt, que llegarían poco después, iban a efectuar el noveno ataque aéreo del día contra la escuadra italiana. Pero ni un solo avión de caza alemán o italiano ha acudido a la amenazadora cita en aquel perdido paraje situado a ciento veinticinco millas al oeste del cabo Kriós, o sea a unas cien al 230° del cabo Matapán.

A las 1851, el sol se hundió por detrás del horizonte, dejando en el cielo un intenso resplandor rojizo anaranjado, y al almirante Angelo Iachino debió de parecerle que los mástiles y las cofas de sus cruceros se alargaban al encuentro de las salvadoras sombras. Aún no podía sospechar que la noche descendía implacable sobre los buques italianos, igual que una bestia oscura y maligna.

Capítulo XI

DESASTRE A LA ALTURA DE CABO KRIÓS

Flotando en las alturas, prácticamente en la vertical de la escuadra del almirante Iachino, fuera del alcance de la artillería antiaérea enemiga, el capitán de corbeta Bolt observaba, con la misma tranquilidad que si de vigilar unas maniobras se tratase, todos los movimientos de los buques de guerra italianos — que navegaban hacia el Oesnoroeste, a unas 125 millas a poniente del cabo Kriós (Creta) —, y transmitía por radio sus observaciones a los aparatos torpederos ingleses que se aprestaban al ataque. La noche se echaba rápidamente sobre la mar, pero todavía, a las 1915, Bolt pudo ver que los buques enemigos hacían un cambio de rumbo, por conversión, y quedaban aproados al Oeste.

A esa misma hora, los destructores más retrasados de la formación italiana fueron entrando, como brillantes manchitas fosforescentes, en las pantallas de los radares de los cruceros británicos *Orion* y *Ajax*, situados ya a diez millas por su estela. Una leve sonrisa debió de iluminar entonces fugazmente el severo rostro de Pridham-Wippell, que veía al enemigo caer en la trampa electrónica y aproximarse el momento del desquite de los sobresaltos sufridos durante el día. A 45 millas por la popa del *Vittorio Veneto,* el grueso de la *Mediterranean Fleet* cerraba también distancias sobre los buques italianos, por la estela del lisiado acorazado, igual que una bandada de tiburones olfatea y sigue el sanguinolento rastro dejado por algún cetáceo herido.

Bolt pensó que el ataque aéreo era ya inminente, pero que a él le sería difícil apreciar después los resultados, por mor de la oscuridad, y que muy pronto tendría que volar hasta Creta para intentar aterrizar en alguna parte.

Abajo, sobre la tranquila piel del mar, los latinos maldecían aquel avión que no cesaba de transmitir, con desesperante precisión, sus menores movimientos, mientras que ellos, en tremendo contraste, faltos de toda colaboración aérea, ignoraban por dónde se movía el enemigo y cuál era la composición de sus invisibles fuerzas...

Puesto que durante el ataque de los aviones torpederos ingleses contra los buques de guerra italianos surtos en Taranto, el otoño anterior, la defensa no había utilizado los proyectores luminosos para tratar de deslumbrar a los pilotos enemigos, ni tampoco cortinas de humo, y el ataque fue coronado por el éxito, ahora el comandante en jefe de la Escuadra italiana decidió emplear ambos medios.

Por ello, cuando el destructor *Alpino* señaló que los aviones británicos se aproximaban lentamente, volando en un amplio zigzag, Iachino ordenó a este buque y al *Bersagliere* que empezasen a lanzar cortinas de ocultación. Luego dio la misma orden al *Granattiere* y al *Fulmine,* que navegaban por la proa del *Veneto,* y, casi inmediatamente, una desagradable, espesa y blanquecina niebla envolvió a la formación italiana, cegando a los hombres que, en el buque insignia, tenían al exterior sus puestos de combate.

A las 1930, el *Alpino* señaló urgentemente que los aparatos enemigos estaban muy próximos. Las sombras de la noche se espesaban ahora, y el almirante Iachino ordenó a los cruceros y destructores que formaban las cuatro columnas exteriores de aquella improvisada formación encender todos sus proyectores y, a los últimos, lanzar también cortinas de humo. En tan difíciles condiciones, y para tratar de desorientar al adversario, Iachino ordenó entonces otra conversión de 30° a estribor, y sus dieciocho buques, ya en plena e infernal barahúnda de la artillería antiaérea, efectuaron la maniobra con toda precisión, quedando nuevamente arrumbados al 300° verdadero.

Los aviones del capitán de corbeta Saunt, que se habían aproximado en formación cerrada a los buques italianos, desde el sector más oscuro del horizonte, para atacar en las mejores condiciones de luz y a favor de las incipientes sombras, se toparon con un impresionante barraje de fuego, y el temor de que pudieran producirse colisiones entre los aparatos, debido a la formidable humareda, pues el lanzamiento de los torpedos les obligaba a volar muy bajos, hizo invertir el rumbo al escuadrón británico, ya a tres mil metros de su objetivo, para luego tratar de aproximarse individualmente y desde sectores diferentes.

Este último ataque aéreo británico, efectuado a media luz,

cuando los aviones eran difíciles de distinguir, duró casi veinte minutos y resultó sumamente desagradable para los italianos, siempre temerosos de recibir inesperadamente algún impacto submarino que desventrara a sus buques. Pero el dispositivo diseñado por Iachino resultó bastante efectivo, pues de lo que se trataba era de salvar al *Veneto,* y este buque, que marchaba casi completamente a ciegas entre los cruceros y destructores de la escuadra, en las precarias condiciones que ya conocemos, no fue alcanzado por ninguno de los diez torpedos lanzados sucesivamente contra él por los aviones de Saunt y de Torrens-Spence. Pero, ¡ay!, no todos los buques italianos pudieron escapar indemnes. Entre el estallar de los proyectiles antiaéreos, sorteando los surtidores de fuego que brotaban de más de un centenar de ametralladoras de todos los calibres, el avión del subteniente C. P. C. Williams, el último en actuar de los pertenecientes al *Formidable,* que se lanzó al ataque a las 1945, a ras del agua, deslumbrado por la cegadora claridad de los proyectores de los cruceros *Zara, Pola* y *Fiume* y de los cuatro destructores de la 1.ª División que marchaban a estribor del *Veneto,* lanzó desde corta distancia — pero seguramente a ciegas, igual que los demás — contra el núcleo de aquella compacta formación que tan eficazmente escondía al acorazado y logró alcanzar con su artefacto, provisto de espoleta de doble efecto, al crucero pesado *Pola.*

El torpedo estalló bajo la quilla de este buque de 12.000 toneladas de desplazamiento estándar — en aquel momento con las máquinas paradas a fin de no abordar al *Zara,* que era su matalote de proa —, a la altura de la cámara de calderas número 3 y de las turbinas de babor, causándole grandes destrozos. Todos los fogoneros y mecánicos que en ellas se hallaban murieron, y dichos compartimentos y los adyacentes de las calderas 4, 5, 6 y 7 resultaron inmediatamente inundados. El buque embarcó unas cuatro mil toneladas de agua y quedó al garete, aunque adrizado. De sus ocho calderas, sólo tres resultaron indemnes, pero las tuberías de comunicación de vapor de dos de éstas estaban deshechas y la tercera se había vaciado. Es decir, para mover el buque había que llenar la última con agua salada, volver a encenderla y levantar presión. Un proceso que requeriría varias horas. Mientras tanto, el crucero tendría que permanecer inmóvil sobre la mar, como un solitario fantasma arropado en las sombras, sin corriente eléctrica de ninguna clase, sin poder disparar un cañonazo y con el enemigo rondando en las proximidades. ¡Una situación verdaderamente dramática, casi desesperada!

Los restantes buques italianos habían proseguido la navegación sin advertir, entre la vorágine de las explosiones de la artillería, la del torpedo que había dejado al *Pola* inmovilizado y fuera de combate. A las 1945, el tiro fue haciéndose esporádico, y poco después renació el silencio. El ataque había terminado, y el almirante Iachino creyó poder felicitarse. Ordenó apagar los proyectores y cesar las cortinas de ocultación, precisamente cuando el *Veneto* había podido superar sus dificultades en la máquina de estribor y lograba volver a dar los 19 nudos: aumento que ya no fue advertido por el avión del *Formidable* que acababa de relevar al *Swordfish* de Bolt.

Conjurado el peligro aéreo, Iachino ordenó a la 1.ª División que se situara a 5.000 metros por la proa del *Veneto,* y a la 3.ª, a igual distancia por la popa del acorazado. El *Fiume* ya había advertido la disminución del andar del *Pola* y, poco después, su inmovilidad, y alertó al vicealmirante Cattaneo. Pero el fragor del combate hizo que esta señal no se captase en la capitana. En cambio, a manos de Iachino llegó entonces el siguiente mensaje enviado por «Supermarina»: «De la observación radiogoniométrica se deduce que, a las 1745 horas, una unidad enemiga, sede de un mando complejo, transmitía con Alejandría desde un punto situado a 40 millas al 240° de cabo Kriós.»

Situado inmediatamente sobre la carta de navegación, dicho punto quedaba, más de dos horas antes, a 75 millas por la popa del *Veneto.* «Una formación enemiga — escribe Iachino — se hallaba bastante cerca de nosotros, sin que hasta entonces hubiéramos tenido noticia alguna de ello. ¿De qué buques podía tratarse? Ciertamente, de ninguno de batalla, pensamos, porque sólo uno de ellos había salido de Alejandría, además del portaaviones, y la última vez que fue visto se encontraba muy lejos y no parecía que tuviese intención ni posibilidad de seguirnos de cerca. Deduzco que la observación radiogoniométrica debe de referirse únicamente a la división "Orion" o a algún pequeño grupo de destructores que nos siguen con la finalidad de atacar durante la noche» (1).

---

(1) En realidad, debido a que las demoras radiogoniométricas se cortaron con un ángulo de tan sólo 25°, la situación dada por «Supermarina» tenía un error de 20 millas. Es decir, los acorazados de Cunningham, que eran los que habían lanzado dichas señales, para que las restantes agrupaciones inglesas fijasen su posición relativa, se hallaban entonces 20 millas más cerca del *Veneto.*

Esta deducción, totalmente errónea, como ya sabemos, y que tendría secuelas trágicas para la Marina italiana, necesita ser examinada con cierto detalle, aunque para ello tengamos que interrumpir brevemente el relato y retroceder en el tiempo.

Sabemos que el Mando italiano no había previsto la observación de la base naval de Alejandría el día 28 de marzo: grave error que ya comentamos — pero que pudo haberse corregido después, en vista del desarrollo de los acontecimientos — y que, de no haberse cometido, habría aclarado sin lugar a dudas el hecho de que toda la escuadra inglesa se hallaba en la mar; que el plan de observación aéreo italo-alemán en el Mediterráneo oriental había fracasado parcialmente durante el mismo día, debido en parte al mal tiempo, pero que dos aviones S-79 descubrieron y atacaron con torpedos, aunque sin éxito, al portaaviones *Formidable*.

Pues bien, al aterrizar en Rodas, el jefe de este escuadrón de la *Regia Aeronautica,* después de reconstruir su derrota y situar el lugar del ataque, en función de la recalada, manifestó haber avistado, en la cuadrícula 5647, a un acorazado, un portaaviones, seis cruceros y cinco destructores británicos y haber atacado con torpedos al segundo de dichos buques. También dio el rumbo y velocidad de la escuadra inglesa. Pero este informe, importantísimo y muy preciso, pese a confundir a dos acorazados con otros tantos cruceros y que situaba a dicha escuadra británica a 79 millas por la popa del *Veneto,* fue transmitido por Rodas con bastante retardo — a las 1425 —, erróneamente y de forma incompleta, pues daba como originador a un aparato de reconocimiento, no mencionaba el ataque de los aviones torpederos y olvidaba señalar el rumbo y velocidad de la escuadra adversaria. Ello hizo suponer a «Supermarina» que el avistamiento no era seguro, por lo que ni siquiera se le retransmitió a Iachino, que se enteró de él accidentalmente, al ser recogido en el *Veneto.* De manera que el único avistamiento seguro y casi exacto de la escuadra del almirante Cunningham, efectuado a lo largo de todo el día 28 por los aviones italo-alemanes, no sirvió prácticamente para nada.

Por otra parte, a las 1504 de la tarde, es decir, casi una hora y media después de haberse captado en el buque insignia italiano dicho mensaje, Iachino recibió un radio de «Supermarina» señalándole que sus radiogoniómetros habían detectado, a las 1315, las órdenes que un buque enemigo transmitía a Creta y Alejandría desde un punto situado a 170 millas al sudeste del *Veneto.* Pero el Almirantazgo italiano se abstuvo de aclarar a Iachino que las demoras tomadas por los radiogoniómetros — asentados muy lejos, en la Italia meridional — se cortaban muy mal, con un ángulo de tan sólo 16°, y que, por tanto, la posición dada no era en absoluto de confianza.

Como vemos, y por una serie de olvidos, errores humanos y fatalidades, todo parecía concatenarse para llevar al almirante de la Escuadra italiana a una decisión funesta. Fue como si la caprichosa y tornadiza Fortuna, que hasta entonces había mimado siempre a este marino, emplease ahora sus peores artes para tratar de hundir de un solo golpe su brillante hoja de servicios.

A las cuatro de la tarde, ya torpedeado el *Veneto*, a bordo de este buque se recibió el mensaje de un avión alemán que señalaba haber avistado, unas dos horas antes, a un acorazado enemigo, escoltado por unidades menores, moviéndose a unas 170 millas al estesudeste del *Veneto*.

Los mencionados fueron todos los informes referentes al grueso de la *Mediterranean Fleet* que recibió el almirante Iachino en aquella agitada y fatídica jornada del 28 de marzo de 1941. Y como la posición del buque enemigo de mando, señalado por los radiogoniómetros, concordaba bastante bien con la apreciada poco después por el avión alemán, Iachino, que tenía noticias anteriores de que dos acorazados enemigos habían sido torpedeados por el *Fliegerkorps X*, el 24 de marzo; que no podía imaginar que la presencia del grueso de la escuadra enemiga en el Mediterráneo oriental hubiera podido pasar inadvertida a tantos aviones del Eje, embarcados y basados en tierra, que aquel día habían explorado dicha zona, dedujo lo siguiente: *a*) que, cruceros y destructores aparte, en la mar había un solo acorazado enemigo y un portaaviones; *b*) que dicho buque de línea, situado a unas 170 millas por la popa del *Veneto*, no podría constituir peligro alguno, ya que, dada la pequeña diferencia de velocidades, habría tardado casi dos días en alcanzar al acorazado italiano, y *c*) que semejante buque enemigo, que quizás había estado antes más cerca, habiendo comprendido la imposibilidad de entablar combate, se retiraba hacia Alejandría.

Estas deducciones, que, como vemos, daban por buenos todos los informes recibidos, menos uno — también descartado por «Supermarina» —, eran perfectamente lógicas. No olvidemos, ¡no debemos olvidar!, que Iachino había sufrido recientemente las deplorables consecuencias de los informes aéreos, totalmente imprecisos y hasta fantásticos, proporcionados por los aviones de la *Regia Aeronautica* después del bombardeo de Génova por la «Fuerza H»; que, consecuentemente, desconfiaba de la eficacia de la exploración aérea nacional; que le eran de más garantía, dada su mayor experiencia, los informes del *Fliegerkorps X* alemán y, por supuesto, los obtenidos por los radiogoniómetros de la Marina italiana. También debemos señalar que «Supermarina» no contribuyó precisamente a disipar el error a que había sido llevado el almirante Iachino, ya que, si bien es cierto que le dejó en completa libertad de acción para decidir, no lo es menos que, sin necesidad de caer en la verdadera mediatización impuesta anteriormente a la escuadra por el almirante Cavagnari, muy bien podía haber pedido a Rodas confirmación inmediata de su informe de las 1425 —que, sin embargo, recibiría mucho después sin pedirla, pero que, aun así, no comunicaría a Iachino, lo que resulta tan inexplicable como su olvido anterior respecto a la detección del *Formidable* por los alemanes el 24 de marzo—, haber advertido al comandante en jefe sobre la falta de exactitud de las demoras radiogoniométricas tomadas a las 1315, haberle aclarado que ningún avión del Eje había sobrevolado Alejandría en toda la jornada y, por fin, haberle dado su apreciación particular de la situación. Fue realmente como si, en Roma, los almirantes Ricardi y Campioni se hubieran querido desentender de la operación más arriesgada que efectuaba la Escuadra italiana, dejándolo allí todo al cuidado de subalternos tan desprovistos de iniciativa como de perspicacia.

Regresemos ahora al puente de mando del *Veneto,* pues los acontecimientos van a precipitarse. A las 2011, en la estación radio del buque insignia se interceptó una señal del vicealmirante Cattaneo al *Pola:* «Dígame su condición», que hizo temer a Iachino sobre la suerte corrida por este buque durante el último ataque aéreo. Cuatro minutos después, Cattaneo comunicaba al comandante de la escuadra: «El *Pola* informa haber sido alcanzado a popa por un torpedo. El buque está parado.»

Angelo Iachino era hombre de decisiones rápidas, y, suponiendo que el *Pola* podría superar pronto sus dificultades y reanudar la navegación; que, de no ser capaz de hacerlo, podría ser tomado a remolque; que en última instancia habría que recoger a su dotación y echarlo a pique, y que las únicas fuerzas enemigas que podrían intervenir aquella noche eran los cuatro cruceros y otros tantos destructores de Pridham-Wippell, a las 2018 ordenó a la división de Cattaneo que invirtiese el rumbo para prestarle auxilio.

Esta decisión, una de las más debatidas de todas las tomadas por algún almirante durante la segunda guerra mundial, era, habida cuenta de la estimación de Iachino, basada en los informes de que disponía, perfectamente ortodoxa. Hubiera sido inadmisible dejar al *Pola* — un magnífico crucero pesado de gran valor militar — abandonado a su suerte por el simple temor a la posible intervención de cuatro cruceros ligeros y de otros tantos destructores enemigos que, poco antes, a la puesta del sol, ni siquiera estaban a la vista. Tampoco debemos olvidar que los italianos ignoraban la existencia del radar y que suponían que, en caso de tener que combatir de noche, podrían hacerlo en igualdad de condiciones con el enemigo. Por otra parte, si había que remolcar aquel crucero de más de doce mil toneladas de desplazamiento, la faena sólo podría ser efectuada con rapidez por un buque de parecido porte. Finalmente, si los daños sufridos por el *Pola* hacían inevitable el autohundimiento, lo natural era que tal medida fuese tomada precisamente por el almirante de la división a que el crucero pertenecía. Sin embargo, muy pronto iban a producirse una serie de circunstancias fortuitas, verdaderamente desafortunadas para los italianos, algunas casi increíbles, que llevarían a la división de Cattaneo al desastre. Aunque, como casi siempre, a forjar su aciago destino contribuirían también las propias víctimas. Tengámoslo presente.

* * *

La orden del almirante Iachino se cruzó con un mensaje de Cattaneo que decía: «Salvo orden en contra, destacaré a dos destructores para escoltar al *Pola*.» El almirante considera esta propuesta durante once minutos y, a las 2038, insiste: «*Zara*, *Fiume* y 9.ª Escuadrilla vayan a socorrer al *Pola*.»

Como los buques italianos no contaban entonces con red telefónica de mando, todos estos radios tenían que cifrarse y descifrarse, lo que hacía las comunicaciones lentas y farragosas.

Quince minutos después de ratificar su orden, Iachino recibió un nuevo mensaje de Cattaneo: «Procedente del *Pola*. Alcanzado por un torpedo en el centro. Inundados tres compartimentos, máquinas de proa, calderas 4-5 y 6-7. Solicito asistencia y remolque.»

Era una mala noticia, pues el impacto no se había producido a popa, como se creyó inicialmente, sino en el centro, y las averías eran muy graves. Cinco minutos después de recibir el citado mensaje, es decir, a las 2058, llegó otro radio a las manos de Iachino: «Pregunto si puedo invertir el rumbo para prestar asistencia al

Pola.» Procedía de Cattaneo, y el comandante en jefe le dio su aquiescencia.

Mientras se intercambiaron estos mensajes, la escuadra italiana había proseguido su navegación, alejándose del *Pola.* A las 2030, a bordo del *Veneto* se había interceptado una señal táctica enemiga, por la que un mando británico (Pridham-Wippell) ordenaba a sus unidades reducir la velocidad a 15 nudos. Como la escuadra italiana se movía a 19, esta señal confirmó al almirante Iachino en su hipótesis de que el adversario ya había renunciado a la persecución. No tuvo en cuenta que su último aumento de velocidad, hecho ya de noche, podía haber escapado a la observación aérea del enemigo. En todo caso, y como medida de precaución para desorientar a los ingleses, a las 2048 hizo arrumbar a su escuadra al 323°, es decir, puso la proa al cabo Colonne —entre Punta Stilo y el golfo de Taranto—, y este cambio de rumbo, previsor y muy oportuno, contribuiría a que los británicos perdiesen efectivamente el rastro del *Veneto.*

A las 2106, Angelo Iachino observó cómo, por fin, las dos grandes y oscuras siluetas del *Zara* y el *Fiume* caían a estribor por contramarcha, para invertir el rumbo, y se alejaban seguidas por los destructores de la 9.ª Escuadrilla. Instantes después se captó una señal de Cattaneo a su división ordenándole arrumbar al 135° y moderar a 16 nudos. El comandante en jefe vio a los buques de Cattaneo perderse entre las sombras, sin aprensión alguna, convencido de que el enemigo principal no podría intervenir. Pero, ya a las 2050, había informado al vicealmirante sobre la posición del buque de mando enemigo —a 40 millas de cabo Kriós—, obtenida por los radiogoniómetros de «Supermarina» a las 1745 (mensaje que pudo haber contribuido también al referido retardo sufrido por los de Cattaneo poco antes de que éste invirtiera el rumbo), y, no queriendo dejar ningún cabo suelto, todavía le señaló después que, en caso de encuentro con fuerzas superiores, abandonase al *Pola.* Iachino informó al mismo tiempo a «Supermarina» sobre el estado de este crucero y las disposiciones adoptadas para su salvamento. Roma guardó silencio. ¿Tácito consenso... o inhibición?

El caso es que, desde que el comandante en jefe ordenase a la 1.ª División invertir el rumbo para socorrer al *Pola,* hasta que la orden se cumplimentó, habían transcurrido nada menos que cuarenta y ocho minutos, lo que daría lugar a que los cruceros de Cattaneo llegasen a la vecindad del inmovilizado buque ¡en el preciso momento en que lo hacían también los tres acorazados del almirante Cunningham, que se disponían a hundirlo a cañonazos! Dicho retardo y la reacción inicial de Cattaneo para enviar sólo a dos destructores en auxilio del *Pola* han dado lugar a una serie de interpretaciones y polémicas que, sin embargo, creemos carecen de fundamento.

Carlo Cattaneo pereció aquella trágica noche, por lo que nadie podrá aclararnos nunca cuáles fueron sus pensamientos e intenciones. Pero si, como algunos historiadores suponen, vio o intuyó con más claridad o clarividencia que Iachino el grave peligro que la inversión de rumbo de sus buques entrañaba y quiso dárselo discretamente a entender a su superior jerárquico, la realidad es que no disponía de mejores elementos de juicio que éste, y que ello habría supuesto, por su parte, la inconsecuencia más inexplicable, ya que a continuación marchó hacia el *Pola* navegando en línea de fila, con el *Zara* y el *Fiume* en cabeza de la formación y los cuatro destructores a retaguardia, y no, como taxativamente le señalaban los cuadernos tácticos para la navegación nocturna en tiempo de guerra, con dichos buques destacados a 4.000 metros por la proa de los cruceros y con una distancia entre ellos de 2.000 metros. Luego no podemos dar por válida dicha suposición.

Lo que con toda probabilidad sucedió, como claramente se deduce del examen de las horas de transmisión y recepción de aquellas señales, tal y como quedaron registradas en el *Veneto*, es que, inicialmente, Cattaneo supuso que el *Pola* podría volver a navegar pronto; que el vicealmirante no recibió el mensaje de Iachino de las 2018 y que, al conocer después los verdaderos daños sufridos por el *Pola*, decidió, *motu proprio*, ir en su auxilio con toda la división, ya que su solicitud de invertir el rumbo debió de cruzarse con la ratificación de Iachino de las 2038, recibida seguramente en el *Zara* hacia las 2050.

Y mientras los buques de Cattaneo surcan confiadamente las negras aguas hacia el *Pola*, es decir, el desastre, navegando de la imprudente e injustificada guisa que ya conocemos, con la mitad de las dotaciones en zafarrancho de combate y la otra mitad en sus puestos de maniobra, y el *Fiume* prepara el remolque en la toldilla, examinemos los movimientos de los buques de la *Mediterranean Fleet*.

* * *

A las 2037 de la noche, el almirante Cunningham dio la ejecutiva a su orden de las 1810: «Inmediato. Del comandante en jefe a las Flotillas 14.ª y 2.ª Atacar con torpedos a la escuadra enemiga. Demora y distancia, estimadas, al centro de la misma, a las 2030, desde el buque insignia: 286°, 33 millas. Rumbo y velocidad del enemigo: 295°, 13 nudos.»

Años después, al describir la génesis de esta decisión, el almirante británico quiso subrayar los riesgos que entrañaba. Dice en sus *Memorias* que algunos de los componentes de su Estado Mayor arguyeron «que no era aconsejable cargar ciegamente sobre el enemigo en retirada con los tres acorazados, llevando también al *Formidable* y corriendo el riesgo de que algunos buques propios resultasen lisiados, para encontrarse al día siguiente dentro del radio de acción de los bombarderos en picado adversarios».

Examinemos objetivamente la situación, tal y como se le presentó al almirante británico. Una fuerza italiana, compuesta por un solo acorazado, torpedeado y con graves averías, varios cruceros, uno de ellos probablemente también torpedeado y con averías graves, y algunos destructores, se retiraba, a velocidad reducida, hacia sus bases, distantes unas 400 millas marinas. La *Mediterranean Fleet*, con tres acorazados, un portaaviones, una división de cruceros y varias escuadrillas de destructores, todos ellos indemnes, con equipos de radar a bordo de cuatro de sus buques *(Ajax, Orion, Valiant* y *Formidable)*, y capaz de desarrollar una velocidad superior a la del enemigo, se encontraba supuestamente a 33 millas por la popa de la escuadra italiana. Las bases aéreas inglesas quedaban muy próximas; las italianas, muy lejos. La Flota británica llevaba muchos años adiestrándose intensamente para el combate nocturno, incluidos sus buques de línea, y, por otra parte, había conseguido importantes avances técnicos en el mismo. Los italianos carecían de radares o radiotelémetros de ninguna clase, su técnica databa prácticamente de la Gran Guerra y su adiestramiento para el combate nocturno dejaba que desear.

En tales condiciones de desigualdad, ¿qué líneas de acción quedaban abiertas para Cunningham? Creemos que solamente una: la que adoptó. Porque si hubiera decidido retirarse sin intentar «la explotación del éxito», es decir, dejando escapar a los maltrechos buques italianos, habría sido llevado inmediatamente ante un consejo de guerra y depuesto del mando. Y muy merecidamente, por cierto.

Así, pues, no nos dejemos influir: en Matapán no hubo grandes riesgos para los buques ingleses ni nada heroico en la decisión tomada por el almirante de la *Mediterranean Fleet* la noche del

28 de marzo. Los británicos tenían prácticamente todos los triunfos en sus manos y actuaron — sólo medianamente — como verdaderos jugadores de ventaja.

* * *

El capitán de navío P. J. Mack, que izaba su gallardetón a bordo del destructor *Jervis,* arrumbó inmediatamente al 300°, a 28 nudos, llevando a sus ocho buques en dos columnas distanciadas entre sí seis cables (1), y poco después informaba al jefe de la 2.ª Escuadrilla y a Pridham-Wippell sobre sus intenciones tácticas: trataría de adelantarse al *Vittorio Veneto,* pasando por estribor de este acorazado, fuera de su radio de visibilidad, para luego invertir el rumbo y atacar de vuelta encontrada, haciendo desfilar a cada una de sus escuadrillas entre el blindado italiano y las dos columnas de cruceros que le escoltaban por ambas bandas, para lanzar, a quinientos metros de distancia, sus sesenta y dos torpedos contra los buques enemigos, que, en la confusión del ataque, probablemente se cañonearían entre sí.

Era un plan ciertamente audaz, pero también bastante ingenuo. Porque Mack no tuvo en cuenta los probables errores de su situación estimada respecto al grueso de la *Mediterranean Fleet;* tomó como exactos los datos que sobre la posición, dispositivo, rumbo y velocidad del enemigo había dado el almirante y, por si fuera poco, supuso que los italianos no alterarían nada y que él, sin necesidad de efectuar una búsqueda previa, sería capaz, entre las tinieblas y sin radar, de hallarlos.

Ya conocemos los cambios de rumbo, velocidad y dispositivo efectuados por el almirante Iachino, pero, además, Cunningham había errado en la distancia y velocidad apreciados al *Veneto* (pese a que Bolt, después de su primera aproximación por defecto, rectificó informando que dicho buque se movía a 15 nudos). Mas no pararían ahí las cosas.

A la puesta del sol, Pridham-Wippell, que hasta entonces había navegado hacia el Oeste a 30 nudos, para tratar de avistar a la escuadra italiana, colocó sus buques en línea de marcación, distanciados entre sí siete millas, y, como sabemos, el *Orion* detectó con su radar, a las 1915, a dos unidades enemigas situadas a diez millas de distancia, en la demora 295°. Consecuentemente, el «VALF» concentró de nuevo su división en línea de fila y, poco

(1) Un cable = 1/10 de milla = 186 metros.

después, al divisar el gran resplandor producido por el último ataque de los aviones torpederos ingleses contra la escuadra italiana, aproó hacia ésta.

La visibilidad era ya bastante reducida y los ingleses no lograron ver a los buques enemigos. Al cesar el ataque y quedar toda la mar envuelta por el oscuro y estrellado manto de la noche, Pridham-Wippell redujo la velocidad a 20 nudos, «para que las blancas ondas de cabeza que levantaban las rodas de los cruceros no traicionasen su aproximación al enemigo». Así transcurrieron treinta minutos de expectación y de silencio, y, de pronto, a las 2014, al cambiar de rumbo al 310°, en la pantalla del radar del *Orion* — de antena fija — surgió el potente eco producido por un gran buque situado a seis millas de distancia, en demora 310°. Pridham-Wippell moderó a 15 nudos y dio un cauteloso rodeo, y dieciocho minutos después los ingleses ya sabían que aquel solitario buque se hallaba parado, al garete. Entonces el vicealmirante británico comunicó por radio su descubrimiento, dando sus coordenadas, al mismo tiempo que señalaba su propia posición.

Este mensaje produjo sensación en todos los buques del grueso de la *Mediterranean Fleet*, especialmente a bordo del *Valiant*, donde el almirante izaba su insignia. ¿Se trataría del *Vittorio Veneto*? Cunningham ordenó caer algunos grados de rumbo a babor para aproximarse hacia el derrelicto, mientras docenas de hombres encaramados en las superestructuras y cofas de los acorazados y del *Formidable* trataban de perforar las tinieblas, haciéndose cábalas.

En el *Orion*, situado todavía a cinco millas del inmóvil buque enemigo (que como el lector habrá supuesto era el *Pola*), Pridham-Wippell decidió que, habiendo él señalado con toda exactitud la posición del derrelicto y no teniendo seguridad de que se tratara del *Veneto*, debería continuar en pos de la escuadra italiana y dejar que los destructores de Mack se encargasen de hundirlo. Así que arrumbó hacia el Nordeste, para dar un buen resguardo al misterioso buque, y luego aumentó a 20 nudos y puso la proa al 310°.

Su prudente actitud está ahora justificada. El vicealmirante pensó que tratar de hundir al *Veneto* al cañón era para él impracticable y que aproximarse para atacarle con torpedos expondría a sus cruceros a recibir algunas andanadas, de 381 mm. de calibre, que podrían resultar letales. Además, Priddham-Wippell temió que los destructores ingleses, que suponía a punto de intervenir, pudieran lanzar por error sobre sus propios cruceros (*«there could well be an all-British battle»*) Pero el «VALF» había perdido más de una hora en el parsimonioso reconocimiento, y luego prosiguió al rumbo y velocidad anteriores, en línea de fila, en vez de haber iniciado inmediatamente cualquier tipo de búsqueda (de los varios previstos para tales casos en los cuadernos tácticos), a 30 nudos, partiendo de aquel punto exacto por donde había pasado el enemigo en retirada a la hora del crepúsculo, con lo que muy pronto hubiera descubierto a la escuadra italiana y podido atraer sobre ella a los destructores del capitán de navío Mack.

Por otra parte, ni éste ni ninguno de sus contratorpederos habían captado la señal de Pridham-Wippell acerca del descubrimiento del gran buque enemigo al garete, así que la 2.ª y 14.ª escuadrillas continuaron también como iban, con lo cual, y como en términos marineros suele decirse, «perderían la virada». Porque el error anteriormente cometido por Mack, este en que acababa de incurrir Pridham-Wippell y el que después cometería Cunningham permitieron que el grueso de la escuadra italiana pudiera alcanzar sus bases sin contratiempos.

Hemos dicho el grueso. Porque mientras los ocho destructores del capitán de navío Mack y los cuatro cruceros de Pridham-Wippell surcaban inútilmente la oscura mar, los acorazados del almirante Cunningham y los cruceros de la 1.ª División de Cattaneo convergían, sin sospecharlo ni remotamente, hacia el mismo fatídico punto donde los hombres del *Pola* esperaban, impotentes, contra toda esperanza.

A las 2155, el radar del *Ajax* detectó tres contactos desconocidos que se movían a unas cinco millas por el Sur, y el crucero radió inmediatamente su descubrimiento. Eran buques del vicealmirante Cattaneo, pero Pridham-Wippell los tomó por destructores de Mack, y éste supuso que los señalados habían sido ¡sus propios buques!

Muy poco después se averió la radio que transmitía las observaciones radar del *Ajax*, cosa de la que no pareció enterarse nadie; así que, a partir de entonces, sus importantes informes dejaron de llegar a Pridham-Wippell y al capitán de navío Mack. Era una cadena casi increíble de hechos, que iba a traducirse, en definitiva, como si estuviese escrito desde la eternidad en el libro del destino, en que la división de Cattaneo pudiese proseguir, imperturbable, su fatal navegación al encuentro de los acorazados de la *Mediterranean Fleet*.

Todavía, a las 2226, desde los cruceros de Pridham-Wippell y los destructores de Mack se vio por el Noroeste una brillante señal roja, pirotécnica, que, dada la dirección en que surgió, haría creer después a los ingleses que fue lanzada por el *Veneto*. Esta señal constituye uno de los varios misterios de aquella fantástica noche de extrañas visiones, pues la realidad es que los italianos no la lanzaron y ni siquiera la vieron. ¿Algún submarino inglés que trató de llamar la atención sobre la escuadra italiana apercibida entre las sombras? Se ignora, mas lo cierto es que dicha señal muy bien pudo haber llevado a los británicos sobre la verdadera pista del *Veneto*. Y aunque provocó la alarma en los buque de Mack y de Pridham-Wippell, otros inmediatos y terribles acontecimientos harían que muy pronto se olvidasen de ella.

* * *

Cuatro formidables moles, erizadas de cañones, surcaban las negras aguas en línea de fila, navegando al Oeste cuarta al Noroeste. Eran, por este orden, las de las obras muertas del *Warspite*, el *Valiant*, el *Formidable* y el *Barham*, separadas entre sí 550 metros. Por las amuras del buque guía (en cabeza) se movían, a una milla de distancia, cuatro destructores: *Stuart*, *Havock*, *Greyhound* y *Griffin*. Sobre la tranquila mar soplaba un suave vientecillo, no había luna y cierta calima velaba un tanto las chispeantes estrellas y reducía la visibilidad a unas dos millas y media. Aquellos ocho buques de guerra navegaban en zafarrancho de combate, con las piezas de artillería de todos los calibres cargadas; los torpedos, con sus válvulas de retención abiertas; los proyectores de arco, encendidos, y las ojivas de los proyectiles iluminantes, dentro de los graduadores de espoletas...

A las 2003, el radarista del *Valiant* detectó el eco producido por un buque situado a nueve millas de distancia por la amura de babor de la formación de combate británica. Minutos después, el almirante Cunningham recibía un mensaje de dicho acorazado informándole sobre la presencia de un gran buque desconocido, ya a seis millas, y que presentaba una eslora de más de 183 metros. ¿El *Veneto*? Cunningham ordenó caer 40° a babor por giros simultáneos, y sus cuatro buques de combate quedaron inmediatamente en línea de marcación, arrumbados al 240°, es decir, hacia el enemigo, mientras los destructores forzaban máquinas para ocupar sus nuevos puestos. Las grandes torres de artillería de los acorazados se movieron lenta y silenciosamente hacia la banda de babor y después quedaron amenazadoramente orientadas en la dirección aproximada donde flotaba el inmóvil y solitario buque, que no podía ser sino italiano.

A bordo de las unidades inglesas, la tensión iba en aumento. Los informes del *Valiant* continuaban llegando al buque insignia. A las 2220, dicho acorazado señaló que el derrelicto estaba a cuatro millas y media, en demora Sur cuarta al Sudoeste. El almirante ordenó entonces al *Greyhound* y al *Griffin* que se situaran por estribor, para no interferir después la línea de tiro británica. Porque Cunningham había decidido abrir el fuego sobre aquel buque tan pronto los apuntadores de las alzas directoras lo tuviesen en los retículos de sus visores. Así, el derrelicto, cualquiera que fuese, no tendría materialmente tiempo de disparar antes de haber sido alcanzado por el demoledor impacto de sus veinticuatro cañones de 381 mm. Puesto que el enemigo había sido descubierto gracias al radar, sólo disponible para los ingleses, y por si se trataba efectivamente del *Veneto,* disparar el primero era fundamental.

Acababa de darse dicha orden a los destructores cuando, a las 2223, el *Stuart,* que marchaba a estribor del grueso, dio la alarma. Ligeramente por su amura de estribor, en demora 250° y a unas dos millas de distancia, acababa de percibir las grandes sombras de varios buques enemigos a punto de cortar la proa de la escuadra británica. ¡Eran los desventurados cruceros y destructores del vicealmirante Cattaneo!

Dos minutos después, el jefe del Estado Mayor de Cunningham, comodoro Edelsten, que a través de sus prismáticos nocturnos avizoraba por la amura de estribor del *Warspite,* comunicó al almirante, con voz extrañamente calmosa y fría, que veía a dos grandes cruceros, precedidos por otro más pequeño, cortando la proa de la formación inglesa de estribor a babor. Y aquí llegamos, lector, al clímax, al momento más dramático y terrible de aquella larga jornada de lucha. Pero antes de ceder la palabra a un testigo de excepción, el almirante Cunningham, queremos hacer un breve comentario.

A las 2225 se interceptó en el *Vittorio Veneto* una señal inglesa: «J-300-6», cuyo significado era: «Enemigo al 300° a 6 millas.» Entonces la interpretación de esta señal pasó inadvertida a los italianos. Pero algunos días después se preguntaron cómo, con una visibilidad de poco más de dos millas, los ingleses habían podido «ver» sus unidades a una distancia de seis. ¿O es que no les habían «visto»? ¿Detectado quizá? ¿Cómo? En aquel momento, los marinos italianos, asombrados, empezaron a levantar la punta del hasta entonces tupido e impenetrable velo de misterio que había cubierto el bien guardado secreto del radar y el radiotelémetro.

Aquella señal, que para nada mencionan los textos británicos, procedía seguramente del *Formidable* y, desde luego, se refería a los buques de Cattaneo. No es que dudemos de que el *Stuart* descubriese visualmente a la 1.ª División italiana, ni tampoco de que el comodoro Edelsten fuese el primero en verla a bordo del *Warspite*, pero, puesto que los mismos ingleses reconocen que el *Pola* había sido detectado poco antes por el radar del *Valiant*, a nueve millas de distancia, tampoco dudamos de que otros dos buques idénticos, el *Zara* y el *Fiume*, seguidos de cerca por cuatro destructores, no quedasen también presos en dicho equipo electrónico y, con toda probabilidad, en el del *Formidable*, por lo menos a igual o parecida distancia, aunque las señales correspondientes hubieran escapado al *Veneto*.

Cunningham debió de comprender inmediatamente que aquellos buques llegaban para auxiliar al gran derrelicto, pero, teniendo en cuenta que la demora en que se aproximaban le favorecía a él plenamente, no quiso cambiar de rumbo hasta que hubiesen entrado en el radio visual de sus apuntadores, ya que entonces no existía otro sistema posible de tiro. Abrir prematuramente los proyectores de arco o lanzar iluminantes para tratar de descubrir al enemigo a los apuntadores propios hubiera significado dar a los italianos bastantes oportunidades para reaccionar, es decir, incurrir en un gravísimo error, que, desde luego, Cunningham no estaba dispuesto a cometer.

De modo que la división de Cattaneo debió de ser detectada antes de lo que los británicos pretenden hacernos creer. ¿Por qué? Seguramente para tratar de agrandar el triunfo rotundo, ¡pero fácil!, de Matapán, han preferido silenciar la previa detección electrónica de los buques italianos, dando así indirectamente a entender que éstos tuvieron muy buenas posibilidades — las misma que ellos para verlos — de haberse defendido y podido escapar. Pero lo cierto es que, tal y como se produjeron en realidad los hechos, no tuvieron absolutamente ninguna. Y ahora, sí vamos a ceder la palabra al almirante de la *Mediterranean Fleet:*

«Miré a través de mis prismáticos y allí estaban. El capitán de fragata Power, ex submarinista y magnífico experto en reconocer de un vistazo las siluetas de los buques de guerra enemigos, dijo que eran dos cruceros, con artillería de 203 mm., del tipo «Zara», precedidos por uno más pequeño.»

Este crucero más pequeño sólo existió aquella noche en la imaginación de los ingleses, pero prosigamos:

«Utilizando la radio de onda corta, los buques de batalla volvieron a la línea de fila. Con Edelsten y el Estado Mayor, había subido al puente alto, el del comandante, donde tenía una completa visión del exterior. Nunca olvidaré los minutos que siguieron. En un silencio de muerte, un silencio que casi podía percibirse, sólo se oían las voces del personal de la dirección de tiro apuntando los cañones al nuevo blanco. Escuché las órdenes que se repetían en la torre directora, detrás y por encima del puente. Mirando hacia proa vi cómo las torres de artillería giraban y luego se detenían cuando los cañones de 381 mm. apuntaban a los cruceros enemigos. Jamás, en toda mi vida, había experimentado un momento más emocionante que aquel en que escuché una voz tranquila, procedente de la torre directora, que decía: "El apuntador del alza directora ve el blanco", señal segura de que los cañones estaban listos y que su dedo se apoyaba en el gatillo eléctrico de disparo. El enemigo no estaba a más de 3.800 yardas (3.473 metros) de distancia, alzas a cero.

»Debió de ser el director de tiro, capitán de fragata Geoffrey Bernard, quien dio la orden final de abrir el fuego. Se oyó el "ting-ting-ting" de los timbres. Después, el disparo simultáneo de seis grandes cañones produjo una gran llamarada naranja y una violenta conmoción. En ese mismo instante, el destructor *Greyhound* encendió su proyector sobre uno de los cruceros enemigos, que se destacó momentáneamente en la oscuridad como una forma azul plateada. Nuestros proyectores se encendieron con la primera salva e iluminaron plenamente un horrible espectáculo. De lleno en su haz, vi a nuestros seis proyectiles volando por el aire. Cinco de ellos hicieron blanco por debajo de la cubierta principal del crucero y estallaron, produciendo brillantes llamaradas rojas. Los italianos fueron totalmente sorprendidos, con sus cañones trincados a crujía, y quedaron destrozados antes de que pudieran ofrecer alguna resistencia.

»Por nuestra popa, el *Valiant* abrió el fuego al mismo tiempo, y cuando el *Warspite* apuntó sobre el otro crucero, vi cómo aquel acorazado deshacía en pedazos al buque de guerra. Su rapidez de tiro me asombró. El *Formidable* había caído a estribor para salir de la línea de fila, pero, por la popa del *Valiant*, el *Barham* también disparaba. El estado de los cruceros italianos era indescriptible. Se vieron torres completas de artillería y masas de otros restos pesados girar por los aires y caer al mar y, en un breve período de tiempo, los buques mismos no eran más que brillantes antorchas que ardían de proa a popa.»

Este vívido relato de aquella escena, verdaderamente dantesca, alucinante, sobrecoge el ánimo. Porque no se trata de la descripción de un ejercicio de tiro nocturno de la Escuadra inglesa, aunque muy bien pudiera parecerlo. Era el brutal y fulmíneo aniquilamiento de millares de hombres totalmente sorprendidos, imposibilitados de reaccionar, condenados a la suerte más triste para cualquier combatiente: una muerte sin contrapartida.

El devastador, apocalíptico, cañoneo de los acorazados británicos no duró arriba de tres minutos. Como sus grandes piezas de artillería no tenían que ser llevadas a posición de carga después de cada disparo, pues ya lo estaban, y vueltas a apuntar, el ritmo de fuego fue excepcionalmente rápido. Sobre el *Zara* se abatieron cuatro andanadas de 381 mm. del *Warspite,* cinco del *Valiant* y otras tantas del *Barham.* Y contra el *Fiume,* dos andanadas de grueso calibre del *Warspite* y una del *Valiant.* Fueron andanadas de seis y de ocho cañonazos disparados al mismo tiempo. Pero sobre los destructores de Cattaneo también se desplomó el mortífero azote de las piezas de 152 mm. que montaban los buques de línea, y que a los diez segundos de iniciarse el tiro ya hablaban.

El *Zara* y el *Fiume,* construidos para resistir proyectiles de hasta 152 mm. de calibre, quedaron inmediatamente fuera de combate por aquella catarata de granadas que pesaban cerca de una tonelada cada una (872 kilos) y eran disparadas a bocajarro, es decir, que llegaban con la máxima energía cinética posible. Así, ambos cruceros quedaron — inmediatamente el *Zara,* poco después el *Fiume* — con las máquinas destrozadas, sin energía eléctrica alguna y al garete. Sólo las ametralladoras del *Zara* pudieron abrir el fuego, ¡ay!, simbólicamente, contra el enemigo, pues las direcciones de tiro fueron también arrasadas.

Los marinos ingleses vieron cómo el primero de los cruceros italianos, convertido en un inmenso brasero, aproaba hacia la formación británica y después quedaba detenido, mientras el segundo, que también ardía como una tea, caía a la banda contraria y se alejaba lentamente con una pronunciada escora a estribor. A las 2231 creyeron observar que los destructores italianos metían a babor para lanzar sus torpedos, y entonces el almirante Cunningham ordenó a los acorazados caer a su vez 90° a estribor por giros simultáneos y alejarse a toda velocidad. Pero tres de aquéllos: *Alfieri, Carducci* y *Oriani,* ya habían sido alcanzados, resultando los dos primeros con muy graves averías.

A las 2238, Cunningham ordenó a los cuatro destructores que acompañaban al grueso regresar al lugar del combate para hundir a los buques enemigos averiados, mientras él seguía con las unidades de batalla arrumbado al Norte cuarta al Nordeste. Pero había sucedido algo que le alarmó sobremanera. En el momento de romper el fuego sobre la división de Cattaneo, el destructor *Havock,* que había olvidado encender las luces de reconocimiento del mastelero, fue tomado por enemigo y resultó blanco de varias salvas, que, por verdadero milagro, no le alcanzaron. Al verlo totalmente envuelto por los piques de los proyectiles ingleses, «le di por perdido», dice Cunningham. Por otra parte, cuando los haces de los proyectores luminosos británicos barrieron después el horizonte hacia Levante, para tratar de descubrir si por allí había buques enemigos, uno de ellos desveló al *Formidable,* que, lanzado a toda máquina, ya se hallaba a unas cinco millas del grueso. Para consternación de sus hombres, el haz deslumbrador se inmovilizó sobre el portaaviones, que también fue tomado por un buque italiano. «Oímos cómo el director de tiro de la batería de estribor de 152 mm. ordenaba apuntar sobre él, y tuvimos el tiempo justo para impedirle abrir el fuego», declara el almirante de la *Mediterranean Fleet,* que logró evitar un trágico error.

Entre las sombras se movían ahora, con independencia del grueso y en una zona muy reducida, una docena de destructores y cuatro cruceros ingleses y un número indeterminado de buques enemigos, por lo que Cunningham, temeroso de que sus acorazados o el *Formidable* pudieran ser torpedeados por error por sus propias fuerzas, a las 2312 dio la orden siguiente: «Todos los buques no empeñados en hundir al enemigo, arrumbar al Nordeste.»

Esta orden resultó sumamente desafortunada para los ingleses, pues sería tomada al pie de la letra por Pridham-Wippell, que inmediatamente arrumbó hacia allí, renunciando a la persecución del *Veneto.*

El capitán de navío Brownrigg, del Estado Mayor de Cunningham, ha manifestado que ni el almirante ni él pudieron prever tal cosa, ya que los adiestramientos en tiempos de paz siempre habían subrayado que los cruceros no abandonarían el contacto con el enemigo en ninguna circunstancia. Pero aquí hay algo abstruso y que no encaja bien. Porque Mack preguntó si aquella orden se refería a su flotilla, y se le contestó que «después de su ataque» («*after your attack*»). Luego si dicha orden no iba dirigida al grueso de la *Mediterranean Fleet* — directamente mandado por Cunningham —, ni a los cuatro destructores destacados para rematar a los buques italianos, y tampoco tenía carácter inmediato para el capitán de navío Mack, ¿a quién iba destinada? Y si, para evitar equívocos, sólo trataba de informar a las demás agrupaciones inglesas sobre el rumbo a que se movería el grueso, ¿por qué no limitarse a señalarle? Cunningham aduce que no es lo mismo reflexionar tranquilamente en una butaca que dirigir una operación desde el puente de un buque, de noche y en presencia del enemigo. Ciertamente, pero todavía sospechamos que dicho error — que impidió a los ingleses poder localizar al *Veneto* en las próximas siete horas de oscuridad — fue debido a que Cunningham, al ver que nada menos que tres cruceros y varios destructores acudían en auxilio del gran derrelicto italiano, debió de tomar al *Pola* por el buque insignia enemigo. Éste estaba ya bien localizado y pronto sería rematado por los cuatro destructores ingleses. ¿Para qué arriesgarse?

Regresemos ahora al lugar del combate, donde todavía flotaban al garete, con las cubiertas ensangrentadas y rotas y ardiendo furiosamente, el *Zara*, el *Fiume* y el *Carducci*, no muy lejos del inmóvil y oscurecido *Pola* y del lisiado *Alfieri*.

* * *

Acababan de divisar los marinos italianos las luces rojas y anaranjadas de reconocimiento, recién encendidas en la arboladura de los acorazados británicos, cuando la primera salva enemiga rompía con sus llamaradas y terrible estampido la oscuridad y el silencio de la noche.

Instantes después era alcanzado el *Zara*. Un proyectil hizo impacto en su torre proel de 203 mm., que voló por los aires. De sus restos y barbeta brotó un terrorífico incendio. Las máquinas de babor, la cubierta y los entrepuentes quedaron arrasados, y el buque, incontrolable, giró a babor, por lo que la segunda salva británica le alcanzó de lleno por la banda de estribor. La caldera número 5 estalló entonces con gran violencia, las máquinas de aquella banda fueron destrozadas y el crucero quedó al garete, aproado al Norte y envuelto en llamas.

El comandante del *Zara,* capitán de navío Corsi, ordenó inundar los pañoles de municiones de proa, que amenazaban estallar en cualquier momento, evacuar el puente y la zona del combés, auxiliar a los innumerables heridos y concentrar el personal a popa, pues intentar la defensa era ya, dado el estado de devastación en que había quedado el crucero desde los primeros impactos recibidos, imposible. A proa y al centro, el *Zara* ardía como una tea, y, después de sostener durante varias dramáticas horas una inútil lucha contra el fuego, Corsi, de acuerdo con el almirante Cattaneo, decidió abandonar el buque y echarlo a pique. Un grupo de voluntarios, al mando del segundo comandante, capitán de fragata Giannattasio, descendió a los pañoles de municiones popeles para preparar las cargas de demolición. Pero este grupo, ¡como tantos otros!, quedaría atrapado y perecería en su totalidad.

El almirante Cattaneo arengó a sus hombres y les recomendó guardar una actitud digna si eran hechos prisioneros. Después se dieron los reglamentarios vivas al Rey y a Italia y se abandonó el buque. Dejemos por ahora al *Zara,* todavía ardiendo, a solas con sus muertos, entre una fantasmagoría de luces y de sombras, para conocer la no menos trágica suerte del *Fiume,* que se hundiría algunas horas antes que su gemelo.

Tan inesperada y absolutamente sorprendido como el buque insignia de Cattaneo resultó el *Fiume.* La primera andanada británica le destrozó tres calderas, arruinó su cubierta, hizo volar varias cajas de urgencia de municiones de 100 mm. y saltar por los aires la torre popera de artillería de 203 mm. Un formidable incendio se alzó inmediatamente sobre la toldilla del crucero, y las llamas brotaron también, muy altas, en el combés y el alcázar. Nuevamente alcanzado, un proyectil de 381 mm. atravesó la coraza de la flotación y la cámara de calderas de popa y estalló junto a la carena, en la banda de estribor, abriendo una tremenda vía de agua. Los hombres del *Fiume* tuvieron la impresión de que su buque había sido alcanzado por un torpedo submarino.

Como las máquinas de proa y dos calderas proeles no resultaron averiadas, el *Fiume* obedeció al timón, cayó a estribor y continuó navegando durante algún tiempo, muy escorado a estribor. El calor de los incendios era formidable y, para evitar que estallasen las restantes municiones de 100 mm. de las cajas de urgencia, el capitán de navío Giorgis, comandante del buque, ordenó arrojarlas por la borda. Pero el crucero, ardiendo en pompa, con terribles averías y una escora que aumentaba continuamente, estaba ya sentenciado. Así lo comprendió Giorgis, y, tras arengar a su gente y dar los vivas de reglamento, ordenó el abandono del buque. Poco después, hacia las 2315, el *Fiume*, convertido en una gran antorcha y con las planchas al rojo vivo, se hundía de popa y desaparecía bajo las aguas con un fuerte silbar, que era como un estertor fúnebre, entre torbellinos de humo negro, dejando sobre la mar a un puñado de estremecidos y todavía asombrados náufragos.

Tan impreparados como aquellos dos cruceros fueron también sorprendidos los destructores de la 9.ª Flotilla italiana, que, bruscamente cegados por el resplandor de una decena de potentes proyectores de arco dirigidos constantemente sobre ellos, lacerados por la mortífera lluvia de proyectiles que llegaban del fondo de la noche, incapaces de apreciar siquiera la dirección en que se movía el enemigo ni cuáles eran sus buques, y paralizados por el estupor, no pudieron contraatacar. Ante aquella muralla de fuego que se abatía implacable sobre ellos por babor, los cuatro destructores italianos cayeron a estribor para evitar ser aniquilados y tratar de ocultarse tras sus propias cortinas de humo, reagruparse después y atacar con torpedos.

En el *Alfieri*, el capitán de navío Toscano, jefe de la escuadrilla, ordenó meter todo el timón a estribor, poner a régimen de máxima fuerza y tender una cortina de humo. Pero su buque fue inmediatamente alcanzado, en el centro y a popa, por varios proyectiles de 152 mm. procedentes de los acorazados ingleses, y muy pronto quedó al garete, sin luces y con el timón inservible. En las cámaras de máquinas y de calderas, el ardiente vapor escapaba por las rotas tuberías, y había muertos y heridos por todas partes. A pesar de lo cual, su gente trató de volver a poner en servicio la planta propulsora y el gobierno a mano. Dejemos al *Alfieri*, en tan crítica situación, para ver la suerte de los restantes buques de su flotilla.

El *Carducci*, al mando del capitán de fragata Ginocchio, que inicialmente cayó también a estribor cuando los acorazados ingleses abrieron el fuego, momentos después trató de interponerse entre ellos y los cruceros italianos para ocultar a éstos con una cortina de humo. Puso la proa al enemigo y aguantó bastante bien la embestida de su primera salva, pero la segunda le dejó inmovilizado y con un fuerte incendio a bordo.

El *Oriani* intentó pasar a barlofuego del *Zara* y el *Fiume*, para atacar con torpedos, pero pronto resultó centrado por el tiro enemigo y recibió un impacto que le inutilizó la máquina de proa, por lo que, sorteando un bosque de piques, se retiró hacia el Sur, navegando con la máquina de popa a toda fuerza, al amparo de su propia cortina de humo. Después quedaría al garete.

El *Gioberti,* único de los siete buques de la infortunada división de Cattaneo que resultó indemne, por dos veces trató de atacar con torpedos a los acorazados británicos, pero, cegado por los haces de los proyectores y perseguido por los disparos, no pudo apreciar ni aproximadamente los datos cinemáticos del enemigo y, hostilizado después por los destructores ingleses, optó por retirarse.

Vemos, pues, que, de los cuatro destructores que formaban en la división de Cattaneo, tres resultaron casi inmediatamente alcanzados por los proyectiles de 152 mm. del *Warspite,* el *Valiant* y el *Barham,* mientras que el cuarto fue incapaz de lanzar con posibilidades de éxito. Tales fueron los fulminantes efectos de la más absoluta de las sorpresas.

Mientras tanto, los destructores británicos *Griffin* y *Greyhound* se habían lanzado ya en persecución del *Oriani* y del *Gioberti,* que se retiraron hacia el Sur envueltos en humo. Intercambiaron con ellos varias salvas, pero pronto renunciaron a la persecución y les perdieron de vista. Por su parte, el *Stuart* y el *Havock* vivieron una noche mucho más intensa y agitada. Con órdenes de rematar a los cruceros enemigos, el *Stuart* se aproximó al *Zara* poco antes de las veintitrés horas y le lanzó cuatro torpedos. Seguidamente disparó otros tantos contra el *Carducci,* que no estaba lejos. Al parecer, los ocho artefactos fallaron el blanco, probablemente por haber apreciado erróneamente los ingleses que ambos buques todavía navegaban.

A las 2308, el *Stuart,* que se movía velozmente, descubrió en la oscuridad al *Alfieri* y, para evitar la colisión, tuvo que meter todo el timón a babor. Según la versión británica, el *Stuart* pasó a unos 150 metros del buque italiano y le disparó dos salvas de artillería. Por su parte, el *Alfieri,* inmovilizado y con una pronunciada escora a estribor, disparó tres salvas contra su enemigo con el montaje doble de proa, único que había quedado en servicio. Instantes después, los italianos descubrieron al *Havock,* que seguía las aguas del conductor de flotilla, y, orientando rápidamente el montaje por la otra banda, pudieron disparar contra él una salva y abrir el fuego con las ametralladoras, al mismo tiempo que le lanzaban tres torpedos. El *Havock* le correspondió con cuatro artefactos submarinos, uno de los cuales alcanzó al *Alfieri* por estribor. El ya maltrecho buque italiano comenzó a hundirse y tuvo que ser abandonado por su diezmada dotación. Poco después regresó el *Havock* y aceleró su hundimiento con varias salvas de artillería disparadas a quemarropa. A las 2330, el destructor de Toscano, que ardía como una bola de fuego, estalló y se fue a pique con su comandante, que no había querido ponerse a salvo, a bordo.

Trece minutos antes había bajado al abismo el *Carducci*. Con incontrolables incendios que amenazaban volar los pañoles de municiones, su comandante había ordenado abrir los grifos de fondo y los portillos y abandonarlo. El último en saltar por la borda fue el capitán de fragata Ginocchio. Poco después, el *Carducci* daba la voltereta y se hundía. Sus supervivientes tendrían que permanecer en la mar, antes de ser recogidos, ¡durante cinco terribles días con sus noches!

El *Stuart* y el *Havock*, que habían perdido el contacto entre sí, prosiguieron su accidentada navegación por aquel piélago de ruina y muerte, donde todavía ardían, como dos alucinantes fanales rojos en la noche, el *Zara* y el *Fiume*. Este último, ya evacuado por su dotación, se iría a pique, como sabemos, hacia las 2315. Un cuarto de hora después lanzaba el *Havock* contra el *Zara* los cuatro torpedos que le quedaban a bordo, sin lograr alcanzarle, siendo contrabatido por fuego de ametralladora. A las 2345, este destructor británico empezó a disparar sobre el crucero pesado, desde lejos, al mismo tiempo que le iluminaba con proyectiles estrella. Y entonces, a la intensa luz de sus bengalas, los ingleses descubrieron casualmente la gran silueta del olvidado *Pola*.

El teniente de navío Watkins, que mandaba el *Havock*, se aproximó al buque que tan inesperadamente acababa de entrar en su campo visual, dirigió el inquisitivo haz de su proyector luminoso sobre él y abrió el fuego. Para pasmo de Watkins, sus cañonazos no tuvieron respuesta alguna; únicamente vio brotar dos pequeños incendios en la cubierta del fantasmal buque de guerra enemigo, que permanecía parado, oscurecido y silencioso, ligeramente escorado a estribor y al parecer indemne. ¿Qué buque era aquél?

El oficial examinó atentamente al *Pola* a través de sus prismáticos y, poco familiarizado con las siluetas y aspecto de los acorazados y cruceros italianos, tomó al hermético *Pola*, que en la noche parecía gigantesco, por el buscado *Vittorio Veneto*. Entonces garabateó un mensaje y ordenó cifrarlo y lanzarlo al éter. Iba dirigido al almirante Cunningham y al capitán de navío

Mack, y en él Watkins decía hallarse, ya sin torpedos, en contacto con un acorazado, inmóvil e intacto, del tipo «Littorio».

Cunningham debió de ver confirmadas sus sospechas y guardó silencio. Pero el capitán de navío Mack, que veinte minutos después de la medianoche, al recibir este mensaje, ya se movía hacia el Oeste, tras haber cortado inadvertidamente la estela dejada por el *Veneto* casi una hora y media antes, y que se encontraba a más de sesenta millas al norte del *Pola,* decidió arrumbar inmediatamente hacia el acorazado italiano descubierto por el *Havock,* pues aquel buque era su objetivo.

* * *

Si para los hombres del *Zara,* del *Fiume* y de los destructores de la 9.ª Flotilla italiana, el imprevisto y fulminante ataque del grueso de la escuadra británica ni siquiera les permitió sentir ese estremecimiento interno que suele preceder a la entrada en combate, la dotación del *Pola* vivió, en cambio, varias horas de angustia y zozobra. Porque este buque, torpedeado a las 1950, no sería hundido hasta las cuatro de la madrugada.

La rotura de numerosos tanques y tuberías de petróleo de alimentación de calderas hizo que una viscosa capa de nafta penetrara en muchos compartimentos y se extendiese por las cubiertas como una marea negra. En el oscuro interior del buque, todo estaba resbaladizo y olía fuertemente a petróleo. El riesgo de incendio o de explosión debida a los gases era grave y, como medida de seguridad, el comandante del *Pola* hizo arrojar por la borda los proyectiles de 100 mm. estibados en cubierta dentro de las cajas de urgencia. También ordenó llenar con agua del mar y encender la única caldera disponible, mientras en el castillo de proa se preparaba la faena del remolque. Porque el capitán de navío De Pisa estaba seguro de que su buque sería tomado a remolque de un momento a otro.

Pero los minutos se convirtieron en horas. De la escuadra italiana no quedaba rastro, y la lentitud de los mensajes intercambiados por radio con el *Zara* era desesperante. Después de las nueve de la noche se supo que los buques de Cattaneo se dirigían por fin en socorro de su aboyado compañero de flota. Los serviolas del *Pola* redoblaron la vigilancia para tratar de descubrir cuanto antes a sus camaradas de la 1.ª División. Así transcurrió otra hora de intensa ansiedad. Afuera hacía frío y el relente todo lo empapaba. En lo alto centelleaban difusamente las estrellas. El buque, adrizado y sólo hundido algunos centímetros por debajo de la línea de flotación, parecía envuelto en un espeso sudario de silencio, y era como si todo el universo se hubiera detenido expectante.

Poco después de las diez de la noche, los serviolas vieron una sombra que se movía lejos, por estribor, posiblemente un submarino. A través de sus prismáticos, De Pisa pudo percibir las oscuras siluetas de grandes unidades deslizándose hacia el Nordeste, a unos tres mil metros de distancia, y, no dudando que se trataba de los buques de Cattaneo, que les buscaban, ordenó lanzar dos bengalas rojas para atraer su atención. Dichas luces, que se encendieron a las 2226, fueron efectivamente observadas por el vicealmirante de la 1.ª División, que se aproximaba por el Noroeste y que entonces enmendó el rumbo hacia ellas.

También fueron vistas desde el *Barham*, último buque en la formación de Cunningham, pero no en las otras tres unidades del grueso británico, porque a su bordo todos tenían ya la vista clavada en los buques del vicealmirante Cattaneo.

Un minuto después, los hombres del *Pola* fueron horrorizados testigos del aniquilamiento de los cruceros y destructores de su división. De Pisa envió a la gente a sus puestos de combate, pero el director de tiro le recordó que el empleo de las torres de artillería de 203 mm. era imposible por falta de energía eléctrica para moverlas; que los ascensores de municiones de 100 mm. no podían funcionar por la misma razón, y que intentar el municionamiento a mano desde los pañoles, sin luces y con las cubiertas llenas de petróleo, sería tan poco práctico como peligroso. En vista de lo cual, y para evitar que el enemigo se apoderase del inerme crucero o que éste pudiera correr la misma suerte que el *Zara* y el *Fiume*, con la consiguiente inútil pérdida de vidas humanas, De Pisa ordenó su abandono y hundimiento. En realidad, para el *Pola*, la única defensa, sólo hasta cierto punto eficaz, hubiera radicado en el oportuno empleo de torpedos. Pero ni éste ni los restantes buques de su serie (*Zara*, *Fiume* y *Gorizia*) montaban tubos lanzatorpedos.

Quienes sabían nadar se arrojaron al agua y se asieron después a las balsas salvavidas que habían sido lanzadas. A bordo del *Pola* sólo quedaron su comandante, el segundo, un puñado de oficiales y suboficiales y algunos marineros. Pero el tiempo pasaba, y el enemigo, que no parecía haber advertido la presencia del crucero italiano, tampoco hacía acto de presencia, por lo que De Pisa, confiando todavía en poder salvar su buque haciéndole navegar entre las tinieblas con la única caldera que pronto estaría disponible, ordenó volver a cerrar los grifos de fondo. Huyendo del frío, algunos náufragos prefirieron regresar a bordo del *Pola,* que ya presentaba una ligera escora.

Tres mil metros de sonda yacían bajo la rota quilla del crucero italiano y, en marzo, la temperatura del Mediterráneo es muy baja, la más baja en todo el año. Los marineros que trepaban a la toldilla estaban ateridos y tiritaban de frío, por lo que De Pisa ordenó reanimarlos con vino y otras bebidas alcohólicas y hacer subir ropas y mantas, disponibles en los alojamientos situados a popa.

* * *

Sabemos que, poco antes de la medianoche, el destructor *Havock* había descubierto al torpedeado *Pola.* Diez minutos después de lanzar su sensacional mensaje acerca de este buque, el teniente de navío Watkins rectificó, señalando que se trataba de un crucero pesado con artillería de 203 mm.

El capitán de navío Mack recibió esta rectificación cuando ya llevaba una hora navegando a toda máquina hacia el Sur, por lo que, desanimado, decidió proseguir al mismo rumbo. Poco después de las dos de la madrugada alcanzaba con sus ocho trepidantes destructores el lugar donde todavía el *Zara, duro a morire,* continuaba flotando incendiado. La mar estaba llena de petróleo, balsas y náufragos. Mack ordenó a sus destructores de cola que recogieran a los náufragos, y con el *Jervis* decidió torpedear al *Zara.* El destructor se situó a corta distancia por el través del derrelicto, y a las 0240 le lanzó una salva de torpedos, tres de los cuales hicieron blanco casi simultáneamente. Una vez más, la noche fue testigo de un impresionante espectáculo. Alcanzado en sus pañoles de pólvoras y de municiones, del buque italiano pareció brotar un imponente géiser de agua negra, inmediatamente seguido de formidables llamaradas que iluminaron los alrededores en un radio de muchas millas, mientras un trueno de tono grave rodaba sobre las aguas escarlata. Después, entre grandes torbellinos de humo, el crucero escoró lentamente, dio la voltereta y desapareció bajo la lámina del mar.

A poco más de dos millas de este escenario de desolación, hacia Levante, flotaba el *Pola.* El capitán de navío Mack se aproximó a este buque con el *Jervis* y el *Nubian* y dio dos vueltas alrededor de él para estudiar la situación. Luego decidió abordar al semiabandonado crucero. A las 0325, el *Jervis* se abarloó al

Pola e hizo pasar a este buque un trozo armado de abordaje. De Pisa, que ya había mandado abrir nuevamente los grifos de fondo, no ofreció resistencia. Dadas las circunstancias y el estado de su buque, ello hubiera resultado tan inútil como suicida. El *Jervis* transbordó a todos los que quedaban vivos en el *Pola:* 22 jefes, oficiales y suboficiales y 236 marineros, parte de los cuales se hallaban heridos. Luego, visto que era ya imposible salvar al crucero y remolcarlo hasta Alejandría, el *Jervis* le lanzó un torpedo, pero como su explosión no pareciese surtir muchos efectos, el *Nubian* le disparó después otro. Y habiendo recibido los impactos de tres artefactos submarinos y con los grifos de fondo abiertos, el *Pola,* un buque sin suerte, se hundió a las 0403 de la madrugada, con la bandera todavía izada en el pico del palo mesana.

La noche envolvió con su oscuro manto el nuevo drama que ya daba comienzo: el de los centenares de náufragos, muchos de ellos heridos, que no pudieron ser salvados por los destructores ingleses y griegos (1) y tuvieron que permanecer aferrados a una atestada balsa o a un pedazo de madera, hasta que, dos días después, llegase a sus inmediaciones el barco-hospital italiano *Gradisca.*

Pero, para entonces, el viento, las corrientes y la mar habían desperdigado de tal forma aquella patética flotilla de hombres, cadáveres y restos, que muchos supervivientes, ¿quién sabe cuántos?, sucumbieron, pese a que el *Gradisca* permaneció seis días buscando. Entre los que perecieron estaban el vicealmirante Cattaneo y los comandantes del *Zara,* del *Fiume* y del *Alfieri...*

* * *

Hemos llegado al término de la batalla de Gaudo-Matapán. El *Vittorio Veneto,* escoltado por las divisiones de cruceros 3.ª

---

(1) Siete destructores griegos habían salido de Salamina en la anochecida del día 28, atravesado el canal de Corinto y aguardado en vano, entre Zante y Cefalonia, las órdenes de Cunningham para aquella noche. Pero el almirante británico debió de considerar muy arriesgada la intervención de aquellos buques (provistos de más de medio centenar de tubos lanzatorpedos) en la oscuridad, y las órdenes no llegaron nunca. Su excusa de que el radio griego decía que los destructores aguardaban *oilers* (petroleros) y no *orders* (órdenes) no puede ser aceptada. Tampoco quiso emplear a los tres destructores ingleses que vigilaban en el canal de Antikithera.

y 8.ª, entró en Taranto en las primeras horas de la tarde del día 29, y el *Oriani,* que finalmente tuvo que ser remolcado, también logró llegar a su base. Por su parte, y pese a los violentos ataques aéreos a que fue sometida durante el día 29 por la aviación italo-alemana, la *Mediterranean Fleet* regresó indemne a Alejandría el 30 de marzo.

Matapán fue la primera batalla naval importante ganada gracias, en primer lugar, a los portaaviones y, en segundo, al radar, elementos ambos de que no dispusieron los latinos. Costó a la Marina de Guerra italiana unos tres mil muertos (1), la pérdida de cinco magníficos buques y la inutilización temporal de otros dos y tuvo muy importantes repercusiones en las operaciones navales del Mediterráneo prácticamente hasta el final de la guerra. En dicha batalla, los marinos británicos cometieron varios errores, por uno sólo de sus antagonistas italianos (Cattaneo), pero, constituyendo la fuerza más débil, tal error tuvo catastróficas consecuencias para ellos.

Perdida, desde luego, por la Marina italiana, en la batalla de Matapán también la *Royal Navy* resultó hasta cierto punto perdedora — aunque esto pueda parecer paradójico a primera vista —, puesto que no supo obtener lo que, conducida de otra manera, muy bien pudo haber logrado: la destrucción del formidable *Vittorio Veneto.* Porque en las guerras, y en definitiva, las ocasiones desaprovechadas cuentan tanto como las batallas perdidas.

* * *

El 31 de marzo, Angelo Iachino fue llamado a Roma por Benito Mussolini. Al atravesar el inmenso despacho del Mappamondo, en el «Palazzo Venezia», el almirante quizá temió un estallido de cólera del dictador. Pero, si así fue, debió de sufrir una sorpresa. Porque el jefe del Estado italiano y ministro de Marina ya se había percatado de que, en resumidas cuentas, él era el verdadero culpable del desastre de Matapán.

Pero el Duce no cometió la bajeza de tratar de buscar una víctima propiciatoria. Reconoció que su política respecto a los portaaviones había sido errada y ordenó construir cuanto antes dos buques de esta clase.

---

(1) El «Ufficio Storico» de la Marina Militar italiana no ha podido darnos el número exacto de bajas sufridas por ésta en la batalla de Matapán.

¡Demasiado tarde! Cuando Italia firmara el Armisticio, en septiembre de 1943, los portaaviones *Aquila* y *Sparviero* no estarían aún terminados. Y la conclusión que se deduce de la batalla de Matapán es obvia: las guerras pueden muy bien ganarse o perderse en los intervalos de paz que las preceden y, con respecto a ellas, la era de la improvisación ha muerto para siempre.

Capítulo XII

CEMENTERIO DE BUQUES EN LOS BAJOS KERKENAH. CUNNINGHAM RECHAZA UNA PROPUESTA DEL ALMIRANTAZGO. — BOMBARDEO DE TRÍPOLI. — EVACUACIÓN DE GRECIA. — REFUERZOS PARA LA «MEDITERRANEAN FLEET»

Si salís del puerto de Túnez a bordo de cualquiera de los barcos de cabotaje que se dirigen a Trípoli para llevar fosfatos, tendréis que atravesar el canal, de diez kilómetros de longitud, que desemboca en el gran golfo junto a La Goleta y, una vez en franquía, arrumbar al Nordeste.

Entonces se os presentará una buena panorámica de la gran ciudad, ciudad de pronunciados contrastes, como casi todas las que pertenecieron al Imperio colonial francés, y que hoy se halla dominada, pacíficamente y desde lo alto del parque del Belvedere, por un magnífico hotel (propiedad de una conocida cadena internacional), donde hermosas bailarinas árabes amenizarán vuestro yantar.

Por la banda de babor muy pronto desfilan las ruinas de Cartago, del Cartago romano, por supuesto, pues del fenicio no quedó piedra sobre piedra, y cuya exhumación se ha visto detenida por la hasta ahora infranqueable barrera física que constituye el palacio presidencial. Algo más lejos, por la misma banda, divisaréis, centelleando al sol sobre una colina, el pintoresco pueblo de Sidi Bou Said, bien enjalbegado, con puertas y ventanas de color azul y originales celosías.

Algo más tarde, ya danzando al compás de las olas, vuestro barco alcanzará el cabo Ras el Ahmar, y luego el cabo Bon. Allí, la costa africana, que desde el estrecho de Gibraltar ha ido ganando paulatinamente latitud al adentrarse en el Mediterráneo, apenas sin inflexiones, bruscamente da un quiebro de unas doscientas millas marinas hacia el Sur. Ya arrumbados directamente a Trípoli a través del mar de la Sirte, y tras doblar el cabo Ras el Melah, observaréis por estribor el golfo de Hammamet: buen fondeadero, protegido de los vientos del tercer y cuarto cuadrantes, donde se pescan esponjas. Aquí es probable que encontréis, anclados a la gira, algunos buques de guerra que arbolan la bandera roja de la hoz y el martillo. Y podréis comprobar que tales navíos están bastante despintados, tienen los cascos llenos de óxido y el escaramujo y las hierbas marinas cubren sus aceradas planchas a la altura de la flotación. Es que sus campañas en el Mediterráneo suelen durar varios meses y, durante ellas, estos buques raramente tocan en puerto, limitándose a fondear en ese y otros lugares abrigados para dar descanso a las dotaciones, tomar combustible y reparar averías.

Dejemos a los buques soviéticos en aquel golfo tunecino, donde al llegar la noche se escucha el rasgueo de las balalaikas y el murmullo de esas hermosas y nostálgicas canciones de la estepa, entonadas por la marinería, que se pierden sobre la mar en alas del viento.

Al estar tanto avante con el cabo Ras Capudia, sobre las olas surgirán dos grandes boyas luminosas, señal de que un invisible peligro acecha en las profundidades. Son los bajos que rodean a las islas Kerkenah, a las que ese profundo y admirable novelista que fue nuestro Pío Baroja nos lleva en una de sus interesantes obras de tema marinero.

Desde la costa contigua, allí donde se alza la ciudad de Sfan, dichos bajos avanzan treinta millas mar adentro, y la extensa y peligrosa zona de bajíos, cuyas sondas pueden llegar a poco más de un metro, queda señalada por seis boyas. Entre tales escollos y los islotes Pelagie (Lampedusa, Linosa y Lampione) tenían que navegar obligadamente durante la segunda guerra mundial —hasta la conquista de Creta—, para dar el mayor resguardo posible a Malta, los convoyes italianos despachados a Trípoli vía el canal de Sicilia. Y este paso, que se convertiría en un verdadero cementerio de buques y que todavía está hoy sembrado de pecios abarrotados con material de guerra, muy bien podría denominarse, lo mismo que el canal que discurre entre las islas Salomón, en el océano Pacífico, cerca de Guadalcanal, y por idénticas razones, «fondo de hierro» *(iron botton)*, tal es el número de navíos de todas clases que allí encontraron su tumba.

* * *

El 13 de abril de 1941, un avión italiano de reconocimiento pudo fotografiar, desde gran altura, el puerto de La Valetta. Y el examen de sus fotografías reveló poco después a «Supermarina» la inesperada presencia de cuatro destructores británicos en el «Grand Harbour».

El descubrimiento tenía mucha importancia, pues precisamente aquel día se aprestaba a aparejar de Nápoles, con destino a Trípoli, un convoy de cinco cargueros, cuatro alemanes y uno italiano, con gasolina, municiones, material de guerra y algunas tropas a bordo, al que, en vista de la situación, se decidió dar escolta con tres destructores: *Tarigo* (1.917 toneladas, seis cañones de 120 mm. y cuatro tubos lanzatorpedos), *Lampo* y *Baleno* (1.206 toneladas, cuatro cañones de 120 mm. y seis tubos lanzatorpedos).

Puede ya observarse que la escolta del convoy era inferior a la fuerza que el almirante Cunningham había basado en Malta el 11 de abril y podía atacarle, ya que, número aparte, los destructores británicos recientemente basados en La Valetta eran buques muy poderosos para su clase: el *Mohawk* y el *Nubian*, de 1.870 toneladas, montaban cada uno ocho piezas de 120 mm., doce ametralladoras pesadas y cuatro tubos lanzatorpedos, y el *Jervis* y el *Janus*, de 1.760 toneladas, seis cañones de 120 mm., doce ametralladoras y diez tubos cada uno. Pero «Supermarina» confió en la protección que la *Regia Aeronautica* sería capaz de prestarle. Auxilio que, una vez más y a causa del mal tiempo, la Marina italiana no recibiría.

Debido a la niebla y a los chubascos, el convoy, que había zarpado de Nápoles hacia la medianoche del 13 al 14, tardó más de lo previsto en cruzar el canal de Sicilia, y este retraso le sería fatal.

En la tarde del día 15, los barcos italo-alemanes fueron descubiertos por un avión británico de reconocimiento salido de Malta, que les siguió a distancia durante algún tiempo y señaló al almirante de la isla, con toda exactitud, su composición, rumbo y velocidad. «Supermarina» sorprendió y descriptó este mensaje y solicitó de la Aviación que explorase la zona comprendida entre las islas Kerkenah y Malta, para descubrir si los destructores ingleses salían de La Valetta. Pero, alegando las malas condiciones atmosféricas, ningún aparato italiano fue enviado a explorar.

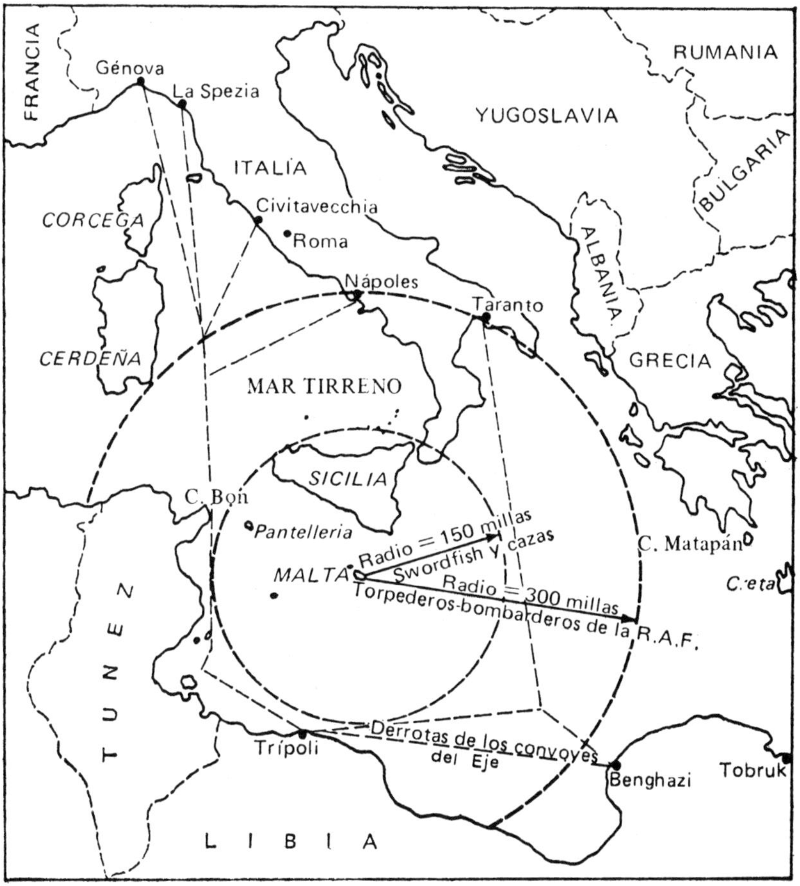

La importancia estratégica de Malta queda ilustrada en este gráfico, donde puede observarse que si, en 1940 y 1941, los convuyes del Eje despachados para Libia podían eludir, alargando sus derrotas, el ataque de los *Swordfishes* torpederos basados en la isla — no el de los submarinos y buques de superficie —, en 1942 y 1943 no tenían posibilidad de librarse de las bombas y torpedos lanzados por los *Beauforts* de la RAF despegados del mismo lugar.

Entonces el Almirantazgo italiano advirtió al convoy de que probablemente había sido descubierto por el enemigo y que, por tanto, al rebasar los bajos Kerkenah, en vez de arrumbar directamente hacia Trípoli, debería penetrar en el golfo de Gabes y luego barajar la costa al encuentro de los destructores salidos de aquel puerto para reforzar su escolta. Pero estos últimos buques no llegarían a tiempo.

Porque el capitán de navío Mack, que mandaba la escuadrilla británica y ya había efectuado dos salidas nocturnas, desde La Valetta, para tratar de sorprender a los convoyes italianos que navegaban hacia Tripolitania, aparejó a las seis de la tarde del día 15 y puso sus buques a régimen de 26 nudos, con objeto de recalar en la boya luminosa número 4 de los bajos Kerkenah antes de que pudieran hacerlo el convoy enemigo y su escolta. Totalmente inobservado desde el aire, a las 0044 del día 16 avistó dicha boya, momento en que moderó velocidad y puso la proa hacia el Nornoroeste, es decir, al encuentro del convoy, pero dando un buen resguardo a las balizas.

La noche había despejado, la mar estaba en calma, soplaba un viento suave del Noroeste y la luna tenía unos treinta grados de altura y rielaba fuertemente por el sursudeste de los cuatro buques ingleses, es decir, ahora por su popa. Aquellos destructores británicos no montaban equipo alguno de radar, pero sus hombres sabían que un convoy enemigo debía estar aproximándose de vuelta encontrada, ya que el Almirantazgo tenía informes, procedentes de sus submarinistas y de los agentes que operaban en Túnez, de que los convoyes italianos que navegaban a poniente de Malta arrumbados hacia Trípoli recalaban precisamente en las boyas de los bajos Kerkenah. Así que en el puente alto de los cuatro buques de guerra británicos la vigilancia era muy intensa.

Por el contrario, los tripulantes del convoy italo-alemán, que marchaba con uno de los destructores de la escolta en vanguardia, otro por su estela y el tercero por la banda de estribor, es decir, hacia tierra, ya creían haber pasado la zona más peligrosa — la de mínima distancia a Malta — y consideraban que el riesgo había sido conjurado hasta la mañana siguiente, en que podrían intervenir los aviones adversarios, pues «Supermarina» no les había advertido acerca de la posibilidad de que fueran atacados durante la noche por destructores ingleses.

Parece ser que el convoy y los buques de guerra británicos se cruzaron sin verse. Pero poco después, a las 0158, la luna traicionó la presencia de los barcos del Eje. Por la aleta de babor de la escuadrilla de Mack, a unas seis millas de distancia, se descubrieron las negras siluetas de cinco cargueros enemigos. El capitán de navío británico invirtió entonces el rumbo y decidió aproximarse al convoy por su estela, pero caído hacia los bajos, de modo que el fuerte resplandor lunar hiciese destacar perfectamente para ellos a los barcos italianos, al mismo tiempo que convertía prácticamente en invisibles a los suyos para el enemigo.

Los galgos de la *Royal Navy* aumentaron velocidad y se acercaron a su presa. Para las 0213, los ingleses ya habían descubierto a los tres destructores italianos, y los cañones y tubos lanzatorpedos del *Jervis*, el *Nubian*, el *Mohawk* y el *Janus* estaban orientados por la amura de babor y listos para disparar. La distancia disminuía con bastante rapidez, y así transcurrieron, tensos y emocionantes para los ingleses, otros siete minutos.

Cuando el alcance al destructor *Baleno* era de 2.200 metros, los británicos abrieron un fuego infernal, con sus cincuenta y dos cañones y ametralladoras, sobre dicho buque, el *Lempo* y los cinco cargueros. Para los citados, la sorpresa fue absoluta y mortíferos sus efectos. En el acribillado *Baleno* murieron todos los oficiales del cuerpo general, y el buque quedó inmediatamente fuera de combate y a punto de hundimiento. Pero sus supervivientes lograron a duras penas hacerlo embarrancar en los bajos.

Siguió un fiero combate a muy corta distancia, pues el *Lempo*, que inicialmente sufrió menos daños que el *Baleno*, y el *Tarigo*, que marchaba en cabeza y no había sido alcanzado, se lanzaron inmediatamente al contraataque disparando con todas sus armas, mientras los barcos mercantes, la mayoría de ellos ya incendiados, hacían fuego con sus ametralladoras, intentaban escapar a toda máquina o trataban de abordar a sus atacantes. Pero la posición táctica, muy bien buscada, plenamente favorecía a los hombres de Mack, muy superiores además en volumen de fuego. Sobre la argentada mar, las oscuras siluetas de los buques italo-alemanes eran un blanco perfecto para los ingleses, mientras que, para aquéllos, hacia sotaluna sólo se distinguían los fogonazos de los disparos del enemigo esmaltando brevemente la noche en rojo.

A los siete minutos de iniciarse el combate, uno de los cargueros estuvo a punto de embestir al *Jervis*, que para librarse, por muy pocos metros, de ser pasado por ojo, tuvo que poner sus dos máquinas a toda fuerza. Luego, el tronar de cañones y ametralladoras quedó bruscamente ahogado por el formidable estampido que produjo la voladura del carguero italiano *Sabaudia*, abarrotado de municiones, cuyas llamaradas se remontaron hasta más de seiscientos metros de altura y que vomitó una pesada lluvia de restos de todas clases, que durante algún tiempo se desplomaron con estrépito sobre los buques de guerra ingleses e hicieron que la mar pareciese entrar en ebullición.

El destructor *Lempo* consiguió lanzar cinco torpedos, uno de los cuales pasó exactamente bajo el puente del *Jervis,* sin estallar, mientras que el *Tarigo,* ya destrozado y cuyo comandante, el capitán de fragata De Cristoforo, no quiso abandonar el puente de mando pese a que las primeras salvas caídas a bordo le habían cercenado una pierna y que moriría poco después, también pudo lanzar tres artefactos, cuando ya literalmente se estaba hundiendo y sólo un oficial, el alférez de navío Bisagno, quedaba con vida. Dos de ellos alcanzaron al destructor británico *Mohawk,* que se fue rápidamente a pique con cuarenta y un muertos.

Pero el *Tarigo,* con las máquinas y calderas destrozadas y el casco hecho una criba, también se hundió, mientras que el *Baleno* y el *Lembo,* que habían tenido que ser embarrancados para evitar que se fueran a pique, ardían furiosamente, y los cuatro mercantes que quedaban a flote, convertidos ya en formidables antorchas, se hallaban a punto de hundimiento, aunque dos de ellos también conseguirían embarrancar.

El *Nubian* encendió sus luces de reconocimiento y se aproximó al *Mohawk,* que, hundido en poco fondo, yacía acostado sobre una banda pero con unos quince metros del castillo de proa, arracimado de hombres, todavía fuera del agua, y recogió a los supervivientes. Después, los tres destructores del capitán de navío Mack, dando por destruido al convoy, se retiraron.

Efectivamente, otros dos cargueros alemanes se fueron poco más tarde a pique, y el *Baleno* se hundió bruscamente dos días después, mientras que los abrasados y embarrancados cargueros que quedaban por encima de las olas no pudieron ser salvados. Sólo el *Lempo* logró ser rescatado por los italianos tras cuatro meses de esfuerzos y vuelto a poner en servicio.

Varios destructores y dos barcos-hospitales salidos de Trípoli el mismo día 16 lograron salvar a unos 1.300 supervivientes italoalemanes. Pero aquel convoy, con 14.398 toneladas de registro bruto, que llevaba a bordo 300 vehículos y otras 3.500 toneladas de material de guerra, había sido totalmente destruido, mientras que 350 soldados y marinos del Eje encontraron en él la muerte.

* * *

Poco antes de las cinco de la madrugada del 21 de abril de 1941, el submarino británico *Truant* permanecía inmóvil sobre la mar, con los motores térmicos parados, exactamente a cuatro millas al norte del cabo Ras Tagiura, contiguo al puerto africano de Trípoli, asomando sólo la torreta por encima de las negras y tranquilas aguas, a la espera.

El buque mantenía un pequeño pero potente foco encendido y orientado hacia la mar, y aquella luz preocupaba al comandante del *Truant,* capitán de corbeta Haggard, pues aunque sería imposible distinguirla desde tierra, cualquier patrullero italiano de vigilancia mar afuera la podría ver y sentir curiosidad... Pero Haggard no tenía otra alternativa, pues precisamente para mostrar a los suyos una posición exacta con respecto a Trípoli flotaba él allí.

Hacía algún tiempo que se había extinguido el retumbar de las bombas arrojadas sobre aquel puerto por la RAF y los aparatos de la Aviación Naval basados en Malta, en un prolongado ataque de unas dos horas de duración. También se habían apagado los proyectores luminosos, y luego los incendios producidos. Así que el silencio y la oscuridad señoreaban otra vez la noche, aunque la gran humareda levantada por bombas y fuegos todavía se podía distinguir desde la mar a aquella distancia, tal vez porque no había viento.

Por fin, el hidrofonista del *Truant* señaló ruidos de hélices, y mucho después los serviolas advirtieron al capitán de corbeta sobre la aparición de grandes sombras aproximándose con rapidez hacia el submarino. Haggard consultó su reloj y supuso que se trataría de los buques de la *Mediterranean Fleet.* A través de sus prismáticos nocturnos (de siete aumentos y cincuenta milímetros) pudo distinguir las negras e inconfundibles moles de tres acorazados y un crucero pesado aproximándose desde el Norte, en línea de fila, precedidos por cuatro destructores que marchaban en línea de frente, sin duda con los paravanes dados por temor a la existencia de minas en aquellas aguas de poco brazaje.

Las obras muertas de los formidables buques desfilaron después a cincuenta metros de la torreta del *Truant,* y para Haggard, que las observaba prácticamente a ras del agua, el paso de las gigantescas siluetas oscuras resultó un emocionante espectáculo.

La formación de combate británica giró alrededor del submarino como si doblara alguna boya de regatas y se alejó arrumbada hacia Poniente, mientras las estelas levantadas por los buques de superficie rompían con fuerte rumor sobre la acerada torreta del *Truant* y, en su interior, el estrépito del batir de las grandes hélices de bronce apagaba cualquier otro sonido. El capitán de corbeta agitó el brazo en señal de despedida y, cuando el último destructor se hubo perdido entre las sombras, ordenó apagar el foco, soplar los lastres y arrancar los motores térmicos para alejarse en superficie hacia el Norte, pues no quería perderse el espectáculo que se avecinaba.

Allá a lo lejos, sobre el oscurecido puerto norteafricano, se encendieron bruscamente unas luces, y poco después Haggard y sus hombres, encaramados sobre la torreta del *Truant*, vieron brotar imponentes llamaradas de los buques británicos. El aire llevó luego hasta sus oídos los fuertes y graves estampidos de los cañones ingleses del máximo calibre, y el submarino pareció estremecerse.

Para los habitantes de Trípoli, especialmente la población indígena que moraba en la ciudad vieja, turco-árabe, contigua al puerto, comenzaba el segundo acto de una noche de terror, pues un centenar de personas morirían y trescientas más resultarían heridas. Porque los buques que habían abierto el fuego por sorpresa y con todas sus piezas sobre la zona del puerto, estación radiotelegráfica y depósitos de combustible líquido eran los acorazados *Warspite*, *Barham* y *Valiant*, el crucero *Gloucester* y nueve destructores británicos, mientras que los aviones del *Formidable*, que se mantenía a unas sesenta millas mar adentro, dejaban caer constantemente sus bengalas sobre la ciudad.

Y, así, Trípoli se convirtió muy pronto en una verdadera orgía de luces. A las grandes llamaradas que producía el reventar de las granadas de alto explosivo contra los muelles y barcos surtos en el puerto; al estallar de los proyectiles antiaéreos en las alturas; a los incandescentes chorros que dejaban las balas trazadoras, y a la vívida luminosidad que producía el ininterrumpido sucederse de las bengalas que bajaban colgadas de sus paracaídas, pronto se unió la siniestra luz roja de los incendios que brotaron en los almacenes y edificios alcanzados y la del infierno en que se habían convertido los depósitos de petróleo y de gasolina. Las temblorosas aguas reflejaban el sobrecogedor espectáculo, y el aullar de las granadas inglesas de todos los calibres, a las que al cabo de cierto tiempo se unieron las que escupían hacia la mar dos baterías de costa italianas de 190 mm., pareció poner el contrapunto a la tranquilidad y el silencio que poco antes habían envuelto al gran oasis que rodea la ciudad y el inmenso desierto que tras ella se extiende.

Media hora antes del amanecer, después de un bombardeo que había durado cuarenta y dos minutos y en el que se habían disparado por parte británica un total de 478 proyectiles de 381 mm. y 1.500 de 152 y de 120 mm. —unas 530 toneladas de explosivos—, los buques enmudecieron y aproaron inmediatamente hacia el Norte a toda velocidad, para reunirse con el portaaviones *Formidable* y los cruceros antiaéreos *Dido, Phoebe* y *Calcutta* y alejarse cuanto antes de los aeródromos enemigos.

Entonces el almirante Cunningham pasó a su camarote de mar, y mientras tomaba el desayuno tal vez recordase la laboriosa génesis de aquella arriesgada operación. Porque el Almirantazgo británico, fuertemente presionado por Winston Churchill, había querido que el acorazado *Barham* y el crucero ligero *Caledon* llegasen hasta la entrada de Trípoli, disparando a quemarropa contra todos los posibles objetivos portuarios, y se autohundiesen en la misma bocana del puerto, a fin de dejarlo bloqueado e inutilizable. A tan desesperada medida parecían obligar los avances logrados por las fuerzas italo-alemanas conducidas por Erwin Rommel: ¡aquel verdadero espartano!

Cunningham se había echado las manos a la cabeza. La pérdida de un acorazado como el *Barham*, todavía capaz de prestar inapreciables servicios, era importante, y, por supuesto, el enemigo se la arrogaría inmediatamente. Por otra parte, como los buques, para poder disparar hasta el último momento, tendrían que llevar las dotaciones al completo, su rescate en pleno hundimiento resultaría tan difícil como arriesgado. El peligro de las minas era, además, grave, y posiblemente aquellas unidades y las de salvamento se irían a pique mucho antes de conseguir su objetivo final y más importante.

La lealtad al mando no consiste en dar siempre la razón a los superiores, como si éstos fueran infalibles, sino en hacerles ver con toda claridad sus errores cuando los cometen, aunque ello pueda disgustarles... El almirante Cunningham poseía tan superior y rara virtud, y los mensajes que tuvo que intercambiar con el Almirantazgo para disuadirle de un plan semejante fueron ciertamente ásperos y desagradables. Pero, por fin, los excelsos lores de Whitehall entraron en razón, aunque sólo a cambio de la promesa del comandante en jefe de la *Mediterranean Fleet* de que bombardearía Trípoli con sus acorazados y demás buques de guerra.

Sin embargo, el debatido bombardeo no causó demasiados efectos, pese a la terrorífica cantidad de explosivos lanzados, pues la espesa humareda, impenetrable a la luz de las bengalas, provocada por el estallar de las granadas y los incendios, impidió a los marinos ingleses una buena observación del tiro. Así que los resultados fueron sólo discretos: el torpedero *Partenope* sufrió daños en su obra muerta; la motonave *Cicconetti* se hundió con un cargamento de bombas y combustible, y dos cargueros fueron alcanzados y quedaron tocando en el fondo del puerto. También recibió varios impactos otro barco anteriormente medio hundido por la RAF, y los depósitos de combustible y varios almacenes ardieron, pero el puerto estuvo cerrado tan sólo veinticuatro horas, y los convoyes continuaron afluyendo a Trípoli inmediatamente y con regularidad. Es decir, el vital cordón umbilical que nutría a las fuerzas de Rommel no pudo ser cortado.

En realidad, la *Mediterranean Fleet* había tenido bastante suerte, pues, aparte de lograr la sorpresa, los campos minados que la Marina italiana había proyectado fondear delante de Trípoli — 1.300 minas submarinas y 1.340 boyas antirrastras: explosivas y encepantes — no se habían materializado debido al revés de Matapán y a las actividades en Grecia, y tal operación no daría comienzo hasta principios de mayo, es decir, algunos días después del bombardeo. Precisamente en tales campos resultarían minados, a fines de 1941, los cruceros británicos *Neptune, Penelope* y *Aurora* y el destructor *Kandahar,* de los que el primero y el último se irían a pique, con ochocientos muertos.

Por si fuera poco, la aviación italo-alemana no atacó a la escuadra del almirante Cunningham antes ni después del bombardeo de Trípoli, ciudad situada a 850 millas de Alejandría...

* * *

A las 0545 de la mañana del 6 de abril de 1941, Alemania declaraba la guerra a Yugoslavia y a Grecia.

Los avances de las tropas germanas por ambos países comenzaron inmediatamente y fueron llevados a cabo con gran energía y habilidad. El 12.° Ejército irrumpió en Grecia, desde Bulgaria, a través del paso Rupel que el río Struma abre en los montes Beles, mientras el 2.° Ejército, procedente de Austria y de Hungría, se lanzaba contra Yugoslavia. Colaboraban con ambos la *Luftflotte 4* y los *Fliegerkorps VIII* y *X*, con 576, 414 y 168 aviones respectivamente, mientras que algo más de trescientos aparatos italianos operaban también desde los aeródromos albaneses y de la Apulia.

Después de seis meses de guerra con Italia, el valeroso Ejército griego estaba agotado. El día 9, tras sortear la «Línea Metaxas», los carros de combate germanos entraron en Salónica, el puerto más importante de Grecia después de El Pireo, con lo que cesaron los combates en la Macedonia oriental. El día 13 caía Belgrado. Desde Zara, las tropas italianas ya habían llegado a Dubrovnik.

Sabemos que la «Operación Lustre» había llevado a Grecia a 58.364 soldados británicos, que, unidos a los 4.200 enviados anteriormente, hacían un total de más de 62.000 hombres. Visto ahora el cariz que vertiginosamente tomaban los acontecimientos tras la intervención alemana, el general Wilson decidió retirar sus tropas al paso de las Termópilas, mientras en El Cairo comenzaba a estudiarse apresuradamente el problema de una evacuación total.

El día 17 deponía las armas el Ejército yugoslavo. El presidente del Consejo griego, Koryzis, se suicidaba el 18. Para entonces, las tropas germanas habían rebasado el monte Olimpo en dirección a Atenas y tenían cercado al Ejército griego del Epiro, que se rindió en la anochecida del 21.

La situación se había vuelto caótica para los aliados. El día 19 habían llegado a Atenas, en avión, el general Wavell y el contralmirante Baillie-Groham. Este último era el encargado de preparar sobre el terreno la evacuación por mar de todas las fuerzas expedicionarias británicas. Las perspectivas para ello no eran nada halagüeñas. El Pireo estaba prácticamente inutilizado en su totalidad. En la noche del 6 al 7, la *Luftwaffe* había alcanzado allí al transporte *Clan Fraser*, que llevaba a bordo 250 toneladas de alto explosivo. El barco se incendió y poco después volaba, arrasando el puerto y hundiendo a otros diez buques, con 41.000 toneladas de registro. Sin embargo, los cruceros *Ajax* y *Calcutta* pudieron salir de El Pireo y librarse de las minas de fondo arrojadas en sus accesos por los aviones alemanes, que en días sucesivos minaron también todos los puertos griegos disponibles para los aliados.

En vista de ello, el contralmirante Groham decidió efectuar el reembarque desde las playas, y, de acuerdo con el gobierno y el rey de Grecia, se fijó la fecha en que daría comienzo la evacuación para el 28, dos días después de la luna nueva, calculándose que quedaría terminada en tres noches.

El plan era el siguiente: siete cruceros, diecinueve destructores, tres transportes de ataque, diecinueve transportes de tropas y varios más de carros de combate, así como una miscelánea de motoveleros y embarcaciones griegas que habían sido requisadas, se aproximarían a las playas una hora después de la anochecida, a fin de no ser descubiertos por la aviación enemiga. Empleando todos sus botes, balsas y lanchas, recogerían a las tropas que durante el día habrían permanecido escondidas en las inmediaciones y levarían anclas antes de las tres de la madrugada siguiente. Después navegarían a toda velocidad hacia Creta, a fin de estar al amanecer bajo la protección de los cazas de la RAF basados en dicha isla, y a fin también de que los buques y transportes quedaran cuanto antes disponibles para repetir la faena. Los soldados serían llevados a Egipto más adelante.

Las playas escogidas fueron las de Megara, Rafina y Raftir, en el Ática, y las de Nauplia, Kalamata y Monemvasia, en el Peloponeso, todas bien comunicadas por carretera. Como la *Mediterranean Fleet* no disponía de otros destructores para escoltar a los buques de batalla y no se quiso retirar a los basados en Malta, se decidió dejar a los acorazados y al *Formidable* en Alejandría. Pero el avance alemán fue más rápido de lo previsto, hubo que adelantar la fecha del reembarco al 24 de abril y la evacuación se efectuó sin otra protección de caza que la basada en Creta, pues los aeródromos del Ática y del Peloponeso fueron reiteradamente atacados por la *Luftwaffe* y tuvieron que ser evacuados.

En la primera noche, la del 24 al 25, se embarcaron 12.385 hombres; en la segunda, 5.900, incluidos un millar de heridos; en la tercera, 21.400; 4.640 en la cuarta; 5.472 en la quinta; 235 en la sexta, y 700 en la del 30 de abril al 1.º de mayo. En total fueron rescatados por mar 50.732 militares, de los cuales sólo una cuarta parte pudieron ser recogidos de muelles o espigones. Y, por el aire, a bordo de hidroaviones, salieron de Grecia quinientos aviadores de la RAF.

Las pérdidas británicas en personal y buques fueron moderadas, sobre todo teniendo en cuenta el absoluto dominio del aire de que dispusieron constantemente los alemanes. El transporte *Ulster Prince* varó accidentalmente en Nauplia el día 24 y, el 25, quedó destrozado por la *Luftwaffe*. Este mismo día resultó hundido el *Pennland* cuando navegaba hacia dicho golfo, ¡de donde aparejaron hace más de tres mil años las «cóncavas» naves micénicas de Agamenón!

El día 27, el transporte holandés *Slamat*, que cometió la imprudencia de no zarpar hasta las cuatro de la madrugada, fue bombardeado y hundido algunas horas después. Los setecientos soldados que llevaba a bordo pudieron ser salvados por los destructores *Diamond* y *Wryneck*, pero estos dos buques fueron a su vez echados a pique por aviones alemanes poco antes del mediodía, y del total de casi un millar de hombres que iban a bordo de ellos, únicamente lograron salvarse, tras una trágica odisea, un oficial, ocho soldados y cuarenta y un marineros.

Ese mismo día fue hundido el *Costa Rica*, pero toda su gente pudo ser recuperada. Aparte de los constantes ataques aéreos alemanes contra las carreteras griegas y de que dos batallones de paracaidistas germanos descendieron en la mañana del día 26 sobre ambas orillas del canal de Corinto, cuyo puente tuvo que ser dinamitado por los ingleses, todo lo cual incrementó las dificultades de una operación ya de por sí difícil y que inicialmente se consideró desesperada, la *Royal Navy* logró rescatar al ochenta por ciento de las tropas británicas que lucharon en Grecia.

Los alemanes hicieron unos siete mil prisioneros británicos (parte de ellos judíos palestinos y chipriotas), y aunque la RAF perdió 209 aviones y las fuerzas del general Wilson se dejaron en Grecia prácticamente todo su armamento y ocho mil camiones, en cambio pudieron escapar casi todos los buques de guerra de la Escuadra griega: un crucero, seis destructores, seis submarinos, dos torpederos y un barco-taller. Dichas unidades habían sido puestas a las órdenes del almirante Cunningham el 24 de abril, y más tarde llegaron a Alejandría, donde también consiguieron entrar un submarino y dos lanchas torpederas yugoslavas.

El indudable éxito de esta operación de rescate, denominada «Demon», fue debido principalmente al fallo del Servicio de Inteligencia alemán, que no se enteró de la evacuación que se estaba llevando a cabo, por lo que los bombarderos de la *Luftwaffe* no actuaron durante la noche sobre las playas donde se efectuaba el reembarco. Menor importancia creemos que tuvo la inhibición de la Escuadra italiana.

Tras el revés de Matapán, donde por fin se había puesto claramente de manifiesto para los latinos la enorme inferioridad que significaba no disponer de portaaviones ni de radares, el Alto Mando decidió que a partir de entonces la Escuadra italiana actuaría sólo en aguas que quedasen dentro del radio de acción de los cazas nacionales. Era una medida obligada. Por otra parte, durante los días de la evacuación británica de Grecia, la Flota italiana sólo disponía de los acorazados *Cesare* y *Doria,* y es indudable que su intervención hubiera provocado la inmediata salida de Alejandría de los buques de batalla del almirante Cunningham, lo que, sin aviación naval y en manifiesta inferioridad cualitativa y tecnológica respecto a la *Mediterranean Fleet,* habría supuesto a aquélla unas pérdidas — ¡irreemplazables! — que, después de los reveses de Taranto y de Matapán y con la perspectiva de una guerra larga y muy dura en la mar, Italia difícilmente se hubiera podido permitir. Para esta nación fue más importante preservar las grandes unidades de la Flota, con vistas al futuro, que arriesgarla para tratar de hundir algún transporte enemigo que llevaba soldados vencidos y en retirada.

* * *

El 18 de abril de 1941 cundió la alarma en el Cuartel General del Ejército británico en El Cairo, pues ese día se identificó la presencia en el desierto de la 15.ª División alemana *Panzer,* recientemente llegada de Italia. El general Wavell transmitió el importante descubrimiento a Londres, y, para evitar un posible desastre en Egipto inmediatamente después del de Grecia, Winston Churchill decidió enviar a Alejandría, a través de todo el Mediterráneo, un convoy rápido cargado con carros de combate y aviones, ya que la derrota del cabo de Buena Esperanza hubiera supuesto la pérdida de un tiempo del que tal vez no se disponía.

El envío de 300 carros, 180 piezas de artillería motorizada, más de medio centenar de aviones de caza *Hurricane* y camiones y municiones suponía el empleo de cinco cargueros, de 15 nudos de andar, en una navegación muy peligrosa por el Mare Nostrum. Esta operación, que se denominó *Tiger,* se aprovecharía para trasladar a Malta, desde Alejandría, otros dos convoyes con suministros y 24.000 toneladas de combustible líquido, y también para reforzar la *Mediterranean Fleet* con el acorazado de 31.000 toneladas *Queen Elizabeth* y los nuevos cruceros *Naiad* y *Fiji.* El sistema sería idéntico al empleado antes de la dramática aparición de la *Luftwaffe* en el Mediterráneo: la «Fuerza H» escoltaría hasta el canal de Sicilia al convoy procedente del Reino Unido, y la de Cunningham le acompañaría desde allí hasta Alejandría.

El mal tiempo, con un techo muy bajo de nubes, y varias tormentas de arena favorecieron decididamente los designios británicos, ya que impidieron casi continuamente la tempestiva detección de sus buques por parte de los aviones del Eje y, por tanto, su empleo eficaz, a lo que también contribuyó, desde luego, la actuación de los cazas del *Formidable* y del *Ark Royal*. La cerrazón fue tal, que dos aparatos del primero de dichos portaaviones no lograron descubrir su buque al regresar de una misión y se perdieron con sus tripulantes. Pero las minas submarinas se cobraron su tributo en el canal de Sicilia.

El convoy rápido, que había cruzado el estrecho de Gibraltar en la noche del 5 al 6 de mayo, entró en el canal de Sicilia en la del 8 al 9, poco antes de que la «Fuerza H» se retirara. Dos destructores de la 5.ª Flotilla (capitán de navío Mountbatten), recientemente basados en Malta, con el crucero *Gloucester*, en relevo de los buques del de su mismo empleo Mack, no llegarían a tiempo para escoltarle por las peligrosas aguas, debido a las minas que los aviones italianos y alemanes habían sembrado en los accesos y radas de La Valetta, una de las cuales había hundido al destructor *Jersey* (1.695 toneladas), el 2 de mayo, en la misma boca del puerto.

El cielo había despejado y brillaba la luna llena cuando, hacia la medianoche, una mina italiana estalló en los paravanes que llevaba dados el transporte *New Zelander Star*, que sufrió averías pero pudo continuar la navegación. Poco después se produjeron dos nuevas explosiones casi consecutivas en las proximidades del carguero *Empire Song* (9.230 toneladas), en una de cuyas bodegas, abarrotada de municiones, se produjo un peligroso incendio. El barco fue perdiendo arrancada y, visto el cariz del siniestro, uno de los destructores recogió a su tripulación momentos antes de que el transporte volase con un terrible estallido que lanzó por los aires, entre un volcán de llamaradas, los cincuenta y siete carros de combate y diez *Hurricanes* que llevaba a bordo, y vomitase también un alud de piezas de artillería y camiones, uno de los cuales se desplomó pesadamente sobre el combés del destructor de rescate.

Había sucedido que, a fines de abril, los cruceros italianos *Savoia*, *Montecuccoli*, *Duca d'Aosta* y *Attendolo*, con seis destructores y la lancha hidrográfica *Cariddi*, fondearon tres nuevos barrajes de minas, con 790, 388 y 740 artefactos de orinque, protegidos por hileras exteriores de boyas antirrastras, desde el límite de las aguas territoriales francesas contiguas al cabo Bon, a través del canal de Sicilia. Barrajes que acababan de dar sus dividendos para los latinos.

Mientras tanto, la *Mediterranean Fleet*, que navegaba hacia Malta, recibió un alarmante mensaje del vicealmirante de la isla señalando que todo el puerto de La Valetta estaba minado y que no le quedaba un solo dragaminas utilizable. Cunningham mandó llamar al especialista en armas submarinas de su Estado Mayor y le pidió que buscase una solución. El capitán de fragata Carne ideó abrir un canal de acceso haciendo estallar sobre el fondo una generosa serie de cargas de profundidad. Suponía que los mecanismos de fuego de las minas quedarían inutilizados o que sus cargas explosivas detonarían por simpatía. Y así se hizo, con resultado positivo, aunque incompleto, pues al día siguiente, cuando la corbeta *Gloxina*, que precedía al primer convoy procedente de Alejandría, entró en el canal — balizado y supuestamente libre — remolcando su rastra magnética activada, todavía saltaron una docena más de potentes artefactos submarinos.

Pese a los intensos ataques desencadenados por la aviación italo-germana, la *Mediterranean Fleet*, fuerte otra vez en cuatro acorazados con piezas de 381 mm., entró indemne en Alejandría el 12 de mayo, con los cargueros del convoy «Tiger». Lo que suponía 238 nuevos carros de combate para el Ejército de Wavell (entre ellos 135 *Matildes*, invulnerables a los cañones anticarros alemanes e italianos, ¡no así a los antiaéreos germanos de 88 mm.!) y 43 cazas para la RAF.

Winston Churchill, exultante, envió su felicitación al Almirantazgo, que inicialmente se había opuesto a la operación. El *premier* británico no quiso tener en cuenta que el convoy no había sido detectado por los italianos, debido a las imprevisibles condiciones atmosféricas, hasta el día 8, sin tiempo ya para que sus buques de guerra pudieran intervenir, y que la suerte se había mostrado después bien esquiva con los aviadores del Eje (alguno de sus torpedos había desfilado ¡a siete metros! del costado del *Queen Elizabeth*).

Pero dicha «señora», como la gran mayoría de las de su sexo, es muy voluble...

Capítulo XIII

LUCHA POR CRETA Y EVACUACIÓN BRITÁNICA DE LA ISLA MINOICA. — UN TERRIBLE DESAFÍO ENTRE LA MAR Y EL CIELO

Los europeos estamos en deuda, más de lo que generalmente suponemos, con la antigua y refinada civilización que se desarrolló en la isla de Creta a partir del año 2600 antes de Jesucristo. Ello para no hablar de los «indios» americanos, ya que muy probablemente fueron cretenses los hombres de raza blanca que por primera vez llegaron al Nuevo Continente y, a diferencia de los posteriores vikingos, pusieron allí los cimientos de la cultura.

Navegantes de mediana estatura llegados de Anatolia o de la costa cananea fundaron en Creta una talasocracia que tuvo gran influencia artística y cultural en la Grecia micénica de los aqueos, arios europeos, procedentes del Norte, que llegaron a la Hélade hacia el año 2000 antes de Jesucristo. Unos seiscientos años después de tal irrupción en el libro de la Historia, el Krakatoa de la Antigüedad, la isla de Thera (o de Santorin) estalló, produciendo una espantosa catástrofe que devastó y arruinó — por segunda vez y de manera definitiva — a la misma Creta y cuyos efectos se dejaron sentir incluso en Egipto.

Entonces el dominio del mar Egeo pasó a los micénicos, que hacia el año 1250 antes de Jesucristo conquistaron Troya, a la entrada de los Dardanelos, muy cerca del lugar donde hoy se toma el práctico turco y frente a los imponentes monumentos que en la otra orilla señalan la hecatombe que produjo durante la Gran Guerra el intento de tomar Estambul a través de la península de Gallípoli.

Para entonces, el poder de Creta había declinado tanto que durante la guerra de Troya — confrontación por razones bastante más prosaicas de las que supuso Homero, pero fáciles de comprender si atravesáis los estrechos rumbo al mar Negro, hacia el trigo de la antigua Escitia —, el rey cretense Idomeneo luchó a las órdenes de Agamenón, el aqueo cuya soberbia mascarilla de oro creyese equivocadamente contemplar Schliemann cuando fue exhumada del *heroón* (santuario de los héroes) en esa todavía estupenda fortaleza ciclópea de Micenas.

Y como esta cultura micénica fue precisamente la prehelénica y los griegos pusieron los verdaderos cimientos de nuestra actual civilización occidental, se cierra así un largo ciclo cultural de varios milenios que tuvo su origen precisamente en la isla de la «Taurokathapsia» (salto por encima del toro), a la que nos conducen ahora ciertos acontecimientos de la segunda guerra mundial.

* * *

Aunque la conquista de Creta no había sido prevista inicialmente por los alemanes cuando planearon su ofensiva en los Balcanes, el temor de que la RAF pudiera bombardear desde allí los para el Eje vitales campos petrolíferos rumanos les decidió después a ello.

Sus preparativos fueron detectados por los agentes británicos, pero el general neozelandés Freyberg, designado por Winston Churchill para defender la isla y que contaba con 28.000 soldados británicos, australianos y neozelandeses, además de dos divisiones griegas, no temió un ataque aerotransportado, sino anfibio, y precisamente para conjurarlo se había reforzado a la *Mediterranean Fleet*.

Sin embargo, en la mañana del 20 de mayo de 1941, en el preciso momento en que el acorazado alemán de 42.000 toneladas *Bismarck* atravesaba el Skagerrak rumbo al Atlántico — lo que tendría la importancia que luego veremos en la invasión de Creta —, tres mil paracaidistas germanos descendían sobre la ínsula del minotauro.

El plan fue invadir la isla principalmente por el aire y enviar por mar sólo algunos batallones de tropas, el material pesado y los suministros. Empleando aviones de transporte y planeadores, fueron llevados a Creta cerca de 22.000 soldados alemanes (13.000 de la 7.ª División aérea y el regimiento de asalto y 9.000 de tropas de montaña), ya que el aeródromo de Maleme, en la parte noroccidental de la isla, fue su primer objetivo logrado. Sin embargo, el audaz ataque estuvo a punto de fracasar, pues los lanzamientos de paracaidistas y planeadores no resultaron de precisión por una serie de razones, y las bajas sufridas por los germanos fueron muy superiores a las previstas.

Los británicos recibieron informes de que los alemanes desembarcarían el 17 de mayo, por lo que la *Mediterranean Fleet* se había hecho a la mar con antelación. De modo que en la mañana del día 20, cuando se produjo el ataque germano, los acorazados *Warspite* y *Valiant*, con diez destructores, a las órdenes del contralmirante Rawlings, se hallaban a unas cien millas a poniente de Creta para impedir la posible intervención de la Escuadra italiana. Los cruceros *Naiad* y *Perth*, con cuatro destructores (contralmirante King), cruzaban el estrecho de Kasos; el *Dido*, el *Ajax* y el *Orion*, con cuatro destructores (contralmirante Glennie), navegaban hacia el Oeste, por el norte de Creta, a fin de incorporarse a la fuerza de Rawlings, mientras que el *Gloucester* y el *Fiji* trataban de hacer lo propio por el Sur, procedentes de Alejandría. En esta base naval quedaron a la expectativa el *Barham* y el *Queen Elizabeth*, a las órdenes del vicealmirante Pridham-Wippell, mientras que el mismo Cunningham había decidido dirigir personalmente las operaciones desde el país del Nilo.

El plan británico preveía que los buques de la *Royal Navy* permaneciesen al sur de Creta durante el día — a menos que se descubrieran barcos enemigos navegando hacia la isla —, para actuar en el Egeo sólo de noche. La *Mediterranean Fleet* era, ciertamente, una fuerza poderosa, pero no iba a contar con portaaviones, lo que operando continuamente en la inmediata vecindad de los aeródromos de la *Luftwaffe* tendría catastróficas consecuencias para ella.

Efectivamente, después de las pérdidas y averías sufridas recientemente por sus aparatos durante la operación «Tiger», al *Formidable* sólo le quedaban cuatro aviones de caza en servicio, y como no había otros *Fulmars* en Egipto, el buque no podría actuar hasta el día 25, en que ya estarían disponibles una docena de sus cazas navales.

El nuevo portaaviones *Victorius*, que con el crucero de batalla *Repulse* se disponía a zarpar de Scapa Flow para el Mediterráneo, fue incorporado a la *Home Fleet* en cuanto se supo la salida del *Bismarck* al mar de Noruega. Y el *Ark Royal*, que en semejante emergencia podía haber actuado también con la *Mediterranean Fleet*, quedó en Gibraltar, con el resto de la «Fuerza H», por si el potente acorazado alemán lograba abrirse paso hasta el Atlántico.

Por otra parte, y como si la crisis de portaaviones por que atravesaba la escuadra del almirante Cunningham no fuese suficiente para dificultar unas operaciones que tendrían que llevarse a cabo a más de 420 millas de Alejandría, es decir, donde no podían llegar los cazas de la RAF, las fuerzas aéreas alemanas que iban a actuar en el Egeo eran sencillamente formidables: la *Luftflotten 4* (formada por los *Fliegerkorps VIII* y *XI*), encargada de la operación «Merkur», contaba, además de con 500 aviones de transporte, 72 planeadores y parte de los aparatos del *Fliegerkorps X*, con 228 bombarderos, 205 bombarderos en picado, 114 cazas bimotores, 119 cazas monomotores y 50 aviones de reconocimiento, que no sólo iban a disponer de los aeródromos de la Grecia continental (en Corinto, Eleusis, Tatoi, Tanagra y Tapolia), sino del de Rodas y de otros rápidamente improvisados en Malaoi (Peloponeso meridional) y en la isla de Milos.

La situación, pues, no podía ser más desfavorable para la *Royal Navy*, y el que inicialmente lograse impedir la llegada a Creta por mar de tropas y pertrechos alemanes, y después consiguiera retirar de la isla a buena parte de las derrotadas fuerzas británicas, fue sin duda un logro merecedor de todo elogio. Veamos sucinta y cronológicamente en qué se traduciría aquel verdadero pero desigual desafío entre la mar y el cielo.

La *Mediterranean Fleet* no fue atacada durante el día 20, y, después del crepúsculo vespertino de esa fecha, varias de sus flotillas de destructores entraron en el Egeo por los estrechos de Kasos y de Antikithera, con el fin de patrullar al norte de Creta y bombardear el aeródromo de Karpatos. Esta última misión fue encomendada a los buques del capitán de navío Mack, que en el estrecho de Kasos se toparon, hacia las 2300 horas. con cinco lanchas torpederas italianas al acecho. Era una noche muy oscura, los destructores navegaban despacio para no delatarse, las «MAS» tenían los motores parados y el avistamiento mutuo se produjo a distancias que oscilaron entre los 300 y los 1.500 metros. Tanto es así, que alguno de los buques británicos trató de pasar por ojo a las lanchas. En la escaramuza subsiguiente, las «MAS» pudieron lanzar sus diez torpedos, aunque sin éxito, contra sus maniobreros y poderosos adversarios, y luego se retiraron entre una lluvia tal de proyectiles, que los ingleses creyeron haber destrozado a cuatro de ellas, aunque en realidad todas resultaron indemnes.

Antes de la amanecida del 21, las unidades británicas de superficie volvieron a situarse al sur de Creta, pero ese día fueron descubiertas por los trimotores italianos. El crucero *Ajax* sufrió averías debido a la caída cercana de varias bombas, y el destructor *Juno* (1.690 toneladas) fue alcanzado de pleno por un artefacto que le voló un pañol de municiones. Dos minutos después de recibir este impacto, el buque había desaparecido bajo las olas llevándose consigo los primeros de los 1.828 muertos que sufriría la *Royal Navy* durante la batalla por Creta.

Aquella misma tarde, un avión de la RAF señaló a un nutrido grupo de motoveleros que se dirigían al Sur procedentes de Milos, y, desde Alejandría, el almirante Cunningham, que vio llegada su oportunidad, ordenó a los contralmirantes King y Glennie y al capitán de navío Rowley que entrasen en el Egeo con sus respectivas fuerzas, al llegar la noche, y lo aniquilasen.

El almirante alemán Schuster, nombrado comandante de la zona marítima Sudoriental y cuyo jefe de Estado Mayor era un capitán de navío italiano, había recibido órdenes de requisar los motoveleros griegos necesarios para trasladar, primero a Milos y luego a Creta, dos batallones de tropas, el material pesado y los suministros. El primer grupo, compuesto por 25 motoveleros (entre 50 y 250 toneladas de registro), transportaría 2.300 hombres que deberían ser puestos en la playa de Maleme a las cuatro de la tarde del 21 de mayo. El segundo, formado por 38 embarcaciones de igual clase, llevaría 4.000 soldados más, que serían desembarcados en las cercanías de Heraklión veinticuatro horas después. La Marina italiana había puesto a disposición de Schuster los buques ya destacados en las islas griegas: dos destructores, cuatro torpederos, nueve submarinos y catorce «MAS», así como otros cuatro destructores y cuatro torpederos de refuerzo (1).

De las veinticinco unidades de que se componía el primer convoy germano para Creta, siete motoveleros tuvieron que regresar a El Pireo por averías, pero los dieciocho restantes, con la única escolta del torpedero italiano *Lupo* (679 toneladas, tres cañones de 100 mm., ocho ametralladoras y cuatro tubos lanzatorpedos), aparejaron de Milos en la madrugada del día 21. De esta isla a Maleme hay ochenta millas marinas, pero el viento contrario y las órdenes y contraórdenes recibidas en el *Lupo* a tenor de la evolución de los duros combates que se libraban en tierra

(1) De ellos, el destructor *Mirabello* y el torpedero *Curtatone* se fueron a pique el día 20, víctimas de las minas griegas.

retrasaron el avance de los lentos pailebotes, que en la tarde de dicho día se hallaban a cinco millas al nordeste del cabo Espada, con nuevas instrucciones de aguardar la llegada de la noche para efectuar el desembarco. Este retraso iba a resultar trágico, pues durante las horas de oscuridad el vulnerable convoy quedaba sin el amparo de la *Luftwaffe*, es decir, a merced de la *Royal Navy*.

Poco antes de las 2230, la fuerza del contralmirante Glennie (cruceros *Dido, Orion* y *Ajax*, todos ellos con radares, y cuatro destructores) detectó al convoy germano a dieciocho millas al norte de Canea.

Algunos minutos más tarde se avistó desde el *Lupo* (capitán de corbeta Mimbelli), por la amura de estribor y a unos setecientos metros de distancia, la oscura silueta de un destructor enemigo. Mimbelli maniobró para poder torpedearle y, al mismo tiempo, aumentó el andar y comenzó a tender una cortina de humo a fin de ocultar a los motoveleros que le seguían. Los italianos vieron como el destructor británico se alejaba, pero poco después avistaron un crucero enemigo por estribor, bastante próximo (era el *Dido*), e inmediatamente le lanzaron dos torpedos. Los haces luminosos de los proyectores del crucero cayeron entonces sobre el *Lupo*, que momentos después fue alcanzado por la artillería de su enemigo. A pesar de lo cual, el torpedero pudo mantener su velocidad y caer a estribor para lanzar con los tubos de la otra banda. Con tal maniobra, el *Lupo* cortó la formación de los tres cruceros británicos, pasando entre el *Orion* y el *Ajax*, sobre los que hizo fuego con todas sus armas, recibiendo a su vez un diluvio de proyectiles de cañón y de ametralladora que lo dejaron hecho una verdadera criba. Pero, milagrosamente, logró seguir navegando a toda máquina, y sus torpedos hicieron explosión en la estela de los cruceros, tiñendo de rojo sus superestructuras y las negras aguas, aunque sin otros efectos.

Mientras tanto, el pequeño convoy se había dispersado en la noche como alma que lleva el diablo, y el destrozado *Lupo*, que había recibido dieciocho impactos directos de cañón (ocho en la obra muerta y diez en las superestructuras) y muchos más de ametralladora, pudo alejarse sorteando los haces de los proyectores y los piques que levantaban constantemente a su alrededor las salvas de los siete buques de guerra enemigos y llegar a El Pireo. Había sufrido dos muertos y veintiséis heridos.

Durante dos horas y media persiguieron los británicos a los pequeños motoveleros griegos. Gracias a las indicaciones de sus radares lograron hundir a diez de ellos, y ninguno de los restantes pudo alcanzar la costa cretense. Pese a que los hidroaviones alemanes de salvamento recogieron al día siguiente numerosos náufragos, cerca de ochocientos soldados perecieron en este fallido intento.

* * *

En vista de que los buques de la *Royal Navy* habían impedido la llegada por mar de refuerzos y equipos alemanes a la disputada isla minoica, la *Luftwaffe* decidió concederles generosamente su atención.

El segundo convoy germano aparejó de Milos a las 0230 de la madrugada del 22 de mayo, conducido por el torpedero italiano de 642 toneladas *Sagittario,* al mando del capitán de corbeta Fulgosi, que a las 0730 recibió órdenes de invertir el rumbo y regresar al punto de partida, pues se habían avistado buques de guerra ingleses navegando hacia él.

Y es que aquel día las unidades de la *Mediterranean Fleet* del contralmirante King, que como sabemos habían penetrado la noche anterior en el Egeo para vigilar al norte de Heraklión, se mantuvieron en dicho mar. Con las primeras luces se les incorporaron los cruceros antiaéreos *Calcutta* y *Carlisle,* y la reforzada agrupación británica arrumbó seguidamente hacia Milos. A partir de las 0700 comenzaron a llegar sobre ella los aviones alemanes, en pequeños grupos. El consumo de municiones antiaéreas fue elevado, pero ningún buque británico sufrió daños y, a las 0830, el crucero *Perth* hundió a un rezagado pailebote que transportaba soldados alemanes.

Poco antes de las nueve de la mañana descubrieron los buques de King a los motoveleros salidos de Milos aquella madrugada. Así que este segundo convoy germano, que no desarrollaba arriba de los seis nudos en condiciones favorables y cuya única protección naval la constituía un torpedero italiano, había sido sorprendido ¡a pleno día! por cuatro cruceros y tres destructores enemigos. Su aniquilamiento parecía inevitable. Sin embargo...

A las 0847, cuando desde el *Sagittario* se avistaron los mástiles de la división británica, el capitán de corbeta Fulgosi ordenó a los pailebotes que se dispersaran y empezó a tender una cortina de humo para ocultarlos, al mismo tiempo que ponía proa hacia el enemigo, resuelto, a fin de ganar tiempo para aquéllos, a empeñar un combate aplastantemente desigual.

Poco después de las 0900, los cruceros ingleses abrieron el

fuego sobre el *Sagittario,* que cambiando constantemente de rumbo hacia la última salva caída por su proa y siempre arrojando una espesa cortina de humo, logró aproximarse, indemne y sin cesar de disparar con sus tres piezas de 100 mm., hasta los 7.200 metros de distancia a los cruceros enemigos, momento en que lanzó contra ellos sus dos torpedos de estribor.

Desde la división del contralmirante King, que se movía entonces por el sur del *Sagittario,* arrumbada a Poniente para librar la extremidad de la oscura nube tendida por el torpedero italiano, se observó entonces que éste cambiaba de rumbo y gobernaba al Oeste cuarta al Sudoeste, es decir, hacía un rumbo convergente con el de la formación inglesa, sin duda dispuesto a seguir interponiéndose ¡hasta el fin! entre ésta y el enjambre de motoveleros que ya había descubierto y señalado el destructor *Kingston.*

Dicha actitud, tan hábil como valerosa, y la llegada en aquel momento de varios bombarderos, cuyos artefactos cayeron próximos al *Perth,* desconcertaron al contralmirante británico, que, precisamente cuando parecía tener el triunfo al alcance de la mano, decidió ¡retirarse!

En su descargo debemos hacer constar que el crucero *Carlisle* tenía una avería en las máquinas que le impedía rebasar los 20 nudos; que los buques británicos habían gastado ya una considerable cantidad de municiones antiaéreas, y que eran de prever nuevos ataques de la *Luftwaffe.* Por otra parte, dicha fuerza, que dos días antes había perdido al destructor *Juno,* llevaba prácticamente cuarenta y ocho horas en zafarrancho de combate. Pese a todo, la decisión de King fue un grave error, como lo reconoce el mismo almirante Cunningham, y no le libraría de sufrir graves daños.

Mientras los buques británicos se retiraban hacia el Sudoeste para salir del Egeo por el estrecho de Kithera e incorporarse al grueso de la *Mediterranean Fleet* (contralmirante Rawlings, con los siguientes buques: *Warspite, Valiant, Dido, Orion, Ajax, Gloucester* y *Fiji,* con sus propios destructores y los de la 5.ª Flotilla recién llegados de Malta), se vieron constantemente atacados desde el aire. Varias bombas arrojadas por los *Stukas* cayeron en la inmediata vecindad del crucero *Naiad* y le inutilizaron dos torres de artillería e inundaron varios compartimentos estancos, dejando su velocidad máxima reducida a 16 nudos. El *Carlisle* fue directamente alcanzado por una bomba que mató a varios hombres, entre ellos al comandante del buque, capitán de navío Hampton, y produjo un incendio que pudo ser rápidamente sofocado. Después, los torpedos lanzados por algunos trimotores italianos fueron esquivados.

Al conocer la grave situación por que atravesaban los buques del contralmirante King, sometidos a ataques aéreos incesantes y muy peligrosos, el de su mismo empleo Rawlings, que se mantenía a unas treinta millas a poniente de Kithera, como valladar de la Escuadra italiana, decidió penetrar en el Egeo a toda velocidad para prestarle apoyo.

Acababan de avistarse ambas fuerzas, hacia las 1230, precisamente a la entrada del Kritikón Pélagos, cuando tres *Stukas* alemanes salieron de una nube baja y se lanzaron contra el *Warspite*. Apenas había tenido tiempo el acorazado de reaccionar, cuando un artefacto de una tonelada le alcanzó directamente en la banda de estribor. La bomba produjo cuantiosas bajas, perforó la cubierta blindada e inutilizó varias calderas, dejando las baterías de artillería de 152 y de 105 mm. de esa banda fuera de servicio. Los daños fueron graves, y la velocidad del buque quedó sensiblemente reducida.

Las dos fuerzas británicas arrumbaron seguidamente al Sudoeste para alejarse cuanto antes del Egeo, y como poco después se detectase un motovelero enemigo, el destructor *Greyhound* fue destacado para echarlo a pique. Cuando este buque trataba de incorporarse al grueso después de cumplida su misión, fue atacado por aviones alemanes, recibió dos bombas y se hundió en quince minutos.

El contralmirante King, que había tomado el mando por ser el más antiguo a flote, destacó entonces a los destructores *Kandahar* y *Kingston*, con la escolta del *Gloucester* y el *Fiji*, para que recogieran a los náufragos. Pero desde los cercanos aeródromos alemanes del Peloponeso llegaron nuevos aviones y el salvamento resultó trágico.

El crucero *Fiji* recibió una bomba en una de sus torres, que quedó destrozada, y poco después el *Gloucester* fue también directamente alcanzado por varios artefactos de media tonelada que le dejaron al garete, ardiendo furiosamente y literalmente destrozado. Dada la peligrosa situación y los continuos ataques aéreos, el averiado *Fiji* se limitó a lanzar al agua varias balsas salvavidas y se retiró a toda máquina. Pero este buque estaba también sentenciado.

Poco antes de las seis de la tarde, un solitario *ME-109* se descolgó inesperadamente de las nubes y arrojó una gran bomba que cayó rozando el casco del *Fiji.* Su estallido dentro del agua desfondó parcialmente el pantoque del crucero, deshizo sus dos salas de máquinas y dejó al buque inmovilizado y con una gran escora que aumentaba por momentos. Media hora después, otro avión alemán le alcanzaba con tres bombas en una cámara de calderas. Los daños fueron terribles, y el molido *Fiji* dio lentamente la voltereta y se sumergió para siempre. Esta vez, el *Kandahar* y el *Kingston* arriaron sus botes y balsas y se alejaron a toda velocidad de aquel verdadero infierno. Regresarían durante la noche, logrando rescatar a 523 hombres del desaparecido y flamante crucero, ¡oh sarcasmo!, antiaéreo.

Para entonces, tras una penosa agonía de una hora, el *Gloucester* (11.550 toneladas estándar) también había bajado al abismo, y el *Valiant* había recibido dos bombas durante un ataque efectuado desde gran altura, que le produjeron menores averías.

Fue un día verdaderamente aciago para la *Mediterranean Fleet,* pero, desde Alejandría, el almirante Cunningham decidió enviar a sus subordinados el siguiente desesperado mensaje: «Resistir. La Armada no puede abandonar al Ejército. Ninguna fuerza enemiga debe alcanzar Creta por el mar.»

Consecuentemente, aquella noche los destructores de la 5.ª Flotilla fueron enviados a patrullar las bahías de Kisamo y Canea, al noroeste de la isla, donde descubrieron y averiaron a un motovelero que transportaba soldados alemanes. Después bombardearon el aeródromo de Maleme. Al mismo tiempo, los buques del capitán de navío Mack vigilaban al norte de Heraklión, y, al sur de Creta, los destructores *Hero* y *Decoy* recogían de Ayiaumeli al rey de Grecia y otras personalidades.

Esa misma noche ordenó el almirante Cunningham a todos sus buques de superficie que regresaran a Alejandría para rellenar de combustible y municiones. Pero la llegada del día traería nuevos daños a la *Mediterranean Fleet.*

Los destructores *Kelly* y *Kashimir* (de la 5.ª Flotilla) se retiraron del Egeo antes de la amanecida. Ya habían rebasado el estrecho de Kithera, hacia las 0800 de la mañana del día 23, cuando, hallándose a unas quince millas al sur del islote de Gaudo, fueron atacados por 24 bombarderos alemanes en picado. El *Kashimir* se hundió a los dos minutos de recibir varios impactos directos, y el *Kelly,* que se movía a 30 nudos, fue alcanzado por una bomba de 500 kilos cuando tenía todo el timón a la banda, dio rápidamente la voltereta sobre babor y se fue a pique sin perder siquiera la arrancada, como si tuviera prisa en bajar al abismo.

El *Kipling* acudió al rescate de los náufragos y logró salvar a 279 hombres, entre los que se hallaba el jefe de la 5.ª Flotilla, capitán de navío Mountbatten.

A pesar de este doble hundimiento, los destructores británicos continuaron patrullando por el Egeo durante las noches del 24 al 25 y del 25 al 26 de mayo.

* * *

Visto el trágico final del primer convoy alemán y el grave peligro corrido por el segundo, el almirante Schuster no quiso probar fortuna por tercera vez e incluso hizo regresar a cinco torpederos italianos que llevaban a bordo un batallón de tropas alemanas de montaña. A lo único que accedió fue al envío de motoveleros que navegasen con independencia hacia Creta.

La llegada a la isla de nuevos refuerzos germanos aerotransportados obligó a los británicos a retirarse de los alrededores de Maleme, por lo que, a partir del día 23, los bombarderos de la RAF pudieron descargar libremente sus explosivos sobre el disputado campo de aterrizaje. Pero la situación se deterioraba rápidamente para los aliados. En la mañana del día 26, el general Freyberg telegrafió a Wavell señalándole que sus tropas estaban agotadas, que la pérdida de la isla era ya sólo cuestión de tiempo y que si la evacuación se decidía inmediatamente, aún sería posible retirar parte de las fuerzas. Wavell retransmitió este informe a Londres, pero Winston Churchill respondió que la victoria era esencial en Creta y que siguiera enviando allí toda la ayuda de que fuera capaz *(«keep hurling in all you can»)*.

Destructores británicos ya habían llevado municiones a Suda en la noche del 23 al 24, y en la del 26 al 27 el minador rápido *Abdiel* (40 nudos) y los destructores *Hero* y *Nizam* desembarcaron en el mismo punto municiones y 800 soldados especiales *(commandos)*. Pero, dado el absoluto dominio del aire de que disfrutaba el enemigo, se consideró suicida el empleo de los transportes, y sólo se intentaron, sin mucha decisión, algunos frustrados intentos para desembarcar en Creta nuevas tropas y material. Mas las órdenes recién llegadas desde Londres obligarían a la *Royal Navy* a un nuevo y desesperado esfuerzo.

El día 25, el vicealmirante Priddham-Wippell se hizo a la mar con los acorazados *Queen Elizabeth* y *Barham*, el portaaviones *Formidable* —sólo con veinte aparatos a bordo— y nueve destructores, con objeto de bombardear el aeródromo de Kárpatos. El ataque se llevó a cabo, por sorpresa, en la mañana del día 26, con nueve aviones, pero aquella misma tarde veinte *Stukas* alemanes se lanzaron contra los buques de la *Eastern Mediterranean Fleet.* Estos aparatos pertenecían al *Stukageschwader* 1 del *Fliegerkorps* X, mandado por el mayor Walter Enneccerus; es decir, se trataba de los mismos hombres que algunos meses atrás habían lisiado al *Illustrious.*

Pese a la desesperada intervención de varios *Fulmars* británicos, un chaparrón de bombas de 500 kilos silbó sobre el *Formidable,* que recibió dos impactos directos. Once muertos, siete heridos, un fuerte incendio y graves averías fueron el resultado de este ataque aéreo, que, de no ser por el blindaje del portaaviones, posiblemente hubiera tenido letales consecuencias. El buque tuvo que retirarse a Alejandría, y, por su parte, el destructor *Nubian* recibió una bomba en la toldilla que le cercenó la popa, pese a lo cual siguió navegando a 20 nudos.

Los dos acorazados británicos, con seis destructores, permanecieron a unas doscientas millas al sudoeste del estrecho de Kasos, a fin de dar cobertura al día siguiente al *Abdiel* y a los dos contratorpederos que le acompañaban, que, como sabemos, aquella misma noche tocarían en Suda. Pero la escuadra inglesa volvía a estar sin el paraguas de cazas.

Quince bombarderos alemanes le atacaron en la dirección del sol poco después de la amanecida del día 27. Una bomba de 1.000 kilos cayó sobre la torre de popa del *Barham,* perforó su carapacho y produjo un incendio de pólvoras que tardó más de dos horas en ser sofocado. Otros dos artefactos aéreos, que estallaron junto a los costados del acorazado, perforaron su pantoque e inundaron las cámaras de aire para absorber explosiones submarinas. En vista de lo cual, el almirante Cunningham ordenó a Pridham-Wippell que se retirase a Alejandría.

* * *

Los alemanes, que no habían querido contar con los italianos para la invasión de Creta, se vieron inicialmente tan comprometidos que solicitaron de sus aliados el desembarco de tropas en la parte oriental de la isla. Consecuentemente, quince pequeñas barcazas de desembarco, capaces de dar tan sólo seis nudos, escoltadas por dos destructores y cuatro torpederos a las órdenes del capitán de navío Cocchia, aparejaron de Rodas a las 1800 del 27 de mayo, con destino a Sitia, población situada quince millas al oeste del cabo Sidero, la extremidad nordeste de Kriti (Creta).

La peligrosa travesía era de noventa millas marinas, y, al salir del puerto, entre las dos pétreas columnas que hoy sostienen sendas gacelas de bronce, precisamente allí donde se supone que asentaba sus plantas el famoso Coloso, más de un soldado italiano debió de preguntarse si volvería a contemplar el magnífico castillo de los Hospitalarios de San Juan, que, por encima de las murallas y de los árboles, domina el antiquísimo puerto y también una de las ciudades medievales más interesantes y mejor conservadas de toda Europa.

El convoy navegó sin incidencias durante la noche, pero al llegar el día los aviones italianos de reconocimiento descubrieron a tres cruceros y seis destructores británicos, procedentes de Alejandría, que navegaban a elevada velocidad hacia el estrecho de Kasos. ¡Alarma! ¿Había sido descubierto el convoy italiano? ¿Podría cruzar el estrecho antes de que llegasen los buques ingleses?

El convoy no había sido descubierto. Sucedía que, habiendo decidido los británicos, en la tarde del 27 de mayo, la evacuación de Creta, una división de cruceros, al mando del contralmirante Rawlings, se disponía a embarcar en el puerto de Heraklión y de una sola vez a todas las tropas británicas que combatían en aquella zona.

Con gran sangre fría, los italianos calcularon que el retardo que sufrirían los buques ingleses debido a los ataques de sus bombarderos y aviones torpederos y a las inevitables acciones evasivas les permitiría a ellos pasar. Así que el convoy siguió adelante, y los latinos pudieron desembarcar en Sitia hacia las cinco de la tarde, mientras que Rawling, ignorante de la presencia del convoy y muy hostilizado desde el aire, no llegó al estrecho de Kasos hasta las 1830, cuando la operación anfibia italiana ya había terminado.

* * *

A la *Mediterranean Fleet*, totalmente desprovista de aviones de caza y ya muy castigada durante la lucha por Creta, se le presentó una papeleta harto difícil y de feas perspectivas: la evacuación del Ejército expedicionario británico. Pero los marinos no dudaron. En la Gran Bretaña, las tradiciones tienen mucha fuerza, y hasta entonces la *Royal Navy* jamás había dejado desamparado al Ejército. A cualquier precio, la Armada británica tendría que hacer ahora, en las condiciones más adversas y difíciles en que puede tener que operar cualquier fuerza naval, un supremo esfuerzo. Y lo hizo.

En la oscuridad más completa y sin levantar las sospechas del enemigo, fueron embarcados en Heraklión, durante la noche del 28 al 29 de mayo, cerca de cuatro mil hombres. Los tres cruceros de Rawlings ya habían quedado reducidos a dos, pues los bombardeos sufridos la tarde anterior en el estrecho de Kasos averiaron al *Ajax*, que tuvo que regresar a Alejandría. Tan silenciosamente como habían llegado, los buques ingleses salieron del puerto a las 0320 de la madrugada y, una vez en franquía, pusieron a régimen de 30 nudos.

Media hora después falló el sistema de gobierno del destructor *Imperial*, averiado la tarde anterior por la caída próxima de varias bombas, y el buque estuvo a punto de abordar sucesivamente a los dos cruceros. Aquella serie de destructores ingleses carecía de dispositivos para gobernar a mano, y, como no era momento de vacilaciones, el almirante ordenó al *Hotspur* que recogiera a los soldados y dotación del *Imperial* y lo echase a pique con torpedos.

El transbordo y hundimiento llevaron su tiempo y no finalizaron hasta las 0445. Para entonces, el *Hotspur* se había quedado solo, y su comandante, el capitán de corbeta Brown, temiendo que si la llegada del nuevo día les sorprendía en solitario — por el estrecho de Kasos — su suerte estaría sellada, puso las dos máquinas a la máxima potencia: 35,5 nudos.

Sin embargo, Rawlings había moderado el andar de su división, por lo que, con las primeras luces del alba y con gran alivio, los del *Hotspur* descubrieron por su proa las grises siluetas de los buques británicos. Pero la abnegada espera tendría malas consecuencias, pues dio lugar a que los previstos cazas de la RAF, llegados de madrugada sobre aquel estrecho precisamente para dar protección a la fuerza de Rawlings, nada encontraran y se volviesen a Egipto, de donde no regresarían hasta el mediodía.

Los ataques aéreos italo-alemanes comenzaron a las seis de la mañana y no cesaron prácticamente hasta las tres de la tarde, cuando los buques ingleses ya estaban a cien millas de Alejandría. A las 0625, en pleno estrecho, el destructor *Hereward* fue alcanzado por una bomba que le dejó poco menos que al garete. Esta vez, Rawlings decidió abandonar el buque a su suerte, ya que los ataques tampoco permitían otra cosa. Desde el buque insignia se vio cómo el *Hereward* renqueaba hacia Creta buscando la varada y sin dejar de disparar y se perdía de vista. Otros ataques aéreos hundirían después al tullido destructor a unas ocho millas de la costa cretense, pero 169 de sus hombres fueron salvados por lanchas torpederas italianas.

El terrible desafío aeronaval proseguía. Entre un ruido atronador y un infierno de explosiones de todas clases, a las 0645 una bomba caída junto al costado del destructor *Decoy* le inutilizaba una turbina; su velocidad disminuyó a 25 nudos y los demás buques tuvieron que moderar. Quince minutos después era agujereado el *Orion*, cuyo andar cayó a 21 nudos. Lentitud peligrosa. A las 0735, una bala de ametralladora procedente de un bombardero en picado alemán alcanzó al comandante de dicho crucero, capitán de navío Back, que fallecía dos horas después. El contralmirante Rawlings también resultó herido.

Los aviadores atacaban con tanto desprecio del peligro como efectividad, y a las 0815 deshacían con una bomba la torre «B» del crucero *Dido*. A las 0900, otro artefacto de una tonelada caía en la torre «A» del *Orion*. Los respectivos carapachos saltaron por los aires y los cañones quedaron apuntando patéticamente hacia el punto de procedencia de un enemigo al que no habían logrado detener y que se mostraba implacable.

Once *JU-87* atacaron al *Orion* a las 1045. Una bomba cayó sobre el puente de mando, deshizo la torre directora inferior (del tiro), atravesó varias cubiertas e hizo explosión en el sollado de fogoneros. Este impacto resultó terrible. Mató a 260 hombres e hirió a 280; produjo un gran incendio y averió tres cámaras de calderas y el sistema de gobierno. El petróleo resultó contaminado por el agua de mar y a partir de entonces la velocidad del destrozado crucero fluctuó caprichosamente entre los doce y los veinticinco nudos. Pero por fin los abrasados y acribillados buques consiguieron entrar en Alejandría a las ocho de la tarde, presentando un aspecto que impresionó dolorosa y profundamente al almirante Cunningham.

Aunque, en la noche anterior, cuatro destructores a las órdenes del capitán de navío Arliss habían llevado a Sphakia (en la costa meridional cretense, al sur de Suda), sin sufrir daños, raciones para quince mil soldados y embarcado a setecientos de ellos, el caso era que, de los casi cuatro mil hombres tomados en Heraklión, ochocientos ya habían muerto, estaban heridos o habían caído prisioneros. Ello hizo dudar al Mando británico entre la conveniencia de proseguir la evacuación o autorizar una rendición en masa. Tras ansiosas deliberaciones y confiando en la colaboración que pudieran prestar los cazas de la RAF, por fin se decidió que continuase aquella operación iniciada bajo tan malos auspicios.

En la noche del 30 de mayo fueron rescatados de la playa de Sphakia seis mil hombres, quienes pasaron a bordo de los cruceros *Phoebe* y *Perth*, que, con el *Calcutta* y el *Coventry*, tres destructores y el transporte de ataque *Glengyle*, habían sido enviados allí, a las órdenes del contralmirante King. Esta vez, varios aviones de la RAF permanecieron constantemente sobre los buques durante el viaje de regreso, en un relevo continuo, lo que hizo disminuir la eficacia de los ataques aéreos. De todos modos, una bomba alcanzó directamente al *Perth* en la cámara de calderas de proa y la dejó convertida en escombros.

El día 30 de mayo fueron también enviados a Sphakia tres destructores, pero uno de ellos, el *Kelvin*, resultó con averías debido a un ataque aéreo durante el viaje de ida y tuvo que regresar a su base. Los otros dos embarcaron durante la noche 1.400 soldados, y aunque fueron atacados a la mañana siguiente, sólo el *Napier* sufrió daños.

El 31 de mayo aparejaron hacia Sphakia el crucero *Phoebe*, el crucero minador *Abdiel* y tres destructores, a las órdenes del contralmirante King. La *Mediterranean Fleet* había llegado a tal punto de debilidad y de agotamiento, que el almirante Cunningham decidió que aquélla sería la última operación de reembarco, por lo que se autorizó a King a traerse tantos soldados como materialmente cupieran en sus buques. Cuatro mil hombres pasaron a bordo aquella noche, y aunque en tierra quedaban muchos más, los atestados navíos se retiraron de la costa a las tres de la mañana del 1.° de junio.

Para darles cobertura, en la madrugada de dicho día zarparon de Alejandría los cruceros antiaéreos *Calcutta* y *Coventry*. A las 0900 horas, el radar de exploración del *Coventry* detectó aviones procedentes del Norte. Veinte minutos después, dos *Stukas* picaban sobre los cruceros en la dirección del sol. Un rosario de bombas procedentes del primer aparato literalmente «afeitaron» al *Coventry*, y dos del segundo hicieron blanco en el *Calcutta*, que se fue fulminantemente a pique con gran parte de su dotación.

De esta trágica manera terminaba una empresa militar que, en su conjunto, había resultado tan desastrosa como deprimente para los británicos. Aunque la *Mediterranean Fleet* consiguió inicialmente impedir la llegada a Creta por mar de refuerzos y material germanos, y después logró rescatar a unos 16.500 soldados (otros mil y pico escaparon de la isla por cuenta propia, a bordo de pequeñas embarcaciones), sus pérdidas fueron desproporcionadamente graves.

Mil ochocientos veintiocho marinos ingleses habían muerto y ciento ochenta y tres estaban gravemente heridos. Los cruceros *Gloucester*, *Fiji* y *Calcutta* y los destructores *Juno*, *Greyhound*, *Kashmir*, *Kelly*, *Hereward* e *Imperial* resultaron hundidos. Los acorazados *Warspite* y *Barham*, el portaaviones *Formidable*, los cruceros *Orion* y *Dido* y los destructores *Kelvin* y *Nubian* tenían graves averías, que no podrían ser reparadas en Alejandría, y permanecerían fuera de combate durante varios meses. Otros tres cruceros y seis destructores tuvieron que ser sometidos a reparaciones que duraron algunas semanas. Pero todas estas pérdidas, con ser muy importantes, sin duda habrían resultado mucho mayores si los alemanes hubieran dispuesto de aviones torpederos.

Por su parte, el Ejército británico había sufrido 1.742 muertos y 1.737 heridos, mientras que 11.835 de sus hombres quedaron prisioneros de los alemanes. La RAF perdió veintitrés cazas y otros tantos bombarderos, que resultaron abatidos, y las evacuaciones de Grecia y Creta habían costado a la *Merchant Navy* 128.418 toneladas de barcos hundidos o abandonados en puerto y 94.406 toneladas de echados a pique en la mar.

También las bajas germanas fueron elevadas. La *Luftwaffe*, que perdió un total de 220 aviones de todas clases, tuvo 321 muertos y desaparecidos y 127 heridos. Y la *Wehrmacht*, 3.674 muertos y desaparecidos y 2.004 heridos. En cambio, y como contrapartida, para Alemania se había despejado la amenaza que se cernía sobre los campos petrolíferos rumanos; el Egeo quedaba virtualmente sellado, y seguro, por tanto, al tráfico entre Italia y el mar Negro, mientras que la *Mediterranean Fleet*, reducida ahora a dos acorazados, tres cruceros (uno de ellos, el *Coventry*, con una proa provisional postiza) y diecisiete destructores más o menos tocados, se vio obligada a pasar a la defensiva.

«Supermarina» no había querido que interviniese la Escuadra italiana, por lo que ha sido desfavorablemente criticada por muchos historiadores, incluso latinos. Pero criticar es fácil. La Escuadra italiana sólo disponía entonces de un acorazado con artillería de 381 mm., el *Littorio*, sin radar ni radiotelémetro, frente a cuatro similares británicos que sí lo tenían y le estaban aguardando, y habría tenido que operar lejos de sus bases, lo que hubiera significado correr también el gravísimo riesgo de sufrir ataques torpederos nocturnos dirigidos por radar. Por lo demás, sus buques habrían estado probablemente tan expuestos a la furia de los aviones alemanes como sus antagonistas británicos, como lo prueba el hecho de que los *Stukas* atacaron cinco veces al *Sagittario* y averiasen gravemente al destructor *Sella*. Porque la cooperación entre dos ejércitos tan distintos, pertenecientes a naciones también diferentes, no es nada fácil ni se improvisa.

Capítulo XIV

REPERCUSIONES DEL ATAQUE ALEMÁN A LA URSS. MALTA SE FORTALECE. — UNA BATALLA NAVAL QUE NO LLEGÓ A LIBRARSE. — LA TRAGEDIA DE LOS CONVOYES

El 22 de junio de 1941, fecha de gran trascendencia histórica, Alemania atacó por sorpresa a la Unión Soviética.

Hoy sabemos que esta decisión fue un gravísimo error, pero entonces los alemanes estaban firmemente convencidos de que podrían derrotar al coloso comunista para finales de otoño de aquel mismo año. Teniendo en cuenta tal seguridad, aquella decisión ya no nos parece tan descabellada, sino más bien prudente, quizá necesaria.

Porque los tratados nunca han significado cosa alguna para los comunistas — Lenin decía que eran «como el hojaldre de los pasteles, hechos para romperse» —, y tan pronto la marcha de la guerra hubiera dado un viraje decididamente desfavorable para Alemania, cosa fácil de prever en cuanto interviniesen los Estados Unidos de América, la URSS se le habría lanzado por la espalda con todo su poder, exactamente como haría con el Japón en 1945. Cierto que una batalla defensiva probablemente habría dado mejores dividendos a los alemanes, pero la proximidad geográfica de la Unión Soviética siempre hubiera permitido a los rusos atacar por el aire los vitales pozos petrolíferos rumanos. Era la «espada de Damocles»...

Por otra parte, tan seguros estaban los germanos de poder derrotar rápida y definitivamente a los rusos, que ya habían preparado sus siguientes pasos estratégicos: la conquista de Egipto mediante un doble ataque llevado simultáneamente por el Norte de África y desde Siria — o el Irak —, a través del Cáucaso, y el avance hasta el golfo Pérsico. Ello cerraría el canal de Suez, privaría del petróleo a sus enemigos y amenazaría a la India. Eran objetivos estratégicos de capital importancia para la marcha ulterior de la contienda.

Hoy, algunos historiadores británicos, despectivamente, tachan estos planes de «fantásticos». Pero si la URSS hubiera sido derrotada, cosa que estuvo a punto de suceder, habrían resultado perfectamente factibles. Así lo comprendió inmediatamente el Alto Mando británico.

Para los ingleses, una grave amenaza se cernió desde el Norte, como una nube negra, durante todo el primer año que siguió al ataque alemán a la URSS, y, naturalmente, tomaron sus medidas antes de que la tormenta pudiese descargar devastadora en el Oriente Medio.

Por lo pronto decidieron apostar diez divisiones indias en Basora (Irak) y luego llegaron a un acuerdo con los comunistas rusos para invadir de consuno el Irán por el Norte y el Sur, a fin de poder enviar ayuda militar a la URSS a través del ferrocarril y la carretera que unen el golfo Pérsico con el Cáucaso, pretensión a la que el sha de Persia se había negado a acceder.

Este plan se llevó a la práctica en agosto de 1941. Después de lo cual Egipto y la India quedaron unidas a través de territorios enteramente dominados por las tropas británicas, que en mayo habían aplastado un golpe de estado antibritánico en el Irak, ocupando este país, y se acababan de apoderar de Siria y el Líbano, hasta entonces afectos al gobierno de Vichy. Todo ello resultaría sumamente ventajoso para los ingleses y les permitiría establecer una defensa en profundidad para proteger el golfo Pérsico y el canal de Suez, en el temido caso de que Rusia sucumbiese al ataque alemán.

Por otra parte, y como precisamente dicho ataque hacía desaparecer temporalmente la posibilidad de una invasión germana del Reino Unido, los británicos decidieron enviar al Oriente Medio buena parte de las tropas que para tal contingencia guarnecían Inglaterra. Y para evitar que los italo-alemanes pudieran lanzar una nueva ofensiva en el Norte de África y darse la mano en Suez con otras tropas germanas llegadas desde el Nordeste, resolvieron atacar, por todos los medios capaces de ser basados en la isla de Malta, el tráfico marítimo entre Italia y Tripolitania.

Veremos a qué angustiosos extremos llevaría a los convoyes del Eje semejante decisión, no por falta de originalidad, ya que a mediados del siglo XVI Malta había sido precisamente la base desde donde los caballeros hospitalarios atacaron el comercio marítimo de Túnez con Egipto y Siria, que llegó a quedar arruinado y obligó a la Sublime Puerta a llevar sus aguerridas tropas a la isla y tratar en vano de apoderarse de ella; no por falta de originalidad, decíamos, menos efectiva.

* * *

El 15 de junio, los portaaviones *Furious* y *Victorious*, que habían salido de Gibraltar escoltados por la «Fuerza H», lanzaron al aire 47 cazas *Hurricane*, que, después de sobrevolar el canal de Sicilia, aterrizaron en Malta. A fines del mismo mes, y por idéntico sistema, fueron llevados nuevos cazas a la isla, elevando a 142 el número total de los aviones allí trasladados en junio. Ello, teniendo en cuenta que el *Fliegerkorps X* alemán había sido llevado al Egeo y Norte de África para actuar contra los barcos que abastecían a la sitiada Tobruk (1), convertiría a Malta, tan pronto pudieran ser enviados los elementos necesarios, en la anhelada base ofensiva británica.

Para ello serían montadas dos operaciones, denominadas «Substance» y «Halberd».

Como en Londres se creía que la Escuadra italiana volvía a disponer de cinco acorazados: dos «Littorios» y tres «Cavour» (de estos últimos, en realidad, sólo estaba listo el *Duilio*), se reforzó la «Fuerza H» con el acorazado de 34.500 toneladas estándar *Nelson* (nueve cañones de 406 mm.), los cruceros *Edinburg*, *Manchester* y *Arethusa* y diez destructores. Y mientras durase la operación «Substance», ocho submarinos británicos y holandeses se mantendrían al acecho en el mar Tirreno y al sur de Calabria.

Seis cargueros procedentes del Reino Unido atravesaron el estrecho de Gibraltar en la noche del 20 de julio y entraron en el Mediterráneo. Pero el transporte *Leinster*, que acababa de zarpar de la colonia británica llevando un millar de hombres de la RAF a bordo, no pudo incorporarse al convoy, pues la traidora niebla le hizo varar en las proximidades de Punta Europa.

---

(1) El *Fliegerkorps X*, ahora con su cuartel general en Grecia, quedó repartido entre el Norte de África, Grecia continental, Creta y el Dodecaneso. Sus efectivos en octubre de 1941 oscilaron entre los 400 y 450 aviones, entre ellos media docena de cuatrimotores *Focke-Wulf 200* de gran radio de acción, destinados al ataque del canal de Suez. Pero, por una serie de razones logísticas y de personal, sólo se encontraban permanentemente operativos unos 250 aparatos, de modo que su ventajosa posición alrededor de Egipto no pudo ser bien explotada.

En la mañana del día 22, aviones italianos descubrieron a varios buques de guerra de la «Fuerza H», pero hasta el día siguiente no fue avistado el convoy, ya en las proximidades del canal de Sicilia y sin tiempo para que la Escuadra italiana pudiera intervenir. Sin embargo, la *Regia Aeronautica* atacó a los buques británicos en la mañana del 23, con nueve bombarderos y seis aviones torpederos salidos de Cerdeña. Los *Fulmars* del *Ark Royal* se lanzaron contra los *Savoias* de bombardeo, pero mientras tanto los trimotores que volaban a ras de las olas alcanzaron con sus torpedos al crucero *Manchester* y al destructor *Fearless*. El primero sufrió graves averías y tuvo que regresar inmediatamente a Gibraltar, y el segundo hubo de ser echado a pique. Por la tarde, el destructor *Firedrake* sufrió también graves daños durante los ataques aéreos italianos y se vio obligado a volver a su base.

Para entonces, y a fin de desorientar a los latinos sobre el verdadero objetivo de la operación que se llevaba a cabo, los restos de la *Mediterranean Fleet* habían salido a la mar el día 23, a las órdenes del vicealmirante Pridham-Wippell, y arrumbado hacia el Oeste. Al oscurecer invirtieron el rumbo para regresar a Alejandría, pero en la mañana siguiente dos submarinos ingleses lanzaron al éter señales radiotelegráficas ficticias, desde posiciones situadas sobre la presumible derrota occidental de aquella escuadra británica.

A las 1715 de la tarde del 23, en las proximidades del canal de Sicilia, la «Fuerza H» invirtió el rumbo, para aguantarse después en las proximidades de La Galite, fuera del radio de acción de los cazas italianos. Y mientras tanto el convoy, escoltado por la «Fuerza X» — cruceros *Edinburg*, *Hermione* y *Arethusa*, y diez destructores —, a las órdenes del contralmirante Syfret, cruzó el canal Scherchi (entre el banco Scherch, o Skerki, y el golfo de Túnez) y arrumbó al Nordeste, es decir, hacia Sicilia, en vez de poner la proa al Sudeste, como hasta entonces era el proceder habitual en los convoyes despachados para Malta desde Poniente. Con ello trataba de eludir los nuevos barrajes de minas italianos y los buques y lanchas enemigos que pudieran acechar por aquellas aguas (1).

---

(1) Las continuas fotografías tomadas por los aviones ingleses de reconocimiento siempre que algún barco o convoy italianos surcaban el canal de Sicilia, habían proporcionado al Almirantazgo británico una información bastante exacta sobre los barrajes de minas enemigos.

A pesar de lo cual fue descubierto entre las sombras por algunas «MAS», que, poco después de la medianoche, lograron torpedear al carguero *Sydney Star*. El barco quedó muy mal parado, y el destructor *Nestor* le tomó las tropas que llevaba a bordo y parte de la tripulación. Pero el maltrecho buque logró renquear por sus medios hasta La Valetta, donde, en la tarde del 24, también entraron los restantes barcos del convoy.

Después de tomar combustible, la «Fuerza X» repasó el canal de Sicilia aquella misma noche y se incorporó en La Galite a la escuadra de Somerville para regresar a Gibraltar. El *Ark Royal* había perdido seis *Fulmars* y un *Beaufighter*, pero pudo enviar a Malta media docena de *Swordfishes*. En conjunto, la operación «Substance» no había sido muy onerosa para los ingleses, aunque el personal embarcado en el *Manchester*, el *Firedrake*, el *Fearless* y el encallado *Leinster* estaba otra vez en Gibraltar. De modo que hubo que repetir la aventura el 31 de julio.

Esta vez se emplearon únicamente buques de guerra, y, debido al mal tiempo, las inexactitudes del reconocimiento aéreo italiano y las maniobras diversivas de la «Fuerza H» — que se hizo ver en las Baleares y envió algunos destructores a Cerdeña, durante la noche, para que también se hicieran notar allí —, no hubo reacción efectiva por parte de las desconcertadas fuerzas aéreas y navales italianas. Así que, el 2 de agosto, los cruceros *Hermione* y *Arethusa*, el minador rápido *Manxman* (40 nudos) y dos destructores desembarcaron en La Valetta 1.750 oficiales y soldados y 130 toneladas de material de guerra.

* * *

En septiembre, los portaaviones *Ark Royal* y *Furious* enviaron otros 49 *Hurricanes* a Malta. Y, volando directamente desde Gibraltar, también aterrizaron en la isla varios escuadrones de bombarderos.

Otros nueve barcos mercantes procedentes del Reino Unido cruzaron el estrecho de Gibraltar el 29 de septiembre, escoltados por el acorazado *Prince of Wales* — que acababa de llevar a Winston Churchill a Terranova para entrevistarse con el presidente Roosevelt — y varios cruceros y destructores. Era el convoy denominado *Halberd*, y, como siempre, los británicos empeñaron en su defensa todas las fuerzas disponibles.

Esta vez la escuadra de Somerville pudo ser reforzada con los acorazados *Nelson* y *Rodney*, de 34.500 toneladas, y el ya citado *Prince of Wales,* de 38.000 toneladas (44.460 a plena carga), de modo que en esta nueva operación para abastecer a Malta intervenían tres acorazados, un portaaviones, cinco cruceros y dieciocho destructores. Los cargueros, con 81.000 toneladas de registro, podían navegar sostenidamente a 15 nudos.

Una vez más también, los ingleses emplearon todas las posibles medidas de decepción: la *Mediterranean Fleet* se hizo a la mar desde Alejandría para amagar por Levante; se cambió (sólo en apariencia) la insignia del almirante Somerville al *Rodney,* y el *Nelson* se hizo ostensiblemente a la mar en la tarde del 24, rumbo al Atlántico; después se fraccionó la fuerza de cobertura del convoy, y se emplearon dos ondas radiotelegráficas diferentes desde el *Ark Royal* para dar la impresión de que eran otros tantos los portaaviones presentes en el Mediterráneo occidental, etcétera. Nueve submarinos se enviaron al mar Tirreno y los accesos del estrecho de Mesina.

El Almirantazgo italiano tuvo noticias de la salida de la «Fuerza H», por lo que alertó a la *Regia Aeronautica,* apostó siete submarinos al sudoeste de Cerdeña y, temiendo un nuevo bombardeo de Génova, envió otros cinco al mar de Liguria y trasladó a Cerdeña a la 8.ª División de cruceros (*Abruzzi, Attendolo* y tres destructores).

El día 26, varios informes aéreos llevaron a los latinos a la conclusión de que, si bien una imprecisa fuerza enemiga, en la que figuraba el portaaviones *Furious,* se disponía a transferir aviones a Malta, el *Nelson,* el *Ark Royal* y otros buques tratarían de repetir el bombardeo de Génova o los ataques a Cerdeña.

Por ello, en la noche del 26 al 27 aparejaron de Nápoles el *Littorio* y el *Vittorio Veneto,* con siete destructores, y de Mesina salieron los cruceros *Trento, Trieste* y *Gorizia* (el *Bolzano* había sido torpedeado el día antes por el submarino *Triumph* — capitán de corbeta Woods — en las proximidades del estrecho de Mesina, quedando fuera de servicio durante casi tres meses), con cuatro destructores, para que al mediodía del 27 se reunieran con la 8.ª División al norte de la isla de Asinara, entre Córcega y Cerdeña. Sin embargo, una apreciación posterior y más exacta, basada en nuevos informes aéreos, decidió al Almirantazgo italiano, acertadamente, a situar su escuadra a levante del cabo Carbonara, en la extremidad sudoriental de Cerdeña.

El comandante en jefe de la Escuadra italiana, almirante Iachino, recibió, a las 1230 del día 27, el siguiente mensaje de «Supermarina»:

«Fuerza naval enemiga compuesta por un acorazado, un portaaviones, dos cruceros y cinco destructores, estará probablemente al mediodía cerca de La Galite y será atacada por nuestras fuerzas aéreas. Desde ese momento tienes libertad de acción.»

Como vemos, la información que «Supermarina» enviaba al almirante de la Escuadra italiana era tan errónea como peligrosa, pero el reconocimiento aéreo italiano funcionaría de tal manera que hasta que la «Fuerza H» regresase a Gibraltar, una vez terminada la operación, «Supermarina» no sabría que en ella figuraban ¡tres acorazados!

Pese a que los previstos cazas nacionales no habían logrado hallar aquella mañana a los buques italianos, que por lo tanto se encontraban una vez más sin escolta aérea y dentro del radio de acción de un portaaviones enemigo, Iachino no dudó en aceptar el combate y, a las 1230, arrumbó al Sursudeste, a 22 nudos. Media hora después, para asegurarse de cortar la derrota al enemigo, puso la proa al Sur y aumentó a 24 nudos, llevando las dos divisiones de cruceros por las amuras, a diez mil metros de distancia de los acorazados.

A las 1130, el *Littorio* había puesto en el aire un avión para que explorase en dirección a La Galite, pero como después se perdió el contacto radiotelegráfico con este aparato, a las 1330 se catapultó otro desde el *Veneto* — que nada descubriría —, y, poco después, un tercer hidroavión fue lanzado al aire desde el *Trento*. Finalmente, como la visibilidad hacia el sudoeste de la escuadra era mala e iba empeorando, a las 1400 Iachino ordenó poner en el aire el hidro del *Abruzzi*.

A partir de las 1400, los buques italianos fueron constantemente vigilados por aviones de reconocimiento procedentes de Malta — después también por los del *Ark Royal* —, por lo que Iachino, que apenas conseguía distinguir sus cruceros pesados debido a la mala visibilidad por aquel sector del horizonte, precisamente por donde era de esperar que hiciera su aparición el enemigo, ordenó tocar zafarrancho de combate. ¿Qué hacía mientras tanto la escuadra de Somerville?

El grueso de la escuadra británica había navegado hacia Levante fraccionada en dos grupos cuyas derrotas contornearon las islas Baleares y la costa de África. Ambos se aproximaron después al convoy, pero todavía conservándose bastante distanciados entre sí. El grupo formado por el *Nelson* y el *Ark Royal* fue descubierto al mediodía por aviones italianos de reconocimiento salidos de Cerdeña. El bajo techo de nubes hizo desistir a los aviadores latinos del empleo de los bombarderos convencionales y en picado (veinte *Stukas*) de que ya disponía la *Regia Aeronautica*, pero de Elmas despegaron veinticinco aviones torpederos escoltados por veinte cazas, que atacaron a los buques de guerra británicos, en tres oleadas sucesivas, a partir de las 1300 horas.

Estos ataques se llevaron a cabo con gran decisión, pese al peligroso y eficiente obstáculo que suponían los *Fulmars* del *Ark Royal* y la terrible barrera de fuego que ponían en el aire los destructores ingleses — la mayoría buques nuevos y con todas sus piezas antiaéreas —. Uno de los aviones se aproximó al *Nelson* y, desde 400 metros de distancia según fuentes británicas, le lanzó sus torpedos. Este aparato fue abatido inmediatamente después, pero uno de sus artefactos alcanzó al acorazado debajo del castillo de proa. Pese a que la capacidad combativa del formidable buque no se vio en absoluto mermada, el embarco de 3.500 toneladas de agua le dejó hocicado de proa unos 2,5 metros y con la velocidad sensiblemente reducida. Pero el acorazado siguió en su puesto. En estos ataques los italianos perdieron siete aviones torpederos y un caza, y los británicos, tres *Fulmars*.

Mientras tanto, como ya dijimos, los aviones basados en Malta habían descubierto a la escuadra italiana a unas 65 millas por el nordeste del *Nelson*, y Somerville, consciente de su superioridad, decidió dirigirse hacia ella con sus tres acorazados y diez destructores, mientras el *Ark Royal*, escoltado por dos cruceros y otros tantos destructores, maniobraba con independencia en las cercanías del convoy para lanzar cuanto antes sus aviones torpederos contra los navíos de línea italianos.

Pero los mamparos estancos proeles del torpedeado buque insignia británico no aguantaban bien aquella velocidad. El agua del mar se filtraba por las juntas y, lo que era más peligroso, las planchas se abombaban acusadamente y amenazaban con estallar. Así que el *Nelson* tuvo que moderar a 15 nudos, y entonces Somerville destacó al *Rodney* y el *Prince of Wales*, a 22 nudos, con los cruceros *Edinburg* y *Sheffield* y seis destructores, y él se mantuvo a la expectativa con el *Nelson* y dos contratorpederos deducidos de la escolta del convoy.

A bordo del *Ark Royal*, los *Swordfishes*, que hasta entonces habían permanecido vacíos de gasolina por temor a los incendios en caso de que el buque resultase alcanzado por las bombas, se rellenaron rápidamente, y, hacia las 1450, pudieron despegar doce aviones torpederos escoltados por cuatro cazas.

El almirante Somerville confiaba ahora, como lo había hecho

Cunningham en Gaudo, que sus aviones pudieran lisiar a los acorazados italianos, que así, poco más tarde, pues la distancia entre los gruesos enemigos disminuía rápidamente, serían rematados por los terroríficos cañones de 406 mm. de calibre del *Rodney* —que ya habían pulverizado al acorazado alemán *Bismarck*—, unidos a los del *Prince of Wales* y, quizá, a los del *Nelson*. ¿Iba a caer el almirante Iachino en semejante trampa?

Esta vez sería uno de sus aviones embarcados el que le advertiría oportunamente del peligro que corría. A las 1530, el hidroavión del *Trento* señaló haber descubierto, media hora antes, a dos acorazados, dos cruceros, un portaaviones, diez cargueros y un número impreciso de destructores enemigos moviéndose hacia Levante, a 16 nudos. Dicho mensaje, y otro retransmitido casi al mismo tiempo por el jefe de la base naval de Cagliari, procedente del reconocimiento aéreo —éste bastante confuso e impreciso—, hicieron sospechar a Iachino que además de dos portaaviones —las dobles señales del *Ark Royal* habían surtido sus efectos—, tenía enfrente no a uno, como creía «Supermarina», sino a tres acorazados enemigos.

Por si no fuera bastante, a las 1530, cuando por fin llegaron tres cazas italianos *(C. R. 42)* para dar protección a la escuadra, fueron tomados por aviones torpederos adversarios y el primero resultó abatido por el destructor *Fuciliere*. Su piloto se lanzó en paracaídas y pudo ser recogido indemne por el *Granatiere*, pero, en vista del recibimiento, los otros dos aparatos de la escuadrilla se alejaron y desaparecieron.

En resumen, la escuadra italiana se hallaba sin protección de cazas, navegando hacia una fuerza enemiga ya muy próxima, en la que posiblemente figuraban dos portaaviones y casi con toda seguridad tres acorazados. Las órdenes de «Supermarina» y del Estado Mayor General prescribían taxativamente que Iachino no debería entablar combate a menos de hallarse «en condiciones de decidida superioridad y dentro del radio de acción de los aviones de caza de Cerdeña». Ambos prerrequisitos virtualmente no existían, por lo que, no sin dudarlo todavía durante una hora, el almirante invirtió por fin el rumbo de su escuadra y aumentó a 28 nudos para salir cuanto antes del radio de acción de los aviones embarcados británicos.

Hizo lo mismo que había hecho anteriormente su predecesor, el almirante Campioni, durante el encuentro del cabo Teulada; lo que hicieron los almirantes británicos siempre que la escuadra italiana en presencia fue decididamente superior, y lo que habría hecho en su caso cualquier almirante responsable. Porque un arranque «nelsoniano» por parte de Iachino hubiera resultado con toda probabilidad nefasto para su escuadra. El *Ark Royal* llevaba a bordo más de 60 aviones, cuyos pilotos, de gran experiencia, ya habían inmovilizado al *Bismarck*, y tras el primer escuadrón de torpederos hubiera atacado un segundo, y luego un tercero. Si algún crucero o acorazado italiano, o varios, resultaban inmovilizados, como lo había sido anteriormente el *Pola* o el navío de batalla alemán, los cañones de los buques de línea británicos lo habrían aniquilado poco más de una hora después. Y si la noche caía antes, habría sido atacado al torpedo por los destructores. No olvidemos que tanto los acorazados como los cruceros y la mayoría de los destructores británicos iban esta vez bien equipados con radares, cosa de la que Iachino estaba ya de vuelta. Es decir, para los italianos podía haberse repetido el trágico juego de «la gallina ciega» de Matapán.

La mala visibilidad y el fallo en las comunicaciones de los aviones de la RAF y del *Ark Royal* que seguían a la escuadra italiana impidieron que los aparatos torpederos del portaaviones la descubriesen, por lo que, a las 1700, sabiendo de todos modos que el enemigo se retiraba, Somerville ordenó al contralmirante Curteis que se incorporara al *Nelson*.

Una hora más tarde, el convoy, escoltado por cinco cruceros y nueve destructores, arrumbó al canal de Sicilia, mientras los cuatro buques de batalla y el resto de los destructores británicos regresaban a Gibraltar.

Después del crepúsculo, los aviones italianos volvieron a atacar al convoy, pues la media luna silueteaba bien a sus componentes. Sendos torpedos «afeitaron» al crucero *Sheffield* y al destructor *Oribi*, y un tercero alcanzó al transporte de 17.000 toneladas *Imperial Star*, que perdió las dos hélices y el timón y quedó ingobernable. Tras varios intentos para darle remolque y después de transbordar sus tripulantes a los destructores, fue hundido con cargas de profundidad. Pero los submarinos y las lanchas italianas apostadas en el canal de Sicilia no avistaron al convoy «Halberd», que, en la mañana del día 28 y bajo la protección de los cazas de Malta, pudo entrar en La Valetta y descargar 50.000 toneladas de mercancías y material de guerra.

Fue el último convoy despachado aquel año para Malta, pues la isla había quedado bien pertrechada para seis meses de lucha.

* * *

Como ya hemos señalado, las consecuencias de aquella actividad británica para potenciar Malta se dejarían sentir muy pronto en los convoyes italo-alemanes despachados para el Norte de África.

En agosto de 1941 había basados en dicha ínsula 32 bombarderos, 20 aviones torpederos, 10 *Marylands* de reconocimiento de gran radio de acción y 83 cazas, a los que en octubre se sumaron 11 *Albacores* torpederos provistos de depósitos adicionales de combustible que aumentaban su radio de acción hasta las 190 millas marinas. Es decir, todo el Tirreno, hasta el norte de Córcega, el Jónico y el mar de la Sirte completos y casi medio Egeo quedaban bajo las alas de los bombarderos basados en Malta, y los aviones torpederos salidos de dicha isla llegaban hasta Trípoli, el canal de Sicilia y el Tirreno meridional. Pero ello no era todo.

La totalidad de los aviones torpederos ingleses llevaban ahora equipos de radar que les permitían descubrir a los convoyes y barcos enemigos a cualquier hora de la noche o con niebla cerrada, y varios *Wellingtons* iban equipados con radares de 30 millas de alcance (faja barrida de 60 millas) y portaban emisores especiales que permitían a los aviones torpederos dirigirse hacia ellos tan pronto descubrían algún objetivo sobre la piel del mar.

Si los británicos, debido al gran número de unidades perdidas o averiadas recientemente; a la pesada servidumbre que les imponían en el Atlántico y el océano Índico los submarinos y corsarios alemanes de superficie; a la necesidad de mantener constantemente vigiladas todas las salidas al Atlántico desde el mar de Noruega, y de tener bien pertrechada a la *Home Fleet*, etc., aún no habían podido basar en La Valetta buques de guerra de superficie, muy pronto, el 21 de noviembre, gracias a la cooperación prestada a la *Royal Navy* en el Atlántico norte por la «neutral» Armada norteamericana, serían apostados en Malta los cruceros *Aurora* y *Penelope* y los destructores *Lance* y *Lively*: buques hasta entonces pertenecientes a la *Home Fleet* y bien equipados con radares, que constituirían la denominada «Fuerza K».

Por otra parte, desde sus bases en Alejandría, La Valetta y Gibraltar ya operaban en el Mediterráneo cerca de una treintena de submarinos británicos y holandeses. De modo que el casi millón y cuarto de toneladas de cargueros perdidos por Italia el mismo día de su entrada en guerra se dejaba sentir acuciantemente ahora.

El 24 de mayo, el submarino *Upholder*, al mando del capitán de corbeta M. D. Wanklyn, hundió al transatlántico *Conte Rosso*, de 18.000 toneladas. El 18 de septiembre, el mismo submarinista echó a pique, con una sola salva de torpedos, al *Neptunia* y al *Oceania*, de 19.500 toneladas, que, con el *Vulcania*, constituían un convoy rápido que llevaba tropas a África. En este grave desastre perecieron ¡cinco mil hombres! (1).

Las pérdidas totales sufridas por el Eje en los suministros enviados al Norte de África fueron del 19 % en julio de 1941, del 12,5 % en agosto y del 28 % en septiembre (2). En noviembre, un mes verdaderamente trágico para italianos y británicos, desaparecieron en el fondo del mar el 63 % de los cargamentos del Eje despachados para Libia, ascendiendo las pérdidas en combustible líquido al ¡92 %!

* * *

Al detectar la presencia en La Valetta de dos cruceros y otros tantos destructores enemigos, «Supermarina» suspendió el despacho de convoyes para el puerto de Trípoli. Pero como los de Bengasi, Bardia y Derna no tenían capacidad ni medios para recibir y descargar con prontitud a convoyes de cierta entidad — sólo a barcos aislados y de desplazamiento medio — y la ofensiva que Rommel preparaba para reconquistar Tobruk — sitiada plaza que constituía una permanente amenaza para su retaguardia y le impedía intentar cualquier operación contra Egipto — precisaba urgentemente de hombres, víveres, municiones, gasolina, etc., el Almirantazgo italiano tuvo muy pronto que rectificar y preparó el traslado de un convoy, denominado «Beta», compuesto por cinco cargueros y dos petroleros que deberían llevar al puerto de Trípoli 34.473 toneladas de material, en el que

(1) Para dar caza a este importante convoy, que se esperaba contornearía las costas de Túnez, habían salido de Malta a toda velocidad cuatro submarinos británicos. Fue descubierto por el *Unbeaten*, que aunque no pudo atacarle alertó por radio a los demás escualos de acero.

(2) En este último mes, los barcos hundidos alcanzaron las 65.000 toneladas de registro bruto, pero como los suministros desembarcados en África no rebasaron las 67.400 toneladas, ello significaba que por cada tonelada recibida se había perdido, prácticamente, ¡otra tonelada de barcos de transporte!

figuraban, aparte de casi 9.000 toneladas de gasolina de aviación a bordo del petrolero *Minatitlan* y 5.160 de petróleo a bordo del *Conte di Musarata,* éstas para la Marina italiana, 5.429 toneladas más de gasolina de aviación, en bidones, repartidas en varios cargueros, y 1.579 toneladas de municiones de todas clases.

Como escolta directa de este importante y vulnerable convoy, que sería totalmente aniquilado por la «Fuerza K», fueron asignados seis destructores, y, como fuerza de protección inmediata, una sección de cruceros pesados — *Trento* y *Trieste* — y cuatro destructores.

Sobre el papel y durante el día, dicha fuerza italiana era muy superior — pese a carecer de radares o radiotelémetros — en velocidad y artillería a los cuatro buques británicos que podían atacar al convoy partiendo de Malta. Sólo que tales buques, todos los cuales «veían» en la oscuridad, iban a atacar, naturalmente, de noche...

Aquel verdadero polvorín flotante, el convoy «Beta», en el que figuraban dos cargueros alemanes *(Duisburg* y *San Marco),* aparejó del puerto de Nápoles en las primeras horas de la madrugada del 7 de noviembre, debidamente escoltado. Después de cruzar el estrecho de Mesina se le incorporaron los cruceros y destructores de la 3.ª División, al mando del contralmirante Bruno Brivonesi, salidos de Mesina a la hora de la meridiana del día 8.

A las 1645, cuando se hallaban al sur del cabo dell'Armi, es decir, de la península de Calabria, el convoy y sus fuerzas de escolta arrumbaron al Este verdadero, pues la derrota prevista era una línea poligonal circunscrita, por Levante, a un círculo con centro en Malta y de radio algo superior al de acción de los aviones torpederos británicos. Dentro de la parte oriental de dicho círculo habían tomado posiciones dos submarinos, pero el Almirantazgo italiano no pudo conseguir que «Superaéreo» proporcionase escolta nocturna al convoy «Beta».

Un avión británico de reconocimiento lo descubrió fatalmente poco antes del crepúsculo vespertino y señaló por radio el avistamiento. Pese a que el convoy iba todavía arrumbado al Este, el almirante de Malta, vicealmirante W. T. R. Ford, no dudó sobre su verdadero destino, pues los barcos italianos despachados para Grecia y el mar Negro salían invariablemente de Taranto o los puertos del Adriático, a fin de eludir el peligroso círculo sobrevolado por los aviones torpederos ingleses, y generalmente navegaban en solitario. Así que ordenó al capitán de navío Agnew, comandante del crucero *Aurora* y jefe de las «Fuerza K», que se hiciese inmediatamente a la mar para atacarle.

A las 1730 zarparon de La Valetta los buques británicos, sin que avión o submarino italiano alguno se percatara de ello ni los descubriese después. Una vez en franquía arrumbaron al 64° verdadero, a régimen de 28 nudos. Pronto cayó la noche, pero los ingleses continuaron navegando en línea de fila, sin intentar exploración alguna de búsqueda, tal era su confianza en la eficacia de los radares para descubrir al enemigo. La luna, en cuarto menguante, emergió de las aguas como un pálido espectro y fue remontándose sobre el límpido horizonte. Cuando las viajeras nubes intermitentemente la velaban con sus oscuros cendales, la oscuridad se espesaba, pero después, quizá por contraste, la visión a través de la transparente atmósfera era considerable.

A las 2000, el convoy «Beta» había alcanzado el punto previsto, al sur del golfo de Taranto y a unas 30 millas por fuera del círculo de los aviones torpederos ingleses, y arrumbó al Sursudeste. Los siete mercantes italo-alemanes navegaban, a nueve nudos, en dos columnas, con un par de destructores de escolta por cada banda, uno a proa y otro a popa. La sección de cruceros, que se movía a 12 nudos, desfilaba de ambas vueltas por estribor del convoy, es decir, a sotaluna y por donde podría presentarse el enemigo. Sin embargo, el sistema no era bueno, pues, al invertir el rumbo una vez alcanzada la extremidad de aquella derrota pendular y paralela al convoy, los buques del contralmirante Brivonesi quedaban excesivamente alejados de sus protegidos. Pero, a 9 nudos, estos cruceros de gran eslora hubieran reaccionado muy perezosamente al timón para evitar cualquier torpedo, por lo que «Supermarina», con el fin de obviar una desventaja inaceptable, había ordenado que durante la noche el *Trento* y el *Trieste* se mantuvieran dentro del radio de visibilidad respecto al convoy, navegando a 16 nudos. Para eludir los cambios de rumbo casi continuos que hubiera impuesto en tales condiciones una navegación próxima en zigzag, Brivonesi llegó al compromiso que conocemos, el cual, infortunadamente para latinos y germanos, se mostraría en la práctica sumamente ineficaz.

* * *

A las 0030 del día 9 de noviembre, el *Trieste* y el *Trento* invirtieron el rumbo una vez más y quedaron navegando al 160°, con sus cuatro destructores, situados por las amuras y aletas, a dos mil metros de distancia. Entonces el convoy y su escolta quedaban, desde los cruceros de Brivonesi, bien silueteados por el resplandor lunar.

Momentos después de dicho cambio de rumbo, en el *Trieste* se sorprendieron unas señales radiotelegráficas extrañas: «NO-30», «NO-30», «NO-30», que aumentaban de intensidad a medida que transcurrían los minutos, como si el que las generaba se aproximase velozmente. Se advirtió al almirante, y éste ordenó transmitir un mensaje preventivo a todos los buques. Pero la advertencia no llegaría a tiempo.

Desde el destructor *Bersagliere*, que marchaba por la amura de estribor del buque insignia (el *Trieste*), a las 0058 se descubrieron por la proa — en demora 155° —, a unos 7.000 metros de distancia y navegando a 20 nudos, las siluetas oscuras, de través (*«con un β largo tra 90° e 100° circa»*) (1), de dos cruceros enemigos. El capitán de fragata Angioy ordenó tocar zafarrancho de combate en su buque y dar la alarma al *Tieste*. Pero los acontecimientos iban a precipitarse de tal manera, que la alarma del *Bersagliere* tampoco serviría de nada.

Bruscamente, por el través de estribor del convoy, es decir, a sotaluna, surgieron las parpadeantes llamaradas producidas por los disparos, repetidos luego con un ritmo rapidísimo, de los cañones de la «Fuerza K». Algunos segundos después, los proyectiles iluminantes ingleses estallaban por encima de los barcos del convoy «Beta», cuyos tripulantes creyeron estar siendo atacados por aviones.

* * *

Las unidades del capitán de navío Agnew habían detectado al convoy italo-alemán y su escolta hacia las 0040, a unos 18.000 metros. Con gran sangre fría, el jefe de la «Fuerza K» arrumbó para quedar en las proximidades del convoy precisamente por la aleta de estribor de éste, a fin de hacerse invisible respecto a la luna. Después moderó a 20 nudos y, sin perder de vista a los grandes cruceros italianos, se dispuso a aniquilar sucesivamente a los destructores que marchaban a estribor del convoy y a los siete barcos que lo componían: su verdadero objetivo.

---

(1) En el tiro torpedero, β es el ángulo — denominado «inclinación» — que forma el rumbo del enemigo con la visual a éste desde el buque propio.

Por fortuna para Agnew, el *Trieste* y el *Trento* se movían entonces hacia la popa del convoy «Beta». Lo cual no importaba mucho, pues en otro caso es indudable que el marino británico, consciente de que los italianos no le verían hasta que él decidiese aproximarse y que gracias a sus detectores electrónicos podría mantener siempre la iniciativa y lograr la sorpresa, habría aguardado a que los cruceros enemigos alcanzasen una posición conveniente.

Algo menos de un minuto después de que el *Bersagliere* descubriese al *Aurora* (1), este crucero cayó al Sur, seguido por contramarcha (2) por los demás buques de la «Fuerza K», que inmediatamente abrieron el fuego con todas sus piezas y tubos.

El destructor italiano *Fulmine* recibió tres salvas, quedó destrozado y se fue a pique en cuestión de minutos, pero no sin dejar de hacer fuego hasta ser literalmente tragado por la mar.

El *Grecale,* que con el *Fulmine* había intentado contraatacar con torpedos, también recibió graves averías y poco después quedó al garete.

El *Euro* y el *Maestrale,* que marchaban respectivamente por la amura de estribor y la proa del convoy, fueron igualmente cañoneados, perdiendo el último todas sus antenas radiotelegráficas, con lo que el jefe de la escuadrilla, capitán de navío Brisciani, quedó, en aquel momento crucial, incomunicado. Sin embargo, ambos buques pudieron tender cortinas de humo para tratar de ocultar al convoy, y el *Euro,* mandado por el capitán de corbeta

(1) Los cruceros de la serie «Aurora», de 7.000 toneladas, montaban tres torres dobles con piezas de 152 mm., cuatro cañones de 100 mm. y seis tubos lanzatorpedos. Y los destructores de la serie «Lance», de 1.920 toneladas, seis piezas de 120 mm., en tres montajes dobles, y ocho tubos. Ametralladoras aparte.

(2) Los cambios de rumbo de una formación naval pueden hacerse de tres maneras. Por «contramarcha»: el buque en cabeza cae al nuevo rumbo y es imitado por los que le siguen al ir llegando al punto donde aquél viró. Por «giros simultáneos»: todos los buques aproan simultáneamente al nuevo rumbo — la formación queda alterada —. Y por «conversión»: el buque «perno» (eje del giro), que puede o no ir en cabeza, cae al nuevo rumbo, y los demás buscan su posición anterior respecto a él haciendo el rumbo provisional que convenga en cada caso; la formación no cambia. Aproximadamente lo mismo puede decirse respecto a las formaciones superficiales, en columnas. Cada sistema presenta sus ventajas e inconvenientes con respecto al espacio, tiempo, limitaciones y riesgos de colisión, especialmente de noche.

Fulgosi, al que ya viéramos combatir en el Egeo, se lanzó después al ataque torpedero contra los dos cruceros británicos entrevistos por Poniente.

Para entonces, varios cargueros habían sido alcanzados por la lluvia de proyectiles y torpedos británicos, se habían incendiado como teas o saltado por los aires en medio de impresionantes estallidos y llamaradas. Las cortinas de humo, los incendios, las explosiones, los disparos y los iluminantes que constantemente descendían sobre los infortunados barcos del convoy hacían sumamente difícil para los italianos poder apreciar la posición y movimientos del inesperado enemigo. No obstante, el hecho casual, pero para Fulgosi significativo, de que el *Euro* no fuese cañoneado durante su aproximación a los cruceros ingleses le hizo dudar si aquellas borrosas siluetas que disparaban sin cesar, pero no contra él, serían en realidad las del *Trieste* y el *Trento.* Poco después, estando ya a unos tres mil metros de su objetivo, es decir, en buena posición táctica y a distancia de lanzamiento conveniente, dudando de si efectivamente se trataba de los cruceros de la 3.ª División italiana, metió a babor, sin decidirse a arrojar ninguno de sus seis artefactos submarinos, ya preparados, para unirse a los demás buques de su escuadrilla. Sólo entonces comenzaría a recibir nuevos impactos el *Euro.*

Aquel error, sumamente desafortunado para los italianos, es bien explicable, pues los dos cruceros ingleses navegaban precisamente sobre la derrota poco antes surcada, durante muchas horas, por el *Trieste* y el *Trento.* ¿Qué hacían ahora estos poderosos buques?

Al comenzar el ataque británico se hallaban a unos 4.000 metros por la aleta de estribor de los últimos barcos del convoy, y como el enemigo abrió el fuego, totalmente por sorpresa, no lo olvidemos, prácticamente por la proa de la 3.ª División, el contralmirante Brivonesi cayó 80° a estribor para que pudiese entrar inmediatamente en fuego toda la artillería principal de sus cruceros. El tiro italiano, abierto a las 0103, con alzas de 8.000 metros, resultó intenso pero ineficaz, y la distancia, navegando ambas formaciones enemigas a rumbos que divergían algo más de 90°, aumentó rápidamente, por lo que, a las 0108, la división italiana arrumbó al 180°, ahora a 15 nudos.

Como los buques ingleses seguían moviéndose a 20 nudos, el alcance continuó aumentando, en vista de lo cual Brivonesi puso a régimen de 18 nudos a las 0112. Y por fin, a las 0118, la velocidad de la 3.ª División ascendió a 24 nudos. Pero para entonces el enemigo se hallaba a más de 17.000 metros y todo estaba ya consumado.

Los cargueros del convoy que no habían volado o desaparecido bajo las llameantes aguas ardían furiosamente o se estaban hundiendo. Absolutamente sorprendidos, desconcertados y sin comunicación con el jefe de la escuadrilla, los destructores de escolta situados a sotafuego se habían alejado hacia Levante, y ahora el único problema para el capitán de navío Agnew era el de retirarse por fuera del radio visual de los cruceros pesados italianos. Como conocía que éstos se movían rápidamente hacia el Sur, no lo intentó en tal dirección, ya que la luna le habría traicionado, sino que rodeó por el Este a los destrozados y humeantes despojos del convoy, para interponerlos continuamente entre él y los cruceros de Brivonesi, y luego escapó por el Norte.

El contralmirante de la 3.ª División lo sospechó acertadamente y, a las 0026, invirtió el rumbo y aproó hacia el Septentrión. Pero así como Agnew tenía, en las pantallas de sus radares, un cuadro exacto y completo de la situación táctica, Brivonesi marchaba ya prácticamente a ciegas. De hecho, los cuatro buques ingleses desfilaron, invisibles, por la proa del *Trieste* y se perdieron en la noche.

Hacia las 0200, los destructores de la escolta se dirigieron en socorro de los supervivientes del malhadado convoy «Beta». Entre los barcos que aún ardían a la deriva, botes y balsas, se movía una forma que a los supervivientes se les antojó siniestra: era el submarino británico *Upholder*, que, atraído por el terrible despliegue de luces y explosiones, se había aproximado en superficie con la esperanza de poder rematar al que procediese. Su comandante, el capitán de corbeta Wanklyn, comprendió que los barcos todavía a flote estaban sentenciados, pero decidió aguardar. Con la amanecida pudo identificar sin equívocos a varios destructores italianos que rescataban a los náufragos, se sumergió y atacó al *Libecio*. Uno de sus torpedos voló enteramente la popa de este destructor, que algunas horas después, pese a los denodados esfuerzos de sus hombres y de los del *Euro*, se fue a pique.

Pero el *Upholder*, todavía indetectado, siguió aguardando. Hacia las once de la mañana, en buena posición táctica respecto al *Trieste*, le lanzó tres torpedos. Desde el crucero pesado se vieron las estelas de aire comprimido y, gracias a ello y a que se las pudo gobernar a tiempo, este buque logró librarse de ser también víctima del «as» de los submarinistas británicos en la segunda guerra mundial.

Los siete barcos del convoy «Beta» bajaron al abismo. Hay que reconocer que los ingleses, pese a tener todos los triunfos en sus manos — iniciativa, absoluta sorpresa, radares y años de adiestramiento para el combate nocturno —, actuaron con tanto acierto como eficacia. No podemos decir lo mismo del almirante Brivonesi y del capitán de navío Brisciani, que serían inmediatamente depuestos del mando, y el almirante incluso llevado ante un consejo de guerra. Pero tratemos de juzgar los hechos con objetividad.

Supongamos que los dos cruceros pesados italianos hubieran navegado bien pegados al convoy — haciendo o no zigzag — por su banda de estribor, es decir, en la dirección de Malta, rodeados, a la distancia que condicionaba la variable visibilidad, por sus destructores. El capitán de navío Agnew habría dado un rodeo de cinco o seis millas por el Norte, para caer después sobre el convoy por la aleta de babor de éste. El resultado hubiera sido prácticamente el mismo.

Imaginemos, de otra manera, que las cosas se hubieran desarrollado inicialmente tal y como sucedieron y que Brivonesi se lanzara al instante (despreciemos el tiempo necesario para comunicar las calderas que no lo estaban, etc.), a 30 nudos de velocidad, en dirección a los cruceros enemigos. Al finalizar los siete minutos que necesitaron exactamente los ingleses para desembarazarse de la escolta y destruir al convoy «Beta», los cruceros italianos habrían logrado aproximarse tan sólo una milla al enemigo y podido disparar únicamente con las torres proeles, de modo que, casi con absoluta seguridad, los resultados tampoco hubieran variado. Por otra parte, si su tiro se hubiese hecho peligroso, la «Fuerza K» habría forzado velocidad, lanzado cortinas de humo desde el destructor de cola, etc. De los doscientos cañonazos de 203 mm. disparados por el *Trieste* y el *Trento* — sin emplear iluminantes, es cierto —, ni uno solo hizo blanco, mientras que el tiro británico estuvo siempre bien centrado y sin más fallos que los inherentes a la dispersión natural de las salvas.

Doctrina e inferior adiestramiento nocturno aparte, el verdadero problema para los italianos radicaba en la imposibilidad de descubrir al enemigo con tiempo suficiente para poder reaccionar eficazmente, y también para batirse después en la oscuridad sin disponer, como los ingleses, de elementos que les proporcionaran, con gran anticipación y toda exactitud, el rumbo y la distancia del enemigo, y, casi con toda precisión también, su demora, permitiéndoles corregir el tiro sin necesidad de mirar al exterior, pues la caída de las salvas se apreciaba perfectamente en las pantallas de rayos catódicos.

De manera que mientras dicha diferencia tecnológica no se subsanase, y prácticamente no lo sería en toda la guerra del Mediterráneo, tendría que provocar, en las mismas circunstancias, idénticos o parecidos resultados.

Capítulo XV

SUMERGIBLES ALEMANES AL MEDITERRÁNEO.—HUNDIMIENTO DEL «ARK ROYAL». — LOS SUBMARINISTAS BRITÁNICOS CAMPAN POR SUS RESPETOS. — EL CONVOY «MARITZA» BAJA AL ABISMO. — EL «BARHAM», HUNDIDO

El 12 de septiembre de 1941, el general Rommel advirtió al «OKW» que, si los transportes marítimos no mejoraban, era probable que su proyectada ofensiva de noviembre contra Tobruk no pudiera llevarse a la práctica. Por otra parte, a finales de agosto, el mismo «OKW» había admitido que las operaciones en Rusia podrían tener que continuar en 1942 y que, puesto que los británicos tendrían tiempo de rehacerse y pasar a la ofensiva en el Norte de África, convendría mejorar los sistemas de transporte en el Mediterráneo.

Adolfo Hitler tomó cartas en el asunto y, el 13 de septiembre, ordenó que el *Fliegerkorps X* diera protección a todos los convoyes del Eje que navegasen entre Grecia y Cirenaica y entre Bengasi y Derna. Además, y en contra del parecer del Alto Mando de la *Kriegsmarine*, decidió el envío inmediato de dos flotillas de submarinos alemanes al Mediterráneo.

A fines de septiembre entraron en el Mare Nostrum tres *Unterseeboote*, otros tres a primeros de octubre, nueve en noviembre y doce en diciembre: 27 unidades en total, a fines de 1941. Pero cinco más habían tenido que regresar a Francia debido a las averías que les causaron los aviones basados en Gibraltar, y dos, el *U-204* y el *U-127*, resultaron hundidos al tratar de cruzar el Estrecho. Después, entre enero de 1942 y julio de 1943, entraron en el Mediterráneo otros 23 submarinos alemanes. De todos ellos, 50 unidades en total, se perdieron 37 buques, lo que supone el elevadísimo porcentaje del 75,5 %, superior al italiano, que no llegó al 50 % — exactamente el 48,5 % —, ya que los latinos emplearon 136 submarinos en dicho mar y en él perdieron a 66.

Los recién llegados, buques de 769 toneladas (871 toneladas en inmersión) pertenecientes a los tipos «VII-B» y «VII-C», muy superiores a sus contrapartes italianos, quedaron agrupados en dos flotillas: la 23.ª, con base en la isla griega de Salamina, y la 29.ª, en La Spezia (después en Tolón), a las órdenes, indirectas, del almirante Weichold, jefe del Mando Naval germano en Italia que operaba de acuerdo con «Supermarina». Inicialmente se les asignaron dos zonas de operaciones: una entre Gibraltar y el meridiano del islote de Alborán, y otra en el Mediterráneo oriental, entre los meridianos de 23°-30′ y 31° de longitud Este, al sur del paralelo de los 33° Norte. Dada su proximidad a las dos bases navales y aéreas británicas más importantes del Mediterráneo, Alejandría y Gibraltar, eran tal vez las zonas de mayor peligro, mas para la *Royal Navy* la aparición de estos submarinos se dejaría sentir antes de que finalizara el año y de una manera todavía más dramática que la que supuso la llegada del *Fliegerkorps X*.

Hemos dicho que los submarinos alemanes eran muy superiores a los de sus aliados, lo que nos obliga a algunas breves explicaciones (1).

Efectivamente, los *Unterseeboote* no sólo eran más veloces en superficie — 17,7 nudos contra los 12-13 de los italianos — y tenían allí mayor autonomía — 9.700 millas — que sus contrapartes de la *Regia Marina,* sino que eran también más rápidos en sumergirse — 30 segundos, contra el doble en los tipos italianos más diligentes en la zambullida —; montaban mejores periscopios e hidrófonos; no dejaban burbuja de aire al lanzar sus torpedos, ni éstos producían estela, pues eran eléctricos, y además llevaban espoletas magnéticas, mucho más efectivas que las de percusión; podían sumergirse a más del doble de la profundidad máxima que alcanzaban los submarinos italianos, y, finalmente, disponían de magníficas centrales de lanzamiento acopladas al periscopio de ataque o a los prismáticos de puntería nocturna en superficie, cosa de la que, como sabemos, también carecían aquéllos. Por si

(1) Este hecho, innegable, lo reconocen los mismos alemanes; por ejemplo, el historiador y almirante germano Friedrich Ruge, en su obra *Der seekrieg 1939-1945*, refiriéndose a los submarinos italianos, dice lo siguiente: «Sus buques eran muy inferiores a los alemanes desde el punto de vista técnico.»

todo ello no fuera bastante, los *Unterseeboote* eran mucho más silenciosos navegando bajo el agua y resultaban más maniobreros sobre ella.

Con lo expuesto no queremos tratar de rebajar en un ápice el valor de los éxitos logrados por los submarinistas germanos prácticamente en todos los mares del Globo; su gran habilidad profesional, coraje y eficacia no necesitan en absoluto ser subrayados, pero sí deseamos exponer al lector las causas de los, por comparación, modestos logros de la Flota submarina italiana, ya que, en honor a la verdad, no son imputables a falta de intrepidez o de competencia por su parte, sino precisamente a las deficiencias y al retraso técnico de sus buques. Seríamos injustos si lo pasáramos por alto.

Después de la primera guerra mundial, los estudios efectuados en Italia con vistas a las nuevas construcciones se basaron en la utilización del submarino durante el día y en inmersión, manteniéndose al acecho a cota periscópica. Eran las deducciones que parecían poder extraerse de dicha contienda, en la que los submarinistas alemanes, empleando tales tácticas, habían hundido 13.233.672 toneladas de barcos aliados (según el *Lloyd's Register*), aparte de un impresionante número de buques de guerra: ¡10 acorazados, 18 cruceros, 21 destructores y 11 submarinos enemigos!

Por tanto, parecía conveniente que los periscopios tuviesen la mayor longitud posible, a fin de que el buque pudiera permanecer al acecho a suficiente profundidad para no asomar peligrosamente el casco o la torreta en condiciones de mala mar. Ello obligaba al empleo de grandes puntales de sostenimiento, a fin de evitar que las vibraciones excesivas en los largos periscopios dificultaran la observación. Para navegar en superficie se habían previsto torretas muy grandes, parcialmente cerradas a fin de ofrecer abrigo al personal de guardia de cubierta y en las que se instalaron los servicios logísticos e higiénicos para la navegación en superficie. Como resultado de todo ello, el conjunto formado por torreta, mástiles y periscopios era muy visible incluso en noche oscura.

El concepto de actuación diurna, en inmersión y al acecho, condujo a conceder poca importancia al tiempo necesario para sumergirse, que variaba entre los 120 y los 60 segundos en los diversos tipos en servicio durante la segunda guerra mundial, y a la necesidad de suprimir ruidos, ya que el buque actuaría estáticamente. El caso es que, cuando después tuvo que moverse para buscar una posición conveniente de lanzamiento — lo que era frecuente en la inmensa mayoría de las ocasiones, dada la supresión del tráfico aliado normal y, por tanto, la escasez e improbabilidad de aquéllas —, fueron fácilmente detectados a gran distancia, traicionados por el ruido de sus motores, los ejes de las hélices y la cavitación de estas mismas. Entonces el buque detector navegaría en la dirección de donde procedían los ruidos hasta llegar al alcance sonar *(asdic)*, a partir de cuyo momento el submarino estaba perdido, pues quedaba virtualmente inerme respecto al cazador en superficie provisto de cargas de profundidad.

Aparte de lo expuesto, los submarinos italianos llevaron consigo a bordo, durante bastante tiempo, un verdadero «traidor»: el aparato denominado «Rovetto», que servía para mantenerse automáticamente en la misma cota con los motores eléctricos parados y hasta una profundidad de 40 metros, era una fuente casi continua de ruidos muy fáciles de captar a distancia por cualquier hidrófono a la escucha.

Todas estas limitaciones, desventajas y defectos de los submarinos italianos, así como la poca precisión de sus torpedos, etcétera, se trataron de corregir a medida que la guerra fue poniéndolos dramáticamente de relieve, pero, ¡ay!, con demasiada lentitud debido a las limitaciones de la industria. Lo que deberemos tener en cuenta al juzgar los resultados finales — casi 100.000 toneladas hundidas por los italianos, frente a 405.000 de los alemanes —, pues el valor y la destreza del hombre, cuando no van acompañados del arma adecuada, resultan patéticamente inefectivos y con frecuencia le conducen tan sólo al desastre. Recuérdese el caso de los submarinistas británicos, que durante el primer medio año de guerra en el Mediterráneo se mostraron absolutamente ineficaces con buques de los tipos «O» y «P», pero que después, provistos de otros submarinos más modernos y adecuados, los nuevos «U» y «T», cosecharían grandes laureles en el mismo teatro de operaciones. Los hombres eran también los mismos, pero ¡las armas habían variado! En cambio, para los latinos hubo pocos cambios substanciales (1).

A pesar de todo, el puñado de submarinos italianos que actua-

(1) La Marina italiana inició la guerra con 113 submarinos en servicio y 12 en construcción. Aparte de estos últimos, sólo 21 nuevos submarinos se construyeron en Italia durante la guerra — 13 tipo «Acciaio» y 8 «Tritone» —. De los 12 de transporte —de 2.160 toneladas, sin armamento torpedero —, cuya construcción se inició en 1942,

ron en el Atlántico entre septiembre de 1940 y julio de 1943 lograron hundir más de medio millón de toneladas de buques aliados, y entre los excepcionales submarinistas de la segunda guerra mundial que consiguieron llegar a las cien mil toneladas de barcos hundidos figura un italiano: el capitán de corbeta Gianfranco Gazzana (1).

Aquí hay que tener en cuenta la enorme superioridad de medios para la lucha antisubmarina de que se dispuso en la última contienda mundial — sonar, radar, etc. — y el empleo masivo, al menos por parte de los aliados, del mortífero avión antisubmarino. Por ello, y pese a la mayor duración de la última contienda respecto a la de 1914-18 y a que en la segunda guerra mundial se utilizaron cuatro veces más submarinos, nadie logró llegar a las 457.606 toneladas del alemán Lothar von Arnaul de la Périère, que batió el récord de todos los tiempos al echar a pique 194 barcos enemigos. Ni siquiera a las cifras obtenidas por sus compatriotas Walther Forstman y Max Valentinier, que rebasaron ampliamente las trescientas mil toneladas cada uno.

El «as» submarinista que mayor tonelaje logró hundir en la segunda guerra mundial, con gran diferencia, fue el germano Otto Kretschmer, con 268.000 toneladas — un destructor británico y 44 barcos mercantes fueron sus víctimas (2) —. Pero, alemanes aparte, que utilizaron 1.170 submarinos convencionales y que encabezan los cuarenta y un primeros puestos de la lista mundial de hundimientos, sólo un ruso, I. A. Kol'yshkin; un británico, Wanklyn; el italiano Gazzana y tres norteamericanos rondaron o rebasaron las cien mil toneladas de buques hundidos.

* * *

Una vez más, el 16 de octubre zarpó de Gibraltar la «Fuerza H» y puso la proa al Mediterráneo. En el acorazado *Rodney* izaba su insignia el almirante James Somerville, y en la cubierta del *Ark Royal* se alineaba un escuadrón de *Albacores* con destino

sólo se entregaron dos antes del Armisticio: el *Romolo* y el *Remo*. De los tipos «CM», de 100 toneladas, ninguno llegó a entrar en servicio. De los 9 del tipo «VII C» entregados a Italia por los alemanes, el Armisticio los sorprendió en Dantzig, todavía en período de adiestramiento.

(1) Desaparecido con su buque, el *Da Vinci*, en mayo de 1943, a la altura del cabo Finisterre.

(2) Véase *Titanes azules*, del mismo autor. Editorial Juventud, Barcelona.

a Malta. Estos once aparatos despegaron dos días después y aterrizaron sin novedad en la isla.

El 10 de noviembre se repitió la operación, esta vez con el acorazado *Malaya* como buque insignia y los portaaviones *Argus* y *Ark Royal* como plataformas de lanzamiento de los 37 *Hurricanes* de la RAF destinados a Malta.

Al día siguiente, las condiciones atmosféricas eran favorables al despegue desde los portaaviones, pero no desde el aeródromo de Gibraltar, de donde tenían que salir los aviones de la RAF encargados de guiar a los cazas hasta la isla, de modo que éstos no pudieron elevarse hasta el día 12. Tres de ellos se estrellaron sobre la mar durante el viaje, pero los 34 restantes alcanzaron su destino.

En la madrugada del día 13 — fecha siempre de mal agüero para los marinos supersticiosos —, cuando la «Fuerza H» regresaba a Gibraltar, uno de los destructores detectó una fuerte explosión submarina por su estela, que se creyó causada por el estallido de un torpedo al cortar los remolinos de agua. Se sabía que habían sido detectados sumergibles enemigos en las proximidades de Gibraltar, de modo que, al amanecer, el *Ark Royal* puso en el aire a seis *Swordfishes* equipados con radar y provistos de bombas. El día era despejado y brillante, pero los marinos voladores nada descubrieron. No obstante, a las 0955, uno de los destructores obtuvo un contacto sonar. La «Fuerza H» cambió inmediatamente de rumbo, y sobre el punto del contacto (*datum* en el argot antisubmarino) se efectuó un ataque con cargas de profundidad, sin resultado aparente. Pero los británicos tenían ya la desagradable sensación de hallarse observados por un enemigo peligroso y hasta entonces invisible.

No se equivocaban. En las proximidades de la costa española de Granada, a la vista de esa formidable loma permanentemente cubierta de nieve que es el Mulhacén, en cuya cumbre la leyenda supone enterrado a Muley el Hassan — uno de los reyes moros de Granada —, se movían al acecho dos submarinos alemanes: el *U-205*, al mando del teniente de navío Reschke, y el *U-81*, mandado por el del mismo empleo Guggenberger. Ambos habían podido detectar a los dos portaaviones, el acorazado y demás buques británicos, que, como ellos esperaban, se movían aprovechando la contracorriente que se dirige al estrecho de Gibraltar a longo de la costa andaluza.

Otro contacto sonar produjo un nuevo cambio de rumbo de la escuadra inglesa, pero una investigación próxima sólo detectó ballenas. El *Ark Royal* mantenía continuamente una patrulla antisubmarina en el aire, lo que obligaba al buque a frecuentes estrepadas y cambios de rumbo para poder lanzar y recoger sus aparatos. Uno de tales cambios permitió a Guggenberger atravesar indetectado la cortina de destructores que acompañaban al portaaviones y lanzarle una salva de tres torpedos. Eran de propulsión eléctrica y, por tanto, no dejaban estela alguna en pos de sí.

A las 0341 de la tarde, cuando el gran buque británico se movía a 22 nudos para tomar a bordo algunos de sus aviones, uno de los torpedos germanos le alcanzó en el centro, en la banda de estribor. Una columna de agua de más de cincuenta metros de altura surgió junto al costado, y el portaaviones se estremeció con violencia y comenzó a escorar con gran rapidez a la banda herida. Había quedado sin corriente eléctrica alguna ni comunicaciones internas, y no se pudieron parar las máquinas hasta que la escora hizo que las extremidades de las antenas de látigo, horizontales, tocaran casi la superficie del mar. Destrozos producidos por la explosión del torpedo aparte, la entrada de varios millares de toneladas de agua salada a bordo, a aquella velocidad, debilitó una serie de mamparos estancos, lo que tendría las consecuencias que pronto veremos.

A partir del torpedeamiento se inició una dramática lucha para tratar de salvar el magnífico buque de guerra. Como la escora era impresionante y el portaaviones amenazaba dar la voltereta en cualquier momento y atrapar dentro a su dotación, se decidió evacuar a la mayor parte de ella. Un destructor se abarloó al costado de babor y, en media hora, tomó a bordo a 1.487 oficiales y marineros. Pero el comandante y más de un centenar de hombres de los servicios de seguridad quedaron a bordo. Trabajando a la luz de las linternas se procedió a bombear el petróleo de los tanques de babor, logrando que la escora quedase reducida a 17 grados. Otro destructor se abarloó al inmóvil portaaviones para suministrarle energía eléctrica, mientras los restantes y varias lanchas antisubmarinas enviadas a toda velocidad desde Gibraltar montaban guardia alrededor del buque.

Durante el crepúsculo vespertino llegó uno de los remolcadores pedidos a la base, que poco después comenzó a tirar del agonizante buque, y hacia la medianoche se encendió una de las seis calderas del *Ark Royal*, que pronto pudo mover las dinamos, con lo que las bombas eléctricas de achique volvieron a funcionar. Pero las solapadas filtraciones de agua a través de los martirizados mamparos tiraban inexorablemente del portaaviones hacia el abismo.

La llegada de otro remolcador, el *St. Day*, que unió sus esfuerzos a los del *Tames*, pareció mejorar las perspectivas del salvamento. Pero la escora y el hundimiento gradual proseguían, y a las dos de la madrugada quedaron inundadas las cajas de paso de humos a la chimenea. Entonces las planchas inferiores de dichas cajas se pusieron al rojo vivo e inmediatamente brotó un fuerte incendio en la cámara de calderas, que tuvo que ser apagada y evacuada. El buque había quedado nuevamente a oscuras, y las bombas de achique, detenidas.

Otro destructor se abarloó al *Ark Royal* para darle energía eléctrica y al mismo tiempo contribuir al remolque, pues estaba claro que el salvamento se había convertido ya en una verdadera carrera contra reloj. A las cuatro y media de la madrugada, la distancia a Gibraltar era de tan sólo 25 millas, pero los inclinómetros señalaban una escora de 35°, y los aviones que iban sobre la cubierta de vuelo resbalaban y caían al mar. Era un mal presagio.

Finalmente se vio que la lucha estaba perdida y se ordenó el abandono del buque. A las 0600, la inmensa cubierta de vuelo formaba ángulo recto con la superficie del mar, y trece minutos después, tras mostrar un momento sus tres hélices y el rojo pantoque, el *Ark Royal* desapareció bajo las azules y hermosas aguas. Se llevaba consigo el único muerto de su dotación, producido por el estallido del torpedo fatal; sus 102.000 caballos de fuerza; sus docenas de valiosos aviones; sus 16 cañones y 80 ametralladoras antiaéreas, etc., y su brillante historial.

Este hundimiento dejó a las dos escuadras británicas en el Mediterráneo sin portaaviones alguno, pues el *Illustrious* y el *Formidable* reparaban aún en los Estados Unidos; el *Victorious* formaba parte de la *Home Fleet*, apostada en Scapa Flow; el *Glorious* y el *Courageous* habían sido anteriormente hundidos por la *Kriegsmarine* (1); el *Indomitable* había embarrancado y sufrido considerables averías en Jamaica el 3 de noviembre, todavía en período de adiestramiento; el *Unicorn* no estaría terminado hasta el año 1943, y hasta 1944 no serían entregados el *Implacable* y el *Indefatigable*. Y, debido a su falta de blindaje, no se consideró prudente que los restantes portaaviones británicos disponibles: *Hermes*, *Eagle* y *Argus*, fuesen enviados al Mare Nostrum, que se había convertido en un peligroso lugar.

---

(1) Véase *La guerra naval en el Atlántico, 1939-1945*, del mismo autor. Editorial Juventud, Barcelona.

El acorazado británico *King George V*, que operó en el Mediterráneo durante la segunda guerra mundial.

Explosión controlada de una mina submarina. Estos artefactos jugaron un importante papel en la guerra del Mediterráneo.

Los acorazados italianos *Cesare* y *Cavour,* que fueron modernizados para medirse con sus contrapartes franceses, pero que luego tuvieron que enfrentarse con los muy superiores buques de línea británicos.

Los tres magníficos cruceros pesados italianos *Fiume, Zara* y *Pola* —fotografiados antes de la guerra—, que serían hundidos durante la batalla de Gaudo-Matapán.

Benito Mussolini, ministro de Marina durante 18 años, que dio un gran impulso a la Armada italiana, pero cuya política respecto a las construcciones navales y a la aviación naval fue equivocada.

De izquierda a derecha: Mussolini, Víctor Manuel III, Hitler y el almirante Raeder revistando la Escuadra italiana en 1938.

Ha estallado la guerra. Fondeo de minas desde un destructor italiano. Los campos de minas resultaron mortíferos para los buques de guerra británicos, aunque no les impidieron el tránsito por el canal de Sicilia.

El portaaviones británico *Ark Royal,* infructuosamente atacado por la aviación italiana durante la batalla de Punta Stilo.

Italia construyó excelentes cruceros pesados; he aquí uno de ellos durante un ejercicio de tiro con la artillería de 203 mm.

La flota submarina italiana era considerable al iniciarse las hostilidades, pero estaba compuesta por unidades poco eficientes para la lucha en el Mediterráneo. Obsérvese la torreta, excesivamente grande, de este sumergible italiano que sale a superficie.

De los seis cruceros ligeros italianos de la serie «Condottieri», de 5.200 toneladas, inicialmente empleados en la escolta de convoyes ultramarinos, sólo dos de ellos —el *Luigi Cadorna* en la fotografía— sobrevivirían a la guerra.

Torpederos italianos lanzando cortinas de humo para ocultar a un convoy.

Mers-el-Kebir, 3 de julio de 1940. Las primeras salvas británicas, dirigidas contra los buques franceses, caen por fuera del rompeolas.

Batalla de Punta Stilo. El *Cesare* rompe el fuego.

Batalla de Punta Stilo. Efectos de un impacto de 381 mm. de calibre en el acorazado *Cesare*.

Batalla de Punta Stilo. Las salvas de los cruceros pesados italianos caen peligrosamente próximas a un crucero británico que trata de ocultarse en una cortina de humo.

Batalla de Punta Stilo. El acorazado italiano *Cavour* también dispara.

El crucero italiano *Abruzzi,* de la 7.ª División, visto desde el *Garibaldi.* Estos bien blindados buques, de 9.500 toneladas de desplazamiento estándar, pudieron haber sido basados en el Egeo mucho mejor que los *Colleoni,* que carecían de blindaje alguno.

El acorazado italiano *Cavour,* hundido en Taranto por aparatos del portaaviones británico *Illustrious.*

El crucero italiano *Colleoni,* de la serie «Condottieri», rapidísimo pero sin blindaje alguno, a punto de zarpar para el Japón, antes de la guerra.

El *Colleoni,* destrozado, poco antes de hundirse durante el combate del Cabo Espada.

Los acorazados de 41.300 toneladas estándar *Littorio* y *Veneto,* incorporados a la Escuadra italiana en agosto de 1940. (Por gentileza del «Ufficio Storico» de la Marina italiana.)

El destrozado y abrasado destructor italiano *Artigliere*: una víctima más del radar, decisivo detector electrónico con el que no contó la Escuadra italiana en, prácticamente, toda la guerra.

El bien blindado portaaviones británico *Illustrious* es puesto fuera de combate por los «Stukas» alemanes de la «Luftwaffe».

Combate de Cabo Teulada (o de Spartivento). Las salvas británicas caen bien agrupadas.

Combate de Cabo Teulada. Los aviones torpederos británicos atacan por dentro de la «cortina» formada por los destructores.

Batalla de Gaudo-Matapán. El acorazado italiano *Veneto,* al tiro.

Batalla de Gaudo-Matapán. Un avión británico arroja un torpedo contra el crucero pesado *Bolzano*. Obsérvese el plumero de espuma levantado por el artefacto al entrar en el agua.

Barchino esplosivo italiano, similar a los que hundieron al crucero británico *York,* en la bahía de Suda, la noche del 26 de marzo de 1941.

Batalla de Gaudo-Matapán. Los cañones de 381 mm. del *Vittorio Veneto* están a punto de romper el fuego sobre los cruceros de Pridham-Wippell.

La investigación efectuada por el Almirantazgo británico para determinar las causas del hundimiento del *Ark Royal* pusieron de relieve que la evacuación por la mayor parte de su gente había sido tan prematura como perjudicial, y que, de haberse corregido inmediatamente la escora, inundando con agua del mar otros compartimentos de la banda contraria, y vuelto a poner en función la planta propulsora, el buque pudo haber sido salvado...

En el año 1970, una compañía de salvamento recabó permiso de las autoridades británicas y españolas — pues según ella los restos habían sido localizados en aguas territoriales hispánicas — para recuperar el magnífico portaaviones, a cuya brillante carrera puso término, una soleada tarde de otoño del año 1941, el certero disparo de un valeroso submarinista alemán. Pero, que sepamos, hasta la fecha el buque no ha sido rescatado.

* * *

Los italianos no se arredraron por la catástrofe del convoy «Beta» y, puesto que no se podría contar con radiotelémetro alguno hasta marzo de 1942 (1) y la guerra no esperaba, los convoyes despachados para el Norte de África tuvieron que continuar a todo riesgo.

Aparte de pequeños barcos que navegaron con independencia (*San Antonio, Le Tre Marie, Ercole,* etc.) y otros de cabotaje enviados a Trípoli vía La Pantelleria, el *Città di Napoli* y el *Città di Genova* aparejaron de Taranto el 14 de noviembre y, escoltados por dos destructores, desembarcaron en Bengasi a 1.220 soldados y 300 toneladas de víveres y material.

El día 16 salieron de Brindisi los cargueros *Tinos* (alemán) y *Bolsena* (italiano), escoltados por dos torpederos. Fueron atacados por aviones británicos y tuvieron que refugiarse en Navarino, pero lograron entrar en Bengasi el día 23, con 4.600 toneladas

---

(1) En septiembre de 1941 accedieron los alemanes a proporcionar a la Marina italiana un «Dete», que se acordó sería instalado en el destructor *Legionario,* en período de armamento en el arsenal de Livorno. Un suboficial y cinco marineros italianos fueron enviados a Alemania para hacer un cursillo. Pero hasta marzo de 1942 no quedaría instalado dicho aparato a bordo del buque: ¡sería el primero, y todavía durante mucho tiempo único, radiotelémetro de que dispondría la Flota italiana después de casi dos años de guerra!

de municiones y material diverso. Para entonces ya había comenzado la gran ofensiva británica en Cirenaica (el 18 de noviembre), con aplastante superioridad en efectivos y medios — 700 aviones ingleses frente a 320 italianos y alemanes, y 710 carros de combate, y otros 500 aproximándose al canal de Suez, frente a 174 alemanes y ninguno italiano, ya que los latinos sólo disponían de tanquetas provistas de ametralladoras —. Así que la situación para las fuerzas del Eje en el Norte de África parecía absolutamente desesperada.

En vista de ello aparejaron de Nápoles, en la noche del 20 al 21, dos convoyes, denominados «Alfa» y «C», compuestos por dos cargueros alemanes y tres mercantes y un petrolero italianos despachados para Trípoli por la derrota de Levante. Al mismo tiempo, la motonave italiana *Filzi* se trasladaría de Trapani a Trípoli por la de Poniente. Constituían la fuerza de cobertura la 3.ª y la 4.ª Divisiones de cruceros: *Gorizia, Trento, Trieste, Abruzzi* y *Garibaldi,* con doce destructores. Mientras que otros dos destructores y dos torpederos formaban la escolta directa.

El doble convoy fue detectado por los aviones ingleses de reconocimiento cuando navegaba por el Tirreno. A partir de entonces fue seguido continuamente, y los británicos se dispusieron a atacarle en el mar Jónico con submarinos y aviones.

En la tarde del 21 atravesó el convoy el estrecho de Mesina, y hacia las diez de la noche arrumbó al Este para salir cuanto antes del radio de acción de los aviones torpederos enemigos. Una división de cruceros le escoltaba por cada banda, y los *Wellington* ingleses que seguían su rastro comenzaron a lanzar intermitentemente bengalas para señalarle a los submarinos propios que habían tomado posiciones y acechaban en las cercanías y a los aviones que se aproximaban hacia él desde Malta.

A las 2310, el submarino *Utmost* (capitán de corbeta Cayley), que acechaba en superficie aprovechando su reducida silueta, lanzó una salva de torpedos contra los cruceros de la 3.ª División y alcanzó al *Trieste* con un artefacto. En la cámara de calderas proel del crucero pesado italiano se produjo un terrible incendio de petróleo, pero, afortunadamente para el buque, el vapor de la caldera número 3, que estalló poco después, sofocó las llamas con tanta rapidez como si hubieran funcionado automáticamente las válvulas existentes — en las cámaras de calderas de todos los buques, con manejo desde cubierta — precisamente para ello.

Pero la totalidad de las calderas del *Trieste* se vaciaron, y el buque quedó al garete y sin luces, en una situación verdaderamente comprometida, pues varios submarinos y aviones enemigos, bien arropados entre las sombras, se movían amenazantes alrededor.

El torpedero *Perseo* y el destructor *Corazziere* comenzaron a girar en torno al *Trieste* para evitar que sufriera un nuevo ataque, y una hora y media más tarde el crucero pudo ponerse otra vez en movimiento y dirigirse a Mesina, escoltado por dos destructores.

El convoy había proseguido su navegación hacia Levante, intermitentemente iluminado desde las alturas. A las 2350 arrumbó al Esnordeste para tratar de librarse del peligroso y desagradable séquito, pero inútilmente, y, treinta minutos después de la medianoche, los consternados tripulantes de los barcos italoalemanes escucharon un ruido mucho más potente de aviones. Poco más tarde, por el norte del convoy y paralelamente al mismo, se encendió una verdadera guirnalda de bengalas lanzadas con pequeño intervalo, que, para quienes por el Sur ya se aprestaban al ataque, dejaban en contraluz a todos los buques.

El vicealmirante Lombardi (comandante supremo a flote, que izaba su insignia en el *Abruzzi*) ordenó a sus unidades un giro de 90° a estribor, para que quedasen dando la popa a las bengalas. Lo que no impidió, cuando la maniobra ya había terminado y pese a los bruscos cambios de rumbo efectuados por el *Abruzzi* y el tiro de su artillería y ametralladoras, que uno de los aviones ingleses le alcanzase con un torpedo. El impacto se produjo a la altura del alcázar del buque, por la banda de estribor, originó una vía de agua y dejó bloqueado el timón con 35° de caña a dicha banda.

Se ordenó parar las máquinas, pero al encenderse nuevas bengalas precisamente encima del aboyado crucero, su comandante, el capitán de navío Zanoni, ordenó ponerlas a régimen de avante despacio, a fin de que el buque, aunque navegando en círculo, dejase de constituir un blanco ideal para cualquier torpedo. Al mismo tiempo, el crucero *Garibaldi* y los destructores de la 13.ª Flotilla comenzaron a girar alrededor de él para cubrirle con cortinas de humo.

En tan penosas condiciones, mientras el personal de máquinas del *Abruzzi* hacía todos los esfuerzos posibles para desbloquear cuanto antes el timón y apuntalar los mamparos, se desgranaron unas horas verdaderamente angustiosas para los italianos. A la delatora luz de las incesantes bengalas, y pese al intenso pero poco eficaz fuego antiaéreo de los buques de la 8.ª División, entre las 0215 y las 0247 se produjeron nuevos ataques a cargo de los aviones torpederos ingleses — dos estelas de aire comprimido se vieron cruzar a poca distancia por la proa del *Abruzzi* — y de los bombarderos de la RAF. Los potentes artefactos de estos últimos encuadraron varias veces al crucero, levantando imponentes llamaradas y obeliscos de agua alrededor de él.

Tras dos fallidos intentos para darle remolque con destructores siempre bajo el poco tranquilizante resplandor de las bengalas enemigas y el chaparrón de bombas, a las 0315 quedó por fin libre el timón del *Abruzzi,* y el valioso buque, escoltado por ocho destructores que le ocultaban continuamente con cortinas de humo, pudo arrumbar por sus medios hacia Mesina.

Para entonces, el almirante Lombardi, en vista del torpedeamiento de dos de sus cruceros, el continuo señalamiento del convoy por parte del enemigo, la perspectiva de nuevos ataques y la posibilidad de que interviniera la «Fuerza K», había ordenado a los demás barcos y buques que se dirigieran a Taranto. Tras diversas peripecias, allí pudieron entrar todos los cargueros de los dos convoyes.

El destructor *Pessagno* rescató del agua al alférez de navío Griffith, observador de uno de los aviones británicos abatidos aquella movida y emocionante noche que, en definitiva y pese a la peligrosa situación corrida por los dos torpedeados cruceros, no resultó tan desafortunada para los italianos como inicialmente llegó a temerse. El doble convoy no pudo llegar a Trípoli, pero sirvió de diversión para que las motonaves *Città di Palermo* y *Città di Tunisi,* que habían salido de Taranto en la tarde del día 19, lograsen entrar después en Bengasi y que el citado *Filzi* alcanzase también dicho puerto por la derrota del canal de Sicilia.

Pero la ofensiva británica en el Norte de África exigía un continuo esfuerzo, por lo que también fueron enviados allí, independientemente, con carburante y material diverso, el crucero *Cadorna* y varios destructores y submarinos italianos.

* * *

Antes de continuar con los avatares de los convoyes despachados desde los puertos de la Italia meridional para el Norte de África, en un desesperado y costoso esfuerzo para detener una ofensiva que amenazaba barrer del continente negro a los ejércitos del Eje, detengámonos brevemente para comentar las actividades, sumamente eficaces, de los submarinistas británicos y alemanes, ya que, en definitiva, su actuación pesaría decisivamente en los combates de los frentes ultramarinos.

Conocemos los recientes hundimientos, a cargo de los peces de acero británicos, de los transatlánticos italianos *Conte Roso, Neptunia* y *Oceania*. Del torpedeamiento, también por los sumergibles ingleses, de los cruceros *Armando Diaz* (hundido), *Bolzano* y *Trieste* y de numerosos hundimientos de cargueros y barcos de cabotaje de todas clases, en cuya enumeración no podemos siquiera detenernos. Como pronto veremos, otros muchos cruceros y acorazados italianos serían también torpedeados por los submarinistas británicos, que, en definitiva, hundirían un millón de las 2.275.000 toneladas perdidas por la Marina Mercante italiana durante la guerra.

¿A qué se debió tal grado de efectividad? Se debió, en primer lugar, a la continua y eficaz cooperación entre los submarinos de la *Royal Navy* y los aviones de exploración de la RAF, por completo inexistente en sus contrapartes del campo italiano. En segundo, al hecho verdaderamente insólito de que la *Regia Aeronautica* se desentendiese por completo de los submarinos enemigos, lo que daría lugar a la siguiente y significativa diferencia. Mientras que, durante el día, los submarinos italianos y alemanes sólo se atreverían a asomar los periscopios con la mayor cautela, en aguas generalmente tan transparentes como las del Mediterráneo, por temor a ser descubiertos e inmediatamente atacados por los aviones antisubmarinos enemigos siempre al acecho prácticamente por todo el ámbito del Mare Nostrum, y 27 submarinos italo-alemanes (13 italianos y 14 alemanes) fueron hundidos en la mar por los aviones adversarios — lo que representó ni más ni menos que el 21 % de todas las pérdidas italianas en la mar y el 37 % de las alemanas —, ni un solo submarino británico o bajo control británico sería hundido en el mar Mediterráneo, por aviones enemigos, en toda la contienda.

Es decir, a efectos de la *Regia Aeronautica*, los sumergibles ingleses camparon auténticamente por sus respetos durante toda la guerra, pudiendo aproximarse impunemente a los centros focales del tráfico marítimo enemigo, para acechar allí con toda tranquilidad hasta que un blanco que mereciese la pena surgiera después a través del periscopio. En decisivo contraste, el 26 % — o sea más de la cuarta parte — del total de los submarinos perdidos en operaciones por los italo-alemanes en el Mare Latinum se debió a la acción de los aviones. Y otros muchos, ¡muchísimos!, resultaron más o menos gravemente averiados desde el aire en innumerables ataques (1).

Por otra parte, los germanos no comenzaron a entregar a la Marina italiana los prometidos equipos de *asdic* hasta mediados de noviembre de 1941, y hasta mayo de 1942 sólo tres torpederos italianos contaban con ellos, cuando por entonces las fuerzas de Cunningham disponían «solamente» de unos sesenta buques equipados con *asdic*. Es decir, transcurrió prácticamente más de media guerra sin que la *Regia Marina* pudiera disponer de tan eficaces detectores antisubmarinos.

Así que no pueden extrañarnos demasiado los brillantes éxitos logrados en el Mediterráneo por los submarinistas británicos y tampoco su menor porcentaje de pérdidas, pues, cooperación aérea y *asdic* aparte, la pasiva actitud de la Aviación italiana hacia la flota submarina adversaria permanecería inalterable a lo largo de toda la contienda.

A pesar de lo expuesto, los británicos perdieron en el Mediterráneo 46 submarinos — tres de ellos hundidos por los bombarderos dentro de La Valetta — y otros 5 franceses y griegos que operaron bajo su control: es decir, 51 sumergibles, de un total de 100 británicos y 24 aliados que actuaron en el Mediterráneo bajo el control de la *Royal Navy*.

* * *

En el desierto norteafricano proseguía la dura y dramática batalla, y las fuerzas de Rommel precisaban angustiosamente gasolina para los carros de combate y bombas para sus aviones.

Dos cargueros alemanes *(Maritza* y *Procida)* embarcaron en El Pireo bombas y gasolina y, escoltados por los torpederos italianos *Lupo* y *Cassiopea*, aparejaron en la tarde del 23 de noviembre.

---

(1) En los porcentajes citados no contamos a los submarinos de uno y otro bando hundidos en puerto por los bombardeos aéreos. Los submarinos del Eje echados a pique en la mar, en el Mediterráneo, fueron 37 alemanes y 66 italianos. De ellos, resultaron hundidos por aviones los siguientes: *Argonauta, Rubino, Iride, Gondar, Durbo, Veniero, Zaffiro, Ondina, Alabastro, Sciesa, Narvalo, Mocenigo, Romolo, U-451, U-577, U-74, U-573, U-652, U-372, U-559, U-595, U-331, U-205, U-562, U-83, U-77* y *U-755*, si bien algunos lo fueron por la acción combinada de buques de superficie y aviones.

Los ingleses, a través del OIC («Operational Intelligence Centre») del Almirantazgo, que había podido descriptar todos los radios italianos referentes a este convoy, conocían esta salida y ordenaron a la «Fuerza K», basada en Malta, hacerse a la mar (1). Dicha agrupación navegó toda la noche del 23 al 24 hacia el Sursudeste, y después, siguiendo las precisas indicaciones del reconocimiento aéreo, aproó directamente hacia el convoy, logrando avistar sus humos hacia las 1526 de la tarde del día 24. Tras sufrir un ataque, sin consecuencias, a cargo de los dos *JU-88* alemanes, el crucero *Penelope* abrió el fuego, a las 1547, desde 19.000 metros, contra uno de los torpederos italianos de escolta.

El subsiguiente y desigual combate fue breve. El *Lupo* se lanzó al ataque con torpedos, mientras el *Cassiopea* trataba de cubrir con humos a los barcos del convoy. Pero éstos resultaron muy pronto alcanzados por los proyectiles ingleses: el *Maritza* voló por los aires con un terrible estampido, y un voraz incendio brotó en el *Procida*, que diez minutos después bajaba también al fondo del mar.

El *Lupo*, sorteando hábilmente las salvas enemigas y sin cesar de disparar con sus piezas de 100 mm., logró llegar hasta los 8.000 metros de distancia de sus poderosos enemigos. Pero, una vez logrado su objetivo, la «Fuerza K» se retiró inmediatamente a gran velocidad y desapareció pronto tras el achubascado horizonte.

Los dos torpederos italianos resultaron, pues, indemnes, pese a que el *Lupo*, un barco con suerte, resultó varias veces centrado por el tiro británico, pero ni un solo hombre del *Maritza* y del *Procida* pudo salvarse. Este doble hundimiento, muy grave para Rommel, fue una verdadera fatalidad para los italo-alemanes, pues el submarino *Settembrini*, que acechaba a unas cien millas al Sursudeste de Malta y había detectado con sus hidrófonos, poco antes de la amanecida del día 24, el próximo paso de una invisible fuerza naval enemiga arrumbada al Sudeste, alertó a «Supermarina», que ordenó un oportuno cambio de rumbo a varios barcos que en aquel momento navegaban hacia y desde Bengasi (petrolero *Berbera*, de Brindisi a Bengasi; *Città di Tunisi*, de Suda al mismo puerto africano, etc.), pero, ¡ay!, en el *Lupo* no se recibió el importante mensaje que le ordenaba dirigirse inmediatamente a Suda con el convoy y que, de haberse captado, sin la menor duda le habría salvado de la destrucción.

---

(1) A partir de octubre de 1941, el OIC descriptaría constantemente los radios de la armada italiana; ello, indirectamente, supuso el hundimiento de ¡86 mercantes italo-alemanes y de 9 buques de guerra italianos!

Pero si el día 24 de noviembre había resultado funesto para los italo-alemanes, el 25 lo sería aún más para los británicos.

* * *

En su camarote de mar a bordo del acorazado *Queen Elizabeth*, el almirante Cunningham se disponía a tomar el té: el motor de los ingleses. Eran las cuatro y media de la tarde del 25 de noviembre de 1941. Las cortinas de terciopelo, rojo oscuro, de la puerta y portillos de su camarote apenas oscilaban levemente al seguir los suaves balances del acorazado, y la superficie líquida de la humeante taza de té, de Ceilán, era agitada por la leve «marejadilla» que producía el trepidar de las máquinas del buque. El almirante se sentía algo desasosegado aquella despejada tarde, pues el grueso de la *Mediterranean Fleet*, otra vez formado por los acorazados *Barham*, *Valiant* y *Queen Elizabeth*, se movía entre Cirenaica y Creta con ocho destructores, pero sin el acompañamiento de un solo portaaviones o crucero antiaéreo.

La escuadra se había hecho a la mar, la tarde anterior, a fin de dar cobertura a una fuerza de cruceros — *Ajax*, *Neptune*, *Naiad*, *Euryalius* y *Galatea*, con cuatro destructores — salida de Alejandría en la madrugada del 24 para atacar a dos convoyes italianos descubiertos por la RAF algunas horas antes y arrumbados al Norte de África. Era imperativo que tales convoyes no alcanzasen su destino, pues la «decisiva» ofensiva lanzada por el ejército del mariscal Auchinleck pretendía ni más ni menos que «destruir» a las fuerzas de Rommel y llegar hasta Túnez. Entonces el panorama cambiaría drásticamente en el Mediterráneo y podría empezarse a tomar en serio el proyecto del impulsivo Winston Churchill para desembarcar en Sicilia...

— ¡Bam! ¡Bam! ¡Bam!

Cunningham escuchó tres secas y graves detonaciones, lejanas, pero que la puerta de madera de su camarote acusó con una fuerte trepidación, como si quisiera advertirle de algo todavía impreciso pero peligroso. El almirante supuso que la artillería antiaérea de uno de sus buques había disparado contra algún avión enemigo de reconocimiento, pero momentos después, instintivamente alarmado, se abalanzó hacia la puerta y luego trepó con rapidez por la escala que conducía hacia el puente del almirante situado en la cubierta inmediatamente superior. Porque un mal presagio le rondaba por el cerebro.

— ¡El *Barham;* tres torpedos! — le advirtió nerviosamente el jefe de guardia de su Estado Mayor.

Cunningham se asomó al alerón y miró hacia popa. Efectivamente, el *Barham* yacía parado y con una gran escora a babor. Pero era una escora que aumentaba por momentos, a ojos vistas, inexorablemente, y que nada parecía ser ya capaz de detener. El almirante ordenó un nuevo rumbo a los acorazados, designó al *Hotspur* y al *Nizam* para el rescate de los náufragos del *Barham,* cuyo hundimiento parecía inevitable, y señaló a otros dos destructores que efectuasen un contraataque con cargas de profundidad, pues ya se sabía que un submarino enemigo había asomado inesperadamente la torreta después del lanzamiento y había estado a punto de ser pasado por ojo por el *Valiant.* Luego siguió observando, angustiado y con un fuerte nudo en la garganta, la agonía del acorazado.

El *Barham* había continuado su rolido fatal y se hallaba totalmente tumbado, con una escora de 90°. Su dotación ya se aglomeraba sobre el costado de estribor y el rojo pantoque del gigantesco buque, cuando, bruscamente, de su alcázar brotó una llamarada cegadora, se produjo un formidable estampido e inesperadamente, entre imponentes torbellinos de humo amarillento y negruzco que escapaban como de un volcán estallante, se vieron salir por los aires, con inaudita violencia, enormes trozos de acero de la coraza, cañones y montajes completos de artillería, pedazos de la cubierta, chimenea, mamparos... Era un estallido colosal, terrorífico, inaudito. El horrorizado almirante vio como una lluvia formada por restos de todas clases se desplomaba, de una manera que quizá por el contraste le pareció lenta, sobre la mar, levantando grandes obeliscos de blanca espuma que se le antojaron cirios que por un instante quisieran velar el enorme cadáver de acero del infortunado buque de guerra británico. Y cuando, después de cierto tiempo, se disipó un tanto la espesa humareda que había envuelto al *Barham* como un sudario gualda, desde el *Queen Elizabeth* ya no se divisaban otros restos del acorazado que las cabezas de unos 450 náufragos — entre los que figuraba el vicealmirante Pridham-Wippell —, que se debatían sobre la mar entre grandes burbujas de aire y petróleo que continuamente brotaban del abismo.

El causante de esta catástrofe, en la que perdieron la vida el comandante del acorazado, capitán de navío Cooke, y 861 oficiales, suboficiales y marineros ingleses, fue el audaz teniente de navío alemán barón Hans Dietritch von Tiesenhausen, al mando del *U-331*, que había logrado atravesar, a todo riesgo e indetectado, la cortina de destructores que rodeaban al grueso de la *Mediterranean Fleet* y, a quemarropa, lanzó una salva de cuatro torpedos contra el *Barham*, con los resultados que ya conocemos (1).

Pero, en realidad, para la escuadra del almirante Cunningham los graves desastres de aquel nefasto fin de año no habían hecho más que empezar.

---

(1) Fue uno de los contados «ases» submarinistas alemanes que sobrevivió a la guerra. Su buque, el *U-331*, resultó averiado por aviones aliados en mayo de 1943 y seguidamente torpedeado. Von Tiesenhausen fue hecho prisionero tras el hundimiento.

Capítulo XVI

HUNDIMIENTO DE LOS CRUCEROS ITALIANOS «BARBIANO» Y «GIUSSANO» Y EL BRITÁNICO «GALATEA». PRIMERA BATALLA DE LA SIRTE. — LA «FUERZA K», ATRAPADA EN UN CAMPO DE MINAS. — CUNNINGHAM, DESARBOLADO EN ALEJANDRÍA

Es bien sabido que las situaciones desesperadas exigen remedios heroicos. Para los italianos, a fines de 1941, el tráfico a través del Mediterráneo central se había convertido en una pesadilla, tan costosa y sangrienta como inefectiva.

Consciente del decisivo papel que desempeñaba la isla de Malta en la trascendental partida empeñada en el Norte de África, el almirante Cunningham destacó a La Valetta una nueva fuerza naval compuesta por los cruceros *Ajax* y *Neptune* y dos destructores de 1.700 toneladas: *Kimberley* y *Kingston* — todos ellos con radares —, a las órdenes del contralmirante Rawlings. Esta fuerza, que se denominaría «B», llegó a Malta el 29 de noviembre de 1941.

Si la motonave italiana *Veniero* consiguió llegar felizmente a Bengasi el 1.° de diciembre, con más de 2.500 toneladas de municiones y material, 14 preciosos carros de combate y 190 camiones y vehículos, en cambio, el carguero *Capo Faro* había sido hundido el día anterior, en la mar, por bombarderos salidos de Malta; la motonave *Adriatico* fue echada a pique por la «Fuerza K» en la noche del 1.° de diciembre, y el petrolero *Montovani*, que llevaba a bordo 8.629 toneladas de combustible líquido despachadas para Trípoli, resultó inmovilizado e incendiado por los bombarderos de la RAF en la tarde del 1.° de diciembre y poco después fue enviado al abismo por la «Fuerza K», que también hundió al destructor *Da Mosto*, que le escoltaba y se había lanzado valerosamente y por dos veces consecutivas al ataque con torpedos.

Para dar protección a dichos barcos italianos, que navegaron con independencia, «Supermarina» había destacado a la 7.ª División de cruceros ligeros: *Aosta* (8.450 toneladas), *Montecuccoli* y *Attendolo* (ambos de 7.500 toneladas), con tres destructores, hasta una posición equidistante de Taranto y Bengasi. Y, como ya se había detectado la llegada a Malta de la «Fuerza B», también hizo salir a la mar al acorazado *Duilio* y al crucero *Garibaldi*, con algunos destructores. En la tarde del día 30, a este último crucero se le presentó una grave avería en las calderas y quedó al garete. Algún tiempo después pudo volver a encender dos de ellas, pero como el submarino *Tricheco*, apostado cerca de La Valetta, ya había señalado la salida a la mar, el día 30, de los cuatro cruceros y otros tantos destructores británicos allí basados, el vicealmirante Giovanola, que izaba su insignia en el *Duilio*, considerando muy peligroso que el averiado *Garibaldi* renquease en solitario hasta Taranto, decidió darle escolta con el acorazado.

Entonces «Supermarina», ya escarmentada, no quiso dejar solos durante la noche a los tres cruceros de la 7.ª División y les ordenó regresar a su base. De modo que el «campo» quedó libre para las Fuerzas británicas «K» y «B», con los resultados que ya conocemos. Ahora bien, guiados continuamente los cruceros ingleses por los *Wellingtons* equipados con radares, es muy posible que, con aquella decisión, el Almirantazgo italiano hubiera librado a su Flota de otra posible catástrofe nocturna.

En Roma, mientras se presionaba a los alemanes para que permitiesen utilizar el puerto de Bizerta, en manos de los franceses de Vichy, para la descarga de los convoyes norteafricanos, se decidió echar mano de los buques de guerra.

El crucero *Cadorna* volvió a zarpar de Taranto el 7 de diciembre y, tras pasar la noche del 8 al 9 en Argostoli, debido a una fuerte borrasca, entró en Bengasi el día 11, desembarcando personal del Ejército italiano, víveres y 273 toneladas de gasolina y lubricantes. A este mismo puerto y al de Derna ya habían llevado algún material, personal y combustible líquido en bidones, varios torpederos, destructores y submarinos italianos. Era una solución cara, por el gasto de combustible, e insuficiente, dada la reducida capacidad de transporte de tales buques.

El 9 de diciembre aparejaron de Palermo los cruceros, de 5.200 toneladas, *Barbiano y Giussano* — de la serie «Condottieri» —, a las órdenes del contralmirante Toscano, sin escolta de destructores, cargados con víveres y gasolina en bidones no estancos que tuvieron que estibarse en cubierta. Se suponía que la borrasca prevaleciente impediría a los aviones enemigos descubrirlos y que lograrían atravesar el canal de Sicilia y llegar a Trípoli indetectados.

Pero no fue así. Seguidos constantemente por aparatos del reconocimiento marítimo británico y temiendo un ataque de los aviones torpederos, hacia la medianoche decidió el almirante Toscano invertir el rumbo de sus buques para tratar de hacer perder el rastro al enemigo. Pero a las 0330 de la madrugada, en las proximidades del islote Marettimo, los cruceros sufrieron un peligroso ataque aéreo, en vista de lo cual «Supermarina» ordenó que regresasen a Palermo.

Como el día 14 era la fecha fijada para la salida de un gran convoy despachado para el Norte de África y la *Regia Aeronautica* no disponía en Trípoli de la gasolina suficiente para que sus aviones pudiesen darle protección en aquella zona, los dos cruceros que nos ocupan volvieron a zarpar de la antigua capital normanda en la tarde del 12. La neblina comenzaba a echarse sobre el fertilísimo valle de la Conca d'Oro y, al atravesar el rompeolas, el almirante ya no logró ver la magnífica catedral bizantina de Monreale.

Sus buques llevaban a bordo 135 militares, 950 toneladas de gasolina y nafta y 900 de víveres. El crucero *Bande Nere,* que debería haberles acompañado, no pudo aparejar debido a una avería en los condensadores. Pero con ellos salió el torpedero *Cigno.*

En esta ocasión, «Supermarina» había ordenado a Toscano hacer una derrota bastante más a poniente de las islas Egadi y luego recalar durante la noche bien pegados al cabo Bon, para librar los campos de minas, y proseguir a longo de los bajos Kerkenah en dirección a Trípoli.

La primera parte de la noche transcurrió sin novedad para los buques de Toscano, que marchaban en línea de fila, orden natural (capitana en cabeza), a 23 nudos, con el *Cigno* destacado a unos dos mil metros por la proa del *Barbiano,* en el que izaba su insignia el contralmirante.

A las 0245 del 13 de diciembre se escuchó el ruido de un avión, que sobrevoló insistentemente a los buques italianos. Sin la menor duda era enemigo, ya que los aparatos de la *Regia Aeronautica* no volaban de noche. Había, pues, motivos para suponer que el aparato alertaría inmediatamente a las fuerzas inglesas apostadas en Malta, y también a otra, de la que todavía no hemos hablado, que se aproximaba desde Poniente y había sido detectada y señalada por aviones italianos aquella misma tarde, antes de la salida a la mar de los cruceros de Toscano. ¿Había llegado el momento de aumentar al máximo la velocidad?

Para reforzar a la *Mediterranean Fleet* habían zarpado de Gibraltar, el 11 de diciembre, los destructores británicos *Sikh, Legion* y *Maori* y el holandés *Isaac Sweers,* a las órdenes del comandante más antiguo, capitán de fragata Stokes. Como hemos dicho, estos buques habían sido detectados y señalados por aparatos italianos de reconocimiento a las 1545, y después a las 1645, de la tarde del 12, algo a poniente del cabo Bougaroni, estimando correctamente su velocidad en 20 nudos.

Dada su posición geográfica, «Supermarina» calculó que aunque dichos buques enemigos aumentasen la velocidad a 28 nudos, los cruceros italianos doblarían el cabo Bon una hora antes que ellos y que, por lo tanto, no habría peligro...

Suponer que los buques británicos podrían aumentar su velocidad precisamente hasta 28 nudos, y no hasta 30, 32 ó 36, no tenía el menor fundamento y, en cualquier caso, dar a los cruceros italianos tan sólo ¡una hora! de margen, cuando «Supermarina» conocía ya las posibilidades de detección a distancia de los radares enemigos, constituía un tremendo error.

Dada la situación, y puesto que ya estaba patentemente probado que los aviones ingleses los hubieran detectado lo mismo navegando de día que de noche, la prudencia más elemental hubiera aconsejado aplazar la salida del *Barbiano* y del *Giussano* por lo menos doce horas. Pero tampoco debemos olvidar que si «Supermarina» arriesgaba aquel verdadero y peligrosísimo *impasse* era precisamente debido a las angustiosas circunstancias por que atravesaban en aquellos momentos las tropas del Eje en el Norte de África.

Tan pronto el capitán de fragata Stokes recibió el mensaje aéreo que le señalaba a dos cruceros enemigos navegando por el canal de Sicilia rumbo al cabo Bon, ordenó poner a régimen de 30 nudos para tratar de atacarlos con torpedos antes de que se hiciera de día.

Los buques italianos doblaron el cabo Bon hacia las tres de la madrugada del 13 de diciembre, y poco después, ya librado el de Ras el Melah, aproaron al Sur verdadero. Para entonces, los destructores de Stokes iban pisándoles los talones y les tenían aprisionados en sus pantallas de radar.

El alto promontorio rocoso tunecino ocultó por unos instantes a los buques italianos, visual y electrónicamente, para sus enemigos, pero como éstos se les aproximaban a razón de siete millas horarias, pronto volvieron a tenerlos en los tubos de rayos catódicos y también en los prismáticos y cruces filares de las alzas de puntería. Los anglo-holandeses se pegaron bien a la costa africana con el fin de confundir las siluetas de sus buques sobre la oscura y rocosa orilla y se dispusieron a lanzar sus torpedos. El ataque no se presentaba fácil, ya que los destructores tendrían que arrojar los artefactos, que eran su baza más importante, por las amuras de sus enemigos, es decir, después de rebasarlos. Lo cual, navegando con luna, a 30 nudos y debiendo pasar a una milla de los cruceros italianos, ya que éstos marchaban a tan sólo milla y media de las piedras, podría fácilmente delatarlos. Pero algo totalmente inesperado vendría en su auxilio.

Algunos minutos después de haber arrumbado hacia el Sur, bruscamente y por razones que nunca se conocerán con exactitud, los cruceros italianos invirtieron el rumbo. Entonces los destructores de Stokes moderaron inmediatamente su andar y se aprestaron al ataque en las mejores condiciones imaginables. ¿Habían sido descubiertos?

No. Lo fueron algo después, pero ya cuando para los latinos no había prácticamente tiempo de esquivar los diez torpedos que acababan de ser lanzados al agua, desde unos mil metros de distancia, contra ellos. Antes de que hubiera podido maniobrar o disparar un solo cañonazo, el *Barbiano* fue alcanzado por tres artefactos submarinos y un diluvio de balas de ametralladora de 40 mm. Desde el torpedero *Cigno,* que había quedado bastante retrasado por la popa de los cruceros y a toda velocidad trataba de ocupar otra vez su puesto en vanguardia, se vio alzarse una altísima y alucinante llamarada que rasgó bruscamente, por el Norte, la negrura de la noche.

Ardía el *Barbiano,* que, convertido en un infierno de llamas y totalmente destrozado, se fue vertiginosamente a pique. Cuando el *Cigno* llegó a su altura algunos minutos después, el buque había desaparecido bajo las llameantes aguas, convertidas en un rojo brasero en medio del cual se debatían un puñado de hombres.

El *Giussano* tuvo tiempo de disparar tres salvas con su artillería de 152 mm. antes de ser alcanzado en las calderas 3 y 4 por un torpedo y quedar sin energía eléctrica alguna, con poca arrancada, 15° de escora a babor y un fuerte incendio interno. Instantes después era también blanco de dos proyectiles de

120 mm. y de varias ráfagas de ametralladora. Todos los esfuerzos para detener el avance del agua y las llamas resultaron inútiles en el infortunado crucero ligero, que a las 0420 se partía en dos y desaparecía bajo las aguas.

El *Cigno* había atravesado a toda velocidad la formación enemiga, lanzando sus torpedos y disparando por babor y estribor con todas sus piezas, siendo alcanzado por algunas balas de ametralladora. Pero en aquel vertiginoso duelo a contrabordo no logró causar daños de importancia a sus cuatro enemigos, ni tampoco los recibió. Después, a la luz de las bengalas dejadas caer por algunos aviones ingleses y esquivando varios torpedos lanzados contra él, logró rescatar a 500 náufragos de los cruceros. Otros consiguieron ganar la costa en balsas, y algunos fueron recogidos más tarde por un torpedero, un hidroavión y varias «MAS» enviadas en su auxilio. Pero unos 900 hombres habían perecido, entre ellos el contralmirante Toscano, con todo su Estado Mayor, y el comandante del *Barbiano,* capitán de navío Rodocanacchi.

Después del de Matapán, éste fue el peor desastre que sufrió la Marina italiana en toda la guerra. Desastre debido, una vez más, a la previa descriptación inglesa de los radios italianos y al radar, sin duda, pero que tal vez pudo haber sido evitado si, en el momento de saberse descubiertos por un avión enemigo, poco antes de doblar el cabo Bon, la división italiana hubiera aumentado su velocidad por encima de los 30 nudos. Pero, como sabemos, la crisis del petróleo era ya verdaderamente grave para la Marina italiana, y es indudable que en la decisión de Toscano de no alterar la velocidad de sus buques debió de pesar la consideración de evitar un despilfarro — ¿quizás inútil? — del precioso combustible líquido. El precio sería terrible, pero los británicos no dispondrían de mucho tiempo para festejar su fácil triunfo.

Hacia la medianoche del día siguiente, 14 de diciembre, cuando una división de cruceros ligeros, al mando del contralmirante Vian, regresaba a Alejandría y ya se hallaba a unas 30 millas de la base naval, a punto de embocar la canal que discurría entre los campos defensivos de minas, el *Galatea* (5.300 toneladas) fue alcanzado por dos torpedos lanzados por el submarino alemán *U-557.* Las explosiones y destrozos subsiguientes resultaron devastadores, y el buque se hundió con tal rapidez que sólo pudieron ponerse a salvo ciento cincuenta hombres de su dotación de quinientos. Entre los que se fueron estaba el comandante del crucero, capitán de navío Sim.

* * *

La denominada «primera batalla de Sirte» no pasó de ser una breve escaramuza sin consecuencias inmediatas para ambos contendientes, aunque a mayor plazo las tendría funestas para los británicos.

A mediados de diciembre de 1941, los italianos decidieron enviar un consistente convoy al Norte de África, dándole protección con todos los buques disponibles de la Escuadra, ya que, por ignorar el hundimiento del *Barham* — que Von Tiesenhausen sólo pudo sospechar y los ingleses silenciaron durante varios meses —, suponían a la *Mediterranean Fleet* fuerte en tres acorazados con piezas de 381 mm. de calibre.

Sin embargo, el convoy y su fuerza de cobertura quedaron bastante mermados aun antes de intentar la travesía del Mediterráneo central, pues el *Vittorio Veneto,* que con su gemelo el *Littorio* navegaba hacia Taranto el 14 de diciembre, fue alcanzado, a la altura del pañol de municiones de la torre 3, por uno de los torpedos lanzados por el submarino británico *Urge* (capitán de corbeta Tomkinson). Aunque los múltiples compartimentos de la contracarena absorbieron muy bien el impacto, que no produjo víctimas ni graves averías, el gran buque de batalla tendría que permanecer algún tiempo en dique.

Dos cargueros — *Filzi* y *Del Greco* — que debían figurar en el referido convoy habían sido torpedeados la noche del 13 de diciembre, a quince millas del cabo San Vito, por el submarino británico *Upright* (teniente de navío Norman), yéndose a pique y arrastrando al abismo a 217 hombres. Y otros dos barcos se abordaron accidentalmente en esa fecha, sufriendo averías que exigían ser reparadas. Así que el convoy quedó reducido a cuatro unidades — las motonaves italianas *Pisani, Monginervo* y *Napoli* y la alemana *Ankara* —, cargadas con quince mil toneladas de municiones, gasolina y lubricantes en bidones, material para las fuerzas aéreas italo-alemanas y algunos carros de combate y camiones. En su escolta directa figuraban seis destructores y un grupo formado por el acorazado *Duilio,* tres cruceros y cuatro destructores, a las órdenes del vicealmirante Bergamini.

La fuerza de apoyo la constituían los acorazados *Littorio, Doria* y *Cesare,* con siete destructores, a las órdenes del almirante Angelo Iachino, y los cruceros pesados *Gorizia* y *Trento,* con cuatro destructores, a las del contralmirante Parona. Por otra parte, seis submarinos fueron previamente apostados en diversas cuadrículas del Mediterráneo central, a levante de Malta.

Como vemos, los italianos ponían ahora en práctica lo que hasta entonces había sido norma invariable de los ingleses para dar escolta a sus convoyes mediterráneos, es decir, movilizaban todos los buques de superficie disponibles. Pero hay que tener en cuenta que los últimos tenían cantidades ilimitadas de petróleo a su disposición, mientras que las reservas de aquéllos eran ya escasísimas.

El convoy y los buques de guerra comenzaron a salir de Taranto en la tarde del 16 de diciembre. Por una de tantas imprevisibles coincidencias, a las diez de la noche del día anterior había zarpado de Alejandría, con destino a Malta, el transporte rápido inglés *Breconshire,* que entre otras cosas llevaba a bordo cinco mil toneladas de combustible líquido para la isla, escoltado por tres cruceros ligeros — *Naid, Euryalus* y *Carlisle* — y siete destructores, a las órdenes del contralmirante Vian. A estos buques se unirían después, en el mar de la Sirte, los cruceros *Aurora* y *Penelope* y seis destructores procedentes de La Valetta.

En la tarde del día 16, antes de la salida de Taranto del convoy y fuerzas italianas, un avión alemán señaló la presencia en la mar de los buques británicos, a 54 millas al nornordeste de Sidi al Barrani, arrumbados al 270° (Oeste verdadero). El informe señalaba entre ellos a «un acorazado», y este error tendría felices consecuencias para los ingleses.

Sabiéndose señalado, el contralmirante Vian destacó hacia Levante al crucero *Carlisle* y dos destructores, para que a la medianoche lanzasen señales radiotelegráficas que hicieran creer a los italianos que la fuerza británica había invertido el rumbo y regresaba a Alejandría. Añagaza que no dio resultados.

Los italianos se habían hecho a la mar decididos a todo, pese a sospechar que, como de costumbre, aquel acorazado británico no andaría solo. Y a su vez fueron descubiertos durante la noche por el submarino *Umbeaten,* que acechaba en el golfo de Taranto e inmediatamente señaló a los almirantes Cunningham y Vian que varias unidades pesadas enemigas se movían hacia el Sur.

El comandante en jefe de la *Mediterranean Fleet* se había quedado en Alejandría, por considerar, tras los hundimientos del *Barham* y el *Galatea,* que no disponía de suficientes destructores para sacar con seguridad a la mar a sus dos acorazados restantes, y ordenó al vicealmirante de Malta que enviase inmediatamente a Vian todos los buques disponibles. Así que también aparejaron de La Valetta el crucero *Neptune* y dos destructores.

En la mañana del día 17, ya en las proximidades del meridiano de Bengasi, la «Fuerza K» se incorporó a la división de Vian y el conjunto prosiguió hacia Malta, siendo repetidamente atacado durante el día por un total de 25 aviones torpederos italianos *(S-79)* y 50 bombarderos alemanes *(JU-88)*, pero sin efecto alguno (1).

A las 0900, otro avión germano de observación había señalado, en latitud 34°-10′ Norte y longitud 20°-45′ Este, a un «acorazado», dos cruceros y ocho destructores británicos moviéndose hacia el Oeste a 20 nudos. Este mensaje, que confirmaba la presencia de un buque de batalla en la agrupación enemiga, lo recibió el almirante Iachino a las 1024 y le hizo suponer, puesto que ningún convoy británico parecía surcar el Mare Nostrum, que el propósito de la *Mediterranean Fleet* era atacar al convoy italiano. Y, por la misma razón, Vian supuso que la escuadra de Iachino trataba de cazar al *Breconshire*. Como vemos, careciendo ambos almirantes de portaaviones, el reconocimiento aéreo, efectuado con aviones salidos de bases lejanas, era por fuerza discontinuo e incompleto.

A fin de aclarar la situación, el almirante Iachino, que ya iba arrumbado al 220° para tratar de interceptar al enemigo, ordenó poner en el aire al hidroavión del *Gorizia* a las 1015, y, como su observador nada avistase, lanzó sucesivamente los dos aparatos del *Littorio* y uno del *Trento*. De ellos, el segundo avión del buque insignia localizó a la agrupación británica y la siguió durante varias horas, pero señalando *sempre* la presencia de un «acorazado» enemigo.

El lector ya sabe que no existió tal acorazado, pero entonces los italianos lo creyeron así, y después sospecharon que el *Breconshire* había ido disfrazado — mediante la adición de superestructuras, cofas y torres de artillería de madera — como un buque de batalla. Y aunque los aviadores de la *Regia Aeronautica* que atacaron a los buques británicos con torpedos ya habían puesto de manifiesto sus dudas sobre la supuesta identidad de aquel barco, esto no lo supo a tiempo Iachino. En realidad, el *Breconshire* no iba

---

(1) Hay que tener en cuenta que los cruceros *Naiad* y *Euryalus* eran los más modernos y potentes buques antiaéreos con que contaba la *Royal Navy*, entregados en 1940 y armados cada uno con diez piezas de 133 mm. antiaéreas, dieciséis ametralladoras de 40 mm. y seis tubos lanzatorpedos.

enmascarado. Era simplemente un barco grande, de más de diez mil toneladas, pintado convenientemente de gris y con muy buen armamento antiaéreo (1).

Por otra parte, la velocidad apreciada por los aviadores italo-alemanes fue siempre superior a la real, y como, naturalmente, Iachino no quiso enfrentarse al buque de batalla enemigo sólo con el *Littorio* — máxime sospechando que tras él marcharían, como siempre había sucedido, los demás acorazados de la escuadra inglesa —, se vio constantemente mediatizado, en sus intenciones y movimientos, por los más lentos *Doria* y *Cesare*, de modo que hasta las 1723 de la tarde, cuando el sol estaba ya a punto de ponerse, no logró descubrir, gracias a los delatores disparos de su artillería antiaérea, a la agrupación del almirante Vian.

Iachino aumentó entonces a 24 nudos (una formación no puede navegar a la máxima velocidad del buque más lento, pues necesita de un margen que le permita conservar los puestos y efectuar conversiones) y cayó 90° a babor por giros simultáneos, es decir, aproó al enemigo. El almirante trepó hasta la cofa de la dirección de tiro y pudo ver los humos y después las siluetas de las unidades inglesas. A las 1745 cayó nuevamente al Sur, y luego, con alzas de 29.000 metros según los radares británicos, abrió el fuego de sus acorazados, siendo poco después imitado por la división del contralmirante Parona.

¿Qué podía hacer el almirante Vian en tan peligrosa situación? Ganar tiempo. El sol ya se había puesto y caía la noche. Sin radares, los italianos quedarían muy pronto prácticamente ciegos e inermes. Destacó al *Breconshire* hacia el Sur, a toda máquina, escoltado por dos destructores para que le cubrieran con humos, y lanzó al ataque a los nueve contratorpederos que le quedaban.

«Hacia Levante — escribe Iachino —, muy lejos, entre las sombras de la noche que caía y las cortinas de humo, se entrevieron las siluetas de las unidades inglesas destacándose contra el resplandor de su propio tiro antiaéreo. Más cerca se divisaban los

---

(1) Respecto a esta cuestión, el jefe del Servicio Histórico del Almirantazgo británico me escribe lo siguiente: «No puedo comprender qué hizo a los italianos afirmar que el *Breconshire* iba disfrazado como un acorazado. Era un carguero grande, rápido y moderno, fuertemente armado para lo que era corriente en 1941, con profusión de armas automáticas, pero en el que no se había hecho intento alguno para variar su apariencia.»

destructores enemigos que se habían lanzado al ataque tendiendo cortinas de humo y disparando sus cañones contra nosotros. Algo abiertos por la amura de babor de los acorazados, nuestros dos cruceros de la 3.ª División, que se hallaban más próximos al enemigo, hacían también un fuego muy intenso con sus 203 contra el grupo de unidades inglesas más próximas por el Sur. Todavía más a babor, entre nuestros buques y el adversario, veíamos a nuestros destructores, lanzados al contraataque, que disparaban con todas sus piezas sobre sus contrapartes ingleses e iluminaban el teatro de la batalla con el rojizo brillo de sus proyectiles trazadores.»

A las 1757 se replegaban los destructores británicos. Sólo el *Kipling* había sido alcanzado por la metralla de los proyectiles de 203 mm., que mató a un marinero. Vian rompió el breve contacto arrumbando primero hacia Levante y luego al Norte, a fin de distraer a los italianos del *Breconshire*. La noche había probablemente salvado al transporte británico, que, escoltado por la «Fuerza K», lograría entrar en La Valetta el día 18.

Los buques italianos cesaron el tiro a las 1804. De no haber estado Iachino convencido de la presencia de un acorazado en las filas británicas, hubiera destacado anteriormente al *Littorio*, con los cruceros de la 3.ª División, a 28 nudos, y podido caer sobre los británicos con suficientes horas de luz por delante para ponerlos en un grave aprieto.

Ahora, envuelto ya entre las sombras, el almirante italiano ordenó al convoy y a su escolta, momentáneamente arrumbados hacia el Norte, que prosiguiesen hacia el Sudoeste, y él se mantuvo en sus proximidades durante toda la noche y la mañana del día 18, por si el enemigo atacaba. Pero Vian ya se movía a toda velocidad hacia Alejandría, mientras que el crucero *Neptune* y los destructores *Kandahar* y *Jaguar*, que durante las horas nocturnas del 17 al 18 buscaron al convoy, no lograron hallarle.

Pero al día siguiente, es decir, el 18, los aviones basados en Malta descubrieron a los acorazados italianos todavía en el golfo de la Sirte, entre Malta y Bengasi, lo que les hizo suponer que el convoy — avistado por fin la tarde anterior — había vuelto a invertir el rumbo y trataba de alcanzar Trípoli durante la noche.

Entonces varios bombarderos despegaron de Malta y, a pleno día, lanzaron minas de fondo en los accesos de Trípoli, mientras que los cruceros *Neptune*, *Aurora* y *Penelope*, con los destructores *Kandahar*, *Lance*, *Lively* y *Havock*, tras rellenar de combustible a toda prisa, se hicieron inmediatamente a la mar, a las órdenes del comandante del *Neptune*, capitán de navío Rory O'Connor, y, a toda velocidad, arrumbaron hacia el puerto norteafricano para tratar de aniquilar aquella madrugada al convoy latino.

No tuvieron suerte. Un enemigo artero, letal e inexorable les aguardaba bajo las olas desde hacía meses, pacientemente. Poco después de la medianoche, cuando la «Fuerza K» se hallaba a unas 20 millas al este de Trípoli, con fuerte marejada en aumento, el *Neptune*, que navegaba con los paravanes dados, hizo saltar una mina italiana. Al dar atrás con las máquinas para intentar salir del campo minado chocó con otra que le deshizo las hélices y el timón y le dejó al garete.

El *Aurora* y el *Penelope*, que habían caído a estribor y babor del matalote, chocaron también casi inmediatamente con otros dos artefactos submarinos. El primero de dichos buques, con muy graves averías y más de un centenar de muertos y docenas de heridos a bordo, renqueó seguidamente hasta Malta escoltado por dos destructores. El *Penelope*, cuyos daños eran poco importantes, logró salir del campo de minas y quedó a la expectativa, dispuesto a dar remolque al *Neptune* si éste lograba zafarse también de la zona minada. Pero este crucero. que derivaba arrastrado por el fuerte viento y la gruesa marejada, chocó poco después con un tercer artefacto.

Entonces el destructor *Kandahar* se le aproximó para tomarlo a remolque, pero una mina que estalló bajo su toldilla le cercenó enteramente la popa y le produjo 73 muertos. O'Connor no permitió que el *Penelope* intentase a su vez la faena, y a las cuatro de la madrugada, tras un verdadero calvario, una cuarta mina hacía explosión a la altura del puente del *Neptune*. Era el final. Cinco minutos después, el destrozado buque de 7.500 toneladas daba la voltereta y desaparecía bajo las negras y encrespadas aguas.

El capitán de navío Nicholl, comandante del ya minado *Penelope*, se encontró en una situación verdaderamente dramática. El *Kandahar* derivaba al garete; las balsas y náufragos del *Neptune* — ¡centenares de hombres! — danzaban invisibles entre las grandes olas; se aproximaba la amanecida y la costa enemiga quedaba a tan sólo 20 millas de distancia. Con el corazón dolorido, Nicholl se vio obligado a abandonar a sus camaradas y dirigirse a Malta. No tenía otra opción. Sin embargo, el *Kandahar*, que derivó medio hundido durante todo el día 19, no fue atacado. Y, después de la anochecida siguiente, el *Jaguar* aparejó de

La Valetta para tratar de rescatar a su dotación, suponiendo que para entonces el viento habría arrastrado al destructor fuera de aquel letal campo de minas donde ya se habían perdido anteriormente los submarinos británicos *P-32* y *P-33*.

Pese a la ayuda de varios aviones equipados con radar, el *Kandahar* no pudo ser localizado hasta las cuatro de la madrugada del día 20. Pero la marejada era tal, que el comandante del *Jaguar*, capitán de corbeta Tyrwitt, no quiso abarloarse por temor a deshacer su buque y se mantuvo a muy corta distancia por el través del *Kandahar*, maniobrando hábilmente con las máquinas mientras los supervivientes del derrelicto salvaban a nado la distancia que separaba a ambos destructores. Ciento sesenta y cinco hombres pudieron ser así rescatados.

Pero la suerte de los supervivientes del *Neptune* fue trágica. Los que habían intentado llegar a nado hasta el *Kandahar* perecieron entre las olas, y los restantes fueron muriendo de inanición en los terribles días de agonía que se sucedieron. En la madrugada del 24 de diciembre, cuando un torpedero italiano avistó una balsa y se le aproximó, a su bordo ya sólo quedaba un hombre con vida: el cabo de marinería J. Walters. Era el único superviviente del *Neptune*, en cuyo trágico hundimiento habían perecido más de setecientos hombres.

La «Fuerza K» estaba, pues, fuera de combate. Pero precisamente en esa misma aciaga noche en que sus buques se destrozaban en los barrajes de minas de Trípoli, los «torpedos humanos» italianos, en una de las acciones más audaces y brillantes que se libraron en la segunda guerra mundial, hundían en Alejandría a los dos acorazados que le restaban a la *Mediterranean Fleet*, que, prácticamente, dejaba con ello de existir.

* * *

Era un espléndido y caluroso día de finales de julio del año 1973, en Alejandría. El transatlántico largó amarras y los remolcadores comenzaron a tirar, pero los lazos que nos unían al gran continente negro no se habían roto del todo. Del costado de estribor pendían aún largos cordeles, a los que iban amarrados cestillos de mimbre que subían y bajaban alegremente, para intercambiar, hasta el último momento, recuerdos del milenario país del Nilo y dinero.

Era un espectáculo pintoresco. Rostros atezados, en los que de vez en cuando destellaba al sol alguna magnífica dentadura que dejaba ver una sonrisa de satisfacción, se alzaban hacia nosotros en acusado escorzo, pendientes de nuestras órdenes y del incesante subir y bajar de los pequeños y dóciles ascensores. El exceso de precipitación de un pasajero, o quizás un capricho de la cálida brisa, y un verduzco billete de mil pesetas revoloteaba hasta el agua. Pero su destinatario no dudó una fracción de segundo; mil pesetas son aquí una cantidad ciertamente importante. Tal y como estaba se arrojó a la aceitosa faja líquida que iba abriéndose entre el costado de acero y el muelle y lo rescató al instante.

Dejo la borda y, prismáticos en ristre, subo hasta lo más alto del barco, a la cubierta de la chimenea situada por encima del puente, para observar bien el gran puerto, su base de submarinos y los buques que contiene. Y mientras lo hago, mi mente recorre vertiginosamente — ¡qué maravilloso poder de evocación y de síntesis el del pensamiento! — nuestras recientes andanzas por el país que acabamos de dejar atrás. Con los ojos del recuerdo contemplo una vez más ese delta del Nilo que es un magnífico vergel surcado por una especie de tela de araña acuática por donde, de vez en cuando, como sombras blancas que se moviesen fantásticas a través de la espesura vegetal, siempre dominada por las omnipresentes palmeras, se ve avanzar al impulso del viento, que aquí sopla casi invariablemente del Norte e hincha la blanca vela suspendida de una larguísima percha cuya extremidad cruza por encima de los árboles y alminares, alguna barca cargada hasta la borda que, envuelta en un desdeñoso silencio, alcanzará, ¡quién sabe cuándo!, El Cairo, Luxor o tal vez Assuán, lo mismo que hace cinco mil años.

Más arriba de El Cairo, a veces el desierto, ese desierto implacable y espantoso, se acercaba a nosotros para poner su brutal contrapunto al verde paraíso regado desde siempre por las crecidas del Nilo y desde siempre primorosamente cultivado, donde aún se emplea el «tornillo de Arquímedes» y donde generaciones de cebúes de vendados ojos giran eternamente alrededor de norias primitivas que extraen el agua; ¡el agua!, que aquí lo es todo; ¡el agua!, que desde hace cinco mil años permitió al *fellah*, en un país donde nunca llovía, recoger tres cosechas al año; ¡el agua!, que indirectamente hizo posible la concepción de ideas tan abstractas como grandiosas y el florecer de uno de los primeros y más importantes brotes de la cultura universal.

Veía descender a Ra, como una gran bola roja, precisamente sobre las tres pirámides de Giza — por algunos de cuyos pasadizos habíamos literalmente reptado aquella misma mañana —, que, por encima de un mar de verdes palmeras, hacían destacar contra el enrojecido cielo sus impresionantes e indestructibles vértices de piedra, en una puesta de sol inolvidable.

Recordaba a los colosos de Memnón (Amenofis III) saliendo bruscamente a nuestro encuentro, dramáticos y fantasmales, como si nos aguardaran, con una paciencia infinita, para darnos la bienvenida, desde hace casi tres mil quinientos años.

Me veía subir, bajo un sol de justicia, por las inclinadas rampas del templo de Deir-el-Bahari, precisamente por donde la hermosa, inteligente y malograda reina Hatsepshut tantas veces ascendiera, ilusionada, en su refulgente carro de oro. En el Valle de los Reyes, que más parece un barranco maldito, pues en él no crece una mala hierba ni se ve un pájaro o una sabandija del desierto; en lo más profundo de los hipogeos de Seti I o de Amenofis IV; junto al partido y volcado sarcófago de granito de Ramsés VI, bajo una pintada bóveda que se me antojó la Capilla Sixtina africana. En Medinet Habú, extasiado ante los formidables pilonos que nos describen las batallas navales libradas por Ramsés III contra los filisteos («los pueblos del mar»). Como perdido en el bosque de piedra de la sala hipóstila del templo de Amón, en Karnak, bajo aquellos gigantescos capiteles papiriformes sobre cada uno de los cuales podrían situarse un centenar de hombres en pie. Frente a los dos formidables colosos y el obelisco, monolíticos, del templo de Amenofis en Luxor, cuyo extraviado compañero conocimos hace tiempo en París, en la plaza de la Concordia...

—¡Pam!

Un seco estampido por la banda de babor me vuelve al presente. Por un momento había llegado a olvidar que este país estaba en pie de guerra; que a barlocorriente de todos los puentes del Delta y del Nilo he visto flotadores metálicos, de los que pendían redes para impedir el subrepticio deslizarse de saboteadores submarinos; que en El Cairo observé extrañas viviendas de varios pisos, deshabitadas, de herméticas contraventanas postizas, hechas para ocultar los grandes misiles antiaéreos; que en el aeródromo militar existente entre dicha ciudad y Alejandría no se veía un avión de verdad, pues, preventivamente, los aparatos habían sido llevados a Libia...

A diez o doce metros por el través de babor, debajo de mí, veo una pequeña lancha, pintada de gris oscuro, que acaba de dejar por su popa una mancha circular blancuzca. ¡Han hecho estallar una bombeta! Sin duda, los egipcios quieren hacernos saber — el pasaje de un transatlántico puede ser de lo más heterogéneo, y de aquí vamos a Beirut, y luego a Jaifa, en Israel — que permanecen vigilantes y que cualquiera que intente atravesar las pesadas redes metálicas que cierran el puerto al caer las sombras podría pasarlo mal...

Y entonces, sin proponérmelo siquiera, mi mente no puede evitar retrotraerse al pasado, y aquellos destructores egipcios de fabricación soviética, por entre los que navegábamos en demanda de la salida del puerto, se trocaron para mí en grandes buques de guerra británicos y franceses igualmente fondeados, y, bajo el chispeante manto de las estrellas, veía surcar estas mismas aguas, silenciosos y apenas discernibles en la oscuridad, a tres extraños artefactos, «a caballo» de los cuales avanzaban seis hombres que acababan de penetrar, indetectados, en la formidable base naval británica de Alejandría la noche del 18 al 19 de diciembre del año 1941, fecha ciertamente memorable en los anales de la historia naval.

* * *

Los intentos efectuados por la Marina de Guerra italiana para atacar en sus mismos fondeaderos a las principales unidades de combate de la *Mediterranean Fleet* mediante el empleo de torpedos tripulados, cuyos antecesores databan de la Gran Guerra, habían dado comienzo tan pronto Italia entró en la contienda. Pero no fueron favorecidos por la diosa Fortuna.

Como los torpedos a utilizar, eléctricos y de muy limitada autonomía, tenían que ser llevados previamente hasta las inmediatas proximidades de la boca del puerto o base que se querían asaltar, a bordo de submarinos especialmente acondicionados, y no se tenía mucha fe en sus posibilidades de actuación, eran muy pocos los sumergibles que se habían modificado para poder llevar a cabo tan peligrosas misiones.

El primero de ellos, el *Iride,* fue torpedeado y hundido por aviones *Swordfish* del portaaviones *Eagle,* el 22 de agosto de 1940, en el golfo africano de Bomba, cuando se disponía a embarcar las dotaciones de la «Décima Flotilla MAS» que habrían de marinar los tres torpedos especiales que llevaba a bordo en cilindros estancos firmes a la cubierta exterior, y cuyo objetivo eran precisamente el *Eagle* y los acorazados de la escuadra británica surtos en Alejandría. Casi toda la dotación del submarino pereció en aquel fulminante ataque de la *Fleet Air Arm.*

El segundo sumergible utilizado, el *Gondar,* resultó hundido cerca de Alejandría, el 30 de septiembre de 1940, por buques y aviones británicos cuando se disponía a intentar la misma operación, y aunque esta vez sólo se perdió uno de los hombres del *Gondar,* todos los demás, incluyendo los pilotos de los torpedos especiales, fueron hechos prisioneros por los ingleses.

Desalentados por aquel doble fallido intento, los marinos italianos dirigieron sus ataques subsiguientes contra la base naval de Gibraltar y la rada de la bahía de Algeciras, utilizada por los británicos (contra todo derecho) como fondeadero de sus cargueros y transportes. Allí sí lograron los latinos, dentro y fuera del puerto, importantes y repetidos éxitos, consiguiendo hundir varios petroleros y cargueros enemigos.

Ello puso sobreaviso a los británicos acerca de la nueva y peligrosa modalidad de ataque submarino, quienes inmediatamente diseñaron los pertinentes medios de neutralización: vigilancia rigurosísima en las entradas de los puertos; cierre total de los mismos con redes metálicas; empleo espasmódico y sistemático de bombetas submarinas antipersonal; registro, con buzos, de los cascos de los barcos fondeados fuera del puerto que se sospechase podían haber sido minados — pues las espoletas eran siempre de relojería para dar tiempo a la retirada de los atacantes —, etcétera.

Pero, por fin, la situación en el Norte de África a finales del año 1941 obligó a la Marina italiana a intentar un nuevo asalto contra la hasta entonces inviolable base naval de Alejandría. Y esta vez tres torpedos tripulados pudieron ser puestos por el submarino *Scire,* mandado por el entonces capitán de corbeta Valerio Borghese — uno de los mejores submarinistas italianos en la última guerra mundial, recientemente fallecido en España —, a muy pocas millas del puerto de Alejandría, ¡por dentro! de sus letales campos defensivos de minas.

Más de tres horas de navegación en superficie permitieron al teniente de navío Luigi Durano de la Penne, jefe del grupo de asalto, y sus cinco hombres llegar hacia las 2330 de la noche hasta la bien guardada boca del puerto norteafricano. Allí, aprovechando que la entrada de unos destructores ingleses obligó a la defensa portuaria a abrir momentáneamente las redes antisubmarinas que la bloqueaban, aquellos seis hombres se colaron, a todo riesgo, entre los destructores enemigos, dirigiéndose después, navegando con independencia y en superficie, hacia los objetivos que les habían sido asignados, que a su vez se hallaban rodeados por redes antitorpederas próximas.

Respecto a esta atrevida, oportuna y afortunada penetración en Alejandría de los seis marinos italianos, tal vez Nicolás Maquiavelo — aquel patriota italiano no siempre bien comprendido — hubiera dicho que «sin esta ocasión, el valor de su ánimo se hubiera consumido en vano, y sin ese valor, la ocasión se hubiera presentado infructuosamente» (1). Pero sólo hubiéramos podido asentir a medias, pues aquellos hombres, tan hábiles como valerosos, disponían de cortacables neumáticos que posiblemente les hubieran permitido abrir brecha en las aceradas cortinas y, de todas maneras, entrar en la base naval.

El teniente de navío De la Penne, que acababa de perder a su compañero de «montura» debido a un accidente provocado por la respiración del oxígeno de su aparato de buceo, consiguió, tras cuarenta minutos de extenuantes esfuerzos — pues la hélice de su artefacto había enganchado un cable al cruzar por encima de la red de acero que protegía al acorazado *Valiant*, y quedado inmovilizada —, arrastrar por el fango su pesado torpedo hasta situarlo bajo la aparadura del formidable buque de guerra. Allí, tras regular la espoleta de relojería que más tarde haría estallar los 300 kilos de trilita de la cabeza de combate del artefacto, subió a nado hasta la superficie, siendo poco después descubierto y hecho prisionero por los ingleses, junto con su compañero Bianchi.

Los hombres del segundo «torpedo humano» lograron colgar su cabeza de combate de las quillas de balance del *Queen Elizabeth*. Después de lo cual se alejaron con su torpedo, lo hundieron cerca de la orilla, se despojaron de sus trajes de goma de buceo, salieron tranquilamente de la formidable base naval disfrazados de marineros franceses y tomaron un tren que les llevaría hasta Rosetta, en el delta del Nilo.

Los del tercer aparato suspendieron sus explosivos bajo la popa del petrolero *Sagona*, repartieron sus bombas incendiarias por el puerto, reguladas para que funcionasen después de la voladura del petrolero, y siguieron, sólo parcialmente, los pasos de sus predecesores, pues fueron detenidos al intentar abandonar el arsenal.

Andrew Browne Cunningham fue inmediatamente despertado y se le informó de la sospechosa presencia de aquellos italianos llegados a la base naval de tan insólita manera. El almirante ordenó interrogarlos y, ante el mutismo de De la Penne y

(1) Maquiavelo, *El príncipe*, cap. VI.

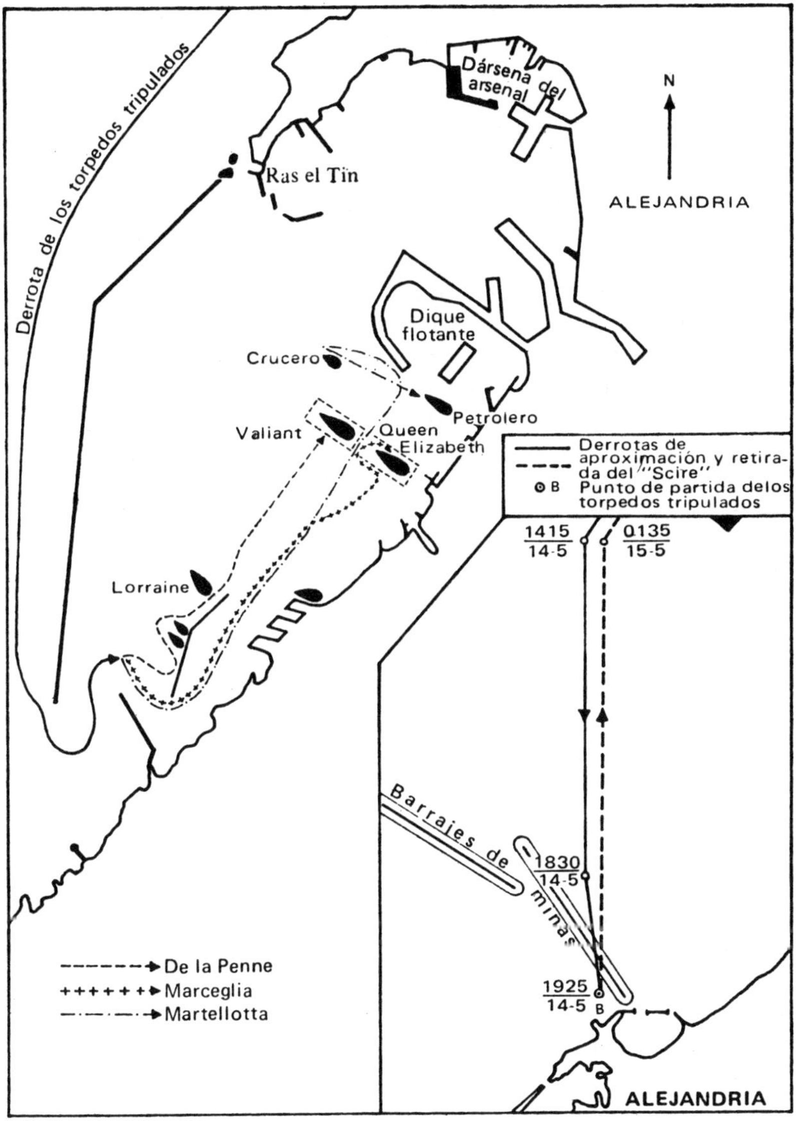

Alejandría. Derrotas de aproximación a la base naval británica del submarino italiano *Scire,* mandado por el capitán de corbeta Valerio Borghese, y de los torpedos tripulados del teniente de navío Luigi Durano de la Penne, durante el legendario ataque de la «Décima Flotilla», en el que resultaron hundidos los acorazados *Valiant* y *Queen Elizabeth.*

de Bianchi, mandó que los encerraran en un compartimento del *Valiant* próximo a los pañoles de municiones proeles del acorazado, bien por debajo de la flotación (*«well below the waterline»*), pues el marino inglés sospechaba que sus buques podían haber sido ya minados y quería saber el lugar exacto.

Al comandante del *Valiant*, capitán de navío Morgan, la medida debió de parecerle excesivamente rigurosa, ya que, según el relato de De la Penne, él y su compañero fueron encerrados en un compartimento que contaba con un pequeño portillo sobre el agua.

Por si otros zapadores anfibios enemigos se movían todavía dentro del puerto, Cunningham ordenó a todos los botes de sus unidades que comenzasen a arrojar bombetas en las proximidades de los buques mayores y que se pasaran cadenas, arrastrando desde ambas bordas, a lo largo de todo el casco de aquéllos. Pero, aprisionados por sus propias redes antitorpederas, los dos acorazados británicos no pudieron ser inmediatamente cambiados de fondeadero, lo que para el *Valiant* resultaría desastroso.

El almirante de la *Mediterranean Fleet* se movía intranquilo por el combés del *Queen Elizabeth* vigilando los trabajos de su gente, cuando un terrible estampido rompió la quietud a las 0545 de la madrugada. Una gran llamarada había brotado de la popa del petrolero *Sagona*, que voló por los aires y quedó destrozada, sufriendo también graves averías el destructor *Jervis*, que se encontraba abarloado a su costado.

Veinte minutos después, y para desesperación de los británicos, se produjo otra formidable explosión, esta vez bajo las torres proeles del *Valiant*, que por un momento pareció querer saltar fuera del agua. Entonces De la Penne pudo escapar de su férreo calabozo, cuya puerta se había desquiciado, y trepar hasta la cubierta exterior, milagrosamente vivo y con el corazón rebosante de gozo. Y todavía tuvo la inmensa satisfacción de ver desde allí, sólo cuatro minutos después, cómo otro violentísimo estallido bajo el *Queen Elizabeth* zarandeaba desconsideradamente el enorme buque de «Su Graciosa Majestad» y le hacía eructar por la gran chimenea un diluvio de petróleo y pedazos de maquinaria que cayeron sobre quienes se encontraban, a quinientos metros de distancia, en la toldilla del *Valiant*, al mismo tiempo que del combés del buque insignia surgía una imponente humareda oscura.

El almirante de la *Mediterranean Fleet*, que en aquel momento se hallaba sobre la toldilla del acorazado, fue literalmente lanzado por el aire (*«five feet into the air»*), pues el monstruo de acero había vibrado por entero y con gran violencia.

Tres cámaras de calderas del *Queen Elizabeth* quedaron destrozadas, el buque embarcó varios millares de toneladas de agua salada y quedó apoyado sobre el fondo del puerto. Pero como éste era muy escaso por debajo del pantoque y el buque pudo ser luego adrizado inundándole otros compartimentos, se trató de ocultar el hecho de que el acorazado estaba hundido haciendo seguir la vida de a bordo como si nada hubiera sucedido. El *Valiant* también había quedado fuera de combate y medio sumergido, con la quilla partida y una vía de agua de veinticinco metros de longitud.

Ambos buques lograron ser puestos a flote, provisionalmente parcheados en Alejandría y enviados después a Durban (uno de ellos a los Estados Unidos), pero el *Queen Elizabeth* permaneció durante quince meses fuera de servicio, y durante medio año el *Valiant*.

Fue la contundente réplica italiana al brillante ataque de la Escuadra británica contra Taranto, y, para ser breves, terminaremos el relato de esta genial, bizarra y brillantísima operación, que ya ha entrado merecidamente en los dominios de la leyenda, con las palabras del propio almirante Cunningham, que tras la pérdida del *Illustrious* y del *Formidable,* la marcha del *Eagle* y los hundimientos del *Barham,* del *Valiant,* del *Queen Elizabeth,* del *Galatea,* del *Neptune,* del *Gloucester,* del *Fiji,* del *Calcutta,* etcétera, se había quedado literalmente sin escuadra:

«Entregamos los seis prisioneros al Ejército, con la petición de que los mantuviesen incomunicados con el mundo exterior durante seis meses. Uno no puede menos de admirar el valor frío y la intrepidez de aquellos italianos. Todo había sido cuidadosamente pensado y planeado. Hallamos latas de carburo de calcio flotando por el puerto, con las que habían esperado incendiar el petróleo derramado por las explosiones.»

Debemos dejar aquí constancia de los nombres de aquellos seis hombres, todos los cuales fueron por fin hechos prisioneros y luego internados en Palestina (después en la India), ya que gracias a su decisiva e intrépida acción iba a cerrarse muy pronto para Italia un sombrío período de la guerra en el mar.

Además del ya citado teniente de navío, conde Luigi Durano de la Penne, jefe del grupo, actuaron aquella histórica noche en Alejandría el capitán de Armas Navales Antonio Marceglia, el capitán de Artillería Naval Vicenzo Martellotta, los cabos buceadores Emilio Bianchi y Mario Marino y el buceador Spartaco Schergat. Nombres que han pasado, con todos los honores, al imperecedero libro de la historia naval (1).

---

(1) Acerca de los detalles de esta legendaria operación, véase *Buques suicidas*, del mismo autor. Editorial Juventud, Barcelona.

Capítulo XVII

CONSECUENCIAS DE LA ENTRADA EN GUERRA DEL JAPÓN. — LA SEGUNDA BATALLA DE LA SIRTE. — MALTA, ASEDIADA. — PLANES DE INVASIÓN

Durante más de medio año, el Almirantazgo británico no sería capaz de recomponer la más que diezmada *Mediterranean Fleet.* En ese tiempo, la Escuadra italiana fue virtualmente dueña del Mediterráneo central, los transportes marítimos se reanudaron casi con entera normalidad y, como consecuencia inmediata, el general Rommel pudo lanzar dos ofensivas que le llevarían a las puertas de Alejandría.

Como tal vez pudiera parecer al lector que lo expuesto está en abierta contradicción con lo escrito en el capítulo VIII de este libro, respecto a que la *Royal Navy* siempre hubiera podido enviar al Mare Nostrum otros buques capaces de reemplazar a los hundidos o averiados en él, debemos hacer un brevísimo resumen de la situación general, ya que, en la mar, a comienzos del año 1942, las cosas habían variado drásticamente para la Gran Bretaña.

El 7 de diciembre de 1941, la Armada nipona había atacado por sorpresa en Pearl Harbour, con 360 aviones y algunos submarinos de bolsillo, a la escuadra norteamericana del Pacífico, mandada por el almirante Kimmel, hundiendo o dejando fuera de combate a seis acorazados y otros buques de guerra. Simultáneamente daba comienzo la invasión japonesa de las Filipinas, Indonesia y el Sudeste asiático. Pero la inmensa satisfacción que produjo en los nipones el devastador resultado obtenido por su Escuadra en las islas Hawai se hubiera visto más que atemperado si hubiesen podido interpretar correctamente el significado de las grandes antenas de radar visibles en las fotografías tomadas por ellos mismos, en todos los acorazados norteamericanos presentes en Pearl Harbour aquel día fatídico...

En la noche del 7 al 8 de diciembre de 1941 comenzaron los desembarcos japoneses en la península Malaya — en Singora y Kota Bahru —, y para tratar de hundir sus transportes y evitar que las tropas enemigas pudiesen avanzar hacia Singapur, el Almirantazgo británico hizo salir de esta base naval, en la anochecida del día 8, al acorazado *Prince of Wales* y al crucero de batalla *Repulse,* con cuatro destructores, a las órdenes del almirante Phillips.

Señalados dichos buques, el día 10, por un submarino japonés, despegaron de Saigón 30 bombarderos y 50 aviones torpederos de la Marina de Guerra nipona, que a partir de las once de la mañana de ese día se lanzaron al ataque de aquella fuerza naval británica que no contaba con portaaviones ni escolta aérea de ninguna clase. El *Repulse,* un buque construido en 1915-16 y que no había sido tan concienzudamente modernizado como el *Renown,* fue alcanzado por una bomba que no le causó graves daños, y por cinco torpedos que decidieron su suerte. El moderno *Prince of Wales* recibió otra bomba, fue blanco de seis artefactos submarinos y también se hundió. Entre ambos blindados se llevaron al abismo a 840 hombres, y este doble hundimiento causó enorme sensación en todo el mundo, pues era la primera vez que algún buque de batalla sucumbía frente a los aviones.

Singapur cayó el 15 de febrero de 1942, y para tratar de que Ceilán no corriera la misma suerte, el Almirantazgo británico decidió enviar al océano Índico, en el mes de marzo, a tres portaaviones (*Indomitable, Formidable* y *Hermes*) y cinco acorazados (*Warspite,* recién reparado, junto con el *Formidable,* en los Estados Unidos; *Resolution,* igualmente reparado en Norteamérica; *Ramillies, Royal Sovereign* y *Revenge*). De estos buques, el *Hermes* resultó hundido, el 9 de abril, por los japoneses (que cuatro días antes habían echado a pique a los cruceros pesados *Cornwall* y *Dorsetshire*), y el *Ramillies* fue torpedeado a finales de mayo.

El crucero de batalla *Hood* había sido hundido por el *Bismarck* un año antes (mayo de 1941), y el portaaviones de escolta *Audacity* (5.500 toneladas) fue enviado al fondo del mar por el submarino alemán *U-751* (teniente de navío Bigalk), en el Atlántico, el 21 de diciembre de aquel año tan trágico para la *Royal Navy.* Pero lo expuesto no era todo.

A partir de febrero de 1942 comenzaron los alemanes a enviar al norte de Noruega las unidades pesadas de la *Kriegsmarine* (inicialmente los acorazados *Admiral Scheer* y *Tirpitz* y el crucero pesado *Hipper*, y después el *Lützow*, el *Gneisenau*, el *Prinz Eugen*, etc.), buques que no sólo constituían una grave amenaza para los valiosísimos convoyes aliados que surcaban el océano Glacial Ártico rumbo a la Unión Soviética, sino que podían intentar salir nuevamente al Atlántico para depredar el tráfico marítimo desde Norteamérica y el Canadá hasta la Gran Bretaña.

Estos buques germanos fijaban, pues, obligadamente en el Atlántico Norte a un considerable número de acorazados y portaaviones británicos y norteamericanos, y todo lo expuesto repercutía inexorablemente, según la teoría de los vasos comunicantes, en el teatro de guerra del Mediterráneo, al que ahora debemos nuevamente regresar.

* * *

La ofensiva iniciada por el general Auchinleck el 19 de noviembre de 1941 terminó, por agotamiento, a principios de enero de 1942. Las fuerzas británicas no habían logrado desalojar a sus enemigos del Norte de África, pero sí de casi toda la Cirenaica, es decir, habían obtenido una victoria territorial. Pero fue, ciertamente, una victoria pírrica (1), pues sus pérdidas resultaron en conjunto muy superiores a las italo-alemanas, lo que permitió a Rommel, a quien los ingleses creían ya desarbolado, pero que nuevamente veía cubiertas, al menos en parte, sus necesidades logísticas y de material — gracias a que los italianos volvían a contar con el dominio del mar —, desencadenar una nueva y arrolladora ofensiva el 21 de enero de 1942, que sorprendió totalmente al Mando británico y a él le permitió reconquistar el puerto de Bengasi ¡con todos sus suministros intactos!, y le llevaría hasta las proximidades de Tobruk. Y otra similar el 26 de mayo del mismo año, que se anticipó en tan sólo dos semanas a la proyectada ofensiva británica y le pondría en El Alamein, a poco más de cien kilómetros de Alejandría. Y ello pese a la gran ventaja

(1) Cuando el rey griego Pirro, que había traído elefantes de la India, examinó el campo de batalla tras su primer encuentro con los romanos en suelo italiano, pronunció su célebre frase: «¡Otra victoria como ésta y estamos perdidos!» Y: «La organización de estos bárbaros no tiene nada de bárbara.»

«cualitativa y cuantitativa» (1) de los carros de combate y fuerzas británicas.

Pero el dominio italiano del mar a que acabamos de referirnos no se debió tan sólo al aniquilamiento del grueso de la *Mediterranean Fleet*, sino también a la neutralización de la isla de Malta, como base aérea, naval y de submarinos, llevada a cabo por la *Luftwaffe*.

En efecto, visto el feo cariz que había tomado la situación mediterránea en las postrimerías de 1941, Adolfo Hitler decidió retirar de Rusia el *Fliegerkorps II* y enviarlo a Sicilia, con la finalidad, ya expuesta, de inutilizar Malta como base ofensiva británica. Así que en los aeródromos de la Magna Grecia aterrizaron, en diciembre de 1941, 325 aviones alemanes (cinco grupos de cazabombarderos *JU-88A-4*, uno de bombarderos en picado *JU-87*, otro de cazas *ME-110* y cuatro de cazas *ME-109F*), que, con los que componían el *Fliegerkorps X*, basado en el Mediterráneo oriental, quedaron a las órdenes del mariscal Kesselring. Para la pequeña isla de los templos y tumbas megalíticos milenarios comenzaría entonces uno de los períodos más desagradables de su larga historia.

* * *

En el dilatado y sombrío intervalo que transcurre para la *Mediterranean Fleet* desde el hundimiento del *Queen Elizabeth* y el *Valiant* hasta que se producen los desembarcos anglo-norteamericanos en Argelia, durante el mes de noviembre de 1942, hay una larga batalla, denominada la «segunda de la Sirte», que para los ingleses fue, si no precisamente un rayo de sol, por lo menos sí de luna en una oscura noche de tempestad. Dicha batalla pone de manifiesto lo que en difíciles circunstancias pueden lograr una minuciosa y previsora preparación y la voluntad de perseverar... cuando, además, los elementos naturales y la suerte se ponen decididamente de nuestra parte.

A mediados de marzo de 1942, la situación de la asediada Malta era ya difícil, y se decidió enviar a La Valetta un convoy de cuatro cargueros, con 25.000 toneladas de combustible, víveres y municiones a bordo. Para su protección se movilizó prácticamente todo lo disponible: de Alejandría zarparon los cruceros *Carlisle*, *Euryalus*, *Dido* y *Cleopatra*, con diez destructores; de

(1) Liddell Hart, *Historia de la segunda guerra mundial*. Londres, 1970.

Tobruk salieron otros seis destructores, y de La Valetta, el crucero *Penelope* y el destructor *Legion*. El contralmirante Vian izaba su insignia en el *Cleopatra*, pues en una infructuosa salida anterior para tratar de atacar a los convoyes italianos, el *Naiad* fue torpedeado y hundido, el 11 de marzo, por el submarino alemán *U-565*. Lo mismo que el vicealmirante Pridham-Wippell, también Vian había sufrido la desagradable experiencia de sentir cómo su buque insignia desaparecía en el abismo bajo sus pies y quedar a cuerpo limpio sobre las olas antes de poder ser recogido.

Pero Vian era hombre de temple y, además, previsor, de modo que antes de hacerse nuevamente a la mar para dar protección al convoy que nos ocupa repartió convenientemente sus veintitrés buques de guerra — reducidos luego a veintidós al ser hundido, el día 20, por el submarino alemán *U-652*, el destructor *Heythrop*— y ensayó con su Estado Mayor y los comandantes de dichas unidades las tácticas a emplear en el caso de que, como parecía probable, el convoy fuese descubierto y atacado por la previsiblemente superior Escuadra italiana.

El convoy aparejó de Alejandría el 20 de marzo, es decir, en el mismo momento en que zarpaba de Gibraltar la «Fuerza H» — acorazado *Malaya*, portaaviones *Eagle* y *Argus*, un crucero y ocho destructores —, para amagar por Poniente, y las tropas británicas en África del Norte simulaban los preparativos de una ofensiva, con el único objetivo de fijar allí a la Aviación del Eje.

A las 0800 de la mañana del 22 se incorporaron a la fuerza de Vian el *Penelope* y el *Legion*, un refuerzo muy bien recibido, ya que el submarino británico *P-36* había señalado a Vian la salida de Taranto, hacia la medianoche anterior, de un acorazado y varias unidades menores italianas.

Efectivamente, en la tarde del 21, el sumergible *Platino* había señalado un convoy británico a 48 millas al sudoeste de Gaudo, navegando hacia Poniente a 14 nudos, por lo que «Supermarina» hizo salir de Mesina a los cruceros *Gorizia*, *Trento* y *Bande Nere*, con cuatro destructores, a las órdenes del contralmirante Parona, y, de Taranto, al *Littorio*, con otros tantos destructores, para que, en la mañana del día 22, ambos grupos se situaran a 160 millas al este de Malta. El tiempo se presentaba borrascoso, soplaba un fuerte siroco en aumento y la mar se agitaba con marejada gruesa, mientras que el cielo, parcialmente cubierto, era surcado por oscuras, veloces y rastreras nubes.

Pero ello no impidió a la aviación italo-alemana, alertada por «Supermarina», atacar repetidas veces a los buques británicos durante el día 22, aunque sin fortuna, quizá debido a que no pudieron intervenir los *Stukas* y a que los aviones torpederos italianos tuvieron que lanzar desde bastante altura debido a las grandes olas. Pero tales ataques permitieron a Iachino conocer, a las 1000, la situación aproximada del enemigo.

Entonces, el almirante italiano ordenó al grupo del *Littorio* hacer rumbo de colisión con el convoy, a 28 nudos, y al de Parona, que se hallaba unas cincuenta millas más adelantado, que efectuase lo propio, a 30 nudos, para establecer cuanto antes contacto visual con el enemigo e informarle, pero sin entablar combate (*«comunicare notizie senza impegnarsi»*).

A aquella velocidad y proa a la marejada, los destructores italianos encapillaban tremendos golpes de mar y daban tales pantocazos contra las olas, que Parona tuvo que moderar, primero a 28 nudos y luego a 26. Mientras que el grupo del *Littorio*, que debido a una avería en el timón del *Grecale* sólo disponía ya de tres destructores, también tuvo que reducir velocidad hasta 22 nudos. Naturalmente, este retraso favorecía a los británicos, a quienes en definitiva sólo la noche iba a salvar de una situación insostenible.

Un avión catapultado desde el *Trento* dio a los italianos nuevas noticias del convoy enemigo, que por fin pudo ser avistado por los cruceros de Parona a las 1430. Entonces el almirante Iachino se vio enfrentado con una decisión trascendente. El convoy enemigo y sus fuerzas de escolta le quedaban a barlovento. Intentar un rodeo por Levante para caer después sobre los británicos a favor del viento hubiera permitido al convoy, cuya destrucción era el único objetivo de Iachino, escapar directamente hacia Malta mientras sus nutridas fuerzas de escolta y apoyo hacían frente a los atacantes. Si dichas fuerzas hubieran sido débiles y su aniquilamiento tan sólo cuestión de trámite, Iachino no habría dudado. Pero los aviadores ya le habían informado de que allí figuraban cinco cruceros y diecisiete destructores británicos — a los que suponía, acertadamente, bien equipados con radares —, mientras que él, huérfano de radiotelémetros, aparte del poderoso *Littorio*, sólo contaba con tres cruceros — uno de ellos sin blindaje alguno — y siete destructores. Por otra parte, el sol se pondría a las siete de la tarde, momento en que tendría que romper el contacto y retirarse a gran velocidad, so pena de exponerse a un peligroso ataque torpedero nocturno.

Así que, para no perder más tiempo, Iachino decidió cortar cuanto antes la derrota del convoy, aunque ello tuviera que efectuarse desde sotavento, es decir, en las peores condiciones tácticas posibles. Cierto que no previó en su verdadera magnitud hasta qué punto las condiciones de mar y viento iban a perjudicar luego el tiro de sus unidades, pero la única objeción que razonablemente podría hacerse al almirante italiano es la de no haber querido dividir sus fuerzas, cortando la derrota del convoy con el *Littorio*, el *Bande Nere* y cuatro destructores, por ejemplo, al mismo tiempo que destacaba a Parona, con los dos cruceros pesados y tres destructores restantes, para que atacase desde barlovento. Con lo cual, si respecto al convoy los resultados probablemente no habrían variado, es muy posible que los buques de guerra de Vian hubiesen salido bastante peor librados. Pero aun esta posibilidad es ciertamente discutible, ya que el almirante italiano no tenía seguridades de que tras el convoy no marchara alguna otra fuerza en cuyo núcleo figurase un acorazado, pues la realidad es que en Italia todavía se desconocían los resultados concretos del ataque efectuado tres meses antes en Alejandría por la «Décima Flotilla MAS».

En todo caso, suponer, como tantos escritores e incluso almirantes británicos han dejado escrito, que, de haberse invertido los papeles, el convoy y sus fuerzas de apoyo hubieran sido aniquiladas, resulta, a la luz de los hechos, ciertamente aventurado.

* * *

Cuando, desde el *Euryalus*, se avistaron los buques de Parona, el almirante británico lanzó la señal convenida. El convoy puso inmediatamente proa al Sursudeste, escoltado por cinco destructores, mientras los cruceros *Cleopatra*, *Euryalus*, *Dido* y *Penelope*, con once destructores — que constituían el grupo de ataque —, arrumbaban decididamente hacia el Norte, es decir, hacia los tres cruceros y cuatro destructores italianos, y el *Carlisle* y el destructor *Avon Vale* cubrían con densas cortinas de humo al convoy y al resto de su escolta directa.

El viento soplaba del Sudeste, a 25 nudos, en una dirección ideal para poder esconder al convoy, por lo que Vian ordenó a todos los cruceros y destructores que se dirigían hacia el enemigo que lanzaran también cortinas de ocultación. Así que muy pronto una imponente humareda oscura era arrastrada por el fuerte siroco hacia los buques de Parona, igual que una nube sombría.

En tal situación, unos cincuenta aviones italo-alemanes atacaron al convoy británico, que fue eficazmente defendido por el crucero antiaéreo *Carlisle* y los seis destructores de la serie «Hunt» que le acompañaban, cada uno de los cuales montaba seis piezas antiaéreas de 120 mm. y profusión de ametralladoras pesadas.

Mientras tanto, a las 1435, los cruceros italianos habían abierto el fuego, desde 21.000 metros de distancia, siendo poco después correspondidos por sus contrapartes ingleses, que desde 19.000 metros lograron centrar al *Bande Nere* — el adversario más débil —, aunque sin conseguir alcanzarle.

El ineficaz cañoneo duró hasta que, hacia las 1500, Parona decidió arrumbar al Norte «para tratar de arrastrar al enemigo sobre el *Littorio*»; invitación que, naturalmente, el contralmirante Vian no se dignó aceptar.

En su obra *Le due Sirti,* Angelo Iachino se lamenta, justificadamente, de aquella decisión y de la errónea interpretación que Parona dio a sus órdenes. Pero puesto que el comandante en jefe de la Escuadra italiana había decidido no empeñarse a fondo hasta que pudiera intervenir el *Littorio,* probablemente la actitud de su subordinado no varió sensiblemente la situación, aunque desde luego concedió un respiro a los ingleses.

A las 1530 se incorporó al grupo del *Littorio* la 3.ª División italiana. El acorazado y los cruceros formaron entonces una amplia línea de frente, cuyo eje de marcha apuntaba al Sursudoeste. Y mientras tanto, Vian, eufórico, se replegó sobre el convoy, que volvía a navegar hacia el Oeste verdadero.

Pero a las 1637, cuando el destructor *Zulu* señaló que por el Nordeste acababan de avistarse las oscuras siluetas de cuatro grandes buques italianos, entre las que destacaba la del enorme *Littorio,* los pulsos de los ingleses debieron de latir más de prisa. El convoy arrumbó entonces hacia el Sur a la máxima velocidad del barco más lento — 14 nudos —, proa que mantendría invariablemente durante todo el largo encuentro, como un extraño e imperturbable cometa que dejase en pos de sí una magnífica pero oscura cola de muchas millas de longitud y arrastrara tras él, cual obedientes satélites, a los veintiocho buques de guerra británicos e italianos.

Estos últimos desplegaron sobre estribor en dos columnas independientes, arrumbaron al Sudoeste y, a las 1643, abrieron el fuego. Daba así comienzo un estrambótico combate que tendría algo más de dos horas de duración. Y decimos estrambótico porque, desde los tiempos heroicos de la vela, en que ganar barlovento era la máxima aspiración de cualquier almirante — ya que disponer de él resultaba decisivo para poder caer después sobre el adversario por donde conviniese y aniquilarle —, nunca, para buques de propulsión mecánica, la posición respecto al viento tuvo tan decisiva importancia en algún combate naval moderno.

Durante el que nos ocupa, los buques ingleses combatirían moviéndose siempre — y con entera libertad gracias al radar — por dentro de la enorme zona de humo (*«enormous area of smoke»*) que ellos mismos constantemente producían, abandonándola sólo los momentos precisos para disparar o atacar con torpedos. Mientras que los italianos, que veían muy mal al enemigo debido a sus cortinas de humo, a los disparos de la propia artillería, cuyos gases y restos de cordita les traía inmediatamente el viento a la cara, y sobre todo a los imponentes rociones de agua procedentes de las grandes olas que trabajosamente partían las rodas de sus buques, que inmediatamente bañaban los telémetros y aparatos ópticos de puntería y observación del tiro situados en lo más alto de las superestructuras, tratarían desesperadamente de librarse de su desventajosa posición táctica intentando rebasar lo antes posible al convoy por el Sur, para ganar por fin barlovento, al mismo tiempo que repelían los contraataques enemigos y se veían obligados a maniobrar para esquivar sus peligrosos torpedos.

Así iban a desgranarse unas horas verdaderamente tensas y difíciles, en las que ambos adversarios mostrarían gran tenacidad, combatirían hábil y valerosamente y arriesgarían mucho. Las distancias iban a variar constantemente; ningún avión ayudaría al contralmirante Vian, mientras que, gracias a sus aparatos embarcados, Iachino tendría un cuadro bastante exacto de la situación durante la mayor parte del encuentro; el número de disparos de todos los calibres iba a superar el millar y medio por ambas partes, pero la mala visibilidad reinante y el pésimo estado de la mar (que zarandeó despiadadamente a los destructores y obligó al *Bande Nere* a dar balances de hasta 27 grados) hizo que el número de impactos fuese, como veremos, reducidísimo, pese a los radares británicos. Sólo la llegada de la noche pondría, muy oportunamente para los ingleses, punto final a una porfiada lucha que, de otra forma, probablemente hubiera terminado mal para ellos.

Durante casi media hora (desde las 1643 a las 1716), los cuatro cruceros del grupo de ataque de Vian combatieron con los de Parona — más próximos que el *Littorio* —, practicando continuamente el juego del escondite respecto a su formidable barrera de humo. Juego de todos modos peligroso, pues al comenzar esta fase de la batalla, el crucero *Cleopatra* sufrió un impacto en la parte posterior del puente de mando que le produjo la muerte de quince hombres, hirió a otros cinco, deshizo la central de la dirección de tiro antiaéreo y abatió todas las antenas radiotelegráficas menos una. Las salvas británicas también cayeron otra vez *vicinissime* a los buques de la 3.ª División, pero sin lograr impactos.

Poco después de las 1705 vieron los latinos a cuatro destructores enemigos que se aproximaban, por lo que, pensando que tratarían de arrojarles sus torpedos, lanzaron los destructores propios al contraataque, mientras que las unidades mayores arrumbaban momentáneamente al Oeste. Pero al observar a sus contratorpederos peligrosa e insistentemente centrados por las salvas de los cruceros enemigos, el almirante Iachino les ordenó replegarse por el Norte.

A las 1718, el grueso italiano arrumbó otra vez al Sudoeste y moderó a 20 nudos para tratar de disminuir el castigo que sufrían los destructores debido a los golpes de mar. La Aviación del Eje volvió a atacar ahora a los buques británicos, aprovechando lo cual Iachino aproó al Sursudoeste para cerrar cuanto antes sobre el convoy.

Vian temió entonces que otros buques italianos todavía no detectados pudieran tratar de rodear a sus fuerzas por el Norte, por lo que arrumbó velozmente hacia el Este con su grupo de ataque. Con lo cual, entre el grueso italiano y el convoy y su escolta directa (crucero *Carlisle* y seis destructores) sólo quedaron los cinco humeantes destructores del capitán de navío Micklethwait, y uno de ellos, el *Havock,* a las 1720 recibió un impacto que le dejó al garete. Sin embargo, este buque podría ponerse después en movimiento, a 16 nudos, y replegarse sobre el convoy.

Viendo que el enemigo se aproximaba inexorablemente a su objetivo, Micklethwait intentó atacar con torpedos para obligarle a maniobrar hacia afuera, pero muy pronto un verdadero diluvio de proyectiles le hizo desistir. Y así, aquellos cuatro buques ingleses, «barridos por las olas, dando violentos bandazos y cabezadas, cegados por el humo y los rociones de agua y bajo un fuego muy intenso, prosiguieron fatigosamente hacia el Sur, disparando sus cañones en las más difíciles condiciones». Difíciles y peligrosas condiciones, cierto, pero que ningún marino de verdad desearía perderse por nada del mundo.

Durante casi media hora, los cuatro destructores que le restaban a Micklethwait tendrían que combatir prácticamente solos con un adversario inmensamente superior, si bien sacando un magnífico partido de las cortinas de humo que por el Sur tendían todos los buques que daban escolta al convoy y de su favorable posición a barlovento.

A las 1800 regresó por fin Vian de su infructuosa descubierta por Levante y cortó la muralla de humo con sus cruceros, que rompieron inmediatamente el fuego contra el *Littorio* desde unos 12.000 metros. Este atrevido y desigual desafío duró sólo cuatro minutos, los suficientes para poder lanzar — impunemente gracias a las difíciles condiciones de visibilidad que padecían los italianos — sus torpedos y replegarse de nuevo al amparo de la salvadora nube de niebla artificial. Su lanzamiento obligó al grueso italiano a arrumbar nuevamente al Oeste durante diez minutos — desde las 1810 hasta las 1820 —, después de lo cual Iachino puso la proa al Sur, disponiendo ahora sus cuatro unidades mayores en línea de fila, con el *Littorio* en cabeza.

Por su parte, Vian, obsesionado con la idea de un hipotético ataque enemigo desde barlovento, volvió a arrumbar hacia Levante con su grupo de combate, hasta las 1817, en que pudo comprobar que por fuera de la imponente humareda no había buque italiano alguno. Hay que tener en cuenta que esta vez los marinos británicos no disponían de un solo avión de reconocimiento y que en la anterior batalla de la Sirte habían intervenido muchos más acorazados y cruceros italianos, cuya ausencia no se explicaba ahora el británico. Y en verdad que «Supermarina», de haber dispuesto del petróleo suficiente, podría haber hecho aparejar por lo menos a otra división de cruceros, que, efectivamente, hubiera podido atenazar a las fuerzas británicas por Levante. Pero los británicos ignoraban la gravísima penuria de nafta que ya padecían sus enemigos y que tantas ocasiones favorables les haría perder. De todos modos, uno solo de los cruceros de Vian hubiera sido suficiente para efectuar sus dos inoportunas descubiertas.

Como los buques italianos continuaban aproximándose inexorablemente al convoy británico, ahora a 22 nudos, el grupo formado por los cinco destructores del capitán de navío Poland fue enviado esta vez al ataque. Los buques cayeron a estribor y arrumbaron al Noroeste, a 28 nudos, en busca de una posición favorable de lanzamiento. Para sus hombres cesó bruscamente el estridente y poderoso rugir del viento, y el humo que a borbotones arrojaban las chimeneas se elevó verticalmente hacia el cenit, acompañándolos como un oscuro baldaquino. El raro silencio sólo era roto por el tronar de la artillería propia y el silbido de los proyectiles enemigos que se aproximaban y luego estallaban en el agua con un ruido hueco, levantando grandes masas de espuma. Pero las olas, veteadas de blanco, hacían revolcarse violentamente a aquellas veloces plataformas flotantes, y los timoneles tenían que efectuar grandes esfuerzos para impedir un campaneo excesivo de las proas con aquella mar ahora de popa. De modo que el manejo de los proyectiles que ascendían desde los pañoles era trabajoso, y el tiro, ineficaz.

En su salvaje galopada hacia la amura de babor del *Littorio*, la flotilla de Poland quedó pronto sometida al fuego de todas las piezas de los buques italianos, y el destructor *Legion*, que marchaba en cola, desapareció de la vista de sus compañeros de ataque envuelto entre los formidables surtidores levantados por una salva, centrada, de 381 mm., del acorazado *Littorio*. Poland temió lo peor, pero momentos después el afortunado buque emergía milagrosamente indemne y caía a babor para descentrarse.

Y, así, los destructores británicos, apoyados por el tiro de los cruceros de Vian, lograron aproximarse a sus formidables enemigos hasta una distancia de ¡5.500 metros!, en cuyo momento arrojaron a las olas un total de veinticinco torpedos de tonelada y media. Como de costumbre en tales casos, algunos artefactos se sumergieron inmediatamente, otros rebotaron varias veces contra las olas antes de tomar su profundidad de regulación y, finalmente, los más díscolos saltaron después fuera del agua igual que desmandados delfines y, tras varias espectaculares cabriolas, desaparecieron también bajo las revueltas aguas. Instantes después de lanzar sus peces de acero fue alcanzado por un proyectil italiano el destructor *Kingston*, que sufrió averías en las máquinas y un fuerte incendio en una cámara de calderas y quedó al garete, pero que más tarde lograría sofocar el fuego y ponerse otra vez en movimiento con una sola caldera.

Por tercera vez durante la batalla, el almirante Iachino se vio obligado a arrumbar al Oeste para esquivar los torpedos enemigos, pues los tres destructores de Mickelthwait también se le aproximaban lanzados al ataque. Y es que los buques italianos se encontraban ya a tan sólo diez millas del convoy británico, y Vian temió que lograsen ganar por fin el disputado barlovento antes de la caída de la noche y pudieran poner a aquél en gravísimo aprieto.

A las 1855 fue alcanzado el *Lively*, que, no obstante, pudo lanzar sus torpedos, pero que después tendría que entrar en Tobruk para reparar. Los otros dos buques de su diezmada flotilla no se decidieron a arrojar los suyos, pese a que la distancia al grueso italiano era ya de unos 7.500 metros, pues la humareda y mala visibilidad impidió a sus hombres calcular ni aproximadamente los datos cinemáticos del adversario.

Precisamente entonces, las llamaradas producidas por los disparos de la torre popera de 381 mm. del *Littorio* incendiaron espectacularmente el hidroavión que iba en su toldilla, lo que hizo creer a los ingleses que el gran buque había sido alcanzado por algún torpedo.

El almirante Iachino ya había ordenado, a las 1851, arrumbar al Norte y aumentar el andar a 26 nudos para alejarse rápidamente de la peligrosa zona de los combates antes de que cayeran las sombras. En aquel momento hizo blanco el único impacto logrado por los buques británicos en toda la batalla. Un proyectil de 120 mm. procedente de los destructores de Micklethwait alcanzó al *Littorio* en la bajada a la toldilla, aunque, como era de esperar, sin consecuencias.

La batalla, pues, había terminado. No sin sufrir algunas importantes heridas en el grupo de apoyo, el convoy británico se había salvado, de modo que Vian y sus hombres pudieron felicitarse. Habían sacado todo el partido posible de las favorables condiciones de mar y viento y quedado dueños del campo. Sus oponentes se retiraban, conscientes ya de los peligros de la noche pero no vencidos. También habían combatido con tenacidad y arrojo, pero el hecho de no poder desarrollar los 30 nudos, es decir, la falta material de tiempo, les impidió poder lograr una victoria que, dado el gran número de destructores ingleses presentes (diecisiete), no hubiera sido, en cualquier caso, demasiado fácil. Sin embargo, los esfuerzos y riesgos corridos por los italianos no resultaron inútiles, pues aparte de los daños logrados en cuatro buques británicos — dos de los cuales serían después hundidos precisamente por no poder escapar a tiempo del infierno de Malta —, el retraso impuesto al convoy iba a resultarle fatal.

A las 1900 horas, Vian le ordenó dispersarse y arrumbar a La Valetta, escoltado por dos cruceros y ocho destructores. Pero ya no pudo alcanzar la isla durante la noche, como estaba previsto, y a la mañana siguiente fue atacado en la mar por los *Stukas* alemanes salidos de Sicilia. El carguero *Clan Campbell* resultó hundido a 50 millas de Malta. El *Breconshire* fue alcanzado por las bombas, a tan sólo ocho millas de La Valetta, y quedó al garete, teniendo que fondear junto a la costa. Después se le remolcó hasta una ensenada, pero durante esta faena el destructor *Southwold* chocó con una mina y se fue a pique, y el transporte volvió a ser atacado y también se hundió.

Los dos barcos supervivientes consiguieron entrar en el «Grand Harbour», pero durante los ataques aéreos desencadenados por el *Fliegerkorps II* en días sucesivos fueron también hundidos, de modo que, de las veinticinco mil y pico de toneladas despachadas para Malta desde Alejandría, tan sólo unas cinco mil pudieron ser salvadas.

La segunda batalla de la Sirte tuvo también otras secuelas, y algunos de sus protagonistas sucumbirían horas después víctimas de la embravecida y despiadada mar.

* * *

La dureza de la jornada iba a poner muy pronto de manifiesto, para los italianos, el grado de desgaste a que habían llegado sus destructores, constantemente empleados, desde el comienzo de la guerra, en toda clase de misiones, progresivamente multiplicadas por la cada vez mayor penuria de efectivos.

Si la Marina italiana había comenzado las hostilidades con un «haber» de 59 destructores y 69 torpederos, en marzo de 1942 ya habían bajado al abismo, por unas u otras causas, 46 de tales buques, otros estaban averiados y algunos sometidos a las inevitables reparaciones y recorridos.

Como sabemos, en la noche del 22 al 23, noche lóbrega y de vendaval ya deshecho, la Escuadra italiana se movía hacia el Norte a elevada velocidad para librarse de los posibles ataques torpederos enemigos, aunque con la intención de caer otra vez sobre el convoy británico en la mañana siguiente. Pero el viento había seguido arreciando, y las olas, a medida que se alejaban del redoso de la costa de África, arbolaban cada vez más y aumentaban en velocidad. Si, debido a la desatada tempestad, los buques ingleses, que navegarían más próximos a tierra, tuvieron graves dificultades, los italianos habrían de vivir unas horas verdaderamente dramáticas.

Con la formidable marejada de aleta, el crucero *Bande Nere* daba tan terribles bandazos que su comandante solicitó libertad de maniobra para hacer un rumbo más conveniente y abandonó la formación a las 2030 horas. A las 2045, los golpes de mar desfondaron un portillo en la sala de máquinas del destructor *Oriani*. A esa misma hora tuvo el *Scirocco* que parar sus turbinas de babor, por avería, y quedó navegando a 14 nudos. Dos horas después, el *Lanciere* se vio obligado a ponerse al pairo, ¡atravesado a la mar!, para reparar una avería surgida en la planta propulsora, pero a las 2315 quedaba capeando proa a las olas. Entonces se ordenó al *Alpino* que le escoltara, mas la oscuridad era tal que este buque no logró hallarle.

Después se desgranarían unas horas verdaderamente dantescas, durante las cuales la mar habría de cebarse en el *Lanciere* y el *Scirocco*. La rotura de varios portillos — con sus tapas ciegas — y la entrada de las olas a través de los previamente destrozados troncos de ventilación de máquinas y de calderas hizo que las bombas y las cadenas humanas pasándose baldes de mano en mano resultaran insuficientes para achicar la enorme cantidad de agua constantemente embarcada.

Una amanecida trágica puso de manifiesto lo muy hundido de popa que ya estaba el *Lanciere*. El aullido del viento era amedrentador, y los golpes de mar contra el costado y las superestructuras resonaban como cañonazos fúnebres. Las olas, que barrían con furia el medio sumergido buque, prosiguieron su demoníaca y destructora labor, reventando nuevos portillos y troncos de ventilación y penetrando en tromba a través de las tomas de aire de los turboventiladores de calderas y de las aspiraciones de máquinas. Los fuegos de las inundadas cámaras se fueron apagando, y el destructor terminó por quedar otra vez al garete, a merced de las olas. Bombas, eyectores, turbinas y dinamos habían dejado de funcionar, y un silencio de muerte, únicamente quebrado por el estrépito de las olas, señoreó las cámaras de calderas y de máquinas del buque, donde ya sólo se movían, violentas, amenazadoras y rumorosas, las grandes masas de agua que continuamente subían de nivel en las sentinas y alcanzaban la altura de los tecles.

Afuera, el poderoso rugir del viento tenía un tono lúgubre, siniestro; la lívida mar presentaba un aspecto asesino; los bandazos, ahora mucho más lentos, eran todavía impresionantes, y el buque presentaba claros síntomas de querer «dormirse», fatigado, en ellos, casi incapaz de reaccionar, pues su par de estabilidad iba desapareciendo.

Visto que el *Lanciere* se hundía sin remedio y a ojos vistas, se decidió su abandono. A las 0958, empleando las baterías de la radio, se dio en claro su posición estimada y se lanzó un patético «S O S» que era como un grito desesperado, pero que fue seguido por un «¡Viva Italia!» que, más que una declaración de principios, era razón y compendio de todo sacrificio.

El *Trento* y el *Geniere* se dirigieron inmediatamente en auxilio del agonizante destructor, pero el último pronto tuvo que desistir debido al estado de la mar y a las averías surgidas. El *Trento*, un crucero de 10.500 toneladas de desplazamiento estándar y 194 metros de eslora, a las 1330 tuvo que moderar a 12 nudos, y poco después invertir momentáneamente el rumbo, pues debido a las roturas de algunos troncos de ventilación — producidos el día anterior por los disparos de la artillería gruesa —, las grandes olas que asaltaban su alta cubierta le habían inundado varios compartimentos. Al llegar la noche sin haber encontrado el menor rastro de los náufragos del *Lanciere*, «Supermarina» le ordenó regresar a Mesina.

En la oscura y dramática madrugada del 23 ya se había hundido el *Scirocco*. Y el *Grecale*, que terminó por quedar al garete el día 24, tuvo que ser tomado a remolque y llevado a puerto.

La mar se había cobrado un terrible tributo. Pese a que se movilizaron varios buques de guerra, hidroaviones y un barco-hospital en busca de los náufragos de los dos destructores desaparecidos, del total de 470 hombres que componían sus dotaciones, sólo pudieron ser salvados, tras varios angustiosos días de zozobra e intensa búsqueda, dieciséis del *Lanciere* y dos del *Scirocco*.

Fue un amargo e inmerecido epílogo, pero quienes han batallado con el Mediterráneo saben muy bien de la formidable violencia y peligrosidad que pueden alcanzar las borrascas que tan frecuentemente se desatan en este mar casi interior.

* * *

Otro de los protagonistas de la segunda batalla de la Sirte que sucumbió pronto fue el destructor británico *Havock*. Como ya sabemos, había resultado con averías, y salió de Malta, para Gibraltar, en la noche del 5 al 6 de abril. Poco después de las tres de la madrugada fue atacado por el submarino italiano *Aradam* (teniente de navío Gran), que acechaba cerca del cabo Keliba, en la costa tunecina, y que le alcanzó con un torpedo lanzado desde quinientos metros de distancia. El buque quedó gravemente averiado, y su dotación se vio obligada a embarrancarle para evitar que se hundiera, volándole después los pañoles de municiones y haciéndose internar por las autoridades francesas. Fue un triste fin para un buque en cuyo historial figuraban los victoriosos combates de Narvick, del cabo Espada y de Matapán y las azarosas pero brillantes evacuaciones de Dunkerque y de Grecia. Pero la guerra no perdona.

* * *

Tampoco perdonaba el *Fliegerkorps II* alemán, basado en Sicilia. Lo mismo que el fuerte viento del otoño paulatinamente se lleva las hojas de los árboles, así los cazas de la RAF fueron siendo inexorablemente barridos de los cielos de Malta, y de poco sirvió que, durante la segunda batalla de la Sirte, los portaaviones *Eagle* y *Argus* enviasen dieciséis *Spitfires* a la isla (el 7 de este mismo mes ya habían mandado otros quince). Las alas de aquellos magníficos cazas no eran plegables, y los aparatos tenían que ser llevados sobre la cubierta de vuelo de los portaaviones ingleses, lo que obligaba a que las entregas se hiciesen como quien dice con cuentagotas. Para que no fuesen después rápidamente derribados había que enviar de golpe por lo menos medio centenar de cazas. Pero tampoco los ascensores del *Victorius* tenían la suficiente amplitud; así que el Almirantazgo británico tuvo que apelar a su poderoso aliado del otro lado del Atlántico.

Mientras tanto, la isla había llegado al punto más bajo en la marea de sus defensas y recursos. Los objetivos del *Fliegerkorps II* habían sido los aeródromos de Takali, Luqa y Halfar, la base de hidroaviones de Kalafrana y los astilleros, el arsenal y la base de submarinos de La Valetta.

El 12 de febrero fue hundido en el puerto el destructor *Maori* (1.900 toneladas); el 26 de marzo (en este mes fueron lanzadas sobre la isla 6.000 toneladas de bombas) se hundieron el destructor *Legion* (1.950 toneladas) y el submarino *P-39;* el 1.º de abril se fueron a pique los submarinos *P-36* y *Pandora;* el 5 del mismo mes les llegó el turno al destructor *Lance* (1.950 toneladas) y al dragaminas *Abingdon*, y dos días después bajaba el destructor *Kingston* (1.700 toneladas). El «Grand Harbour» era ya un verdadero cementerio de buques.

El crucero *Penelope* había quedado con el casco y superestructuras hechos una criba por la metralla de las bombas; el destructor *Gallant* sufrió tales daños que tuvo que ser embarrancado para evitar que se fuera a pique; varios submarinos resultaron averiados, y toda la flotilla se veía obligada a permanecer posada en el fondo del puerto durante las horas de luz, para evitar ser aniquilada. Sólo durante el mes de abril de 1942, último de la ofensiva aérea alemana, en que fueron arrojadas sobre la isla 20.000 toneladas de bombas, resultaron derribados en combate aéreo veinte cazas británicos, y 126 aviones quedaron destroza-

24

dos en el suelo. A mediados de ese mes, las flotillas de dragaminas estaban prácticamente fuera de combate; los astilleros, exceptuando los talleres subterráneos, y muelles habían sido convertidos en un impresionante montón de escombros, y el único medio que se consideró viable para abastecer precariamente a la isla fueron los submarinos.

La población de Malta pasaba hambre y, en La Valetta, tenía que permanecer en los refugios durante todo el día. Por la noche proseguían los ataques aéreos, aunque en menor escala, para impedir que se pudiera trabajar en la reparación de los daños. Pero a los malteses se les había prometido la independencia y sufrían resignadamente. El 16 de abril, el Rey les concedió la «George Cross».

A fines de marzo habían salido del «Grand Harbour» los buques de guerra no averiados llegados con el último convoy; después aparejó el infortunado *Havock*, y en la noche del 8 de abril pudo hacerse por fin a la mar el acribillado *Penelope*, para Gibraltar. También los restos de la flotilla de submarinos tuvieron que abandonar la castigada ínsula y trasladarse a Alejandría. Y por si no fuera bastante durante aquel mes negro para los ingleses, en la mar se perdieron cuatro submarinos, entre ellos el *Upholder*, mandado por el «as» de los submarinistas británicos en la segunda guerra mundial: capitán de corbeta M. D. Wanklyn.

La fortaleza de Malta había llegado a un grado de debilidad tal, que a los italo-alemanes les pareció factible apoderarse de ella. Los planes para su invasión ya estaban en marcha. Durante la entrevista celebrada el 14 y el 15 de enero anterior, en Garmisch (Baviera), entre los almirantes Raeder y Ricardi, se habían considerado las posibilidades y necesidad de invadir la isla. Después, el jefe de la *Kriegsmarine* logró convencer a Hitler, y éste dio su conformidad al plan «Hércules».

Los italianos ya habían creado con tal fin una división de paracaidistas, la «Folgore», e iniciado la construcción de 65 barcazas de desembarco. Pero esta fuerza aerotransportada y medios anfibios no quedarían listos hasta el mes de julio, y para entonces, debido a la ofensiva alemana de verano en Rusia y a la supuesta necesidad de tomar primero Tobruk para impedir cualquier interferencia de la RAF durante la invasión de Malta, el *Fliegerkorps II* había sido llevado a las llanuras del Este europeo y al Norte de África; con lo cual el Eje perdería su mejor ocasión de arrancarse la dolorosa espina clavada en la planta del pie de su ejército norteafricano.

Poco después, cuando aquel verdadero prestidigitador que fue el general Rommel hizo surgir la inesperada posibilidad de llegar rápidamente hasta Alejandría y el canal de Suez, todo, incluso la división «Folgore», sería arrojado en el platillo de la balanza norteafricana, abandonándose definitivamente la proyectada invasión de Malta.

Para los italo-alemanes fue el engañoso y nefasto espejismo de las pirámides y las verdes palmeras del delta del Nilo, que en el verano de 1942 parecían estar ya al alcance de su mano, pero que en realidad, debido al formidable ejército que los ingleses habían podido llevar a Egipto gracias a su absoluto dominio del mar (esta vez los océanos Atlántico e Índico) y a la ayuda norteamericana, les quedaban más lejos que nunca.

Capítulo XVIII

MALTA SE ROBUSTECE. — LOS CONVOYES BRITÁNICOS DE MEDIADOS DE JUNIO. — LA CATÁSTROFE DEL «TRENTO». — COMBATE DE LA PANTELLERIA. — ENDURECIMIENTO DE LA GUERRA EN EL MAR

El día 13 de abril de 1942, un moderno y veloz portaaviones que navegaba próximo a las costas de Escocia lanzó al aire parte de su dotación de aviones de bombardeo y seguidamente arrumbó al puerto de Glasgow. Aquel buque arbolaba la bandera de las rayas y estrellas y había sido bautizado con el nombre de *Wasp*. Entregado a la Armada norteamericana el año anterior, desplazaba 19.900 toneladas, disponía de tres ascensores y podía llevar a bordo 80 aviones capaces de ser puestos en el aire desde la cubierta de vuelo y directamente desde el hangar, a través de los grandes registros laterales dotados de puertas correderas.

Aquel mismo día embarcó 47 aviones *Spitfires* de la RAF, con sus correspondientes pilotos, y al siguiente se hizo a la mar, escoltado por el crucero de batalla *Renown*, dos cruceros antiaéreos y seis destructores británicos, rumbo al Mediterráneo. Estos buques atravesaron el estrecho de Gibraltar en la oscura madrugada del 19, y en la amanecida del 20, a unas 550 millas de Malta, el *Wasp* puso en el aire once cazas — *F4F (Wildcats)* — propios y después lanzó los *Spitfires* británicos que llevaba a bordo.

Cuarenta y seis de los últimos aterrizaron algunas horas más tarde en los aeródromos de la asediada isla, pero ya aquel mismo día la mitad de ellos quedaron destrozados por el *Fliegerkorps II*, de modo que se hizo imperativo repetir cuanto antes la operación.

El 30 de abril tomaba el *Wasp* en Glasgow otros 47 *Spitfires* y, con una escolta parecida, llegaba al Mediterráneo occidental el 9 de mayo, ahora con el *Eagle,* que llevaba 17 *Spitfires* en su cubierta de vuelo. Ambos portaaviones lanzaron al aire su valioso cargamento, y cuando los aparatos de la RAF aterrizaron después en Malta, todo estaba allí dispuesto para repostarles inmediatamente de gasolina, de modo que esta vez sólo tres pudieron ser abatidos por los cazas alemanes, y ello a costa de graves pérdidas.

El *Wasp* tuvo que marchar inmediatamente al océano Pacífico, donde aquel mismo año bajaría a la tumba en unión de sus congéneres de igual bandera *Lexington, Yorktown* y *Hornet,* pero sus dos envíos de cazas a Malta señalaron un punto de inflexión, un cambio de signo en la batalla por la ínsula mediterránea, cambio que ya sería irreversible.

Mas no fue inmediato. Aviones aparte, en Malta se precisaban urgentemente municiones para las baterías antiaéreas, bombas, torpedos, gasolina, petróleo y víveres. También dragaminas para limpiar de artefactos submarinos los accesos al puerto de La Valetta y sus radas interiores, a fin de poder recibir convoyes y basar otra vez allí, si no buques de superficie, por lo menos varias flotillas de submarinos.

No obstante, nuevos bombarderos de la RAF fueron directamente enviados desde Gibraltar, de modo que, durante el mes de mayo que nos ocupa, los ingleses pudieron atacar ocho veces desde el aire la base naval de Mesina, seis las de Trapani, Augusta y Cagliari y cuatro la de Taranto. También los restos de la *Eastern Mediterranean Fleet* intentaron hundir a los convoyes italianos despachados para el Norte de África. El 10 de mayo zarparon de Alejandría los destructores *Jervis, Kipling, Lively* y *Jackal* (de 1.700 toneladas, seis cañones de 120 mm. y diez tubos lanzatorpedos), al mando del capitán de navío Poland, con la misión de aniquilar a tres barcos italianos *(Gualdi, Trapani* y *Capo Arma)* que se dirigían a Bengasi con la escolta de otros tantos destructores.

No tuvieron suerte. Avistados por aviones alemanes de reconocimiento, de Heraklion (Creta) despegaron 31 *Stukas* del *Fliegerkorps X,* que, una vez más, demostrarían su deletérea efectividad antibuque.

En un ataque verdaderamente magistral, el *Lively* fue inmediatamente hundido, poco después bajó al abismo el *Kipling* y el *Jackal* quedó desmantelado e incendiado. El *Jervis* le tomó más tarde a remolque, pero al día siguiente el destrozado buque se fue también a pique. De modo que uno solo de los cuatro magníficos destructores del capitán de navío Poland pudo regresar a Alejandría trayendo a 630 supervivientes de los otros tres.

En aquella importante base naval ya no quedaba escuadra alguna de cierta entidad que mandar, así que, el 20 de mayo, el almirante Cunningham hizo sus maletas, arrió secretamente su insignia del inutilizado *Queen Elizabeth,* se despidió de sus fieles subordinados y tomó el tren para El Cairo. Luego, tras un largo e interesante viaje a través de todo el África central, alcanzaría Londres, y más tarde Washington, como jefe de la delegación del Almirantazgo británico en la hermosa capital federal norteamericana, que hoy se embellece cada primavera con el florecer de los cerezos regalados por el Japón.

* * *

Los suministros y municiones incesantemente llevados a Malta por los submarinos *Parthian, Regent, Rorqual, Porpoise* y *Cachalot,* y por el crucero-minador rápido *Welshman* (éste arbolando los colores franceses), no bastaban, ni mucho menos, para paliar la penuria por que atravesaba la fortaleza en todos los órdenes, de modo que el gobierno británico, que estaba firmemente decidido a conservar la isla a cualquier precio y volver a potenciarla lo antes posible, dispuso el envío a La Valetta de tres importantes convoyes. Dos de ellos serían despachados simultáneamente, en junio, desde Alejandría y el Reino Unido, y el tercero, procedente de Escocia, llegaría al Mediterráneo a mediados de agosto. El tránsito de cada uno de dichos convoyes daría lugar a las tres mayores batallas aeronavales libradas durante el año 1942 en el Mediterráneo, batallas que serían también las últimas de importancia hasta la firma del Armisticio.

* * *

La pauta diseñada por el Almirantazgo británico para el traslado a Malta de aquellos dos primeros convoyes, en sendas operaciones que recibirían los nombres clave de «Harpoon» y «Vigorous», fue la misma de siempre, impuesta por la invariable configuración geográfica del Mare Nostrum y la cambiante situación de los aeródromos disponibles en el Norte de África.

Para tratar de disminuir la potencia de los previsibles ataques aéreos a lo largo del llamado «corredor de las bombas» — entre Cerdeña y el Dodecaneso, y la orilla africana —, dos submarinos griegos bajo control británico, el *Triton* y el *Papanicolis,* desembarcaron en la costa septentrional de la isla de Minos, al amparo de las sombras, varios equipos de zapadores, cuyo objetivo eran los aeródromos de la *Luftwaffe.* Tan sólo uno de los grupos logró, en la noche del 13 al 14 de junio, hallar su objetivo, consiguiendo destruir en Heraklion varios aviones *JU-88.* Pero, como vamos a ver, este audaz esfuerzo no alteraría sensiblemente el curso de los acontecimientos.

El convoy «Harpoon», compuesto por seis grandes cargueros (tres ingleses, dos norteamericanos y uno holandés) capaces de sostener los 14 nudos, aparejó del Clyde el 5 de junio y, escoltado por los cruceros de 11.550 toneladas *Kenya* y *Liverpool* y diez destructores entró en el estrecho de Gibraltar en la noche del 11 al 12.

La tarde anterior habían salido de la colonia británica en suelo andaluz, rumbo al Mediterráneo, el acorazado *Malaya,* los portaaviones *Eagle* y *Argus* — con 40 aviones a bordo —, los cruceros antiaéreos *Cairo* y *Charybdis* y siete destructores, a los que acompañaban diez dragaminas destinados a las defensas portuarias de Malta, el veloz crucero minador *Welshman,* dos corbetas, otros tantos petroleros y varias lanchas. Previamente habían aparejado de dicha base naval cuatro submarinos, que tomarían posiciones delante de la bases italianas.

Dejaremos por el momento a todos aquellos cargueros y buques, mandados por el vicealmirante Curteis, mientras surcan, todavía sin ser atacados, el Mediterráneo occidental rumbo al canal de Sicilia, para examinar lo que acontecía en la otra extremidad del Mare Latinum.

Procedentes del océano Índico y a través del canal de Suez se habían ido congregando en Alejandría los cruceros de 11.550 toneladas *Birmingham* y *Newcastle,* los de 5.500 toneladas *Hermione* y *Arethusa,* y diez destructores, que en unión de los buques de guerra anteriormente surtos en dicha base naval quedaron a las órdenes del vicealmirante Henry Harwood, uno de los protagonistas del combate del Río de la Plata, que ahora enarbolaba su insignia en el todavía roto *Queen Elizabeth.* En total: ocho cruceros, veintiséis destructores, cuatro corbetas, dos dragaminas y dos barcos de salvamento constituirían la escolta del convoy «Vigorous», compuesto por once cargueros que, a su vez, remolcarían a cuatro lanchas torpederas.

El Almirantazgo no había querido retirar del océano Índico ninguno de los acorazados y portaaviones de la *Eastern Fleet,* y se trató de paliar tan importante ausencia disfrazando a un veterano buque de batalla: el *Centurion*, acorazado de 26.000 toneladas que había combatido en Jutlandia con la 2.ª Escuadra del vicealmirante Jerram, pero que al terminar la Gran Guerra fue desarmado y convertido en buque-blanco radiodirigido. Había llegado de Bombay y, como tenía dos chimeneas, se le disfrazó convenientemente — la madera y pintura pueden obrar maravillas — para hacer creer a los italianos que se trataba de un acorazado de 38.000 toneladas de la serie «King George V». Pero, ¡ay!, su presencia en las filas británicas no iba a tener la más mínima influencia en los acontecimientos.

En cambio, dieciocho submarinos aparejaron también de Alejandría para establecer un barraje móvil entre el convoy y las probables vías de aproximación de la Escuadra italiana, y uno de estos buques sí lograría apuntarse el gran éxito que luego veremos.

Los británicos, que se veían duramente acosados por Rommel en el desierto norteafricano — el 14 de junio, Winston Churchill había advertido al general Auchinleck: «Presumo que no se ha pensado en modo alguno ceder Tobruk», plaza fuerte que, sin embargo, caería fulminantemente siete días después, con sus 35.000 defensores —, sólo pudieron aprontar para el ataque a la Escuadra italiana los nuevos bimotores torpederos *Wellington* y *Beaufort* de la RAF basados en Malta, algunos *Beauforts* basados en Egipto y varios cuatrimotores *Liberator (B-24)* norteamericanos estacionados en los aeródromos contiguos al canal de Suez: unos cuarenta aviones en total, cazas aparte.

El 11 de junio aparejaron de Port Said cuatro cargueros, escoltados por el crucero *Coventry* y siete destructores. Su misión inicial era navegar hasta el meridiano de Tobruk y, al llegar la noche, invertir el rumbo e incorporarse al convoy principal a la altura de Alejandría, el día 13. Los británicos esperaban que ello decidiría a la Escuadra italiana a hacerse a la mar prematuramente, malgastando un combustible que después podría resultar decisivo. Pero esta añagaza tampoco daría resultado.

El contralmirante Vian, que arbolaba su insignia en el *Cleopatra*, salió de Alejandría, con el resto de sus buques de guerra, en la noche del 13, de modo que el 14, ya a la altura de Tobruk, el convoy — ahora reducido a nueve barcos, pues el *City of Calcutta* había sido gravemente averiado por los aviones alemanes en la tarde del 12 y tuvo que entrar en Tobruk, y el *Elizabeth Bakke*, incapaz de sostener la velocidad prevista (13 nudos), fue enviado a Alejandría — marchaba dentro del siguiente dispositivo antiaéreo y antisubmarino: los nueve cargueros, en cuatro columnas, con el *Centurion* y los barcos de rescate al centro, iban rodeados por dos circunferencias concéntricas formadas, respectivamente, por ocho cruceros y por nueve destructores, cuatro corbetas y dos dragaminas, mientras que los diecisiete destructores restantes cubrían, en escolta antisubmarina, ambas amuras del convoy.

Aquella despejada mañana, el carguero *Agtekirk* tuvo que ser enviado a Tobruk por avería en sus motores, escoltado por un destructor, pero poco después del mediodía fue atacado y hundido por aviones germanos. Los once cargueros habían quedado, pues, reducidos a ocho, y dos corbetas tuvieron que entrar en Tobruk por averías en las máquinas, lo mismo que las lanchas torpederas, pues el estado de la mar hacía impracticable remolcarlas a 13 nudos.

Mientras los convoyes británicos «Vigorous» y «Harpoon» convergían hacia el Mediterráneo central, los italianos, que a través de sus agentes en Algeciras y los aviadores alemanes basados en Creta habían tenido noticias de sus movimientos, tomaron las siguientes disposiciones:

En las primeras horas de la tarde del día 14 salieron de Taranto la 3.ª y 4.ª Divisiones de cruceros *(Garibaldi, Aosta, Gorizia* y *Trento)*, con cuatro destructores, a las órdenes del vicealmirante Courten, inmediatamente seguidos por los acorazados *Littorio* y *Vittorio Veneto*, con seis destructores, a las del almirante Giuseppe Fioravanzzo. Iachino, que izaba su insignia en el *Littorio*, sería el comandante supremo a flote. Los cruceros de la 7.ª División, *Savoia* y *Montecuccoli*, con siete destructores (contralmirante Da Zara), se había trasladado la tarde anterior de Cagliari a Palermo, y el día 12 habían aparejado nueve submarinos para tomar posiciones en el Mediterráneo occidental y a poniente de Malta.

El plan italiano se basaba en presentar batalla con su Escuadra — en la mañana del 15 — a las fuerzas británicas procedentes de Alejandría, y, puesto que ya se sabía que la *Mediterranean Fleet* no contaba con acorazado alguno — incluso se tenía la sospecha de que el señalado no era auténtico — y la «Fuerza H», que invariablemente daba protección a los convoyes procedentes de Poniente, no solía aventurarse por el canal de Sicilia, los cruceros de la 7.ª División, oportunamente salidos de Palermo, tratarían de caer por sorpresa sobre el convoy del Oeste a levante de dicho canal, antes de que llegase a La Valetta. Aparte de ello, los aviones de la *Regia Aeronautica* y los *Fliegerkorps* alemanes basados en Cerdeña, Sicilia, Creta, Rodas y Tripolitania atacarían intensamente a ambos convoyes y fuerzas navales enemigas con todos los medios disponibles, ya que las condiciones atmosféricas se prometían excelentes.

Este bien calculado e inteligente plan iba a cumplirse, como veremos, prácticamente al pie de la letra.

* * *

La escuadra de Iachino se pegó a la costa oriental del golfo de Taranto, por dentro de los campos defensivos de minas, para tratar de evitar la zona donde solían acechar los sumergibles británicos. Sin embargo, y pese a la escolta de cuatro cazas de la *Regia Aeronautica,* fue descubierta por un avión inglés a la altura del cabo Santa Maria di Leuca, de modo que Vian, y también Harwood, que mandaba desde Alejandría el conjunto de la operación «Vigorous», pronto supieron lo que en esta ocasión les esperaba, ya que el cariz del tiempo era excelente y largos los días.

Aquí debemos hacer constar que, ¡por primera vez en toda la guerra!, la Escuadra italiana disponía por fin de algún buque, ¡uno solo!, provisto de un radiotelémetro (DETE) de fabricación alemana: el destructor *Legionario.* Y también que, a aquellas alturas, hacía mucho tiempo que todos los buques de guerra ingleses y la mayoría de los aviones de la *Fleet Air Arm* montaban excelentes equipos de radar.

A las diez de la noche del 14, el contralmirante Vian recibió la inquietante noticia de que la escuadra italiana, fuerte en dos «Littorios» y varios cruceros pesados, se hallaba en la mar arrumbada hacia el Sur, por lo que, calculando que podría caer sobre el convoy a las siete de la mañana siguiente y que esta vez sería muy difícil, tal vez imposible, rechazarla, dadas las bonancibles condiciones de mar y viento y la larga duración de los días, preguntó a Harwood si debería retirarse.

Pero el comandante en jefe no había perdido las esperanzas y, queriendo ganar más longitud hacia Malta, le ordenó continuar hacia el Oeste hasta las 0100 horas del día 15 y después invertir el rumbo. Así que, poco antes de dicha hora, Vian inició la compleja maniobra con su más de medio centenar de heterogéneas unidades y seguidamente aproó al Estesudeste. Terminada la virada, los cruceros *Newcastle* y *Birmingham,* con cuatro destructores, quedaron a retaguardia del convoy para prevenir sorpresas. Mas ellos mismos iban a resultar los sorprendidos.

Entre las oscuras sombras acechaban varias lanchas torpederas alemanas pertenecientes a la 3.ª Flotilla, basada en Derna, que poco antes de las cuatro de la madrugada, moviéndose muy despacio para no producir ruido alguno, alcanzaron con un artefacto submarino al crucero *Newcastle* y poco después al destructor *Hasty*. El primero de dichos buques sufrió considerables daños, mas pudo continuar su navegación a 24 nudos, pero el *Hasty* tuvo que ser abandonado y echado a pique.

El almirante Harwood confiaba en que los ataques nocturnos desencadenados por los aviones de gran radio de acción de la RAF y los de los *Liberator* norteamericanos causaran suficientes daños a la escuadra italiana para obligarla a retirarse. En todo caso, temió que el convoy sufriría mayores daños debido a los ataques aéreos que podrían desencadenarse entre Creta y Cirenaica que a los que pudiera infligirle la escuadra enemiga, así que a las cinco de la madrugada ordenó a Vian que invirtiera nuevamente el rumbo y se dirigiese a Malta.

Las suposiciones de Harwood estaban bien fundamentadas, como veremos, pero las cosas no iban a desarrollarse exactamente como este almirante esperaba.

A las diez de la noche del día 14, la escuadra de Iachino, que navegaba bien por fuera del radio de acción de cualquier *Swordfish* salido de Malta, dio una cuchillada hacia el Sursudeste para tratar de hacer perder su rastro a los aviones de reconocimiento enemigos que le seguían, y hacia la medianoche volvió a aproar al Sur verdadero.

Pero los aviones torpederos que ya habían despegado de Malta eran bimotores *Wellington* de la RAF, armados con dos torpedos cada uno y de un radio de acción de más de 300 millas marinas.

A las 0230 de la madrugada del 15, el «DETE» del destructor *Legionario* señaló la presencia de varios aviones, por lo que Iachino, anticipándose a cualquier ataque aéreo, ordenó a los destructores que flanqueaban a los acorazados lanzar cortinas neblinógenas. Diez minutos después, los aviones ingleses comenzaron a arrojar potentes bengalas, primero de una en una, después por docenas. Su luz era vivísima, y el efecto sobre la oscura mar surcada por unos buques de guerra que vomitaban constantemente humo por chimeneas y fumígenos y cambiaban de rumbo para presentar siempre la popa a las delatoras luminarias que descendían lentamente de las alturas, verdaderamente fantástico.

Pero el sistema defensivo dio resultado, y sólo uno de los cuatro aparatos torpederos se decidió a lanzar, infructuosamente, contra un acorazado vagamente entrevisto a través de la niebla artificial. Finalizado el ataque, la escuadra italiana arrumbó al 160° y mantuvo la misma proa hasta la amanecida, llevando la división de cruceros desplegada a unos diez mil metros por la proa del grueso. Pero los primeros arreboles de la aurora no trajeron los prometidos cazas alemanes que deberían escoltarla, sino a los aviones torpederos ingleses, que, más madrugadores, volvían a la carga desde Malta.

Veinte minutos antes de la salida del sol, y con la alarma consiguiente, los serviolas de los cruceros italianos descubrieron muy lejos, sobre el ya bostezante y límpido horizonte de Levante, a un avión enemigo que observaba insistentemente los movimientos de la división italiana y lanzaba continuas señales al éter. Se trataba de un aparato británico de reconocimiento procedente de Malta, que por medio de sus señales electromagnéticas dirigía a nueve *Bristols* torpederos hacia los cruceros de Courten.

Una vez más, carentes de protección de cazas, a los buques italianos no les quedó otra alternativa que el ineficaz empleo de la artillería antiaérea y la maniobra evasiva a toda máquina, mientras los nueve aparatos británicos se aproximaban a gran velocidad desde el sector todavía oscuro del horizonte, divididos en grupos de a tres, y luego, entre la algarabía de las explosiones de la defensa, lanzaban contra los cruceros desde distancias comprendidas entre los mil y los... ¡doscientos metros!

Dos pálidas estelas de burbujas de aire literalmente «afeitaron» al *Garibaldi,* que maniobró con gran habilidad para esquivarlas, mientras el *Gorizia,* lanzado a toda máquina, se vio obligado a describir una circunferencia completa para librarse de la peligrosa red trenzada por los letales artefactos que hacia él convergían. Pero el *Trento,* que marchaba en cola y no contaba, por tanto, con la protección directa de los cuatro destructores de la división situados por sus amuras, fue incapaz de esquivar un torpedo arrojado a quemarropa, con enorme sangre fría, desde unos doscientos metros del crucero pesado. Todas las órdenes a las máquinas y el timón resultaron inútiles, y el temido y fatal impacto se produjo inexorablemente en el centro del buque, por estribor, a la altura de la cámara de calderas proel.

Los daños fueron graves. Una gran vía de agua hizo que dicho compartimento quedase inmediatamente inundado y que cediera el mamparo estanco que lo separaba de las calderas centrales, donde las filtraciones de petróleo provocaron un formidable incendio. Las turbinas de proa quedaron sin vapor, y poco después, debido a la contaminación de agua salada en las tuberías de alimentación de las calderas de popa, éstas también se apagaron. Así que muy pronto el crucero quedó inmóvil sobre la mar, mientras por su chimenea de proa escapaba hacia las alturas una enorme y negrísima columna de humo visible a cien millas de distancia.

Dejemos por el momento al malherido e inmovilizado *Trento*, escoltado por los destructores *Saetta* y *Pigafetta*, mientras tres submarinos británicos, los *P-31*, *P-34* y *P-35*, convergen hacia él a toda velocidad, atraídos por la delatora humareda que escapa de su chimenea, para ver cómo terminó el hábil y valeroso ataque desencadenado aquella amanecida por los aviones torpederos de la RAF.

Cuando los aviadores británicos descubrieron a los dos acorazados italianos que navegaban a unos diez mil metros por la popa de los cruceros de Courten, los tres aviones que aún contaban con torpedos se agruparon y arrumbaron inmediatamente hacia aquellos formidables leviatanes.

Nuevamente los marinos italianos, acostumbrados a los pequeños y lentos *Swordfishes* de la *Royal Navy*, quedaron desagradablemente sorprendidos por la enorme velocidad de aproximación de los bimotores *Bristol Beaufort* — 226 millas contra las 139 de los *Swordfishes* —, los dos torpedos que llevaban a bordo y su capacidad para absorber imperturbablemente los impactos de las ametralladoras pesadas, ya que tales aparatos iban bien blindados en sus puntos vitales. Pero esta vez los navíos italianos no aguardaron el lanzamiento de los peces de acero enemigos para iniciar sus cambios de rumbo y velocidad, y tal vez ello, unido al reducido número de aviones atacantes, haría infructuoso el intento, aunque los aviadores creyeron haber acertado a ambos acorazados. Esta falsa noticia haría que el convoy «Vigorous» probase una vez más fortuna.

Porque dicho convoy había vuelto a invertir el rumbo poco después de la amanecida del día 15, pero a las 0940, al saber Harwood que los acorazados italianos se hallaban a 150 millas de él, arrumbados todavía al Sur, ordenó a Vian que volviese a aproar hacia el Este. Y a las 1245, al enterarse de que los dos acorazados italianos habían sido torpedeados e inmovilizado uno de los cruceros pesados enemigos, le hizo arrumbar otra vez hacia Malta. Pero poco más tarde, al serle confirmado que el *Littorio* y el *Veneto* proseguían hacia el Austro para cortar la derrota del convoy y fuerzas británicas, perdió la confianza y decidió dejar a Vian en libertad de acción para hacer lo que creyese más conveniente.

Aquella mañana, los aviones en picado alemanes habían alcanzado con una bomba al crucero *Birmingham*, causándole graves averías; el destructor *Airedale* había sufrido tales daños que tuvo que ser abandonado y hundido, y uno de los cargueros, incapaz de sostener la velocidad del convoy, fue enviado a puerto. En vista de lo cual, y de que el *Newcastle* ya había sido blanco de un torpedo, el zarandeado convoy viró nuevamente hacia Levante. Sus avatares no habían terminado, ni mucho menos; pero regresemos otra vez con los buques del almirante Iachino, que habían proseguido en pos del enemigo dejando atrás al *Trento*.

A las 0546 de la mañana, el submarino británico *P-35* lanzó una salva de cuatro torpedos contra el *Veneto*. Mas los artefactos se perdieron, y los marinos italianos ni siquiera se enteraron de aquel ataque solapado. Pero el siguiente no podría pasarles inadvertido.

A las 0830, habiendo recibido noticias aéreas sobre la posición del convoy enemigo, la escuadra del almirante Iachino aproó al 110° para caer cuanto antes sobre él, mientras ocho cuatrimotores norteamericanos, cargados con cinco toneladas de bombas cada uno, y doce *Bristols* torpederos de la RAF salidos de Egipto se aproximaban a su vez rápidamente a los buques de guerra italianos con la finalidad de efectuar un ataque sincronizado. Los primeros, que volaban a unos cuatro mil metros de altura, pasaron inadvertidos para todos, pero los últimos fueron descubiertos y atacados, todavía muy lejos de su objetivo, por un grupo de cazas alemanes *(ME-109)*, que derribaron a dos, averiaron gravemente a otros cinco y retrasaron a los restantes. Así que únicamente cinco aparatos ingleses lograrían atacar después a la escuadra italiana, pero a destiempo respecto a los grandes bombarderos de la USAAF.

Poco después de las ocho de la mañana avistaron los marinos italianos dos aviones enemigos de reconocimiento que volaban bajos y que muy pronto atrajeron la atención de la artillería antiaérea. Entre el tronar de los cañones, el estentóreo grito de un serviola del buque insignia, que señalaba hacia el cenit, originó un escalofrío en quienes, al seguir con la vista sus indicaciones, observaron, prácticamente en la vertical del acorazado, a ocho enormes aviones que ya se cernían sobre la escuadra como monstruosas y amenazantes águilas de muerte. Habían llegado totalmente inadvertidos, en la dirección del sol y cuando el «DETE» del destructor *Legionario* se ocupaba de aquellos dos aparatos ingleses de observación.

Inmediatamente se escucharon los fuertes silbidos de las bombas que caían, y luego, sin tiempo alguno para reaccionar siquiera con el timón, unas explosiones potentísimas estremecieron violentamente los robustos cascos de los acorazados, levantando en sus inmediaciones enormes columnas de agua. Simultáneamente, una gran llamarada se produjo en la torre proel de 381 mm. del *Littorio*, seguida por una fuerte explosión y un trallazo de metralla que se abatió ruidosa contra las superestructuras. Un artefacto había resbalado por la gualdera de babor de la torre y estallado después contra la coraza de la barbeta. La metralla penetró en el interior de la torre a través de la mirilla correspondiente a su telémetro — cuya acorazada tapa había sido imprudentemente abierta —, matando a un artillero e hiriendo a otros doce, pero sin producir daños en las piezas de 381 mm. Sin embargo, las fuertes vibraciones provocadas en el *Littorio* por dicho artefacto y otros varios caídos a muy pocos metros de sus costados fueron tales, que los tres hidroaviones que llevaba en la toldilla quedaron inutilizados.

La escuadra prosiguió arrumbada al 110°; poco después se lanzó al aire uno de los aviones del *Veneto*, y a las 0840 llegaron los cinco *Bristols* supervivientes del escuadrón británico salido de Egipto. Estos aparatos se dividieron en dos grupos y luego lanzaron sobre los acorazados desde distancias comprendidas entre los cuatro mil y los dos mil metros, y pese a que la estela dejada por uno de sus diez torpedos pasó entre los dos buques de batalla, sus oportunos cambios de rumbo hicieron inefectivo el ataque, aunque el estallido de un torpedo al cortar sus ondas de cabeza haría creer a los aviadores que habían logrado alcanzar a uno de los blindados. Dejemos por ahora también a estos buques, otra vez arrumbados al Estesudeste, para ocuparnos de la aciaga suerte corrida por el *Trento*.

Poco antes de las nueve de la mañana ya se había logrado dominar por completo el fuerte incendio producido en la cámara de calderas central y se habían vuelto a encender las calderas de popa. Pero como levantar presión llevaría varias horas, el comandante del buque, capitán de navío Esposito, ordenó a uno de los destructores que giraban constantemente en torno al crucero emitiendo cortinas de humo que lo tomase a remolque.

Acababa el *Pigafetta* de hacer firme el cable y se disponía a dar avante despacio, cuando, a las 0910, los italianos avistaron, con la desesperación y el horror de la impotencia, los trazos rectilíneos y blancuzcos que dejaban sobre la espejeante superficie del mar las burbujas de aire de dos torpedos dirigidos hacia el inmóvil e inerme *Trento.* El inevitable impacto se produjo a la altura del pañol de municiones de la torre número 2. Su fuerte explosión hizo surgir del costado un gran géiser de agua que luego se desplomó sobre el castillo de proa como una tromba marina que se deshace. Instantes después, otra explosión, esta vez terrorífica, desgarraba el buque, levantando la cubierta y derribando hacia popa el trípode del mástil, el puente de mando y la dirección de tiro principal y vomitaba en todas direcciones un verdadero diluvio de pedazos de acero y metralla que hirieron, mataron o mutilaron a todo el personal que se hallaba en cubierta.

Una enorme nube de humo que olía fuertemente a cordita quemada envolvió al *Trento* como un sudario fúnebre, y el buque, que ya tenía varios miles de toneladas de agua en sus calderas proeles, escoró velocísimamente a babor y comenzó a hundirse de proa. La popa del crucero se alzó unos instantes, verticalmente, fuera del agua, mostrando las cuatro grandes hélices de bronce, que destellaron un momento al sol de la mañana. Luego, con un potente silbar que era como un alarido de muerte, desapareció con rapidez, entre grandes burbujas y remolinos, bajo la lámina infinita del mar.

El *Pigafetta* apenas había tenido tiempo justo para largar el remolque del *Trento,* que se llevaba consigo a 549 hombres de su dotación, entre ellos a su comandante y a más de la mitad de los oficiales. Así de trágicamente — casi como nuestro *Baleares* — terminó este crucero pesado italiano, que durante dos años había tomado parte en todas las batallas navales del Mediterráneo y del que sólo pudieron ser salvados por los destructores que le escoltaron 602 hombres, más de doscientos de los cuales se hallaban heridos. El golpe de gracia se lo había dado el submarino británico *P-35 (Umbra),* mandado por el teniente de navío Maydon, que le lanzó con mortífera precisión dos torpedos. Pero en aquella accidentada jornada tampoco los británicos saldrían bien librados.

Los hidros lanzados al aire por el *Veneto* y el *Aosta* en la mañana del día 15 nada descubrieron hacia Levante, y como a las 1340 un avión italiano señaló que el convoy británico y su escolta se retiraban hacia el Este, la escuadra de Iachino, que hasta entonces se había movido al 110°, a 24 nudos, a las 1400 arrumbó al 340° y moderó a 20 millas por hora para aproximarse a

Navarino durante la noche — eludiendo los aviones torpederos que podrían llegar desde Malta — e intervenir nuevamente contra el convoy, si preciso fuese, el día 16.

Dicho cambio de rumbo de los buques italianos fue muy pronto advertido por un avión británico de vigilancia, que, hacia las 1415, se lo señaló al almirante Harwood. Éste se apresuró a telegrafiar inmediatamente a Vian: «Ahora es el momento de hacer pasar el convoy a Malta.»

Cuando Vian recibió este mensaje más bien optimista, las cosas se habían puesto bastante difíciles para él, pues sus buques estaban siendo continuamente atacados por treinta aviones alemanes y diez italianos. Mientras los bombarderos lanzaban sus artefactos desde 5.000 metros de altura, los *Stukas* se descolgaban en picado. Finalmente, los *Savoias* rascaron el agua para lanzar desde cerca sus torpedos. Algunos cazas ingleses procedentes del Norte de África pudieron intervenir esporádicamente, pero el destructor australiano *Nestor* resultó tan gravemente averiado que tuvo que ser después hundido; el *Arethusa* y el *Centurion* sufrieron algunas averías, y el consumo de municiones fue elevadísimo. Aquella misma tarde ya había sido hundido, durante un ataque efectuado por cuarenta aviones germanos, el destructor *Airdale*.

Cuando pudo contabilizar las existencias, Vian respondió a Harwood que a sus buques les restaba menos de un tercio de las municiones antiaéreas y que las disponibles se iban con toda rapidez. En vista de lo cual y de que el avión que vigilaba a la escuadra italiana había sido abatido a las 1505 y desde entonces los británicos no habían vuelto a tener la menor noticia de los movimientos del enemigo — ni la tendrían hasta siete horas después —, el comandante en jefe ordenó a Vian que se retirase definitivamente a Alejandría con la totalidad de sus unidades. Pero los peligros no habían terminado, pues, aquella misma noche, el submarino alemán *U-205* (teniente de navío Reschke) torpedearía y echaría a pique al flamante crucero *Hermoine* (5.500 toneladas), que se hundió a los veinte minutos de recibir los impactos.

Así que la operación «Vigorous» terminaba en un completo fracaso, que, además, había costado a los británicos la pérdida de un crucero, tres destructores y dos cargueros, el torpedeamiento de otro gran crucero y averías en varias unidades mercantes y de guerra.

Por su parte, los italianos perdieron el *Trento*, y el *Littorio* resultó también torpedeado hacia la medianoche del 15 al 16, durante un prolongado ataque a cargo de cinco aviones *Wellington* procedentes de Malta y armados con torpedos, conducidos por un aparato de reconocimiento provisto de radar y encargado del lanzamiento de las bengalas. Pero el único impacto logrado por los ingleses se produjo en la proa del acorazado, originándole una vía de agua que no impidió al buque proseguir su navegación a 20 nudos y entrar en Taranto a la mañana siguiente. Pese a ello y a la trágica pérdida del *Trento,* el mismo Roskill reconoce que «el éxito del enemigo había sido innegable».

Simultáneamente con la porfiada lucha que hasta aquí hemos seguido a través de las aguas del Mediterráneo centro-oriental, el segundo convoy británico, el «Harpoon», proseguía su azarosa navegación, desde Poniente, también hacia la asediada isla de Malta. Brevemente examinaremos sus aventuras y desventuras.

* * *

En la tarde del 12 de junio, el vapor español *Cabo Prior* se cruzó con el convoy «Harpoon» y los buques de guerra que le escoltaban, de lo que indirectamente se enteraría después «Supermarina». Pero ya ese mismo día, los buques ingleses, a pesar de la intervención de los cazas de los dos portaaviones, habían sido descubiertos por aparatos de reconocimiento del Eje.

También fueron avistados, el día 13, por el submarino *P-43,* los cruceros de la 7.ª División italiana, que de Cagliari se dirigía a Palermo. Los torpedos que les lanzó fallaron el blanco, pero el sumergible alertó al vicealmirante de Malta, quien envió contra aquéllos a varios aviones torpederos de la RAF, que, por falta de bengalas, no lograron ultimar su ataque nocturno a los buques de Da Zara.

En la noche del 13 al 14 fueron nuevamente avistados los barcos del convoy «Harpoon», a unas 90 millas al norte de Bougie, por el submarino italiano *Uarsciek,* que también falló su ataque torpedero en superficie, y, en la madrugada del 14, por el *Giada,* que le arrojó sin éxito otros cuatro artefactos submarinos.

Ese día, el cielo estaba despejado y la mar en calma, soplaban ventolinas de Poniente y el convoy entró desde por la mañana en el radio de acción de los bombarderos basados en Cerdeña, de modo que el almirante Curteis adoptó el siguiente dispositivo antiaéreo: los cargueros marcharían en dos columnas, conducidas por los cruceros *Kenya* y *Liverpool* y seguidas por el *Malaya* y el *Welshman;* las corbetas y las lanchas cerrarían la marcha, y quince destructores y cuatro dragaminas oceánicos formaron un amplio círculo alrededor de todos los citados. A cierta distancia por el Norte se movían los dos portaaviones, con la escolta de los cruceros antiaéreos *Cairo* y *Charybdis* y dos destructores.

El primer ataque, a cargo de ocho aviones en picado italianos, divididos en dos escuadrillas, se produjo poco después de las nueve de la mañana y tuvo por objetivo el portaaviones *Argus*, que por pocos metros consiguió librarse del chaparrón de bombas, mientras los cazas navales británicos lograban derribar a tres aparatos enemigos.

Poco después de las diez se pobló el cielo de aviones, e innumerables manchitas brillantes surgieron en las pantallas de los radares de exploración: eran 18 bombarderos, 32 aviones torpederos y 39 cazas, todos italianos. Los S-*79* atravesaron el cinturón formado por los destructores y atacaron en dos oleadas (no sincronizadas) al grueso del convoy, alcanzando con un torpedo al crucero *Liverpool*, que quedó con las máquinas destrozadas y al garete y tuvo que ser tomado a remolque por el destructor *Antelope*. Escoltado por el *Westcott* y tras sortear con habilidad y suerte multitud de ataques aéreos, este gran crucero lograría arribar a su debido tiempo al Peñón.

El convoy prosiguió hacia Levante, y aquella misma tarde entró también dentro del radio de acción de los aviones alemanes basados en Sicilia. A las 1720 fue atacado por diez *JU-88*, que se lanzaron en picado contra el *Eagle*, aunque sin éxito. Una de las bombas rozó la amura del portaaviones, pasó por debajo de su quilla igual que un delfín y estalló por la otra banda sin causarle daños.

A las 1900 horas, hallándose los barcos ingleses a unas 20 millas al nordeste del cabo Blanc (Bizerta), el *Welshman* se destacó hacia Malta a gran velocidad con su precioso cargamento de municiones. Algunos minutos después se produjo un nuevo ataque italo-alemán a cargo de 17 bombarderos en picado y 14 convencionales, escoltados por 43 cazas. Esta vez, los ataques estuvieron bien sincronizados, pero a pesar de la fuerte escolta de cazas propios no consiguieron blancos, aunque varios buques, especialmente los dos portaaviones, se libraron de las bombas por algunos metros (*«had narrow escapes»*), y siete cazas británicos fueron abatidos.

A las 2000, al embocar el canal de Sicilia, la sombrilla aérea del convoy «Harpoon» quedó reforzada por varios cazas procedentes de Malta, y media hora después, como estaba previsto, el almirante Curteis invirtió el rumbo con las unidades pesadas, mientras los seis cargueros, ahora en línea de fila, quedaban bajo la protección directa del crucero antiaéreo *Cairo* (4.200 toneladas, diez piezas antiaéreas de 102 mm. y dieciséis de 40 mm.), nueve destructores, diez dragaminas, corbetas y lanchas.

Ocho *JU-88* germanos atacaron a estos buques durante el crepúsculo vespertino, desde el sector oscuro del horizonte, pero tampoco esta vez lograron impactos y dos aparatos fueron derribados. Así que hasta entonces las cosas se habían desarrollado para los ingleses de manera todavía más satisfactoria de la que temieron, y el almirante Curteis y el capitán de navío Hardy, que mandaba directamente el convoy a bordo del *Cairo,* se sintieron optimistas, ya que sólo habían perdido a uno de los cargueros.

No ignoraban que a las 1930 habían salido de Palermo dos cruceros y varios destructores italianos, pero creyeron que estos buques, que inicialmente arrumbaron al Nordeste como medida de decepción, tratarían de incorporarse al grueso de la escuadra italiana a través del estrecho de Mesina. Este error, y un exceso de confianza por su parte, pues hasta entonces, en similares circunstancias, los buques italianos nunca habían actuado en las proximidades de Malta por temor a los ataques de los aviones torpederos allí basados, les hizo dejar al convoy, durante el último tramo de su travesía, prácticamente sin escolta de cruceros, lo que tendría las consecuencias que vamos a ver.

Los barcos del «Harpoon» cruzaron al sur de la isla de Zembra y después contornearon el cabo Bon bien pegados a tierra para librar los barrajes de minas italianos. La noche era muy oscura, y por el Norte, lejos, varias veces vieron descender bengalas lanzadas por aviones enemigos que les buscaban entre las sombras. Hacia la una de la madrugada del 16 se columbró una forma negra muy próxima a tierra, por lo que dos destructores abrieron inmediatamente el fuego sobre ella. Pero se trataba de los fantasmales restos del destructor *Havock...*

Sin otras novedades para los ingleses llegó la cárdena aurora. Pero mientras tanto los buques de Da Zara ya habían franqueado el canal de Sicilia y se les aproximaban a rumbo de colisión. De modo que el primer sobresalto para el capitán de navío Hardy se produjo a las 0520, cuando uno de los cazas *Beaufigther* que llegaban de Malta para darle escolta le comunicó por radioteléfono que por el Norte, a tan sólo 15 millas, se le aproximaban dos cruceros y varios destructores italianos. Diez minutos después, los buques de Da Zara eran visibles a simple vista desde el

Cairo. Fue una sorpresa sumamente desagradable para Hardy, pero el comodoro se dispuso a poner inmediatamente en práctica su plan defensivo.

Veamos el dispositivo de marcha de las dos fuerzas adversarias que van a entrar en acción.

La 7.ª División italiana: *Savoia* y *Montecuccoli,* llevaba en vanguardia a la 10.ª Escuadrilla de destructores: *Premuda, Ascari* y *Oriani,* y a retaguardia, dos buques de la 14.ª: *Vivaldi* y *Malocello.* Esta fuerza iba sensiblemente arrumbada al Sur, a 24 nudos, y había puesto en el aire los dos hidroaviones de los cruceros, que poco más tarde serían derribados por los cazas británicos.

El convoy «Harpoon» se movía hacia el Sudeste en dos columnas, a 12 nudos, precedido por el *Cairo;* llevaba la 11.ª Flotilla de destructores: *Bedouin, Partridge, Ithuriel, Marne* y *Matchless* por estribor; a la 12.ª: *Badsworth, Icarus, Kujawiak* (polaco) y *Blankney,* por babor, y por la popa a los dragaminas, corbetas y lanchas (1).

Al avistar a los buques italianos, el capitán de navío Hardy ordenó al convoy arrumbar inmediatamente hacia el Sudoeste, mientras el *Cairo* y los destructores de la 12.ª Escuadrilla le ocultaban eficazmente con cortinas de humo y la 11.ª se lanzaba al ataque del superior adversario. Su plan era sencillamente ganar tiempo, en espera de que los aviones de la RAF basados en Malta pudieran intervenir y lisiar con torpedos a los cruceros italianos.

Los destructores del capitán de fragata Scurfield, que se habían lanzado al ataque a 30 nudos, aunque poderosos para su clase, eran manifiestamente inferiores a los cruceros de Da Zara, pero estos buques carecían de radares, mientras que aquéllos llevaban tan eficaces ingenios electrónicos incorporados a sus direcciones de tiro, lo que suponía una gran diferencia, sobre todo teniendo en cuenta que los británicos iban a combatir envolviéndose casi constantemente en cortinas de humo.

Por su parte, el almirante italiano, a quien no convenía per-

(1) *Savoia* y *Montecuccoli:* 7.500 toneladas estándar, ocho cañones de 152 mm. y seis de 100 mm.; *Premuda:* ex yugoslavo *Dubrovnik,* construido en Inglaterra en 1931, 1.900 toneladas, cuatro cañones de 149 mm.; *Ascari* y *Oriani:* 1.600 toneladas, cuatro cañones de 120 mm.; *Vivaldi* y *Malocello:* 1.900 toneladas, seis cañones de 120 mm.; *Bedouin, Partridge* e *Ithuriel:* 1.900 toneladas, ocho cañones de 120 mm.; *Marne* y *Matchless:* 1.950 toneladas, seis cañones de 120 mm.; 12.ª Flotilla británica: 1.000 toneladas, cuatro cañones de 120 mm.

der tiempo en aquellas aguas tan peligrosas dada su proximidad a la isla de Malta, se lanzó al ataque con igual decisión, acortando velozmente distancias, a 32 nudos, con los cruceros y los tres destructores de la 10.ª Escuadrilla, para caer sobre el convoy por el Sur, mientras el *Vivaldi* y el *Malocello*, que por averías no podían mantener aquella velocidad, aproaban al Oesnoroeste para atacarle desde el Norte.

A las 0539, con alzas de unos 20.000 metros, el *Savoia* y el *Montecuccoli* abrieron el fuego sobre los dos buques en cabeza de la 11.ª Flotilla británica, que trataba de cerrarles el paso. Y, por su parte, el *Cairo* y los destructores ingleses rompieron el fuego a las 0550. La visibilidad, que no era todavía muy buena por falta de luz, empeoraría pronto para los italianos debido a las densas cortinas de humo que vomitaban los buques británicos.

Bruscamente, de entre la barra de niebla artificial tendida por el *Cairo* y los destructores de la 12.ª Flotilla, emergieron los cuatro buques que componían ésta, iniciando inmediatamente un violento combate con el *Vivaldi y* el *Malocello*, en el que intervinieron también, desde lejos, los buques de la 11.ª A las 0615 fue alcanzado el *Vivaldi* en la cámara de máquinas proel, y cinco minutos después este buque, que también tenía averías en el timón, quedó al garete, mientras el *Malocello* trataba de ocultarle con cortinas de humo.

«¡Combatiremos hasta el fin! ¡Viva Italia!», lanza inmediatamente al éter el capitán de navío Castrogiovanni, decidido a *vender cara la pelle*. Los cuatro destructores británicos se aproximan al malherido *Vivaldi* hasta una distancia de 4.500 metros, dispuestos a darle el golpe de gracia. Pero fallaron los torpedos lanzados contra él y también sus disparos de cañón, y como el *Vivaldi* y el *Malocello* hacían un fuego intenso y bien dirigido y el primero les lanzó también varios torpedos, los ingleses decidieron replegarse sobre el desamparado convoy, que en aquel momento estaba siendo atacado por aviones alemanes.

Mientras tanto, entre los buques de Da Zara y el *Cairo* y los destructores británicos de la 11.ª Flotilla proseguía el porfiado duelo, y como ninguno de los dos resueltos adversarios estaba dispuesto a ceder, la distancia llegó a disminuir hasta el punto de que entraron en fuego las ametralladoras pesadas. El *Montecuccoli* había recibido casi inmediatamente un impacto en la cámara de oficiales, cuya metralla hirió a varios hombres de los compartimentos adyacentes, y otro proyectil alcanzó después al *Savoia*, perforándole el casco por encima de la flotación, a la altura de la enfermería, y matando a dos marineros. También el *Cairo* recibió un impacto en la superestructura de proa, sin importantes consecuencias. Pero a las 0615, en el mismo momento en que a unas diez millas por el noroeste de los cruceros italianos era inmovilizado el *Vivaldi*, entre los piques de las salvas italianas desaparecieron el *Bedouin* y el *Partridge*, que fueron repetidamente alcanzados y quedaron al garete. El primero había recibido cuatro impactos directos de 152 mm. que le produjeron cuantiosas bajas y muy graves averías en el casco, turbinas y calderas, y en la sala de máquinas del también inmovilizado *Partridge* brotó un fuerte incendio.

Ello mejoró considerablemente las perspectivas para los italianos, que hasta entonces habían tenido que serpentear constantemente para eludir las bien centradas salvas enemigas, pero en aquel momento Da Zara decidió enviar sus tres destructores en auxilio del comprometido *Vivaldi*, mientras él, sólo con los cruceros, trataba de rodear por el Sur al *Cairo* y los restantes buques de la 11.ª Flotilla para caer después sobre su objetivo, que era, naturalmente, el convoy. Creemos que esta división de fuerzas fue un error, aunque bien comprensible, por su parte.

Para el convoy, las cosas ya se habían puesto bastante mal, pues al haber quedado, durante los combates a que acabamos de referirnos, únicamente protegido por los dragaminas y las corbetas, la labor de los aviones germanos que mientras tanto le atacaron fue bastante eficaz. Ocho *JU-87* se lanzaron en picado contra los cargueros, y aunque uno de ellos fue derribado, tres bombas alcanzaron al *Chant* y lo enviaron rápidamente al abismo, y el petrolero *Kentucky* quedó desmantelado y con un fuerte incendio, teniendo que ser tomado a remolque por el dragaminas oceánico *Hebe*.

Pero un fuego infernal y muy peligroso (*«un fuoco d'inferno, centratissimo»*, escribe Da Zara) se abatía sobre los cruceros del contralmirante italiano, quien, ya sin destructores y temiendo un ataque con torpedos, decidió abrir momentáneamente distancias hacia el Sur.

A las 0722, la totalidad de los destructores británicos, excepto los dos alcanzados, se había incorporado a toda máquina al *Cairo*, mientras que Da Zara decidió dejar al *Premuda* y al *Malocello* al cuidado del *Vivaldi* y ordenó a sus otros dos destructores que se le reincorporasen cuanto antes.

Poco después, el convoy arrumbó al Noroeste para alejarse de los cruceros enemigos, que pronto le siguieron, entablándose otro duelo, en el que nuevamente fue alcanzado, esta vez por debajo de la flotación, el *Cairo,* pero con suerte para él, pues el proyectil, de 152 mm. de calibre, le atravesó un tanque de petróleo y un doble fondo, pero no estalló, de modo que la inundación que se produjo en su sala de máquinas pudo ser contenida con el empleo de las bombas de achique.

Algo más tarde cesaba el fuego, pues los buques ingleses arrumbaron hacia el Nordeste envueltos en una impenetrable cortina de humo. Estos combates habían tenido lugar a unas 13 millas a poniente de un barraje de minas italiano (400 artefactos submarinos del campo «7-AN» acechaban allí fondeados) de unas 25 millas de longitud, orientado por meridiano, y como Da Zara apreció que el convoy estaría ya por encima de su extremidad septentrional y trataría de arrumbar nuevamente hacia Levante para alcanzar Malta, decidió sortear dicho barraje por el Este, para obligar después a aquél a escapar otra vez hacia el Sudoeste, con lo que podría caer en el referido campo minado.

Mientras tanto, el *Partridge* había logrado sofocar el incendio, reparar sus averías y tomar a remolque al *Bedouin.* El *Vivaldi* también se puso en movimiento con una de sus máquinas y, pese al formidable siniestro que todo lo devoraba en la cámara de turbinas de proa y que cada vez cobraba mayores dimensiones, pudo renquear, escoltado también por varias lanchas y dragaminas salidos de Pantelleria — que le cedieron todos sus extintores —, hasta dicha isla, pese a los ataques contra él dirigidos por varios bombarderos y aviones torpederos procedentes de Malta. Y por fin, tras una lucha titánica contra las llamas y con el auxilio de remolcadores, el incendio quedó sofocado a las siete de la tarde, y dos días después el abrasado *Vivaldi* lograría entrar por sus medios en Trapani.

Habíamos dejado al *Savoia* y al *Montecuccoli* arrumbados hacia el Norte para rebasar el barraje «7-AN». Tras esquivar los torpedos lanzados contra ellos por un *Beaufort* británico, a las 1015 se les incorporaron el *Oriani* y el *Ascari,* y cincuenta minutos después, ya librado el campo de minas, la división italiana arrumbó al Oeste verdadero en busca del desaparecido convoy.

Éste había vuelto a ser atacado, a las 1020, por varios aviones en picado que desmantelaron al carguero *Burdwan,* que tuvo que ser tomado a remolque por uno de los destructores. Otro buque similar tiraba ahora del *Kentucky,* y el *Partridge,* del *Bedouin,* de modo que el convoy se movía a menos de 6 nudos. Como

Malta quedaba aún a 150 millas de los barcos aliados, en la vecindad se movían amenazadoramente dos cruceros y varios destructores enemigos y eran de temer nuevos ataques aéreos, el capitán de navío Hardy, en evitación de mayores males, ordenó echar a pique al *Burdwan* y al *Kentucky*, mientras él proseguía la navegación, a 14 nudos, con los tres cargueros restantes. Pero los ingleses no necesitaron cumplimentar tan dolorosa decisión.

Poco después de haberse rescatado a las tripulaciones de los sentenciados cargueros, hacia las 13 horas, comenzaron a llover sobre ellos las granadas de los cruceros de Da Zara, y, para remate, llegaron varios aviones torpederos italianos *S-79*, que les echaron a pique. Estos aparatos torpedearon también al una vez más inmovilizado *Bedouin*, que dio la voltereta y se fue rápidamente al abismo.

A las 1130, los buques de Da Zara habían divisado tres grandes columnas de humo sobre el horizonte, en demora 240°, por lo que inmediatamente arrumbaron hacia ellas. Se trataba, como sabemos, de los rezagados del convoy, pero el *Partridge* y el *Badsworth* pudieron escapar gracias a su superior velocidad, después de ser cañoneados por los cruceros.

Eran ya las dos de la tarde. El consumo de municiones había sido elevado para los buques de Da Zara, y éste, totalmente falto de información aérea, no sabía por dónde se movía el diezmado convoy británico. Así que «Supermarina», temerosa de que los cruceros terminasen por ser torpedeados por aparatos ingleses y confiando en que los restos del convoy enemigo pudieran ser aniquilados por los aviones del Eje o por los submarinos italianos previamente apostados en su probable derrota, ordenó a Da Zara que abandonase la persecución y se dirigiera a su base.

La 7.ª División se retiró a gran velocidad, siendo poco después atacada por varios bombarderos y tres *Albacores* torpederos, que no lograron impactos, entre otras cosas porque varios cazas italianos le daban por fin escolta.

No tuvieron más éxito los aparatos italo-alemanes que aquella tarde bombardearon repetidas veces al convoy, protegido también por el crucero *Welshman*, que había descargado la noche anterior en La Valetta y vuelto a hacerse a la mar. Pero los infortunios del «Harpoon» no habían terminado.

Era ya pasada la medianoche cuando los buques británicos comenzaron a entrar en el puerto maltés. El canal rastreado no estaba, al parecer, bien balizado con luces ni limpio de minas. El resultado fue que tres destructores, un dragaminas oceánico y un carguero hicieron estallar, con imponente estruendo, varios artefactos submarinos, sufriendo averías más o menos graves, y el destructor polaco *Kujawiak* (ex británico *Oakley*) se hundió en la bocana.

Así de dolorosamente terminaba para los británicos la doble operación «Vigorous-Harpoon». De los diecisiete grandes barcos mercantes despachados para Malta, sólo dos habían logrado alcanzar su destino (*Troilus* y *Orari*, uno de ellos gravemente averiado), con 25.000 toneladas de carga. Los italianos perdieron al *Trento*, pero un crucero, cinco destructores y otros tantos cargueros británicos, once buques en total, resultaron hundidos. Respecto a los aviones abatidos, los italianos perdieron 28 aparatos, 14 los alemanes y 30 los británicos.

«Supermarina» envió un buque-hospital para rescatar a los náufragos del convoy «Harpoon». Doscientos diecisiete marinos pudieron ser salvados, entre ellos el comandante y parte de la dotación del *Bedouin*.

Es indudable que la intervención de la Escuadra italiana fue absolutamente decisiva en los adversos resultados de ambas operaciones británicas, pero había costado a los latinos el consumo de 15.000 toneladas de combustible líquido, lo cual, teniendo en cuenta sus ya escasísimas disponibilidades de petróleo, era sumamente oneroso para ellos. No queremos cansar ahora al lector con cifras y necesidades, pero sí exponerle que sería precisamente la acuciante escasez de combustible lo que haría que los acorazados italianos no volvieran a participar en ninguna otra operación de guerra. Aunque tal situación no la conocieron entonces los ingleses.

Éstos estudiaron los resultados obtenidos y comprendieron que, dada la superioridad de la Escuadra italiana sobre sus unidades basadas en el Mediterráneo oriental y la cada vez más reducida zona norteafricana donde podían disponer de aeródromos, por Oriente sería imposible hacer pasar un nuevo convoy hasta Malta.

Pero la fuerza de los británicos — como antiguamente la de los romanos — radica y ha radicado siempre en su proverbial tenacidad y su capacidad para aguantar reveses. Cualidades ciertamente envidiables. Las cosas iban mal para ellos en el Norte de África, pero, puesto que el tendón de Aquiles del ejército italoalemán de Rommel estaba en los transportes marítimos, decidieron, a cualquier precio, seguir potenciando la base aeronaval de Malta. Ello daría lugar a otra gran batalla, todavía más sangrienta y onerosa, de la que trataremos en el capítulo siguiente.

CAPÍTULO XIX

LA BATALLA DE MEDIADOS DE AGOSTO DE 1942

LA grave crisis sufrida por la Armada británica a fines del año 1941 había podido ser superada en el verano siguiente. Para entonces, el torpedeado *Nelson* estaba listo, había sido remozado y formaba parte de la *Home Fleet*. También estaba dispuesto el *Valiant*, recién incorporado a la *Eastern Fleet* apostada en el océano Índico. Los nuevos acorazados de 38.000 toneladas de desplazamiento estándar (44.500 toneladas a plena carga) *Anson* y *Howe* habían entrado en servicio, lo mismo que el portaaviones de 23.000 toneladas *Implacable*, de la serie «Illustrious».

Cierto que, como ya sabemos, los japoneses habían torpedeado al *Ramillies* en mayo, pero las obras en el *King George V* estaban terminadas y este buque de línea también se había incorporado a la *Home Fleet*, que velaba en Scapa *Flow. Por* otra parte, tras la derrota nipona de Midway, la batalla del mar de Coral y las que estaban a punto de librarse alrededor de las islas Salomón, era completamente improbable que la Escuadra japonesa volviese a hacer acto de presencia en el océano Índico en un futuro inmediato. De modo que el gabinete de guerra británico, estimulado por el infatigable y audaz Winston Churchill, decidió enviar un gran convoy a Malta «con preferencia a cualquier otra necesidad surgida en las aguas bajo control y responsabilidad de la *Royal Navy*, desde el Ártico al Lejano Oriente».

Esta operación, de prioridad absoluta, que recibió el nombre clave de «Pedestal», se preparó con el mayor cuidado, teniéndose muy en cuenta las recientes y desagradables experiencias de las dos anteriores destinadas al mismo fin, así como todas las posibilidades de reacción del enemigo, y para ella se seleccionaron los mejores hombres y los barcos y buques más idóneos.

Como los acorazados rápidos no interesaban, pues el convoy

no rebasaría los 15 nudos de andar, y su misión sería puramente defensiva, se decidió dejar a los veloces blindados *King George V*, *Duke of York*, *Anson* y *Howe* y al crucero de batalla *Renown* al cuidado de los buques alemanes basados en Noruega y destinar al *Nelson* y al *Rodney*, cada uno de ellos con nueve piezas de 406 mm. de calibre, a la fuerza de cobertura, pues se sabía que los italianos podrían disponer únicamente de dos «Littorios», armados con cañones de 381 mm.

Integrarían dicha fuerza, denominada «Z», además de los acorazados *Nelson* y *Rodney*, los portaaviones *Victorious* — donde arbolaba su insignia el contralmirante Lister —, *Eagle* e *Indomitable*, que llevarían un centenar de aviones a bordo — 72 cazas y 28 aparatos *Swordfish* —, siete cruceros — *Phoebe, Sirious, Charybdis, Cairo, Nigeria, Kenya* y *Manchester* — y veinticuatro destructores. Dos petroleros, que suministrarían combustible en la mar a los últimos, y un remolcador de altura, para emergencias, protegidos por cuatro corbetas, cerrarían la marcha del convoy.

Durante la primera parte de su travesía por el Mediterráneo occidental le acompañaría también el portaaviones *Furious*, escoltado por ocho destructores más, cuya misión sería trasladar hasta las proximidades de Malta a 38 *Spitfires* de la RAF, ya que en dicha isla sólo se contaba con 80 aparatos similares en estado de disponibilidad inmediata. Aparte de éstos, había allí basados tres escuadrones de aviones torpederos de la RAF, cuatro escuadrones de bombarderos, dos de aparatos de reconocimiento y un escuadrón de *Swordfishes* de la *Fleet Air Arm:* 186 aviones en total, el 11 de agosto.

El mando de la operación «Pedestal» recayó en el vicealmirante Neville Syfret, que izaba su insignia en el *Nelson*. Este marino acababa de dirigir, a bordo del *Ramillies*, el desembarco británico en la isla francesa de los malgaches (Madagascar). La «Fuerza X» — integrada en la anterior hasta el momento oportuno —, que después escoltaría directamente al convoy desde el canal de Sicilia hasta Malta, iría mandada por el contralmirante Burrough, especialista en los convoyes árticos despachados para la todavía tambaleante Unión Soviética.

Con la antelación conveniente, seis submarinos británicos tomarían posiciones al sur de Pantelleria: el *Osafari* se situaría delante de Palermo; el *Umbroken*, al norte del estrecho de Mesina; otros dos, en el golfo de Taranto, y uno, delante de Navarino. Finalmente, el sumergible *Una* desembarcaría varios *com-*

mandos en las proximidades de Catania, cuyo objetivo serían los aviones y depósitos de combustible del aeródromo próximo a dicha milenaria ciudad siciliana. Pero estos hombres nada práctico lograrían.

Otro convoy, formado por tres cargueros, con la escolta de cinco cruceros y quince destructores, a las órdenes del almirante Vian, aparejaría de Port Said el 10 de agosto, rumbo a Poniente, para tratar de hacer creer a los italianos que la emprendida era una operación doble, como la de junio anterior. Pero se trató sólo de una finta con intenciones diversivas, y en la noche del día 11 este convoy y su escolta invirtieron el rumbo.

Los catorce cargueros que compondrían el convoy rápido «Pedestal» — todos capaces de dar los 17 nudos — fueron especialmente equipados con cañones y ametralladoras antiaéreas adicionales, y se le designó con las siglas «WS.21/S», para hacer creer que su destino era el Atlántico Sur. En la conferencia final con el comandante de marina de Greenock, en el estuario del Clyde, y el comodoro del convoy — capitán de fragata Venables —, inmediatamente anterior a la salida a la mar y en la que se entregaron a los capitanes de los cargueros las correspondientes e imprescindibles «órdenes de navegación», se les hizo saber que el destino del convoy era el puerto de Freetown, pues, como casi siempre, el secreto era fundamental.

Para evitar a todo trance que pudieran intervenir con éxito, en el tramo final del peligroso derrotero que habría de surcar el convoy, los buques de superficie italianos, en Whitehall se había considerado la conveniencia de hacer atravesar el canal de Sicilia incluso a los acorazados y portaaviones de la «Fuerza Z». Pero, por una serie de razones, entre ellas la falta de suficiente espacio para que los portaaviones pudiesen maniobrar con independencia en una zona tan reducida y plagada de campos minados, y el hecho de que desde Malta podrían actuar en defensa del convoy cerca de doscientos aviones de la RAF, se descartó tal alternativa.

* * *

En el soleado y caluroso mediodía del 11 de agosto de 1942 encontramos al convoy británico «Pedestal», que había salido del fiordo del Clyde (Escocia) ocho días antes, navegando ya entre Argel y la isla de Mallorca, arrumbado a Levante. Dos escuadrillas de cazas navales *Hurricane* le sobrevolaban continuamente y procuraban ahuyentar a los aviones de reconocimiento enemigos que, desde hacía varias horas, insistentemente le observaban a distancia. Por lo demás, la mar, intensamente azul y rizada por una leve marejadilla del viento, se hallaba aparentemente vacía de buques enemigos de cualquier clase.

Una vez más durante la larga travesía, varios destructores hubieron de rezagarse para tomar combustible de los petroleros, lo que debilitó momentáneamente la cortina antisubmarina que formaba un semicírculo alrededor del convoy, al que seguían de cerca los acorazados y portaaviones de la «Fuerza Z». Además, el *Furious* acababa de aproar al viento para poner en el aire los *Spitfires* destinados a Malta y se había llevado a sus ocho destructores.

Muy cerca del convoy «Pedestal», bajo la superficie del mar, el submarino alemán *U-73*, al mando del teniente de navío Helmut Rosenbaum, se deslizaba a toda la velocidad que le permitían sus dos motores eléctricos. El buque asomaba intermitentemente su estilizado periscopio de ataque para que el teniente de navío pudiera echar una furtiva ojeada. Al estar más cerca, Rosenbaum ordenó moderar a velocidad silenciosa y preparar los torpedos proeles. Había tomado por blanco al gran portaaviones que veía avanzar precisamente detrás de una de las cuatro columnas formadas por los cargueros del convoy enemigo.

Con el periscopio calado, el corazón en un puño y consciente de que se lo jugaba todo, Rosenbaum cruzó entre dos de los —afortunadamente para él— espaciados destructores de la cortina, que navegaban en zigzag y que no le detectaron. Pasado lo peor, ¡por el momento al menos!, el teniente de navío decidió aproximarse tanto a su presunta víctima que los torpedos, que iba a lanzar sin ángulo alguno de divergencia, no pudiesen fallar el blanco.

A bordo del *U-73* el ambiente era tenso y los hombres parecían querer contener hasta la respiración. Los motores eléctricos apenas si runruneaban, pero el latir de las hélices de aquel enjambre de buques enemigos rebotaba con fuerza contra el casco de acero del submarino y su intensidad resultaba escalofriante para los alemanes. Cuando el portaaviones se hallaba a tan sólo quinientos metros de distancia de la lente del oficial germano, éste cambió ligeramente el rumbo de su buque. Había llegado el momento crucial.

«¡Fuego!», ordenó instantes después, y, en la cámara de mando, situada en la misma torreta, su voz resonó como un pistoletazo.

El *U-73* trepidó cuatro veces consecutivas, mientras otros tantos torpedos abandonaban los tubos de proa en rápida sucesión. Inmediatamente el submarino inició su zambullida en busca de la relativa seguridad de los 160 metros de sonda. En la superficie del mar no había dejado el menor rastro de burbujas de aire ni de estelas. Aparentemente, nada había sucedido allí.

Poco después de las trece horas, la dotación del portaaviones *Eagle* se disponía a tomar un almuerzo frío. Hacía sólo diez minutos que se había tocado retirada de zafarrancho de combate, pues, temiendo la llegada, en cualquier momento ya, de los bombarderos italianos basados en Cerdeña, se acababa de lanzar al aire una patrulla de cazas.

A las 1315, cuatro terribles estampidos, casi simultáneos, sacudieron al *Eagle* con enorme violencia, y muchos de sus hombres fueron derribados por los fuertes desplazamientos laterales sufridos por el buque. Quienes se hallaban en el exterior vieron, estupefactos, surgir del costado de babor una monstruosa montaña de agua que se alzó más de cincuenta metros por encima de la cubierta de vuelo. El capitán de navío Mackintosh, comandante del portaaviones, mandó inmediatamente parar las máquinas y meter toda la caña a babor. Pero el timón ya no funcionaba, y el buque, prácticamente desfondado y con muy graves averías en sus cámaras de máquinas y de calderas, comenzó a escorar rápidamente hacia la banda herida, por lo que, comprendiendo que el final sería tan breve como inevitable, Mackintosh ordenó su evacuación.

Mientras centenares de hombres trepaban velozmente hacia el hangar y la cubierta de vuelo, en el puente y la dirección de tiro otros introducían a toda prisa las claves, cuadernos tácticos, métodos de tiro y demás documentos secretos en sacos lastrados al efecto y los arrojaban por la borda, borda que ya basculaba vertiginosamente.

Las 22.600 toneladas de acero del veterano buque de guerra, que conservaría cierta arrancada hasta el final e iría dejando en pos de sí una formidable humareda que el viento tendía a ras de las olas cual luctuoso crespón, continuaron su rolido fatal. Los cuatro grandes botes de babor habían quedado destrozados por las explosiones de los torpedos, y los de estribor no podían arriarse debido a la pronunciada escora que, inexorablemente, iba arrojando al mar, uno tras otro, a todos los aviones de caza trincados en la cubierta de vuelo. Se lanzaron las balsas que no estaban deshechas, se desenrollaron hasta el agua las mangueras del colector de contraincendios, se trasladaron al exterior los heridos, y los hombres, con los salvavidas puestos, se apiñaron a estribor. Muy pronto gateaban por la coraza vertical, luego sobre la quilla de balance de estribor y el rojo pantoque, para terminar tirándose al mar, pues por la banda de babor todo era un hervidero de borbotones y remolinos de negro petróleo y por allí se desplomaban toda clase de objetos pesados.

El buque se hundía con rapidez. Las dos hélices de estribor ya brillaban al sol, y la cubierta de vuelo, en posición casi vertical, empezaba a sumergirse, cuando la enorme cofa, con la dirección de tiro, sin duda debilitada por el efecto de látigo producido a aquella altura por el estallido de los torpedos alemanes, se desprendió bruscamente del trípode del mástil y cayó pesadamente al mar levantando un géiser de espuma. Después la inmensa plataforma de vuelo fue engullida por el voraz azul, que inmediatamente se tragó también el puente de mando, las dos chimeneas y el costado de estribor.

No habían transcurrido siquiera ocho minutos desde que el *Eagle* resultase alcanzado por los cuatro torpedos de propulsión eléctrica de Rosenbaum, cuando aquella breve agonía había tocado a su fin. Una formidable humareda y una gran mancha de petróleo señalaban el lugar de la catástrofe, y cerca de mil desperdigados hombres, balsas y restos de todas clases jalonaban patéticamente la última estela dejada por el buque en su penosa y breve singladura hacia el abismo.

Los destructores *Laforey* y *Lookout* y el remolcador *Jaunty* recogieron a 927 náufragos — entre ellos al capitán de navío Mackintosh —, pero el malhadado *Eagle* se llevó consigo al fondo del mar a más de 250 hombres, la mayoría de ellos muertos por las explosiones y el vapor de las reventadas calderas.

El *U-73* no pudo ser detectado antes ni después del ataque, y algunos días más tarde regresaría a su base en La Spezia, donde el teniente de navío Rosenbaum fue merecidamente condecorado con la Cruz de Hierro.

Apenas iniciada la batalla, el convoy «Pedestal» había perdido uno de sus tres poderosos guardaespaldas antiaéreos, si bien cuatro de sus cazas pudieron anavear en el *Indomitable* y el *Victorious*, que conservaban así un total de 60 preciosos *Hurricanes*, aparte de los 28 polifacéticos *Swordfishes*.

El *Eagle* era el cuarto portaaviones británico que hundían los submarinos alemanes. Pero no sería el último...

* * *

En los primeros días de agosto, los italo-alemanes habían recibido ciertas noticias acerca de que un importante convoy británico, fuertemente escoltado, entraría muy pronto en el Mediterráneo, por lo que, teniendo en cuenta que sus aviones de reconocimiento eran generalmente abatidos por los cazas enemigos antes de poder transmitir por radio sus observaciones, lo que impedía disponer del tiempo preciso para adoptar las disposiciones pertinentes, decidieron apostar un barraje, formado por cinco submarinos italianos — *Brin, Dagabur, Giada, Uarsciek* y *Volframio* — y dos alemanes — *U-73* y *U-333* —, entre el archipiélago balear y Argelia, en misión preferentemente exploratoria, y uno más — el *Granito* — a la altura de Bizerta.

Los latinos habían cambiado sus métodos. Puesto que estaba demostrado que asignar a cada submarino cierta cuadrícula o zona de acecho no era rentable y, por el contrario, resultaba costosísimo en buques perdidos o averiados, consumo de petróleo y desgaste del material, y ya que el Mediterráneo no tenía la suficiente amplitud para permitir poner en práctica la táctica germana de «la manada de lobos», se había llegado a la conclusión de que era necesario concentrar los sumergibles — en el último momento, para evitar que fuesen descubiertos anticipadamente por los aviones adversarios y también para obviar el cansancio de las dotaciones — en una zona específica y muy reducida por la que se previera el tránsito de algún convoy o fuerza enemiga. Esta nueva táctica, que los italianos denominaron «de empleo en masa» *(massa)*, daría los resultados que pronto veremos.

En la noche del 10 al 11 de agosto, el submarino *Uarsciek* (teniente de navío Arezzo) detectó con los hidrófonos la aproximación del convoy «Pedestal». Maniobrando adecuadamente, pudo distinguir entre las sombras la oscura e inconfundible silueta de un portaaviones británico y luego las de un gran acorazado y otras unidades menores. Se aproximó en superficie y, a una distancia de mil metros y en buena posición táctica, lanzó tres torpedos contra el portaaviones. Pero sus estelas, clarísimamente visibles aquella noche, traicionaron al *Uarsciek,* que tuvo que sumergirse y fue objeto de un prolongado contraataque con cargas de profundidad. Hasta las 0939 no pudo salir a superficie para lanzar la señal de alarma, señal que proporcionó a «Supermarina» la primera noticia exacta y tempestiva sobre la situación del convoy y fuerzas enemigas y le permitiría poner inmediatamente en práctica el plan previsto.

Poco después, un avión alemán de reconocimiento avistó a «tres portaaviones, tres acorazados, veinte cruceros y destructores y otros tantos cargueros enemigos» arrumbados al Este. El bimotor volaba a 7.000 metros de altura y, aunque atacado por los cazas ingleses y con varios muertos y heridos a bordo, logró regresar a su base.

Aquella misma tarde, un avión italiano pudo fotografiar desde gran altura a los buques británicos. En el papel quedaron presas, y pudieron ser bien identificadas, las imágenes de «14 cargueros, 3 portaaviones, 2 acorazados, 6 cruceros y 15 destructores». El *Eagle* ya no pudo figurar en esta fotografía.

Al anochecer, el *Furious* — ya sin *Spitfires* a bordo — y sus destructores invirtieron el rumbo para dirigirse a Gibraltar. Todos sus aviones menos uno, que por avería tuvo que anavear en el *Indomitable,* habían logrado aterrizar en Malta. Aquella formación fue detectada en la noche del 12 por el submarino italiano *Dagabur* (teniente de navío Pecori), que se le aproximó en superficie para atacar con torpedos. Descubierto a mucha distancia por los radares británicos, el destructor *Wolverine* se lanzó oportunamente contra él a toda velocidad, logrando embestirle y echarle a pique con la totalidad de su dotación.

Para los barcos del convoy «Pedestal» y buques de la «Fuerza Z», el primer ataque aéreo se produjo hacia las veintiuna horas del día 11, durante el crepúsculo vespertino, duró media hora y no tuvo consecuencias. Habían intervenido en él 36 bombarderos y torpederos alemanes *(JU-88* y *He. 111),* de los que cuatro fueron abatidos por la artillería, pues los cazas navales no lograron distinguirlos entre dos luces.

En cambio, sí las tuvo el llevado a cabo a la misma hora por una docena de *Beaufigthers* procedentes de Malta — en vuelo rasante de ametrallamiento — contra los aeródromos de Elmas y de Decimomannu, pues cinco torpederos *(S-79)* y un bombardero *(Ca. 164)* italianos fueron destruidos y diecisiete aviones de varios tipos resultaron averiados. Estos aeródromos y el de Villacidro fueron bombardeados aquella misma noche por dos *Liberators* norteamericanos despegados también de Malta, pero sus bombas, de efecto retardado, no causaron daños.

Al caer las ansiadas sombras, el convoy y su escolta cambiaron de rumbo hacia el Sursudeste, pero fueron nuevamente atacados desde el aire a las nueve de la mañana siguiente, es decir,

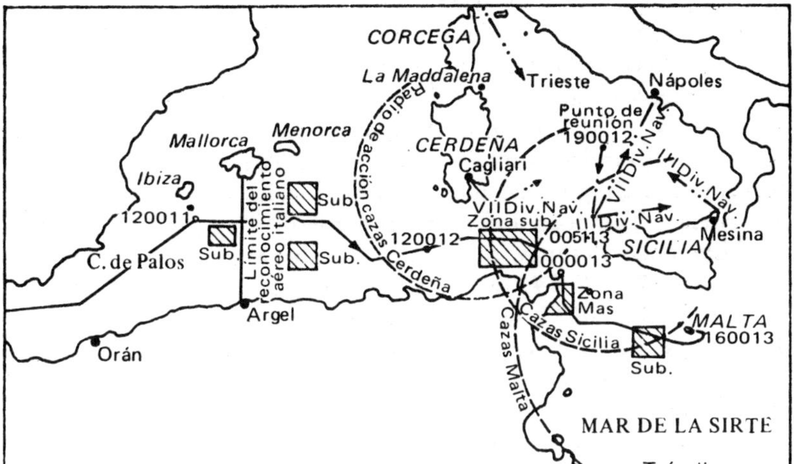

BATALLA DE MEDIADOS DE AGOSTO DE 1942
Derrota del convoy británico "Pedestal"
y zonas de acecho de los submarinos y lanchas italianas

Sólo cinco de los catorce barcos que componían el convoy británico «Pedestal», enviado para socorrer a Malta, lograron alcanzar la isla. Los restantes, así como un portaaviones *(Eagle)*, un destructor *(Foresight)* y dos cruceros *(Cairo* y *Manchester)*, fueron hundidos por los aviones del Eje y los submarinos y lanchas torpederas italianos apostados en su derrota hacia la asediada ínsula.

del día 12. A plena luz, esta vez los cazas británicos puestos en el aire desde la amanecida interceptaron a los diecinueve *JU-88* atacantes — previamente detectados por radar — a 25 millas del convoy. Seis bimotores fueron derribados, y los pocos que consiguieron llegar sobre sus objetivos no lograron impactos.

Hasta el mediodía, y pese al hundimiento del *Eagle*, las cosas habían marchado bastante bien para los británicos, puesto que el convoy no había perdido una sola de sus unidades. Pero a partir de entonces la situación se iba a volver dramática.

A las 1240 le atacaron diez trimotores *S. 84* y ocho cazas monomotores *(Cr. 42)* armados con bombas, escoltados por catorce cazas *(Me. 202)*, todos italianos. Los *Savoias* arrojaron en las proximidades del convoy, por su proa, un nuevo tipo de torpedo aéreo denominado «Motobomba FF». El artefacto descendía hasta el agua colgado de un paracaídas y, una vez en su elemento, se ponía en marcha para describir un amplio y peligroso zigzag hasta que alcanzaba algún barco o, al terminársele el aire comprimido, se hundía. Los ingleses creyeron que se trataba de minas oscilantes y, por giros simultáneos, cambiaron inmediatamente 90° de rumbo. Pero aquellos torpedos, parecidos a los «FAT» y «LUT» que emplearon los submarinos alemanes contra los grandes convoyes aliados del Atlántico, no lograron desventrar a ningún carguero, aunque varios estallaron al cortar sus estelas. Tampoco los cazabombarderos consiguieron blancos.

Muy poco después, sobre las trece horas, 33 trimotores italianos *(S. 79* y *S. 84)* armados con torpedos y protegidos por 26 cazas *(Re. 2001)* se lanzaron contra el convoy divididos en dos grupos. Pero tuvieron que lanzar por fuera del infranqueable semicírculo formado por los 24 destructores británicos y tampoco lograron impactos.

Casi al mismo tiempo se lanzaban en picado 37 *JU-88* alemanes, que acertaron con varias bombas al carguero *Deucalion,* produciéndole graves averías y la inundación de dos de sus bodegas. Este barco, incapaz ahora de rebasar los 10 nudos, abandonó el convoy, escoltado por el destructor *Bramham,* para aproximarse a la costa tunecina y tratar de alcanzar después Malta. Pero aquella misma tarde fue torpedeado por aviones alemanes, se incendió y poco después volaba en pedazos por los aires y desaparecía bajo el mar. Era la primera víctima del convoy «Pedestal»...

Parecía que, por el momento, habían cesado los ataques aéreos. Los cazas británicos que necesitaban repostar de combustible o de municiones se aproximaron a los portaaviones para anavear. Dos de ellos acababan de hacerlo sobre el *Victorius,* mientras otros tres aguardaban su turno, ya que entonces no existía la «cubierta inclinada» y había que esperar a que el aparato precedente fuese arriado al hangar en los ascensores, pues en otro caso se corría el grave riesgo, si alguno no enganchaba los cables de frenado atravesados en la cubierta, de que se precipitase violentamente sobre los demás. Pero la faena se llevaba a cabo con toda rapidez y precisión. Los tres cazas que orbitaban alrededor del *Victorious,* todos ellos *Hurricanes,* ya tenían fuera el tren de aterrizaje, y desde el portaaviones se les observaba con satisfacción, pues gracias a su magnífica labor, y también a la de los artilleros de todos los buques de guerra, e incluso mercantes, hasta entonces los resultados conseguidos por el potente enemigo habían sido mínimos.

De pronto, ¿qué era aquello? Dos *Hurricanes,* ¡no cabía duda de que eran *Hurricanes*!, se lanzaron a todo gas hacia el portaaviones. Si se trataba de alguna «pasada» de dos eufóricos marinos ingleses, la cosa no tenía ninguna gracia. Pero ¿se habían vuelto locos? Al llegar sobre la cubierta de vuelo del *Victorious* soltaron dos grandes bombas (¡eran de 630 kilos cada una!) y se alejaron como exhalaciones, dejando a los británicos tan sorprendidos que ni un solo tiro se pudo disparar contra ellos.

Uno de los artefactos estalló en la misma proa, y un trallazo de metralla mezclada con agua del mar se abatió sobre los sirvientes de los cañones y ametralladoras del castillo. El otro cayó en mitad de la cubierta de vuelo, pero, por suerte para los británicos, su espoleta no funcionó y, en vez de estallar, se limitó a desintegrarse. Aunque todo el buque vibró como si hubiera recibido un tremendo puñetazo, la blindada cubierta de acero «Skoda» apenas sufrió algún rasguño sin importancia.

Los aparatos que habían atacado de aquella manera tan heterodoxa como audaz, aunque sin mucha suerte, eran cazas *Re. 2001 (Reggiane)* italianos, veloces monoplanos (345 millas por hora) extraordinariamente parecidos a sus contrapartes *Hurricane* británicos, que en aquella ocasión muy bien pudieron haber puesto fuera de combate al *Victorious.*

También les falló a los latinos el empleo, sincronizado con los anteriores, de un *S. 79* cargado con bombas y gasolina, pero sin dotación, radiodirigido desde otro trimotor en vuelo. El aparato despegó y respondió bien durante la primera parte de la travesía, pero después perdió el control, erró el blanco y terminó por estrellarse en Argelia, bien tierra adentro, al sur de Constantina.

A las 1730, ocho cazas biplanos *(Cr. 42)* armados con bombas y escoltados por nueve *Reggiane* atacaron infructuosamente al destructor *Ithuriel,* que llevaba a bordo cerca de cincuenta marinos italianos — pues acababa de echar a pique al submarino *Cobalto* — y navegaba en solitario.

Media hora después arrumbó el convoy al 121° verdadero, para cruzar entre el banco Skerki y la costa de Túnez, y el almirante Syfret advirtió que a las 1915 la «Fuerza Z» invertiría el rumbo.

El quinto ataque aéreo del día se produjo a las 1835, a cargo de 29 *Stukas* y 14 *Savoias* torpederos, escoltados por 28 cazas italianos y algunos *Me. 109* alemanes. El convoy se hallaba a dieciocho millas al norte del islote de Cani, próximo a Bizerta.

Esta vez, los ataques estuvieron bien sincronizados. Los bombarderos se lanzaron en picado por la proa y la popa de la formación británica, al mismo tiempo que los *Savoias* se aproximaban en vuelo rasante por su amura y el través de estribor. Los cazas ingleses perseguían a los atacantes y eran a su vez ametrallados por sus contrapartes italo-alemanes. La artillería y ametralladoras de los buques rugían sin cesar, el estruendo era formidable y un infierno de explosiones se sucedía ininterrumpidamente en el aire y también sobre el agua, sofocando el chirrido de los motores de aviación. Mientras tanto, los buques serpenteaban entre las montañas de espuma que surgían por doquier y trataban de esquivar bombas y torpedos. Y en medio de aquella algarabía de aquelarre, el destructor *Foresight* resultó alcanzado en la popa por un torpedo que le dejó destrozado y al garete. Este buque fue poco después tomado a remolque por el *Tartar,* pero a la mañana siguiente tuvo que ser hundido.

Los *Stukas,* imparables, se lanzaron hacia el *Indomitable* a través de un imponente barraje de fuego antiaéreo. Dos bombas de mil kilos rozaron los costados del portaaviones y su estallido en el agua sacudió al buque de quilla a perilla. Otros tres grandes artefactos perforaron su cubierta de vuelo y le produjeron un formidable incendio. El *Indomitable,* cuya velocidad había quedado momentáneamente reducida, aproó a Poniente para evitar que el viento propagase las llamas. Aunque había quedado fuera de combate y sólo la mitad de sus cazas, en aquel momento en el aire, pudieron anavear después en el *Victorious,* sus blindadas cubiertas impidieron que las bombas perforantes alcanzasen las cámaras de máquinas y de calderas y tal vez que el buque sucumbiese.

Terminado aquel efectivo ataque, todavía quedaban disponibles para los ingleses, a bordo del *Victorious,* un total de 47 *Hurricanes;* pero, dado el estado del *Indomitable* y suponiendo que ya no se repetirían los ataques aéreos antes de que cayeran las sombras, a las 1900 la «Fuerza Z» invirtió el rumbo para regresar a Gibraltar, dejando el convoy al cuidado de la «Fuerza F» — cruceros *Nigeria, Kenya, Manchester* y *Cairo,* con doce destructores —, a la que esperaba una noche mucho más movida y dramática de lo que para ella había resultado la jornada diurna.

* * *

Regresemos ahora con el *Cobalto.* Este submarino italiano y otros nueve *(Emo, Otaria, Dandolo, Avorio, Alagi, Asciangbi, Axum, Bronzo* y *Dessie),* armados por fin con torpedos eléctricos, habían sido enviados desde Cagliari y Trapani a una zona situada al norte de Túnez — prácticamente al canal Skerki —, que el convoy británico atravesaría después en diagonal.

El *Cobalto* (teniente de navío Amicarelli) llegó a su zona con la amanecida del día 12, permaneciendo a cota periscópica hasta las 0930. A esa hora recibió instrucciones del Alto Mando de dirigirse a toda velocidad hacia el Oeste para tomar contacto con el convoy enemigo. Tras dos horas de navegación en superficie, el *Cobalto* se sumergió para escuchar con los hidrófonos. Efectivamente, se recogieron múltiples ruidos de turbinas, motores y hasta máquinas alternativas, y el buque arrumbó hacia ellos en inmersión.

A las 1345, Amicarelli descubrió a once destructores británicos que navegaban en zigzag, y por detrás de ellos divisó numerosas columnas de humo. Como varios aviones enemigos hacían acto de presencia, el comandante del *Cobalto* ordenó descender a 50 metros de profundidad para no ser descubierto desde las alturas. Un cuarto de hora después, con los torpedos listos y la gente en sus puestos de combate, Amicarelli ascendió a cota periscópica y echó un ansioso vistazo a través del periscopio. Sobre la encalmada superficie de la mar vio a un destructor enemigo — era el *Ithuriel* — situado ya a menos de trescientos metros de distancia, que se dirigía hacia el *Cobalto* a toda máquina.

El submarino se zambulló con toda rapidez, pero al llegar a los trece metros de profundidad fue brutalmente sacudido por las explosiones de varias cargas de profundidad, que le causaron graves averías y una falla en el casco, a través de la cual brotó el negro petróleo. Al llegar a los 120 de sonda fue nuevamente alcanzado, y esta vez sus averías resultaron de tal magnitud, que Amicarelli no tuvo más remedio que decidirse a emerger y defenderse hasta el final con el cañón y las ametralladoras de a bordo. Durante la difícil emersión, el buque, incontrolable, llegó a alcanzar una escora de casi 90°. Parecía que iba a dar la voltereta, cuando, brusca e inesperadamente, se adrizó.

¡En superficie! Pero la escotilla de la torreta no quiere moverse. Cuando, tras frenéticos esfuerzos, pudo ser abierta, los artilleros treparon ágilmente para cubrir cuanto antes el cañón y las ametralladoras, y tras ellos subió Amicarelli. Al llegar arriba, el teniente de navío vio que un destructor, situado ya a unos trescientos o quinientos metros de distancia, se les echaba encima a toda velocidad, al mismo tiempo que hacía fuego con sus cañones y ametralladoras.

El submarino estaba parado y la colisión era inevitable. Comprendiéndolo así, Amicarelli ordenó abrir todas las ventilaciones de los lastres — para impedir que el *Cobalto* pudiese ser capturado — y abandonar inmediatamente el buque. La gente ya salía por las escotillas del castillo y de la torreta, cuando el *Ithuriel* le embistió violentamente de proa. Se escuchó un tremendo crujido y el comandante del *Cobalto* y varios de sus hombres fueron lanzados por la borda. El primero regresó inmediatamente a su buque a nado, y momentos después pudo observarse que desde el castillo de proa del *Ithuriel* se dejaban caer sobre la torreta del *Cobalto* cuatro marinos británicos armados hasta los dientes. Era un trozo de presa que intentaba apoderarse del buque. Pero el submarino, que tenía una gran vía de agua, se hundió con rapidez, y aunque sólo se llevó consigo a un oficial y un electricista de su dotación, dos de los ingleses que habían saltado a bordo se ahogaron debido al peso de sus equipos de abordaje. Todos los demás, italianos y británicos, fueron rescatados por los botes del destructor, que había quedado con la roda deshecha.

Pero el *Cobalto* sería vengado muy pronto.

* * *

Se acercaba la noche y, unos minutos antes de las 2000, el contralmirante Burrough ordenó al convoy pasar del dispositivo diurno de marcha, en cuatro columnas, al nocturno, en dos. Durante esta maniobra, los cruceros *Nigeria* y *Cairo* ocuparon sus nuevos puestos como guías de las columnas de babor y estribor, respectivamente, y los destructores buscaron los suyos.

Poco antes, el submarino *Axum*, mandado por el teniente de navío Renato Ferrini, navegaba hacia el convoy británico con los dos motores eléctricos a régimen de media máquina, deslizándose a quince metros de profundidad. A las 1948, Ferrini ordenó subir a cota periscópica para echar un vistazo y pudo observar que, a unos 1.800 metros de distancia, un gran crucero enemigo encabezaba una de las columnas del convoy. Al estar más cerca entraron en su campo visual un destructor y un carguero bastante distanciados entre sí. Como el teniente de navío ya había calculado el rumbo y la velocidad de la formación enemiga, a las 1955 lanzó con los cuatro tubos de proa, dos torpedos apuntados al crucero, entonces a unos 1.300 metros de distancia, y los otros dos con cinco grados de divergencia a cada banda.

Los resultados de este indetectado lanzamiento fueron demoledores. Un artefacto alcanzó al *Nigeria* (8.500 toneladas) en la banda de babor, produciéndole graves averías y el embarco inmediato de varios millares de toneladas de agua, que, a su vez, le provocaron una brusca escora de 13.° a aquella banda. El buque, incontrolable, describió una circunferencia completa, y, vistos sus daños, poco después era abandonado por el almirante y su Estado Mayor, que pasaron al destructor *Ashanti.* Inundando otros compartimentos se pudo reducir la escora del buque insignia a 5.°, pero hocicaba de proa más de tres metros, presentaba graves averías y tuvo que ser enviado a Gibraltar con la escolta de tres destructores.

Mientras tanto, otro torpedo del *Axum* había alcanzado al *Cairo,* volándole la popa y deshaciéndole las máquinas. Hubo que recoger a los supervivientes y echar a pique al veterano y destrozado crucero antiaéreo. También fueron torpedeados por la misma salva el petrolero *Ohio* y la motonave *Brisbane Star,* que quedaron momentáneamente al garete, pero que después lograron ponerse otra vez en movimiento y arrumbar hacia el Sur. Los dos cruceros alcanzados eran precisamente los buques directores de la caza propia, por lo que su ausencia tendría después importantes consecuencias para el convoy «Pedestal».

Hacía casi media hora que se había puesto el sol cuando, en contra de lo esperado por los ingleses, se produjo un nuevo ataque aéreo a cargo de treinta bombarderos *(JU-88)* y siete torpederos *(He. 111)* alemanes. En aquel crítico momento—eran las 2038—, cuatro destructores prestaban auxilio al *Nigeria* y al *Cairo;* el *Bramham* aún no se había incorporado, y los cazas procedentes de Malta habían iniciado ya el regreso a sus bases. El *Ashanti* y el *Penn* comenzaron a tender cortinas de humo por el lado todavía luminoso del horizonte, tratando de enmascarar al convoy, pero el *Empire Hope* voló por los aires con un estallido de catástrofe, el *Deucalion* se fue, como sabemos, a pique, y el *Glenorchy* resultó alcanzado por las bombas.

Al recibir aquel cúmulo de alarmantes noticias, el almirante Syfret ordenó al crucero *Charybdis* y a los destructores *Eskimo* y *Somali* que se incorporaran a toda máquina a la «Fuerza X», y él mismo, al saber que varios cruceros y destructores italianos se habían hecho a la mar, cambió sus planes y decidió aguardar el regreso de los buques del contralmirante Burrough. Pero antes de que sus tres unidades lograsen alcanzar al convoy, nuevos infortunios se abatirían sobre éste.

El teniente de navío Sergio Puccini, comandante del submarino *Alagi,* vio, a través de su periscopio, la formidable columna de humo producida por la voladura de los pañoles de municiones popeles del *Cairo,* por lo que inmediatamente arrumbó hacia ella. Algo más tarde pudo avistar al convoy y ser testigo del ataque aéreo a que estaba siendo sometido por parte de los aviones germanos. Pero no se limitó a observar. A las 2105, habiendo alcanzado buena posición táctica, lanzó sus cuatro torpedos de proa contra el *Kenya* (8.500 toneladas). Un artefacto, quizá mal regulado en taller, pasó por debajo de la quilla de este crucero, a la altura del puente de mando; dos cortaron muy cerca su estela, y el cuarto le alcanzó bajo el castillo de proa. Pero tampoco los anteriores se perdieron, pues algo más tarde colisionaban con el carguero de 7.350 toneladas *Clan Ferguson* y lo echaban a pique.

Las averías del *Kenya* no eran graves, por lo que el agujereado crucero continuó en su puesto, escoltando al convoy, que ahora iba arrumbado hacia el Sur para tratar de salir cuanto antes de aquella zona infestada de sumergibles y doblar después el cabo Bon a través de las aguas territoriales francesas, donde no eran de esperar minas submarinas. Pero precisamente detrás de la península de Ras Addar acechaban veintiuna lanchas torpederas alemanas e italianas...

El submarino *Bronzo,* mandado por el teniente de navío Buldrini, salió a superficie a las 2109 horas. La noche era muy negra, y entre las espesas sombras destacaban, flotando como grandes braseros rojos sobre las aguas, cinco barcos incendiados. El *Bronzo* aproó en su dirección, y los que iban en la torreta pudieron contemplar la impresionante y sobrecogedora voladura de uno de aquellos cargueros, sin duda abarrotado de municiones.

Contra el fondo de los incendios se destacaron después las negras siluetas de dos cruceros, hacia los que inmediatamente se dirigió el *Bronzo.* Pero estaban demasiado lejos, y Buldrini tuvo que desistir. Lanzó la señal de descubierta y arrumbó otra vez hacia los barcos incendiados. La mar estaba llena de petróleo, y por el través pasó, raudo, un destructor enemigo. Hacia la medianoche descubrieron los italianos un barco que tenía un pequeño incendio a bordo, y a poco más de mil metros de distancia le lanzaron un torpedo. El artefacto hizo una rara trayectoria y se perdió. Buldrini le disparó otro a continuación, pero tampoco hizo blanco. El tercer pez mecánico estalló por fin bajo el puente del carguero, y su explosión proyectó hacia las alturas una gran columna de fuego y humo. Después todo el barco se incendió bruscamente, y las llamas se propagaron con rapidez sobre la mar en dirección al *Bronzo.* Algo más tarde, el infortunado petrolero, que llevaba a bordo once mil toneladas de gasolina de aviación, se partía en dos y desaparecía bajo las ardientes aguas. Era el *Wairangi* (10.796 toneladas de registro).

El maltrecho convoy «Pedestal» dobló el cabo Bon hacia la medianoche, y seguidamente arrumbó hacia el de Ras el Melah. Escalonadas por aquellas aguas acechaban, como dijimos, diecinueve lanchas torpederas italianas y cuatro alemanas. Los radares ingleses pronto las detectarían, pero no a todas...

* * *

Bajo el chispeante e inaprensible baldaquino de las estrellas, flotando sobre un mar de azabache, próximas a los acantilados que surgían del agua cual gigantescas y amenazadoras murallas, las inmóviles y flamantes lanchas torpederas italianas *Ms. 16* y *Ms. 22* — algo mayores que las «MAS» — semejaban gaviotas dormidas. Sus hombres no hablaban, y la profunda quietud sólo era turbada por el murmullo de las imperceptibles ondas que lamían los costados de madera y el chapoteo de algún pez que saltaba un instante fuera del mar.

El capitán de corbeta Manuti — que mandaba la sección —, fatigado de tanto mirar, descansó sus prismáticos y se preguntó si aquélla no seria una noche como cualquier otra, una de tantas como habían transcurrido para él, a bordo de las «MAS», lentas y expectantes, en sorda lucha con el frío y el sueño, el cansancio o la marejada, pero infructuosamente, porque el enemigo era desconfiado y les sorteaba siempre. Muchas veces habían tenido que regresar a puerto prematuramente, a regañadientes, debido a que las minúsculas embarcaciones no aguantaban la mar en aumento y las voraces olas amenazaban con engullirlas. Otras no pudieron siquiera zarpar de su base en el momento oportuno, impotentes frente a los enfurecidos elementos. Y, con escepticismo, Manuti pensó si llegaría alguna vez el ansiado momento de enfrentarse cara a cara con el adversario, a cualquier precio, como lo hiciera durante la Gran Guerra el teniente de navío Luis Rizzo (1), que logró enviar al abismo, con sus lanchas de juguete, a un formidable acorazado austríaco de 21.000 toneladas: el *San Esteban*...

---

(1) Véase *Buques suicidas*, del mismo autor. Editorial Juventud, Barcelona.

A la una de la madrugada del día 13 avistaron los italianos las vagas siluetas de grandes unidades enemigas que se aproximaban. Temiendo lo peor, Manuti las dejó acercarse y, desde unos 800 metros de distancia al crucero que iba en cabeza, cuando ya se escuchaba el fuerte rumor que producía su poderosa roda al hender las aguas, lanzó con el tubo de estribor, en buena posición táctica. Transcurrieron unos segundos de ansiedad y... todo siguió igual. El torpedo había hecho una derrota caprichosa y errado el blanco, y el crucero ya se alejaba.

El capitán de corbeta maldecía mentalmente su mala estrella, cuando vio que otro crucero acudía inadvertidamente a la cita. Aguardó con los nervios en tensión y, desde unos seiscientos metros de distancia, le lanzó su segundo y último torpedo. Si también fallaba...

Veintisiete segundos después, el crucero *Manchester* (11.550 toneladas) era alcanzado a popa por aquel artefacto, e inmediatamente por otro disparado por el alférez de navío Mezzara, que mandaba la *Ms. 22*. Un par de fuertes explosiones y llamaradas quebraron el silencio y la oscuridad de la noche, y acto seguido, bajo un diluvio de balas de cañón y de ametralladora, las lanchas italianas se alejaron como centellas.

Dejaban al *Manchester* incendiado, con la cámara de máquinas de popa inundada, una gran escora de 20° y los cuatro ejes de las hélices inutilizados. A las cinco de la mañana, todavía el buque no había podido ser puesto en movimiento, por lo que su comandante, el capitán de navío Watkins, decidió hundirle. Ciento cincuenta de sus hombres, heridos, ya habían sido recogidos por el destructor *Pathfinder;* el resto ganaría la costa tunecina en balsa y sería internado por las autoridades francesas. Mientras tanto, por un raro capricho de la fortuna, el *Manchester* bajaba casi exactamente al mismo cementerio de buques donde yacían dos de sus antiguos adversarios: los también torpedeados cruceros italianos *Barbiano* y *Guissano*.

Otras tres lanchas de la *Regia Marina* atacaron al convoy británico poco después, pero, descubiertas e intensamente batidas, no lograron impactos. En cambio, la *Ms. 31* del teniente de navío Calvani, torpedeó y echó a pique al ya averiado *Glenorchy*, de 10.000 toneladas de registro.

A las 0245 se incorporaron al convoy — a revienta calderas — el crucero *Charybdis* y los dos destructores de la «Fuerza Z» enviados por el almirante Syfret. Media hora después, las lanchas alemanas *S. 30* y *S. 36* (alféreces de navío Weber y Brauns) torpedeaban al carguero *Rochester Castle*, que resultó inmovilizado, pero que dos horas más tarde pudo reintegrarse al convoy.

A partir de este torpedeamiento, las escaramuzas y combates entre buques y lanchas se generalizaron. Los británicos utilizaban sus radares, proyectores luminosos, cañones y ametralladoras, sin dejar de intentar pasar por ojo alguna lancha si la ocasión se presentaba. Pero todas ellas resultaron indemnes y lograron torpedear a varios buques, algunos de los cuales fueron alcanzados repetidas veces. Unos resultaron incendiados o sufrieron sólo vías de agua, pero lograron dominar el fuego y las inundaciones y proseguir en pos del convoy. Otros saltaron por los aires o se fueron a pique de manera menos espectacular. Entre los desaparecidos entonces figuran los cargueros norteamericanos *Almeria Lykes* y *Santa Elisa*, probablemente torpedeados por las lanchas del teniente de navío Paolizza, el alférez de navío Calcagno o el guardiamarina Cafiero.

Tras aquella trágica noche, la aurora fue muy bien recibida por los fatigados tripulantes del convoy «Pedestal», que confiaron poder llegar aquel mismo día a Malta.

A las 0810, una docena de *JU-88* alemanes se lanzaron contra los barcos ingleses. El *Waimarama* (11.092 toneladas), abarrotado de municiones, recibió a bordo varias bombas y, con un terrorífico estallido, voló por los aires. Su matalote de popa, el *Melbourne Star*, tuvo que atravesar la muralla de llamas dejada en superficie por la infortunada motonave. Pero el destructor *Ledbury*, desafiando valerosamente las incendiadas aguas cubiertas por una espesa capa de petróleo, consiguió rescatar a los supervivientes.

A las 0920 se produjo otro ataque aéreo, esta vez a cargo de ocho *JU-87* de la *Regia Aeronautica*, escoltados por once cazas también italianos. Varias bombas rozaron al *Kenya* y al petrolero *Ohio*, que sufrió nuevas vías de agua. Uno de los aviones, alcanzado por la artillería antiaérea, cayó al mar, rebotó y se estrelló sobre el castillo de proa del *Ohio*. Allí quedó empotrado, como un raro trofeo.

A las 1050 se lanzaron contra el convoy veinte *JU-88* y *JU-87* germanos, que nuevamente encuadraron con sus bombas al petrolero, incendiaron al *Rochester Castle* y dejaron inmovilizado al *Dorset*. Sobre la toldilla del *Ohio* se estrelló otro *Stuka*, y los dos últimos cargueros citados se rezagaron, quedando bajo la escolta de tres destructores.

Nuevo ataque aéreo a las 1125; esta vez eran cinco trimotores *S. 79* italianos los que rascaban la mar escoltados por catorce cazas. Pero no tuvieron suerte, y uno de sus torpedos quedó detenido precisamente por las redes metálicas que, al viejo estilo, llevaba suspendidas por los costados — abiertas con tangones — el carguero *Port Chalmers* (1).

Después se produjo un respiro que resultó muy beneficioso para el maltrecho convoy. Varias formaciones aéreas italianas trataron de localizar y atacar a los rezagados, y otras fueron rechazadas por los cazas procedentes de Malta. Así que, a las seis de la tarde, consiguieron entrar en La Valetta los indemnes *Port Chalmers* y *Melbourne Star* y el averiado *Rochester Castle*. Pero aún no había llegado el barco más importante que quedaba a flote: el petrolero de 9.514 toneladas de registro bruto *Ohio*, único superviviente que traía gasolina de aviación a bordo, y tampoco el *Brisbane Star* ni el *Dorset* (10.624 toneladas).

A la puesta del sol, catorce *Stukas* alemanes hundieron al último de los citados y alcanzaron en las calderas con una bomba al *Ohio*. La dramática odisea corrida por este barco merece la pena relatarse. Con los restos de dos destrozados aviones enemigos a bordo, torpedeado, directa e indirectamente alcanzado por varias bombas, ennegrecido por los incendios y con numerosas vías de agua, media hora después del último ataque aéreo sus máquinas ya no conseguían hacerle andar a más de tres nudos y poco después se detenían definitivamente. Parecía un mal presagio. A partir de entonces fue sucesivamente remolcado por los destructores *Penn* y *Bramham* y el dragaminas — procedente de Malta — *Rye*. A punto de hundimiento, su capitán, D. W. Mason, ya había hecho desembarcar a la mayor parte de la tripulación, quedándose a bordo con algunos de sus oficiales.

Las horas de la noche se desgranaron con lentitud para el petrolero norteamericano marinado por británicos, pero al llegar la amanecida se incorporaron al grupo de salvamento el destructor *Ledbury* — que en la tarde anterior había logrado derribar a dos *S. 79* torpederos italianos y traía a los supervivientes del *Waimarama* —, y de La Valetta llegaron el dragaminas oceánico *Speedy*, dos motolanchas y un nutrido grupo de cazas de la RAF. Artilleros voluntarios de los buques de guerra pasaron entonces a bordo del *Ohio* para cubrir sus cañones y ametralla-

---

(1) Unos 700 barcos mercantes ingleses fueron así protegidos durante la guerra.

doras antiaéreas, lo que resultó una medida oportuna, pues a las 1045 el derrelicto fue una vez más atacado por los aviones del Eje. Una bomba cayó en la estela, partiendo el remolque, averiando el timón y produciéndole nuevas vías de agua. Mientras el destructor *Penn* le achicaba los compartimentos poperos, Mason efectuó una detenida inspección del *Ohio*. Aunque el casco estaba a punto de partirse en dos, calculó que el petrolero podría flotar durante bastantes horas todavía y que, si se partía, aún podría salvarse el 75 % de la gasolina, alojada en la parte de proa, más boyante.

Poco después del mediodía, siempre bajo el toldo protector de los cazas de la RAF, el franco bordo del *Ohio* había virtualmente desaparecido y a popa calaba doce metros en vez de cuatro. Pero la mar seguía en calma, y al anochecer le prestaron auxilio dos remolcadores salidos de Malta. Por fin, a las nueve de la mañana del día 15, el destrozado petrolero hacía su entrada triunfal en el Grand Harbour. ¡Merecido premio a la abnegada tenacidad de su valeroso capitán!

El día anterior había conseguido entrar el también maltrecho *Brisbane Star*, de 12.800 toneladas, que había desembarcado a sus heridos en Susa y seguido viaje con independencia. En total, sólo llegaron a La Valetta cinco de los catorce barcos que componían el convoy «Pedestal», uno de ellos a punto de hundirse, pero por el momento fueron suficientes, con sus 32.000 toneladas de víveres, municiones y gasolina, para que Malta siguiera resistiendo y dejase sentir su peso como base estratégica de importancia capital en la lucha del Mediterráneo. Los otros nueve, con 91.500 toneladas de registro bruto — y muchas más de valiosas mercancías de todas clases a bordo —, habían bajado al fondo del mar, pagando un precio ciertamente muy superior al previsto por los ingleses, pero que todavía pudo haber sido mayor...

* * *

Sabemos que, en la mañana del día 13, la escolta del convoy «Pedestal» había quedado reducida a dos cruceros — el ligero *Charybdis* y el torpedeado *Kenya* — y catorce destructores. Era, pues, una magnífica oportunidad para poder aniquilar sus restos haciendo intervenir a la Escuadra italiana. Sin embargo, ésta no apareció...

El plan de «Supermarina» se había cumplido al pie de la letra en lo que se refería a sus submarinos y lanchas torpederas; incluso, en la noche del 11 al 12, se fondeó un pequeño barraje de minas — temporal, pues los artefactos se autohundirían a las cuarenta y ocho horas de fondeados — al sudeste del cabo Bon — destructor *Malocello* —, y se dispuso la salida a la mar de tres cruceros pesados, tres ligeros y once destructores, para que en la amanecida del día 13 se encontraran al sur de Pantelleria y, con manifiesta superioridad de efectivos sobre la escolta enemiga, atacasen al convoy. Pero algo falló.

La 7.ª División italiana — *Savoia, Montecuccoli* y *Attendolo,* con cuatro destructores (contralmirante Da Zara) — aparejó de Cagliari en la anochecida del día 11 y se reunió con la 3.ª División — *Gorizia, Bolzano* y *Trieste,* con siete destructores (vicealmirante Parona), salida de Mesina a la mañana siguiente — a las 1900 horas del día 12, en un punto del mar Tirreno situado aproximadamente a 60 millas al norte del cabo San Vito. Su misión era atravesar el canal de Sicilia durante la noche y atacar al convoy «Pedestal» en la mañana del 13.

Aquellos poderosos buques fueron detectados por aviones de reconocimiento de la RAF, y el sobresalto de los británicos fue tal, que no sólo el almirante Syfret alteró inmediatamente sus planes, dejando sólo al lisiado *Indomitable,* sino que, para que en ningún caso les pudiera pasar inadvertido a los italianos, ordenaron por radio a sus bombarderos, en claro — es decir, en el mismo lenguaje empleado por Shakespeare —, que lanzaran bengalas y atacasen con torpedos a la escuadra enemiga que se movía por el Tirreno. Era todavía un *bluff,* pero daría resultados.

Descartada la sorpresa — también el «Dete» del *Legionario* había detectado a los aviones de reconocimiento británicos —, y sabiendo que las fuerzas aéreas basadas en Malta habían sido considerablemente reforzadas respecto a las que dos meses atrás ya habían conseguido torpedear al *Trento* y al *Littorio,* «Supermarina» comprendió que, a menos que sus buques fueran debidamente escoltados por aviones de caza alemanes o italianos, el día 13 se expondrían a un desastre.

Pero la Armada italiana no tenía aviación naval, y «Superaéreo» y el mariscal Kesselring se negaron en redondo a que los cazas de la *Regia Aeronautica* y del *Fliegerkorps II* hiciesen otra cosa que proteger a los bombarderos que aquel mismo día habrían de ser utilizados también contra el convoy. La enconada porfía nocturna llegó hasta el propio Mussolini, quien resolvió a favor de la *Regia Aeronautica.* En vista de lo cual, «Supermarina» decidió cancelar la operación y, a las cinco de la madrugada del día 13, ordenó a la 7.ª División, ya a punto de embocar el canal de Sicilia, que se dirigiera a Nápoles, y a la 3.ª, con el *Attendolo,* al estrecho de Mesina — su intención era reforzar después a la 8.ª, apostada en Navarino (Grecia) —. Esta decisión, a nuestro entender plenamente justificada, tendría, sin embargo, inmediatas y graves consecuencias para los buques italianos.

Poco después de las ocho de la mañana del día 13 de agosto, el submarino británico *Unbroken* (teniente de navío Mars), apostado al noroeste del estrecho de Mesina, lanzó una salva de cuatro torpedos contra la 3.ª División italiana, alcanzando con un artefacto al *Bolzano* y con otro al *Attendolo.*

El último perdió literalmente su proa. Delante de la primera torre no quedó nada. Sólo un amasijo de hierros retorcidos colgaba de la rota quilla. Pero el buque pudo navegar por sus medios y entrar aquella tarde en Mesina. El *Bolzano* resultó alcanzado en las calderas proeles, donde se declaró un terrible incendio, de tales dimensiones y que se propagó tan rápida y extensamente, que hubo que inundar todos los pañoles de pólvoras y municiones de las torres uno y dos y de los cañones antiaéreos y evacuar el abrasado puente de mando. El magnífico crucero, a punto de hundimiento, tuvo que ser tomado a remolque y embarrancado en la orilla de la isla de Panarea, perteneciente al archipiélago de las Lipari. Dos días después fue llevado a Nápoles, y en diciembre se trasladaría por sus medios a La Spezia, pero permaneció fuera de servicio prácticamente hasta el final de la guerra.

Para los italianos era el amargo final de un brillante aunque incompleto capítulo escrito, con la valerosa pluma de las unidades menores, por su Marina de Guerra. Es indudable que, de haberse seguido el plan inicial de «Supermarina», el *Bolzano* y el *Attendolo* no hubieran sido torpedeados por el *Unbroken.* Pero precisamente al sur de Pantelleria, en la zona donde se esperaba atacar al convoy «Pedestal», acechaban los submarinos británicos *Uproar, Ultimatum, Unruffled, Utmost, P-44* y *P-222.* Y lo que no ofrece la menor duda es que, en aquel caso, los aviones de la RAF y de la *Fleet Air Arm* basados en Malta habrían hecho lo imposible por torpedear a los cruceros de Parona y Da Zara. Lo cual, para éstos, sin protección aérea de ninguna clase, muy bien hubiera podido traducirse en la repetición, ¿quién sabe a qué escala?, de la trágica suerte corrida por el *Trento.*

Capítulo XX

LOS CONVOYES DEL EJE, NUEVAMENTE EN CRISIS. «COMMANDOS» INGLESES EN TOBRUK. — EL DESEMBARCO ALIADO EN ARGELIA. — CONTRAMEDIDAS DEL EJE, HUNDIMIENTO DE LA ESCUADRA FRANCESA Y LUCHA POR TÚNEZ

La operación «Pedestal» acarreó tan graves pérdidas a los británicos, que no intentarían repetirla hasta después de producirse los desembarcos anglo-norteamericanos en Argelia. Pero como Malta no había recibido toda la gasolina y el material que necesitaba, durante los meses de septiembre, octubre y la primera mitad de noviembre tuvieron que volver a utilizarse los submarinos *Parthian, Clyde, Treveller* y *Trasher* para enviar allí el líquido vital, y al veloz minador *Welsman* para el traslado de víveres y de torpedos, mientras el portaaviones *Furious* seguía lanzando, desde muy por debajo del horizonte maltés, los cazas procedentes del Reino Unido.

Los ejércitos italo-alemanes de Rommel se hallaban, como sabemos, en El Alamein, y la amenaza que pesaba sobre el delta del Nilo parecía tan grave, que los buques de la *Mediterranean Fleet* habían abandonado Alejandría para trasladarse a Port Said, Haifa y Beirut.

Pero el pánico era infundado. Rommel había logrado en África unos éxitos realmente desproporcionados a su fuerza, pero no podía obrar milagros, y, aunque tácticamente muy superior a sus contrapartes británicos, su ejército era cualitativa y cuantitativamente inferior al de sus enemigos, y tal diferencia aumentaba progresiva y rápidamente. No sólo porque los ingleses disponían desde el comienzo de la guerra de vías marítimas extramediterráneas seguras y por que el «OKH», muy comprometido en Rusia, no quiso enviarle los medios necesarios para siquiera paliar su inferioridad, sino principalmente porque, debido a la nueva y grave crisis que atravesaban los transportes marítimos italianos, los disponibles llegaban muy mermados (1).

En junio de 1942 se perdieron en la mar el 22 % de todos los suministros enviados por los italo-alemanes al Norte de África; en agosto, el 33 % —el 41 % de combustible líquido—; en septiembre, el 21 %, y en octubre, ¡el 44 %! Tales pérdidas eran muy importantes, sobre todo si se tiene en cuenta que desde el puerto de Tobruk hasta el frente había 560 kilómetros por carretera, 1.040 desde Bardia y 2.000 desde Trípoli, lo que suponía un exorbitante gasto de gasolina sólo para mover los transportes, y el tener permanentemente en reparación el 35 % de los camiones.

Los causantes de tales pérdidas fueron, en primer lugar, los submarinos británicos y, en segundo, los aviones torpederos y de bombardeo basados en Egipto y Malta. La Armada británica mantenía permanentemente varias escuadrillas de sumergibles en el Mediterráneo central, las que, virtualmente sin oposición aérea alguna, causaban verdaderos estragos en los convoyes enemigos, sobre todo entre los petroleros, que eran el objetivo prioritario. Se intentó volver a neutralizar Malta desde el aire, pero, señalados los aviones del Eje por los radares en cuanto despegaban de Sicilia, y dotada ya aquella isla de una fuerte aviación de caza, las pérdidas italo-alemanas resultaron excesivamente graves y pronto les obligaron a desistir. Sin embargo, las cifras de hundimientos y la precaria situación que atravesaba el Eje en África no fueron bien conocidas o interpretadas por los ingleses, quienes, temiendo que una nueva ofensiva de Rommel pudiera terminar en el canal de Suez, proyectaron amenazar su retaguardia, no sólo para obligarle a distraer fuerzas del frente, sino para inutilizar el puerto que, por su proximidad a aquél, era de la mayor importancia para el ejército italo-alemán: Tobruk, donde recalaba el 40 % de los envíos despachados para África.

Aquí iban a entrar nuevamente en acción los célebres *commandos* británicos, que cosecharían uno de los mayores fracasos de su, por lo demás, siempre gloriosa pero sólo a veces eficaz historia. Cuando los alemanes llegaron al Bidasoa en 1940, frente a los británicos se alzó bruscamente una hostil muralla que se extendía desde el cabo Norte hasta España. Tal situación era ciertamente amenazadora y muy perjudicial para ellos, pero calcu-

---

(1) Los ingleses seguían descriptando todos los mensajes italianos referentes a la salida, composición, derrotas a seguir, escolta, horario, recalada, etc., de los convoyes italianos e italo-germanos.

laron que aquellos miles de kilómetros de costa enemiga la hacían también vulnerable a ciertas operaciones de castigo, breves y efectuadas por sorpresa.

Las primeras acciones, llevadas a cabo a reducida escala contra pequeños puertos noruegos, tuvieron éxito. Después, en la noche del 27 al 28 de febrero de 1942, un grupo de paracaidistas fue arrojado sobre suelo francés detrás del puesto de detección que mantenía la *Luftwaffe* en Bruneval, al norte del Havre. Los *commandos* sorprendieron a la guarnición, desmontaron hasta el último tornillo del radiotelémetro allí asentado y reembarcaron en las motolanchas que les aguardaban junto a la costa próxima, por supuesto, llevándose el importante aparato electrónico consigo.

Animados por tales resultados, en marzo de 1942 quisieron poner en práctica una operación, tan arriesgada como difícil, contra el puerto de Saint-Nazaire, y aunque la casi totalidad de los 250 infantes desembarcados se quedaron en Francia, y también cerca de 200 marinos, y se perdieron todas las motolanchas y lanchas torpederas utilizadas, uno de los objetivos principales, el formidable dique seco de la ciudad — el otro eran los refugios acorazados de los submarinos — quedó totalmente inutilizado (1).

Después, queriendo ganar experiencia en operaciones anfibias, e indirectamente descongestionar en lo posible el frente ruso — empujados por el siempre vociferante y bien adiestrado corifeo de profesionales (peligroso caballo de Troya que hay que erradicar) que la Unión Soviética mantiene a sueldo en todos los países occidentales, tanto en tiempos de paz como de guerra —, los británicos trataron de apoderarse, con 6.018 soldados — en su mayoría canadienses — y 58 carros de combate *Churchill*, protegidos por varios destructores y 67 escuadrones de la RAF, de la ciudad francesa de Dieppe, al objeto de destruir su aeródromo militar, las baterías de costa, instalaciones portuarias, etc., y retirarse después.

No tuvieron suerte. Descubiertas casualmente antes de la amanecida por la escolta de un convoy alemán, inmediatamente fueron hundidas 16 barcazas de desembarco y dada la alarma. A pesar de lo cual se prosiguió la operación, que se convertiría en un sangriento y completo fracaso: 3.610 bajas entre los soldados, 550 en la *Royal Navy*, la pérdida de un destructor, 33 barcazas, todos los carros y 106 aviones fueron, para los anglo-canadienses, los tristes resultados del audaz ataque.

---

(1) Acerca de los detalles de esta audaz e interesante operación véase *Titanes azules*, del mismo autor. Editorial Juventud, Barcelona.

El intento de capturar al general Rommel en el Norte de África, en noviembre de 1941, tampoco había tenido éxito (1), pero se pensó que en Tobruk las cosas serían diferentes.

* * *

En el límite septentrional de ese desolado y terrible pedregal que es el desierto de Marmarica se adentra en la mar una pequeña península que avanza algo menos de tres kilómetros hacia Levante y da muy buen resguardo, por el Norte, al puerto y la bahía de Tobruk. Hoy termina allí el oleoducto procedente de los pozos de Serir y la ciudad ha prosperado bastante, pero cuando una brigada naval italiana desembarcó en ella en 1911, protegida por la 1.ª Escuadra del almirante Aubri, no encontró más que un misérrimo poblado de pescadores.

No obstante, puesto que no existía otro puerto natural en muchas millas a la redonda y su posición estratégica como base avanzada italiana en el Mediterráneo oriental era excelente, Tobruk fue convertida en base naval secundaria, la que, como sabemos, jugaría un importante papel en la segunda guerra mundial.

El 13 de septiembre de 1942 existían tres baterías de costa asentadas al norte y noroeste de la plaza: una en punta Tobruk, sobre la extremidad oriental de la península, es decir, junto a la bocana del puerto, y otras dos al sudeste de la bahía, defendiendo también directamente su entrada. El plan británico fue apoderarse por sorpresa de todas estas baterías, y a continuación, y contando precisamente con poder utilizarlas a su favor, forzar la entrada del puerto para desembarcar parte de sus hombres directamente en él y apoderarse de la ciudad. Calcularon que doce horas serían suficientes para hundir, en los puntos adecuados, a todos los barcos italo-alemanes presentes y destruir las instalaciones portuarias y los depósitos logísticos y de combustible de las fuerzas terrestres del Eje. Después de lo cual la totalidad de los atacantes se retirarían por mar.

El día 12 de dicho mes zarparon de Alejandría dieciocho lanchas torpederas y tres barcazas de desembarco con 150 soldados a bordo. Al siguiente aparejaron del mismo puerto los destructores *Sikh* (capitán de navío Micklethwait) y *Zulu*, con 350 sol-

(1) En cambio, en 1944, un pequeño grupo de *commandos* ingleses lograría hacer prisionero y llevarse de la isla al comandante militar alemán de Creta.

dados de infantería de Marina, al mando del mayor Hedley; buques a los que después se incorporarían el crucero antiaéreo *Coventry* y la 5.ª Flotilla de destructores. Mientras tanto, casi tres centenares de hombres del *Middle East Commando* — teniente coronel Hazaldon — eran llevados por tierra, desde el oasis de Kufra y a través del desierto, hasta los arrabales de Tobruk.

En la noche del 13 al 14, señalada para la operación, sesenta *Wellingtons* bombardearon la ciudad durante tres horas, provocando varios incendios visibles muchas millas mar adentro. A pesar de lo cual, el comandante del submarino *Taku*, encargado de señalar el punto preciso del desembarco proyectado al norte de Tobruk, tomó la ensenada de Marsa Auda por la de Marsa Mreisa, casi cinco kilómetros más a Levante y muy próxima a las baterías «Tordo» y «Dandolo», y este error resultaría fatal para los ingleses.

A las tres de la madrugada, el *Sikh* y el *Zulu*, que se habían destacado a 30 nudos, pararon sus máquinas y comenzaron a arriar sus botes a motor y las pequeñas lanchas de madera que llevaban al efecto, donde inmediatamente embarcaron los infantes de la primera ola. Había mar de leva y los cabos de remolque pronto empezaron a faltar (romperse). En vista de lo cual el *Sikh* se aproximó a la costa para poner más cerca a los soldados de la segunda ola. Inesperadamente, el haz de un potente proyector luminoso rasgó las tinieblas y cayó sobre el destructor, otros varios se encendieron a continuación y después hablaron las baterías italianas.

«La costa parecía extrañamente tranquila y distante — escribe el entonces teniente C. N. P. Powell —. Pero bruscamente se escuchó el fuerte rumor de las rompientes; sobre la mar volaron los proyectiles trazadores, y el estallar de las granadas de mortero resonó contra los cascos de madera igual que cargas de profundidad. Las lanchas chocaron violentamente contra las rocas, en vez de varar en una buena playa. Una o dos de ellas recibieron impactos directos, y, desde las otras, los hombres, pesadamente equipados, saltaron al agua, que les cubría por encima de la cabeza.»

A pesar de todo, los que consiguieron llegar a tierra se reagruparon y trataron de abrirse camino, a tiro limpio, hacia la ciudad. No lo lograrían y, por la tarde, los diecisiete que quedaban en pie tendrían que rendirse.

A las 0530 recibió el *Sikh* varios impactos que le dejaron incendiado y al garete. El *Zulu* trató de sacarle de allí, pero una granada seccionó el cable de remolque y, en vista de la situación,

Micklethwait (a bordo del *Sikh*) ordenó al comandante del *Zulu* que se retirase.

Mientras tanto, por el Sudeste, al otro lado de la bahía, una batería de 105 mm. contigua a la ensenada de Marsa Sciausc había caído en poder del grupo llegado a través del desierto, lo que permitió desembarcar allí parte de los hombres traídos por las barcazas y lanchas torpederas, después de lo cual todos aquellos *commandos* se dirigieron hacia la ciudad. Pero la batería de 152 mm. denominada «Grasso» no pudo ser tomada, y una motolancha, oportunamente colocada, rechazaría después a tres lanchas torpederas británicas que, para apoderarse de aquélla, intentaron poner en tierra algunos soldados más.

Pese a todo, las lanchas inglesas trataron de penetrar a viva fuerza en la rada de Tobruk, siendo recibidas por un fuego infernal procedente de los torpederos *Castore*, *Montanari* y *Cascino* y las motolanchas que el comandante de Marina de Libia, vicealmirante Lombardi, y el jefe de la base, capitán de navío D'Aloya, habían situado junto a los barrajes antisubmarinos. Y es que, al no poder los británicos apoderarse de las baterías con que precisamente habían pensado neutralizar a los buques de guerra italianos surtos en el puerto, la entrada de sus lanchas torpederas resultó imposible. Varias de ellas fueron hundidas y las restantes rechazadas, con muchas bajas a bordo. El *Sikh* ya se había ido a pique y el *Zulu* estaba inmovilizado. Por otra parte, el batallón de marinería «San Marco», al mando del teniente de navío Colotto, detuvo el avance de los *commandos* que intentaban penetrar en Tobruk por el Sur.

A las 0900 de la mañana fueron enviados en auxilio del *Zulu* el crucero *Coventry* y los destructores de la 5.ª Flotilla. Pero los *Stukas* alemanes alcanzaron poco después al crucero, que resultó incendiado y tuvo que ser abandonado y echado a pique. Y por la tarde fue también blanco de las bombas el destrozado *Zulu*, que se hundió. Además, una de las lanchas torpederas que habían sido ametralladas por los cazas italianos cayó intacta pero vacía en manos de los latinos, que hicieron cerca de seiscientos prisioneros.

Tal fue para los británicos el desastroso balance de este audaz pero mal llevado a la práctica intento dirigido contra la retaguardia de Rommel. Después de lo cual y del sangriento precedente de Dieppe, los *commandos* británicos no volverían a ser utilizados aisladamente en ninguna operación importante. Pero si el cuarto aniversario de la entrada en guerra de la Gran Bretaña terminaba de modo tan lamentable para los ingleses, la suerte de la contienda iba a cambiar muy pronto a su favor, de forma tan drástica como irreversible.

* * *

En la noche del 6 al 7 de noviembre de 1942, un antiguo, y sin duda admirado por el lector, protagonista de esta historia, el almirante británico Andrew B. Cunningham, observaba en silencio y preocupadamente desde Punta Europa — la desnuda y baja extremidad meridional del Peñón de Gibraltar — el paso por el Estrecho de más de un centenar de oscurecidos transportes y buques de guerra anglo-norteamericanos que se movían rumbo al Mediterráneo y guardaban un silencio radiotelegráfico sepulcral. Las negras siluetas iban recortándose al pasar sobre el lejano resplandor de la ciudad de Ceuta y los intermitentes destellos luminosos de la contigua farola de Punta Almina, en el Marruecos español.

Desde otro lugar del monte de Tarik, el general Dwight Eisenhower también observaba con toda atención. Porque aquellos ochenta barcos mercantes, protegidos por una poderosa escuadra británica, pertenecían a dos convoyes salidos del fiordo del Clyde los días 22 y 26 de octubre, pero que coincidían precisamente aquella noche en el estrecho de Gibraltar y llevaban a bordo 72.000 soldados británicos y norteamericanos cuyo destino era Argelia. (Entre el 5 y el 7 de noviembre cruzarían el estrecho de Gibraltar 340 buques aliados con destino al Norte de África.)

Se trataba de la parte mediterránea de la doble operación aliada denominada «Torch», cuyo objetivo era apoderarse de Argelia y avanzar rápidamente sobre Túnez para atenazar a las tropas del Eje que combatían en África del Norte y, simultáneamente, ocupar el Marruecos francés. Esta última invasión tenía carácter preventivo, por si España decidía intervenir en la contienda, lo que habría dado lugar al cierre automático del Estrecho para los aliados y comprometido muy gravemente sus desembarcos en Argelia. Porque la base aeronaval de Gibraltar, sin el beneplácito de los españoles, no tiene ningún valor.

Por ello, mientras las tropas anglo-americanas se movían hacia Argelia, 35.000 soldados norteamericanos eran llevados directamente desde los Estados Unidos hasta la costa atlántica marroquí, lo que, en aquel hipotético caso, se suponía que permitiría a los aliados ocupar también el Marruecos español en unos tres meses, es decir, abrir otra vez el Estrecho y poder seguir alimentando el nuevo frente norteafricano.

Tal desembarco fue sin duda un exceso de precaución por su parte, pues España, recientemente desangrada y arruinada por una guerra fratricida de tres años de duración, estaba decidida a seguir al margen y abstenerse de cualquier aventura bélica. De modo que si las tropas norteamericanas destinadas a Marruecos hubieran desembarcado directamente en Túnez y en Bizerta, sin duda los aliados se habrían ahorrado después medio año de dura lucha en suelo africano. Pero el presidente Roosevelt, que plenamente confiaba en José Stalin, recelaba de Francisco Franco...

La operación «Torch» fue patrocinada por los británicos con objeto de abrir un nuevo frente que descongestionase el todavía muy comprometido ruso-alemán y, como dijimos, permitiera atenazar a las fuerzas del Eje, en retirada desde el comienzo de la ofensiva desencadenada por el general Montgomery — «con una superioridad numérica en acción de seis a uno» en carros de combate, según reconoce el renombrado historiador británico Liddell Hart — el 23 de octubre, pero cuyo desenlace, teniendo enfrente a un hombre de la talla del mariscal Rommel, era para los británicos tan dudoso como imprevisible.

Si el general norteamericano Mark Clark (desembarcado subrepticiamente desde el submarino *Seraph*) había pactado secretamente con las autoridades militares francesas de Argelia para que la resistencia ofrecida a las tropas anglo-americanas fuese sólo simbólica, nada había podido lograr por el momento respecto a la Marina gala, muy resentida aún por los injustificados ataques de la Escuadra británica contra sus buques surtos en Mers-el-Kebir y Dakar en 1940.

Circunscribiéndonos a la parte mediterránea de la operación «Torch» (1), pero sin olvidar que los desembarcos aliados en Argelia y Marruecos fueron operaciones simultáneas y complementarias, lo primero que salta a la vista, y vivamente deseamos subrayar al lector, es el hecho de que, gracias al dominio aliado del mar, los efectivos (sólo iniciales) equivalentes a unas siete divisiones con todos sus pertrechos, y las fuerzas navales de apoyo directo y de cobertura, iban a ser directamente llevadas desde los Estados Unidos y Escocia hasta las costas africanas del otro lado

---

(1) Acerca de los desembarcos en el litoral occidental de Marruecos véase *La guerra naval en el Atlántico, 1939-1945*, del mismo autor. Editorial Juventud, Barcelona.

del Atlántico y del Mediterráneo, prácticamente sin el menor contratiempo en toda la larga travesía. Porque precisamente aquí, en el hecho de poder trasladar potestativamente tropas y mercancías a cualquier punto del litoral del globo terráqueo, sin limitaciones, con absoluta seguridad y en el momento que se precise, y en el de ser capaces de mantener abiertas a escala mundial las vías marítimas de comunicación y en cambio negárselas al enemigo, es donde radica la clave de la victoria final en cualquier contienda de carácter mundial y aun de menores dimensiones.

* * *

Las tropas anglo-americanas destinadas a establecer las cabezas de playa en Argelia habían entrado en el Mediterráneo a bordo de ochenta transportes de diversas clases, divididos, como ya sabemos, en dos convoyes directamente escoltados por tres fuerzas: dos de apoyo directo y una de cobertura, que comprendían unos 160 buques de guerra. Las dos primeras — que entre otras unidades contaban con el portaaviones *Argus* y los de escolta *Bitter*, *Dasher* y *Avenger* — iban respectivamente mandadas por el vicealmirante Harold Burrough y el comodoro Thomas H. Troubridge. Y la de cobertura — acorazados *Duke of York* y *Rodney*, crucero de batalla *Renown*, portaaviones *Formidable*, *Victorious* y *Furious*, seis cruceros y veinticinco destructores —, por el vicealmirante Neville Syfret, siendo comandante naval aliado el almirante Cunningham, con su Cuartel General en Gibraltar, y comandante supremo el general Eisenhower, con el suyo también en la Roca. Dichos portaaviones británicos llevaban a bordo un total de 180 aparatos de caza y torpederos, entre los primeros de los cuales debutaban los *Seafire*, la versión naval del célebre *Spitfire* de la RAF.

Aquellos grandes convoyes y el que directamente atravesaría el Atlántico desde los Estados Unidos no sufrieron ataque submarino alguno hasta la madrugada del día 7, en que el transporte de ataque norteamericano *Thomas Stone*, que llevaba a bordo 1.400 soldados, fue torpedeado por un submarino alemán a la altura del cabo de Palos, en el Mediterráneo. Sería el único contratiempo sufrido por los aliados antes de producirse los desembarcos, pero, remolcado dicho buque por el destructor *Wishart*, pondría después sus barcazas de desembarco en el agua, a 140 millas de las playas argelinas, y los «G. I.» llegarían a tierra con sólo doce horas de retraso.

Y es que el secreto de la operación «Torch» no había trascendido a los italo-alemanes, que, debido al desembarco de tropas norteamericanas en Liberia el 17 de octubre anterior, supusieron que la invasión que se preparaba tendría lugar en la vecina zona de Dakar, donde, consecuentemente, los germanos concentraron inútilmente a sus submarinos. Respecto al Mediterráneo, inicialmente supusieron que se trataba de un nuevo intento, efectuado a mucha mayor escala, para abastecer la isla de Malta. Así que, como veremos, su reacción ante los hechos consumados fue tardía, aunque no ineficaz.

Los desembarcos comenzaron en la mañana del día 8. En la zona de Argel no hubo prácticamente resistencia por parte de las tropas francesas, como estaba previsto, estableciéndose dos cabezas de playa a poniente de la ciudad y una a levante. A las 0640, los soldados norteamericanos capturaban sin oposición el aeródromo de Maison Blanche, próximo a Argel, donde a partir de las nueve de aquel mismo día irían tomando tierra hasta tres escuadrones de cazas *Spitfire* procedentes de Gibraltar. En el segundo aeródromo de Argel, el de Bilda, situado a unos 35 kilómetros al sursudoeste de la capital, aterrizaron varios *Martlet* procedentes del *Victorious,* mandados por el teniente de navío Nation, que se mantuvieron allí hasta que llegaron los *commandos* británicos. Aquella misma tarde tomaría también tierra en esta base un escuadrón de *Hurricanes* llegado del Peñón.

Pero cuando se enfrentaron con la Marina francesa, que dotaba la mayor parte de las baterías de costa, las cosas no marcharían tan bien para los aliados.

Los destructores *Broke* y *Malcon* tenían la misión de penetrar en el puerto de Argel y poner en los muelles a quinientos soldados norteamericanos, cuya misión sería impedir que los franceses hundieran los barcos surtos en el puerto o inutilizasen las instalaciones portuarias, depósitos de combustible, etc. Desorientados debido a la total oscuridad, no lograron hallar la entrada del puerto, pero, a la luz de los proyectores, las baterías de costa abrieron el fuego contra ellos, alcanzando en las calderas al *Malcon,* que tuvo que retirarse. En su cuarto intento, el *Broke* se lanzó a toda máquina contra las redes de la entrada y logró atracar después a un muelle y poner en tierra sus 250 soldados. Pero, hostilizado por fuego de cañón, tuvo que abandonar el puerto y resultó alcanzado e inmovilizado por las baterías de costa, hundiéndose al día siguiente. Todos los infantes americanos fueron hechos prisioneros.

Intervinieron después contra las baterías francesas los cruceros de la fuerza de cobertura y los aviones embarcados, y, cumpliendo órdenes del almirante Darlan, que se hallaba casualmente en Argel pero había recibido poderes secretos del mariscal Pétain, los marinos cesaron toda resistencia aquella misma tarde, cayendo así en manos de los aliados, intacto y a las pocas horas de iniciarse la operación «Torch», el magnífico puerto norteafricano, lo que suponía una baza de importancia capital.

Si en las playas situadas al este del cabo Matifu las baterías de costa habían retrasado los desembarcos, y al refrescar después el viento se perdieron allí 45 barcazas, las cosas, en cuanto a las cabezas de playa se refiere, irían algo mejor para los aliados en la zona de Orán.

También aquí se establecieron dos cabezas de playa a poniente de la ciudad y de la contigua base naval de Mers-el-Kebir, y una a levante, y tampoco hubo resistencia. Pero los guardacostas exnorteamericanos *Walney* y *Hartland* (que podríamos equiparar a corbetas), que trataron de penetrar en Orán hacia las tres de la madrugada del día 8, con dos barcazas, a las órdenes del capitán de navío Thornton, para poner en los muelles a unos 400 soldados americanos, sufrieron peor suerte aún que el *Broke* y el *Malcon* en Argel. Ambos buques lograron forzar las redes y entrar en el puerto, pero el *Walney* recibió inmediatamente un diluvio de proyectiles que mataron a la mayor parte de la dotación y soldados y lo echaron a pique. Y el *Hartland*, igualmente alcanzado, se incendió, tuvo que ser evacuado y poco después volaba. Todos los supervivientes fueron hechos prisioneros.

Mientras tanto, el crucero *Aurora* y varios destructores encargados de proteger a los infortunados guardacostas británicos eran valerosamente atacados por tres destructores y un cazasubmarinos franceses salidos de Mers-el-Kebir. En el breve pero desigual combate (los francos carecían de radares), los británicos hundieron al *Tramontane* (1.319 toneladas) y al cazasubmarinos *Surprise* y averiaron gravemente a los otros dos destructores, uno de los cuales, el *Tornade*, tuvo que embarrancar.

Los aviones embarcados destruyeron en el suelo al ochenta por ciento de los aparatos franceses presentes en los aeródromos de Tafaraoui y La Senia, al sur de Orán. Pero la ciudad era un feudo de la Marina, y la resistencia fue allí mayor que en Argel y no cesó, pese a las órdenes del almirante Darlan, hasta el día 10. El acorazado *Rodney* tuvo que disparar sus piezas de 406 mm. contra la batería costera llamada «El Santón» (por aquí dominaron los españoles durante varios cientos de años), en Mers-el-Kebir, que había averiado a dos transportes próximos a la playa de Los Andaluces (entre el cabo Falcón y el de Lindless) y obligado a los demás a retirarse mar adentro; los paracaidistas lanzados hacia las nueve de la mañana sobre el aeródromo de Tafaraoui no lograron apoderarse de él hasta el mediodía, y hasta la anochecida del día 9 no cayó el de La Senia.

Pero los *Spitfires* procedentes de Gibraltar aterrizaron en el primero de ellos en la tarde del 8; en el sector occidental ya habían llegado a tierra 3.000 hombres y 458 carros de combate, y, en el oriental, 29.000 hombres, 2.400 carros y vehículos y 14.000 toneladas de mercancías. Sólo se produjeron retrasos en la cabeza de playa central, debido a la indetectada existencia de una barra de arena que detuvo e hizo zozobrar a varias barcazas y causó la pérdida de algunos carros y vehículos.

Todavía, en la mañana del día 9, los destructores franceses *Epervier* (2.441 toneladas) y *Typhon* (1.319 toneladas) efectuaron otra salida, tan valerosa como desesperada, entablando combate con los cruceros *Aurora* y *Jamaica* y varios destructores británicos. El primero de los buques franceses, con un formidable incendio a bordo y a punto de hundimiento, tuvo que embarrancar, y el segundo, gravemente averiado, se autohundió a la entrada del puerto de Orán para tratar de bloquearla.

Pero la resistencia fue pronto vencida. Las fuerzas acorazadas aliadas que convergían sobre Orán desde Levante y Poniente lograron penetrar en la ciudad poco antes del mediodía del 10 y apoderarse del Cuartel General francés. Después de lo cual cesó la lucha. Sólo que, a diferencia de lo acaecido en Argel, las instalaciones del puerto de Orán habían sido destrozadas por los marinos galos y echados a pique todos los barcos presentes en él.

Otro desembarco aliado se llevó a cabo el día 11, sin oposición, en el puerto de Bougie, a unas cien millas al este de Argel, y uno más en Bine, a 125 millas a levante del anterior, igualmente sin oposición, el día 12. También se lanzaron paracaidistas en el aeródromo de Djidielli. Así que, en poco más de cuatro días, gracias a la cooperación del almirante Darlan (ministro de Defensa en el gobierno de Vichy) y a la sorpresa del Eje, los aliados habían logrado apoderarse de todos los puertos, bases navales y aeródromos franceses situados entre las fronteras del Marruecos español y de Túnez, donde, sólo en los dos meses siguientes al 8 de noviembre, tomarían tierra 437.200 soldados aliados, 42.420 vehículos y más de 4.000 aviones de combate. Los angloamericanos ocuparon también las ciudades de Setif y Constantina, en el interior, y para el día 15 habían llegado al pequeño puerto de Tabarca, ya en Túnez, a unas sesenta millas de Bizerta, pues el plan aliado original preveía el rápido avance de las fuerzas británicas hacia el Este para apoderarse cuanto antes de aquella importante base naval y del puerto de Túnez, puntos clave en la lucha que se avecinaba. Pero para entonces los italo-alemanes ya habían reaccionado.

* * *

El 6 de noviembre, los aviones del Eje descubrieron a uno de los grandes convoyes británicos, ya bien entrado en el Mediterráneo, y comprendieron que se trataba de algo más importante que el abastecimiento de Malta y que un desembarco anfibio era inminente.

La Marina italiana, prescindiendo del combustible necesario para mover a sus convoyes y buques de escolta, submarinos, dragaminas, etc., sólo disponía de un cupo de 5.000 toneladas mensuales de petróleo y de ninguna reserva. Lo que hacía prácticamente imposible cualquier operación a base de los acorazados rápidos *Vittorio Veneto, Littorio* y *Roma,* este último recién entrado en servicio y de la misma serie que los anteriores. Aparte de ello, tales buques hubieran tenido que actuar, en aguas del Mediterráneo occidental, sin escolta aérea de ninguna clase y contra una fuerza casi equivalente en buques de línea (radares aparte), pero muy bien provista de portaaviones y que no sufría restricciones de combustible. De modo que, por el momento, «Supermarina» decidió utilizar únicamente a los submarinos, aunque trasladó de La Spezia a Nápoles a dichos acorazados, con tres cruceros ligeros y ocho destructores (1). Esta sensata decisión puede, naturalmente, ser discutida, pero convendrá recordar que durante la batalla de Midway, en junio de aquel mismo año, cuando los japoneses perdieron sus cuatro portaaviones de ataque, el almirante Yamamoto, sabiendo que a los norteamericanos les quedaban dos portaaviones, decidió retirarse con sus nueve acorazados (entre ellos el *Yamato,* de 69.100 toneladas estándar) y cruceros de batalla intactos y sin haber disparado un cañonazo, a pesar de que el enemigo no disponía de acorazado alguno...

(1) Debido precisamente a la falta de petróleo, los acorazados *Doria* y *Duilio,* basados en Taranto, ya habían sido pasados a segunda situación, con dotaciones reducidas.

Suponiendo, en cualquier caso, que parte de los buques aliados entrados en el Mare Nostrum intentasen cruzar el canal de Sicilia con destino a Malta, el 7 de noviembre aparejaron de Trapani el crucero ligero *Attilio Regolo* (1) y cinco destructores, con 241 minas magnéticas alemanas y 460 boyas antirrastras a bordo, fondeándolas, en la madrugada del día 8, entre el cabo Bon y el de Ras Mustafá. Al regresar de esta operación, hallándose a tres millas al noroeste del cabo San Vito, el *Regolo* recibió un torpedo lanzado por el submarino británico *Unruffled* (teniente de navío Stevens), que le voló la proa. No obstante, el flamante buque pudo ser remolcado y llevado a Palermo.

El 9 de noviembre, un grupo de paracaidistas alemanes ocupó sin oposición al aeródromo de El Aouina, próximo a Túnez, y el 13 empezaron a llegar a este puerto, por mar, las primeras tropas italo-alemanas. En el Sur, 8.000 soldados italianos fueron trasladados a Túnez por tierra, desde Trípoli. Aunque todavía muy inferiores en número a las tropas aliadas que velozmente se aproximaban por Poniente, las del Eje actuaron con gran energía y no sólo lograron rechazar a aquéllas, sino hacerlas retroceder. Después, los refuerzos enviados desde Italia — tres divisiones alemanas y dos italianas — y el mal tiempo hicieron que el frente se estabilizara a unos 40 kilómetros de Bizerta. De modo que la primera etapa de la carrera por Túnez fue ganada por el Eje.

Temiendo un posible desembarco aliado en Córcega, el 11 de noviembre aparejó de Livorno una fuerza compuesta por el crucero *Bari* y varios destructores y barcazas de desembarco que pusieron en Bastia, sin oposición, los primeros 12.000 soldados italianos.

Mientras tanto, Hitler había convocado en Mónaco al conde Ciano y a Laval y decidido la ocupación inmediata (operación «Atila»), por las tropas italo-alemanas, de la parte de Francia bajo control del gobierno de Vichy, tropas que cruzaron la línea de demarcación en la amanecida del 11 de noviembre.

Habiendo roto así, unilateralmente, las cláusulas del Armisticio, ¿cuál sería la actitud de la escuadra francesa surta en Tolón? Temiendo que pudiera hacerse inmediatamente a la mar y pasarse a los aliados, el gran almirante Raeder propuso un acuerdo

---

(1) De esta velocísima serie de cruceros de 3.745 toneladas de desplazamiento estándar sólo llegaron a entrar en servicio antes de la firma del Armisticio, con el citado, el *Scipione Africano* y el *Pompeo Magno*,

para crear una zona neutra alrededor de aquella base naval, a condición de que la escuadra no intentase ningún movimiento hostil al Eje y se comprometiera a defender Tolón contra los angloamericanos o los franceses del general De Gaulle. Tal acuerdo fue aceptado por el ministro de Marina, almirante Auphan, y por el comandante general de la Escuadra, vicealmirante Laborde. Pero la desconfianza era ya mutua.

El 11 de noviembre, el almirante Darlan envió un mensaje a Laborde invitándole a zarpar inmediatamente con sus buques rumbo a los puertos argelinos. Mas el gobierno de Vichy no respaldó tal invitación — ni estaba en condiciones de hacerlo —, y Laborde decidió no moverse de Tolón, pero ese mismo día cursó instrucciones a los comandantes de todas sus unidades para que estuviesen preparados a echar a pique sus buques, abriéndoles los grifos de fondo, si los alemanes intentaban apoderarse de ellos.

El día 18 obligaron los germanos a las tropas del Ejército francés a retirarse de la zona neutral en torno a Tolón, tropas que tuvieron que ser sustituidas por destacamentos de la Marina francesa. Considerándose engañado, el almirante Auphan presentó su dimisión, y, al conocer aquella crisis de confianza, Darlan volvió a insistir a Laborde para que se hiciese a la mar y se incorporara a la «Fuerza H», que le aguardaría, el 26 de noviembre, cruzando entre Córcega y la Provenza, por si intervenía la Escuadra italiana.

Todo ello no hizo sino aumentar el recelo de los alemanes, que, temiendo la salida en cualquier momento de la escuadra francesa, en la madrugada del día 27 irrumpieron en la zona neutral dispuestos a apoderarse de los buques a viva fuerza, al mismo tiempo que de las bases aéreas de Palyvestre y Hyeres despegaron aviones de la *Luftwaffe* para lanzar minas magnéticas de fondo en los accesos de la importante base naval.

A pesar de la relativa sorpresa — los germanos habían cortado los cables telefónicos de las avanzadillas francesas, pero el contralmirante Robin pudo telefonear al general Dornon y éste alertó a Laborde —, el crepitar de las ametralladoras en una de las puertas del arsenal de Mourillon fue la señal para los marinos galos, que actuaron inmediatamente según el plan previsto. Aunque los soldados del Primer Cuerpo de las «S. S.» avanzaron con rapidez por el arsenal, no pudieron evitar que sesenta y un buques de guerra, con 225.000 toneladas de desplazamiento — entre los que figuraban el acorazado *Provence*, los cruceros de batalla *Dunkerque* y *Strasbourg*, el transporte de aviones *Commandant Teste*, los cruceros pesados *Algerie, Foch, Colbert* y *Dupleix,* tres cruceros ligeros, veintiocho destructores y torpederos y catorce submarinos —, fuesen hundidos. Pese a las minas y a los ataques de los aviones alemanes, cinco submarinos pudieron evadirse de Tolón. Tres de ellos lograron llegar a Argel y Orán, el *Venus* tuvo que autohundirse fuera de Tolón, y el *Iris,* falto de combustible, se refugió en Barcelona.

Sin embargo, algunos torpederos y submarinos echados a pique en aguas someras pudieron ser después recuperados por los italo-alemanes, y, en Bizerta, los germanos lograron apoderarse de un destructor, cinco unidades menores y nueve pequeños sumergibles costeros franceses.

Pero los marinos galos habían cumplido fielmente su palabra de que la Escuadra no caería en ningún caso en manos del Eje, y ello pone por sí solo de manifiesto la grave torpeza que constituyó el alevoso ataque de la Escuadra británica contra las unidades de la Flota francesa surtas en Mers-el-Kebir y Dakar en julio de 1940, y también lo contraproducente y perjudicial que, a la larga, resultaron tales acciones para la causa aliada.

* * *

Volviendo a Túnez, se acababa de abrir allí un sangriento capítulo de medio año de guerra, donde, una vez más, el resultado final iba a depender, en resumidas cuentas, de la posibilidad de mantener abiertas las comunicaciones marítimas del Eje a través del canal de Sicilia, puesto que las de los aliados estaban garantizadas gracias a su absoluto dominio del mar.

La invasión aliada del Norte de África no sólo sorprendió a la Flota y Aviación italianas con unas disponibilidades de combustible a todas luces insuficientes para poder mover libremente a las grandes unidades de la Escuadra, sino también con una grave penuria de destructores y aviones. La *Regia Aeronautica* había perdido desde el comienzo de la guerra 3.880 aviones, en su mayoría bombarderos, aviones torpederos y cazas, y el 8 de noviembre sólo disponía, en Libia, Sicilia, Cerdeña y la Apulia, de unos 1.300 aparatos de combate, de los cuales tan sólo el cincuenta por ciento se hallaban en condiciones operativas, efectivos que sólo pudieron incrementarse con 40 cazas deducidos de las defensas de la Italia central. A propuesta del mariscal Kesselring, el «OKW» envió refuerzos al *Fliegerkorps II,* pero de todos modos los efectivos de éste no pasaron de unos 800 aparatos de combate y algo más de 600 de transporte, lo que hizo que muy pronto el dominio del aire, tanto en Libia como en Túnez y la Italia meridional, pasase a manos de los aliados.

Aparte del envío inmediato de veintidós submarinos italianos y nueve alemanes a las costas argelinas, cuyos resultados fueron muy modestos y costaron graves pérdidas al Eje — cuatro sumergibles italianos y seis alemanes — debido a la formidable potencia de las fuerzas antisubmarinas — navales y aéreas — de la *Royal Navy* y de la RAF, el submarino italiano *Ambra* (teniente de navío Arillo) penetró a todo riesgo en el puerto de Argel en la noche del 11 al 12 de noviembre y, valiéndose de torpedos tripulados y de zapadores submarinos, logró hundir a dos transportes aliados y averiar gravemente a otros tres (1).

El desesperado intento del Eje para mantenerse a toda costa en Túnez dio lugar a una actividad tan febril como peligrosa para los destructores y torpederos italianos, que tuvieron que escoltar a los innumerables y vitales convoyes, fondear nuevos campos de minas, transportar en sus sollados a más de 52.000 infantes, etcétera, todo ello con gran escasez y dificultades para hacer combustible, bajo el omnipresente peligro aéreo que representaban las cada vez más robustas alas aliadas y los riesgos de caer en algún campo minado o bajo los cañonazos de un enemigo que, a diferencia de ellos, «veía» perfectamente durante la noche.

Para dar protección pasiva a los barcos despachados hacia los puertos de Bizerta, Túnez o Sfax, contra los ataques de los submarinos y fuerzas navales británicas salidas de los puertos argelinos, los antiguos barrajes de minas italianos fondeados en el canal de Sicilia de nada servían, puesto que todos quedaban a levante de la nueva derrota directa desde Sicilia hacia dichos puertos — la más corta —, así que los latinos se vieron obligados a fondear otros a levante de Bizerta, los que, con una dirección general Nordeste, es decir, paralelos a los anteriormente situados entre el cabo Bon y las islas Egadi (a poniente de Sicilia), formarían con ellos un corredor libre y «seguro», tanto respecto a las fuerzas enemigas procedentes de Poniente como a las que pudieran llegar desde Malta.

En la noche del 30 de noviembre se fondearon dos barrajes al noroeste de Bizerta, con 172 y 154 minas magnéticas de fabri-

(1) Acerca de esta y otras operaciones especiales de la Marina de Guerra italiana, véase *Buques suicidas*, del mismo autor. Editorial Juventud, Barcelona.

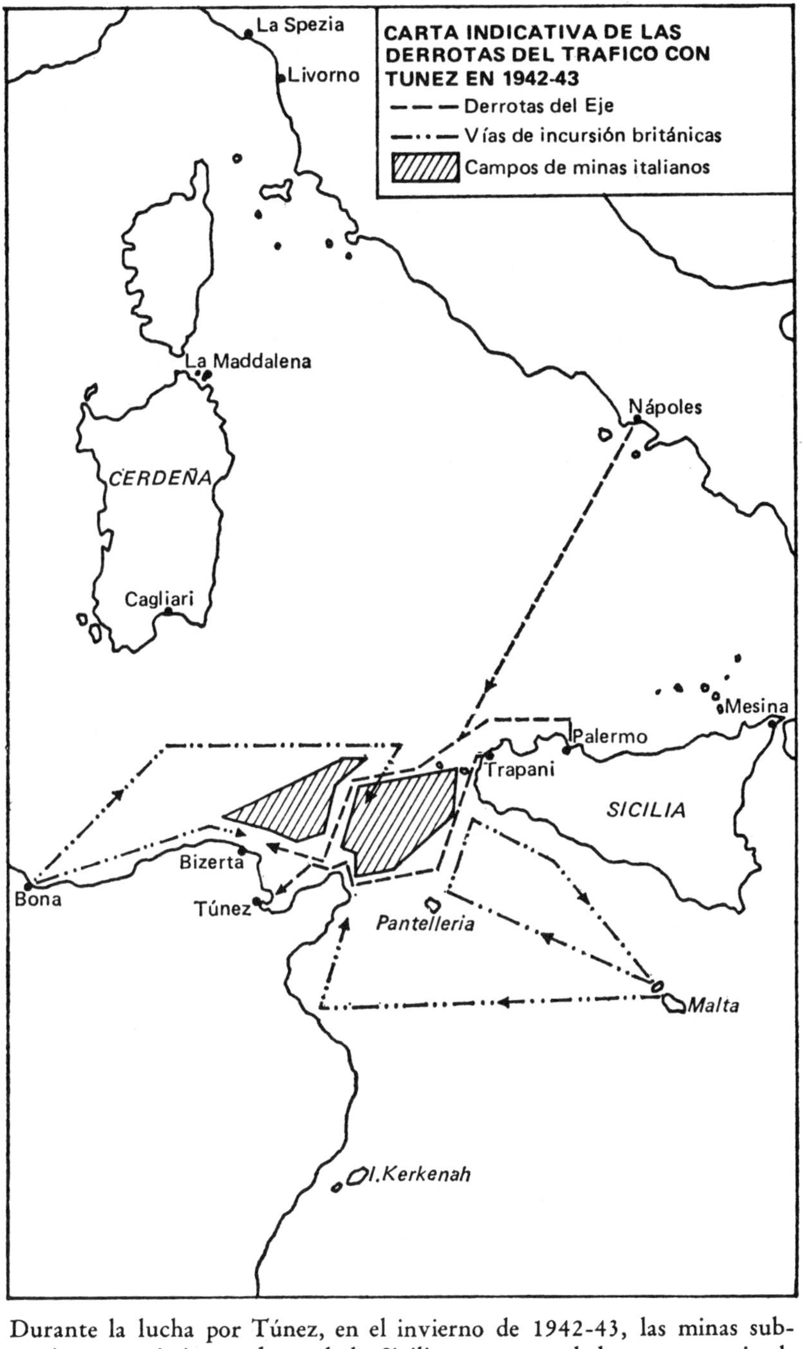

Durante la lucha por Túnez, en el invierno de 1942-43, las minas submarinas convirtieron el canal de Sicilia en un verdadero cementerio de buques, ya que, entre los dos grandes barrajes italianos que se muestran en el esquema, los submarinos y cruceros británicos fondearon a su vez varios letales campos de minas.

cación alemana. Los chubascos velaban intermitentemente la luna, había marejada y los destructores daban grandes bandazos, teniendo que volverse a puerto las lanchas torpederas que les escoltaban.

El 1.º de diciembre se fondeó, a pleno día, un nuevo campo de 226 minas, y el 5 de dicho mes otros dos más, con un total de 172 y 224 artefactos. Todos estos campos, y los que les seguirían, formaban un gran barraje a partir de las inmediaciones del cabo Blanc, pero que, debido a los mayores fondos, sólo llegaría hasta el banco Silvia; es decir, el corredor presentaba un amplio hueco por el Noroeste, a través del cual podría colarse perfectamente un enemigo audaz.

El 12 de diciembre se fondeó un nuevo campo, con 224 minas, pero la urgente necesidad de trasladar soldados a Túnez impidió disponer de destructores para otros fondeos hasta el 20 de enero de 1943, en que se estableció un nuevo campo, con 280 artefactos. Quedaba próximo al banco Scherch y tenía 21.300 metros de longitud, con cinco hileras de minas de contacto alemanas e italianas y magnéticas germanas.

El 24 de enero se fondearon otros dos campos minados, con 358 y 258 artefactos de varias clases, y el 8 de febrero uno más, con 334 minas, éste al sur del islote Marettimo. Sus minas, de antena, iban escalonadas a diversas profundidades, hasta los 50 metros de sonda.

Mientras tanto, las lanchas torpederas alemanas habían sido llevadas a Bizerta y minaron los accesos de Bone y Skikda (Philippeville), fondeando también un campo defensivo cerca de Bizerta y otro delante de Susa, en el mar de la Sirte. En total, dichas lanchas fondearon 450 minas y 195 antirrastras.

Los campos de minas italianos en el canal de Sicilia no tenían continuidad, pues una de las faenas más peligrosas que existen es precisamente la de prolongar un campo de esta naturaleza. Convendrá recordar, al respecto, las pérdidas sufridas por la *Kriegsmarine* en el golfo de Finlandia, en 1944, al intentar semejante cosa. El 18 de agosto se hundieron allí, en los antiguos barrajes propios, los torpederos alemanes *T-22*, *T-30* y *T-32*, y el 12 de diciembre del mismo año los destructores *Z-35* y *Z-36*.

De todos modos, los campos de minas italianos obligarían después a las fuerzas de superficie británicas a dar grandes rodeos para librarlos por el Norte, haciéndoles perder mucho tiempo, exponiéndoles a los ataques aéreos del Eje y, sobre todo, privándoles de la sorpresa. De modo que, tras los éxitos iniciales, casi todos sus intentos para cazar a los convoyes enemigos resultarían vanos. A pesar de ello, sucumbirían allí tantos barcos italoalemanes (79 yacen en el fondo, con 271.500 toneladas de registro bruto), que dicho canal, que discurría entre los dos grandes barrajes propios, sería pronto denominado por los marinos italianos, significativamente, «*la rotta della morte*».

El 20 de noviembre pudo entrar por fin en Malta un convoy rápido enviado desde Alejandría, compuesto por cuatro cargueros (dos norteamericanos, uno holandés y otro británico) escoltados por otros tantos cruceros de la 15.ª División — contralmirante Power — y siete destructores. Aunque el crucero *Arethusa* fue torpedeado durante uno de los varios ataques aéreos italoalemanes, teniendo que ser remolcado de popa hasta su base, con muy graves averías y 155 muertos a bordo, Malta volvía a contar con gasolina y petróleo suficientes para poder ser nuevamente potenciada, y allí llegaron en seguida ocho escuadrones de aviones bombarderos y torpederos de la RAF (*Wellingtons, Beauforts* y *Beaufighters*), cinco escuadrones de cazas diurnos y nocturnos y tres escuadrones de la *Fleet Air Arm* (*Swordfishes* y *Albacores*). También quedaron basados en La Valetta una flotilla de submarinos, varias escuadrillas de lanchas torpederas y una nueva «Fuerza K», compuesta por los cruceros *Euryalus, Cleopatra* y *Orion*, con cuatro destructores.

Al mismo tiempo, en Bona, en el flanco occidental del canal de Sicilia, quedaron apostados los cruceros *Aurora, Argonaut, Sirius* y *Dido*, con varios destructores («Fuerza Q»), y un escuadrón (el n.º 826) de la *Fleet Air Arm*. Los resultados iniciales de semejante despliegue estratégico fueron excelentes para los ingleses.

En la tarde del 1.º de diciembre se movían hacia el Sur, a través del canal de Sicilia, entre los meridianos del islote Marettimo y del cabo Bon, cuatro convoyes italianos: dos barcos — convoy «C» —, escoltados por tres torpederos, se dirigían a Trípoli; un petrolero — convoy «G» —, acompañado por dos destructores y dos torpederos, navegaba hacia Bizerta; cuatro transportes — convoy «H» —, protegido por tres destructores y dos torpederos, iban despachados para Túnez, y cinco cargueros — convoy «B» —, escoltados por otros tantos destructores, se movían hacia Sfax, Túnez y Bizerta.

Alertados por el OIC del Almirantazgo británico y por sus aviones de reconocimiento, los británicos no perdieron el tiempo. Hacia las 2000 de aquella noche, los aparatos ingleses descubrieron con sus radares al petrolero, le iluminaron con bengalas y seguidamente le torpedearon. Las cortinas de humo tendidas a su alrededor por los buques de escolta impidieron a los aviadores terminar con él, ya que el barco había quedado inmovilizado y tenía un fuerte incendio. Pero el fuego pudo ser dominado y el petrolero remolcado hasta Palermo por los torpederos.

El convoy «H» llevaba cerca de dos mil soldados a bordo de los cargueros *Aventino* y *Puccini,* carros de combate alemanes en el transporte *Aspromonte* y municiones en el germano *K. T. 1.*

De Bona habían salido en su búsqueda los cruceros británicos *Aurora* (contralmirante Harcourt), *Argonaut* y *Sirius,* con los dos nuevos destructores *Quentin* y *Quiberon.* Esta «Fuerza Q» había sido descubierta por un avión alemán de reconocimiento a unas 60 millas a poniente del cabo Bon, pero una avería en su equipo radiotelegráfico le impidió señalar su presencia hasta después del aterrizaje en Sicilia, de modo que «Supermarina» no fue alertada hasta las 2340 horas. ¡Demasiado tarde!

Aunque el convoy «B» invirtió inmediatamente el rumbo para dirigirse a Palermo y pudo escapar indemne, el «H», al que habían seguido los aviones británicos, fue atacado por la «Fuerza Q» hacia las 0040 de la madrugada del 2 de diciembre, y, para los italianos, el desastre fue, una vez más y por las mismas causas de siempre, inevitable. Sorprendidos entre las tinieblas de la noche sin un solo radar o radiotelémetro a bordo, por una fuerza enemiga mucho más poderosa y magníficamente equipada, el resultado no podía ser dudoso. Cuando desde uno de los buques italianos acababan de entreverse las sombras de los cruceros ingleses, éstos abrieron un fuego rapidísimo con todas sus piezas. Los torpederos trataron de ocultar con cortinas de humo a los ya tocados barcos del convoy, que inmediatamente arrumbaron hacia Levante, mientras los destructores *Da Recco* (capitán de navío Aldo Cocchia), *Camicia Nera* y *Folgore* se lanzaban con gran decisión contra el muy superior enemigo. En el desigual combate subsiguiente, el *Folgore,* destrozado, se hundiría a las 0116, llevándose consigo a su comandante, el capitán de corbeta Bettica, que no quiso abandonarle. Media hora después quedaba inmovilizado el *Da Recco,* que tenía graves averías y muchos heridos —entre ellos su comandante—, mientras el *Camicia Nera,* que había combatido con gran coraje y tenacidad (a su comandante, el capitán de fragata Foscari, se le concedería la Medalla de Oro al Valor), tuvo la suerte de salir milagrosamente indemne.

Pero mientras los tres cruceros británicos combatían con sus muy inferiores adversarios italianos, el *Quentin* y el *Quiberon* cañoneaban furiosamente a los barcos del convoy. El resultado fue dantesco. El *K. T. 1* pegó un estallido terrorífico y se fue al abismo entre grandes llamaradas, con la totalidad de su tripulación. El *Aventino* se hundió rápidamente, con la mayoría de los soldados que llevaba a bordo. El *Puccini,* convertido en una antorcha, quedó inmovilizado y tardó algunas horas en irse a pique. Sus hombres y los soldados que llevaba a bordo tuvieron que arrojarse por la borda huyendo de las llamas. Sólo el *Aspromonte* logró escabullirse, pero, otra vez localizado por los radares ingleses, pronto siguió la misma trágica suerte de sus compañeros de convoy.

No reconocen los ingleses haber sufrido daños en aquel encuentro a muy corta distancia, pese a que los italianos aseguran haber observado numerosos impactos de cañón e incluso de torpedo en sus buques. En cualquier caso, no se irían de vacío, pues, al llegar la amanecida, un avión del Eje (alemán según los italianos, italiano según los ingleses) alcanzó con un torpedo al *Quentin,* que se hundió rápidamente. Y el día 14, al intentar repetir la suerte, el crucero *Argonaut* fue blanco de dos torpedos disparados por el submarino italiano *Mocenigo* (teniente de navío Longhi), que le volaron la proa y le deshicieron dos de sus cuatro hélices y el timón. Después de parcheado, este buque tuvo que ser llevado hasta los Estados Unidos para reparar sus graves averías.

Volviendo al 2 de diciembre, el convoy «C» fue seguido por aviones británicos salidos de Malta, que después del anochecer, en las proximidades de los bajos Kerkenah, le iluminaron con bengalas y lograron torpedear a uno de sus componentes, el *Veloce,* que quedó incendiado y al garete. El torpedero *Lupo* se retrasó para prestarle auxilio, y hacia la medianoche, viendo que el salvamento era imposible, procedía a recoger a sus tripulantes, cuando fue atacado por sorpresa por los cuatro destructores británicos de la «Fuerza K», que habían sido conducidos hacia su objetivo por los aviones y en cuyas pantallas de radar hacía tiempo había quedado preso el infortunado *Lupo.* El torpedero se hundió para siempre en aquel mar de la Sirte tan funesto para los marinos italianos.

En vista de tales resultados, «Supermarina» cambió el horario de sus convoyes de modo que en lugar de cruzar el canal de Sicilia durante la noche pudieran hacerlo a plena luz del día, aun arrostrando el cada vez mayor peligro aéreo. Esta medida y la paulatina prolongación del barraje de minas occidental hicieron, como ya dijimos, que no volviera a repetirse la suerte del convoy «H». De todos modos, Bona fue duramente atacado por la aviación del Eje durante la noche, con intermitencias pero prácticamente hasta la terminación de la lucha por Túnez. Allí quedó desmantelado el destructor *Ithuriel* y gravemente averiado el crucero *Ajax,* que tuvo que renquear hasta los Estados Unidos. En Argel fue también alcanzado por una bomba aérea, el 20 de noviembre, el crucero *Delhi,* cuya toldilla quedó deshecha.

La lucha en el mar se había vuelto muy dura incluso para los británicos. El velocísimo crucero minador *Manxman* fue por fin cazado el 1.º de diciembre, durante uno de sus viajes a Malta, por un submarino alemán, y, muy destrozado, tuvo que ser metido a remolque en Orán y después llevado a Gibraltar. El transatlántico de 24.000 toneladas *Strathallan* (de la «P. & O.»), que llevaba tropas británicas a bordo, fue torpedeado e incendiado por un submarino alemán cerca de Orán, teniendo que ser abandonado y perdiéndose definitivamente. En noviembre fueron hundidos por destructores italianos el submarino británico *Utmost* y el griego *Triton.* Y en diciembre no pudieron regresar a sus bases el *Traveller,* el *P. 22,* el *P. 48* y el *P. 311,* víctimas de los destructores y minas italianos. Este mismo mes fueron echados a pique por los submarinos alemanes *U-443* y *U-565,* al oeste de Orán, los destructores ingleses *Blean* y *Partridge.* El 29 de enero, un torpedo aéreo voló el completo castillo de proa del destructor *Avon Vale,* que tuvo que embarrancar cerca de Bougie. El *U-617* puso fin, el 1.º de febrero, a la veloz carrera del crucero-minador *Welshman,* durante una de sus travesías desde Malta, y el transatlántico *Windsor Castle,* de 19.141 toneladas, fue echado a pique por aviones torpederos del Eje el 23 del mismo mes. Pero el tráfico marítimo aliado a través del Mediterráneo occidental proseguía con — relativamente a su volumen — muy pocas pérdidas, pese a los esfuerzos italo-alemanes, y a principios de febrero de 1943 ya habían entrado en los puertos argelinos cuatro millones y medio de toneladas de barcos mercantes, habiéndose perdido únicamente 229.500 toneladas. Comparadas con estas cifras, los envíos italo-alemanes a Túnez en el mismo tiempo, poco más de 233.000 toneladas, eran verdaderamente insignificantes. ¡Tal diferencia suponía el dominio del mar!

Mientras tanto, en el desierto norteafricano continuaba la veloz retirada de las fuerzas del mariscal Rommel supervivientes de los duros combates en El Alamein, y el 23 de enero de 1943 ocupaban los británicos la ciudad de Trípoli, que les había costado exactamente tres años de lucha y cuyo puerto estaba destrozado por los italo-alemanes. En Túnez, la ofensiva lanzada inmediatamente por Rommel contra las todavía bisoñas tropas norteamericanas no se convirtió en un desastre para éstas debido a que el mando de las fuerzas del Eje era aún compartido allí con Von Arnim. Cuando después se nombró comandante supremo a Rommel era demasiado tarde, pues los carros y soldados de Montgomery ya amenazaban la línea fortificada Mareth.

El esfuerzo marítimo y aéreo del Eje proseguía pese a los terribles ataques de la aviación aliada, que no sólo diezmaban a los convoyes, sino que iban pulverizando sistemáticamente los puertos, nudos de comunicaciones, vías férreas, carreteras, fábricas, etcétera, de Sicilia y la Italia meridional. El 4 de diciembre, los cuatrimotores norteamericanos alcanzaron en Nápoles a los cruceros *Attendolo, Savoia* y *Montecuccoli* y a cuatro destructores. El primero de dichos buques dio la voltereta y se hundió, y el *Savoia* resultó gravemente averiado. El grueso de la Escuadra se trasladó entonces a La Spezia y a Génova, y los cruceros pesados *Trieste* y *Gorizia* fondearon en la rada de La Maddalena, al norte de Cerdeña. Pero tampoco allí estarían seguros. El 10 de abril, 32 *Liberators* atacaron a estos últimos buques, hundiendo al *Trieste* y averiando al *Gorizia,* que, no obstante, pudo alcanzar La Spezia por sus medios, pero que permanecería inutilizado hasta el final de la guerra. Algunos años después pudimos contemplar, en El Ferrol, el largo y airoso casco de aquel otrora magnífico crucero pesado italiano, el *Trieste,* a donde había sido llevado para su desguace.

El 19 de abril, 60 cuatrimotores americanos atacaron la base naval de La Spezia, alcanzando en una torre al *Littorio,* hundiendo al destructor *Alpino,* averiando a otros dos buques de esta clase y a varias unidades menores y causando graves destrozos en el arsenal. El acorazado, que tuvo que trasladarse a Génova para reparar, no quedaría listo hasta el mes de junio, en que volvería a ser alcanzado desde el aire, lo mismo que el *Veneto* y el *Roma.*

Pero las actividades de los submarinos, destructores y convoyes del Eje, pese a la cada vez más aplastante superioridad aérea de los aliados, proseguían ininterrumpidamente. En vista de ello, los británicos decidieron minar aquel corredor italiano que atravesaba el canal de Sicilia. Durante la noche, los cruceros rápidos *Abdiel* y *Welshman* — con capacidad para 160 minas cada uno — y el submarino *Rorqual* fondearon allí, entre diciembre de 1942 y abril de 1943, algo más de dos mil minas submarinas, desde las proximidades de la costa tunecina en dirección Norte, lo que finalmente obligaría a los italianos a abandonar la *rotta della morte* y utilizar otra, más larga, que discurría a levante de todos sus barrajes y contorneaba luego la península del cabo Bon, y a fondear nuevos campos de minas para prevenir los ataques procedentes de las unidades inglesas que acechaban en Malta. Pero aunque se proyectaron varios campos, sólo pudo fondearse uno, al sur de Pantelleria, el 27 de febrero. Cinco destructores italianos arrojaron a las profundidades en dicha zona cuatrocientos artefactos submarinos.

Debido a las minas británicas fondeadas en el canal de Sicilia, quedarían allí para siempre los destructores italianos *Saeta, Malocello, Ascari, Maestrale, Corsario;* los torpederos *Clio, Chinotto, Prestinari, Uragano, Ciclone;* la corbeta *Procellaria;* los petroleros de la Armada *Verde* y *Ticino*...

Pero si la mera relación de unos cuantos nombres dice poco al lector, le rogamos que nos acompañe a este revuelto canal de Sicilia, donde, durante el invierno del año 1943, la muerte acechaba, artera e inmóvil, bajo las agitadas y grisáceas aguas del Mediterráneo, para examinar un poco más de cerca la suerte corrida por algunos de estos buques de guerra y sus valerosas y abnegadas dotaciones.

* * *

En la tarde del 9 de enero de 1943, tres barcos italianos surcaban el canal de Sicilia en línea de fila, a 12 nudos, arrumbados al Oessudoeste. Eran, por este orden, el destructor *Maestrale* (capitán de navío Bedeschi, jefe de la escolta), la motonave *Ines Corrado* y el destructor *Corsario* (capitán de fragata Ferrini). Procedían de Nápoles y su destino era Bizerta. Había marejada gruesa y los buques se movían con violencia, mientras el viento silbaba lúgubre en la jarcia. Pronto cayó la noche, y parecía que podrían alcanzar su destino felizmente, cuando, a las 2000 horas, una tremenda explosión volaba doce metros de la popa del *Maestrale,* con las dos hélices y el timón, dejándole al garete y sin luces.

Parecía un impacto de torpedo, por lo que el capitán de navío Bedeschi ordenó a la motonave que prosiguiera en solitario hacia Bizerta y comunicó al *Corsario* que había sido torpedeado y que se aproximase. Ferrini mandó caer a estribor, dar avante a toda fuerza y prepararse para lanzar cargas de profundidad. Momentos después, al pasar a unos cien metros del inmovilizado

Maestrale, fue sacudido por un violento estallido hacia el centro del buque. El destructor quedó inmediatamente al garete y sin luces, y Ferrini pudo ver, a través de la oscuridad, las grandes columnas de humo y vapor que escapaban de las destrozadas cámaras de máquinas y de calderas de su buque. Todo el personal acudió con rapidez, pero también con calma y disciplina, a sus puestos de combate. Se rescataba a los heridos y se trataba de averiguar los daños, cuando, tres minutos después de la primera explosión, se produjo otra en la misma zona del casco del *Corsario,* que comenzó a escorar rapidísimamente a babor, arrojando al mar todo el personal de cubierta situado a esa banda. Parecía que el buque iba ya a zozobrar, cuando, bruscamente, se adrizó un momento al partirse en dos con un fuerte crujido y después se hundió, con la proa y la popa apuntando hacia el sombrío cielo.

El *Maestrale* fue testigo forzosamente pasivo de este hundimiento, pues el estado de la mar hizo imposible arriar bote alguno. Las olas pronto arrastraron a los supervivientes, cuarenta y ocho de los cuales fueron recogidos al día siguiente por varios dragaminas procedentes de Pantelleria y un hidroavión despegado de Marsala (Sicilia). Pero 187 hombres habían perecido en el naufragio.

En el *Maestrale* se había apuntalado el mamparo estanco de la cámara de máquinas y vuelto a poner en función las turbodinamos. Para aligerar pesos se arrojaron al agua las cargas de profundidad, con los seguros puestos, y los torpedos del montaje de popa, con sus válvulas cerradas. Arrastrado por el viento, el buque derivaba peligrosamente hacia los campos de minas italianos, por lo que se largó toda la cadena del ancla: 400 metros. Así transcurrieron varias horas de incertidumbre, pero, por fin, a las 2330, el hierro agarró en el fondo y detuvo una carrera que, de otro modo, hubiera podido tener un final trágico. A las ocho y media de la mañana llegó a toda velocidad, procedente de Bizerta y con el almirante italiano de esta base naval a bordo, el torpedero *Calliope,* que le tomó a remolque y le condujo a puerto.

La deriva del *Maestrale* había salvado sin duda al *Calliope,* pues dicho destructor y el *Corsario* no fueron torpedeados: habían caído en un campo de minas submarinas que acababa de fondear, ¡precisamente la noche anterior!, el crucero británico *Abdiel.*

Como acabamos de ver, otro de los peligros, no por indirecto menos letal, de un campo de minas, es el confundir sus primeros efectos con los de un torpedeamiento.

En la mañana del 3 de febrero de 1943 salió de Bizerta el petrolero alemán *Thorsheimer*, en lastre, despachado para Nápoles. Le daban escolta los cuatro torpederos y el destructor que le habían acompañado en el viaje de ida, en uno de los cuales, el *Sirio*, iba el jefe del convoy, capitán de navío Tagliamonte.

A las 0930, poco después de haber cambiado de rumbo hacia el islote de Marettimo, el torpedero *Uragano* sufrió una fuerte explosión y perdió parte de la popa. Tagliamonte creyó que había sido torpedeado y ordenó al destructor *Saetta* y al torpedero *Clio* que le prestaran auxilio.

A las 0948, cuando el *Saetta* (1.206 toneladas) se aproximaba al *Uragano*, una violentísima explosión lo partió literalmente en dos y le echó a pique en ¡cincuenta segundos! El *Uragano* arrió sus botes para tratar de recoger a los náufragos, pero, debido a la gruesa marejada, todos ellos zozobraron. El *Sirio* se puso al pairo, comprendiendo ya Tagliamonte que se hallaba en un inesperado campo de minas enemigo, pero «Supermarina», temiendo que dicho torpedero y el *Uragano* derivasen sobre los barrajes italianos ya muy próximos por Poniente, le ordenó retirarse.

A primeras horas de la tarde se hundió el último de dichos torpederos. Tras una noche terrible sobre las olas, al día siguiente, habiendo mejorado las condiciones de mar, diversas embarcaciones salidas de Túnez, Bizerta, Trapani y Pantelleria rescataron a los supervivientes. Pero 114 hombres del *Uragano* y 170 del *Saetta* habían perecido víctimas de las minas inglesas.

En enero de 1941 habían fondeado los italianos dos campos de minas (el «X-2» y el «X-3») en el canal de Sicilia, de 180 artefactos cada uno, el segundo de los cuales quedaba ahora, en 1943, prácticamente en medio del pasillo formado por los dos grandes barrajes a que nos hemos estado refiriendo. Entre dichos campos de minas había un espacio libre de cuatro millas y media, y como se conocía su posición exacta y la isla de Zembra y los cabos Farina y Bon solían permitir a los buques una buena situación por marcaciones, los convoyes despachados para el puerto de Túnez pasaban entre ellos a fin de ahorrar tiempo.

La noche del 4 de marzo, el *Abdiel* dejó caer sus minas, con una precisión verdaderamente deletérea, entre los dos campos italianos citados, sin duda habiendo utilizado para ello su equipo de *asdic*, que permite detectar bien las boyas de los artefactos.

En la mañana del 7 de marzo de 1943 se aproximaba al golfo de Túnez un convoy procedente de Nápoles, compuesto por tres barcos mercantes escoltados por cinco torpederos. Para conducirlo a través de los campos «X-2» y «X-3» había zarpado de Bizerta esa misma mañana el torpedero *Ciclone*, que después de atravesar, indemne, el flamante campo de minas británico, a las 1225 se puso al frente del convoy. Los bombarderos aliados acababan de hundir a uno de sus mercantes, y tres torpederos de la escolta se habían retrasado para recoger a los náufragos, así que ahora marchaban en línea de fila, por este orden, el *Ciclone*, el *Groppo*, los dos cargueros que quedaban y el otro torpedero.

A las 1232, el mercante *Henry Stier* sufrió una explosión, se incendió y poco después se fue a pique. No se habían divisado estelas, pero como el barco hundido iba precisamente detrás de los dos torpederos citados, se supuso que podía haber sido alcanzado por un pez mecánico de propulsión eléctrica, y el capitán de corbeta Farino, jefe de la escolta, ordenó al *Ciclone* que recogiera a los náufragos con su bote a motor.

Ocho minutos después, cuatro escuadrones de *Liberators* se aproximaron desde varias direcciones, a gran altura, y arrojaron un diluvio de bombas sobre los restos del convoy. Alcanzado por varias de ellas, el *Balzac* pegó un estallido de catástrofe y desapareció inmediatamente bajo las aguas. Los tres torpederos procedieron al rescate de los náufragos, pero ya se movían dentro del campo de minas del *Abdiel* y, poco después, un artefacto submarino hacía explosión bajo la popa del *Ciclone*, que quedó al garete. Se recogieron los hombres que habían sido lanzados al agua, y se tenía la impresión de que el buque aguantaría. Mas derivaba al garete y, cuarenta minutos después, fue alcanzado en su sala de máquinas de popa por otra mina, sufriendo nuevos daños y bajas.

Desde el castillo de proa, el comandante del *Ciclone*, capitán de corbeta Di Paola, pudo ver, a unos seis metros de distancia, la siniestra y escalofriante boya de una mina que flotaba entre dos aguas, a unos tres o cuatro de profundidad, y no presentaba incrustaciones marinas de ninguna clase. Comprendiendo entonces el gravísimo peligro que les acechaba, dentro de un reciente campo de minas enemigo, ordenó el abandono del buque.

A las 1830 llegaron tres lanchas torpederas italianas procedentes de Bizerta, que recogieron a los heridos y parte de los náufragos del *Ciclone*, pero su comandante permaneció toda la noche en el bote, junto a su buque, por si se le pudiera dar remolque, sin conseguir pasar a bordo debido a la marejada en aumento. El destrozado torpedero se hundió por fin a la tarde siguiente, llevándose consigo a quince muertos.

No todos los campos de minas ingleses surtieron los esperados efectos. Los rastreos italianos de exploración descubrieron uno que había sido fondeado al sudeste de Marettimo, el 24 de marzo, por el submarino *Rorqual*. Se balizó convenientemente, pero su rastreo llevó nada menos que treinta y siete días, pues, debido al mal estado de la mar, los dragaminas no pudieron actuar durante catorce de aquéllos. Los latinos desactivaron y recogieron uno de los artefactos, que tenía dos grifos de inundación controlados por relojes de tiempos, para que las boyas se hundieran a los treinta y tres días de haber sido fondeadas, pues los británicos confiaban en que para entonces ya podrían desembarcar en Sicilia.

Pero, dada la inmensidad de la zona susceptible de ser minada y la cada vez más acuciante escasez de dragaminas, la mayoría de los campos ingleses fueron descubiertos después de haber mostrado sus mortíferas posibilidades, pues el mal estado casi continuo de la mar en aquella época del año impedía detectarlos desde el aire.

Como trasladar a Túnez tropas del Eje a borde de cargueros y transportes resultaba muy peligroso, desde diciembre de 1942 fueron llevadas en destructores y aviones, y ya sabemos que sólo los primeros consiguieron poner allí más de 52.000 soldados. Pero no todos los embarcados lograrían saltar a tierra...

En la tarde del 23 de marzo aparejaron de Puzzuoli, con destino a Túnez, los destructores *Malocello* y *Pancaldo* (ambos de 1.917 toneladas), cada uno de los cuales llevaba a bordo 350 soldados alemanes. Poco después se les incorporaron el *Camicia Nera* y el *Ascari*, procedentes de Palermo y también con tropas germanas a bordo. Para dar resguardo al campo de minas enemigo donde se habían hundido el *Estier* y el *Ciclone*, la derrota hacia el golfo de Túnez pasaba ahora entre el italiano «X-2» y los también italianos «S-73» y «S-71», en dirección al islote de Zembretta. De todos modos era una derrota muy peligrosa, porque había que librar también otros dos campos, de 80 minas cada uno, fondeados a unas 30 millas al norte del cabo Bon, en la noche del 8 de marzo, por el infatigable *Abdiel*. Campo ya descubierto por los italianos, pero que no había podido rastrearse.

Los cuatro buques de guerra que nos ocupan navegaron durante toda la noche haciendo zigzag, con marejada y fuerte viento de Levante. A las 0644 cesó el zigzag y la formación aproó al 210°, es decir, casi al Sursudoeste. Poco antes de las siete y media de la mañana sufrió el *Malocello* una explosión submarina y quedó al garete, señalando erróneamente que había sido torpedeado por estribor. Los otros tres destructores cayeron entonces a babor, y, poco después, el comandante del *Ascari* (1.620 toneladas), capitán de fragata Gerini, ordenó al *Pancaldo* y al *Camicia Nera* que prosiguiesen hacia Túnez. Por su parte decidió abarloarse al «torpedeado» buque, pese a la marejada, para prestarle auxilio.

Ya se habían dado las amarras, cuando el equipo de *asdic* instalado a bordo indicó la aproximación de un torpedo por estribor, de modo que el *Ascari* largó inmediatamente los cabos, dio avante toda y poco después arrojaba ocho cargas de profundidad en la pretendida dirección de procedencia del artefacto. Pero ningún submarino británico o bajo control británico operó durante aquel semestre en el peligroso canal de Sicilia, de modo que la del *Ascari* fue sin duda una falsa alarma.

Cuando el destructor se aproximaba de nuevo al *Malocello,* el estallido de una mina le cercenó la proa hasta el rompeolas del castillo. Por su parte, el *Malocello* se partía en dos poco después y se iba a pique.

Durante más de cuatro horas, el único bote a motor del *Ascari* saltó incansable sobre la solas para recoger a los náufragos del *Malocello.* La mar hacía difícil la faena, y como varias balsas se alejaban rápidamente, arrastradas por el viento, el *Ascari* navegó hacia ellas y, hacia las 1300 horas, chocó con otra mina que le deshizo la popa hasta el mamparo estanco de la cámara de oficiales. El buque quedó al garete, pero se aguantaba bastante bien y las perspectivas eran de que podría salvarse. Sin embargo, media hora después, un tercer artefacto submarino estallaba a la altura de la cámara de calderas de proa, y esta vez el buque, con grandes destrozos, se hundió rápidamente.

Varias «MAS» procedentes de Bizerta y otras llegadas de Pantelleria recogieron aquella misma tarde a los supervivientes, pero 313 marinos italianos y 550 soldados alemanes perecieron en aquel doble y trágico hundimiento.

Parece ser que el fuerte siroco que había soplado durante toda la noche hizo abatir a los buques italianos más de lo previsto, arrastrándolos inadvertidamente sobre los campos de minas del *Abdiel.* Explicable error en la navegación por estima, pero que habría podido evitarse si el cielo, cubierto, les hubiera permitido una observación de tres estrellas a la amanecida, con el sextante, o si cualquiera de los cuatro destructores hubiese dispuesto de algún radar.

* * *

En Túnez, la situación fue haciéndose insostenible para las fuerzas del Eje. Si durante el mes de noviembre de 1942 las pérdidas en el material enviado por mar fueron del 28 %, y del 22 % en enero y febrero de 1943, en marzo y abril se dispararon al 41 %, y en la primera semana de mayo, al ¡77 %!

De todos modos, los envíos del Eje a Túnez en aquel medio año de lucha — incluyendo los víveres — sólo ascendieron a 306.632 toneladas, lo cual, teniendo que alimentar el esfuerzo de guerra de un ejército de un cuarto de millón de hombres, sujeto a una ofensiva casi continua por parte de las tropas aliadas, que más que le doblaban en número, disponían de recursos comparativamente ilimitados — 400.000 toneladas de suministros mensuales — y contaban con el dominio absoluto del aire, resultaba a todas luces insuficiente (1).

El envío de más soldados a bordo de destructores y aviones era inútil, pues estos hombres únicamente podían llevar consigo sus fusiles y un puñado de municiones, ningún material pesado. Aquí, las pérdidas humanas resultaron del 7 %. El 10 y el 11 de abril fueron abatidos 70 aviones de transporte italo-alemanes que llevaban tropas a Túnez, 59 aparatos el 18 del mismo mes, 15 el día 19 y 30 el 22 (2). En aquel trágico semestre fueron destruidos dos mil aviones italianos de todas clases. Por el contrario, la formidable potencia aérea de los Estados Unidos se dejaba sentir cada vez con mayor pujanza. Los bombardeos de la USAAF resultaban tan terroríficos como devastadores. La base naval de Cagliari (al sur de Cerdeña), por ejemplo, que ya había sido muy castigada desde el aire el 13 de marzo, fue nuevamente atacada un mes después por 300 cuatrimotores norteamericanos, escoltados por 150 cazas, que literalmente la pulverizaron, hundiendo todos los buques que en ella se encontraban (una veintena de unidades menores).

El canal de Sicilia se convirtió en un infierno sobrevolado du-

---

(1) Los generales Rommel y Arnim habían informado que serían necesarias por lo menos 140.000 toneladas de suministros mensuales.

(2) Entre los aparatos derribados figuraron numerosos gigantes de transporte alemanes de seis motores.

rante el día por bandadas de cincuenta y hasta de cien bombarderos americanos, que tan pronto descubrían barcos enemigos les lanzaban una «alfombra» de bombas de tal amplitud, que la maniobra de los lentos barcos mercantes resultaba generalmente inútil para sustraerse al letal chaparrón. Por la noche actuaban, a la luz de sus potentes bengalas, los bombarderos y aviones torpederos de la RAF, y las revueltas aguas quedaban infestadas por lanchas torpederas de hasta cuatro pabellones diferentes: alemán, británico, italiano y norteamericano. Durante el día actuaban también las lanchas inglesas, que, siguiendo órdenes directas del almirante Cunningham, arbolaban la bandera italiana hasta el mismo momento de lanzarse al ataque. Los submarinos británicos, que en número de 35 ó 40 unidades operaban entonces continuamente en el Mediterráneo, se relevaban en el mar Tirreno, y entre los meses de marzo y abril hundieron allí una treintena de barcos italo-alemanes y averiaron a otros cinco. Mientras tanto, los buques de las Fuerzas «Q» y «K» trataban de explotar sus grandes posibilidades nocturnas, aunque, como ya sabemos, una vez evacuado Trípoli en enero de 1943, dichas unidades, debido a los peligrosos barrajes de minas italianos, apenas si cosecharían laureles en el canal de Sicilia y sus aledaños, y ello no sin pérdidas propias.

En la noche del 12 al 13 de marzo, durante un intento de la «Fuerza Q» para cazar barcos enemigos en el interior de dicho canal, el destructor *Lightning* recibió dos artefactos lanzados por lanchas torpederas alemanas y se hundió al norte de Bizerta. En la del 16 de abril, los destructores *Pakenham* y *Paladin* sorprendieron a un pequeño convoy italiano que se movía a unas diez millas de Marsala (al oeste de Sicilia), logrando hundir uno de los dos torpederos de la escolta, el *Cigno*. Pero en el afortunado contraataque (no basta el valor, hay que tener también suerte) de este buque (capitán de corbeta Maccaferri) y el *Casiopea*, el *Pekenham*, alcanzado en las calderas, quedó inmovilizado y poco después tuvo que ser evacuado y hundido, escapando indemne el convoy. A pleno día, el del mismo tipo *Bicester* recibió directamente a bordo una bomba norteamericana, a pesar de que todos los destructores ingleses llevaban el puente de mando enteramente pintado de rojo para distinguirlos desde el aire de los italianos.

Sin embargo, en aquellos seis meses de esfuerzo, tan tenaz como valeroso, por parte de las Marinas de guerra y mercante italianas, esta última perdió cerca de 450.000 toneladas de barcos, en su mayoría pequeñas unidades de menos de 500 de registro bruto.

El 54 % de tales hundimientos y el 82 % de los barcos averiados resultaron víctimas de los ataques aéreos.

Sin víveres ni municiones, las tropas alemanas tuvieron que rendirse el 9 de mayo, y el 12 las italianas, que, según el historiador británico Liddell Hart — siempre tan parco en elogios hacia los latinos — habían luchado en Túnez «con tanto coraje como las alemanas». La Marina italiana continuó el sangriento esfuerzo hasta el mismo final. Todavía, en la noche del 4 de mayo, los destructores británicos *Nubian, Paladin* y *Petard,* salidos de Malta, lograron localizar y hundir, cerca del cabo Bon, a un barco cargado de municiones — que al ser alcanzado por los disparos pegó un estallido impresionante — y al torpedero *Perseo,* que le daba escolta.

Dejar en África a 250.000 veteranos y aguerridos combatientes italo-alemanes fue un error tan grave como el anteriormente cometido por los germanos en Stalingrado (hoy Volgogrado). Vista la imposibilidad de suministrarles adecuadamente, dichas tropas debieron haber sido llevadas a Sicilia aprovechando las malas condiciones atmosféricas del mes de marzo. Convenientemente reequipadas, podían muy bien haber hecho fracasar después el desembarco aliado en aquella isla, donde hasta cierto punto se hubieran vuelto las tornas (1). Porque allí donde el enemigo lucha con todas las ventajas de su parte, lo que hay que hacer es retirarse a tiempo a posiciones más convenientes. Empecinarse en una defensa a ultranza cuando se ha llegado a una situación tan insostenible como la alcanzada por los germanos en Stalingrado o por el Eje en Túnez, con el único fin de mantener una consigna política, es no sólo hacerle el juego al enemigo, es decir, incurrir en el más lamentable de los errores, sino que resulta también — como diría Napoleón Bonaparte — un acto criminal.

Pero la de Túnez fue una batalla muy honrosamente perdida por los italo-alemanes, que tanto en la mar como en tierra combatieron hasta el fin, sin desmoralizarse y tan hábil como valerosamente, contra un enemigo inmensamente superior y al que tuvieron en jaque durante medio año.

---

(1) El 10 de marzo, Rommel llegó a garantizar personalmente a Hitler que con aquellas tropas rechazaría cualquier invasión aliada en el Sur de Europa. «Pero fue inútil», señala él mismo.

Capítulo XXI

PANTELLERIA SE RINDE. — DESEMBARCOS ALIADOS EN SICILIA. — CAÍDA DEL FASCISMO. — FIRMA DEL ARMISTICIO. — HUNDIMIENTO DEL ACORAZADO «ROMA» Y RENDICIÓN DE LA ESCUADRA ITALIANA

Tras la pérdida de Túnez, todo el litoral africano y asiático del Mediterráneo, desde las inmediaciones de Melilla hasta Turquía, había quedado en manos de los aliados, que además contaban con la isla de Chipre y con Gibraltar y que pronto abrieron al tráfico marítimo el canal de Sicilia.

El siguiente paso estratégico aliado sería la conquista de esta isla. Se había llegado a tal decisión durante la Conferencia de Casablanca, celebrada a mediados de enero de 1943 entre el presidente Roosevelt y Winston Churchill. Para ganar tiempo, los británicos hubieran querido apoderarse de Cerdeña, pero los norteamericanos impusieron sus puntos de vista, entre otras cosas porque deseaban que el canal de Sicilia quedara asegurado al tráfico, lo que prácticamente les supondría disponer de unos dos millones más de toneladas de barcos mercantes, al poder enviar sus convoyes a la Unión Soviética por la derrota más corta, a través de todo el Mediterráneo. La superioridad naval y aérea de los aliados era ya formidable en el ámbito del Mare Nostrum, pero en Sicilia se temía una resistencia aún más encarnizada que en Túnez, por lo cual buscaron la sorpresa y... la lograron.

Unos días antes de producirse los desembarcos en Marruecos y Argelia, concretamente el 26 de septiembre de 1942, un avión británico que se dirigía a Gibraltar desde el Reino Unido cayó al mar en el golfo de Cádiz. El cadáver de un oficial de Marina inglés fue arrojado a la playa por las olas, y las autoridades españolas descubrieron que llevaba una carta dando cuenta al gobernador de Gibraltar de la fecha de la operación «Torch» y de la llegada a la Roca, dos o tres días antes, del general Eisenhower. Otros documentos habían quedado ilegibles. Los agentes británicos se enteraron de todo ello y advirtieron al gobernador de la colonia, quien, el día 28, se lo comunicó a Londres. En vista de ello, los aliados decidieron retrasar preventivamente los desembarcos, fijados para el 4 de noviembre, hasta el 8 del mismo mes.

En un país tan dado desde siempre a las novelas y los personajes policíacos — en Dartmouth me mostraron casi con devoción la hermosa casa, situada al fondo de la pequeña ría, de Agatha Christie —, alguien pensó que de aquel hecho fortuito y que pudo haber tenido desagradables consecuencias se podía sacar partido.

Un cadáver, convenientemente disfrazado y portador de varias cartas falsificadas, se arrojó al mar cerca de las playas españolas. Como se esperaba, las olas lo arrastraron pronto a la arena y, también como se esperaba, los agentes alemanes enviaron inmediatamente a Berlín el contenido de los documentos. La falsificación era, naturalmente, perfecta, y Hitler creyó que los próximos desembarcos aliados tendrían lugar en Cerdeña y el Peloponeso. Mussolini no cayó en la trampa, pero «Supermarina» inicialmente sí, y el macabro episodio daría buenos frutos para los aliados.

Los alemanes retiraron 440 aviones de combate de Rusia y el oeste de Europa, y a principios de julio tenían 975 aparatos de todas clases en el Mediterráneo central. Pero al mismo tiempo apostaron 305 aviones de combate en Grecia... Por las mismas fechas, los efectivos disponibles para la *Regia Aeronautica* habían quedado reducidos a 70 cazas y unos 300 bombarderos-torpederos, gran parte de los cuales pertenecían a tipos anticuados y muy inferiores a sus contrapartes enemigos.

El primer paso de los anglo-americanos, aparte de limpiar de minas el canal de Sicilia, fue apoderarse de la pequeña isla de Pantelleria (83 km.^{2}), pues allí existía un campo de aviación del que convendría disponer durante los desembarcos en Sicilia. Los bombardeos aéreos comenzaron el 8 de mayo, y fueron *in crescendo,* hasta llegar, en junio, a casi un millar de toneladas de explosivos diarios. La isla tenía una guarnición de 11.500 hombres y una población de 10.000 almas, pero los servicios y medios de distribución de agua potable quedaron muy pronto destruidos y, al producirse el desembarco aliado, el 11 de junio, tras un terrible bombardeo naval y aéreo, Mussolini, a requerimiento del comandante militar de la isla, almirante Pavesi, autorizó la rendición.

En el diminuto islote de Lampedusa, y tras otros bombardeos

parecidos, el comandante militar, capitán de navío Bernardini, se consideró implícitamente autorizado también a la rendición...

Es cierto que en Pantelleria sólo existían tres baterías antibuque de 152 mm., otras tantas de 120 mm. y dieciséis baterías antiaéreas de 75 y 90 mm., la mayor parte de ellas anticuadas; que los pocos aviones de caza en ella basados fueron inmediatamente retirados a Italia, y que, al iniciarse los bombardeos, los técnicos alemanes que manejaban los tres radiotelémetros antiaéreos y el naval asentados en la ínsula los desmontaron y se los llevaron. Cierto también que al comenzar el asedio por la mar y el aire, el almirante Pavesi propuso evacuar toda la población civil, lógica medida que no fue autorizada por el ministro de la Gobernación alegando el mal efecto que ello pudiera causar en la metrópoli. Verdad también es que el puerto y todo el casco urbano resultaron destrozados a las primeras de cambio, así como lo irían siendo después la mayor parte de las baterías, y que el sostenimiento de la aterrorizada población civil encerrada en los túneles del aeródromo originaba una gran merma en los bastimentos. Que las municiones escaseaban y que, durante los terribles bombardeos, los aviones nacionales brillaron por su ausencia. Pero, con todo ello, no deja de resultar chocante que la isla se rindiera tan pronto los infantes aliados pusieron sus pies en ella. Más tarde, el almirante Pavesi sería juzgado por dicha rendición por un tribunal de la república de Salo y condenado a muerte...

Aquí, por primera vez en los tres años de guerra, observamos una manifiesta desgana de combatir en algún mando italiano. Y es que, en Italia, la gran mayoría de la población consideraba ya que la contienda estaba irremediablemente perdida y que, dada la inmensa diferencia de fuerzas, continuarla sería sólo una locura suicida. Efectivamente, para el Eje, la guerra estaba ya sentenciada. Tras el desastre alemán en Stalingrado, la *Werhmach*, ¡una sombra de lo que fue!, retrocedía prácticamente en todo el inmenso frente ruso y en julio perdería la batalla de Kursk; las fuerzas italo-alemanas habían sido barridas del Norte de África; los submarinos germanos acababan de perder la batalla del Atlántico (1); en el Pacífico, la Escuadra nipona había

(1) En 1943 no sólo fueron hundidos 237 submarinos alemanes (241 en 1944), sino que la diferencia entre el tonelaje de barcos mercantes aliados hundidos por todos los medios y el de nuevas construcciones presentaba ya un saldo favorable a éstas de 10.974.000 toneladas de registro bruto.

sufrido graves derrotas y la iniciativa estaba en manos norteamericanas; en fin, las ciudades italianas y alemanas sufrían terroríficos bombardeos aéreos, los muertos entre la población civil se contaban por docenas de millares, se pasaba hambre y el pueblo gemía bajo el peso de la guerra. En Italia no había petróleo, las vías férreas estaban deshechas y la Aviación nacional había dejado prácticamente de existir. Los pedidos de combustible, armamento, carros de combate y aviones que se hacían a Alemania caían en el vacío, y no se veía el menor rayo de luz en el trágico y sombrío panorama.

El mismo Mussolini, probablemente pensando ya en una paz por separado (aunque no lo reconozca en sus escritos), hacía tiempo que venía fortificando los pasos fronterizos de los Alpes, había sustituido al jefe del Estado Mayor General, el germanófilo Cavallero, por el monárquico Ambrosio, y sólo permitió la entrada en Italia de tres divisiones alemanas, en vez de las cinco que le ofrecía Hitler. Por su parte, Ambrosio, en vista de que Italia parecía estar irremisiblemente abocada a convertirse en un sangriento e inútil campo de batalla, pronto se puso en contacto con el depuesto mariscal Badoglio y otras altas personalidades — después también con el rey —, para tratar de derribar el régimen y firmar la paz (1). Honradamente, a estos hombres no se les pueden formular reproches.

Pero si los altos mandos políticos y militares italianos buscaban el cese de las hostilidades, como era su deber dadas las circunstancias — pues regímenes y gobiernos sólo interesan cuando resultan de verdadera utilidad para el bien común del país —, los mandos subordinados tenían la obligación de seguir combatiendo y, salvo rarísimas excepciones, como en el caso de Pantelleria, seguirían haciéndolo, valerosa y abnegadamente, hasta el mismo final, especialmente en lo que se refiere a la Armada y los restos de la *Regia Aeronautica*.

«Supermarina» había dispuesto el rearme de los acorazados *Doria* y *Duilio* (que tardarían aún cuarenta y cinco días en estar listos), pero en Taranto sólo había un destructor disponible. Las reparaciones del *Vittorio Veneto* habían terminado, pero el grueso de la Escuadra permaneció en La Spezia, pues el Almirantazgo

(1) Los alemanes no tardarían mucho en pensar lo mismo. Menos de un año después, cuando Keitel pedía insistentemente consejo a Von Rundstedt, recibió esta franca respuesta: «¿Qué hacer? ¡Haced la paz, locos! ¿Qué otra cosa se puede hacer?»

italiano no descartaba todavía la posibilidad de un desembarco en Cerdeña. A esta isla y la de Córcega fueron llevadas numerosas fuerzas y medios que luego no podrían emplearse en Sicilia. Desde marzo de 1943 hasta el 4 de septiembre del mismo año, la Marina italiana fondearía 140 barrajes antidesembarco, con un total de 14.000 minas, en Córcega, Cerdeña, Sicilia, los golfos de Gaeta, Nápoles, Salerno, Squillace y Taranto, costas de la Grecia occidental y mares Egeo y Adriático.

Al producirse la invasión de Sicilia, en esta isla no había más que cuatro divisiones italianas de infantería y dos acorazadas alemanas: la 15.ª «Panzer» y la «Hermann Goering». Tres de las primeras únicamente disponían de sus botas para poder moverse, y sólo la «Livorio» contaba con camiones para las tres cuartas partes de sus efectivos, y alguna artillería mecanizada. Las tropas (nativas) de la defensa costera habían sido distribuidas a lo largo de los 1.400 kilómetros de costa, a razón de 26 hombres por kilómetro... Veamos ahora, esquemáticamente, lo que se les venía encima.

Ciento cuarenta y seis escuadrones de la Aviación norteamericana y ciento trece y medio de la RAF, es decir, unos cuatro mil aviones de combate, iban a actuar durante la operación «Husky» (invasión de Sicilia). En ella se emplearían 1.614 buques británicos, 945 norteamericanos y 31 holandeses, griegos, polacos y noruegos: 2.590 unidades en total, entre las que figuraban seis acorazados *(Nelson, Rodney, Howe, King George V, Warspite* y *Valiant),* dos portaaviones (*Indomitable* y *Formidable,* con un centenar de aparatos a bordo), quince cruceros, tres monitores, ciento veintiocho destructores, cuarenta y dos dragaminas, veintiséis submarinos, más de un millar de buques y barcazas de desembarco de diversos tipos, etcétera. En las zonas fijadas para los desembarcos, al norte y a poniente del cabo Passero (asignadas a las tropas británicas) y en el golfo de Gela (a las norteamericanas), serían inicialmente puestos en tierra 115.000 soldados ingleses y 66.000 norteamericanos, muy pronto reforzados hasta un total de 478.000 combatientes (250.000 británicos y 228.000 americanos).

Terroríficos bombardeos aéreos para aislar las zonas de los desembarcos, pulverizar los aeródromos sículos y desarticular las comunicaciones precedieron al día «D», que quedó fijado para el 10 de junio (novilunio). Antes de la amanecida de dicho día, unos 1.600 paracaidistas ingleses embarcaron en 137 planeadores, que serían remolcados por aviones hasta varios puntos estratégicos al sur de Siracusa. El inesperado y fuerte viento que se levantó durante la noche hizo que 69 planeadores cayesen al mar, pero los restantes pudieron alcanzar sus objetivos.

Como era de esperar, dadas la sorpresa y debilidad de las fuerzas italianas que guarnecían las playas, los desembarcos apenas encontraron oposición, y, después, los carros de combate alemanes fueron fácilmente rechazados por las baterías de los cruceros aliados, especialmente los artillados con doce y quince piezas de 152 mm. cada uno (1).

La impresión que este desembarco aliado produjo en Italia fue enorme. Los jerarcas del partido fascista solicitaron inmediatamente de Mussolini que convocara al Gran Consejo — cosa que no se había hecho en toda la guerra —. La reunión tuvo por fin lugar el 24 de julio, y, tras casi diez horas de discusiones, Mussolini obtuvo lo que puede considerarse un voto de desconfianza (la moción de Grandi exigiendo el retorno a la Constitución e invitando al Duce a devolver los derechos a la Corona y el mando de los ejércitos a la nación obtuvo diecinueve votos a favor, siete en contra y dos abstenciones).

El grupo de conjurados, encabezado por Ambrosio, aprovechó tal resultado para poner inmediatamente en práctica los planes previstos. Tras su visita al Rey, solicitada por el propio Mussolini, éste fue detenido y sucesivamente llevado, en el mayor secreto, a la isla de Ponza, a la de La Maddalena (Otto Skorzeny, que ya seguía su rastro, llegaría allí disfrazado de marinero al día siguiente al último traslado) y al hotel del Gran Sasso, en los Abruzzos, a 2.112 metros de altura, donde finalmente sería liberado por los alemanes el 12 de septiembre.

Mientras tanto, el régimen había caído sin resistencia y Badoglio era jefe del gobierno. Su intención era pedir inmediatamente la paz, pero, temiendo que los alemanes invadiesen Italia, fingió querer proseguir la guerra mientras secretamente intentaba pactar con los aliados.

No engañó a nadie. El 30 de julio, con el pretexto de aliviar la situación de las tropas italianas en el Sur, ocho divisiones germanas mandadas por el general Rommel atravesaron los pasos

(1) «Probablemente, de no haber sido por la ayuda de los buques de guerra, o si ésta hubiera resultado menos eficaz, nuestras fuerzas de desembarco habrían sido arrojadas al mar.» (Almirante Ernest J. King, *La Flota norteamericana en la segunda guerra mundial.*)

fronterizos y acamparon en el norte de Italia, y la 2.ª División germana de paracaidistas fue trasladada desde Francia a Ostia. Mientras tanto, los contactos de Badoglio con los aliados se llevaron con tal secreto, que, cuando el 8 de septiembre se proclamó el Armisticio — firmado el 3 —, los mandos de las unidades del Ejército italiano, que no habían recibido instrucciones de ninguna clase, fueron sorprendidos y rápidamente desbordados por las tropas alemanas. Y así, lo que había querido evitarse: convertir Italia en campo de batalla, no se pudo impedir.

«Supermarina» había supuesto que los desembarcos aliados en Sicilia se efectuarían en la parte occidental de la isla, en cuyo caso habría hecho intervenir a la Escuadra italiana. Pero precisamente con el fin de que las cabezas de playa quedasen protegidas por la caza propia, los aliados ni siquiera se atrevieron a desembarcar en las zonas próximas al estrecho de Mesina, lo que hubiera sido sumamente conveniente para ellos, no sólo para impedir la llegada de refuerzos del Eje, sino evitar después su evacuación al continente. En vista de lo cual, «Supermarina» decidió utilizar, por el momento, únicamente a sus submarinos y lanchas torpederas. Éstas nada pudieron hacer, pues fueron siempre detectadas en la noche y rechazadas con bajas y destrozos, y los resultados obtenidos por los sumergibles, como podía esperarse dada la formidable potencia aérea y naval de los aliados alrededor de las zonas del desembarco — era la operación anfibia hasta entonces más importante en la segunda guerra mundial —, no fueron muy halagüeños para los italo-alemanes.

De los diez submarinos italianos enviados a Sicilia se perdieron ocho, y los dos restantes tuvieron que retirarse gravemente averiados por el enemigo. El *Flutto* fue hundido con toda su dotación, el día 11, por lanchas antisubmarinas inglesas. El *Bronzo*, obligado por cuatro corbetas británicas a emerger, fue después cañoneado y ametrallado y, muertos su comandante, el segundo comandante y seis oficiales y marineros, pudo ser abordado y capturado por los ingleses (1). El día 13, el *Acciaio* resultó torpedeado y hundido con toda su dotación por el británico *Unruly*, cerca del estrecho de Mesina. El *Nereide* fue echado a pique ese

(1) Algo similar había sucedido, a la inversa, con el submarino británico *Tempest*, el 13 de febrero de 1942, en el golfo de Taranto. Un trozo de presa del torpedero italiano *Circe* se apoderó de él y le dio remolque, pero poco después el sumergible se fue a pique.

mismo día, con la mayor parte de su gente, por destructores ingleses, cerca de Augusta. El *Dandolo* (teniente de navío Turcio) fue averiado por aviones, el día 17, cerca de Catania y tuvo que entrar en Crotone. Pero el día antes había torpedeado y gravemente averiado al crucero antiaéreo británico *Cleopatra* (5.500 toneladas). El 18 resultó averiado por bombas aéreas el *Ambra*, que tuvo que dirigirse a Nápoles. El *Remo* fue hundido por el británico *United* el día 15, pereciendo 55 de sus 59 hombres. Tres días después bajaría al abismo su gemelo, el *Romolo*, con la totalidad de su dotación, víctima de la RAF. El día 23 se perdió, con toda su gente, el *Ascianghi* (teniente de navío Fiorini), que acababa de torpedear al crucero británico *Newfoundland*, de 8.000 toneladas. Y el 22 se hundió el *Micca*, que regresaba con averías a Taranto cuando fue torpedeado por el inglés *Trooper*. De los 72 hombres de su dotación sólo se salvaron 18.

En resumen, en julio de 1943 se perdieron ocho submarinos italianos y tres alemanes *(U-561, U-375* y *U-409)*. Pero, aparte de los dos cruceros británicos torpedeados, los escualos italo-alemanes lograron hundir cuatro transportes ingleses y dos «L. S. T.» norteamericanos y torpedear a otros tres barcos mercantes aliados. Fue un esfuerzo muy meritorio, dadas las adversas circunstancias, pero a todas luces insuficiente.

La Aviación italo-alemana hizo también lo que pudo y, durante el mes de julio, siete barcos mercantes aliados y cinco de desembarco fueron echados a pique, con 48.685 toneladas de registro, así como un destructor norteamericano, el *Maddox*, y el dragaminas *Sentinel*. Resultaron averiados el portaaviones *Indomitable*, el monitor *Erebus*, dos destructores, seis buques de desembarco y tres cargueros.

El *Indomitable*, que navegaba con la «Fuerza H», fue torpedeado, poco después de la medianoche del 15 al 16, por un *Savoia* italiano que se coló indetectado a ras de las olas y logró alejarse, indemne, después de lanzar sus torpedos. El buque británico sufrió graves averías en las máquinas y tuvo que retirarse a Gibraltar, teniendo que ser relevado por el *Illustrious*, enviado desde Scapa Flow y a su vez sustituido en la *Home Fleet* por el norteamericano *Ranger*.

* * *

Poco antes de producirse los desembarcos aliados en Sicilia, el jefe de la *Kriegsmarine*, almirante Dönitz, había aconsejado a

«Supermarina» que, puesto que atacar a la flota de invasión sería inútil dada la diferencia de fuerzas, destinase sus cruceros, destructores y submarinos exclusivamente al traslado de tropas, víveres y material a las islas que fueran invadidas, ya que si el enemigo era finalmente derrotado en tierra, de poco le habría servido su supremacía en la mar.

Esta propuesta no fue aceptada por «Supermarina», aunque no precisamente por su heterodoxia. Si las tropas y el material que los buques de guerra italianos habrían podido trasladar al teatro de operaciones hubiesen servido para romper un hipotético equilibrio entre los suministros de ambos bandos, desde luego habría merecido la pena dedicar aquellos buques a tal cometido. Pero dada la abrumadora diferencia entre lo que los aliados y los italianos podían trasladar por mar, y la reducida capacidad de carga de los buques de guerra, con tal medida no sólo nada se hubiera logrado, sino que se habría perdido, de antemano, cualquier oportunidad favorable que pudiera presentarse para atacar y dañar al enemigo en la mar.

La esperada ocasión no se presentó, y la Escuadra italiana sólo hizo dos salidas, con cruceros, que, como luego veremos, nada práctico lograrían. Esta relativa pasividad indignó al almirante germano, que al ver que no se aceptaban dichas sugerencias hubiera querido la salida a todo evento de la Escuadra italiana y que llegó a proponer a Hitler apoderarse de ella a viva fuerza y cambiar los mandos de «Supermarina». Y, sin embargo, un año después, al producirse la invasión de Normandía y ver claramente los alemanes que los aliados iban por ellos, Dönitz no sacaría del santuario del Báltico a los cruceros-acorazados, cruceros pesados y ligeros y otros buques de la *Kriegsmarine* allí basados, para lanzarlos contra la formidable flota de invasión. Comprendió que sería un sacrificio totalmente inútil y que aquellos hombres y navíos aún podrían prestar valiosos servicios a su patria.

«Supermarina» pensó antes igual, tal vez recordando la suerte corrida, en parecida situación, por el *Prince of Wales* y el *Repulse*. No quiso lanzar la Escuadra ciegamente al combate, en una acción desesperada y que con toda seguridad no sólo resultaría tan sangrienta como inútil para los italianos, sino que podría servir en bandeja a los aliados un «éxito clamoroso de efectos opuestos e igualmente importantes en la moral del pueblo británico e italiano». Prefirió reservarla por si surgía la menor ocasión hasta cierto punto favorable. La moral y disciplina de los marinos italianos eran excelentes pese a la marcha adversa de la guerra y a la inactividad de las grandes unidades en el último período, y hubieran obedecido cualquier orden, como lo habían hecho durante aquellos tres durísimos años y lo harían al firmarse el amargo armisticio.

* * *

Contra todo lo temido por los anglo-norteamericanos, la resistencia del Eje en Sicilia fue rota con gran rapidez, ya que, dominio aliado del mar y del aire aparte, el único refuerzo enviado allí por aquél fue la 1.ª División alemana de paracaidistas. Hubo duros combates y valerosos contraataques italianos y alemanes, pero la superioridad numérica y de medios aliada se impuso muy pronto. El mismo día del desembarco cayó Siracusa; el 13 de agosto caía Augusta; el 16, Agrigento; el 22, Palermo, y el siguiente, Marsala y Trapani.

Con base en Palermo, los norteamericanos avanzaron rápidamente a lo largo de la costa septentrional, efectuando pequeños desembarcos anfibios avanzados que amenazaban envolver a las fuerzas del Eje. Parecía una ocasión favorable a la intervención de la Escuadra italiana, por lo que el día 4 se trasladaron a La Maddalena los cruceros *Savoia* y *Montecuccoli,* al mando del vicealmirante Oliva, y en la anochecida del 5 se hicieron nuevamente a la mar para caer sobre los transportes enemigos en la zona de Palermo. Al amanecer del día 6 recalaron en la isla de Ustica, situada a unas treinta millas al norte de la antigua capital normanda. La ínsula ya había sido ocupada por los aliados, y a su redoso se hallaban fondeadas algunas barcazas de desembarco. Suponiendo que sus dos cruceros habían sido descubiertos, Oliva abrió el fuego sobre ellas y poco después decidió retirarse. Fue una ocasión perdida, pues, sorprendentemente, los cruceros italianos no habían sido detectados y fuera de Palermo se hallaban numerosos transportes norteamericanos prácticamente indefensos.

Aquel resultado no satisfizo a «Supermarina», que inmediatamente ordenó la salida de Génova del *Garibaldi* y del *Aosta,* a las órdenes del vicealmirante Fioravanzo. Estos buques hicieron también escala en La Maddalena, de donde aparejaron en la tarde del día 7. Durante la noche navegaron hacia Sicilia, pero sobre la mar fue echándose una espesa niebla y la visibilidad se redujo a una milla. Sin radares ni radiotelémetro alguno, Fioravanzo comprendió, muy a pesar suyo, que seguir aproximándose a ciegas a la costa enemiga podría llevarle a un desastre, así que poco antes de la salida del sol decidió retirarse. Hizo bien. Esta vez, los buques italianos habían sido detectados desde el aire, y varios cruceros y destructores norteamericanos se movían ya hacia ellos. Dadas las condiciones de visibilidad, el *Garibaldi* y el *Aosta* hubieran podido ser fácilmente hundidos, tal vez sin haber tenido ocasión de avistar siquiera a sus adversarios.

¿Fueron estas dos últimas salidas de los buques de la Escuadra italiana operaciones meramente éticas y políticas, principalmente destinadas a desorientar a los alemanes acerca del armisticio que ya se pactaba con el enemigo, como pretende el mismo almirante Fioravanzo? Lo cierto es que resultaron muy arriesgadas y que sólo produjeron un breve efecto de distensión entre germanos y latinos. Rommel ya tenía rodeada la base naval de La Spezia con tres divisiones alemanas, y si no ocupó la plaza fue porque los italianos habían enviado allí fuertes contingentes de tropas.

El 5 de agosto cayó Catania, y el 17 de ese mes entraba en Mesina una patrulla avanzada norteamericana. La lucha por Sicilia había durado sólo treinta y ocho días, pero las tropas italoalemanas se retiraron con gran habilidad y, sorprendentemente, pudieron atravesar el estrecho de Mesina.

Los italianos tenían asentadas en sus orillas cuatro baterías de 280 mm. y dos de 152 mm., y los alemanes habían situado en la costa calabresa otras cuatro baterías de 170 mm. Numerosas baterías antiaéreas elevaban el número total de cañones a unos 150, de modo que los aliados no se atrevieron a meter sus buques en aquella angosta ratonera. El resultado fue que cruzaron el estrecho 62.000 soldados italianos — con 227 vehículos y 41 cañones — y 39.600 alemanes, éstos con ¡17.000 toneladas de equipo!, 9.605 vehículos, 47 carros de combate y un centenar de cañones. Sólo quince embarcaciones fueron hundidas por la aviación aliada. De modo que las tres divisiones alemanas, completas, y la mayor parte de las italianas habían pasado a Calabria.

El Armisticio, firmado en Cassabile a las 1730 horas del 3 de septiembre de 1943 por el general Castellano como representante de Badoglio y el de su mismo empleo Smith como delegado de Eisenhower, era terriblemente duro para los italianos y, entre otras cosas, exigía «la inmediata transferencia de la Flota y aviones italianos a los puertos y aeródromos que fueran designados por el comandante en jefe aliado». A las 1945 del día 8, Badoglio anunció al país, por la radio, que las fuerzas italianas cesaban las hostilidades contra las naciones aliadas.

Para la Escuadra italiana, el agotador calvario de la guerra iba a tener un trágico desenlace. Según las instrucciones del almirante Cunningham, la Escuadra debería zarpar de Génova y La Spezia a la puesta del sol del día 8 y navegar durante toda la noche a elevada velocidad hacia la costa de África, para salir del radio de acción de la *Luftwaffe*.

El caso es que no pudo hacerlo hasta las tres de la madrugada del 9 y que luego navegó, tan sólo a 22 nudos, hacia La Maddalena, pues había cierto confusionismo y se creyó que el gobierno italiano se trasladaría a Cerdeña. Fue una decisión desdichada, y, en todo caso, la consiguiente propuesta no llegó, al parecer, hasta los aliados.

En la mañana del día 9, el grueso de la Escuadra italiana, compuesto por los acorazados de 41.300 toneladas estándar *Vittorio Veneto, Italia* (ex *Littorio,* cambiado de nombre el 30 de julio) y *Roma,* los cruceros *Savoia, Garibaldi, Aosta, Montecuccoli, Abruzzi* y *Regolo,* ocho destructores y varios torpederos, al mando del almirante Bergamini, navegaba a longo de la costa occidental de Córcega, cuando fue descubierta por aviones alemanas de observación. Se disponía a atravesar las Bocas de Bonifacio cuando recibió un radio de «Supermarina» advirtiendo a Bergamini que La Maddalena se hallaba en poder de las tropas germanas, por lo que la escuadra invirtió el rumbo y aproó al Oeste.

A las 1515 se avistaron cinco aviones alemanes aproximándose a unos seis mil metros de altura. Los buques italianos no llevaban escolta aérea de ninguna clase y tenían órdenes de no disparar hasta después de haber sido atacados. De todas maneras, es dudoso que, volando a tal altura, la artillería antiaérea hubiese podido impedir la aproximación de aquellos *Heinkels,* que portaban grandes bombas de un tipo parecido a las «Razon» norteamericanas, empleadas ya contra los barcos japoneses.

En efecto, se trataba de las pronto famosas «FK. 1.400», que todavía no disponían, como luego las «Hs. 293», de alas y motores cohete, pero sí de un sistema para controlar por radio su caída desde el avión que las había lanzado. Eran bombas perforantes de 1.400 kilos de peso y espoleta retardada, cuyos timones de cola respondían a una señal de radio de frecuencia supersónica y ocho tonos — cuatro a cada banda de la frecuencia base —, de modo que el artefacto, que al final de su caída llegaba a alcanzar una velocidad de 244 metros por segundo, podía ser desviado de su trayectoria, dentro de ciertos límites, hacia delante, hacia atrás, a la derecha o a la izquierda.

Semejantes bombas, de resultados letales para los aliados hasta que lograron descubrir la frecuencia en que trabajaban, serían muy pronto empleadas contra los buques que protegían el desembarco efectuado en Anzio el 9 de septiembre. Entre otros, dejarían fuera de combate, el día 11, al crucero pesado norteamericano *Savannah* y al británico *Uganda,* y el 16 al acorazado *Warspite,* perforado por una «FX. 1400» que estalló en sus cámaras de calderas. Este buque tuvo que ser también llevado a Malta a remolque, con muy graves averías e inundaciones.

A las 1530 del 9 de septiembre, uno de aquellos proyectiles cayó en la mar tan próximo al acorazado *Italia* que le dejó temporalmente inutilizados los timones. Diecisiete minutos después recibió el *Roma* dos impactos directos. El primer artefacto cayó entre el puente y el castillo de proa, hacia la amura de estribor. El segundo, sobre el puente de mando. Ambos estallaron en el interior del buque, provocando la explosión de varios pañoles de municiones, grandes vías de agua, graves averías y un terrible incendio de pólvoras y petróleo. El buque quedó parado y con una escora de diez grados a estribor. Una formidable y llameante columna de humo amarillento se alzaba sobre él hasta dos mil metros de altura; la torre de la dirección de tiro y la chimenea proel estaban grotescamente caídas a estribor, hundida parte de la cubierta y cercenado el voladizo de la segunda torre de 381 mm.

Tras una lucha dantesca contra las llamas, a la media hora de recibir los impactos volaba el pañol de municiones de proa. Se produjo otro estallido formidable y el gran buque de guerra, de 47.000 toneladas a plena carga, se partió en dos, zozobró y desapareció bajo las aguas. Eran las 1618 de la tarde. Su tumba se halla a unas quince millas al sudoeste del cabo Testa. El *Roma* se llevaba consigo a 1.253 hombres de su dotación y del Estado Mayor, entre ellos al almirante Bergamini, a su jefe de Estado Mayor, el contralmirante Caraciotti, y a ochenta y seis jefes y oficiales. Seiscientos náufragos, algunos gravemente heridos, fueron recogidos por tres destructores, un torpedero y el crucero ligero *Attilio Regolo,* que, dada la urgente necesidad de hospitalizar a los heridos, inmediatamente se dirigieron a Mahón, donde luego quedarían medio internados.

Poco después de este trágico e impresionante hundimiento, otra bomba alemana radiocontrolada alcanzaba al *Italia,* atravesando su castillo de proa y la amurada y haciendo explosión en el agua. El buque sufrió un desgarro en el casco de veintiuno por nueve metros y embarcó 830 toneladas de agua. Hubo que meter a bordo otras 416 toneladas más para compensar la escora, pero el gran acorazado, ligeramente hocicado de proa, pudo proseguir la navegación, a 24 nudos.

La Escuadra italiana, ahora al mando del vicealmirante Oliva, que izaba su insignia en el crucero *Savoia,* arrumbó primero hacia el Oeste — en espera de órdenes — y luego hacia el Sur, siendo atacada varias veces más por aviones alemanes. Pero estos ataques aéreos, efectuados con bombas convencionales, no obtuvieron resultado alguno.

Para los marinos británicos, con quienes la guerra naval en el Mediterráneo se había mostrado también sumamente dura y que habían perdido en este mar, definitivamente, a un acorazado, dos portaaviones, un monitor, dieciséis cruceros (incluyendo los minadores *Latona* y *Welshman*), cuarenta y siete destructores, cuarenta y seis submarinos, quince corbetas y fragatas y otros noventa y seis buques de guerra más, sin contar unas doscientas barcazas de desembarco y cinco submarinos, un destructor y dos patrulleros franceses, holandeses y griegos bajo el control de la *Royal Navy,* el encuentro del *Warspite,* el *Valiant* y cinco de sus destructores con los buques de la Escuadra italiana debió de resultar un gran momento, triunfal momento que les compensaba de aquellos tres años de valerosa pero incierta y sangrienta lucha. Estos buques escoltaron a sus antiguos enemigos hasta La Valetta, lugar señalado para la rendición de la Flota italiana.

Allí habían entrado ya el *Doria* y el *Duilio,* con dos cruceros *(Cadorna* y *Africano)* y un torpedero, al mando del vicealmirante Da Zara. Y el 11 entraría el *Cesare,* procedente de Pola. También irían llegando los submarinos supervivientes. En total, para el 21 de septiembre, los italianos habían entregado a los aliados 5 acorazados, 8 cruceros, 11 destructores, 22 torpederos, 20 buques de escolta y 16 más de diversas clases.

Pero los averiados *Gorizia* y *Bolzano* tuvieron que quedarse en La Spezia; el acorazado de 41.300 toneladas estándar *Impero,* todavía no terminado y que ya nunca lo sería, quedó en Trieste, con el *Cavour,* hundido y reflotado en Taranto y al que aún faltaban seis meses de obras para quedar listo. También quedaron en Génova los portaaviones *Aquila* y *Sparviero,* aún sin terminar y que tampoco lo serían, y numerosas unidades menores que se encontraban sometidas a reparaciones y obras y no pudieron aparejar con el resto de la Escuadra. Después, el *Veneto* y el *Italia* serían llevados a los Lagos Amargos, en el canal de Suez, donde permanecerían, nostálgicos y solitarios, hasta febrero del año 1947...

Tampoco pudieron comparecer en el Grand Harbour los 13 cruceros [*Attendolo, Colleoni, Da Barbiano, Delle Bande Nere, Diaz, Di Giussano, Fiume, Pola, San Giorgio, Trento, Trieste, Ulpio Traiano* (1) y *Zara*], 42 destructores, 41 torpederos, 84 submarinos, 33 lanchas torpederas, 23 dragaminas, etcétera, hasta un total de 383 buques de guerra de todas clases, que yacían en el fondo del mar (algunos en el Atlántico y el mar Rojo). Ni los 28.937 marinos italianos de todas las graduaciones — más del 11 % de los efectivos completos de la Armada — que habían muerto heroicamente en la lucha, una lucha muy difícil y tremendamente desigual para ellos, pero que fue valerosa y abnegadamente librada por la Marina de Guerra italiana a lo largo de aquellos tres terribles años. Años durante los cuales se había puesto de manifiesto que las grandilocuentes declaraciones de los políticos no pueden sustituir a los buques portaaviones, por ejemplo; que toda Marina de Guerra necesita contar con su propia Aviación Naval; que el retraso tecnológico en tiempos de paz se paga muy caro en la guerra; que es muy difícil enmendar después los yerros de un mal programa naval o de una estrategia equivocada; que las flotas tienen que estar bien equilibradas; que hay que cambiar constantemente de claves secretas de descifrar mensajes y emplear lo menos posible la radiotelegrafía, y, para no fatigar más al lector, que la ventaja de disponer del *dominio del mar* resulta decisiva y, a la larga, conduce inexorablemente a la victoria final.

Palma de Mallorca, 1973-1975.

---

(1) Hundido en Palermo el 13 de enero de 1943 por torpedos tripulados británicos, cuando aún no había sido entregado a la Marina italiana. Véase *Buques suicidas,* del mismo autor. Editorial Juventud, Barcelona.

BIBLIOGRAFÍA Y FUENTES

«Ufficio Storico», *Le navi di linea italiane.*
— *Gli incrociatori italiani.*
Mercelo Bertini, *I sommergibili in Mediterraneo.*
Pier Filippo Lupinacci, *La guerra di mine.*
Romeo Bernotti, *La guerra sui mari.*
— *Storia della guerra nel Mediterraneo, 1940-43.*
Accademia Navale, *Appunti di storia militare (Il teatro mediterraneo).*
Marc'Antonio Bragadin, *Che ha fatto la Marina?*
Giuseppe Fioravanzo, *Le azioni navali in Mediterraneo, 1940-1941.*
— *Le azioni navali in Mediterraneo, 1941-1943.*
Aldo Cocchia, *La difesa del traffico con l'Africa Settentrionale.*
Newton y Hamshire, *Taranto.*
Étienne Romat, *Batailles partout.*
S. W. C. Pack, *Night action off cape Matapan.*
Angelo Iachino, *Gaudo e Matapan.*
— *La sorpresa di Matapan.*
Cunningham of Hyndhope, *A sailor's odyssey.*
I. S. O. Playfair, *The Mediterranean and Middle East.*
S. W. Roskill, *The war at sea.*
Liddell Hart, *Historia de la segunda guerra mundial.*
Valerio Borghese, *Decima Flottiglia MAS.*
Friedrich Ruge, *Der Seekrieg, 1939-1945.*
Winston S. Churchill, *Memorias de la segunda guerra mundial.*
R. de Belot, *La guerra aeronaval en el Mediterráneo.*
George Stitt, *La batalla del Mediterráneo.*
Norman Polmar, *Aircraft Carriers.*
R. Battaglia, *La Seconda Guerra Mondiale.*
Santorio, *L'Aeronautica It. della Seconda Guerra Mondiale.*
Philip Vian, *Action this day.*
Angelo Iachino, *Le due sirti.*
A. R. Hezlet, *La guerra subacquea.*
Antony Martienssen, *Hitler and his admirals.*
W. M. James, *The British navies in the Second World War.*
P. K. Kemp, *Victory at sea, 1939-1945.*

George Saunders, *The green beret.*
Benito Mussolini, *Historia de un año.*
Richard Wichterich, *Mussolini.*
Desmond Young, *Rommel.*
Ernest J. King, *La Flota norteamericana en la segunda guerra mundial.*

Angelo Iachino, *La decisione di socorrere il Pola la notte del 28 marzo.*
De la Penne y Virgilio Spigai, *The italian attack on the Alexandria naval base.*
John Gilbert, *British submarine operation in World War II.*
Herzog y Saville, *Top submarines in two World Wars.*
Giuseppe Fioravanzo, *Italian strategy in the Mediterranean, 1940-1943.*
Mateo Mille, *Historia naval de la Gran Guerra, 1914-18.*

Diversas consultas directas del autor a los Servicios Históricos de los Almirantazgos británico e italiano.

Las fotografías que ilustran este libro pertenecen a los archivos del autor, al «Ufficio Storico» de la Marina italiana y al «Établissement Cinematographique et Photographique des Armées», francés.

ÍNDICE